世界经济发展报告 2016

The World Economic Development Report 2016

上海财经大学世界经济发展报告课题组　著

高等教育出版社·北京

图书在版编目（CIP）数据

世界经济发展报告.2016／上海财经大学世界经济
发展报告课题组著.－－北京:高等教育出版社，
2020.11

ISBN 978-7-04-053614-0

Ⅰ.①世… Ⅱ.①上… Ⅲ.①经济发展-研究报告-
世界-2016 Ⅳ.①F113.4

中国版本图书馆 CIP 数据核字（2020）第 021131 号

Shijie Jingji Fazhan Baogao 2016

| 策划编辑 | 崔 灿 | 责任编辑 | 崔 灿 | 封面设计 | 杨立新 | 版式设计 | 王艳红 |
| 插图绘制 | 黄云燕 | 责任校对 | 刘娟娟 | 责任印制 | 赵义民 | | |

出版发行	高等教育出版社	网　　址	http://www.hep.edu.cn
社　　址	北京市西城区德外大街 4 号		http://www.hep.com.cn
邮政编码	100120	网上订购	http://www.hepmall.com.cn
印　　刷	北京盛通印刷股份有限公司		http://www.hepmall.com
开　　本	787mm×960mm　1/16		http://www.hepmall.cn
印　　张	32.75		
字　　数	610 千字	版　　次	2020 年 11 月第 1 版
购书热线	010-58581118	印　　次	2020 年 11 月第 1 次印刷
咨询电话	400-810-0598	定　　价	95.00 元

上海财经大学世界经济发展报告课题组

课题组负责人:车维汉

主　编:车维汉　靳玉英　林　珏
　　　李　新　金钟范　杨培雷
　　　彭福永

内 容 提 要

　　2016 年,世界经济在不确定性中得以复苏与增长。本报告从国际经济关系、主要经济体的经济状况及其政策、与世界经济发展相关的一般性问题三个方面,对这一年世界经济变化进行了梳理和分析。本报告以现代经济理论为工具,努力探索世界经济发展的规律,以期能为世界经济学科的发展做些有益的工作,同时亦希冀对从事实务工作的同志能够有所裨益。

　　本报告遵循科学性、实用性与前瞻性等原则,构建了如下框架:上篇为国际经济关系,中篇为国别与区域经济,下篇为世界一般性问题。上篇主要从国际贸易、国际金融与国际投资三类经济关系进行展开;中篇既探讨了以美国、欧盟与日本为代表的发达经济体,亦涉及新兴经济体与发展中经济体,还分析了转型经济体;下篇主要研究了世界一般性问题如世界经济周期、世界能源、环境与世界粮食问题。

　　2016 年世界经济发展总体上延续上一年的回暖走势,但步伐有所放缓。是年发达经济体的增长依旧低稳,其中美国经济恢复性增长仍在持续,欧盟经济在英国“脱欧”和欧洲难民危机的困扰下仍可圈可点,日本经济在连续出台的政策刺激下也算稳定。新兴经济体与发展中经济体的经济增长有所起色。虽然世界经济在复苏,但其过程仍存在较多不确定性,主要经济体经济增长的分化也在持续扩大。可以预料,2017 年及其后几年的世界经济增长活力会有所增强,但艰难曲折仍是该阶段的特点。

　　本报告还专门探讨了中国与世界主要经济体的经贸关系问题,亦对中国的能源、环境与粮食问题进行了分析。当前,中国已成为世界经济增长的主要引擎,在世界经济中占据重要位置。在世界经济的大背景下,对中国经济的增长潜力、约束条件及其相关政策进行分析,必将有益于推进对中国经济问题的研究,也可为中国经济的可持续发展提供政策启示。

Abstract

In 2016, the world economy recovers and grows under uncertainty. This report reviews and analyzes the changes of world economy in 2016 from three perspectives such as international economic relations, economic situation and policies of major economies, and general issues related to world economic development. Taking modern economic theory as a tool, this report makes efforts to explore the development laws of world economy. Our objectives are to do some useful work for the development of world economy discipline, and make people engaged in practical work get some benefit from this report.

This report follows research principles like scientific nature, practicability and foresight, and constructs the following system framework, etc. The first part is international economic relations, the second is country and regional economy, the last is general problems in the world. The first part mainly includes international trade, international finance and international investment; the second part not only analyzes developed economies such as the United States, the European Union and Japan, but also involves in emerging and developing economies, and considers the transition economies; the last part mainly studies some general issues in the world such as the world economic cycle, world energy, environment and food.

In 2016, the world economic development continues to rebound following as the last year, but the pace has slowed down. This year developed economies' growth is still low but stable, there, the America's economy continues its recovery, the EU's economy is still remarkable though the "Brexit" and the European refugee crisis, the Japan's economy is stable under the stimulus from continuous policy. The growth of emerging markets and developing economies has made some progress. Although the world economy is under recovery, but its recovery is arduous and tortuous in many uncertainties and the differential of economic growth among major economies still enlarge.It is anticipated that the growth vitality of the world economy in 2017 and after will be further strengthened, but the process will be still arduous and tortuous.

This report also discusses the economic and trade relations between China and other economies, and analyzes some general issues in China like energy issues, environment issues and food issues. Nowadays, China has become the main engine of the world economy and occupies an important position in the world economy. In the context of the world economy, the analysis of the growth potential, constraints and related policies of China's economy will also be beneficial to the study of China's economic issues.

目　录

总　论

上篇　国际经济关系

中篇　国别与区域经济

中篇（上）：发达经济体经济

中篇（中）：新兴经济体与发展中经济体经济

中篇（下）：转型经济体经济

下篇 世界一般性问题

Contents

Summary

Part I International Economic Relations

Part II   Country and Regional Economy

Part II (A): The Economic Situations of the Developed Economies

Part II (B): The Economy of Emerging Economies and Developing Economies

Part Ⅱ (C): The Economy of the Transitional Econimies

Part Ⅲ   General Issues in the World

总　论

2016 年世界经济形势的回顾与展望
——不确定性下的复苏与增长

一、2016 年世界经济发展形势的总体评述

2016 年[1]世界经济沿着上一年的温和复苏轨迹继续前行,但步伐有所放缓。是年发达经济体的增长依旧低稳,新兴经济体和发展中经济体的增长有所起色。虽然世界经济在复苏,但其复苏依旧艰难曲折。2016 年依旧疲弱的全球工业生产活动、增长迟缓的全球贸易、动荡不定的国际金融市场,共同引致世界经济增长速度出现小幅回落。

以国际货币基金组织(IMF)的购买力平价法计算,2016 年世界国内生产总值(GDP)增长 3.2%,较 2015 年下降 0.2 个百分点[2]。以世界银行的汇率法计算,2016 年世界经济增长率为 2.4%,较 2015 年下降 0.3 个百分点[3]。根据联合国的计算,2016 年世界经济增长率为 2.4%,较 2015 年下降 0.4 个百分点[4]。世界经济增速趋缓取决于新兴经济体的出口下降与发达经济体的经济不确定性增加等因素。此外,年内的偶发事件加剧了全球金融动荡,进而影响了全球经济的增长。

2016 年,在发达经济体中,美国经济恢复性增长仍在持续;历经持续多年的经济衰退之后,在英国"脱欧"和欧洲难民危机的困扰下,欧盟经济的增长仍可圈可点;日本经济在连续重度政策刺激下也算稳定。新兴经济体的增速总体有所提高,尤其是资源出口型经济体的经济有所改善。

对中长期经济增长的预期向好可能会促使世界多数经济体提高投资意向,

---

[1] 若无特殊说明,本书中出现的"年"均为自然年。

[2] IMF. World Economic Outlook (WEO) Update, July 2017: A Firming Recovery[EB/OL]. https://www.imf.org/en/Publications/WEO/Issues/2017/07/07/world-economic-outlook-update-july-2017, 2017-07-08/2017-07-23.

[3] WBG. Global Economic Prospects Darkening Skies[EB/OL].http://www.worldbank.org/en/publication/global-economic-prospects, 2019-01-15/2019-03-29.

[4] UN. Statistical Yearbook - 61st issue (2018 edition)[EB/OL].https://unstats.un.org/unsd/publications/statistical-yearbook/, 2018-07-08/2019-03-29.

这或许会使世界经济延续增长态势。事实上,全球对 2017 年世界经济增长的预期并未因 2016 年世界经济的复苏放慢而受到影响。

二、不确定性下的国际经济关系

(一) 2016 年国际贸易发展仍存忧虑

国际贸易被视作经济发展繁荣的先行指标之一。然而,世界货物贸易出口额已经连续两年出现下降,虽然 2016 年的降幅已从 2015 年的 13.5% 收窄至 2016 年的 3.3%。① 另外,根据世界贸易组织的预测,2017 年全球货物贸易量将连续 6 年低于以购买力平价测算的世界经济增速。关于服务贸易出口额,其增长率虽然从 2015 年的 −5.5% 逆转为 2016 年的 0.1%,但 0.1% 的增长力度仍显得非常微弱。考虑到货物贸易在总贸易中的份额是服务贸易份额的 3 倍以上,2016 年国际贸易状况仍令人担忧。

2016 年世界货物贸易下滑速度放慢。出口方面,2016 年世界货物贸易出口额已经连续两年下降,为 15.46 万亿美元,下降 3.3%,但 2016 年的降幅较 2015 年下降 13.5% 的速度有所放缓。② 从增长率变化趋势观察,受全球金融危机影响,在 2007—2011 年期间,世界货物贸易出口额的增长率出现较大波动,但自 2012 年起连续 4 年出现低速徘徊,国际贸易增长弱,与往年基本持平。

2016 年各地区世界货物贸易发展不平衡。以贸易额计算,出口方面,增幅最大的地区是拉丁美洲,达到 2%,其次是亚洲和欧洲。进口方面,增幅最大的是欧洲,达到 3.1%。③ 相反,拉丁美洲和其他地区(包括非洲、中东和独联体国家)则因商品价格低迷导致进口下降。此外,从增长贡献度来看,2016 年,北美地区货物贸易进口减少是世界进口疲软的主要因素之一,仅贡献了 0.1 个百分点,而亚洲和欧洲地区则分别贡献了 1.9 和 1.6 个百分点。

世界货物贸易的出口和进口的领先地位仍被中国和美国占据。2016 年,中国货物贸易出口额约占世界货物贸易出口总额的 13.2%,继续位列世界货物贸易出口额的第一。同年,美国货物贸易进口额约占世界货物贸易进口总额的

---

① WTO. Trade Recovery Expected in 2017 and 2018, Amid Policy Uncertainty[EB/OL]. https://www.wto.org/english/news_e/pres17_e/pr791_e.pdf, 2017-04-12/2017-07-23.

② WTO. Trade Recovery Expected in 2017 and 2018, Amid Policy Uncertainty[EB/OL]. https://www.wto.org/english/news_e/pres17_e/pr791_e.pdf, 2017-04-12/2017-07-23.

③ WTO. Trade Recovery Expected in 2017 and 2018, Amid Policy Uncertainty[EB/OL]. https://www.wto.org/english/news_e/pres17_e/pr791_e.pdf, 2017-04-12/2017-07-23.

13.9%,继续位列世界货物贸易进口额第一。① 另外,从贸易差额角度来看,中国和美国还分别是货物贸易顺差和逆差最大的国家。

2016 年,世界服务贸易基本维持不变。在 2015 年下降 5.5%后,2016 年世界服务贸易出口额仅增长 0.1%,进口额则增长 0.5%。总体上,2016 年世界服务贸易的增长情况要好于货物贸易。2016 年各类服务贸易中,运输服务出口额下降最大,跌幅达到 4.7%,且已经连续两年大幅下降。其他类型服务中,货物相关贸易、旅游和其他商业服务分别增长 2.1%、1.8%和 0.9%,但仍不及 2014 年以前的增长水平。②

2016 年各地区服务贸易发展同样表现出不平衡现象。出口方面,北美和亚洲的增长幅度超过了世界平均水平,其中亚洲的服务贸易出口同比增幅最大,达到 0.9%。进口方面,2016 年亚洲服务贸易进口增长率为 2.6%,亦是增长幅度最大的地区。相反,其他地区(包括非洲、中东及独联体国家)的服务贸易跌幅最大,出口跌幅为 0.6%,进口跌幅更是达到 7.4%。③

服务贸易领先地位继续由美国保持。出口方面,2016 年,在服务贸易出口额排名前十的经济体中,发达经济体占多数,其中排名第一的美国占比达到 15.4%,是排名第二的英国占比的两倍之多。进口方面,同年服务贸易进口额排名前两名的国家依次是美国和中国,占比分别为 10.4%和 9.7%。④ 此外,从贸易差额角度观察,2016 年,美国和中国仍然是服务贸易最大的顺差国和逆差国。

造成 2016 年全球贸易低迷的原因是多方面的。首先,全球经济增长乏力,导致市场需求低迷。根据 IMF 发布的《世界经济展望报告》,2016 年全球经济整体增长率为 3.1%,比 2015 年低 0.3 个百分点。⑤ 其次,政策不确定性阻碍国际贸易。根据世界银行的相关研究,2015—2016 年全球贸易增长率降幅的 3/4 由政策不确定性所致。依据经济政策不确定性(EPU)数据库的数据显示,2016 年全球经济政策不确定性指数在英国"脱欧"公投、美国总统大选、法国大选和巴

---

① WTO. Trade Recovery Expected in 2017 and 2018, Amid Policy Uncertainty[EB/OL]. https://www.wto.org/english/news_e/pres17_e/pr791_e.pdf, 2017-04-12/2017-07-23.

② WTO. Trade Recovery Expected in 2017 and 2018, Amid Policy Uncertainty[EB/OL]. https://www.wto.org/english/news_e/pres17_e/pr791_e.pdf, 2017-04-12/2017-07-23.

③ WTO. Trade Recovery Expected in 2017 and 2018, Amid Policy Uncertainty[EB/OL]. https://www.wto.org/english/news_e/pres17_e/pr791_e.pdf, 2017-04-12/2017-07-23.

④ WTO. Trade Recovery Expected in 2017 and 2018, Amid Policy Uncertainty[EB/OL]. https://www.wto.org/english/news_e/pres17_e/pr791_e.pdf, 2017-04-12/2017-07-23.

⑤ IMF. World Economic Outlook (WEO) Update, July 2017: A Firming Recovery[EB/OL]. https://www.imf.org/en/Publications/WEO/Issues/2017/07/07/world-economic-outlook-update-july-2017, 2017-07-08/2017-07-23.

西政治危机等事件助推下骤升至该指数自 1997 年有记录以来的最高点。[①] 同时,部分发达经济体推动产业回归,加之收入分配失衡、地缘局势紧张所导致的贸易保护主义抬头,阻碍了国际贸易的增长。最后,美元汇率的走高和商品价格的低位徘徊制约了国际贸易的发展。2016 年美元指数维持在较高水平,进一步压制大宗商品价格,使其在低位徘徊。随着美国经济增长态势良好,美联储进入加息周期,美元有望继续保持强势。这也使得商品价格几乎很难回到 2011 年的高峰水平。

(二)2016 年国际金融形势动荡和分化迹象依旧明显

2016 年全球经济虽总体运行良好,但诸多"黑天鹅"事件的发生使得国际金融市场动荡加剧,潜在金融风险增加。英国"脱欧"公投、美国总统大选、美联储两次加息、欧洲难民问题困扰、石油输出国组织(简称"欧佩克",OPEC)减产协议、多国开始推行负利率政策等诸多事件加重了全球经济的不确定性,汇率市场、股票市场、大宗商品市场均出现大幅波动。

2016 年发达经济体整体经济增长态势略逊于 2015 年,各国货币政策持续分化。是年受美联储加息的影响,美元汇率继续走强。特朗普当选总统对美国国债利率、全球股票市场、全球债券市场均产生较大影响。欧洲不稳定的政治局势增加了经济不确定性,欧洲央行实施的一系列资产购买计划和负利率政策导致银行风险加大。日本虽然采取较大强度的质化与量化宽松货币政策(QQE)与负利率政策,但其通货紧缩难题仍未得到有效控制。英国"脱欧"虽然引起英镑贬值 18.0%,但其 1.8%的 GDP 增速着实让人眼前一亮。[②] 总体上,发达经济体的债务问题、通货紧缩困境和美联储加息等因素,仍然影响着发达经济体整体金融市场的平稳发展。

新兴经济体的经济形势有所好转,但其金融脆弱性增加。2016 年受美联储加息的影响,新兴经济体普遍出现资本外流现象,经济增长下行压力较大。诸多新兴经济体自身负债率过高,动荡的国际金融形势使其面临较大的金融不稳定性。此外,伴随人民币加入特别提款权(SDR)货币篮子,在全球货币结算与价值衡量体系中,纳入人民币后的 SDR 货币篮子也将更具代表性与可靠性。

2016 年全球外汇市场震荡加剧更加明显。美元汇率依然延续强势劲头,除日元和加拿大元出现小幅升值之外,其他发达经济体的货币汇率均出现不同程度贬值。是年美元指数实现连续四年上涨,欧元、瑞士法郎、澳大利亚元、韩元分

① EPU. Economic Policy Uncertainty Index [DB/OL]. http://www.policyuncertainty.com/index.html, 2016-12-31/2017-07-24.

② Office for National Statistics. Gross Domestic Product: Quarter on Quarter Growth CVM SA % [EB/OL].https://www.ons.gov.uk/economy/grossdomesticproductgdp/timeseries/ihyq/pn2,2017-04-12/2019-03-29.

别兑美元汇率小幅贬值 3.10%、1.66%、1.15% 和 1.03%，英镑兑美元汇率大跌 16.10%，日元兑美元汇率则升值 3.20%。相反，新兴经济体的货币汇率出现分化，涨跌不一。金砖五国货币中的巴西雷亚尔、俄罗斯卢布和南非兰特兑美元分别升值 18.12%、16.53% 和 12.26%，而人民币和印度卢比兑美元汇率则分别贬值 6.05%、2.04%。①

2016 年全球股票市场稳步增长，较 2015 年股市波动剧烈的情况有所改善。2016 年年末全球股票市场市值达到 710 462.97 亿美元，增长 4.4%，交易总额下降 26.9%，交易量下降 15.5%。从股票指数来看，2016 年亚洲主要国家股指均表现欠佳，其中，中国 A 股出现大幅下跌。相反，欧洲主要国家股指大涨，比如富时 100 指数全年大涨 14.06%。受美俄关系缓和预期、国际石油价格回升等因素的影响，俄罗斯股指（RTS）上涨 51.15%，增幅仅次于委内瑞拉股指（IBC）（113.94%）和开罗股指（CASE30）（76.20%）。美国经济形势好转、特朗普政府新政预期等利好因素促使美国股市上涨，其中道琼斯工业指数、标准普尔 500 指数均实现增长，详细数据见后文。②

2016 年全球债券市场小幅上扬。是年国际债券市场未清偿余额总量为 212 880 亿美元，增加 0.79%，总体上渐趋平稳。其中，国际债券未清偿余额排名前五位的国家依然是美国、英国、德国、法国、荷兰，占全球总额的 48.61%，比 2015 年占比小幅上升。全球债券存量总额前五位的国家是美国、日本、中国、英国和法国。③

2016 年全球金融衍生品市场发展良好。是年全球金融衍生品合约共计 249.57 亿手，增长 2.19%，其中期权、期货类金融衍生品交易分别为 94.08 亿手和 155.49 亿手。交易量的增长主要来自美洲和欧洲、中东、非洲地区，分别增长 6.7% 和 7.8%，分别占全球金融衍生品交易量的 41% 和 23%。除股票类、其他类金融衍生品分别出现 11.05%、1.12% 下降外，全球各类金融衍生品交易量均有所增长。此外，2016 年大宗商品现货指数上涨 12.9%，达到 423.08。④

2016 年全球黄金市场总体上逆转上行，一改 2012 年以来的持续下行态势。受英国"脱欧"、美元加息预期放缓、通胀预期走高等因素的影响，2016 年上半年

---

①　根据万得（Wind）中国金融数据库数据整理得出，http://www.wind.com.cn，2017-07-24。

②　World Federation of Exchanges. WFE FY 2016 Market Highlights. WFE 10 February 2017 [EB/OL]. Paris：https://www.world-exchanges.org/home/index.php/statistics/market-highlights. 2017-02-10/2017-07-24.

③　BIS. Debt Security .C1 Summary of debt securities outstanding [EB/OL]. Switzerland Basel. Bank for International Settlements. Table C1. http://www.bis.org/statistics/secstats.htm？m = 6%7C615，2017-06-06/2017-07-24.

④　WFE. WFE publishes annual IOMA derivatives report[EB/OL]，https://focus.world-exchanges.org/statistics/articles/wfe-publishes-annual-ioma-derivatives-report，2017-04-30/2017-07-25.

黄金价格持续上行,下半年受美联储加息预期增大、美国总统大选等因素影响开始下滑。2016 年年底伦敦金收盘报收 1 151.1 美元/盎司,较年初上涨 8.47%。纽约商品交易所 COMEX① 期金收盘报 1 152.0 美元/盎司,较 2016 年年初上涨8.53%。2016 年全年全球黄金总需求量为 4 308.7 吨,同比增长 2%,达到近三年来最高水平。②

总体上,2016 年国际金融形势在不确定性中震荡起伏。全年既有多次"逆全球化"事件的负面冲击,亦有全球治理上的可喜成效与促进因素;既有躁动不安的情绪,也有市场的回稳复苏。虽然种种因素将全球金融市场形势推向动荡发展阶段,但系统性风险尚未发生。在全球经济缓慢复苏、货币政策回归正常化的时日难定的环境下,不稳定状态还将持续一段时间。

(三) 2016 年国际投资弱势回调

受全球政策不确定性等因素的影响,2016 年全球外商直接投资(FDI)的复苏出现暂时性回调。是年全球 FDI 流量较 2015 年下降 2%,为 1.75 万亿美元。③联合国贸易和发展会议估计,2017 年主要经济体的经济温和复苏、企业利润增加将提振市场信心,从而使全球 FDI 进一步复苏提升,但不能达到 2007 年的峰值水平。

虽然 2016 年全球 FDI 总体规模变化较小,但国际资本流动结构的非对称性变化值得注意。在流入方面,2016 年流入发展中经济体的 FDI 五年来首次出现下降,下降 14%,仅有 6 460 亿美元,预计 2017 年流入发展中经济体的 FDI 会有所增加。相反,2016 年流入发达经济体的 FDI 上涨 5%,达到 1 万亿美元,发达经济体 FDI 流入总量对全球 FDI 总流入量贡献率达到 59%,预计 2017 年会与2016 年持平或有小幅滑落。转型经济体 FDI 流入在经历了两年的急剧下降之后,2016 年因大量的私有化交易与矿产资源开发等活动,FDI 流入量几乎翻了一番,达到 680 亿美元,预计 2017 年会进一步增加。在流出方面,2016 年从发达经济体流出的 FDI 总量占全球总量的 71.87%。发展中经济体总体的对外投资流量为 3 830 亿美元,比 2015 年微降 1%。然而,2016 年转型经济体的 FDI 流出却比上年大幅减少 22.05%。④

跨国公司作为国际资本流动的主要载体,其盈利水平在 2016 年有较好表

---

① COMEX 是纽约商品交易所的一个交易品种,属于美式黄金交易。

② World Gold Council. Gold Demand Trends Full Year 2016[EB/OL]. https://www.gold.org/goldhub/research/gold-demand-trends/gold-demand-trends-full-year-2016,2017-02-17/2017-07-25.

③ UNCTAD. World Investment Report 2017 [EB/OL]. http://unctad.org/en/Pages/DIAE/World%20Investment%20Report/World_Investment_Report.aspx,2017-06-07/2017-07-26.

④ UNCTAD. World Investment Report 2017 [EB/OL]. http://unctad.org/en/Pages/DIAE/World%20Investment%20Report/World_Investment_Report.aspx,2017-06-07/2017-07-26.

现。2016 年全球最大 5 000 家跨国公司的利润较 2015 年有显著回升,达到近 1.3 万亿美元,利润率上涨 1.5 个百分点。① 随着股票价格的上涨,跨国公司利润增加、跨境并购的价值提高,2017 年跨国并购数量随着 FDI 的增加而进一步增加。但是,全球利率的上升对跨国公司利润的影响越来越大。发展中经济体和转型经济体的货币对美元的贬值使得以美元计价的公司债价格更加昂贵,或许会影响到这些经济体或地区跨国公司的融资活动。

自 2008 年金融危机之后,跨国并购交易的净交易额整体呈现下降趋势,但自 2014 年起,跨国并购活动开始出现转折。2016 年跨国并购净交易额出现井喷式增长,该年跨国并购净交易额达到 2014 年的 2 倍。发达经济体 2016 年跨国并购中净交易额为 6 408 亿美元,占全球净交易额的 91.44%,在一定程度上说明跨国并购交易额是伴随着发达经济体经济逐步复苏而上升的。相反,发展中经济体的跨国并购交易额自 2014 年达到顶峰后开始出现急速下滑,2016 年交易额仅为 2014 年的 53.55%。另外,转型经济体跨国并购的净交易额为 50 亿美元,仅占全球份额的 0.50%,没有明显的变化趋势。②

三、2016 年全球主要经济体的表现

(一)发达经济体的经济表现

1. 美国经济增长有所放缓

2016 年美国经济有所增长,但增长幅度不高,且各季度增长状况也不平稳。2016 年美国在 2014—2015 年连续两年经济快速增长势头下放缓脚步,增幅出现下降。该年美国当期 GDP 为 18.57 万亿美元,增长 3.0%,较前一年增幅降低 0.7 个百分点;实际 GDP 为 16.66 万亿美元,增长 1.6%,较前一年的增幅降低 1.0 个百分点,其中各季度增幅依次为 0.8%、1.4%、3.5% 和 2.1%。③

美国这种忽高忽低的经济走势说明其经济增长中依然存在某些不确定因素,其背后原因主要是设备投资减少、商品出口下降等。首先,个人消费支出贡献依然显著。2016 年美国个人消费支出对 GDP 增长各季度的贡献均比 2015 年高,虽然平稳性欠缺,但后三个季度的贡献都超过 2 个百分点,显示了消费者对

①　UNCTAD. World Investment Report 2017 [EB/OL]. http://unctad. org/en/Pages/DIAE/World%20Investment%20Report/World_Investment_Report.aspx, 2017-06-07/2017-07-26.

②　UNCTAD. World Investment Report 2017 [EB/OL]. http://unctad. org/en/Pages/DIAE/World%20Investment%20Report/World_Investment_Report.aspx, 2017-06-07/2017-07-26.

③　Bureau of Economic Analysis. National Economic Accounts, Gross Domestic Product (GDP) [DB/OL]. https://www.bea.gov/national/index.htm, 2017-03-30/2017-07-28.

市场前景的乐观预期。其次,美国私人国内投资总额贡献经历先负后正的过程。2015—2016 年美国私人国内投资总额经历了由投资不断减少到增加的过程。再次,对外贸易负贡献主要由于货物出口和进口的下降。美国从 2014 年以来已经连续两年出现货物和服务出口额和进口额下降。2016 年美国对外货物和服务出口额和进口额分别为 2.21 万亿美元和 2.71 亿美元,分别下降 2.17% 和 1.77%①。最后,政府消费支出与总投资贡献较少且增长趋势不明显。2016 年美国政府消费支出和总投资均出现倒 U 形,其对 GDP 增长的贡献虽由负转正,但最终贡献只有 0.03 个百分点②,这主要是源于联邦政府、州和地方政府消费支出以及总投资的减少。可见,美国刺激经济增长的主要因素来自个人消费支出的增加。

移民政策的变动为美国经济发展带来一些不确定性。为解决移民问题,奥巴马政府推出多项改革移民政策的草案和计划,涉及父母、儿童、执法、工资等八个方面,影响到美国的数百万非法移民的去留问题。然而,特朗普自上任以来对移民问题反应强烈,采取了废除奥巴马移民行政令、签署"修墙令"、推出移民限制令等措施。

2. 欧盟经济总体继续企稳回升

2016 年欧盟经济总体企稳,继续呈现稳定增长的态势。在美国次贷危机和主权债务危机的冲击下,欧盟及欧盟主要国家通过采取一系列经济刺激计划,希冀提振欧盟经济信心,复苏经济。自 2013 年以来欧盟经济终于开始缓慢复苏。2016 年欧盟所采取的一系列新经济发展举措,使欧盟和欧元区的经济增长率总体上分别达到 2.0% 和 1.9%。③ 相较于美国 1.6% 和日本 1.2% 的经济增长率,欧盟经济所呈现的增长状态出乎人们预料。④

2016 年欧盟各项经济指标表现向好。欧盟经济的稳定增长带来就业市场形势的好转,失业率回落并趋向稳定。2016 年欧盟和欧元区的失业率总体分别稳定在 8.4% 和 10% 以下。不过,希腊和西班牙的失业率仍然高达 20% 左右,处

---

①　Bureau of Economic Analysis. Table 1.1. U.S. International Transactions, https://apps.bea.gov/iTable/iTable.cfm？ReqID＝62&step＝1, 2017-04-13/2017-07-28.

②　Bureau of Economic Analysis. Table 1.1.2. Contributions to Percent Change in Real Gross Domestic Product, https://www.bea.gov/system/files/2018-10/SNTables_0.pdf, 2017-04-10/2017-07-28.

③　European Commission. Eurostat. Real GDP Growth Rate Access Data［DB/OL］. http://epp.eurostat.ec.europa.eu/tgm/table.do？tab＝table&init＝1&plugin＝1&language＝en&pcode＝tec00115, 2017-06-13/2017-06-20.

④　Department of National Accounts Economic and Social Research Institute Cabinet Office, Government of Japan. Quarterly Estimates of GDP：January-March 2017(The Second Preliminary)［EB/OL］. http://www.esri.cao.go.jp/jp/sna/data/data_list/sokuhou/files/2017/qe171_2/pdf/jikei_1.pdf, 2017-06-08/2017-06-20.

于较高水平。① 由于国际原油价格的大幅下跌,欧盟国家开始呈现通货紧缩。2016 年,欧盟 28 国年均通货膨胀率仅为 0.3%,欧元区 19 国年均通货膨胀率更是低至 0.2%,②与 2015 年的情况相差无几,低于理想水平(通货膨胀为 2.0%)。为此,一些欧盟国家尤其是一些南欧国家呼吁欧洲央行采取措施确保达到通货膨胀的理想水平,欧洲版量化宽松货币政策或许会再次上演。受欧元贬值影响,欧盟国际收支账户"一逆一顺",经常项目顺差较大。2016 年欧盟 28 国和欧元区 19 国的国际收支经常项目均出现较大顺差,其中第四季度的盈余分别达到963.275 亿欧元和 982.59 亿欧元。③ 同年欧盟 28 国和欧元区 19 国的资本账户则出现逆差,但逆差额度远小于经常账户的逆差额度。

难民危机给欧盟发展带来极大挑战。据欧洲边境和海岸警卫局(FRONTEX)的统计数据显示,2015 年约 180 万来自叙利亚、伊拉克等地难民涌向欧洲,形成第二次世界大战以来最大的难民潮。④ 造成此次难民危机的原因在于近年美国的中东政策、移民的传统因素与地缘因素等外部因素以及欧洲各国发展窘境、面临民粹主义挑战与欧盟内部法律框架存在缺陷等内部因素。难民的安置、就业、子女教育、难民同当地居民的矛盾等问题使欧洲社会面临复杂的局面。难民危机反映了欧盟在一体化进程中所面临的严峻挑战。面对难民危机,欧盟内部难以形成共识并采取行之有效的措施,反而是各个成员相互推诿、指责,又各行其是。总之,难民问题引起国际社会的普遍关注和焦虑。

英国"脱欧"事件给欧盟一体化发展蒙上了挥之不去的阴影。无论过去还是现在,英国与欧盟的关系都是比较复杂的,即使在英国加入欧盟后,英国的疑欧情绪也一直存在。2016 年英国"脱欧"事件说明了英国民众对欧盟高涨的不满情绪。英国"脱欧"的原因是多方面的:其一,英国的地缘格局、英联邦历史传统等因素决定了英国同欧洲大陆保持距离;其二,近年来欧洲经济不景气,难民问题和社会安全问题不断恶化;其三,在欧盟预算中,英国排第三,却未获得相应的利益;其四,德、法两国主导的欧盟意在迫使英国加入欧元区,而英国认为这等同于将命运主导权交给了别人。英国"脱欧"无疑使欧盟与其成员之间的关系

① EUROSTAT. Harmonised Unemployment Rates (%)-Monthly Data[DB/OL]. http://appsso.eurostat. ec.europa.eu/nui/show.do? dataset=ei_lmhr_m&lang=en, 2017-04-20/2017-06-20.

② EUROSTAT.HICP-inflation rate [DB/OL]. http://epp. eurostat. ec. europa.eu/tgm/table.do? tab = table&init = 1&plugin = 1&language = en&pcode = tec00118, 2017-04-20/2017-06-20.

③ EUROSTAT.Balance of Payments, Current Account, Quarterly Data[DB/OL].http://epp.eurostat.ec. europa.eu/tgm/refreshTableAction.do? tab = table&plugin = 1&pcode = teibp050&language = en, 2017-04-20/2017-06-20.

④ FRONTEX. Risk Analysis for 2016[EB/OL]. http://frontex. europa. eu/assets/Publications/Risk _ Analysis/Annual_Risk_Analysis_2016.pdf, 2017-05-30/2017-06-30.

出现不确定性,导致欧盟经济出现波动。英国"脱欧"有可能使英国经济短期内陷入衰退,影响英国与欧盟的贸易合作,冲击伦敦的国际金融中心地位。

总之,难民危机和英国"脱欧"并未完全影响欧洲经济复苏的步伐,前期经济政策效果开始显现。量化宽松货币政策的实施有利于欧元区的经济复苏,但欧洲经济若要实现根本性好转,必须进行结构性改革。

3. 日本经济延续弱扩张态势

2016 年世界经济继续温和复苏的外部条件加上宽松货币政策等内部因素,共同推动了日本经济延续扩张态势。是年日本实际 GDP 增长率为 1.0%,名义 GDP 增长率为 1.3%,且全年名义 GDP 增长率略高于实际 GDP 增长率,这为日本经济近年来少有的现象。需要注意的是,2016 年 GDP 统计标准的改变亦对日本 GDP 增长具有拉动作用。国民经济核算体系 2008(SNA 2008)首次将研发、专利和版权支出视为投资,使日本 2015 年的名义 GDP 增加了 31 万亿日元。[1]

2016 年日本内需和外需形势均趋于好转,各自对实际 GDP 增长率的贡献分别为 0.4 个百分点和 0.6 个百分点,表明日本经济依靠外需拉动的基本格局并未发生变化,也反映了"安倍经济学"仍难以改变国内消费持续低迷的状态。由于劳动力人口减少、劳动力市场需求增加以及安倍政府对产业界施加的压力,2016 年日本失业率持续下降,就业状况良好。2016 年 12 月,完全失业率为 3.1%,同比上升 1.3%,创下 21 年来的新低;劳动参与率为 60.1%,上升 0.6%,[2]基本达到充分就业水平。

2016 财年,日本的财政预算收入为 96.3 万亿日元,其中税收收入增加 3.1 万亿日元,而政府债券发行收入则降低 2.4 万亿日元,体现了政府降低债务规模的目的。在 2016 财年预算案中,政府财政收入对债务的依赖程度由 2015 财年的 38.3%降低至 35.6%,[3]政府财政收入结构得到持续改善。在财政支出结构上,除地方税收补贴外,其他支出均保持了增长。为进一步刺激经济和提升通胀水平,日本银行在 2016 年继续深化非传统货币政策运营,先后推出了负利率政策及调控长短期利率的质化和量化宽松货币政策。最终全年核心消费者价格指数(CPI)经历了由负转正的走势,暂时摆脱持续通缩的严峻局面,但距 2.0%的目标通胀率仍有较大差距。

---

① 杜恒峰.联合国厉害啊,就用这一招,日本 GDP 一夜增长 6.3%![EB/OL]. http://www.nbd.com.cn/articles/2016-12-11/1060633.html,2016-12-11/2017-07-30.

② 日本総务省统计局.劳働力调查(基本集计)平成 28 年(2016 年)平均(速报)结果[EB/OL]. http://www.stat.go.jp/data/roudou/sokuhou/nen/ft/index.htm,2017-01-31/2017-07-30.

③ Ministry of Finance, Japan. Highlights of the Budget for FY2016 (March 29, 2016) [EB/OL]. http://www.mof.go.jp/english/budget/budget/index.html,2016-03-29/2017-07-30.

在海外避险资金推动下,日元在 2016 年始终处于升值通道,对日本出口贸易构成一定压力。全年日本贸易和服务的出口总额和进口总额分别为 86.77 万亿日元和 81.56 万亿日元,分别下降 7.3%和 14.9%,实现顺差 5.20 万亿日元。① 另外,2016 年年底日本海外资产规模已达 997.80 万亿日元,增长 5.0%,是 GDP 的 185.7%。其中,海外净资产为 349.10 万亿日元,增长 2.9%,日本连续 26 年成为全球最大的净债权国。对外直接投资余额为 159.20 万亿日元,占海外总资产的 16.0%,比例偏低,相反,外汇储备的份额却达 40.8%。② 海外证券投资中美元资产过于集中。可见,日本海外资产结构存在一定的不合理,加之近年日元与美元之间的汇率大幅变动,造成以美元资产为主体的海外投资难以取得较大收益。

作为"机器人王国",日本 2016 年工业机器人的国内产值达到 7 033.87 亿日元,增长 3.3%,连续 3 年实现增长。服务型机器人全球占比约 10%。日本机器人产业发展如此成功,可以归因于日本经济的高速发展、劳动力紧缺、政府的产业扶植政策以及灵活的技术研发机制。然而,日本过度依赖海外市场,其他各国推出机器人产业发展的国家战略,加之模块化、智能化和系统化的产业发展新趋势,让日本担心其机器人产业会走上与家电产业一样的衰败之路。为应对上述挑战,2014 年日本政府提出推动"机器人驱动的新工业革命"(简称"机器人革命"),吸取以往产业政策的经验教训,并明确了 2015—2019 年机器人产业亟待解决的跨领域问题。但是,"机器人革命"能否真正成功,关键还要看日本企业如何实施战略转型。

"安倍经济学"所带来的宽松货币政策和财政政策,确实让日本经济短期内有所增长。然而,刺激效应空间渐趋收窄,通货紧缩风险依然存在,日本经济长期增长前景依旧具有不确定性,且令人担忧。

(二)新兴市场经济体的经济表现

1. 金砖国家(BRICS)的经济表现渐趋向好

巴西、俄罗斯、印度、中国以及南非五国构成金砖国家。2016 年,金砖国家之间的经济发展差异依旧显著。如表 0-1 所示,受益于能源价格的回暖,巴西、俄罗斯和南非的经济表现有所好转,尤其是俄罗斯。印度经济延续高速增长态势,中国经济增长则在"新常态"阶段中愈加稳健。

---

① Cabinet Office. GDP (Expenditure Approach) and Its Components[EB/OL]. http://www.esri.cao.go.jp/en/sna/data/sokuhou/files/2017/qe171_2/gdemenuea.html, 2017-06-08/2017-07-30.

② Ministry of Finance ,Japan. International Investment Position of Japan (End of 2016) [EB/OL]. http://www.mof.go.jp/english/international_policy/reference/iip/e2016.htm,2017-05-26/2017-07-30.

表 0-1　2016 年金砖国家主要经济指标比较

主要经济指标	（单位）	巴西	俄罗斯	印度	中国	南非
经济总量	（万亿美元）	1.80	1.28	2.26	11.20	0.29
人均 GDP	（美元）	8 650	8 748	1 709	8 123	5 274
经济增长率	（%）	−3.6	−0.2	7.1	6.7	0.3
对外贸易额	（亿美元）	4 421	5 937	9 011	41 503	1 784
贸易差额	（亿美元）	65.2	661.9	−330.0	2 496.0	4.3
通货膨胀率	（%）	8.7	7.1	4.9	2.0	6.3
外汇储备额	（亿美元）	3 625	3 175	3 411	30 298	426

资料来源：根据世界银行世界发展指标数据整理得出，http://data.worldbank.org，2017-08-02。

　　如表 0-1 所示，在经济总量方面，巴西、俄罗斯、印度以及南非四国的经济总和约为中国的一半；在人均 GDP 方面，最高的是俄罗斯，之后依次是巴西、中国、南非、印度；在经济增长率方面，第一档有印度和中国，第二档是南非，第三档有巴西与俄罗斯。在通货膨胀率方面，巴西、俄罗斯和南非均超过 6%，需予以重视。基于上述表现，国内经济发展状况相对较好的当属中国，其次为印度，其余三国则表现出向好态势。

　　如表 0-1 所示，在对外贸易方面，2016 年中国对外贸易额已达 41 503 亿美元，而其余四国总和仅约为中国的 51%。并且，除印度国际贸易出现赤字以外，其余四国均实现贸易盈余。在外汇储备方面，中国最高，外汇储备额达到 30 298 亿美元，是其余四国总和的近 3 倍。可见，在对外经贸关系层面，发展相对较好的仍是中国，其余四国则较易受到来自外部经济环境的冲击，显现出某种脆弱性。

　　2016 年印度经济表现突出。自莫迪上台后，印度开启了新一轮经济改革，提出"印度制造""数字印度"等战略，印度经济增长率在 2014—2016 年依次高达 7.5%、8.0% 与 7.1%[①]。2016 年第四季度印度宣布废除面值 500 卢比和 1 000 卢比的纸币，力求打击贪污腐败和避税逃税行为，这意味着近 86.0% 的流通货币将会退出。[②] 印度对现金非常依赖，且大额纸币的突然废除会不利于其国内的消费，因而，印度 2016 年第四季度 GDP 增长 7.0%，仅略逊于第三季度的 7.4%。同年第四季度个人消费增长 10.0%，设备投资增长 4.0%，个人消费时隔 17 个季

---

　　① IMF. World Economic Outlook Database [EB/OL]. http://www.imf.org/external/pubs/ft/weo/2017/01/weodata/index.aspx，2017-06-10/2017-08-01.

　　② 印度又把世界惊呆了：500 和 1000 卢比纸钞作废后再祭大杀器——充公黄金！[EB/OL]. http://www.sohu.com/a/123077877_465361，2016-12-30/2017-08-01.

度再次实现两位数增长。① 全年对外贸易增至 9 011 亿美元,且贸易逆差收窄至 330 亿美元。外国直接投资额达 460 亿美元,增长 18.0%。② 外汇储备基本维持在 3 400 亿美元左右。③ 为此,IMF 预期 2017 年、2018 年印度经济增长率将会依次上升至 7.2% 和 7.7%。④ 不过,基础设施匮乏、产业结构扭曲以及种姓制度等因素,对印度经济的长期发展仍是制约因素。

2016 年俄罗斯经济承受住了西方因乌克兰危机而实施的制裁,各项宏观经济指标已经开始止跌回升。2016 年俄罗斯 GDP 同比降低 0.2%,但较于 2015 年的 2.8% 跌幅(修正之前的数据为 3.7%)已经出现明显好转。抑制俄罗斯经济加速下滑的主要因素是农业总产值增长了 4.8%,工业总产值增长了 1.1%。投资继续保持缩减趋势,但跌幅已从 2015 年的 8.4% 收窄至 2016 年的 2.3%。通货膨胀率和消费品平均价格继续保持上涨趋势,但涨幅已分别从 2015 年的 12.9%、15.5% 收窄至 2016 年的 5.4%、7.1%。2016 年居民实际可支配收入的降幅与上年持平,为 5.9%,但对外贸易的降幅则从 2015 年的 33.6% 收窄至 2016 年的 13.0%。由于石油和原材料价格低迷,高度依赖此项出口的俄罗斯财政收入大幅减少 1 997 亿卢布,石油收入减少 10 310 亿卢布。2016 年国家债务总规模增加了 1 579 亿卢布,达到 111 098 亿卢布,占 GDP 比重 12.9%,较上年降低 0.2 个百分点。⑤

由于长期经济腐败和政治动荡,加之近期的经济管理不善和"大宗商品超级周期"的结束,2016 年巴西经济增长表现持续恶化。是年巴西经济增长下滑 3.6%,略好于 2015 年 3.9% 的跌幅。家庭消费下降 4.2%,失业率高达 11.5%,通货膨胀率高居 6.3%,固定资产投资下降 10.2%,投资率占 GDP 的 16.4%,创 1996 年以来新低。受困于低迷的经济活动,巴西货物贸易进口额减少 24.0%,使经常账户赤字得到较大改善。2016 年,巴西经济危机加深,导致税收份额锐减,该年政府的财政赤字高达 1 542.5 亿雷亚尔(约合 482.0 亿美元),占该国 GDP

———————

①　IMF. World Economic Outlook Database[EB/OL]. http://www.imf.org/external/pubs/ft/weo/2017/01/weodata/index.aspx,2017-06-10/2017-08-01.

②　Ministry of Commerce and Industry. Export Import Data Bank-Commodity-wise[DB/OL]. http://commerce.nic.in/eidb/iecnttopnq.asp,2017-07-01/2017-08-01.

③　Reserve Bank of India. Statistics-Database on Indian Economy-Time-Series Publications-Handbook of Statistics on the Indian Economy-QUARTERLY/ MONTHLY SERIES-EXTERNAL SECTOR-Foreign Exchange Reserves-Monthly[DB/OL],https://www.rbi.org.in/,2017-07-01/2017-08-01.

④　IMF. World Economic Outlook (WEO) Update, July 2017: A Firming Recovery[EB/OL]. https://www.imf.org/en/Publications/WEO/Issues/2017/07/07/world-economic-outlook-update-july-2017,2017-07-08/2017-08-01.

⑤　Министерство экономического развития РФ. об итогах социально-экономического развития Российской Федерации в 2016 году[EB/OL]. http://economy.gov.ru/minec/activity/sections/macro/2017070204,2017-02-07/2017-08-01.

的 2.4%。这是巴西连续第三年出现财政赤字,财政缺口达到自 1997 年以来的最高值,但仍在政府制定的目标范围内①。鉴于巴西政府对未来 20 年的开支进行限制,预期巴西财政会出现盈余,债务逐步减少,经济也将趋于稳定并逐步复苏。

2016 年南非经济增长之路依旧步履蹒跚。该年经济产出为 4 万亿兰特,同比仅增长 0.3%,制造业产出增长 0.8%,制造业销售额增长 6.5%,超过 2 万亿兰特。在 2016 年全球投资复苏依旧艰难的背景下,南非吸引外资规模却逆势增长 38.0%,总额为 24 亿美元,不过仍处于较低水平。2016 年度南非税收超过 1 万亿兰特,增长 8.5%,占 GDP 比重的 26.2%,略低于全球经济衰退前 2007 年度 26.4%的峰值。② 制约南非 2016 年经济增长的因素主要来自严重旱情导致的农业歉收、全球大宗商品价格低迷以及货币汇率的较大波动。不过,南非已逐渐从严重干旱中恢复,同时改善了供电状况,但私营部门的信心依旧不足,同时政府债务水平的上升带来主权信用评级的调降风险,加之政治风险可能会影响到经济复苏的可持续性。

2. 东亚新兴经济体经济增速继续回调

2016 年东亚新兴经济体(包含中国)经济增长率为 5.8%,比上一年下降了 0.1 个百分点。③ 从数据看,受国内需求回暖的影响,马来西亚的经济增速创下 2015 年第一季度以来的新高,2016 年实际 GDP 增长 4.5%,其中私人部门投资增长强劲,就业稳定和政府对低收入家庭的现金补贴带动居民消费实现稳步增长。印度尼西亚 2016 年实际 GDP 增长 5.0%,然而,尽管公共支出和出口的增长支撑了经济的高速增长,但家庭消费支出和固定资产投资未能得到明显改善。借助于出口市场扩大以及固定资产投资和消费支出的迅速增加,越南 2016 年实际 GDP 增长 6.2%,泰国实际 GDP 增长 3.2%,菲律宾实际 GDP 增长率为 6.9%,柬埔寨实际 GDP 增长 7.2%。此外,部分经济体的经济增速却表现相对一般,比如 2016 年,新加坡和中国香港特别行政区的实际 GDP 增长率均为 2.0%,文莱实际 GDP 增长 2.5%,韩国实际 GDP 增长 2.8%。④ 尽管东亚新兴经济体的经济

---

① Economic Commission for Latin America and the Caribbean. *Preliminary Overview of the Economies of Latin America and the Caribbean* (2016) [M]. Santiago: United Nations Publication, 2016.

② Economic Commission for Africa, African Development Bank Group, African Union Commission. African Statistical Yearbook 2017 [EB/OL]. https://www.afdb.org/fileadmin/uploads/afdb/Documents/Publications/African_Statistical_Yearbook_2017.pdf, 2017-05-18/2018-12-25.

③ Focus Economics. Economic Snapshot for ASEAN [EB/OL]. http://www.focus-economics.com/regions/asean, 2017-05-24/2017-08-01.

④ IMF. World Economic Outlook (WEO) Update, July 2017: A Firming Recovery [EB/OL]. https://www.imf.org/en/Publications/WEO/Issues/2017/07/07/world-economic-outlook-update-july-2017, 2017-07-08/2017-08-01.

增长率在世界范围内仍居前列,但为应对其内部不平衡以及外部冲击,诸多经济体仍需深入进行内需结构的调整。

(三)其他发展中经济体的经济表现综述

1. 拉美的经济发展延续下滑态势

由于全球经济复苏缓慢,加之地区内部结构调整影响,2016 年拉美地区经济总体上继续呈现下滑态势。该年拉美地区 GDP 平均增长-1.1%,较 2015 年下滑 0.6 个百分点,人均 GDP 增长-2.2%。其中,墨西哥表现较好,实现了 2.0%的经济增长。相反,由于委内瑞拉、巴西、阿根廷、厄瓜多尔等多数国家经济增长持续恶化,南美洲经济下跌 2.4%;加勒比海地区亦呈现 1.7%的跌幅。苏里南经济表现最差,GDP 下跌 10.4%。多米尼加、巴拿马、尼加拉瓜的经济增长有所减速,增长率分别为 6.4%、5.2%、4.8%,但在拉美地区增长仍是较快的。①

2016 年拉美地区各个经济指标表现涨跌不一。受困于碳氢化合物、矿产品与金属制品价格下降乃至税收收入减少等因素,除加勒比海地区之外,2016 年拉美地区经济体财政收入占 GDP 份额整体处于下降状态。该年拉美地区经济体政府支出的削减弥补了收入的下降,使一般赤字占 GDP 份额稳定在 3.0%,基本赤字同比减少 0.1%,占 GDP 份额的 0.8%。最后,2016 年拉美地区公债数量的上升,而财政改革推行却使公债数量增速减缓。地区公债总量占 GDP 份额达到 37.9%;地区债务增长由占 GDP 的 2.9%下降到 1.3%。整个地区就业数量与质量下降,加之劳动参与率的上升,推高地区失业人数,使地区城市失业率预期由 2015 年的 7.4%上升到 2016 年的 9.0%。地区累计 12 个月通胀率从 2015 年 9 月的 6.9%上升到 2016 年 9 月的 8.4%,这主要因为地区经济的低迷以及国际商品价格的回升。2016 年拉美地区国际收支平衡表中的经常账户赤字同比减少 41.2%,占 GDP 的 2.2%,几乎所有国家的经常账户赤字均有改善。同年拉美地区净金融资源流入同比减少 17.0%,占 GDP 的 2.6%,国际储备增加至 GDP 的 0.4%。其中,FDI 流入 1 421 亿美元,减少 14.0%,占世界份额也由 2015 年的 9.3%下降到 8.1%,连续 5 年出现下降。②

2. 非洲经济增速减缓

2016 年非洲地区的经济增长速度普遍放慢,实际增长率为 2.2%,比 2015 年下降 1.2 个百分点。其中,从西非、中部非洲、南部非洲、北非到东非,实际 GDP 增长率依次为 0.4%、0.8%、1.1%、3.0%、5.3%,东非依然是非洲经济增长的引擎,

---

① Economic Commission for Latin America and the Caribbean. *Preliminary Overview of the Economies of Latin America and the Caribbean*(2016)[M]. Santiago:United Nations Publication, 2016.

② Economic Commission for Latin America and the Caribbean. *Preliminary Overview of the Economies of Latin America and the Caribbean*(2016)[M]. Santiago:United Nations Publication, 2016.

且不同次区域之间经济增长率偏差有所缩小，由 2015 年的 31.0%收窄至 2016 年的21.5%。[①] 造成 2016 年非洲地区经济增长放缓的原因，在于始自 2014 年的国际商品价格下跌、社会政治形势严峻、发达经济体复苏的乏力以及干旱等不利气候条件等多种因素的相互作用。

2016 年非洲地区各项经济指标表现令人担忧。是年非洲地区的财政综合赤字已从 2015 年的 6.3%上升到 6.6%，同年通货膨胀率高达 10.1%，比 2015 年提高 2.7 个百分点。针对扩大的财政赤字，一些国家已经采取了财政整合措施以增收节支。对外贸易形势不容乐观，是年地区经常账户赤字占 GDP 份额由 2015 年的 8.5%增加到 10.0%。服务贸易总体份额较低，出口以旅游服务为主，进口则集中于保险、养老以及金融服务等。总体上，非洲地区各经济体主要通过出口更多加工、制造产品来扩张地区出口种类，进而改善对外贸易状况。2016 年流入非洲地区的 FDI 为世界 FDI 总流入量的 3.4%，为 594 亿美元，下降3.5%。美国、英国等发达国家的跨国公司仍是非洲主要投资方。同年发达经济体政府开发援助减少 1.7%，特别是来自 OECD 成员的援助显著减少，相反，来自中国以及其他新兴经济体的援助项目则正在快速增长。[②]

为了切实改变非洲地区在全球经济中的地位，在今后一段时间内，经济转型将是非洲经济的当务之急。

3. 中东欧与中亚经济增长总体向好

2016 年中东欧 19 个国家经济状况总体较好，经济增速有所回升。[③] 其中已经加入欧盟的 11 个国家经济表现持续向好，比如罗马尼亚经济增长率达到 4.8%，较 2015 年提高 0.9 个百分点。相反，有近一半国家的经济增速较 2015 年有所下降，比如波兰、匈牙利的经济增长率分别由 2015 年的 3.8%和 3.1%收窄至 2.7%和 2.0%。[④] 家庭消费支出成为经济增长的主要驱动力，对外贸易保持稳定，政府支出增加。由于能源价格上涨，通货膨胀率有所回升。不同国家的劳动力市场发展差异显著，2016 年克罗地亚 11.4%的失业率仍保持高位，捷克 4.0%

① Economic Commission for Africa, African Development Bank Group, African Union Commission. *African Statistical Yearbook 2017* [M]. Addis Ababa: ECA Printing and Publishing Unit, 2017.

② Economic Commission for Africa, African Development Bank Group, African Union Commission. *African Statistical Yearbook 2017* [M]. Addis Ababa: ECA Printing and Publishing Unit, 2017.

③ 按照国际惯例，中东欧成员国一般包括波兰、立陶宛、爱沙尼亚、拉脱维亚、捷克、斯洛伐克、匈牙利、斯洛文尼亚、克罗地亚、波黑、黑山、塞尔维亚、阿尔巴尼亚、罗马尼亚、保加利亚和马其顿 16 国。本书又将白俄罗斯、乌克兰、摩尔多瓦三国纳入考察范围，在此特做说明。——作者注

④ European Bank for Reconstruction and Development. Regional Economic Prospects[EB/OL]. http://www. ebrd. com/what-we-do/economic-research-and-data/data/forecasts-macro-data-transition-indicators. html, 2017-04-21/2017-08-02.

的失业率在欧盟最低,而在波罗的海国家却出现劳动力短缺。① 事实上,对欧洲劳动力市场而言,自由流动非常重要,但 2016 年的难民危机和恐怖袭击事件对劳动力自由流动产生了较大影响。巴尔干地区塞尔维亚、波黑、黑山、阿尔巴尼亚、马其顿五国近些年来政治局势相对稳定,目前均为加入欧盟做最后冲刺。俄罗斯经济的衰退给乌克兰、白俄罗斯和摩尔多瓦的经济增长带来了消极影响。

尽管美国一直在实施紧缩货币政策,但是流入中东欧地区的资金仍有所增加。除了斯洛伐克的信贷增长率每年维持在 10.0% 左右,其余多数国家的信贷状况每年基本保持不变。② 中东欧地区的不良贷款水平整体略有下降,但提高银行部门的资产质量仍为该地区许多经济体的当务之急。区域内经济体在经济体量、产业结构、产能利用率等方面仍存在显著差异。由于对外依存度高,各经济体更易受到国际宏观经济环境变化的影响,在国际宏观经济失衡的背景下,区域内经济体经济中的结构性矛盾仍不可小觑。

中亚五国在取得独立后,纷纷开展了市场化改革,并相继确认了市场经济体制,确定了对外开放的政策,并同世界各国开展了广泛的交流和合作。同时,自 21 世纪以来,中亚各国都通过发挥本国丰富的自然资源优势,紧紧抓住国际能源和矿产品价格上升的历史机遇,实现了跨越式发展。然而在发展过程中,也面临着重重风险和挑战。

2016 年中亚五国经济均实现不同程度的增长,其中乌兹别克斯坦和土库曼斯坦更是达到 6% 以上。多数国家工业和(或)服务业增加值增幅高于农业,经济结构得到持续改善。中亚国家的通货膨胀率均超过 5%,尤其是哈萨克斯坦的通胀甚至达到了 8.5%,未来需对高通胀进行控制。中亚各国在 2016 年对财政赤字进行控制,均实现财政盈余。在外商直接投资方面,除塔吉克斯坦表现欠佳以外,其余国家均实现较快发展,尤其是哈萨克斯坦 2016 年外商直接投资同比增加 40%,且主要集中于采矿、地质勘探等行业。③ 可以预料,中亚国家若积极加入中国主导的"一带一路"倡议中来,加强同世界各国的经贸往来,将为自身经济发展获得更加广阔的空间。

① 欧盟失业率下降,未来取决于劳动力自由流动[EB/OL]. http://eu.mofcom.gov.cn/article/jmxw/201702/20170202520955.shtml, 2017-02-22/2017-08-02.

② European Bank for Reconstruction and Development. Regional Economic Prospects[EB/OL]. http://www.ebrd.com/what-we-do/economic-research-and-data/data/forecasts-macro-data-transition-indicators.html, 2017-04-21/2017-08-02.

③ 根据世界银行世界发展指标数据整理得出, http://databank.worldbank.org/data/reports.aspx?source=world-development-indicators, 2017-06-15。

四、2016 年世界经济发展的一般性问题依然突出

世界一般性问题主要探讨涉及世界经济发展的普遍性问题,包括经济周期、世界能源、世界环境以及世界粮食问题。总体上,2016 年世界经济发展中的一般性问题依旧突出,若不加强治理,将不利于世界经济发展的可持续性。

(一)世界经济周期

伴随经济全球化的推进,关于世界经济同步性及其背后国际传导机制的研究受到人们的关注。世界不同区域间的经济关联性增强,使全球经济增长具有同步性、一致性,于是便引发了世界经济周期性波动问题,而这种波动往往借助跨国资本流动、贸易等渠道进行全球性传导。2008 年全球金融危机后,世界经济充满了不确定性。

2016 年世界经济总体情况略逊于 2015 年,世界经济的不稳定甚至下行的趋势并没有根本改变。发达经济体经济复苏较为明显,但是,经济增长也充满不确定性;新兴市场与发展中经济体经济增长放缓,且不平衡。全年全球通货膨胀水平较前一年略有下降,发达经济体由 2015 年的 1.2% 下降至 2016 年的 1.0%,低于 2.0% 的理想水平,存在陷入通货紧缩的风险。[①] 美国货币政策的不确定性,加大了全球经济风险。经济全球化与区域经济一体化面临重大挑战。经济全球化的深入发展,在带来经济福利的同时,也存在全球福利分配的不公平。区域经济一体化同样面临重重阻碍。近年来债务危机、难民危机和民粹主义泛滥等因素给欧洲一体化带来严峻挑战,英国"脱欧"更使欧洲一体化进程雪上加霜。此外,英国"脱欧"引发的多米诺骨牌效应,不仅为欧洲未来,也为国际区域经济一体化的未来发展蒙上了阴影。

(二)世界能源问题

2016 年世界一次能源消费同比提高 1.0%,石油依然独占一次能源消耗的垄断地位。是年世界石油消费量为 44.18 亿吨,增长 1.8%,在一次能源中占比 33.3%,提高 0.2 个百分点。其中,亚太地区是石油消费增长幅度最大的地区,增幅达到 3.4%。美国石油消费依然位居世界第一。世界天然气消费 32.04 亿吨油当量,增长 1.8%,在一次能源中占比 24.1%,提高 0.1 个百分点。其中,发达地区天然气消费最多。世界煤炭消费下降 1.4%,连续两年出现下降,在一次能源中占比 28.1%,下降 0.8 个百分点,为 2004 年以来的最低占比。是年除非洲和亚太

① IMF. World Economic Outlook(WEO)Update, July 2017: A Firming Recovery[EB/OL]. https://www. imf. org/en/Publications/WEO/Issues/2017/07/07/world-economic-outlook-update-july-2017, 2017-07-08/2017-08-01.

地区外,其他地区的煤炭消费量均出现下降。世界可再生能源消费增长 14.4%,在一次能源中的占比较前一年提高 0.4 个百分点。①

从世界能源生产情况看,2016 年世界石油产量为 43.82 亿吨,同比增长 0.3%。除欧洲及欧亚大陆(Europe & Eurasia)、中东地区有所增长外,其他地区均出现不同程度的下降。世界天然气产量为 3.55 万亿立方米,增长 0.3%。其中 OECD 下降 0.5%,非 OECD 地区增长 0.8%。世界煤炭产量为 36.56 亿吨油当量,下降 6.2%,其中主要产煤区亚太地区产量下降 5.4%。世界生物质能产量不断提高,作为世界生物质能主要产地的美洲,2016 年合计产量占世界产量的 72.2%,其中美国和巴西产量增长迅速,分别占世界比重的 43.5% 和 22.5%。②

从世界能源贸易情况看,2016 年世界石油贸易量为 32.23 亿吨,增长 4.2%。出口方面,除非洲外,各地区石油出口同比均有提高,其中俄罗斯、沙特阿拉伯、美国、科威特石油出口增长 4% 左右。进口方面,2016 年各地区石油进口均有提高,亚太、欧洲、北美是石油净进口地区。尽管页岩油气的开发提高了美国石油自给率,但在 2016 年,美国依然是世界最大的石油进口国,进口 4.98 亿吨,增长 6.7%。中国进口 4.57 亿吨,增长 11.0%,排名第二。2016 年世界天然气贸易 1.08 万亿立方米,增长 4.8%。欧洲是最大的天然气进口地区,进口 4 722.00 亿立方米,增长 3.6%。欧亚地区(独联体国家)是世界天然气主要出口地,出口 2 788.00 亿立方米,增长 5.1%。③

由于主要经济体的经济增长疲软或经济下滑、石油供给增加和新能源发展等因素的影响,2014 年以来油价不断下降。2016 年 11 月底,欧佩克达成减产协议,对油价产生一定影响,但影响有限。

2016 年世界能源中除煤炭消费和生产下降外,其他能源的消费和生产均有所增加。但具体到各地区和经济体,情况有所不同。经济不景气、政局动荡以及新能源政策等因素,影响着各经济体能源生产和消费状况。2016 年能源发展领域振奋人心的消息是世界可再生能源消费增长 14.4%。亚太地区的可再生能源消费占比已经超过欧洲,位居世界第一(占 34.4%),其中中国可再生能源消费占

①　BP Statistical Review of World Energy June 2017 [EB/OL]. http://www.optbbs.com/attachcenter-page.html? aid=4960,2017-06-22/2017-08-03.

②　BP Statistical Review of World Energy June 2017 [EB/OL]. http://www.optbbs.com/attachcenter-page.html? aid=4960,2017-06-22/2017-08-03.

③　BP Statistical Review of World Energy June 2017 [EB/OL]. http://www.optbbs.com/attachcenter-page.html? aid=4960,2017-06-22/2017-08-03.

世界的比重就已达到 20.5%。① 与此同时,中国的煤炭消费在不断下降,中国政府一系列低碳发展的政策措施已显示出实际效果。

(三) 世界环境问题

当前,对经济增长的片面追求、对生态的人为破坏、对资源的不合理利用以及世界人口过度增长等因素令全球环境问题日益凸显。环境问题主要表现在如下五个方面。

一是全球气候持续变暖。2016 年全球气温、海平面上升以及海洋热量等均创历史新高,这一状况将持续到 2017 年。2016 年全球平均气温达到 14.83℃,较 2015 年升高约 0.06℃,为史上最热年。② 影响气温年际变化率的最大因素是来自热带太平洋的厄尔尼诺(El Niño)和拉尼娜(La Niña)现象。此外,2016 年全球大气中的二氧化碳浓度均值也已超过 400ppm(Parts Per Million,百万分比浓度)警戒线,海洋表面平均温度明显高于以往历史记录。③

二是土壤污染问题亟待整治。工业发展带来的固体废物不断被倾倒并堆积在土壤表面,加上有害废水的侵蚀以及大气中有害气体及飘尘伴随的雨水降落,使土壤污染问题日益严重。目前全球大约 33% 的土壤正在退化,污染侵蚀导致每年 250 亿~400 亿吨表土流失。

三是水资源短缺。随着全球经济的增长,人类对水的使用量不断增加,导致水资源供给问题日益严峻,这可能会在未来数十年限制经济发展,也会严重影响人们的日常生活。

四是生物多样性减少。地球陆地上超过一半地区存在物种多样性减少的问题。农业用地、交通发展以及城市化是导致物种多样性减少的主要原因。

五是臭氧层保护问题。臭氧层保护地球不受紫外线的照射,但是人类自身的活动破坏了臭氧层的完好,产生臭氧层空洞,而修复空洞则并非一朝一夕的事情,需要各国各地区合作努力,减少有害化学物质的排放。

2016 年,国际社会为治理环境问题提出了众多举措,国际社会的应对措施也通过相关协定逐渐生效。2016 年 5 月在内罗毕召开的第二届联合国环境大会围绕《2030 年可持续发展议程》的落实,通过了一系列决议,涉及海洋垃圾、野生动植物非法贸易、空气污染、可持续发展等多个问题。此次大会是在 2015 年

① BP Statistical Review of World Energy, June 2017[EB/OL]. http://www.optbbs.com/attachcenterpage.html? aid = 4960,2017-06-22/2017-08-03.

② 真不想每年都说:去年是有史以来最热的一年![EB/OL]. http://www.sohu.com/a/125486848_383714, 2017-02-04/2017-06-30.

③ WMO 确认 2016 年成为有记录以来最热年[EB/OL]. http://www.xinhuanet.com/politics/2017-01/19/c_129453845.htm, 2017-01-19/2017-06-30.

通过《2030 年可持续发展议程》的联合国可持续发展峰会、通过《巴黎协定》的巴黎气候大会之后的又一次以全球环境为议题的重大会议。2016 年 10 月在基加利召开的《蒙特利尔破坏臭氧层物质管制议定书》（简称《蒙特利尔议定书》）第 28 次缔约方大会，以协商一致的方式达成了历史性的限控温室气体氢氟碳化物（HFCs）修正案——基加利修正案。《蒙特利尔议定书》已被公认为国际社会最为成功的公约。

（四）世界粮食问题

世界粮食产量在 2007 年至 2016 年期间整体呈现持续增长态势。但从 2013 年开始，世界粮食产量增速放缓，其中世界粮食产量在 2015 年曾出现一定回落。2016 年世界粮食产量为 22.31 亿吨，比 2015 年增加 0.93%，较 2007 年增长 21.31%。其中，小麦、玉米和稻米的产量分别为 7.22 亿吨、10.06 亿吨、5.04 亿吨，较 2007 年分别增长了 17.89%、27.12%、15.57%。① 粮食产量增长的 80% 来源于单位面积产量的增长，20% 来源于粮食播种面积的增长。② 由于各地区存在较大的农业技术差异、显著不同的资源分布以及生活习惯、不同的市场需求，因此各地区所生产的粮食种类和产量均呈现较大差异。

受益于发展中经济体人口数量的急剧上升、人均收入的增加以及人口消费习惯的改变，2007 年至 2016 年期间世界粮食消费亦呈现递增态势，其中 2016 年世界粮食消费总量达到 22.63 亿吨，比 2015 年增长 1.79%，较 2007 年增长 23.34%。其中，小麦、玉米和稻米的消费量分别为 7.28 亿吨、10.25 亿吨和 5.10 亿吨，分别增加 1.14%、1.90% 和 2.53%。同期粮食消费用途的构成比例基本维持稳定，口粮消费是粮食的最主要消耗途径。2016 年口粮消费量为 10.42 亿吨，占粮食总消费量的 46.06%。③

世界粮食主要出口地区以北美和欧洲为主。2016 年北美和欧洲的粮食出口总量分别为 9 621.50 万吨和 9 242.61 万吨，分别占世界粮食出口总量的 29.72% 和 28.55%，分别上涨 1.84% 和下跌 0.76%。世界粮食主要进口国家和地区分布地点较为分散，其中日本、埃及和欧盟位列前三位。2016 年日本粮食进口达到 2 177.22 万吨，占全球粮食进口的比重由 2007 年的 9.27% 收窄至 6.73%。埃及和欧盟的粮食进口分别为 1 960.59 万吨和 1 868.38 万吨，分别占世界粮食进口比重的 6.06% 和 5.77%。④

---

① 根据 OECD 数据库数据整理得出，http://stats.oecd.org/，2017-08-03。

② OECD, FAO. OECD-FAO Agricultural Outlook 2016-2025 [EB/OL]. http://dx.doi.org/10.1787/agr_outlook-2016-en, 2016-07-04/2017-08-03.

③ 根据 OECD 数据库数据整理得出，http://stats.oecd.org/，2017-08-03。

④ 根据 OECD 数据库数据整理得出，http://stats.oecd.org/，2017-08-03。

自 2012 年以来,受制于世界粮食的供给需求不平衡以及国际原油价格的下跌,世界粮食价格总体呈现下降态势。总体上,短期内全球股市的重建以及缓慢增长的需求,使得世界粮食仍有较大的价格压力。但预计未来几年,因为高速增长的中国动物饲料需求以及世界主要粮食作物生产地区的生产扩张概率不大,主要粮食作物的名义价格将均有一定程度的上升。2016 年世界粮食问题在多重因素的影响下,在部分国家和地区爆发了新的危机。是年部分地区冲突不断,给当地的粮食安全造成了严重的威胁,并且冲突导致外部的人道主义救援难以有效实施。频繁发生的自然灾害与持续的极端天气同样给粮食安全带来了严重的威胁。这些问题不只是对于所在国产生了广泛的影响,同时对其周边的国家或地区造成了一定程度的冲击。

尽管从最基本的供需角度预测,未来十年内世界总体粮食产量将维持平稳小幅增长的格局,名义价格也将因此实现温和增长。但随着温室气体排放、全球变暖等世界性环境问题日趋严重,极端天气较过往更加频繁地出现,很有可能对世界粮食生产产生更加明显的短期负面效果,甚至可能产生长期性的影响。而对那些经济发展水平较为落后的地区而言,其应对突发的粮食问题的能力较弱,因此当受到冲击时,更有可能陷入粮食危机。

五、环球经济中的中国元素

(一) 2014 年中国宏观经济形势

2016 年中国 GDP 增长速度继续放缓,但在世界范围内仍属于较高速度。是年 GDP 达到 744 127 亿元人民币,按照可比价格计算,比上年增长 6.7%。[①] 第三产业增加值无论在增速还是在国内生产总值中所占份额,依然高于第二产业的相关数据,经济结构继续优化。种种迹象表明,"新常态"经济发展模式已渐入佳境。

物价总体水平继续保持稳定。全年居民消费价格指数(CPI)同比温和上涨 2.0%。[②] 工业品出厂价格指数(PPI)前两季度依旧延续下降趋势,但在第三季度则出现反向回升,结束了持续四年多的负增长,有效改善了生产资料生产企业的效益,亦意味着传统产业调整已取得成效。

就业总体平稳,但呈现分化趋势。2016 年城镇新增就业人口 1 314 万,年末

① 国家统计局.中华人民共和国 2016 年国民经济和社会发展统计公报[EB/OL].http://www.stats.gov.cn/tjsj/zxfb./201702/t20170228_1467424.html,2017-02-28/2017-08-04.

② 国家统计局.2016 年国民经济和社会发展统计公报[EB/OL].http://www.stats.gov.cn/tjsj/zxfb./201702/t20170228_1467424.html, 2017-02-28/2017-08-04.

城镇登记失业率为 4.0%，就业水平总体稳定。① 但是，就业结构分化特征较为明显，一是因为传统制造业的持续调整导致传统就业压力加大，二是因为"双创发展"带来了较大的就业机会。

2016 年年末，国家外汇储备比上年减少 3 198 亿美元，为 30 105 亿美元。全年美元兑人民币平均汇率为 6.642 3，贬值 6.2%。2016 年吸收 FDI（不含银行、证券、保险）新设立企业高达 2.79 万家，增加 5.0%，其中来自"一带一路"沿线国家的为 2 905 家，增加 34.1%。全年实际使用 FDI 金额约 1 260 亿美元，增长 4.1%，其中来自"一带一路"沿线国家的 FDI 约为 71 亿美元。全年对外直接投资额（不含银行、证券、保险）达到 1 701 亿美元，上涨 44.1%，其中有 145 亿美元投资到"一带一路"沿线国家中。②

2016 年中国一般公共预算收入上涨 4.5%，达到 159 552 亿元人民币，其中税收收入增长 4.3%，达到 130 354 亿元人民币。总投资没有出现明显下滑，但结构调整明显。全年全社会固定资产投资 606 466 亿元人民币，增长 7.9%。民间投资经历了先跌后升的态势，政府主导的基础设施投资有所加快。此外，2016 年社会消费品零售总额 332 316 亿元人民币，同比增长 10.4%，延续上升态势。③

总体上，2016 年中国宏观经济运行基本平稳，传统产业调整不断深化，新的经济结构、新的发展动能正在加速形成。从经济增长的视角观察，中国宏观经济止跌回稳。但是，基础仍未完全筑牢，应当充分认识到宏观经济面临的突出问题。就国内而言，工业经济结构性难题、服务业发展与创新驱动发展中的体制机制障碍等都是目前面临的突出问题。就国际而言，世界经济依然复苏乏力，这将对中国对外贸易产生负面影响；国际金融风险仍未完全释放，中国金融市场的潜在外来冲击依然存在，2008 年全球金融危机带来的世界经济调整远未结束。中国经济面临着诸多不确定的国际经济因素，受到各种外部冲击影响。

（二）中国对外经贸关系

1. 2016 年中国对外贸易概述

2016 年中国货物贸易发展依旧乏力，对外贸易"新常态"进一步深化。全年进出口呈现前低后高、逐季回稳向好态势，全年货物进出口总额 243 386 亿元人民币，微降 0.9%，实现顺差 33 523 亿元人民币，缩减 9.0%。其中，出口 138 455

---

① 国家统计局.2016 年国民经济和社会发展统计公报［EB/OL］.http://www.stats.gov.cn/tjsj/zxfb./201702/t20170228_1467424.html, 2017-02-28/2017-08-04.

② 国家统计局.2016 年国民经济和社会发展统计公报［EB/OL］.http://www.stats.gov.cn/tjsj/zxfb./201702/t20170228_1467424.html, 2017-02-28/2017-08-04.

③ 国家统计局.2016 年国民经济和社会发展统计公报［EB/OL］.http://www.stats.gov.cn/tjsj/zxfb./201702/t20170228_1467424.html, 2017-02-28/2017-08-04.

亿元人民币,下降 1.9%;进口 104 932 亿元人民币,增长 0.6%。全年贸易方式结构有所优化,一般贸易进出口总额为 133 999 亿元人民币,约占中国全年货物贸易进出口总额的 55.1%。对主要出口目的地欧盟、美国和东盟的出口分别增长 1.3%、0 和下降 1.9%,对"一带一路"沿线国家进出口总额为 62 517 亿元人民币,微增 0.5%。出口仍以机电产品、传统劳动密集型产品为主,大宗商品如原油、铁矿石、铜等的进口量保持增长态势,而主要进口商品的价格跌幅出现收窄,但仍在低位徘徊。①

2016 年中国服务贸易继续快速发展,全年贸易总额 5.35 万亿元人民币,同比增长 14.2%,贸易逆差进一步扩大至 1.71 万亿元人民币。其中,出口 1.82 万亿元人民币,增长 2.3%;进口 3.53 万亿元人民币,大增 21.5%。全年服务贸易占外贸比重达到 18%,较 2015 年增加 2 个百分点,外贸总体进一步变"轻"。其中,高附加值服务如金融服务、维修服务及广告服务等的出口增幅依次高达 50%、48% 和 47%,反映了服务出口结构进一步优化。美国成为中国第一大服务贸易逆差来源国,是年贸易额超过 1 000 亿美元,而逆差就已高达 523 亿美元。2016 年中国同"一带一路"沿线国家的服务贸易额在中国服务贸易总额中的占比上升 3.4%,达到 1 222 亿美元,其中出口占比较上一年上升 11%,已达 21.5%。②

2. 中国与发达经济体的经贸关系

2016 年中美双边贸易规模同比有所减小,但双边投资则有所扩大。是年中美货物贸易额为 5 164 亿美元,下降 7.3%。其中,中国对美出口 3 826 亿美元,下降 6.5%;进口 1 338 亿美元,下降 7.1%。美国已然成为中国第一大出口市场、第六大进口来源地以及第二大贸易伙伴。③ 同年中国对美直接投资 122 亿美元,骤增 141.0%,在流入美国 FDI 中的占比已从 2010 年的 0.5% 上升至 3.1%。④ 同年美国对中国直接投资 38 亿美元,同比增长 83.4%,在流入中国 FDI 中的比重已从 2015 年的 1.5% 提高到 3.0%。⑤ 2016 年中美经贸摩擦的焦点仍

① 国家统计局.2016 年国民经济和社会发展统计公报[EB/OL].http://www.stats.gov.cn/tjsj/zxfb/201702/t20170228_1467424.html, 2017-04-16/2017-08-04.

② WTO. Trade Statistics and Outlook:Trade Recovery Expected in 2017 and 2018, Amid Policy Uncertainty [EB/OL].https://www.wto.org/english/news_e/pres17_e/pr791_e.pdf, 2017-04-12/2017-08-04.

③ 国家统计局.2016 年国民经济和社会发展统计公报[EB/OL]. http://www.stats.gov.cn/tjsj/zxfb/201702/t20170228_1467424.html, 2017-02-28/2017-08-04.

④ 报告:2016 年中国企业在美国投资创纪录达 456 亿美元[EB/OL].http://world.people.com.cn/n1/2017/0104/c1002-28998970.html, 2017-04-28/2017-08-04.

⑤ 商务部.2016 年 1—12 月全国吸收外商直接投资情况[EB/OL].http://www.mofcom.gov.cn/article/tongji ziliao/v/201702/20170202509836.shtml, 2017-04-25/2017-08-04.

在贸易壁垒上,是年美国对中国发起反倾销、反补贴立案调查以及保障措施案件达到 20 起,仅低于印度的 21 起,还对中国发起 337 调查 22 起,同比上升 120.0%。①

随着欧洲经济复苏,2016 年中国与欧盟经贸关系发展势头良好。是年中国依然是欧盟的第二大经贸伙伴国,中国同欧盟贸易进出口总额为 5 470 亿欧元,出口 3 391 亿欧元,进口 2 080 亿欧元,增长趋势并未发生改变。欧盟对中国贸易逆差下降至 1 745 亿欧元。② 同年中国对欧投资额大于欧盟对中国投资额,中国对欧直接投资增长 76%,达到 351 亿欧元。相反,欧盟在中国的并购交易连续两年出现下滑,降到 77 亿欧元。③ 中国对欧盟的投资集中在高新技术和先进设备制造等领域,且为大宗收购。

2016 年中日贸易继续呈减少态势。是年中日双边贸易额为 2 747.9 亿美元,比 2015 年下降 1.3%,连续五年负增长,但降幅较 2015 年明显收窄。其中,中国对日出口 1 292.6 亿美元,比 2015 年下降 4.7%,自日进口 1 455.3 亿美元,比 2015 年增长 1.8%,贸易逆差 162.7 亿美元,比 2015 年骤增 120.0%。④ 2016 年,日本对中国直接投资实际到位资金 31.1 亿美元,占我国吸引外资总额的 2.5%,降幅从 2015 年的 25.8%收窄至 3.1%,连续四年出现负增长。⑤ 相反,中国对日投资增速较快。同年中国对日非金融类直接投资 4.7 亿美元,比 2015 年增长 117.0%。⑥

3. 2016 年中国与发展中经济体的经贸关系

中国与东盟的贸易总额在 2016 年实现 4 522 亿美元,比 2015 年下降 4.1%。在中国与东盟的双边贸易中,与中国贸易总额增长最快的三个国家依次为柬埔寨(7.4%)、菲律宾(3.4%)和越南(2.5%)。⑦ 同年中国对东盟的投资超过 90

① GTA. FDI Recovers? The 20th Global Trade Alert Report by Simon J. Evenett and Johannes [EB/OL]. http://www.globaltradealert.org/gta-analysis/fdi-recovers, 2016-08-30/2017-08-04.

② 商务部.2016 年 1—12 月中国与欧洲国家贸易统计表[EB/OL]. http://ozs.mofcom.gov.cn/article/zojmgx/date/201702/20170202520524.shtml, 2017-02-22/2017-08-05.

③ 荣鼎咨询报告[EB/OL]. http://finance.ifeng.com/a/20170114/15144271_0.shtml, 2017-06-10/2017-08-05.

④ 根据中国海关总署统计月报数据整理得出,http://www.customs.gov.cn/customs/302249/302274/302277/index.html, 2017-08-05。

⑤ 商务部外资司.中国外资统计2016[EB/OL]. http://images.mofcom.gov.cn/wzs/201611/20161107-131933879.pdf, 2016-11-07/2017-08-05.

⑥ 根据国家统计局数据库数据整理得出,http://data.stats.gov.cn/easyquery.htm? cn=C01, 2017-08-05。

⑦ 皮书数据库. 2016 年中国和东盟贸易情况[EB/OL].https://www.pishu.com.cn/skwx_ps/multimedia/ImageDetail? SiteID=14&ID=9613188&ContentType=MultimediaImageContentType, 2017-06-03/2017-08-05.

亿美元,是东盟对中国的投资的 3 倍。目前中国已经成为柬埔寨、老挝、缅甸等东盟成员主要的外资来源地。其中,2016 年中国对缅甸的直接投资增幅较大,全年非金融类直接投资额为 3 亿美元,比 2015 年增长近 50%,年末直接投资存量达到 46 亿美元。①

中国与印度双边贸易额在 2016 年达到 701.50 亿美元,比 2015 年下降 2.0%,印度对中国贸易逆差达到 466.30 亿美元,比 2015 年增加 4.0%,印度为我国第七大出口市场。② 同年印度对中国实际投资总额为 0.52 亿美元,比 2015 年减少 35.9%,累计投资金额 6.96 亿美元。中国对印度非金融类直接投资总流量为 10.63 亿美元,同比增加 643.4%,累计投资金额 48.33 亿美元。此外,2016 年中国对印度工程承包新签合同总额为 22.37 亿美元,比 2015 年增加 23.5%,累计合同总金额为 680.15 亿美元,累计完成营业总额为 458.35 亿美元。③

2016 年,中国与拉美地区经贸关系在调整中前行。全年中拉贸易总额2 166 亿美元,比 2015 年下降 8.4%,占中国贸易总额的 5.9%。其中,中国从拉美地区进口 1 027 亿美元,比 2015 年下降 1.1%,出口 1 139 亿美元,比 2015 年下降 13.8%,实现顺差 112 亿美元,比 2015 年下降 59.8%。④ 2016 年中国与拉美地区投融资合作关系蒸蒸日上。是年中国对拉美地区金融类直接投资同比增长 39.0%,达 298 亿美元,占当年中国对外非金融类直接投资总量的 17.5%,占当年流入拉美地区 FDI 的 21.0%。⑤ 2016 年中国对拉美地区新签 191 亿美元的承包工程合同额,比 2015 年增长 5.3%,占当年中国对外新签合同总额的 7.8%。⑥ 此外,2016 年拉美地区对中国投资 122 亿美元,同比增长 33.6%。⑦ 目前,中国已成为拉美地区第三大投资来源地,拉美地区也是中国海外第二大投资目的地。

---

① 2016 年中缅经贸合作简况［EB/OL］.http://mm.mofcom.gov.cn/article/zxhz/201702/20170202-510989.shtml,2017-02-07/2017-08-05.

② Ministry of Commerce and Industry.Export Import Data Bank-Trade Statistics-Total Trade-Country-wise［DB/OL］.http://commerce.nic.in/eidb/iecnttopnq.asp,2017-07-01/2017-08-05.

③ 根据国家统计局金砖国家联合统计手册(2015),http://www.stats.gov.cn/ztjc/ztfx/jz2015/;中华人民共和国驻孟买总领事馆经济商务处 2016 中印经贸数据,http://bombay.mofcom.gov.cn/article/zxhz/整理得出,2017-08-05。

④ 商务部综合司.中国对外贸易形势报告(2017 年春季)［EB/OL］.http://zhs.mofcom.gov.cn/article/cbw/201705/20170502569655.shtml,2017-05-04/2017-08-05.

⑤ 商务部合作司.2016 年我国对外非金融类直接投资简明统计［EB/OL］.http://fec.mofcom.gov.cn/article/tjsj/ydjm/jwtz/201701/20170102504235.shtml,2017-01-19/2017-08-05.

⑥ 商务部合作司.2016 年我国对外承包工程业务简明统计［EB/OL］.http://fec.mofcom.gov.cn/article/tjsj/ydjm/gccb/201701/20170102504236.shtml,2017-01-19/2017-08-05.

⑦ 商务部:中拉经贸合作进入提质升级新阶段［EB/OL］.http://m.21jingji.com/article/20170412/herald/aa8d86d8afe514c36e8e5e37f05a0ecf.html,2017-04-12/2017-08-05.

　　2016 年,中国与非洲国家经贸合作不断调整与深化。是年中国与非洲贸易总额为 1 491 亿美元,比 2015 年下滑 16.7%,但中国依然为非洲第一大贸易伙伴。其中,中国自非洲进口 569 亿美元,对非洲出口 922 亿美元,比 2015 年分别下降 19.1% 和 15.1%,实现顺差 353 亿美元,比 2015 年下降 7.7%。① 2016 年中国对非洲非金融类直接投资增长 14.0%,达到 33 亿美元,中国已成为非洲第三大投资国。自 2005 年以来,中国对非洲国家直接投资项目已达 293 个,涉及金额 664 亿美元。② 同年中国对非洲国家承包工程新签合同额 820 亿美元,比 2015 年增长 7.5%,非洲继续稳居中国对外承包工程第二大市场。③

　　2016 年中国与中东欧国家双边经贸关系持续向好,全年双边贸易总额为 587 亿美元,相比 2010 年的 439 亿美元有显著增加,占 2016 年中国与欧洲贸易总额的 9.8%。④ 自 2012 年以来,中国企业在中东欧地区的对外直接投资主要涉及基础设施建设、农业发展和旅游业开发等多类项目。截至 2015 年年末,中国在中东欧地区对外直接投资存量排名前三的国家分别是匈牙利、白俄罗斯和罗马尼亚。

　　目前中国同中亚五国的贸易关系越发紧密,但双边贸易往往处于逆差状态。2016 年,中国同哈萨克斯坦双边贸易总额为 78.8 亿美元,比 2015 年下降 25.4%,实现逆差 5.5 亿美元,比 2015 年增加 37.0%,中国成为哈萨克斯坦第二大出口市场和第一大进口来源国。⑤ 中国同乌兹别克斯坦双边贸易总额为 36.2 亿美元,比 2015 年增长 3.4%,实现顺差 4.0 亿美元。⑥ 2016 年上半年,中国同土库曼斯坦双边贸易总额为 24.3 亿美元,中国已然成为土库曼斯坦的第一大贸易合作伙伴。⑦ 2016 年,中国同吉尔吉斯斯坦双边贸易额达 15.5 亿美元,增长 50.0%,实

　　① 中非贸易研究中心. 中非贸易数据 ｜ 2016 中国与非洲各国贸易数据及相关排名 [EB/OL]. http://news.afrindex.com/zixun/article8555.html, 2017-03-06/2017-08-05.

　　② 商务部.【2016 年商务工作年终综述之二十六】中非经贸合作稳中有进 [EB/OL]. http://www.mofcom.gov.cn/article/ae/ai/201702/20170202511639.shtml, 2017-02-08/2017-08-05.

　　③ 商务部西亚非洲司. 2016 年中国对非洲承包工程合作数据统计 [EB/OL]. http://www.mofcom.gov.cn/article/tongjiziliao/fuwzn/swfalv/201704/20170402557492.shtml, 2017-03-21/2017-08-05.

　　④ 商务部. 2016 年中国与中东欧 16 国贸易增长 9.5% [EB/OL]. http://lv.mofcom.gov.cn/article/todayheader/201703/20170302531147.shtml, 2017-03-09/2017-08-05.

　　⑤ 2016 年哈萨克斯坦货物贸易及中哈双边贸易概况 [EB/OL]. http://www.cewgroup.cn/2016nianhasakesitanhuowumaoyi-jizhonghashuangbianmaoyigaikuang/, 2017-02-24/2017-08-05.

　　⑥ 中国与乌兹别克斯坦 2016 年贸易结构分析 [EB/OL]. http://uz.mofcom.gov.cn/article/ztdy/201703/20170302528326.shtml, 2017-03-06/2017-08-05.

　　⑦ 土库曼斯坦与中国、土耳其、伊朗三大合作伙伴的贸易交往情况 [EB/OL]. http://tm.mofcom.gov.cn/article/ztdy/201609/20160901397990.shtml, 2016-09-21/2017-08-05.

现顺差 13.9 亿美元。① 中国为吉尔吉斯斯坦第一大贸易伙伴、第一大进口来源国和第六大出口国。2016 年 1 月至 8 月，中国同塔吉克斯坦双边贸易总额为 6.2 亿美元，同比增幅达 45.0%。②

（三）2016 年中国与经济发展相关的一般性问题

2016 年中国能源消费温和上涨，但结构效率进一步优化。全年能源消费总量高达 43.6 亿吨标准煤，较 2015 年增加 1.4%。其中，原油和天然气消费量分别上涨 5.5% 和 8.0%，而煤炭消费量减少 4.7%，占能源消费总量的 62.0%，较 2015 年降低 2.0 个百分点。此外，清洁能源如天然气、风电、水电、核电等的消费量在能源消费总量中的占比达到 19.7%，上升 1.7 个百分点。在利用效率方面，全国万元 GDP 能耗降低 5.0%，工业企业吨水泥、吨钢和吨粗铜的综合能耗分别降低 1.81%、0.08% 及 9.45%。③

2016 年中国空气质量趋于好转。全年全国 338 个地级及以上城市中，平均优良天数比例同比上升 2.1 个百分点，达到 78.8%；细颗粒物（PM2.5）平均浓度减少 9.1%。474 个城市（区、县）中酸雨频率平均为 12.7%。水资源方面，全国 1 940 个地表水评价、考核、排名断面中，Ⅴ类和劣Ⅴ类水质断面分别占 6.9% 和 8.6%。338 个地级及以上城市的 897 个在用集中式生活饮用水水源监测断面（点位）中，全年达标数为 811 个。近岸海域 417 个点位中，四类和劣四类海水共占 16.3%。城市污水处理厂日处理能力为 14 823 万立方米，上升 5.6%，城市污水处理率为 92.4%，上升 0.5 个百分点。近年来土壤污染问题仍较严重，其中有近 5 000 万亩的农用耕地受到中度以上污染，这将严峻挑战中国的粮食安全、生态安全等。④

当前中国政府大力开展环境立法并健全环境保护法律法规，力求遏制并扭转环境恶化态势。2016 年 5 月，国务院制定实施《土壤污染防治行动计划》，这是目前及未来很长一段时间内中国土壤污染治理工作的重要行动准则，助推中国土壤污染治理工作。《土壤污染防治行动计划》与《大气污染防治行动计划》《水污染防治行动计划》共同发挥作用，为中国在污染治理方面发挥着极为重要的作用，从大气到水再到土壤，三方面多角度进行防治污染，更是为国家向健康

---

① 2016 年全年吉尔吉斯斯坦对外贸易情况［EB/OL］. http://kg. mofcom. gov. cn/article/ztdy/201703/20170302525925.shtml，2017-03-02/2017-08-05.

② 2016 年 1—8 月中国和塔吉克斯坦两国贸易额增长 45%［EB/OL］. http://tj. mofcom. gov. cn/article/jmxw/201609/20160901399444.shtml，2016-09-15/2017-08-05.

③ 根据万得（Wind）数据库数据整理得出，http://www.wind.com.cn，2017-06-20。

④ 环保部发布《2016 中国环境状况公报》［EB/OL］. http://www.cfen.com.cn/sjpd/hg/201706/t20170606_2616375.html，2017-06-06/2017-08-05.

生态环境发展扫清了障碍,从总体上改善环境质量。

2016 年中国粮食市场保持了平稳有序发展,全年粮食总产量为 61 624 万吨,微降 0.8%,粮食产量在连续增产 12 年后首次出现回落。造成中国粮食生产能力有所下滑的原因主要来自高产作物播种面积的减少、生产结构调整和气象灾害频发所导致的粮食单产下降等。是年全国粮食种植面积为 11 303 万公顷,减少 0.3%,耕地平均质量等别为 9.96 等(1 等质量最佳,15 等质量最差)仍处于总体偏低水平。受制于供需结构问题、政策调整以及国际市场价格的影响,2016 年中国粮食生产价格同比有所下降。其中,玉米有较大的下跌幅度,而小麦、稻谷、豆类作物跌幅并不明显。①

（四）G20 杭州峰会召开与"一带一路"倡议稳步推进

2016 年 9 月,G20 相关国家和国际组织领导人在杭州召开了以"构建创新、活力、联动、包容的世界经济"为主题的峰会。此次峰会成果《二十国集团领导人杭州峰会公报》共计 48 条,就推动创新增长、发展、结构性改革、投资、金融改革、反腐败、贸易、工业化、创业和气候变化等议题达成共识,为人们展现了世界经济发展新的前景。

此次峰会通过了《二十国集团创新增长蓝图》,首次提出 G20 创新增长蓝图和具体的行动计划,就联合国 2030 年可持续发展议程在成员之间达成了相关行动计划,全面提升结构性改革在 G20 框架内的政策地位和引领作用,核准全球首个多边投资规则框架《二十国集团全球投资指导原则》,核准《二十国集团迈向更稳定、更有韧性的国际金融架构的议程》《二十国集团反腐败追逃追赃高级原则》《二十国集团 2017—2018 年反腐败行动计划》和《二十国集团全球贸易增长战略》,提出要实现包容和联动式发展,指出创造高质量就业对可持续发展不可或缺,并切实推动《巴黎协定》在 2016 年年底前生效实施。

G20 杭州峰会作为全球经济合作的重要平台,对中国来说是一个机遇。作为全球最大的发展中国家以及新兴市场国家的代表,中国可以为发展中国家发声,借助"一带一路"倡议、亚投行建设等与更多国家进行互动,实现共赢。从此次峰会确定的"创新、活力、联动、包容"四个方面的主题来看,对正在打造开放型经济的中国而言,加快"一带一路"的建设是现阶段的当务之急。

自中国提出"一带一路"倡议以来,已有 100 多个国家和国际组织参与进来,中国与沿线 30 余个国家签署共建"一带一路"合作协议、与 20 余个国家进行

---

① 国家统计局.国家统计局关于 2016 年粮食产量的公告[EB/OL]. http://www.stats.gov.cn/tjsj/zxfb/201612/t20161208_1439012.html,2016-12-08/2017-06-18.

国际产能合作,以丝路基金、亚投行为代表的金融合作不断推进,一批影响较大的标志性项目陆续推出。可以发现,中国提出的"一带一路"倡议已经在世界上得到广泛认可与积极响应。在"一带一路"建设的"五通"中,设施联通相较于资金融通、贸易畅通、政策沟通、民心相通,应为"一带一路"建设的重头戏。实际上,以通道建设为中心的基础设施投资是"一带一路"建设的主要着力点,如交通道路建设、通信设施建设、能源通道建设以及相关产业建设等。显然,在"一带一路"倡议的建设过程中,中国将更有机会展现自身优势。

六、世界经济形势展望

(一)世界经济在 2017—2018 年的走势

2017—2018 年世界经济复苏步伐有望加快,表现将好于 2016 年。表 0-2 显示,世界银行、联合国与 IMF 预计 2017 年世界经济增长率分别为 2.7%、2.7% 和 3.5%,2018 年世界经济增速进一步提高。发达经济体经济走势总体趋暖向优。美国经济的增长温和,进一步稳固了其强劲复苏态势;欧元区经济复苏稳步推进,各项指标持续改善;日本经济继续回暖,近期对外贸易好转,工业生产明显改善,通缩风险有所缓解。新兴经济体和发展中经济体的经济政策调整效果初现,经济走势总体向好。印度继续保持较快的经济增速走势;巴西、南非和俄罗斯经济在全球能源资源价格回暖的助力下出现好转。总体上,当前世界贸易出现转好迹象,通缩风险得到释放,全球金融市场以及大宗商品价格愈加稳固回稳,市场信心得到强化。总体上,在 2017—2018 年期间世界经济总体发展向好。

表 0-2　世界银行、联合国与 IMF 对 2017—2018 年世界经济增长率的预测

经济体	经济增长率(%)					
	世界银行预测		联合国预测		IMF 预测	
	2017 年	2018 年	2017 年	2018 年	2017 年	2018 年
总体	2.7	2.9	2.7	2.9	3.5	3.6
发达经济体	1.9	1.8	1.7	1.8	2.0	1.9
美国	2.1	2.2	1.9	2.0	2.1	2.1
欧元区	1.7	1.5	1.8	1.8	1.9	1.7
日本	1.5	1.0	0.9	0.9	1.3	0.6
发展中经济体	4.1	4.5	4.4	4.7	4.6	4.8

续表

经济体	经济增长率(%)					
	世界银行预测		联合国预测		IMF 预测	
	2017 年	2018 年	2017 年	2018 年	2017 年	2018 年
巴西	0.3	1.8	0.6	1.6	0.3	1.3
俄罗斯	1.3	1.4	1.0	1.5	1.4	1.4
印度	7.2	7.5	7.7	7.6	7.2	7.7
南非	0.6	1.1	—	—	1.0	1.2

资料来源：根据 IMF、联合国、世界银行数据整理。IMF.世界经济展望最新预测［EB/OL］.华盛顿特区：IMF, http://www. imf. org/en/Publications/WEO/Issues/2017/07/07/world-economic-outlook-update-july-2017, 2017-07-07/2017-08-09; UN. Statistical Yearbook － 61st Issue（2018 Edition）［EB/OL］. https:// unstats.un.org/unsd/publications/statistical-yearbook/, 2017-08-09; WBG. Global Economic Prospects：Weak Investment in Uncertain Times（English）［EB/OL］. http://documents. worldbank. org/curated/en/100021488966873703/Global-economic-prospects-weak-investment-in-uncertain-times, 2017-03-08/2017-08-09.

注：世界银行与联合国均按汇率法对 GDP 加权汇总；印度数据为财年。

支撑 2017—2018 年世界经济增长的积极因素有如下四个方面。首先，美国工业生产的进一步复苏，加之大规模减税预期、扩大基础设施投资等扩张性财政政策，对全球总需求和总供给有积极影响。其次，新兴经济体推进结构调整将进一步优化其经济增长质量和加强稳定性。再次，逐步弱化的经济失衡风险有利于世界经济增长的稳定。最后，各国政府政策的有效性和灵活性进一步提高；国际组织力量的进一步增强，对突发性冲击的应对能力也在提高。

此外，抑制 2017—2018 年世界经济增长的不利因素依然存在，具体表现在如下三个方面。首先，持续存在的多种不确定性有可能加大新兴经济体的金融风险，影响世界经济复苏进程。比如美国特朗普政府的政策调整难免会给市场带来较大震荡；欧洲政治分裂风险依然较高，政局走势扑朔迷离，会对市场预期和信心造成影响。其次，美联储加息的后续效应仍将持续。最后，全球范围内贸易保护主义抬头。这些都将会制约全球贸易投资增速，影响世界经济复苏步伐。

（二）世界经济在 2017—2022 年的走势

基于经济现状预期，2017—2022 年间世界经济增长率可能会稳定在 2.7%～3.6%，世界经济在未来五年内加快复苏步伐。但也应看到，经济增长分化问题在各类经济体中还将持续存在。在国际金融市场方面，美元仍为强势货币，人民币亦会进一步加快国际化步伐。对金融市场动荡以及由此引发的资产价格波动问题仍需高度关注。对大宗商品价格上升缓慢的预期会对初级产品出口国包括能源出口国扩大生产规模产生影响。

这里选定了15个经济体来代表发达经济体、金砖国家和新兴经济体,时间跨度为2012—2022年。其中,以2012—2016年期间GDP增长率为基础,分别预测了2017—2022年期间相应经济体的GDP增长率,并对世界经济给予中长期展望(见表0-3)。

表0-3　2017—2022年世界经济增长展望

经济体	GDP(万亿美元)			GDP全球占比(%)	GDP增长率(%)					GDP增长率预测(%)
	2014年	2015年	2016年		2012年	2013年	2014年	2015年	2016年	2017—2022年
美国	16.2	16.6	16.9	21.8	2.2	1.7	2.4	2.6	1.6	2.0
德国	3.6	3.7	3.8	4.9	0.5	0.5	1.6	1.7	1.9	2.0
法国	2.7	2.8	2.8	3.7	0.2	0.6	0.9	1.1	1.2	1.5
英国	2.6	2.7	2.7	3.5	1.3	1.9	3.1	2.2	1.8	1.6
日本	5.9	6.0	6.0	7.9	1.5	2.0	0.3	1.2	1.0	1.1
中国	8.3	8.9	9.5	11.8	7.9	7.8	7.3	6.9	6.7	6.4
印度	2.1	2.3	2.5	3.0	5.5	6.4	7.5	8.0	7.1	7.1
俄罗斯	1.7	1.6	1.6	2.2	3.5	1.3	0.7	−2.8	−0.2	1.1
巴西	2.4	2.3	2.2	3.1	1.9	3.0	0.5	−3.8	−3.6	1.4
南非	0.4	0.4	0.4	0.5	2.2	2.5	1.7	1.3	0.3	1.3
韩国	1.2	1.3	1.3	1.7	2.3	2.9	3.3	2.8	2.8	3.3
土耳其	1.0	1.1	1.1	1.4	4.8	8.5	5.2	6.1	2.9	3.7
墨西哥	1.2	1.2	1.2	1.6	4.0	1.4	2.3	2.6	2.3	1.5
印度尼西亚	0.9	1.0	1.0	1.3	6.0	5.6	5.0	4.9	5.0	5.1
尼日利亚	0.5	0.5	0.5	0.6	4.3	5.4	6.3	2.7	−1.5	2.1

资料来源:根据世界银行世界发展指标数据整理、计算得出,http://databank.worldbank.org/data/reports.aspx?source=world-development-indicators,2017-08-12。

注:GDP占比是指各经济体2014年的GDP与全球GDP的比值。

牵动世界经济增长的主体仍为新兴经济体。预计到2025年,在以上15个经济体中,10个新兴经济体的经济体量将基本持平于5个发达经济体。新兴经济体的增长引擎仍为金砖国家。日本的经济增速在主要经济体中仍相对偏低。

印度的较高增速将给全球经济复苏注入动力。以美国为代表的发达经济体仍主导全球经济,但其影响力已趋于弱化。

　　总体上,发达经济体经济加快复苏和新兴经济体经济企稳回升,将使2017—2022 年间世界经济呈现复苏向好的态势。不过,囿于各经济体面临的深层次结构性矛盾、财政政策和货币政策调整空间渐趋收窄等因素,全球总需求不足的矛盾尚难得以有效解决,世界经济增长仍将处于一种低速非均衡状态,且这种状态可能还要持续较长一段时间。

(车维汉、刘景卿)

主要参考文献

　　[1] BIS. C1 Summary of Debt Securities Outstanding [EB/OL]. http://www. bis.org/statistics/secstats.htm? m=6%7C615,2017-06-06/ 2017-07-24.

　　[2] BP Statistical Review of World Energy June 2017[EB/OL].http://www. optbbs.com/attachcenter-page.html? aid=4960, 2017-06-22/2017-08-03.

　　[3] Central Statistics Office Minister for Statistics and Programme Implementation, Government of India. Press Note on Provisional Estimates of Annual National Income, 2016-17 and Quartely Estimates of Gross Domestic Product for the Forth Quarter(Q4) of 2016-17[EB/OL]. http://www. mospi. gov. in/sites/default/files/press_release/PRESS_NOTE_PE_2016-17.pdf, 2017-05-01/2017-08-01.

　　[4] Economic and Social Research Institute Cabinet Office, Government of Japan.GDP (Expenditure Approach) and Its Components[EB/OL].http://www.esri. cao. go. jp/jp/sna/data/data_list/sokuhou/gaiyou/pdf/main_1. pdf, 2017-06-08/2017-07-30.

　　[5] Economic Commission for Africa, African Development Bank Group, African Union Commission. African Statistical Yearbook 2017 [EB/OL].https://www. afdb. org/fileadmin/uploads/afdb/Documents/Publications/African_Statistical_Yearbook_2017.pdf, 2017-05-18/2018-12-25.

　　[6] Economic Commission for Latin America and the Caribbean. *Preliminary Overview of the Economies of Latin America and the Caribbean* (2016) [M]. Santiago: United Nations Publication, 2016.

　　[7] EPU. Economic Policy Uncertainty Index Data[DB/OL]. http://www. policyuncertainty.com/index.html, 2016-12-31/2017-07-24.

　　[8] European Bank for Reconstruction and Development. Regional Economic Prospects [EB/OL]. http://www. ebrd. com/what-we-do/economic-research-and-

data/data/forecasts-macro-data-transition-indicators.html，2017-04-21/2017-08-02.

［9］European Commission. Eurostat. Real GDP Growth Rate Access Data ［DB/OL］. http：//epp. eurostat. ec. europa. eu/tgm/table. do？ tab＝table&init＝1&plugin＝1&language＝en&pcode＝tec00115，2017-06-13/2017-06-20.

［10］Focus Economics. Economic Snapshot for ASEAN ［EB/OL］. http：//www.focus-economics.com/regions/asean，2017-05-24/2017-08-01.

［11］IMF. World Economic Outlook，April 2017：Gaining Momentum？［EB/OL］. http：//www.imf.org/external/ns/cs.aspx？ id＝29，2017-04-18/2017-07-23.

［12］World Gold Council. Gold Demand Trends Full Year 2016［EB/OL］. https：//www.gold.org/goldhub/research/gold-demand-trends/gold-demand-trends-full-year-2016，2017-02-17/2017-07-25.

［13］Министерство экономического развития РФ. об итогах социально-экономического развития Российской Федерации в 2016 году［EB/OL］. http：//economy. gov. ru/minec/activity/sections/macro/2017070204，2017-02-07/2017-08-01.

［14］WTO. Trade Recovery Expected in 2017 and 2018，Amid Policy Uncertainty［EB/OL］. https：//www. wto. org/english/news＿e/pres17＿e/pr791＿e. htm，2017-04-12/2017-07-23.

［15］国家统计局.中华人民共和国 2016 年国民经济和社会发展统计公报［EB/OL］. http：//www. stats. gov. cn/tjsj/zxfb./201702/t20170228＿1467424. html，2017-02-28/2017-08-04.

［16］商务部欧洲司.2016 年 1—12 月中国与欧洲国家贸易统计表［EB/OL］. http：//ozs. mofcom. gov. cn/article/zojmgx/date/201702/20170202520524. shtml，2017-02-22/2017-08-05.

上篇　国际经济关系

第一章 国际贸易

第一节 2016年国际贸易形势综述

一、全球贸易发展令人忧虑

世界贸易组织（WTO）在2017年发布的全球贸易统计报告显示，2016年世界货物贸易出口额为15.46万亿美元，比2015年下降了3.3%；货物贸易进口额为15.80万亿美元，比2015年下降了3.2%。2016年世界服务贸易出口额为4.77万亿美元，与2015年相比仅增长了0.1%；服务贸易进口额为4.65万亿美元，比2015年增长了0.5%。① 近年的国际贸易形势令人忧虑，世界货物贸易额已经连续两年下降。从表1-1可以看出，世界货物贸易出口增长率由2014年的0.3%变为2015年的-13.5%，货物贸易出口额下滑幅度非常大。而2016年的货物贸易出口继续下滑，增长率为-3.3%。世界服务贸易出口增长率由2014年的6.3%变为2015年的-5.5%，服务贸易出口额下滑幅度也较大。虽然2016年世界服务贸易出口增长率由负转为正，但0.1%的增长力度显得非常微弱。

表1-1 2010—2016年世界贸易出口额及增长率

项目	2016年贸易出口额（万亿美元）	2010年增长率（%）	2014年增长率（%）	2015年增长率（%）	2016年增长率（%）
货物贸易	15.46	0.6	0.3	-13.5	-3.3
服务贸易	4.77	3.6	6.3	-5.5	0.1

资料来源：WTO. Trade Statistics and Outlook：Trade Recovery Expected in 2017 and 2018，Amid Policy Uncertainty[EB/OL].https：//www.wto.org/english/news_e/pres17_e/pr791_e.pdf，2017-04-12/2017-06-20.

根据世界贸易组织的预测，2017年全球货物贸易量有望增长2.4%，但低于

---

① WTO. Trade Statistics and Outlook：Trade Recovery Expected in 2017 and 2018，Amid Policy Uncertainty[EB/OL].https：//www.wto.org/english/news_e/pres17_e/pr791_e.pdf，2017-04-12/2017-06-20.

金融危机前年均 5.0% 以上的增长率,并且将连续第六年低于以购买力平价测算的世界经济增速。① 造成 2016 年全球贸易低迷的原因是多方面的,主要原因是全球市场需求低迷、政策不确定性的加大、国际市场商品价格下降和汇率波动变大。

(一) 全球市场需求低迷

2016 年国际贸易低迷的重要原因之一是全球市场需求的低迷。根据 IMF 发布的《世界经济展望报告》,2016 年全球经济整体增速低于 2015 年。如表 1-2 所示,2016 年全球经济增长 3.1%,低于 2015 年 0.3 个百分点。其中,发达经济体增长 1.7%,较 2015 年回落 0.4 个百分点;新兴经济体和发展中经济体增长 4.1%,较 2015 年回落 0.1 个百分点。②

在发达经济体方面,2016 年美国经济增长 1.6%,低于 2015 年 1 个百分点;欧元区经济增长 1.7%,低于 2015 年 0.3 个百分点;英国经济增长 1.8%,低于 2015 年 0.4 个百分点;日本经济增长 1.0%,低于 2015 年 0.2 个百分点。但 2016 年下半年以来,美国第三、四季度国内生产总值增长分别达到 3.5% 和 2.1%,欧元区经济增速也逐渐回升,接近危机前的水平。③

新兴经济体和发展中经济体经济增速仍然领先发达经济体,但其内部分化更加明显。2016 年中国和印度经济增长最快,增长率分别达到 6.7% 和 6.8%,但分别比 2015 年低 0.2 个百分点和 1.1 个百分点。俄罗斯和巴西经济仍为负增长。2016 年俄罗斯经济下降 0.2%,相比 2015 年 2.8% 的降幅有所好转,开始呈现止跌回升的态势。2016 年巴西经济下降 3.6%,仍深陷经济危机泥潭之中。IMF 预计 2017 年新兴经济体和发展中经济体的经济增长将有所回升(见表 1-2)。

表 1-2　2015—2018 年世界经济增长趋势

经济体	经济增长率(%)			
	2015 年	2016 年	2017 年	2018 年
世界经济	3.4	3.1	3.5	3.6
发达经济体	2.1	1.7	2.0	2.0
美国	2.6	1.6	2.3	2.5

① WTO. Trade Statistics and Outlook:Trade Recovery Expected in 2017 and 2018,Amid Policy Uncertainty[EB/OL].https://www.wto.org/english/news_e/pres17_e/pr791_e.pdf,2017-04-12/2017-06-20.

② IMF. World Economic Outlook,April 2017:Gaining Momentum? [EB/OL]. http://www.imf.org/external/ns/cs.aspx?id = 29,2017-04-18/2017-6-23.

③ 根据美国商务部经济分析局数据整理得出,https://www.bea.gov/national/index.htm,2017-06-23.

续表

经济体	经济增长率(%)			
	2015 年	2016 年	2017 年	2018 年
欧元区	2.0	1.7	1.7	1.6
英国	2.2	1.8	2.0	1.5
日本	1.2	1.0	1.2	0.6
新兴经济体和发展中经济体	4.2	4.1	4.5	4.8
俄罗斯	-2.8	-0.2	1.4	1.4
中国	6.9	6.7	6.6	6.2
印度	7.9	6.8	7.2	7.7
巴西	-3.8	-3.6	0.2	1.7
南非	1.3	0.3	0.8	1.6

资料来源:IMF.World Economic Outlook, April 2017: Gaining Momentum? [EB/OL]. http://www.imf. org/external/ns/cs.aspx?id=29,2017-04-18/2017-06-23.

注:2017 年和 2018 年为预测值;2016 年 12 月起日本调整 GDP 计算基数;印度数据为以 2011—2012 年市场价格计算的财年数据。

（二）经济政策不确定性阻碍国际贸易

2016 年,全球贸易政策总体趋于保守,贸易限制措施不断增加,全球范围内的贸易保护主义有所抬头。据世界银行的相关研究表明,2015—2016 年全球贸易增长降幅的 3/4 是由政策不确定性所致。

如图 1-1 所示,全球经济政策不确定性(EPU)指数在 2014 年至 2015 年上半年相对平稳,此后由于欧洲难民危机等原因,全球经济政策不确定性指数上升,于 2015 年 9 月达到阶段高点。进入 2016 年后,全球经济政策不确定性指数更是出现两次剧烈波动。2016 年 6 月,英国"脱欧"公投使得全球经济政策不确定性指数大幅上升至 275 点。2016 年年底至 2017 年年初,在美国大选、法国大选、巴西政治危机等事件影响下,全球经济政策不确定性指数更是上升至 313 点,是 1997 年该指数有记录以来的最高点。

在全球经济政策不确定性增加的国际环境下,一方面,部分发达经济体推动产业回归,鼓励经济体内生产代替进口,在一定程度上削弱了国际贸易的增长动能;另一方面,收入分配失衡、地缘局势紧张导致"逆全球化"思潮涌动,"以邻为壑"的贸易保护主义抬头,全球范围内贸易摩擦明显增多,这些都阻碍了国际贸

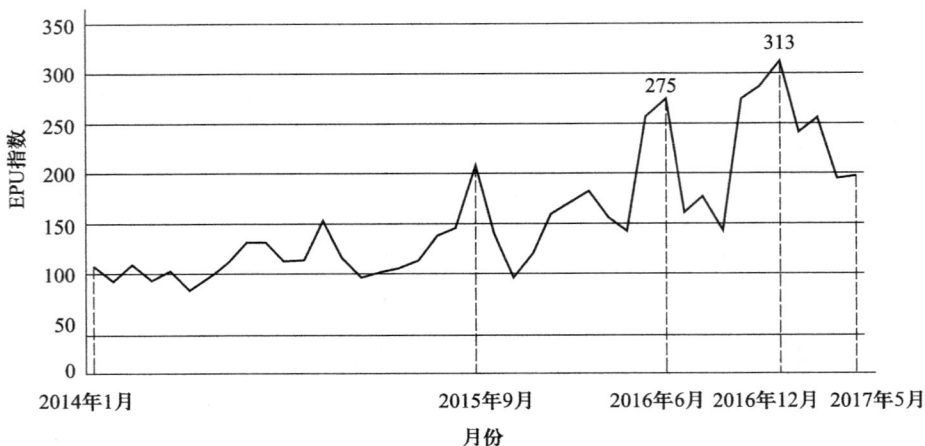

图 1-1　2014 年 1 月至 2017 年 5 月全球经济政策不确定性指数图

资料来源:根据 EPU 数据库数据整理得出,http://www.policyuncertainty.com/index.html, 2017-06-22。

易的增长。欧洲方面,英国"脱欧"公投使经贸关系的不确定性增强。美国方面,特朗普政府奉行"美国优先"理念,上台后已退出《跨太平洋伙伴关系协定》(TPP),并寻求与加拿大、墨西哥重谈《北美自由贸易协定》(NAFTA),国际贸易规则面临的不确定性明显上升。此外,通货膨胀率高涨导致利率上升、美联储加息预期持续升温,在未来两年内将继续影响国际贸易的增长。

(三) 商品价格和汇率对国际贸易的影响

商品价格变动对国际贸易规模也造成了重要影响。尽管大宗商品价格的下跌主要发生在 2014 年下半年和 2015 年,但这仍然对 2016 年的国际贸易产生了一定影响。能源、食品和金属矿产是国际贸易中交易量比较大的产品,在所有产品贸易额中占比约为 30.0%,这三大类初级产品价格下跌的影响比较大。图1-2 是2014—2017 年主要商品价格指数。该指数以 2005 年的价格为 100 进行计算得出。在全部商品价格指数计算中,权重从高到低的大类商品类别依次为能源(63.1%)、食品(18.5%)、金属矿产(10.7%)和农业原材料(7.7%)。如图 1-2 所示,2014 年下半年开始,以能源、金属矿产为首的大宗商品价格指数一路下跌,到 2016 年年初,能源、金属矿产和农业原材料价格指数纷纷触底,能源价格指数更是从 2014 年 6 月的最高点(197)跌落至 2016 年 2 月的最低点(62),最大跌幅近 69%。从 2016 年开始,大宗商品价格已经逐渐企稳,并开始缓慢回升,但仍然处于相对的低位。

美元汇率的变动也是世界贸易规模的影响因素之一。如图 1-3 所示,2015 年开始,美元指数一路走强。2015 年 12 月美联储宣布加息后,2016 年整年美元

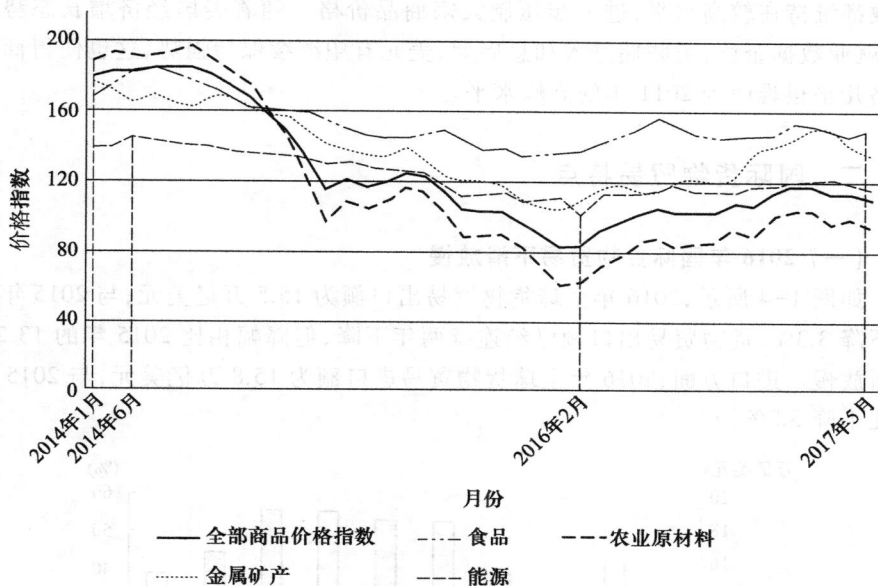

图 1-2　2014—2017 年全部商品价格指数及大类商品价格指数

资料来源：根据 IMF 数据库数据整理得出，http://www.imf.org/external/np/res/commod/index.aspx，2017-06-25。

图 1-3　2014 年 1 月至 2017 年 5 月广义美元指数走势图

资料来源：根据美联储数据库数据整理得出，https://www.federalreserve.gov/releases/h10/current/2017-06-24。

指数都维持在较高水平,进一步压制大宗商品价格。随着美国经济增长态势良好,就业数据企稳,美联储进入加息周期,美元有望继续保持强势,这也使得商品价格几乎很难回到 2011 年的高峰水平。

二、国际货物贸易特点

（一）2016 年国际货物贸易下滑放慢

如图 1-4 所示,2016 年全球货物贸易出口额为 15.5 万亿美元,与 2015 年相比下降 3.3%,货物贸易出口额已经连续两年下降,但降幅相比 2015 年的 13.2% 有所放慢。进口方面,2016 年全球货物贸易进口额为 15.8 万亿美元,与 2015 年相比下降 3.2%。[①]

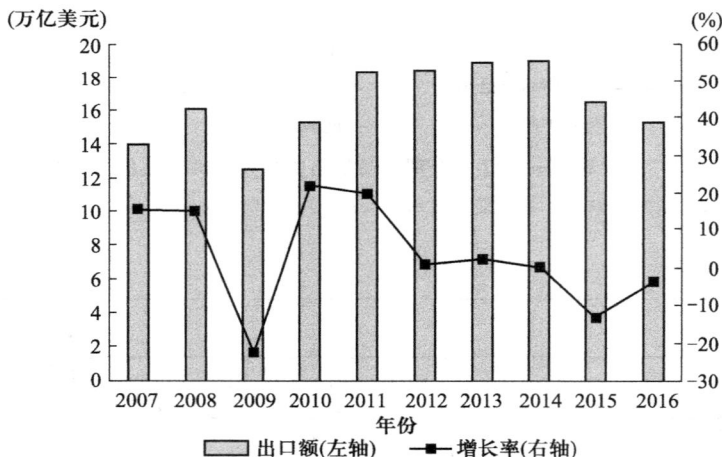

图 1-4 2007—2016 年国际货物贸易出口额及增长率

资料来源:WTO. Trade Statistics and Outlook:Trade Recovery Expected in 2017 and 2018,Amid Policy Uncertainty[EB/OL].https://www.wto.org/english/news_e/pres17_e/pr791_e.pdf,2017-05-19/2017-05-28.

（二）各地区货物贸易发展不平衡

如表 1-3 所示,在出口方面,2016 年增长幅度最大的地区是拉丁美洲,出口增长率达到了 2.0%,其次是亚洲,保持 1.8% 的较快增长,欧洲出口增幅位列第三,为 1.4%。在进口方面,增长幅度最大的是欧洲,达到了 3.1%;其次是亚洲,为 2.0%;北美地区进口取得 0.4% 的小幅增长;而拉丁美洲和其他地区(包括非

①　WTO. Trade Statistics and Outlook:Trade Recovery Expected in 2017 and 2018,Amid Policy Uncertainty[EB/OL].https://www.wto.org/english/news_e/pres17_e/pr791_e.pdf,2017-05-19/2017-05-28.

洲、中东和独联体国家)的进口下降则较为严重,这主要是由于商品价格低迷造成的。此外,巴西经济仍然陷在严重困局之中,这进一步影响了拉丁美洲的进口水平,拉丁美洲进口下降至 8.7%。

按照各区域对世界贸易量增长的贡献来看,北美是 2016 年世界进口疲软的最大因素之一。2015 年,世界总体进口增长率为 2.9%,北美进口增长贡献了 1.2 个百分点,占总增长的 42%。相比之下,2016 年世界进口增长率为 1.2%,北美仅贡献了 0.1 个百分点。亚洲和欧洲是在 2016 年对全球进口需求做出重大贡献的地区,欧洲贡献了 1.6 个百分点(占总增长的 39%),亚洲地区则贡献了 1.9 个百分点。①

以美元计算的国际贸易金额很大程度上受到汇率的影响。2016 年所有地区的出口额都有下降,其中欧洲跌幅最小,为 0.3%,独联体国家跌幅最大,达到了 16.2%,主要是由于卢布汇率暴跌。在进口方面,欧洲小幅上涨 0.2%,其他地区均出现不同程度的下跌。②

表 1-3 　 2013—2016 年世界各地区货物贸易进出口增长率表

指标	地区	2013 年	2014 年	2015 年	2016 年
出口增长率 (%)	北美	2.7	4.2	0.7	0.5
	拉丁美洲	1.7	−2.2	2.5	2.0
	欧洲	1.7	2.0	3.6	1.4
	亚洲	5.4	4.3	1.1	1.8
	其他地区	0.5	0.9	4.3	0.3
进口增长率 (%)	北美	1.3	4.8	6.7	0.4
	拉丁美洲	4.5	−2.4	−5.8	−8.7
	欧洲	−0.2	3.2	4.3	3.1
	亚洲	4.8	3.0	2.9	2.0
	其他地区	1.8	−0.9	−5.1	−2.4

资料来源:WTO. Trade Statistics and Outlook:Trade Recovery Expected in 2017 and 2018, Amid Policy Uncertainty[EB/OL].https://www.wto.org/english/news_e/pres17_e/pr791_e.pdf, 2017-04-12/2017-05-28.

(三)中国和美国继续保持出口和进口的领先地位

2016 年货物贸易前十大出口地的排名情况如表 1-4 所示。其中,中国继续保

① WTO. Trade Statistics and Outlook:Trade Recovery Expected in 2017 and 2018, Amid Policy Uncertainty[EB/OL].https://www.wto.org/english/news_e/pres17_e/pr791_e.pdf,2017-04-12/2017-05-28.
② WTO. Trade Statistics and Outlook:Trade Recovery Expected in 2017 and 2018, Amid Policy Uncertainty[EB/OL].https://www.wto.org/english/news_e/pres17_e/pr791_e.pdf,2017-04-12/2017-05-28.

持货物出口第一的地位。2016 年中国内地（大陆）货物出口额达 20 980 亿美元，占世界出口的 13.2%。但与 2015 年相比，中国内地（大陆）货物贸易出口额下降了 8%。美国排名第二，出口额为 14 550 亿美元，占世界出口的 9.1%。德国排名第三，出口额为 13 400 亿美元，占世界出口的 8.4%。在排名前十的出口地中，德国、日本、中国香港和意大利的出口额相比去年有所增长，而韩国、英国的出口额有较大幅度的下降。

表 1-4　2016 年货物贸易前十大出口地

排名	经济体	出口额（亿美元）	占世界出口比例（%）	出口额年度变化（%）
1	中国内地（大陆）	20 980	13.2	-8.0
2	美国	14 550	9.1	-3.0
3	德国	13 400	8.4	1.0
4	日本	6 450	4.0	3.0
5	荷兰	5 700	3.6	0.0
6	中国香港	5 170	3.2	1.0
7	法国	5 010	3.1	-1.0
8	韩国	4 950	3.1	-6.0
9	意大利	4 620	2.9	1.0
10	英国	4 090	2.6	-11.0

资料来源：WTO. Trade Statistics and Outlook：Trade Recovery Expected in 2017 and 2018, Amid Policy Uncertainty[EB/OL].https://www.wto.org/english/news_e/pres17_e/pr791_e.pdf, 2017-04-12/2017-05-28.

在进口方面，美国继续保持领先地位。如表 1-5 所示，2016 年美国货物贸易进口额达到 22 510 亿美元，占世界贸易进口额的比例为 13.9%。排在其后的是中国内地（大陆）和德国，分别为 15 870 亿美元和 10 550 亿美元。中国连续八年作为全球第一大货物贸易出口地和第二大进口地。除了德国、英国及法国外，前十名国家或地区的进口额较 2015 年都有所下降。

表 1-5　2016 年货物贸易前十大进口地

排名	经济体	进口额（亿美元）	占世界进口比例（%）	进口额年度变化（%）
1	美国	22 510	13.9	-3.0
2	中国内地（大陆）	15 870	9.8	-5.0
3	德国	10 550	6.5	0.0
4	英国	6 360	3.9	1.0

续表

排名	经济体	进口额(亿美元)	占世界进口比例(%)	进口额年度变化(%)
5	日本	6 070	3.7	−6.0
6	法国	5 730	3.5	0.0
7	中国香港	5 470	3.4	−2.0
8	荷兰	5 030	3.1	−2.0
9	加拿大	4 170	2.6	−5.0
10	韩国	4 060	2.5	−7.0

资料来源：WTO. Trade Statistics and Outlook：Trade Recovery Expected in 2017 and 2018，Amid Policy Uncertainty［EB/OL］.https：//www.wto.org/english/news_e/pres17_e/pr791_e.pdf，2017-04-12/2017-05-28.

（四）中美两国分别是货物贸易顺差和逆差最大的经济体

如表 1-6 所示，中国内地（大陆）和美国分别是货物贸易顺差和逆差最大的经济体。2016 年中国内地（大陆）的货物贸易顺差达到 5 107 亿美元，第二名德国的贸易顺差为 2 848 亿美元，第三名俄罗斯的贸易顺差为 904 亿美元，第四名到第六名分别为韩国、荷兰和意大利。在逆差方面，2016 年美国的货物贸易逆差仍排名第一，贸易逆差额为 7 967 亿美元，第二名英国的贸易逆差为 2 264 亿美元，第三名印度的贸易逆差为 950 亿美元，第四名到第六名的经济体分别是法国、土耳其和中国香港。

表 1-6　2016 年货物贸易差额排名

贸易顺差排名	经济体	贸易顺差额（亿美元）	贸易逆差排名	经济体	贸易逆差额（亿美元）
1	中国内地（大陆）	5 107	1	美国	7 967
2	德国	2 848	2	英国	2 264
3	俄罗斯	904	3	印度	950
4	韩国	892	4	法国	718
5	荷兰	663	5	土耳其	561
6	意大利	571	6	中国香港	306
7	爱尔兰	527	7	埃及	303
8	中国台湾	498	8	菲律宾	300
9	新加坡	468	9	巴基斯坦	267
10	巴西	418	10	加拿大	265

资料来源：根据 WTO 数据库数据整理得出，http：//stat.wto.org/StatisticalProgram/WSDBViewData.aspx?Language＝E，2017-06-23。

三、国际服务贸易特点

（一）2016 年国际服务贸易微增

2016 年世界服务贸易出口基本维持不变。如图 1-5 所示，在 2015 年下降了 5.7% 后，2016 年服务贸易出口额为 47 700 亿美元，相比 2015 年增长 0.1%，服务贸易进口额为 46 450 亿美元，相比 2015 年增长 0.5%。[①] 总体来看，2016 年国际服务贸易的增长情况好于货物贸易的增长。

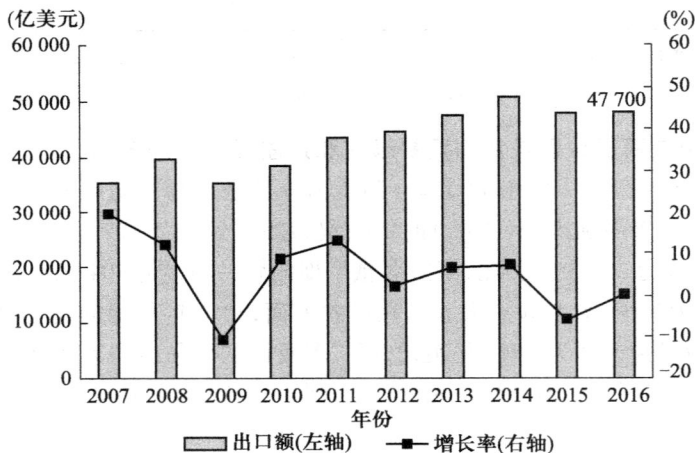

图 1-5　2007—2016 年国际服务贸易出口额及增长率

资料来源：WTO. Trade Statistics and Outlook：Trade Recovery Expected in 2017 and 2018, Amid Policy Uncertainty[EB/OL].https://www.wto.org/english/news_e/pres17_e/pr791_e.pdf, 2017-04-12/2017-05-28.

如图 1-6 所示，2016 年各类服务贸易中，运输服务出口额下降最大，跌幅达到 4.7%，严重影响了服务贸易的整体增长，且运输服务出口额已经连续两年大幅下降。其他类型的服务中，货物相关贸易服务、旅游服务和其他商业服务出口额分别增长 2.1%、1.8% 和 0.9%。服务贸易出口额相较于 2015 年有所回升，但仍不及 2014 年以前的增长水平。

（二）各地区服务贸易发展不平衡

如表 1-7 所示，在 2016 年服务贸易出口方面，北美地区和亚洲的增长幅度超过了世界平均水平。其中亚洲的服务贸易出口额增幅最大，达到了 0.9%。在

---

① WTO. Trade Statistics and Outlook：Trade Recovery Expected in 2017 and 2018, Amid Policy Uncertainty [EB/OL].https://www.wto.org/english/news_e/pres17_e/pr791_e.pdf, 2017-04-12/2017-05-28.

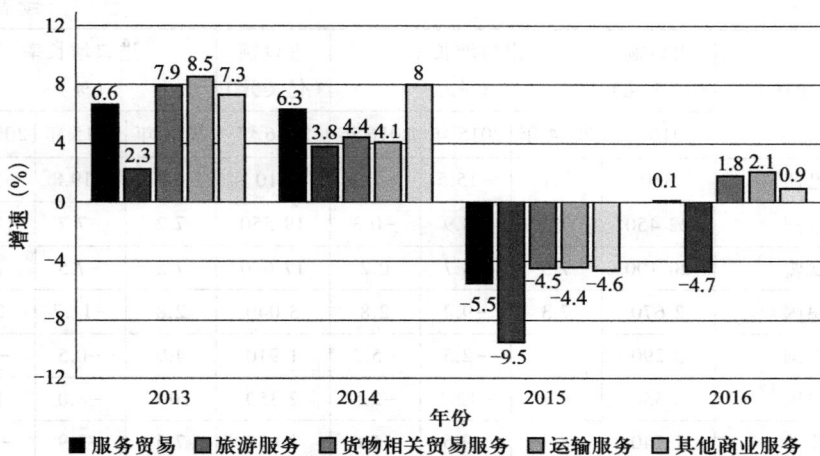

图 1-6　2013—2016 年国际服务贸易出口额增长率（按类别）

资料来源：WTO. Trade Statistics and Outlook：Trade Recovery Expected in 2017 and 2018, Amid Policy Uncertainty[EB/OL].https://www.wto.org/english/news_e/pres17_e/pr791_e.pdf,2017-04-12/2017-05-28.

进口方面,2016 年亚洲服务贸易进口增长率为 2.6%,也是各地区中增长幅度最大的。

2016 年北美地区服务贸易出口额增长 0.5%,进口额增长 2.2%。拉丁美洲出口额下降 0.1%,进口额下降较大,为 4.8%,巴西的经济疲软对拉丁美洲的服务贸易进口产生了持续的影响。2016 年欧洲服务贸易出口额整体下降 0.3%,但欧盟取得了 0.2% 的增长,这得益于德国和爱尔兰较快的增长速度。特别是爱尔兰,出口和进口增长率分别达到 8.8% 和 14.6%,进口额连续三年取得 8.0% 以上的快速增长。其他地区（包括非洲、中东及独联体国家）的服务贸易跌幅最大,出口跌幅为 0.6%,进口跌幅达到 7.4%。其中,埃及的服务贸易出口额下降了23.3%,俄罗斯的服务贸易进口额下降了 16.4%。

表 1-7　2014—2016 年主要经济体服务贸易额及增长率

经济体	出口额（亿美元）	出口增长率（%）			进口额（亿美元）	进口增长率（%）		
	2016 年	2014 年	2015 年	2016 年	2016 年	2014 年	2015 年	2016 年
世界	47 700	6.3	−5.5	0.1	46 450	7.3	−5.9	0.5
北美	8 400	5.5	0.1	0.5	6 100	3.6	−0.3	2.2
美国	7 330	6.5	1.1	0.3	4 820	4.9	2.2	3.2
拉丁美洲	1 400	2.0	−4.4	−0.1	1 650	1.2	−11.8	−4.8

续表

经济体	出口额 （亿美元）	出口增长率 （%）			进口额 （亿美元）	进口增长率 （%）		
	2016 年	2014 年	2015 年	2016 年	2016 年	2014 年	2015 年	2016 年
巴西	330	7.1	−15.5	−1.3	610	6.0	−19.8	−10.8
欧洲	22 450	7.3	−8.9	−0.3	19 550	7.2	−7.2	1.1
欧盟	20 100	7.5	−8.7	0.2	17 670	7.2	−7.5	1.1
德国	2 670	7.3	−9.2	2.8	3 040	2.8	−11.7	2.2
英国	3 290	7.5	−2.5	−5.2	1 910	4.9	−0.5	−8.9
法国	2 350	8.1	−12.1	−2.5	2 350	10.6	−8.0	1.5
荷兰	1 740	8.7	−9.6	−1.0	1 650	7.5	−2.9	−1.7
爱尔兰	1 460	13.7	−3.5	8.8	1 920	19.4	13.3	14.6
亚洲	12 150	6.9	−3.2	0.9	14 150	11.0	−3.0	2.6
中国内地（大陆）[a]	2 070	—	−0.8	−4.3	4 490	—	0.5	3.7
日本	1 690	20.0	−0.7	6.5	1 810	12.8	−8.5	3.6
印度	1 610	5.3	−0.6	3.5	1 330	1.2	−3.7	8.4
新加坡	1 490	9.8	−3.0	0.6	1 550	8.4	−2.9	0.5
韩国	920	8.2	−12.9	−5.0	1 090	5.1	−3.0	−2.0
中国香港	980	1.8	−2.2	−5.7	740	−1.7	0.2	0.5
澳大利亚	520	1.8	−9.1	8.6	560	−5.4	−10.2	−1.5
其他地区	3 300	1.4	−3.4	−0.6	5 000	5.2	−11.8	−7.4
俄罗斯	490	−6.2	−21.4	−3.3	730	−5.4	−26.8	−16.4
埃及	140	13.3	−10.7	−23.3	160	13.5	−0.8	−3.3
南非	140	0.3	−10.9	−4.9	150	−5.5	−9.1	−3.7
摩洛哥	150	10.7	−8.6	3.5	70	21.7	−10.6	1.8
阿联酋[b]	260	12.5	14.7	—	660	4.2	3.0	—
沙特阿拉伯	150	5.8	15.4	10.2	520	21.1	−11.2	−7.5
最不发达经济体	320	7.8	−3.3	−4.4	690	6.8	−16.5	4.5

资料来源：WTO. Trade Statistics and Outlook：Trade Recovery Expected in 2017 and 2018, Amid Policy Uncertainty[EB/OL].https://www.wto.org/english/news_e/pres17_e/pr791_e.pdf,2017-04-12/2017-05-28.

注：a. 中国最近修订了旅游服务的统计方法。因此，服务贸易统计从 2014 年开始在借方和贷方都进行了下调；b. 数据为估计值。

（三）美国保持服务贸易领先地位

如表 1-8 所示,在 2016 年服务贸易出口额排名前十的经济体中,发达经济体占据绝大多数。前三名分别为美国、英国和德国。美国在服务贸易出口中仍占据较大优势,占世界出口比例为 15.4%,是排名第二的英国的两倍之多。出口额增长率排在前三名的分别是爱尔兰、日本和印度。英国、中国、法国、荷兰的服务贸易出口额均有不同程度的下降。

表 1-8　2016 年服务贸易出口前十大经济体

排名	经济体	出口额（亿美元）	占世界出口比例（%）	出口额年度变化（%）
1	美国	7 330	15.4	0.3
2	英国	3 290	6.9	-5.2
3	德国	2 670	5.6	2.8
4	法国	2 350	4.9	-2.5
5	中国	2 070	4.3	-4.3
6	荷兰	1 740	3.7	-1.0
7	日本	1 690	3.5	6.5
8	印度	1 610	3.4	3.5
9	新加坡	1 490	3.1	0.6
10	爱尔兰	1 460	3.1	8.8

资料来源:WTO.Trade Statistics and Outlook:Trade Recovery Expected in 2017 and 2018,Amid Policy Uncertainty[EB/OL].https://www.wto.org/english/news_e/pres17_e/pr791_e.pdf,2017-04-12/2017-05-28.

如表 1-9 所示,在进口方面,2016 年服务贸易前十大进口方与前十大出口方相同,但排名有所变化。服务贸易进口额排名前三的国家依次是美国、中国和德国,其中美国服务贸易进口额占世界比例为 10.4%,中国紧随其后,占比为 9.7%。在欧洲国家中,德国和法国保持稳定的增长,爱尔兰进口额增长率达到 14.6%,是排名前十的国家中进口额增速最快的,而英国进口额下降了 8.9%,主要是受到英国"脱欧"引发的不确定性影响。在亚洲国家中,2016 年中国服务贸易进口额增长率为 3.7%,印度服务贸易进口额增长达到 8.4%,是新兴经济体中增长最快的。

表 1-9　2016 年服务贸易进口前十大经济体

排名	经济体	进口额（亿美元）	占世界进口比例（%）	进口额年度变化（%）
1	美国	4 820	10.4	3.2

续表

排名	经济体	进口额（亿美元）	占世界进口比例（%）	进口额年度变化（%）
2	中国	4 490	9.7	3.7
3	德国	3 040	6.5	2.2
4	法国	2 350	5.1	1.5
5	爱尔兰	1 920	4.1	14.6
6	英国	1 910	4.1	−8.9
7	日本	1 810	3.9	3.6
8	荷兰	1 650	3.6	−1.7
9	新加坡	1 550	3.3	0.5
10	印度	1 330	2.9	8.4

资料来源：WTO. Trade Statistics and Outlook：Trade Recovery Expected in 2017 and 2018，Amid Policy Uncertainty［EB/OL］.https：//www.wto.org/english/news_e/pres17_e/pr791_e.pdf,2017-04-12/2017-05-28.

（四）美国和中国仍是服务贸易最大的顺差国和逆差国

如表 1-10 所示，2016 年美国和中国仍然是服务贸易最大的顺差国和逆差国。2016 年美国服务贸易顺差达到 2 506 亿美元，仍排世界第一位，几乎是排名第二的英国的两倍。英国贸易顺差为 1291 亿美元，第三名西班牙的贸易顺差为560 亿美元，中国澳门、印度和泰国分列第四名至第六名。在逆差方面，2016 年中国内地（大陆）服务贸易逆差为 2 426 亿美元，超出排名第二的爱尔兰近 2 000亿美元，排在第三名至第六名的经济体分别为德国、沙特阿拉伯、巴西和俄罗斯。

表 1-10　2016 年国际服务贸易差额排名

贸易顺差排名	经济体	贸易顺差（亿美元）	贸易逆差排名	经济体	贸易逆差（亿美元）
1	美国	2 506	1	中国内地（大陆）	2 426
2	英国	1 291	2	爱尔兰	457
3	西班牙	560	3	德国	428
4	中国澳门	286	4	沙特阿拉伯	357
5	印度	282	5	巴西	289
6	泰国	242	6	俄罗斯	232
7	中国香港	240	7	科威特	205
8	卢森堡	224	8	阿联酋	195

续表

贸易顺差排名	经济体	贸易顺差 （亿美元）	贸易逆差排名	经济体	贸易逆差 （亿美元）
9	瑞士	173	9	韩国	172
10	希腊	170	10	加拿大	167

资料来源：根据 WTO 数据库数据整理得出，http://stat.wto.org/StatisticalProgram/WSDBViewData. aspx?Language=E，2017-06-23。

第二节　贸易保护主义抬头及其原因

一、贸易保护主义抬头的主要表现

贸易保护主义是指在对外贸易中经济体采取关税和非关税壁垒等限制手段，保护自身的商品和产业，以增强自身对外贸易的竞争力。自 2008 年全球金融危机以来，世界经济增长放缓，国际贸易持续低迷，贸易保护主义倾向始终影响着各国政府的经济贸易决策。2016 年发生的英国"脱欧"公投等重大事件，给国际贸易的发展又蒙上了一层阴影，支持开放型经济的政策取向进一步被削弱，贸易保护主义升级的趋势不可避免。这一轮的贸易保护主义既延续了以往贸易保护的思想，又表现出许多新的特点。

（一）贸易保护措施的实施数量持续增加

根据 WTO 2016 年 11 月发布的报告显示，2008 年 10 月以来，WTO 成员共计出台 2 557 项贸易限制措施，到 2015 年年底还有 1 915 项措施仍然有效。[1] 2008 年金融危机爆发后，各国经济体为了保护产业，纷纷出台了各种贸易保护措施，但危机过后，大多数保护措施并未被撤销，同时每年又有新的保护措施出台，导致全球范围内贸易保护措施的数量持续增加。

根据 2016 年 6 月世界贸易组织发布的关于 G20 的例行监督报告，从 2008 年到 2016 年 5 月，G20 成员共实施了 1 583 项贸易限制措施，其中被撤销的限制

---

[1]　WTO. Trade Restrictions Among G20 Remain High, Despite Slight Slowdown in New Measures [EB/OL]. https://www.wto.org/english/news_e/news16_e/trdev_09nov16_e.htm, 2016-11-10/2017-05-16.

措施仅 387 项,其余 1 196 项限制措施仍在实施中,占全部贸易限制措施的 75.2%。[1] 如图 1-7 所示,从 2015 年 10 月中旬至 2016 年 5 月中旬,G20 成员实施的贸易限制措施达到了 145 项,这一数字创下了 2009 年 WTO 开始监控贸易限制措施以来的新高。

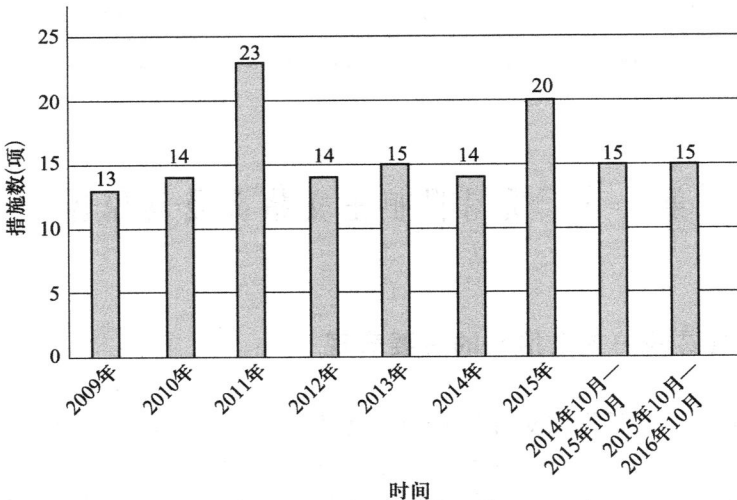

图 1-7　2009—2016 年 10 月全球月均贸易限制措施数量

资料来源:WTO. Overview of Developments in the International Trading Environment, Annual Report by the Director General〔EB/OL〕. https://docs.wto.org/dol2fe/Pages/SS/directdoc.aspx? filename = q:/WT/TPR/OV19.pdf,2016-11-21/2017-05-16.

　　根据全球贸易预警组织(GTA)2016 年发布的《全球贸易预警》报告,自 2012 年以来,G20 成员普遍加快了对保护主义的诉求。2016 年前 8 个月,G20 成员实施了近 350 项有损外国利益的保护措施。自 2008 年 11 月以来,G20 成员对外商直接投资政策实施了 150 余项改革措施,但也采取了相当多的举措来限制外国投资。其中,从 2008 年 11 月至 2016 年 5 月,美国采取的贸易保护措施达到了 636 项,远远超过了 G20 的其他成员,其次是印度和俄罗斯,第四名至第十名分别是阿根廷、德国、巴西、英国、意大利、法国和印度尼西亚。[2]

　　① 　WTO. Overview of Developments in the International Trading Environment, Annual Report by the Director General〔R/OL〕. https://www.wto.org/english/news_e/news16_e/trdev_09dec16_e.htm, 2016-12-09/2017-05-16.

　　② 　GTA. The 20th Global Trade Alert Report:FDI Recovers?〔EB/OL〕.http://www.globaltradealert.org/gta-analysis/fdi-recovers,2016-08-30/2017-05-03.

（二）贸易保护范围从货物贸易扩展到服务贸易及投资领域

传统的贸易保护措施主要针对货物贸易领域,但如今的贸易保护范围已经逐渐扩展到服务贸易、要素流动等领域。服务贸易近年来增长势头强劲,2012—2016 年服务贸易增速均高于货物贸易增速,服务领域的贸易和投资对于各经济体经济发展的重要性日益显著。

根据 WTO 的统计,截至 2016 年 7 月,通过 WTO 争端解决机制解决的国际服务贸易摩擦,主要涉及分销服务、通用服务和金融服务领域。由于服务贸易发展得不平衡,发达经济体的服务业已经十分成熟,而发展中经济体的服务业发展相对落后,服务业的法律法规也亟待完善,因此常常成为服务贸易摩擦中的被诉讼方。

由于服务贸易常常与国际直接投资相联系,各经济体经常通过对国际投资的限制来保护自身的服务业免受来自其他经济体的竞争。如表 1-11 所示,G20成员目前受仍有效的投资限制措施影响最大的服务业领域是金融业,限制措施数量达到了 28 个,其次是陆路运输业、房地产业和航空业。

随着服务贸易水平的进一步深化,发达经济体一方面采取各种准入措施限制外国的服务业进入自己市场,另一方面又在各项谈判中要求发展中经济体开放服务业市场,从而推动自身的服务业输出。

表 1-11   受贸易限制措施影响最多的国际直接投资领域

排名	联合国 CPC 编码	行业	限制措施数量
1	81	金融	28
2	71	陆路运输	16
3	82	房地产	14
4	73	航空	14
5	72	航运	12
6	75	邮电	12
7	34	基础化	11
8	1	农产品	10
9	12	原油和天然气	9
10	46	电力设备	9

资料来源:GTA. The 20th Global Trade Alert Report:FDI Recovers? [EB/OL]. http://www.globaltradea-lert.org/gta-analysis/fdi-recovers, 2016-08-30/2017-05-03.

（三）贸易保护措施日益多样化、隐蔽化和新型化

在自 20 世纪 30 年代时兴起的保护主义浪潮中,各国使用的主要是关税壁

垒和进口配额限制,而到了 20 世纪 80 年代,世界经济持续低迷,许多国家开始采取自动出口限制措施。随着经济的发展和技术的进步,贸易保护措施的数量也在不断扩大。自 2008 年金融危机爆发以来,各经济体为了保护自身商品和产业,实施了多种贸易保护措施。

如图 1-8 所示,根据全球贸易预警组织 2016 年发布的《全球贸易预警》报告,从 2008 年 11 月到 2016 年 8 月,实施数量排在前十位的贸易保护措施依次是:政府援助措施、贸易救济措施、关税措施、政府采购当地含量要求、贸易融资、其他当地含量要求、出口关税和限制、出口激励、非关税壁垒和投资措施。

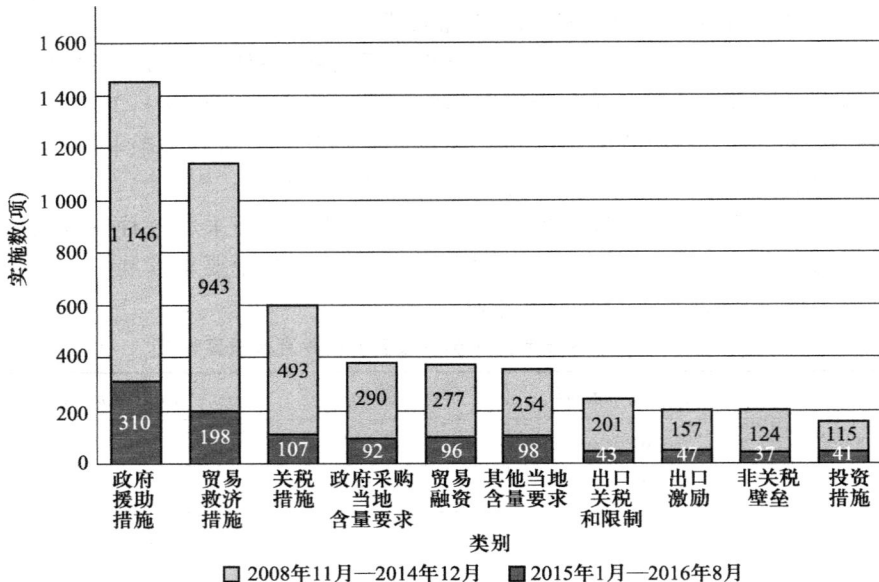

图 1-8　2008 年 11 月至 2016 年 8 月 G20 成员实施数量排名前十的贸易保护措施

资料来源:GTA. The 20th Global Trade Alert Report:FDI Recovers? [EB/OL]. http://www.global-tradealert.org/gta-analysis/fdi-recovers, 2016-08-30/2017-05-03.

其中,由于政府援助措施和贸易救济措施以公平贸易为实施理由,具有较强的隐蔽性和有效性,因此为各成员所广泛采用。二者的合计实施数量占全部贸易保护措施的近半数。政府援助措施通过多种财政和货币激励手段鼓励出口,增强本国产品的竞争力。贸易救济措施是 WTO 允许其成员使用的限制进口措施,但是由于相关协定的约束力有限,且某些概念本身存在着界定不明确的问题,以反倾销、反补贴、保障措施为主要手段的贸易救济措施常常被各成员过度使用甚至滥用,这就构成了贸易保护主义措施。并且,即使最终的裁决表明反倾销或反补贴行为不成立,立案调查等一系列程序就足以对进口方的本土商品贸易造成阻碍。

　　如图 1-9 所示,根据 WTO 提供的数据,2005—2016 年,全体 WTO 成员共开展反倾销调查案件数量为 2 473 件,实施反倾销措施数量为 1 766 件。从 2012 年开始,开展反倾销调查的数量和实施反倾销措施的数量都呈现上升的态势,而 2016 年开展的反倾销调查数量更是达到了 295 件,是近十年来的最高值。

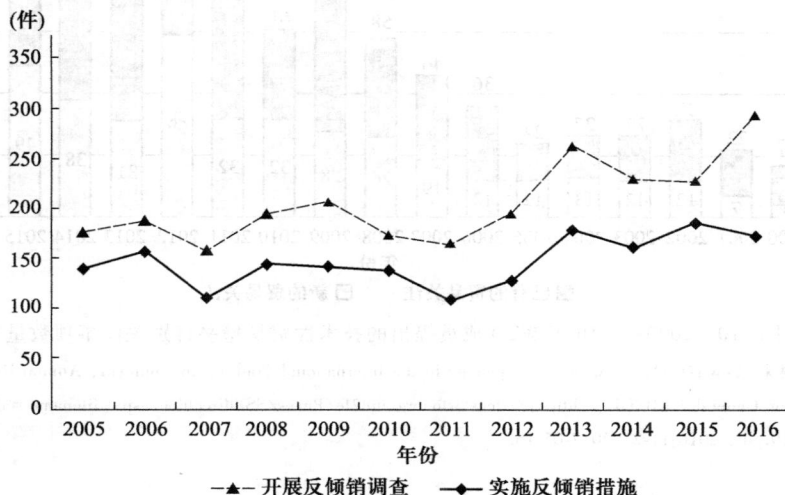

图 1-9　2005—2016 年 WTO 成员开展的全部反倾销案件数量

资料来源:根据 WTO 数据库数据整理得出,http://i-tip.wto.org/goods/Forms/GraphView.aspx?period = y&scale = lg, 2017-05-26。

　　技术性贸易壁垒(TBT)也是使用最为广泛的一种非关税壁垒。如图 1-10 所示,截至 2015 年 12 月,在 WTO 提出的特别关注事项中,技术性贸易壁垒通报数量累计已经达到了 20 459 件,动植物卫生检疫措施(SPS)通报数量累计达到 14 807 件。① 尽管通报数量的增加并不直接意味着采用技术性贸易壁垒的保护措施增多,但特别关注事项数量不断增加的趋势说明各国利用技术性贸易壁垒的程度正在不断深化之中。

　　与此同时,以保护环境为由实施的"绿色壁垒"、以社会责任标准为由实施的"蓝色壁垒"、与知识产权相关的贸易壁垒等新型贸易保护措施的影响不断加大。由于经济和技术发展阶段存在着差异性,发达经济体利用其在技术方面的

① WTO. Overview of Developments in the International Trading Environment, Annual Report by the Director General [EB/OL]. https://www.wto.org/english/news_e/news16_e/trdev_09dec16_e.htm, 2016-12-09/ 2017-05-16.

（件）

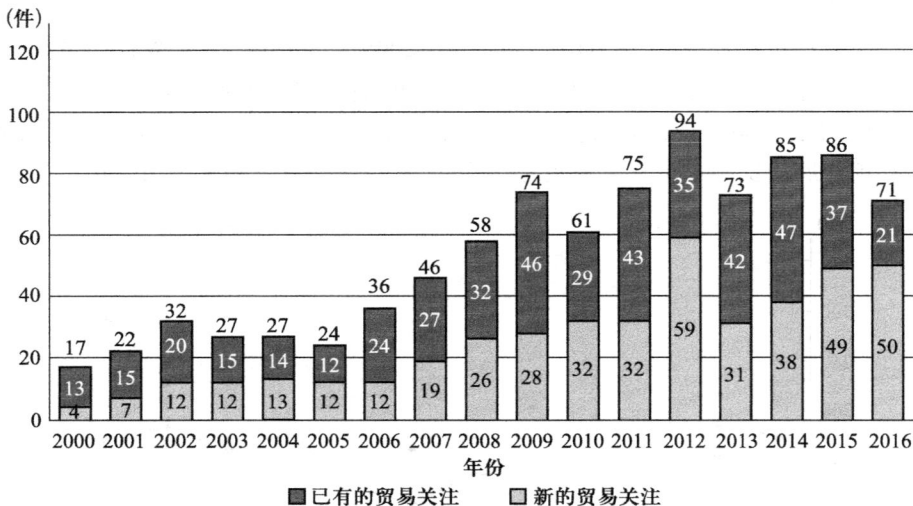

图 1-10　2000—2016 年 WTO 成员提出的技术性贸易壁垒特别关注事项数量

资料来源：WTO. Overview of Developments in the International Trading Environment, Annual Report by the Director General ［EB/OL］. https://docs.wto.org/dol2fe/Pages/SS/directdoc.aspx?filename = q:/WT/TPR/OV19.pdf, 2016-11-21/2017-05-16.

垄断优势,对发展中经济体设置许多不合理的障碍,国际知识产权摩擦的数量逐步上升。美国 337 调查(依据美国《1930 年关税法》第 337 节规定进行的调查)针对的是进口产品侵犯美国知识产权的行为以及进口贸易中的不公平竞争行为。根据美国国际贸易委员会(USITC)的统计数据,1995 年至 2015 年,针对中国内地企业的 337 调查案有 196 件,占总立案数的 30%,337 调查成为美国遏制中国高新技术产业出口的重要手段。①

（四）自由贸易协定下,贸易保护主义呈现区域性

近年来 WTO 的多边贸易谈判始终难以取得实质性的进展,与此同时,全球范围内的双边和多边自由贸易协定的数量不断增加。截至 2016 年 10 月,向 WTO 和关税及贸易总协定(GATT)通报的区域贸易协定总数为 268 件(其中 135 件包括商品和服务贸易,132 件包括商品贸易,1 件包括服务贸易)。②

如图 1-11 所示,在已经生效的区域贸易协定中,欧洲的数量最多,占比达到

---

① 　USITC. The Year in Trade 2016［EB/OL］. https://www.usitc.gov/publications/332/pub4711.pdf, 2017-07-01/2017-08-01.

② 　WTO. Overview of Developments in the International Trading Environment, Annual Report by the Director General ［EB/OL］. https://www.wto.org/english/news_e/news16_e/trdev_09dec16_e.htm, 2016-12-09/2017-05-16.

了 21%,其次是东亚(17%)、南美洲(11%)、独联体国家(9%)和北美(9%)。①

自由贸易协定的涵盖范围日渐扩展,已经不仅仅局限于传统的关税和非关税壁垒,而是扩展到了技术性贸易壁垒、动植物卫生检疫措施、知识产权等领域,甚至囊括了许多超出 WTO 框架的议题,如环境标准、劳工标准等。依托于区域贸易协定,WTO 成员降低区域内的贸易壁垒,减少对其他成员的贸易限制,促进区域内的贸易发展,同时对区域外的经济体采取贸易保护措施,贸易保护主义呈现更强的区域性与歧视性。

在国际贸易规则重构的环境下,区域贸易协定的覆盖广度和深度不断增加。一些由发达经济体主导的区域贸易协定,更是站在发达经济体立场上维护发达经济体利益,压制和束缚发展中经济体的产业竞争力,这也成为一种新的贸易保护形式。

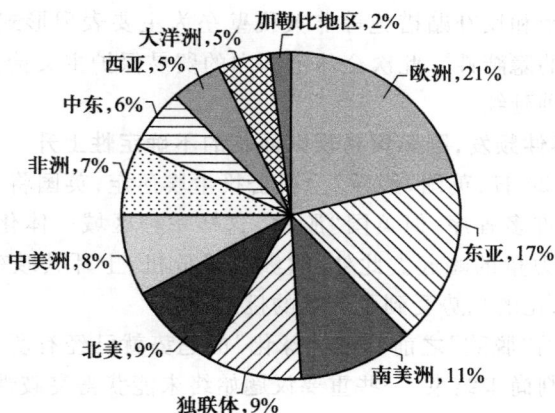

图 1-11   已生效的区域贸易协定全球分布

资料来源:WTO. Overview of Developments in the International Trading Environment, Annual Report by the Director General [EB/OL]. https://docs.wto.org/dol2fe/Pages/SS/directdoc.aspx?filename=q:/WT/TPR/OV19.pdf, 2016-11-21/2017-05-16.

二、贸易保护主义抬头的原因

(一) 金融危机以来,世界经济增长放缓

自从重商主义提出贸易保护的思想后,国际贸易分化出自由贸易与保护贸

---

① WTO. Overview of Developments in the International Trading Environment, Annual Report by the Director General [EB/OL]. https://docs.wto.org/dol2fe/Pages/SS/directdoc.aspx?filename=q:/WT/TPR/OV19.pdf, 2016-11-21/2017-05-16.

易两个体系。保护贸易理论主张政府干预经济生活,通过政府采取的各种措施保护自身的商品和产业,增强自身产品的竞争力。因此在经济不景气的时候,世界范围内的贸易保护主义势头更加明显。IMF 发布的《世界经济展望报告》显示,2016 年全球经济增长率为 3.1%。其中,发达经济体的增长率仅为 1.7%,新兴经济体和发展中经济体的增长率为 4.1%。[①] WTO 的数据显示,2016 年全球贸易量增长仅 1.3%,是 2009 年以来的新低。[②] 2008 年金融危机对众多发达经济体经济与贸易造成的影响至今尚未完全消除,各经济体仍然采取相对保守的贸易政策,出台贸易保护措施来增强自身商品和服务的竞争力。

从历史角度来看,贸易保护主义先后经历了重商主义、幼稚产业保护主义、垄断竞争时代的超保护贸易主义,以及自 20 世纪 80 年代时兴起的新贸易保护主义几个阶段。其中,新贸易保护主义主要以技术贸易壁垒、绿色壁垒、知识产权保护以及反倾销和反补贴措施等非关税壁垒为主要表现形式,具有名义上的合理性和实施上的隐蔽性。此次全球范围内的贸易保护主义抬头可以视作新贸易保护主义的一种延续。

(二)重大事件频发,国际贸易规则面临的不确定性上升

2016 年 6 月 24 日,英国"脱欧"全民公投尘埃落定,英国将退出欧盟。尽管退出欧盟还需要许多程序,但英国"脱欧"这样一种区域一体化的倒退事件,反映了"逆全球化"力量的崛起。此外,欧洲难民危机、土耳其政变等地缘政治冲突的爆发,使全球化的趋势受到了严峻的挑战。

实际上在英国"脱欧"之前,"逆全球化"的趋势就已经有所显现。历时十余年的多哈回合谈判尚未结束,一些重要议题始终未能获得突破性进展,使多边贸易协定的达成陷入了僵局。美国和其他 WTO 成员寻求达成范围更小、更有效的多边贸易协定,如 TPP 和《跨大西洋贸易与投资伙伴协定》(TTIP)等。

美国总统特朗普贯彻其大选时提出的"美国优先"理念,上台后就宣布退出TPP,并寻求与加拿大、墨西哥重新商谈《北美自由贸易协定》的条款。特朗普推行的贸易保护主义政策,本质上仍是为了通过和 WTO 其他成员的谈判来增加美国的利益,提振美国经济。

(三)全球利益分配失衡

贸易保护主义抬头的深层次原因其实是经济全球化发展带来的利益分配失衡的问题。自 20 世纪 90 年代以来,经济全球化迎来了快速的发展。新兴经济

---

① IMF. World Economic Outlook, April 2017: Gaining Momentum? [EB/OL]. https://www.imf.org/en/Publications/WEO/Issues/2017/07/07/world-economic-outlook-update-july-2017, 2017-07-08/2017-07-23.

② WTO. World Trade Statistical Review 2016 [EB/OL]. https://www.wto.org/english/res_e/statis_e/wts2016_e/wts2016_e.pdf, 2016-12-09/2017-07-23.

体和发展中经济体的出口贸易发展迅速、经济持续增长,在国际舞台上的重要性日益凸显。为了扭转这种趋势,许多发达经济体试图通过推行贸易保护主义来保证自身的利益和国际竞争力。

经济全球化与贸易自由化带来的利益分配失衡也体现在不同的行业领域。在此轮经济全球化的发展中,发达经济体的高端服务业和高科技产业享受了全球化发展的红利,许多传统产业却受到日益崛起的新兴经济体和发展中经济体的冲击,比如农业、钢铁、机电、纺织品等行业。这些行业的利益集团会通过游说政府,反对贸易自由化,寻求政府贸易壁垒的保护。

(四) 失业问题

后金融危机时代,全球经济低速增长,各国都面临失业率上升的压力,特别是一些发达经济体的失业率居高不下。在部分发达经济体看来,国际贸易被认为挤压了自己同类企业的生存空间,减少了自己同行业的就业机会,资本和劳动力的流动也被认为会引发同样的问题。比如,发达经济体的企业通过对外直接投资在发展中经济体建设工厂,就增加了被投资方的就业机会,而抑制了自身的就业,甚至造成了产业转移。但是,发达经济体失业问题的产生原因是多方面的,试图通过贸易保护主义来解决失业问题不仅不能改变自身境遇,还会造成两败俱伤的后果。

三、国际社会对贸易保护主义的应对

此轮贸易保护主义抬头发生在 2008 年金融危机之后。全球经济增长放缓、国际贸易低迷让许多国家为了维护自身经济利益,保护自身就业和市场,纷纷加强贸易保护的力度。但是,贸易保护主义是一种"以邻为壑"的行为,是以损害其他经济体的利益为代价从而保护自身产业的政策取向。如果每个国家都企图通过贸易保护措施来维护自身经贸利益,其他国家的利益都将受到损失,国际贸易规则将受到严重的破坏,世界经济的增长也将陷入困境。

尤其是在经济全球化程度不断提高的今天,各国的贸易、金融都紧密地结合在一起,一个国家的政策措施将对其他国家的经济乃至整个世界经济产生举足轻重的影响。在这种情况下,贸易保护主义的传染性就体现出更大的危害。国际社会和世界各经济体都对当前的贸易保护主义带来的不良影响产生了深远顾虑。多年来,WTO 及其前身 GATT 一直致力于推进自由贸易,G20、亚太经济合作组织(APEC)等也纷纷呼吁反对贸易保护主义。

(一) WTO

在过去的 20 年,WTO 为世界经济的发展做出了重要的贡献,切实推动了全球范围内的贸易自由化和投资便利化,降低了世界范围内的贸易保护程度。自2008年全球金融和经济危机爆发之后,WTO开始定期发布贸易监测报告,目的是提高全球贸易政策发展的透明度,并向WTO成员和观察员提供最新的贸易自由化实施趋势和贸易限制措施的情况,敦促各成员降低贸易保护程度。此外,监督各成员贸易政策也是贯穿WTO工作的重要活动,其中贸易政策审查机制(TPRM)通过监督每个成员的贸易政策,防范贸易保护主义抬头。

2017年2月,《贸易便利化协定》(TFA)——WTO历史上第一个多边贸易协定,在得到了多于2/3的成员接受后正式生效。《贸易便利化协定》旨在为跨国境的货物运输、发放和清关提供便利,它的生效开启了WTO贸易便利化改革的新阶段,为世界商业发展和整个多边贸易体系创造更有利的环境。

(二)G20

G20由七国集团财长会议于1999年倡议成立,由阿根廷、澳大利亚、巴西、加拿大、中国、法国、德国、印度、印度尼西亚、意大利、日本、韩国、墨西哥、俄罗斯、沙特阿拉伯、南非、土耳其、英国、美国以及欧盟20方组成。G20的人口总量占全球人口的2/3,国土面积占全球的60%,GDP之和占全球经济总量90%,贸易额约占世界总量的80%。① 因此,反对贸易保护主义是G20成员的重要任务。

2016年7月,在上海结束的G20贸易部长会议上,与会各成员贸易部长一致明确反对贸易保护主义。G20贸易部长会议通过的尽快实施《贸易便利化协定》,并推动构建开放、可持续、包容的全球价值链等措施,有助于释放全球贸易增长潜力。G20的全球贸易增长战略补充了G20贸易部长会议声明中的任务和承诺,包括承诺不采取新贸易保护主义措施,以及促进包容的全球价值链等方面。

2016年9月4—5日,在杭州举行的G20峰会上,与会领导人在促进更强劲的全球贸易和投资上达成了共识。会议承诺进一步加强G20贸易投资合作,加强开放型世界经济建设,重申G20在当今全球贸易中维护以WTO为核心,以规则为基础,透明、非歧视、开放和包容的多边贸易体制,共同加强WTO的作用。会议重申反对任何形式的贸易和投资保护主义,将"减少及不采取新的贸易保护主义措施"的承诺延长至2018年年底。②

(三)APEC

APEC在1989年成立之时是一个区域性经济论坛和磋商机构,经过十几年

---

① 二十国集团[EB/OL]. http://politics.people.com.cn/n/2014/1031/c390124-25948786.html, 2014-10-31/2017-06-22.

② 二十国集团领导人杭州峰会公报[EB/OL]. http://news.xinhuanet.com/world/2016-09/06/c_1119515149.htm, 2016-09-06/2017-06-22.

的发展,现在已经成为亚太地区重要的经济合作论坛和亚太地区最高级别的政府间经济合作机制。APEC 的宗旨包括,促进成员间经济的相互依存,加强开放的多边贸易体制,以及减少区域贸易和投资壁垒。APEC 目前共有 21 个成员,涵盖总人口达到 30 亿,GDP 之和约占世界的 60%,贸易额约占世界总量的一半。[1]

2017 年 11 月,在越南岘港举行的第二十九届 APEC 峰会上,与会成员重申反对贸易保护主义、在世贸组织框架下支持多边贸易体制的承诺。APEC 强调,推动亚太地区贸易自由化的重点是为区域经济一体化提供新的方向,促进 APEC 的可持续性发展;更多地支持工人和小企业参与贸易;在气候变化时代加强粮食安全和农业可持续性发展。此次会议上,APEC 还提出应该安全减少边境管理,使货物跨境更加便利化、成本更低,并解决农业和食品行业的非关税措施问题。

第三节　中国的市场经济地位

一、中国市场经济地位的现状

(一) 中国市场经济地位问题的由来

市场经济地位可以表示一个国家的市场经济运行状况。按照市场经济在一国国民经济中的重要性以及政府对经济的干预程度,可区分为完全市场经济国家和非市场经济国家。尽管美国、欧盟等都曾有过判定市场经济地位的相关立法,但国际范围内并未对市场经济或非市场经济的界定形成统一的标准。

根据 2001 年中国入世时签订的《中华人民共和国加入议定书》第 15 条,中国同意在加入 WTO 后 15 年内:① 其他成员方视中国不具有市场经济地位;② 在对中国出口的商品进行反倾销调查中,可引用替代国价格作为参考,即用一个相似的第三国取代中国的价格或成本来计算正常价值。15 年之后,即 2016 年12 月 11 日之后,WTO 成员在针对中国反倾销调查中应该终止替代国价格算法。

(二) 中国市场经济地位的现状

自从 2004 年 4 月新西兰政府率先承认中国的完全市场经济地位以来,截至

---

① 　APEC. APEC Officials Widening Asia-Pacific Trade Benefits[EB/OL]. http://www.apec.org/Press/News-Releases/2017/0303_SOM1, 2017-03-02/2017-06-22.

2016 年年底,全球已有包括俄罗斯、巴西、新西兰、瑞士和澳大利亚等 88 个 WTO 成员承认了中国的市场经济地位。但是,以美国、欧盟、日本为代表的经济体没有承认中国的市场经济地位。其中美国态度强硬,2016 年 7 月,美国提出 15 年过渡期到期并不意味着对中国市场经济地位的自动授予。欧盟态度不甚明确,且内部意见并不统一。德国等出口强国倾向于支持欧盟遵守 WTO 规则,履行国际义务,给予中国市场经济地位。但意大利、西班牙等国对此强烈反对,声称欧盟的太阳能、钢铁等产业会受到来自中国的过剩产能的强烈冲击。2016 年 5 月,欧洲议会通过一项不具备法律效力的决议,呼吁欧盟拒绝承认中国的市场经济地位。日本方面于 2016 年 12 月称,已决定继续不承认中国是市场经济国家。

根据中国商务部的统计,在中国入世前已有市场经济相关立法的经济体包括美国、欧盟、印度、韩国、墨西哥、巴西、马来西亚、以色列、土耳其、新加坡、埃及、泰国、南非及秘鲁 14 个经济体,这些经济体也是对中国发起反倾销调查的主体。市场经济地位问题已经不是简单的标准认定,而是成为一些经济体针对中国实行贸易保护的工具。

二、市场经济地位问题对中国出口贸易带来的不利影响

2001 年中国加入 WTO 之后,出口保持着快速增长的态势,但同时中国的出口商品也频繁遭遇反倾销调查。反倾销成为其他经济体针对中国实行贸易保护的有力武器。

(一)中国入世后,对华反倾销调查案件数量快速上升

据 WTO 的数据显示,截至 2016 年 12 月,中国已连续 21 年成为遭遇反倾销调查最多的国家,对中国反倾销调查案件数量达到全球反倾销调查案件数量的 30%。根据中国商务部的数据,2016 年中国共遭遇来自 27 个经济体发起的 119 起贸易救济调查案件,其中反倾销 91 起、反补贴 19 起、保障措施 9 起,涉案金额 143.4 亿美元。其中印度立案最多,为 21 起;美国次之,为 20 起。①

如图 1-12 所示,从 2001 年中国加入 WTO 以后,对中国反倾销调查案件数量开始呈现明显的上升态势。1979—2016 年,对中国反倾销调查案件总数为 1 441 起,其中 1979—2000 年,对中国反倾销调查案件为 411 起,平均每年 18.7 起;2001—2016 年,对中国反倾销调查案件为 1 030 起,平均每年 64.4 起。也就是说,中国自从 2001 年加入世界贸易组织以来,平均每年遭遇的反倾销调查案

---

① 商务部贸易救济调查局. 2016 年贸易摩擦案件统计[EB/OL]. http://gpj.mofcom.gov.cn/article/zt_mymcyd/subjectdd/201703/20170302536150.shtml, 2017-03-17/2017-05-26.

件数量是入世前的 3 倍多。①

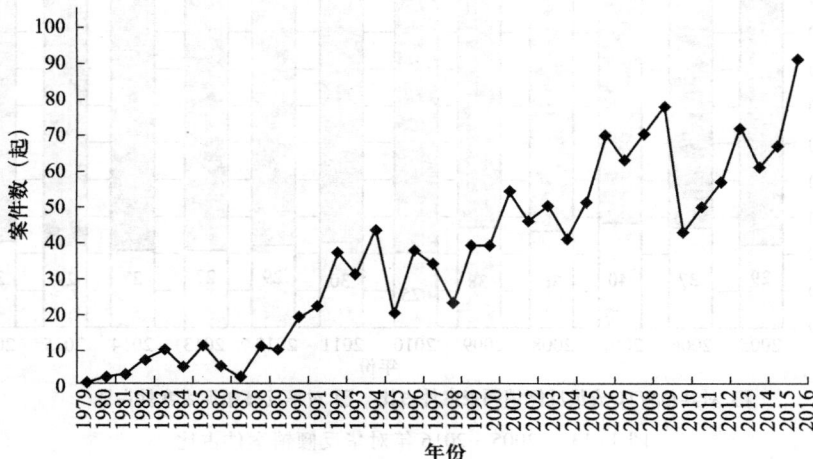

图 1-12　1979—2016 年中国遭受的反倾销调查案件数量统计

资料来源：根据中国贸易救济信息网有关数据整理得出，http://cacs.mofcom.gov.cn/cacs/newzx/
tuijian.aspx. 2017-05-26。

　　如图 1-13 所示，根据世界贸易组织的统计，1981—1994 年全球发起反倾销调查案件为 2 813 起，1995—2008 年全球发起反倾销调查案件 3 427起，2009—2016 年全球发起反倾销调查案件 1 756 起。从对华反倾销调查案件与全球反倾销调查案件数量对比的角度来看，对华反倾销调查案件也呈现快速上升趋势。其中，1981—1994 年，对华反倾销调查案件为 214 起，占全球总数的 7.6%；1995—2008 年，对华反倾销调查案件为 638 起，占全球总数 18.6%。2009—2016 年，对华反倾销调查案件为 519 起，占全球总数的 29.5%。②

　　（二）市场经济地位问题成为其他经济体对华反倾销调查的重要原因

　　根据 WTO 的数据，从 2000 年到 2016 年期间，全球范围内有 34 个经济体对我国发起 1 008 起反倾销调查，共有 30 个经济体对我国实施 738 项反倾销措

　　①　根据中国贸易救济信息网有关数据整理得出，http://cacs.mofcom.gov.cn/cacs/newzx/tuijian.aspx，2017-05-26。

　　②　根据 WTO 数据库整理得出，http://i-tip.wto.org/goods/Forms/TableView.aspx?mode＝modify&action＝search，2017-05-24。

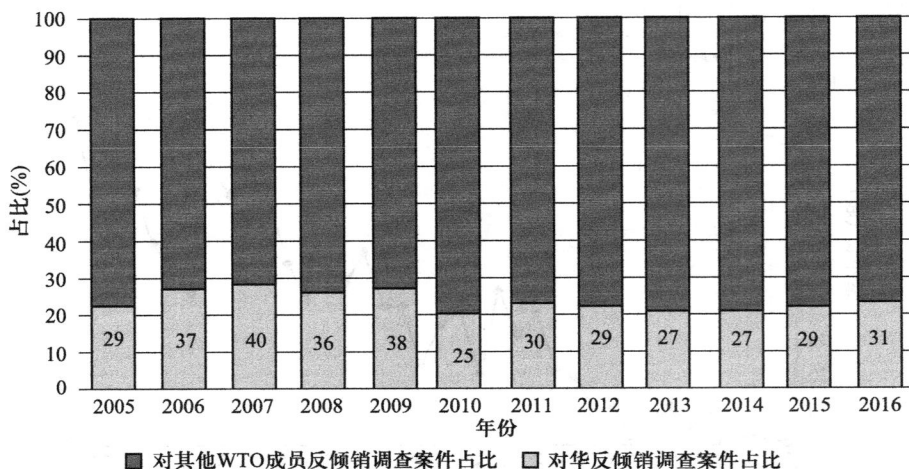

图 1-13　2005—2016 年对华反倾销案件占比

资料来源:根据 WTO 数据库数据整理得出,http://i-tip.wto.org/goods/Forms/TableView.aspx? mode
=modify&action=search, 2017-05-24。

施。① 如表 1-12 所示,对中国发起反倾销调查排名前三的经济体依次为印度
(167 起)、美国(117 起)、欧盟(99 起),对中国实施反倾销措施最多的前三个
经济体也是印度(126 起)、美国(93 起)、欧盟(77 起)。在中国加入 WTO 之前,已
有市场经济相关立法的 14 个经济体中,只有新加坡未对中国实施反倾销措施,
其余 13 个经济体都对中国实施了反倾销措施。

市场经济地位问题常常与反倾销挂钩的原因在于:市场经济地位与征收
反倾销税的税率密切相关。进口方如果承认出口方的市场经济地位,那么反
倾销税率一般会有较大的下降。从欧盟的现有数据来看,针对非市场经济地
位经济体,欧盟实施的反倾销税率平均为 39%,针对市场经济地位经济体实施
的反倾销税率平均为 22%。② 在承认中国市场经济地位的经济体中,除阿根
廷之外的其他经济体在承认中国市场经济地位后的反倾销税率都有大幅
下降。

① 根据 WTO 数据库数据整理得出,http://i-tip.wto.org/goods/Forms/TableView.aspx? mode=
modify&action=search,2017-05-24。

② 根据 WTO 数据库数据整理得出,http://i-tip.wto.org/goods/Forms/TableView.aspx? mode=
modify&action=search,2017-05-24。

表 1-12   2000—2016 年对中国发起反倾销调查和实施反倾销措施数量排名前 20 的经济体

排名	进口方	发起反倾销调查（起）	排名	进口方	实施反倾销措施（起）
1	印度	167	1	印度	126
2	美国	117	2	美国	93
3	欧盟	99	3	欧盟	77
4	巴西	88	4	土耳其	67
5	阿根廷	81	5	阿根廷	59
6	土耳其	74	6	巴西	57
7	墨西哥	47	7	墨西哥	35
8	哥伦比亚	42	8	澳大利亚	26
9	澳大利亚	39	9	加拿大	26
10	加拿大	34	10	哥伦比亚	23
11	南非	26	11	韩国	18
12	巴基斯坦	25	12	泰国	16
13	埃及	22	13	秘鲁	14
14	泰国	22	14	埃及	13
15	印度尼西亚	21	15	南非	12
16	韩国	20	16	俄罗斯	11
17	秘鲁	13	17	印度尼西亚	10
18	中国台北	12	18	马来西亚	9
19	马来西亚	11	19	巴基斯坦	9
20	俄罗斯	11	20	乌克兰	9

资料来源：根据 WTO 数据库数据整理得出，http://i-tip.wto.org/goods/Forms/TableView.aspx?mode＝modify&action＝search，2017-05-24。

（三）中国出口商品在国际贸易中遭受不公平待遇

时至今日，市场经济地位问题已经被部分经济体与资本市场开放程度、汇率制度、知识产权保护情况、劳工标准等多个领域相挂钩，对来自非市场经济国家的商品，其歧视性的贸易救济措施贯穿于反倾销、反补贴和保障措施的程序之中。西方发达经济体以非市场经济地位为由压制中国经济发展，推行贸易保护主义，获取不公平的贸易竞争优势。中国出口商品在国际贸易中频繁遭受不公平待遇。

以反倾销为例,按照 WTO 的《反倾销协议》(即《关于执行 1994 年关贸总协定第六条的协议》),判断倾销行为的标准是产品的出口价格是否低于其正常价值。判断产品的正常价值有三种方法:① 如果该产品在国内销售,则采用国内市场的销售价;② 如果该产品并不在国内销售,则选取该产品向第三方的出口价;③ 如果上述两个价格都不存在,则选取结构价格。但上述判断方法仅适用于市场经济地位国家,不适用于非市场经济地位国家,对于非市场经济国家可以采用替代国的做法。

因此,在针对中国出口商品的反倾销调查中,进口方在计算中国出口商品的正常价值时,往往不考虑中国厂商的国内价格和实际成本,而是选取价格和成本高的替代国,从而高估中国出口产品的正常价值,偏离中国厂商的真实成本,轻易地判定中国厂商的倾销行为,并征收高额的反倾销税,这使得中国的出口商品在反倾销调查中频繁遭受不公平的待遇,甚至形成了出口障碍。面临反倾销调查的企业,需要投入大量的时间、人力和经济成本来应诉,如果最终裁定倾销和损害成立,那么在征收了高额的反倾销税后,中国出口商品就会在进口方市场上失去竞争力。

三、中国市场经济地位不被承认的原因

(一) 在 WTO 现有规则下,中国是否能够"自动获得"市场经济地位存疑

至 2016 年 12 月 11 日,中国渡过了加入 WTO 后的 15 年过渡期。根据《中华人民共和国加入议定书》第 15 条 d 款,15 年过渡期结束后,不论中国是否能够自证满足市场经济地位,WTO 其他成员在针对中国出口进行反倾销中都应停止使用以替代国价格计价格的做法。也就是说,15 年过渡期后中国不再被自动认为是非市场经济地位,但这不意味中国就能够"自动获得"市场经济地位。

根据《中华人民共和国加入议定书》,以替代国价格计价的做法源于非市场经济地位的判定,但协议条款中并未明确"市场经济地位"的判定标准,以及 15 年过渡期结束后,中国能否"自动获得"市场经济地位,以及如果不能获得市场经济地位,反倾销的正常价格如何判定。在 WTO 的框架下,中国的市场经济地位判定问题存在着法律上的模糊地带。

(二) 欧美国家相关立法存在极大的政策弹性空间

根据《中华人民共和国加入议定书》第 15 条 d 款,对中国市场经济体地位的认定,应该是由 WTO 成员(进口方)根据已有相关立法认定。因此,在 WTO 框架下,中国的市场经济地位认定问题就演变成认定中国是否满足其他成员有关市场经济地位标准的相关立法问题。这就给各相关方判定中国的市场经济地位

留下了极大的政策弹性空间。

美国对市场经济地位的判定标准主要包括货币可自由兑换、雇佣双方可自由进行工资谈判、合资或外资企业的自由度、政府对生产方式的控制程度、政府对资源分配、企业产出和价格决策的影响程度以及商业部认为合适的其他判断因素等。欧盟对市场经济地位的判定标准包括企业决策未明显受到国家干预、企业有符合国际标准的会计账簿、企业的生产成本与财务状况未明显受到非市场经济体制的影响、破产法及财产法适用于企业以及汇率变化由市场决定五个维度。

一方面,无论是欧盟还是美国,都涉及汇率的市场化程度。尽管经过了多年的市场化改革,但人民币汇率目前尚未完全实现市场化。另一方面,美国对市场经济地位的判定标准还包括"商业部认为合适的其他判断因素",这就给市场经济地位的认定预留了相当大的弹性空间。对于衡量中国是否符合市场经济地位,美国和欧盟有着较大的自由裁量权。实际上,在 2002 年美国和欧盟就承认了自由化程度不及中国的俄罗斯的市场经济地位。

(三) 中国与主要发达经济体经济发展不平衡

自 2008 年金融危机以来,经济复苏前景曲折,世界经济增长乏力,中国与主要发达经济体的经济发展不平衡。中国经济发展和出口增长撼动了现存的国际贸易格局,对欧美诸国的既得利益形成了威胁。另外,失业问题也困扰着欧美发达经济体,在这种环境下,"以邻为壑"的贸易保护主义再次抬头。

一些发达经济体不承认中国的市场经济地位,从而逃避落实《中华人民共和国加入议定书》第 15 条的规定,不切实履行 WTO 框架下的义务。利用非市场经济地位问题对中国实行反倾销调查已经成为部分经济体实施贸易保护主义的重要工具。一旦承认了中国的市场经济地位,对中国进行反倾销的杀伤力将大大削弱。

发达经济体企业面临来自中国的强有力的贸易竞争,尤其是在钢铁、能源、化工和轻纺等行业。比如,欧盟内部的部分利益集团认为,承认中国的市场经济地位将对欧盟各成员的钢铁、纺织行业带来巨大的冲击,欧洲可能因此失去 350 万个就业岗位。

(四) 中国经济的市场化程度仍需提高

1992 年邓小平发表南方谈话以及党的十四大召开确立了社会主义市场经济体制的改革目标。中国经济改革的过程亦是市场化程度不断提高的过程。尽管在法律层面,在国际范围内并未对市场经济或非市场经济的界定形成统一的标准,但学术界对经济市场化程度的定量分析已经展开了较为深入的研究。

目前来看,中国经济的市场化进程在 1992 年至今取得了举世瞩目的成就,社会主义市场经济体制的总体框架已经形成,市场已经在经济的主要领域发挥配置资源的基础性作用。但是,中国的市场经济仍然存在着诸多亟待解决的问题,比如要素市场发展的滞后,政府职能转变的过程中仍存在"越位、错位、缺位"的现象。这些问题在客观上造成了中国市场经济地位不被承认的原因。

(五)市场经济地位问题被视作政治博弈的筹码

从上述原因中可见,中国经济的市场化程度诚然需要提高,但是中国的市场经济地位不被承认背后更多的是国际关系层面的原因。

以美国、欧盟、日本为首的发达经济体已经将中国的市场经济地位问题作为政治博弈的筹码。在对内时,发达经济体的执政党为了赢得选票,会在选举时期迎合利益集团的诉求,实行贸易保护;而在对外时,又会以市场经济地位为筹码,谋求实现双边谈判中的自身利益最大化。

四、中国争取市场经济地位的努力

(一)提高中国经济市场化水平

在中国入世的前 15 年中,市场经济体制改革取得的进展有目共睹。2013年 11 月,中共十八届三中全会确立了全面深化改革的重点是经济体制改革,要建设统一开放、竞争有序的市场体系,让市场在资源配置中起决定性作用。这进一步推动了市场经济的进展,并明确了深化市场经济改革的方向。

中国过去几年着力于推动的简政放权,削减各类行政审批,目的即在于将资源配置权力进一步交还给市场。2016 年 11 月,《中共中央 国务院关于完善产权保护制度依法保护产权的意见》发布,更是确立了公有产权和私人产权平等保护的原则,如此方能夯实市场经济的基石。2015 年召开的中央经济工作会议提出的"三去一降一补"正在不断推进落实并且已经卓有成效,钢铁煤炭产量大幅削减;2015 年,人民币更是加入特别提款权货币篮子,确立第三大货币的份额,推进了汇率市场化和人民币国际化的进程。

(二)扩大和推广自由贸易试验区的成果

在对外方面,中国积极构建面向全球的高标准自由贸易区网络。2013 年挂牌成立上海自由贸易试验区(简称"上海自贸区"),是中国加大经济市场化程度、扩大对外开放水平、争取市场经济地位的重要举措。上海自贸区通过先行先试,使自贸区形成与国际经贸通行规则相互衔接的基本制度框架,成为中国进一步融入经济全球化的重要载体。

2016 年 8 月,中共中央、国务院决定,在上海、广东、天津、福建 4 个自由贸易试验区建设取得成效的基础上,在辽宁、浙江、河南、湖北、重庆、四川、陕西新设立 7 个自贸区。新设立的 7 个自贸区将进一步对接高标准的国际经贸规则，形成各具特色、各有侧重的试点格局。① 自由贸易试验区的扩容，向世界释放出了明确信号：中国经济正变得更加开放，支持贸易自由化的力度进一步加大，中国在为市场经济地位而不断努力。

（三）加强外交努力，争取公平待遇

在外交方面，中国政府积极加大对外磋商和交涉力度，在市场经济地位问题上与相关成员部门进行及时有效的对话，呼吁各成员遵守 WTO 规则和承诺，反对任何国家针对中国实施的歧视性政策。

李克强在访问德国期间与德国总理默克尔讨论了《中华人民共和国加入议定书》第 15 条相关问题，德方认为欧盟应履行条约义务，致力于找到符合 WTO 规则、对各国一视同仁、对中国非歧视性的解决方案。而英国近年来对中国争取市场经济地位的努力持肯定态度。虽然由于法律程序的复杂性，英国还并未承认中国的市场经济地位，但英国仍是中国在争取市场经济地位上为数不多的西方发达经济体支持者之一。持续争取英国的支持也是中国外交努力的重要方向。

第四节　中国跨境电子商务发展及其问题

一、中国跨境电子商务发展的特点

（一）跨境电子商务交易规模持续扩大

跨境电子商务是指交易主体通过电子商务平台达成交易、进行支付结算，并通过跨境物流实现货物运输的一种国际商业活动。跨境电子商务作为一种新兴的外贸模式，有望成为我国对外贸易新的增长点。

如图 1-14 所示，2015 年我国跨境电子商务交易规模为 5.4 万亿元人民币，占进出口贸易额的比例 22.0%。2016 年我国跨境电子商务交易规模达到了 6.7 万亿元人民币，增长率为 24.0%，跨境电子商务交易规模占进出口贸易额的比例达到 27.5%。近年来跨境电子商务交易规模始终保持着较高的增长率，且占进出口贸易的比例逐年上升，跨境电子商务在进出口贸易中的重要性

---

① 新增 7 个自贸区，中国经济更开放 [EB/OL]. http://epaper.bjnews.com.cn/html/2016-09/02/content_650595.htm?div=-1,2016-09-02/2017-06-22.

日益凸显。

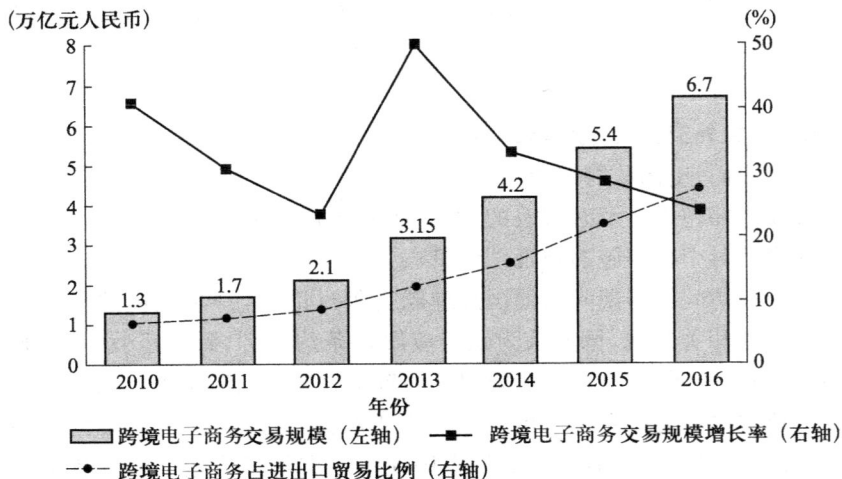

图 1-14 2010—2016 年中国跨境电子商务交易规模、增长率及占比

资料来源:中国电子商务研究中心.2016 年度中国电子商务市场数据监测报告[EB/OL].http://
www.100ec.cn/zt/16jcbg/, 2017-05-24/2017-06-22.

(二)跨境电子商务以出口为主

如图 1-15 所示,2016 年中国出口跨境电子商务交易规模 5.5 万亿元人民币,增长率为 22.2%,出口跨境电子商务经过了几年的高速增长期,目前继续保持着稳定增长的态势。传统的对外贸易景气度不断下降,跨境电子商务成为国内企业出口的重要渠道。随着"互联网+外贸"战略的实施,国家颁布了一系列的政策法规鼓励和支持出口跨境电子商务的发展。出口跨境电子商务步入黄金增长期,规模有望进一步扩大。

在进口跨境电子商务方面,2016 年中国进口跨境电子商务交易规模 1.2 万亿元人民币,增长率为 33.3%,中国电子商务研究中心认为 2017 年进口跨境电子商务规模将达到 1.9 万亿元人民币。进口跨境电子商务在激烈的竞争中保持着迅速的增长,国内各大电子商务企业都在不断改进运营方式,以提升国内用户体验。

如图 1-16 所示,从我国跨境电子商务的进出口结构来看,2016 年出口跨境电子商务占比达到 82.1%,进口跨境电子商务占比为 17.9%。2012—2016 年,出口跨境电子商务占比都超过了 80.0%。出口跨境电子商务是我国跨境电子商务交易的主体,同时进口跨境电子商务的占比不断提升,二者共同推进我国跨境电子商务蓬勃发展。

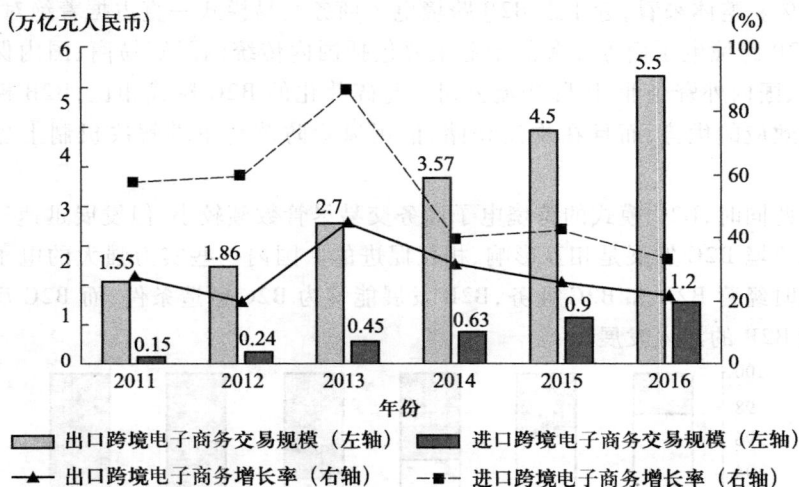

图 1-15　2011—2016 年中国进出口跨境电子商务交易规模及增长率

资料来源:中国电子商务研究中心.2016 年度中国电子商务市场数据监测报告[EB/OL].http://www.100ec.cn/zt/16jcbg/,2017-05-24/2017-06-22.

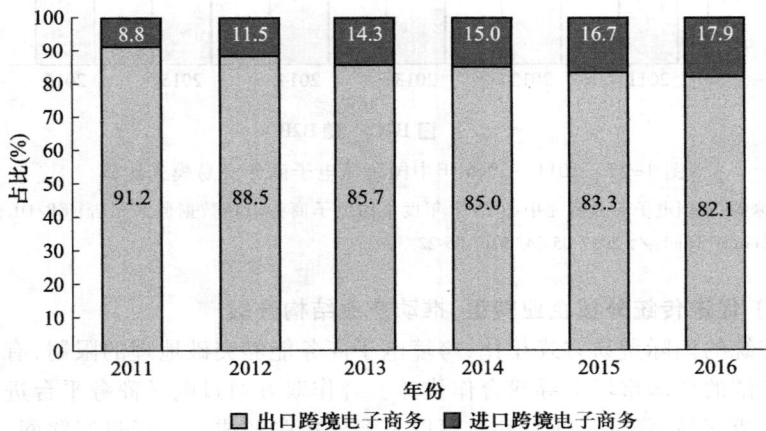

图 1-16　2011—2016 年中国跨境电子商务交易进出口比例

资料来源:中国电子商务研究中心.2016 年度中国电子商务市场数据监测报告[EB/OL].http://www.100ec.cn/zt/16jcbg/, 2017-05-24/2017-06-22.

(三) B2B 模式占据优势,B2C 模式迅速发展

从交易模式的角度来看,如图 1-17 所示,2016 年中国跨境电子商务中企业对企业(B2B)交易占比达 88.7%,跨境电子商务中企业对消费者(B2C)交易占

比 11.3%。整体来看,近年来 B2B 跨境电子商务交易模式一直占据着绝对优势。经营 B2B 跨境电子商务业务的企业主要包括国内传统国际贸易商、国内保税仓储企业、国内外资企业、国际物流公司。与碎片化的 B2C 模式相比,B2B 模式拥有规模效应的优势,而且在物流仓储、信用风险防范和争端解决机制上也更加完善。

与此同时,B2C 模式的跨境电子商务交易尽管数额较小,但发展迅速。跨境 B2B 和跨境 B2C 发展是相互影响、相互促进的。国内一些实力强大的电子商务平台同时经营 B2B 和 B2C 业务,B2B 发展能够为 B2C 创造条件,而 B2C 反过来又促进 B2B 的深入发展。

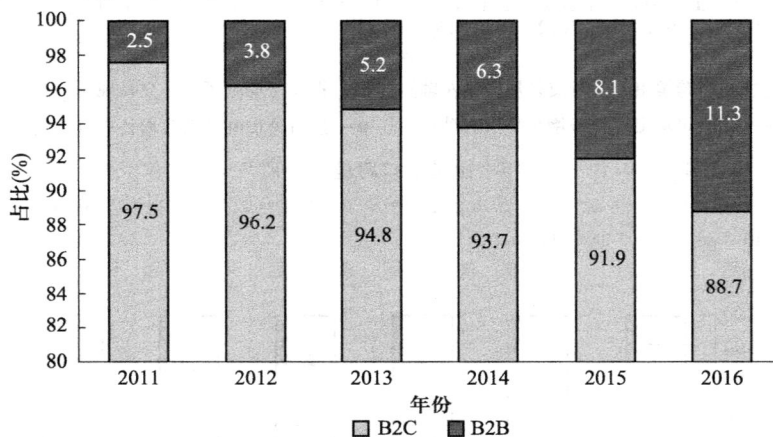

图 1-17　2011—2016 年中国跨境电子商务交易模式比例
资料来源:中国电子商务研究中心.2016 年度中国电子商务市场数据监测报告[EB/OL].http://www.100ec.cn/zt/16jcbg/,2017-05-24/2017-06-22.

(四)促进传统外贸企业转型,推动产业结构升级

与传统的国际贸易方式相比,跨境电子商务能够突破地理的限制,有利于企业在更广阔的全球市场上寻找合作伙伴。合作双方通过电子商务平台进行接触并最终达成交易,降低了谈判和磋商以及海外扩张的成本。通过互联网,企业能够积极开展网络营销与促销活动,并与最终消费者建立直接联系,提高营销的效率和精准度。企业通过智能管理平台,可以实时获取订单和库存信息,提高资金周转率,降低物流和仓储成本。并且跨境电子商务交易涉及的中间商较少,交易渠道更加扁平化,因此具有更高的利润率。此外,跨境电子商务受贸易保护政策的影响也比较小。

基于跨境电子商务的以上优点,越来越多的传统外贸企业开始利用跨境电子商务交易模式。跨境电子商务的发展能够提高企业的投入产出比,有助于我国外贸企业的转型。

同时跨境电子商务的发展带动了物流、支付、认证、金融、营销、内容服务等现代服务业和信息制造业的发展。在知名电子商务企业快速崛起的同时，整个产业链上的相关企业都享受着行业发展的红利。跨境电子商务切实推动着国内产业结构的升级。

二、中国跨境电子商务存在的问题及原因

（一）物流

跨境电子商务具有小批量、多批次、订单分散等特点，对物流提出了较高的要求。当涉及退换货时，企业还需要付出二次物流的成本，因此跨境电子商务的物流成本一般都比较高。① 此外，跨境电子商务在海外的通关、仓储、配送等环节也会产生一定的费用。另外，跨境物流的货运距离较远，运输时间可能会非常长。因此时效性也是跨境电子商务亟待解决的问题。

当前跨境电子商务的物流方式主要有中国邮政的国际小包、海外仓储和国际快递等。值得注意的是，得益于跨境 B2C 业务市场的增长和国家有关政策的扶持，顺丰、圆通等一批中国私营快递企业纷纷开始布局跨境物流，创新跨境物流业务模式，提升跨境物流服务水平，争取为客户提供快速、安全、实惠的跨境物流方式。

（二）通关

电子商务的时效性要求货物能够快速通关，但跨境电子商务日益呈现的批量小、频次高和品种多的特性，对海关的通关、监管、退税、结汇的模式提出了更高的要求。通关效率低下影响了跨境电子商务消费者的购物体验，阻碍了跨境电子商务的发展。同时，新兴的交易模式衍生出了灰色清关市场，对此海关的监管方式需要与时俱进地进行改变。

（三）支付

跨境电子商务的支付方式一般包括货到付款、金融企业汇款和通过第三方支付平台支付，目前大部分跨境电子商务都采用第三方支付平台进行。目前，中国的第三方支付市场还处于发展的初期。尽管第三方支付平台给跨境电子商务的发展提供了重要的支撑，但也存在着诸多的局限性。第三方支付平台无法对交易进行有力的监管，可能成为一些不法人员跨境洗钱活动的平台；并且中国的监管机构也无法监管国外的第三方支付平台。此外，支付系统的稳定性和网络

---

① 刘志中.外贸"新常态"下跨境电子商务的发展[J].现代经济探讨,2015(12).

安全问题也使跨境电子商务支付面临重要挑战。

（四）信用

由于进行跨境电子商务交易的双方不像传统国际贸易那样进行面对面的交易，信息不对称的问题更加严重，且买卖双方以及平台本身都可能存在着信用风险。信用问题始终是阻碍跨境电子商务发展的重要瓶颈，特别是当交易涉及不同语言、不同文化、不同法律时，完善的信用体系和争端解决机制的建立就更加重要。

目前中国已经建立起互联网个人信用信息平台，阿里巴巴等企业也推出了企业诚信查询平台，以评估企业信用状况。但对消费者来说，仅依赖跨境电子商务平台的预防、监督机制是不够的。目前，全球范围内还没有建立起跨越国境的信用体系和争端解决机制，跨境电子商务交易中的信用问题亟待解决。

三、中国政府对跨境电子商务的管理

当前，中国制造正处在转型升级的关键时期，跨境电子商务不仅可以促进对外贸易转型、推动产业结构升级，还能扩展中小企业市场空间、增加就业，对于重塑国际产业链、提升中国企业的品牌竞争力也有重要的作用。发展跨境电子商务对中国经济发展具有深远的意义。

（一）支持跨境电子商务发展

如表1-13所示，中国政府出台了一系列政策措施鼓励和支持跨境电子商务的快速健康发展，推动整个跨境电商行业有序、规范运行。2013年8月，国务院出台《关于促进信息消费扩大内需的若干意见》。2013年12月，财政部和国家税务总局联合出台《关于跨境电子商务零售出口税收政策的通知》。

2015年6月10日，李克强主持国务院常务会议。会议指出，促进跨境电子商务健康快速发展，用"互联网+外贸"实现优进优出，有利于扩大消费、推动开放型经济发展升级、打造新的经济增长点。2015年5月，国务院出台《关于大力发展电子商务加快培育经济新动力的意见》，提出了关于大力推动跨境电子商务发展，积极推进跨境电子商务综合改革试点工作，加快促进跨境电子商务发展的指导意见。① 2015年6月，国务院办公厅发布了《关于促进跨境电子商务健康快速发展的指导意见》，提出了五个方面的措施支持跨境电子商务发展，并从建设综合服务体系、规范跨境电子商务企业行为、发挥行业组织指导作用等方面作

---

① 国务院. 国务院关于大力发展电子商务加快培育经济新动力的意见［EB/OL］. http://www.gov.cn/zhengce/content/2015-05/07/content_9707.htm，2015-05-07/2017-06-22.

出了具体规定。① 在一系列国家政策的支持下,中国跨境电子商务发展过程中遇到的支付、物流、报关报检等障碍正在逐步被消除。市场需求的增加也为跨境电子商务的加速发展提供机遇。

表 1-13　中国相关部门对跨境电子商务发展的政策意见

时间	相关部门	政策意见
2013 年 8 月	国务院	《关于促进信息消费扩大内需的若干意见》
2013 年 10 月	商务部	《关于促进电子商务应用的实施意见》
2013 年 12 月	财政部 国家税务总局	《关于跨境电子商务零售出口税收政策的通知》
2014 年 7 月	海关总署	《关于跨境贸易电子商务进出境货物、物品有关监管事宜的公告》
2015 年 2 月	国务院	《关于加快培育外贸竞争新优势的若干意见》
2015 年 3 月	国务院	《关于同意设立中国(杭州)跨境电子商务综合试验区的批复》
2015 年 5 月	国务院	《关于大力发展电子商务加快培育经济新动力的意见》
2015 年 6 月	国务院办公厅	《关于促进跨境电子商务健康快速发展的指导意见》
2016 年 1 月	国务院	《关于同意在天津等 12 个城市设立跨境电子商务综合试验区的批复》
2016 年 3 月	财政部 海关总署 国家税务总局	《关于跨境电子商务零售进口税收政策的通知》

资料来源:根据国务院、财政部、海关总署文件整理得出, http://www.gov.cn/zhengce/xxgkzl.htm, http://www.mof.gov.cn/zhengwuxinxi/zhengcefabu/, http://www.customs.gov.cn/tabid/49659/Default.aspx, 2017-05-27。

(二)设立跨境电子商务综合试验区

国务院在 2015 年 3 月和 2016 年 1 月分别发布《关于同意设立中国(杭州)跨境电子商务综合试验区的批复》和《关于同意在天津等 12 个城市设立跨境电子商务综合试验区的批复》。截至 2016 年,中国共在杭州、宁波、天津、上海、重庆、合肥、郑州、广州、成都、大连、青岛、深圳、苏州共计 13 个城市设立了跨境电

① 国务院.国务院办公厅关于促进跨境电子商务健康快速发展的指导意见[EB/OL]. http://www.gov.cn/zhengce/content/2015-06/20/content_9955.htm,2015-06-20/2017-06-22。

子商务综合试验区。①

跨境电子商务综合试验区旨在跨境电子商务交易、支付、物流、通关、退税、结汇等环节进行先行先试,通过制度创新、管理创新、服务创新和协同发展,打造跨境电子商务完整的产业链和生态链,为推动中国跨境电子商务的健康发展提供可复制、可推广的经验。

(三)推动跨境电子商务行业规范有序运行

2016 年 3 月,财政部、海关总署、国家税务总局联合发布《关于跨境电子商务零售进口税收政策的通知》。通知明确了跨境电子商务零售进口商品的"个人物品"性质,不再参照贸易货物监控模式进行监管。采取新的监管模式有助于进口跨境电子商务的规范运行,从而促进跨境电子商务行业的健康发展。2017 年 3 月,商务部新闻发言人就跨境电商零售进口过渡期后监管总体安排发表谈话表示,现阶段为保持跨境电子商务零售进口监管模式的总体稳定,对跨境电子商务零售进口商品暂按照个人物品监管。该监管模式于 2018 年 1 月 1 日正式实行。2017 年 6 月 27 日,李克强在第十一届夏季达沃斯论坛开幕式致辞时表示,对电子商务、移动支付等新产业、新业态、新模式实行包容审慎的监管态度。

(陈沐南、彭福永)

主要参考文献

[1] APEC. APEC Officials Widening Asia-Pacific Trade Benefits [EB/OL]. http://www. apec. org/Press/News-Releases/2017/0303 _ SOM1,2017-03-02/2017-06-22.

[2] GTA. The 20th Global Trade Alert Report:FDI Recovers? [EB/OL]. http://www. globaltradealert. org/gta-analysis/fdi-recovers,2016-08-30/2017-05-03.

[3] IMF. World Economic Outlook,April 2017:Gaining Momentum? [EB/OL]. http://www. imf. org/external/ns/cs. aspx? id=29,2017-04-18/2017-06-23.

[4] WTO. Overview of Developments in the International Trading Environment,Annual Report by the Director-General [EB/OL]. https://docs. wto. org/dol2fe/Pages/SS/directdoc. aspx? filename = q:/WT/TPR/OV19. pdf,2016-12-09/2017-05-16.

[5] 二 十 国 集 团 [EB/OL]. http://politics. people. com. cn/n/2014/1031/

---

① 国务院.国务院关于同意在天津等 12 个城市设立跨境电子商务综合试验区的批复[EB/OL].http://www. gov. cn/zhengce/content/2016-01/15/content_10605. htm,2016-01-15/2017-06-22.

c390124-25948786.html, 2014-10-31/2017-06-22.

[6] 二十国集团领导人杭州峰会公报［EB/OL］. http://news. xinhuanet. com/world/2016-09/06/c_1119515149.htm, 2016-09-06/2017-06-22.

[7] 国务院.国务院关于大力发展电子商务加快培育经济新动力的意见［EB/OL］. http://www. gov. cn/zhengce/content/2015-05/07/content _9707. htm, 2015-05-07/2017-06-22.

[8] 国务院.国务院关于同意在天津等 12 个城市设立跨境电子商务综合试验区的批复［EB/OL］. http://www. gov. cn/zhengce/content/2016-01/15/content_ 10605.htm, 2016-01-15/2017-06-22.

[9] 国务院办公厅.国务院办公厅关于促进跨境电子商务健康快速发展的指导意见［EB/OL］. http://www. gov. cn/zhengce/content/2015-06/20/content_ 9955.htm, 2015-06-20/2017-06-22.

[10] 刘志中.外贸"新常态"下跨境电子商务的发展［J］.现代经济探讨, 2015(12).

[11] 商务部贸易救济调查局. 2016 年贸易摩擦案件统计［EB/OL］.http:// gpj. mofcom. gov. cn/article/zt _ mymcyd/subjectdd/201703/20170302536150. shtml, 2017-03-17/2017-05-26.

[12] 新增 7 个自贸区,中国经济更开放［EB/OL］. http://epaper. bjnews. com.cn/html/2016-09/02/content_650595.htm? div=-1, 2016-09-02/2017-06-22.

第二章 国际金融

第一节 2016 年国际金融形势综述

2016 年全球经济虽总体运行良好,但国际金融市场动荡加剧,潜在金融风险增加。英国"脱欧"公投、特朗普当选美国总统、美联储两次加息、欧债危机逐步加重、难民问题困扰、欧佩克签订减产协议、多国开始推行负利率政策等众多事件加重了全球经济的不确定性。2016 年汇率市场、股票市场、大宗商品市场均出现大幅波动,经济复苏任重道远。

2016 年,发达经济体整体经济增长优于 2015 年,欧美国家、日本经济复苏稳健,但各经济体货币政策持续分化。2016 年美国 GDP 实现 2.8% 的增长,经济增速有所下滑,受美联储加息的影响,美元汇率仍然强势。[1] 特朗普当选为新一任美国总统后,其政策主张对美国国债利率、美元汇率、全球股票市场、全球债券市场、大宗商品市场等均产生较大影响。2016 年欧盟 GDP 增长 1.9%,低于之前预期。[2] 同年欧元区经济增长率为 1.7%,欧洲经济总体温和复苏,但欧洲不稳定的政治局势增大了该地区经济的不确定性。欧盟持续宽松的货币政策引起银行风险加大。在出口不力、英国"脱欧"、美联储加息、欧元贬值等因素的影响下,欧元区经济增长乏力,仍未摆脱欧债危机的阴霾。欧洲中央银行实施的一系列资产购买计划与其负利率政策起到的拉动经济增长的效果仍然不太显著。实现全年 GDP 增长 1% 的日本虽然已经采取更大强度的质化与量化宽松货币政策与负利率政策,但其通货紧缩难题仍难以得到有效控制。[3] 英国"脱欧"虽然引

---

[1] Bureau of Economic Analysis. National Economic Accounts, Gross Domestic Product (GDP) [DB/OL]. https://www.bea.gov/data/gdp/gross-domestic-product/gdp-gdi-vintage-history, 2017-03-30/2017-06-20.

[2] Brussels: European Commission. Eurostat. Real GDP Growth Rate Access Data [DB/OL]. http://epp.eurostat.ec.europa.eu/tgm/table.do? tab = table&init = 1&plugin = 1&language = en&pcode = tec00115, 2017-06-13/2017-06-20.

[3] Cabinet Office, Government of Japan. GDP (Expenditure Approach) and Its Components [DB/OL]. http://www.esri.cao.go.jp/jp/sna/data/data_list/sokuhou/gaiyou/pdf/main_1.pdf, 2017-06-08/2017-06-20.

起英镑大幅贬值(18%),但其 1.8% 的 GDP 增长速度着实让人眼前一亮。① 2016 年法国经济增长低于预期,总统大选、难民问题等不稳定因素对其国内金融发展的影响较大。德国经济增长稳健,1.9% 的 GDP 增长率显示其稳固的经济基础并未受外部环境的影响。② 澳大利亚经济运行较为平稳,而加拿大经济持续衰退。发达经济体虽然经济复苏走势良好,但债务问题、通货紧缩困境等问题,仍然影响着其金融市场的平稳发展。

新兴经济体经济形势有所好转,但其金融脆弱性增加。中国和印度经济依旧继续保持较高速的增长,2016 年两国 GDP 增长率分别为 6.7% 与 7.1%,增速有所放缓。IMF 预测 2017 年中国与印度将继续维持 6.7% 与 7.2% 的增长。③ 巴西、俄罗斯逐步摆脱负增长困境。印度尼西亚、马来西亚、泰国、菲律宾、越南等国经济都保持 5% 左右的增长势头。拉美地区新兴经济体国际信贷紧缩加大,经济增长减速。受美联储加息的影响,新兴经济体货币普遍对美元贬值,出现资本外流,经济增长下行压力较大。诸多新兴经济体国内负债率过高,动荡的国际金融形势使其内部面临较大的金融不稳定性。

一、外汇市场

2016 年全球外汇市场震荡加剧更加明显。美元汇率依然延续强势劲头,除日元出现小幅升值之外,其他发达经济体货币汇率均出现不同程度贬值,新兴经济体货币汇率开始出现分化,涨跌不一。2016 年美元指数实现连续第四年上涨,欧元兑美元汇率小幅贬值 3.1%,英镑兑美元汇率大跌 16.1%,日元兑美元汇率小幅升值 3.2%。以金砖国家为代表的新兴市场国家货币汇率变化有所不同,巴西雷亚尔、俄罗斯卢布和南非兰特兑美元分别升值 18.12%、16.53% 和 12.26%,而中国人民币和印度卢比兑美元汇率分别贬值 6.05%、2.04%。

(一) 美元指数变动概况

2016 年美元指数先贬值后升值,但波动幅度较小。如图 2-1 所示,2016 年美元指数延续了去年上下波动态势,全年呈现先降后增的趋势,由 1 月 4 日的

① Office for National Statistics. Gross Domestic Product: Quarter on Quarter growth: CVM SA%［EB/OL］. https://www. ons. gov. uk/economy/grossdomesticproductgdp/timeseries/ihyq/pn2,2017-04-12/2017-06-20.

② 根据欧盟数据库数据整理得出,http://epp. eurostat. ec. europa. eu/tgm/table. do? tab = table&init = 1&plugin = 1&language = en&pcode = tec00115,2017-06-20。

③ 根据国际货币基金组织 2017 年 4 月世界经济展望数据整理得出,http://www. imf. org/external/pubs/ft/weo/2017/01/weodata/index. aspx,2017-06-20。

98.66 点上升至 12 月 30 日的 102.38 点,美元指数全年上涨 3.77%。2016 年 1 月至 5 月,美元呈现贬值趋势,2016 年 5 月 2 日下降至全年最低点 91.91 点;2016 年 5 月至 9 月美元指数上下波动约 2.57%;美元指数在第四季度开始大幅升值,直到 102.38 点。

2015 年 12 月美联储加息前美元升值预期已被市场吸收,加息后美元汇率波动下降。2016 年 6 月后美联储新一轮加息预期再度升温,美元汇率逐步回升。美国经济表现亮眼、特朗普的强势政策、新兴经济体增速放缓、欧洲日本经济复苏艰难等内外因素增大了美元汇率升值概率。

图 2-1　2016 年美元指数走势图

资料来源:根据万得(Wind)中国金融数据库数据整理得出,http://www.wind.com.cn,2017-07-24。
注:其中 2016 年 12 月 30 日为最后一个交易日。

(二)欧元汇率变动概况

2016 年欧元全年小幅贬值。如图 2-2 所示,2016 年欧元兑美元汇率先增后降。1 月较为稳定,维持在 1.08 左右;2 月开始波动上涨至年内最高点 1.15(2016 年 4 月 29 日),5—12 月一直处于下降趋势,于 12 月下滑至全年最低点1.03。2016 年欧元兑美元由年初的 1.09 左右下跌至 1.05,全年贬值 3.67%。

2016 年欧洲经历了意大利修宪公投、英国"脱欧"公投、法国大选、欧洲难民问题等一系列事件,特朗普当选美国总统等因素也影响了欧元的汇率走势,美联储年底第二次加息进一步增大了欧元的贬值压力。

(三)英镑汇率变动概况

如图 2-3 所示,2016 年英镑兑美元汇率由 1 月 4 日的 1.473 3 大幅下跌至12 月 30 日的 1.236 2,英镑全年贬值 16.1%,其中最高价 1.501 8,最低价1.194 8。1 月至 6 月,英镑兑美元汇率较为稳定;受英国"脱欧"公投的影响,6 月 27 日英

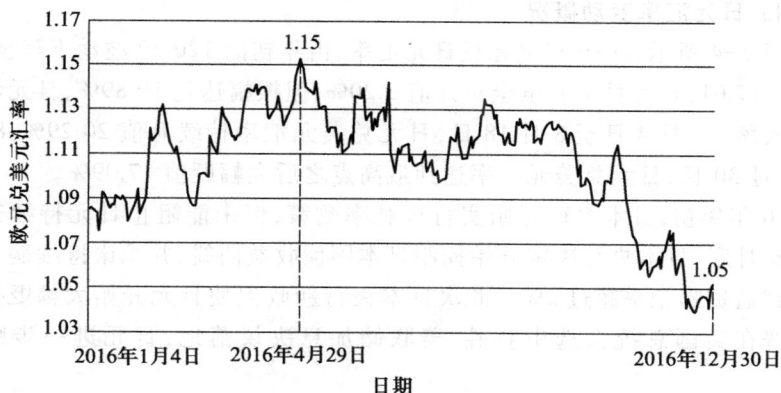

图 2-2　2016 年欧元兑美元汇率走势图

资料来源:根据万得(Wind)中国金融数据库数据整理得出,http://www.wind.com.cn,2017-07-24。

注:其中 2016 年 12 月 30 日为最后一个交易日。

镑大幅度贬值至 1.312 6。7 月初至 9 月底,英镑汇率围绕 1.310 0 上下波动,较为稳定;10 月初,英镑兑美元汇率持续下降后开始回升至 1.274 1,并于年底下降至 1.236 2。

　　英国"脱欧"事件为金融市场带来巨大风险,也是英镑大幅贬值的主要因素。虽然 2016 年英国经济走势平稳,英国政府采取紧缩的财政政策,但仍未改变英镑持续贬值的走势。英镑贬值推动出口的同时,使大量企业面临国际借贷成本与进口成本的增加,居民面临较大的通胀水平。英国"脱欧"对汇率波动的影响仍将持续。

图 2-3　2016 年英镑兑美元汇率走势图

资料来源:根据万得(Wind)中国金融数据库数据整理得出,http://www.wind.com.cn,2017-07-24。

注:其中 2016 年 12 月 30 日为最后一个交易日。

（四）日元汇率变动概况

如图 2-4 所示，2016 年美元兑日元汇率，由年初的 120.20 波动下降至 12 月 30 日的 117.01，日元兑美元虽全年升值 3.20%，但振幅达到 18.89%，日元汇率经历大起大落。1 月 4 日至 8 月 18 日，日元兑美元汇率持续升值 20.29%；8 月 19 日至 12 月 30 日，日元兑美元汇率达到最高点之后大幅贬值 17.09%。

2016 年年初，日本央行开始实行负利率政策，但未能阻止日元持续升值态势。到 9 月底，日本央行决定开始控制日本国债收益曲线，并承诺持续购买日本国债直到通货膨胀率超过 2%。此次日本央行新政促使日元开始大幅贬值。随着特朗普在美国总统大选中获胜、美联储加息决议落地，日元进一步贬值至年底。

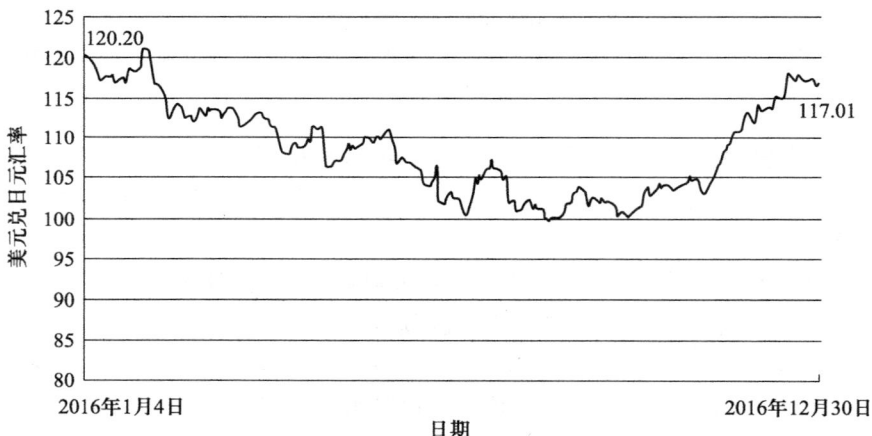

图 2-4　2016 年美元兑日元汇率走势图

资料来源：根据万得（Wind）中国金融数据库数据整理得出，http://www.wind.com.cn，2017-07-24。
注：其中 2016 年 12 月 30 日为最后一个交易日。

（五）人民币汇率变动概况

2016 年人民币兑美元汇率全年贬值 6.05%。如图 2-5 所示，中国外汇交易中心（CFETS）人民币汇率指数由 1 月 8 日的 99.96 大幅下跌至 12 月 30 日的 94.83。如图 2-6 所示，美元兑人民币汇率持续上涨，由 1 月 4 日的 6.512 0 上涨至 12 月 30 日的 6.949 5。如图 2-7 所示，2016 年在岸与离岸人民币汇率利差在 1 月 6 日达到最低点（-1.384）后逐步缩小，利差维持在 0 水平线上下波动，总体较为稳定。

2016 年人民币汇率指数总体走势大致可以分为四个阶段：① 1 月至 4 月持续下跌。自人民币被纳入特别提款权货币篮子后，人民币开始迅速贬值，美元兑人民币汇率一度逼近 6.95 的水平。国际投资机构公开做空亚洲国家货币汇率，引起在岸与离岸人民币汇率利差达到历史最大值，人民币大幅贬值。② 5 月至 7 月中旬美元兑人民币汇率小幅波动下降至年内最低点，美元升值势头减弱，主要是由于美联储加息预期更加强烈，加上英国"脱欧"公投结果出人意料，全球金融市场动荡加剧。③ 7 月至 9 月，美元兑人民币汇率维持在 6.6 至 6.7 之间。④ 10 月至 12 月，人民币汇率继续贬值，美元兑人民币汇率突破 6.9。这一阶段主要是由于美联储加息预期及决议落地加快了美元的强势走势，特朗普政府又实施一系列刺激美国经济增长的政策，美元市场预期改善，人民币贬值压力增大。

2016 年诸多因素影响着人民币走势，主要包括以下五个方面。① 过度升值后的贬值压力增加。2010 年 6 月 8 日重启"汇改"后至 2014 年 1 月 27 日人民币大幅升值，此后国际市场对美国退出量化宽松货币政策与美联储加息的预期更加强烈，2016 年人民币贬值压力增大。2015 年"811 汇改"后人民币汇率由单一盯住美元向盯住一篮子货币转变，人民币开始贬值。② 美联储加息后，美元资产需求上升，国际资本不同程度上回流美国，其他国家货币汇率贬值压力有所增加。③ 中国人民银行宣布实施"收盘价+24 小时篮子货币稳定"的定价机制，公开了人民币汇率中间价定价公式，人民币贬值预期增加。④ 中国高速增长的经济形势发生变化，进入中高速增长的"新常态"，FDI 流入量增速有所降低，而 FDI 流出量压力增大，资本与金融账户逆差规模进一步扩大等因素增大了人民币贬值压力与贬值预期。⑤ 中国采取适度宽松的货币政策，货币供应量增加快速，人民币相对购买力下降，高估的人民币面临一定的贬值压力。

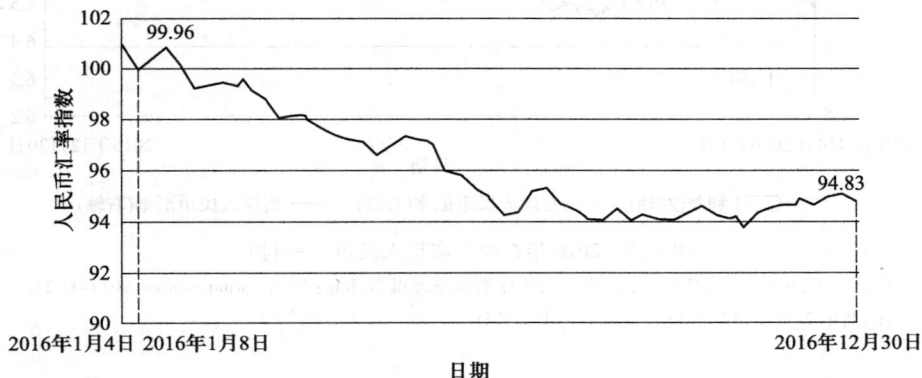

图 2-5　2016 年中国外汇交易中心人民币汇率指数走势图

资料来源：根据万得（Wind）中国金融数据库数据整理得出，http://www.wind.com.cn，2017-07-24。

注：其中 2016 年 12 月 30 日为最后一个交易日。

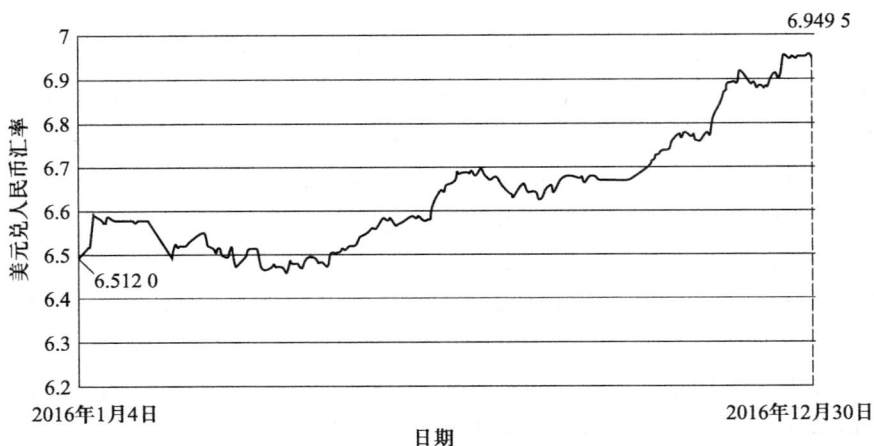

图 2-6　2016 年美元兑人民币汇率走势图

资料来源:根据万得(Wind)中国金融数据库数据整理得出,http://www.wind.com.cn,2017-07-24。

注:其中 2016 年 12 月 30 日为最后一个交易日。

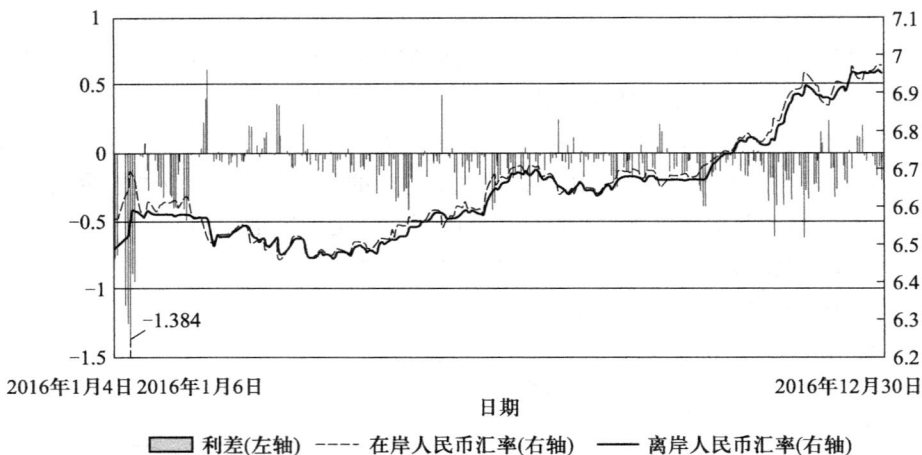

图 2-7　2016 年在岸与离岸人民币汇率利差

资料来源:根据万得(Wind)中国金融数据库数据整理得出,http://www.wind.com.cn,2017-07-24。

注:其中 2016 年 12 月 30 日为最后一个交易日。

(六) 其他货币汇率变动概况

发达经济体货币汇率普遍出现小幅贬值。如图 2-8 所示,2016 年瑞士法郎全年贬值 1.92%,美元兑瑞士法郎汇率由年初的 0.999 6 上升至年底的 1.019 2,

最高点为 1.034 6,最低点为 0.944 3。如图 2-9 所示,2016 年澳大利亚元小幅贬值 1.23%,澳大利亚元兑美元汇率由年初的 0.729 5 跌至年底的 0.720 5,最高点达到 0.783 4,最低点为 0.682 6。如图 2-10 所示,加拿大元全年升值 3.24%,美元兑加拿大元汇率由年初的 1.387 9 下降至 1.344 4,最高点为 1.469 0,最低点1.253 3。如图 2-11 所示,韩元全年小幅贬值 1.03%,美元兑韩元汇率由年初的1 191.46 增加至 1 203.73。

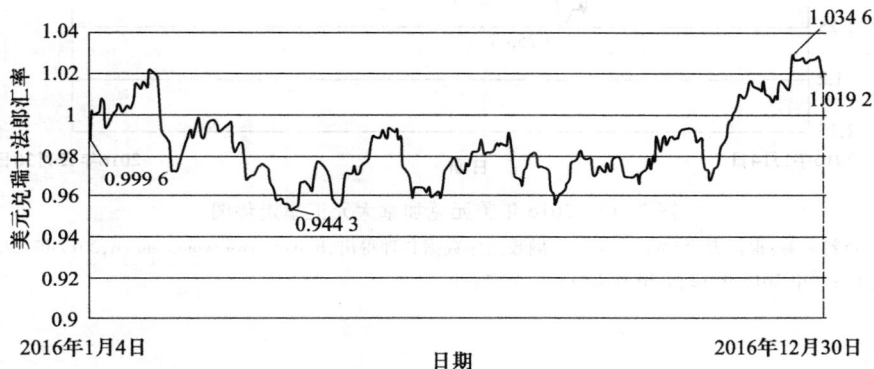

图 2-8　2016 年美元兑瑞士法郎汇率走势图

资料来源:根据万得(Wind)中国金融数据库数据整理得出,http://www.wind.com.cn,2017-07-24。

注:其中 2016 年 12 月 30 日为最后一个交易日。

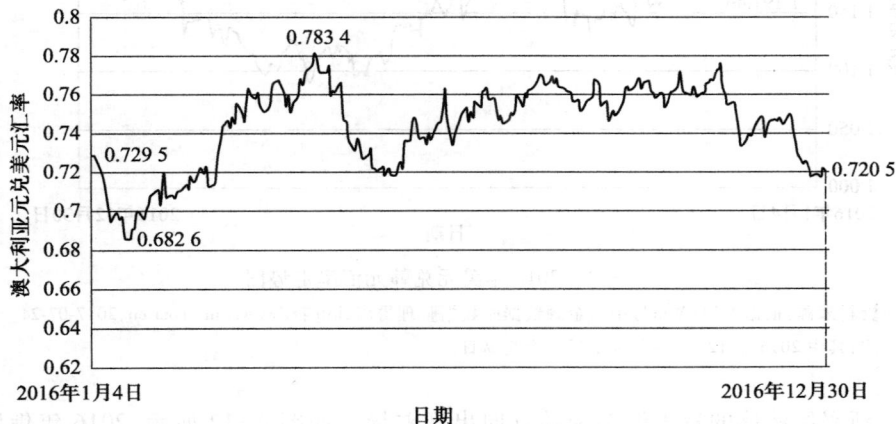

图 2-9　2016 年澳大利亚元兑美元汇率走势图

资料来源:根据万得(Wind)中国金融数据库数据整理得出,http://www.wind.com.cn,2017-07-24。

注:其中 2016 年 12 月 30 日为最后一个交易日。

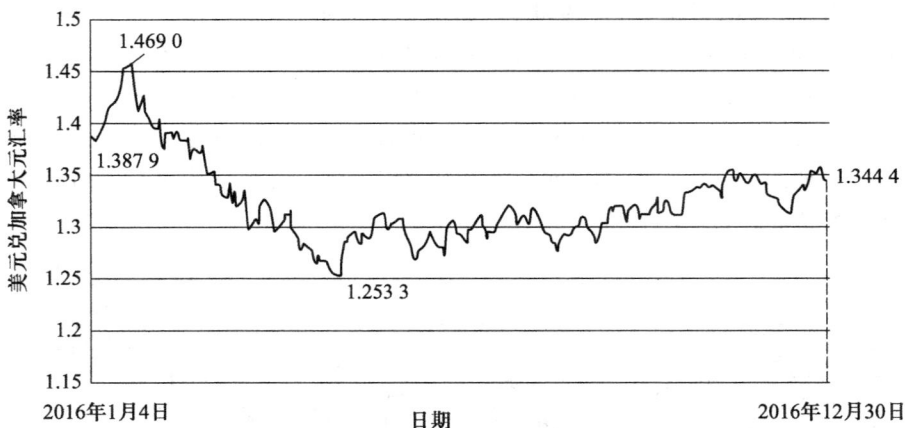

图 2-10 2016 年美元兑加拿大元汇率走势图

资料来源:根据万得(Wind)中国金融数据库数据整理得出,http://www.wind.com.cn,2017-07-24。
注:其中 2016 年 12 月 30 日为最后一个交易日。

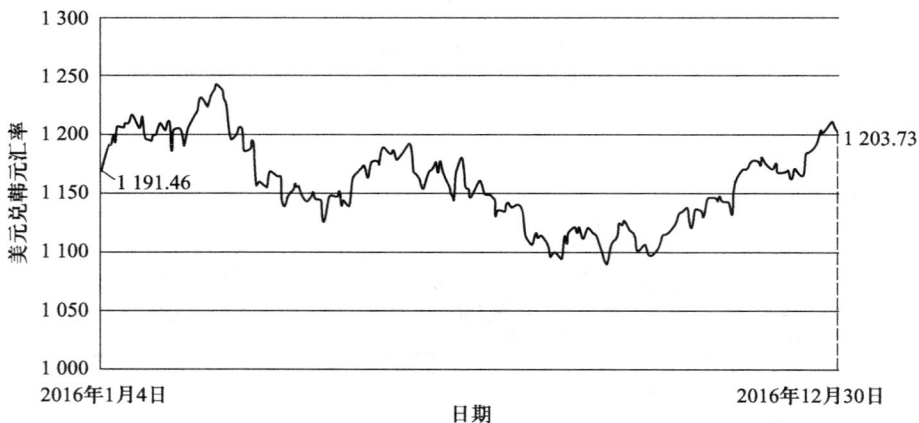

图 2-11 2016 年美元兑韩元汇率走势图

资料来源:根据万得(Wind)中国金融数据库数据整理得出,http://www.wind.com.cn,2017-07-24。
注:其中 2016 年 12 月 30 日为最后一个交易日。

新兴经济体的货币汇率变动方向出现差异。如图 2-12 所示,2016 年俄罗斯卢布大幅升值 16.53%,美元兑卢布汇率由年初的 73.280 0 下降至 61.273 0,最高点为 85.998 0,最低点为 60.119 3。如图 2-13 所示,巴西雷亚尔大幅升值 18.12%,美元兑雷亚尔汇率由年初的 3.959 3 下降至 3.253 1,最高点为 4.173 8,

最低点为 3.102 6。如图 2-14 与图 2-15 所示,南非兰特全年升值 12.26%,美元兑兰特汇率由年初的 15.46 下降至 13.70,而印度卢比贬值 2.04%,美元兑卢比由年初的 66.19 上升至 67.92。

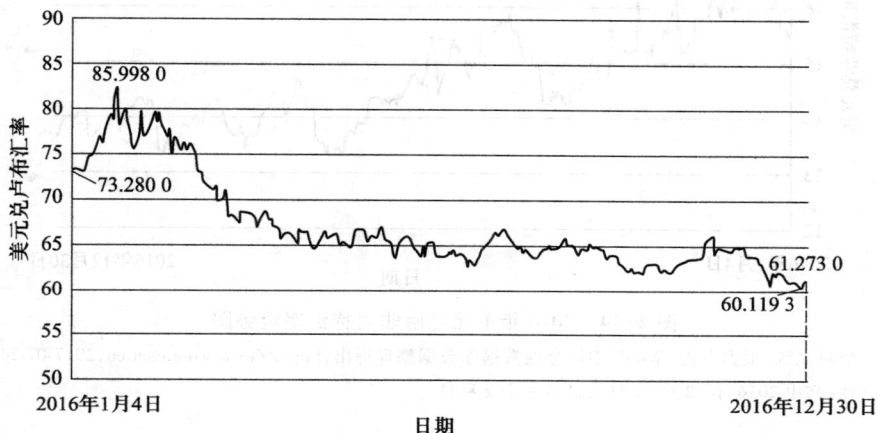

图 2-12　2016 年美元兑俄罗斯卢布汇率走势图

资料来源:根据万得(Wind)中国金融数据库数据整理得出,http://www.wind.com.cn,2017-07-24。

注:其中 2016 年 12 月 30 日为最后一个交易日。

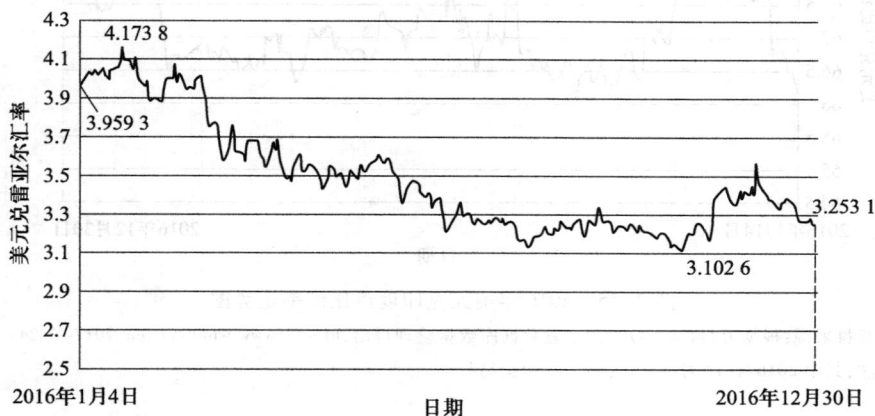

图 2-13　2016 年美元兑巴西雷亚尔汇率走势图

资料来源:根据万得(Wind)中国金融数据库数据整理得出,http://www.wind.com.cn,2017-07-24。

注:其中 2016 年 12 月 30 日为最后一个交易日。

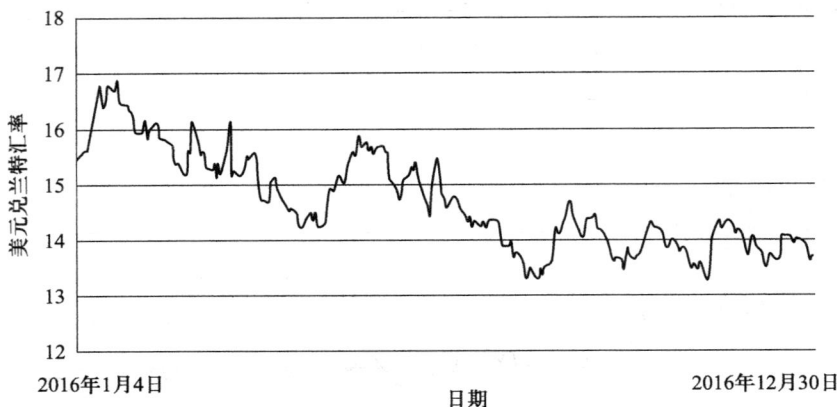

图 2-14　2016 年美元兑南非兰特汇率走势图

资料来源:根据万得(Wind)中国金融数据库数据整理得出,http://www.wind.com.cn,2017-07-24。

注:其中 2016 年 12 月 30 日为最后一个交易日。

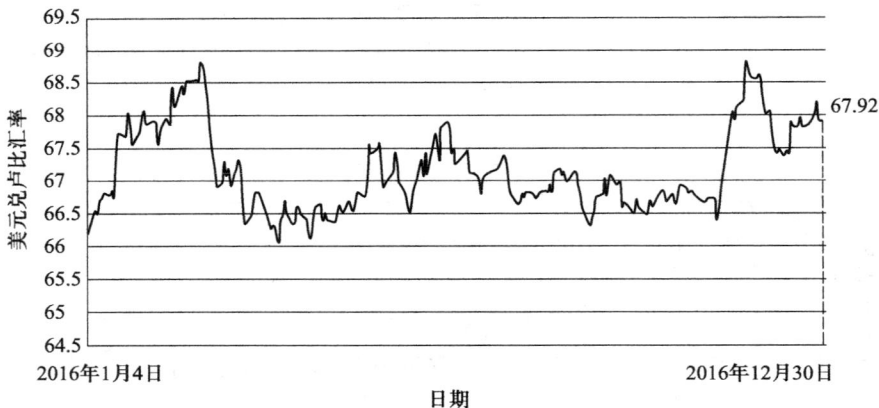

图 2-15　2016 年美元兑印度卢比汇率走势图

资料来源:根据万得(Wind)中国金融数据库数据整理得出,http://www.wind.com.cn,2017-07-24。

注:其中 2016 年 12 月 30 日为最后一个交易日。

二、股票市场

2016 年全球股票市场增长势头迅猛。与 2015 年相比,股市波动剧烈的情况得以缓解。其中最为亮眼的是美国股市大幅度上涨,道琼斯工业指数、纳斯达克股票指数(简称"股指")、标准普尔 500 指数均实现两位数增长。更多国家开始实行宽松的货币政策,全球股市整体情况得到改善,其中英国"脱欧"与美联储议息对股市影响更大。

　　根据世界交易所联合会(WFE)的统计报告显示,2016 年全球股票市场多项指标增长率下降,具体表现为以下四个方面:① 2016 年年末全球股票市场市值达到 710 462.97 亿美元,较 2015 年增长了 4.4%,主要由美洲市场和欧洲、中东、非洲市场拉动;② 2016 年全球股票交易总额下降 26.9%,交易量下降 15.5%;③ 首次公开募股(Initial Public Offerings,IPO)市场与投资流量表现较差,2016 年全球 IPO 总量为 1 963 个,比 2015 年减少了 35.8%,投资流量下降严重,为 53.4%,达到 6 840 亿美元;④ 场内衍生品(Exchange Traded Derivatives,ETD)市场 2016 年交易量下降 2%,这主要是受到股票衍生品和股指衍生品交易量下降的影响。①

　　从区域来看,如表 2-1 所示,2016 年全球各地区股票市值增长速度放缓,美洲地区股票市值实现 10.8% 的增长,达到约 309 638.21 亿美元,欧洲、中东、非洲地区增长了 0.9%,达到约 156 405.73 亿美元,亚太地区下降了 0.5%,达到约 244 419.04 亿美元。如表 2-2 和表 2-3 所示,美洲,亚太地区,以及欧洲、中东、非洲地区的股票交易额分别下降了 4.6%、47.2%、15.3%,美洲和欧洲、中东、非洲地区股票交易量分别增长了 5.2%、4.7%,亚太地区股票交易量下降了 26.1%。

表 2-1　2016 年全球各区域市场股票市值变动表

地区	2015 股票市值(亿美元)	2016 股票市值(亿美元)	增长率(%)
美洲	279 431.03	309 638.21	10.8%
亚太地区	231 411.92	244 419.04	−0.5%
欧洲、中东、非洲	158 765.63	156 405.73	0.9%

资料来源:World Federation of Exchanges.WFE FY 2016 Market Highlights[EB/OL].https://www.world-exchanges.org/home/index.php/statistics/market-highlights,2017-02-10/2017-06-20.

注:增长率用美元衡量。

表 2-2　2016 年全球各区域市场股票交易额变动表

地区	2015 交易额(亿美元)	2016 交易额(亿美元)	增长率(%)
美洲	460 635.6	439 507.49	−4.6%
亚太地区	537 147.39	308 066.60	−47.2%

①　World Federation of Exchanges.WFE FY 2016 Market Highlights[EB/OL].https://www.worldexchanges.org/home/index.php/statistics/market-highlights,2017-02-10/2017-06-20.

			续表
地区	2015 交易额（亿美元）	2016 交易额（亿美元）	增长率（%）
欧洲、中东、非洲地区	139 410.35	117 446.91	−15.3%

资料来源：World Federation of Exchanges.WFE FY 2016 Market Highlights[EB/OL]. https://www.world-exchanges.org/home/index.php/statistics/market-highlights,2017-02-10/2017-06-20.

表 2-3　2016 年全球各区域市场股票交易量变动表

地区	2015 交易量（亿次）	2016 交易量（亿次）	增长率（%）
美洲	64.64	68.026 22	5.2%
亚太地区	155.10	119.383 63	−26.1%
欧洲、中东、非洲地区	17.98	18.787 24	4.7%

资料来源：World Federation of Exchanges.WFE FY 2016 Market Highlights[EB/OL]. https://www.world-exchanges.org/home/index.php/statistics/market-highlights,2017-02-10/2017-06-20.

从股票指数来看，2016 年中国 A 股一改 2015 年大涨势头，面临大幅下跌，深证成份指数全年下跌 19.64%，成为 2016 年全球跌幅最大的股指，上海证券综合指数也大幅下跌 12.31%，位列全球跌幅榜第三。亚洲主要国家股指均表现欠佳，新加坡房地产投资信托（REITs）指数下跌 0.91%，富时新加坡海峡时报（STI）指数上涨 0.22%，香港恒生指数上涨 0.39%，日本日经 225 指数增长 0.42%，韩国综合指数上涨 3.32%。欧洲主要国家股指大涨，受英国"脱欧"事件的影响，富时 100 指数全年大涨 14.06%；德国股指（DAX）上涨 6.59%，瑞典股指（OMXSPI）上涨 5.71%，法国股指（CAC40）上涨4.34%；受美国与俄罗斯关系缓和预期、国际石油价格回升等因素的影响，俄罗斯股指（RTS）大涨51.15%，成为仅次于委内瑞拉股指（IBC）（113.94%）、开罗股指（CASE30）股指（76.20%）2016 年股票指数增幅第三名。美国经济形势好转，加息预期持续升温直至美联储加息政策出台，特朗普政府新政预期等利好因素促使美国股市大涨。其中，2016 年全年道琼斯工业指数上涨13.74%，纳斯达克股指上涨 8.48%，标普 500 指数上涨 10.05%。阿根廷股指（MERV）、巴西圣保罗股指（IBOVESPA）、澳大利亚标准普尔 200 分别实现 44.9%、38.93%、6.99%的增长。[1]

---

[1]　World Federation of Exchanges.WFE FY 2016 Market Highlights[EB/OL]. https://www.worldex-changes.org/home/index.php/statistics/market-highlights,2017-02-10/2017-06-20.

三、债券市场

如表 2-4 所示,根据国际清算银行(BIS)的统计报告显示,2016 年国际债券市场未清偿余额全球总额为 212 880 亿美元,较 2015 年年末的 211 210 亿美元增长了 0.79%,国际债券市场未清偿余额渐趋平稳。按照发行主体的国家划分,美国、英国、德国、法国、荷兰仍然位居前五位,五国国际债券市场未清偿余额占全球总额的 48.61%,与 2015 年的 47.87% 相比略有上升。其中,美国国际债券市场未清偿余额占全球总额的 15.76%,略高于 2015 年的 15.10%。从债券存量总额方面来看,如表 2-5 所示,按照债券发行国划分,美国、日本、中国、英国、法国位居全球债券总额前五位,中国继续维持第三大债券存量总额国家的排名。2016 年中国债券存量总额为 93 988 亿美元,比 2015 年增长了 21.35%。

表 2-4　2016 年主要国家国际债券市场未清偿余额

国家	国际债券市场未清偿余额(亿美元)				
	2012 年	2013 年	2014 年	2015 年	2016 年
美国	29 620	29 787	30 311	31 888	33 547
英国	28 129	28 450	26 557	25 075	24 145
德国	20 630	20 431	18 996	17 135	17 848
法国	18 050	18 465	16 904	14 979	15 554
荷兰	14 189	14 222	13 108	12 033	12 380
西班牙	11 818	11 830	10 262	9 179	9 039
意大利	11 144	11 661	9 997	8 849	8 801
中国	1 738	2 751	4 376	5 300	6 055
日本	3 751	3 959	4 137	4 360	4 774
全球	219 289	227 685	218 781	211 210	212 880

资料来源:BIS. C1 Summary of Debt Securities Outstanding [EB/OL]. http://www.bis.org/statistics/sec-stats.htm? m=6%7C33%7C615,2017-06-06/2017-06-20.

表 2-5   2016 年主要国家债券存量总额

国家	债券存量总额（亿美元）					
	2011 年	2012 年	2013 年	2014 年	2015 年	2016 年
美国	321 099	332 859	344 943	357 806	368 969	378 744
日本	156 741	145 526	122 607	110 719	111 794	139 200
中国	33 982	37 856	40 939	—	77 454	93 988
英国	55 554	57 698	57 506	61 222	58 240	58 845
法国	43 658	45 162	47 451	43 096	39 877	41 829
德国	43 831	43 552	43 569	37 797	33 206	34 598
意大利	36 866	38 936	40 741	34 688	30 082	30 719
西班牙	23 040	24 241	23 889	20 239	17 972	18 376
荷兰	22 627	23 160	23 724	22 461	20 140	21 125

资料来源：BIS. C3 Summary of Debt Securities Outstanding［EB/OL］. http://www.bis.org/statistics/sec-stats.htm？m＝6%7C33%7C615，2017-06-06/2017-06-20.

四、金融衍生品市场

根据世界交易所联盟公布的《2016 年国际期权市场协会衍生品报告》的数据显示，2016 年全球金融衍生品合约共计 249.57 亿手，较 2015 年的 244.22 亿手增长了 2.19%。

从交易地区来看，2016 年金融衍生品交易量的增长主要来自美洲地区及欧洲、中东、非洲地区。这两个地区的衍生品交易量分别增长了 6.7%和 7.8%，而亚太地区金融衍生品交易量下降 5.5%。如图 2-16 所示，2016 年美洲地区仍然是全球金融衍生品交易量最多的地区，约占 41%，其次是亚太地区，约占 36%，最后是欧洲、中东、非洲地区，约占 23%。

从交易类型来看，2016 年期权类衍生品交易量占总交易量的 37.7%，期货类占 62.3%。除股票类、其他类金融衍生品分别出现 11.05%、1.12%下降外，2016年全球各类金融衍生品合计交易量均有所增长，其中商品类和货币类衍生品延续强势增长态势，分别实现 27.52%和 10.34%的增长，利率类衍生品也实现了5.45%的增长。（见表 2-6）

　　股票类衍生品交易量 2016 年全年下跌 11.05%,其中个股期权、个股期货、股指期权、股指期货分别下降 4.89%、15.28%、26.09% 和 7.30%。利率类衍生品交易量增长 5.45%,除长期利率期权下降 8.81% 之外,其他类型均有所增长。货币类衍生品交易量全年增长 10.34%,其中货币期权和货币期货分别增长了 39.19% 和 3.97%。商品类衍生品交易量全年大涨 27.52%。其他类衍生品交易量下跌 1.12%,其中期权类小幅增加 0.64%,期货类降低了 1.70%。

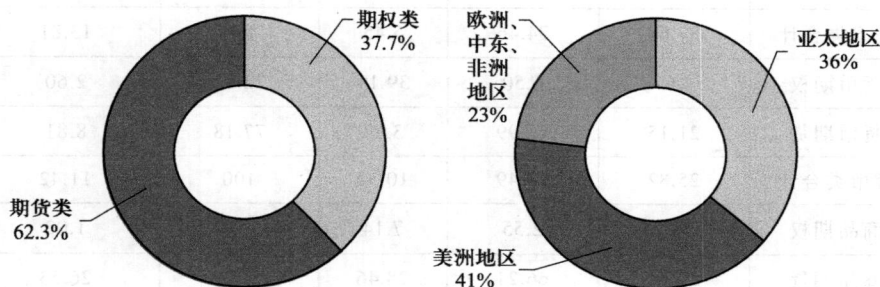

图 2-16　2016 年全球金融衍生品交易类型与交易地区占比

资料来源:WFE. WFE Publishes Annual IOMA Derivatives Report [EB/OL]. https://focus. world-exchanges.org/statistics/articles/wfe-publishes-annual-ioma-derivatives-report, 2017-04-01/2017-06-20.

表 2-6　2016 年全球金融衍生品交易量

类型	2015 年交易量(亿手)	2016 年交易量(亿手)	增长率(%)	2016 年各类交易量占大类比重(%)	2016 年各类交易量占总计比重(%)
个股期权	34.99	33.28	−4.89	29.80	13.33
个股期货	10.01	8.48	−15.28	7.59	3.40
股指期权	37.41	27.65	−26.09	24.76	11.08
股指期货	27.53	25.52	−7.30	22.86	10.23
ETF 期权	15.57	16.71	7.32	14.97	6.70
ETF 期货	0.02	0.02	0	0.02	0.01
股票类合计	125.53	111.66	−11.05	100	44.74
短期利率期权	3.41	3.74	9.68	10.85	1.50
短期利率期货	13.39	13.90	3.81	40.34	5.57

续表

类型	2015 年交易量（亿手）	2016 年交易量（亿手）	增长率（%）	2016 年各类交易量占大类比重（%）	2016 年各类交易量占总计比重（%）
长期利率期权	2.27	2.07	−8.81	6.01	0.83
长期利率期货	13.61	14.75	8.38	42.80	5.91
利率类合计	32.68	34.46	5.45	100	13.81
货币期权	4.67	6.50	39.19	22.82	2.60
货币期货	21.15	21.99	3.97	77.18	8.81
货币类合计	25.82	28.49	10.34	100	11.42
商品期权	2.38	2.55	7.14	3.71	1.02
商品期货	51.54	66.21	28.46	96.29	26.53
商品类合计	53.92	68.76	27.52	100	27.55
其他期权	1.57	1.58	0.64	25.48	0.63
其他期货	4.70	4.62	−1.70	74.52	1.85
其他类合计	6.27	6.20	−1.12	100	2.48
总计	244.22	249.57	2.19		100

资料来源：WFE. WFE Publishes Annual IOMA Derivatives Report［EB/OL］. https://focus. world-exchanges. org/statistics/articles/wfe-publishes-annual-ioma-derivatives-report，2017-04-01/2017-06-20.

五、黄金市场

黄金价格受英国"脱欧"、欧债危机等事件的影响，上半年持续上行；下半年受美联储加息预期增大、美国大选等因素影响开始下滑。2016 年 12 月 30 日伦敦金收盘报收 1 151.1 美元/盎司，较 2016 年 1 月 4 日的 1 061.2 美元/盎司上升了 8.47%。COMEX 期金收盘报 1 152.0 美元/盎司，较 2016 年年初的每盎司 1 061.5 美元上升了 8.53%。[①]

根据世界黄金协会发布的 2016 年《全球黄金需求报告》显示，2016 年全球黄金总需求量为 4 308.7 吨，较 2015 年的 4 215.8 吨增加了 92.9 吨，增长 2%，达

① 万得（Wind）中国金融数据库［DB/OL］. http://www.wind.com.cn，2016-12-30/2017-06-20.

到近三年来最高水平。其中,黄金 ETF 及类似产品需求增加 660.2 吨,技术需求减少 9.5 吨,金条和金币总需求减少 17.9 吨,各国央行减少 192.9 吨,金饰减少 347 吨。2016 年黄金交易所交易基金(ETF)全球需求量为 531.9 吨,达到 2009 年以来净黄金增持量的最高值。金条与金币需求前三个季度受到抑制,造成第四季度散户投资者需求激增。2016 年第四季度全球对金条与金币的需求达到最高点,超过了 2013 年第二季度。受经济下行的影响,印度黄金饰品需求大幅下降 22%,由 2015 年的 662.3 吨下降至 514 吨,中国同样下降了近 17%,由 2015 年的 753.4 吨下降至 629 吨。[①]

　　如图 2-17 所示,2016 年黄金价格一改 2012 年以来的持续下行态势,从 1 月 4 日持续上涨 28.44%,达到 7 月 6 日的 1 375.15 美元/盎司,是 2014 年以来的最高点。受美联储加息、经济表现良好的影响,黄金价格开始下降。7 月 6 日至 12 月 30 日,全球黄金价格持续下降,达到 1 151.10 美元/盎司。

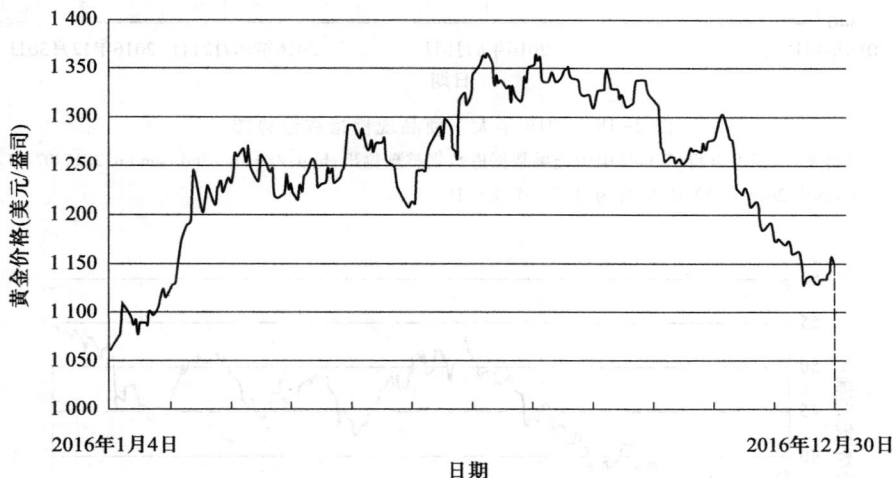

图 2-17　2016 年国际黄金价格走势图

资料来源:根据万得(Wind)中国金融数据库数据整理得出,http://www.wind.com.cn,2017-07-24。

注:2016 年 12 月 30 日为最后一个交易日。

六、大宗商品市场

从美国商品研究局(CRB)大宗商品现货指数来看, 2016 年 1 月至 6 月大宗

---

　　① World Federation of Exchanges.WFE FY 2016 Market Highlights[EB/OL].https://www.world-exchanges.org/home/index.php/statistics/market-highlights,2017-02-10/2017-06-20.

商品现货指数保持上涨态势。6月8日至10月21日大宗商品价格指数小幅下降至398.70点,之后开始回升,大涨6.11%,达到2016年最后一个交易日12月30日的423.08点。(见图2-18)从国际油价来看,如图2-19所示,2016年全球原油价格大涨,由1月4日的39.04美元/桶大涨至54.61美元/桶。

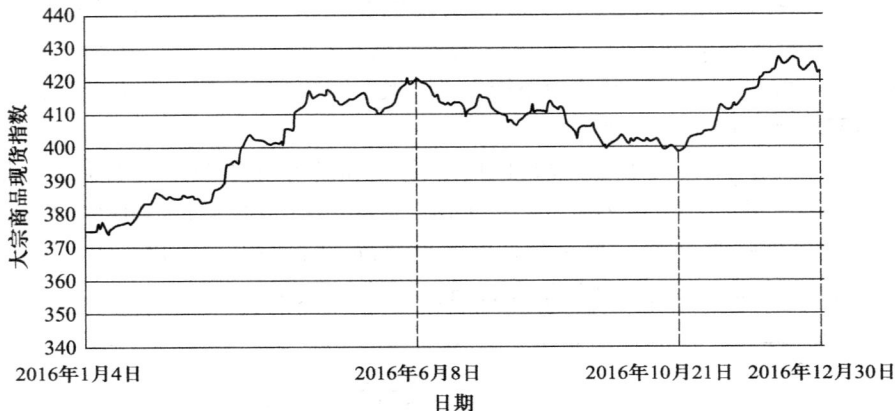

图2-18　2016年大宗商品现货指数走势图

资料来源:根据万得(Wind)中国金融数据库数据整理得出,http://www.wind.com.cn,2017-07-24。
注:其中2016年12月30日为最后一个交易日。

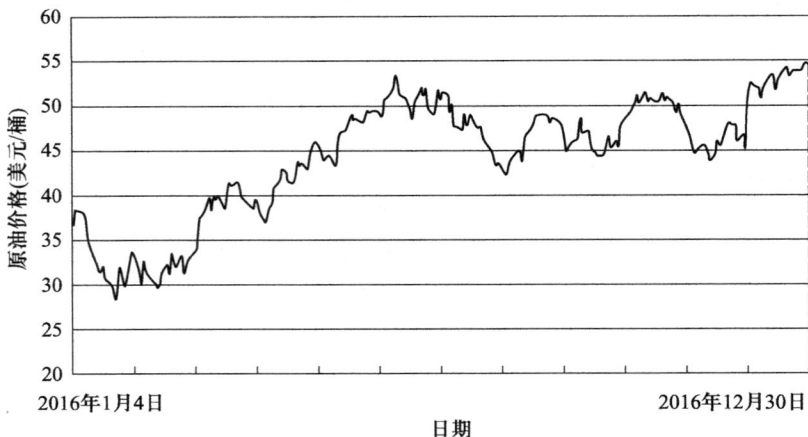

图2-19　2016年全球原油价格走势图

资料来源:根据万得(Wind)中国金融数据库数据整理得出,http://www.wind.com.cn,2017-07-24。
注:其中2016年12月30日为最后一个交易日。

第二节　美联储加息及其对世界经济的影响

2008 年全球金融危机发生后,美国为应对危机及实现复苏而推行量化宽松货币政策,并承诺保持零利率。随着该项政策的实施,美国经济保持持续增长势头,失业率大幅下降,通货膨胀水平不断接近政策目标的 2%。为了抑制有可能出现的资产"泡沫",加上经济已经复苏至危机前水平,美国联邦储备委员会于 2015 年和 2016 年先后两次上调了联邦基金利率。美联储加息这一举措受到全球各国的广泛关注。

一、危机后美联储降息与加息历程

(一)美联储降息历程

美国次级住房抵押贷款危机自 2007 年第一季度开始,并于第三季度蔓延至股票市场、债券市场。这迫使美联储开始紧急干预货币政策。2007 年 9 月 18 日美联储通过决议,宣布降息 50 个基点至 4.75%,这是自 2003 年 6 月以来的首次降息,也是自此美联储开启了连续十次的降息历程。

如表 2-7 所示,2007 年美联储连续降息三次,由年初的 5.25% 下降至 4.25%,全年下降了 1 个百分点,美国货币政策开始出现拐点。2008 年,美联储连续七次下调联邦基金目标利率,由 2008 年年初的 4.25% 持续调低至 0.25%,并承诺维持 0 至 0.25% 利率区间不变。至此,美国货币政策开启零利率时代。如图 2-20 所示,2008 年 12 月 16 日至 2015 年 12 月 17 日前,美联储将联邦基金目标利率维持在 0.25% 水平,以更好地刺激消费与投资,加快经济复苏。由于存在零利率下限约束,下调利率刺激消费与投资的实施空间已不复存在,量化宽松货币政策成为美国应对金融危机的有力手段。

表 2-7　次贷危机发生后美国联邦基金目标利率调整

年份	日期	美国联邦基金目标利率(%)
2007 年	9 月 18 日之前	5.25
	9 月 18 日	4.75
	10 月 31 日	4.50
	12 月 11 日	4.25

年份	日期	美国联邦基金目标利率(%)
2008 年	1 月 22 日	3.50
	1 月 30 日	3.00
	3 月 18 日	2.25
	4 月 30 日	2.00
	10 月 8 日	1.50
	10 月 29 日	1.00
	12 月 16 日	0.25
2015 年	12 月 17 日	0.50
2016 年	12 月 15 日	0.75
2017 年	3 月 16 日	1.00
	6 月 15 日	1.25

资料来源:根据万得(Wind)中国金融数据库数据整理得出,http://www.wind.com.cn,2017-06-20。

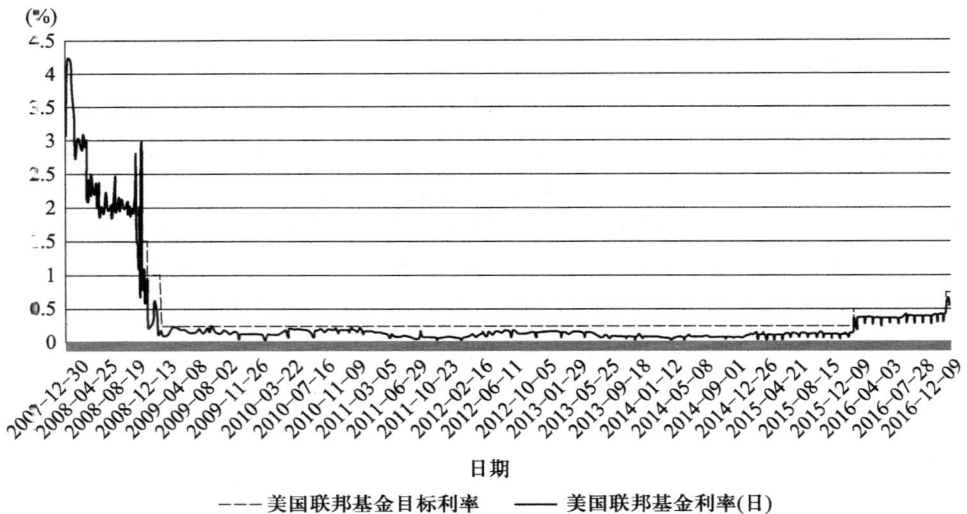

日期

——— 美国联邦基金目标利率　　—— 美国联邦基金利率(日)

图 2-20　2007—2016 年美国联邦利率走势图

资料来源:根据万得(Wind)中国金融数据库数据整理得出,http://www.wind.com.cn,2017-07-24。

注:数据截取至 2016 年 12 月 9 日。

（二）美联储加息历程

随着经济的持续增长，美联储加息条件逐渐成熟，加息预期更加高涨。2015年12月17日，美国联储公开市场委员会（FOMC）宣布将联邦基金利率上调25个基点，由原先的0至0.25%的利率区间上调至0.25%至0.50%。该项举措是自零利率政策实施以来的首次加息。随着2016年美国经济持续走强，美联储于12月14日宣布继续上调联邦基金利率25个基点，至0.50%至0.75%的利率空间。2017年美联储又持续加息两次，每次上调联邦基金目标利率25个基点，如图2-20所示。

长达八年之久的降息周期与量化宽松货币政策的实施使得美国经济迅速复苏至危机前水平。美联储加息的条件已经成熟，主要表现在两个方面。① 就业水平保持在较好水平，即接近5%的失业率。② 核心CPI指数上升至2%左右。在采取非常规货币政策等相关措施后，美国经济温和扩张，家庭消费与企业固定投资稳定增长，房地产市场进一步改善。如图2-21所示，2015年12月，美国失业率降至5%左右，核心CPI指数上升至2.1%。2016年12月美国失业率下降至4.7%，核心CPI指数增至2.2%，美国经济进入强势增长期。

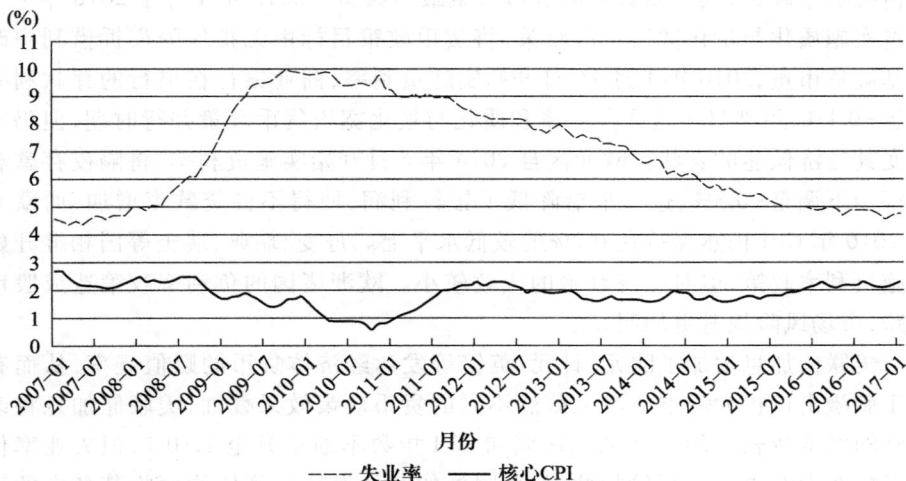

图 2-21　2007—2016 年美国失业率与核心 CPI 走势图

资料来源：根据万得（Wind）中国金融数据库数据整理得出，http://www.wind.com.cn，2017-07-24。

美联储加息之所以受到世界各国的普遍关注，是基于美元在国际金融市场上的主导地位。美国的货币政策对全球金融形势具有巨大的影响力。美联储加息标志着美国货币政策的反向调整，改变了国际市场上美元的流动方向与国际大宗商品价格走势,影响到其他国家经济产出、汇率变动、国际贸易、利率走势、跨境资本流动等诸多方面。

一般来讲,美联储加息导致市场货币供应量下降,以美元计价的股票、期货、贵金属、原油等市场的流通资金开始出现紧张,资产价格下跌,汇率上涨,其他货币相对贬值。

二、美联储加息对世界经济的影响

由于经济发展水平、汇率制度与货币政策不同,与美国的金融联系也存在差异,各国受美联储加息举措的影响千差万别。但总体来讲,相对于发达经济体,处于迅速发展时期的新兴经济体面临更为严峻的挑战。

(一)对其他发达经济体的影响

美联储加息意味着美国货币政策与其他发达经济体非传统货币政策相背离。以英国、日本、法国、德国为代表的发达经济体大多数均面临较为严重的经济萎缩状况,为复苏经济、提高就业率、抑制通货紧缩,各国在不同程度上实施了非传统货币政策,其中以日本的货币政策最为典型。2013 年 4 月至 2016 年 1 月日本实施质化与量化宽松货币政策,将货币政策目标由无担保隔夜拆借利率改为基础货币量,2016 年 1 月 16 日开始实施负利率,商业银行在央行的存款利率降至-0.1%,虽然日本进入负利率和质化与量化宽松货币政策并行时期,但仍未改变其经济低迷的窘状。欧元区自 2014 年 6 月开始实施负利率,将隔夜存款利率逐步下调至-0.3%,这一举措降低了银行利润,使得不良贷款率增加,而欧元区 2016 年 CPI 仍然保持在 0.2%的较低水平上。丹麦、瑞典、瑞士等国相继开始实施负利率政策,但对经济改善的成效较小。欧洲诸国的负利率政策造成股市大跌,市场风险规避更加明显。

美联储加息增加了欧元、日元、英镑等发达经济体货币的贬值概率,从而有利于刺激出口扩大需求。加上截然不同的货币政策效果叠加,美联储加息将改善欧洲经济疲软。2016 年欧元区调和 CPI 指数不断攀升至 1.10%,但失业率仍然维持在 10%左右。尽管如此,除美国外的其他发达经济体均面临其各自的经济增长问题,受美联储加息的影响相对较小。

(二)对新兴经济体的影响

美联储加息对新兴经济体的影响主要表现在三个方面:① 在汇率方面,美元的全球货币的地位决定了众多新兴经济体的货币汇率直接盯住美元,汇率制度的独立性不足,美联储加息后,新兴经济体货币的汇率面临较大贬值压力,对其货币政策、国内经济与对外贸易产生冲击;② 在利率方面,加息带来的利率差引起国际资本的跨国流动,美国量化宽松货币政策采取的零利率加快了国际资本向新兴经济体的流入,而此次加息周期势必刺激资本的回流,但因历史借鉴与提前预防措施使其资本回流的负面影响得以减弱;③ 在债务方面,美联储加息后,将引起新兴经济体以美元计价的外债压力增大。

2015 年 12 月开始的美联储加息周期对新兴经济体的影响比以往要小,并没有发生较大的货币危机或金融危机。主要影响体现在以下三个方面。① 新兴经济体跨境资本流出量较以往有所减少,且具备可替代的国际资本注入。随着经济增长与对金融稳定意识的提高,新兴经济体跨境资本监管与调控能力有所增强,国际资本的外流受到控制,加上欧洲与日本采取的宽松货币政策接替美国为新兴经济体注入新的流动性,美联储加息对新兴经济体资本流动的影响相对削弱。② 汇率波动影响幅度减弱。由于对美联储加息预期拥有较好的预测,中国、巴西等采取相应货币与汇率措施应对汇率下行压力,外汇储备规模增大也为汇率波动提供了更好的缓冲调节作用,新兴经济体抗金融冲击的能力有所提升。③ 利率差不足以成为资本回流的主因,国际资本更为看重新兴经济体的发展潜力,生产性投资具有一定的稳定性。

(三) 对中国宏观经济的影响

从总体来看,美联储加息会增加中国国民生产总值。经济产出的驱动因素可能来自两个方面。① 人民币相对美元贬值,中国出口产品的价格竞争力提升;同时,美元的全球升值引起国际大宗商品价格下跌,生产成本的下降刺激生产投入增加。② 人民币贬值意味着换汇量增加,外资来华投资量增加,从而促进经济增长。

"汇改"措施与稳定汇率举措进一步降低美联储加息对中国人民币汇率的负面溢出效应。2015 年"811 汇改"之后,中国央行于 12 月 11 日发布人民币汇率指数,强调人民币汇率不再盯住单一美元汇率,而是选择由多种货币组成一篮子货币为参考,保持人民币汇率的基本稳定,进而减轻由于美联储加息对国内金融市场的冲击。2016 年在岸与离岸人民币汇率价差进一步缩小,在一定程度上显示了人民币汇率定价机制的合理性,更能有效地反映汇率市场的供需水平。此外,为缓解流动性紧缺,央行借助公开市场操作(OMO)和中期借贷工具(MLF)提供流动性,稳健中性的货币政策进一步稳固了中国国内金融市场,防止系统性金融风险的发生。

部分中国学者也对美联储加息的影响进行了相关研究。孙焱林和张倩婷采用 TVP-VAR 模型发现,美联储加息可能会加速资本撤离中国市场,但中国资本账户管制并未放开,货币政策相对独立,对实体经济进行投资的国际资本并不会迅速流出。① 周睿运用 GAVAR 模型发现美联储加息使得印度、南非等国家债券价格下跌,发展中经济体的货币汇率出现分歧,巴西雷亚尔与中国人民币贬值,印度卢比与南非兰特升值。② 谭小芬认为中国外债占比远低于 20% 的国际警戒线,外汇储备充足能够有效调节人民币汇率合理波动,加上经济基本面相对较好,适度的宏观调控能够有效降低美联储加息对中国的负面溢出效应。③

第三节　人民币加入特别提款权货币篮子

人民币被国际货币基金组织(IMF)纳入特别提款权货币篮子受到全球广泛关注,意味着人民币在国际货币体系中的地位不断提升,是人民币国际化战略进程中的重要节点,是对中国经济发展成就与金融改革成果的极大肯定。在全球货币结算与价值衡量体系中,纳入人民币后的特别提款权货币篮子也将更具有代表性与可靠性。

一、特别提款权

特别提款权是由 IMF 于 1969 年设立的。布雷顿森林体系解体后,特别提款权成为解决国际资金流动性与外汇储备问题的一种储备资产,俗称"纸黄金"(Paper Gold)。当 IMF 成员发生经济困难时,可以利用特别提款权偿付国际收支逆差,甚至偿还之前在 IMF 的国家贷款。IMF 每五年评估并调整特别提款权货币篮子的货币种类与权重,下次评估时间为 2021 年 9 月 30 日。

在特别提款权创立之初,即 1969 年以后,IMF 规定 35 个特别提款权单位等于 1 盎司黄金。但布雷顿森林体系解体后,IMF 宣布特别提款权与黄金脱钩,开始改用 16 种主要货币作为定值标准。1980 年,IMF 将 16 种货币简化为 5 种最具影响力的货币,即美元、德国马克、日元、法郎和英镑。欧元诞生后,欧元于 1999 年取代德国马克和法郎,仅具有四个货币的特别提款权一直持续沿用至 2015 年,并每五年调整一次权重,评估货币篮子或者加入新的货币。

特别提款权主要具备三个功能。① 价值储藏功能。IMF 成员把特别提款权作为国际收支平衡表中的一项储备资产。1970 年至 1972 年,IMF 第一次为其

① 孙焱林,张倩婷.时变、美联储加息与中国产出——基于 TVP-VAR 模型的实证分析[J].国际金融研究,2016(4).
② 周睿.美联储加息对世界经济的冲击效应分析[J].亚太经济,2016(6).
③ 谭小芬.美联储加息对中国经济金融的负面影响及其应对[J].新视野,2016(1).

成员分配特别提款权,总额为 93 亿美元。1979 年至 1981 年,IMF 第二次分配了 121 亿美元特别提款权以应对增长迅速的国际贸易结算金额。2009 年 8 月 28 日,IMF 进行了第三次特别提款权的分配,总额为 1 612 亿美元。特别提款权在世界金融体系中发挥了扩大全球流动性与各国储备资产调控汇率的能力。② 国际资产的记账单位。以全球主要货币为计价基础的特别提款权比单一货币更具有市场价值的代表性,衡量标准更科学合理,能够保持一定的客观性。国际清算组织、亚洲开发银行、伊斯兰开发银行、非洲开发银行等国际机构已经开始将特别提款权作为其记账单位。③ 支付手段。成员向 IMF 缴纳份额、申请贷款或归还贷款与利息均可以使用特别提款权支付。

IMF 于 2005 年 11 月规定,申请纳入特别提款权货币篮子的主权货币必须满足两个标准:一是该货币发行成员必须在五年内是全球前四大货物与服务贸易出口成员;二是必须满足可以在全球自由使用的货币标准。前者以货物与服务贸易总额排名得出,后者以该成员出口额占所有 IMF 成员出口总额中的比重和以该货币计价的官方资产储备数量,以及外汇交易量、是否存在远期外汇市场、以该货币计值的外汇交易的买价差等指标得出。在公开央行的金融资产与外汇储备后,该成员货币被纳入特别提款权货币篮子还需要至少 70% 国际货币基金组织成员表决同意。

在实际的操作中,拥有特别提款权的成员即拥有按照权重比例计算的美元、欧元、人民币、英镑和日元的外汇资产。特别提款权可以在成员之间按照公平合理的方式自行交易,也可以由 IMF 制定规则进行购买或交换特别提款权,以满足成员对不同外汇的需求。

二、人民币加入特别提款权进程

中国早已在 2009 年就已开始着手准备使人民币纳入特别提款权体系。如表 2-8 所示,中国为使人民币纳入特别提款权做出了诸多准备,致力于提升人民币国际化进程,增强中国在国际金融市场的参与程度与话语权。虽然中国并未完全开放资本账户,但在人民币国际化进程方面做了很多努力。

2015 年 11 月 30 日,IMF 批准人民币加入特别提款权货币篮子。2016 年 10 月 1 日,特别提款权新的货币篮子正式生效。人民币在特别提款权货币篮子中的权重为 10.92%。2016 年,特别提款权货币篮子共有五种货币,分别是美元、欧元、人民币、日元、英镑,IMF 规定每一种货币在特别提款权中的权重分别为 41.73%、30.93%、10.92%、8.33%、8.09%。

如图 2-22 所示,此次特别提款权货币篮子调整,人民币的权重跃升为第三。

表 2-8　人民币纳入特别提款权进程大事记

时间	事件
2009 年 3 月 23 日	周小川发表文章《关于改革国际货币体系的思考》，提出了超主权储备货币的建议
2010 年	IMF 认定中国已满足贸易出口额的相关标准，但人民币未达到在全球范围内"可自由使用"标准，驳回了人民币被纳入特别提款权货币篮子的申请
2015 年 4 月	周小川在世界银行/国际货币基金组织年会上表示，中国将努力让人民币成为一个可以自由使用的货币
2015 年 6 月 11 日	央行发表首份《人民币国际化报告》，深入阐述人民币国际化进程
2015 年 8 月	IMF 发布《特别提款权估值方法评估——初步考虑》，指出中国应解决在特别提款权创建、分配及融资安排中牵涉到的操作性问题
2015 年 8 月 11 日	中国开始冲刺申请人民币加入特别提款权货币篮子："811 汇改"，10 月 24 日提出利率市场化改革，中国国际支付系统上线，银行间债券市场及外汇市场对境外主权类机构完全开放等举措
2015 年 11 月 30 日	IMF 宣布将人民币纳入特别提款权货币篮子，并于 2016 年 10 月 1 日正式生效

资料来源：根据相关政策新闻编制，http://rmb.xinhua08.com/a/20150611/1511416.shtml，2017-06-28。

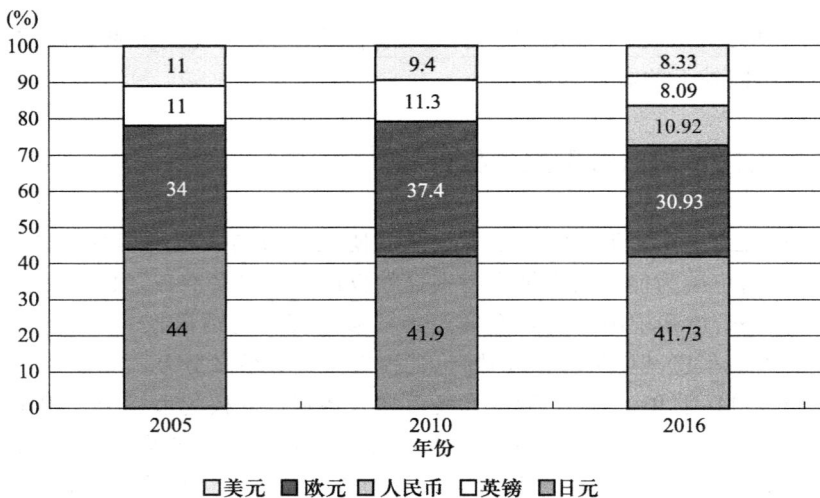

图 2-22　人民币加入特别提款权货币篮子前后权重对比

资料来源：根据国际货币基金组织公布数据编制，http://www.imf.org/external/np/exr/faq/sdrfaq.htm，2017-01-11/2017-06-28。

此次份额调整主要是稀释了欧元、日元及英镑的份额,而美元在特别提款权的权重无太大变动。调整后美元权重下降 0.17 个百分点,几无变动;欧元权重下降 6.47 个百分点;英镑权重下降 3.21 个百分点,降幅最大;日元权重下降 1.07 个百分点。

三、人民币加入特别提款权货币篮子的国际影响

近些年,人民币在国际支付与结算体系中的地位与在全球金融交易和投资中的作用愈加重要。基于中国强大的经济实力与金融发展水平,人民币被纳入特别提款权货币篮子是名副其实。同时,被纳入特别提款权货币篮子后,人民币在国际范围内将更有效地行驶其货币职能。

从宏观角度来看,人民币被纳入特别提款权货币篮子说明人民币的国际化进程有所进步。此后人民币将逐步成为国际货币,能够更为有效地参与全球金融投资与资产配置。全球机构投资者与个人投资者会更加倾向于人民币计价的国际资产,刺激人民币资产的供给增长。同时,这也为中国的人民币国际化提出更高的要求,完善汇率风险的对冲调节机制,维护汇率与币值的基本稳定将是全球对中国的巨大考验。投资者将更加关注中国的经济增长与国内金融秩序的稳定,以此作为人民币发挥全球资产配置能力的参考依据。

从微观角度来看,被纳入特别提款权货币篮子之后,人民币自由兑换进程将有所加快,国内市场与国外市场联系更为紧密,汇率与利率变动幅度将更容易受到国际金融形势乃至政治局势的影响。跨境资产交易与金融投资将有所增加,海外金融产品将会在一定程度上冲击国内金融市场,国内金融企业的国际竞争力亟待提高。

同时,相应的中国资本项目开放进程将会加快,影响国际金融市场动荡的不安定因素也将以贸易、汇率、利率等渠道影响国内金融市场乃至整体经济走势。这为国内金融改革提出了新的要求:① 跨境资本流动的金融监管体系需要升级,既要保证资本的合理流动,又要监控不良资产的跨境流通,对中国人民银行、外汇管理局等部门提出了更高要求;② 货币政策的独立性受到更大程度的威胁,寻找合理的"三元悖论"平衡状态是一项重大挑战;③ 人民币汇率市场化将会加快,能反映汇率供需状况的人民币将更具有价值衡量的作用,更加灵活、更有弹性的人民币汇率潜在风险将有所加大,监控、调节与稳定人民币汇率是央行的一项艰巨任务。

诸多学者对人民币加入特别提款权货币篮子后的国际与国内影响进行了一

系列分析。钱文锐、潘英丽研究发现,人民币加入特别提款权货币篮子有利于特别提款权定值的长期稳定性,同时以特别提款权定价的国际大宗商品价格比美元定价的大宗商品价格更具稳定性。苏治等人基于情景假设的量化测算发现,特别提款权纳入人民币对其他货币单位利率变化所产生的国际影响并不大,也不会增加特别提款权债务国的负债压力,特别提款权的短期价值与长期均衡价值不会产生趋势性冲击。丁剑平等认为,扩展特别提款权能够提升世界主要贸易商品的计价职能,提升特别提款权全球记账单位的代表性。郑联盛研究发现,在人民币加入特别提款权货币篮子后,资本项目开放进程控制、国内外金融风险的传导与监控、系统性金融风险的防范等问题为中国的金融操作提出了更高的要求。人民币加入特别提款权货币篮子对中国金融发展的实际影响在短期内尚不能完全显现,但这为人民币参与国际货币体系的改革与合作提供了良好的契机与合作渠道。

第四节　中国的外汇储备

2016 年中国外汇储备虽然连续下跌 7 个月,逼近 3 万亿美元,成为五年里外汇储备最低的一年,但中国仍然是全球最大的外汇储备国。中国并未刻意保持较高的外汇储备,外汇储备的下降一定程度上反映了国内对外汇的需求与供给的平衡。外汇储备涨与跌并不意味着经济的增长与衰退,其对稳定金融秩序、促进经济增长所发挥的作用才是调控的核心。

一、中国的外汇储备现状

自 2006 年 2 月中国以 8 536 亿美元超过日本成为全球第一大外汇储备国后,中国外汇储备量高速增长,连续十年保持着全球外汇储备量第一的位置。2014 年中国外汇储备实现历史最高 38 430.18 亿美元,此后开始下降。如图 2-23 所示,2016 年 12 月中国外汇储备达到 30 105.17 亿美元,较 2015 年的 33 303.62亿美元下降了 9.60%,下降幅度比 2015 年减少了 3.74 个百分点。从 2016 年月度数据来看,中国外汇储备在前 6 个月一直保持在 32 000 亿美元上下,之后便连续 7 个月下跌,于年底达到近 6 年的最低点(见图 2-24)。

从中国储备资产总量来看,根据国家统计局公布的数据,2016 年 12 月中国储备资产合计 30 978 亿美元,比 2015 年年末的 31 411 亿美元有所下降。其中外汇储备仍然占据着主要部分,约占储备资产合计的 97.18%。如图 2-25 所示,

2016 年储备资产中的 IMF 储蓄头寸、特别提款权、黄金持有量和其他储备资产均保持较为稳定的储备量,且其该四类储备资产的总和占总储备资产的比例低于 3%。

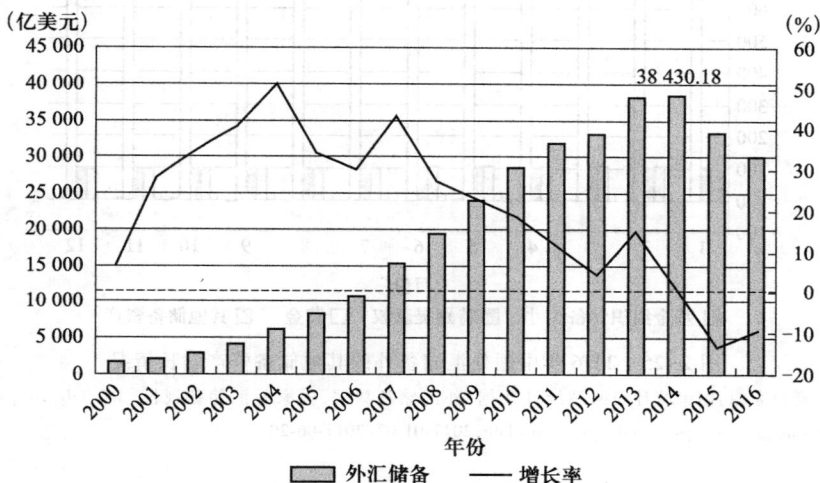

图 2-23　2000—2016 年中国外汇储备增长情况

资料来源:国家统计局网站统计数据,外汇储备数据,国家外汇储备规模[DB/OL]. http:// www.safe.gov.cn/wps/portal/sy/tjsj_lnwhcb,2017-01-07/2017-06-20.

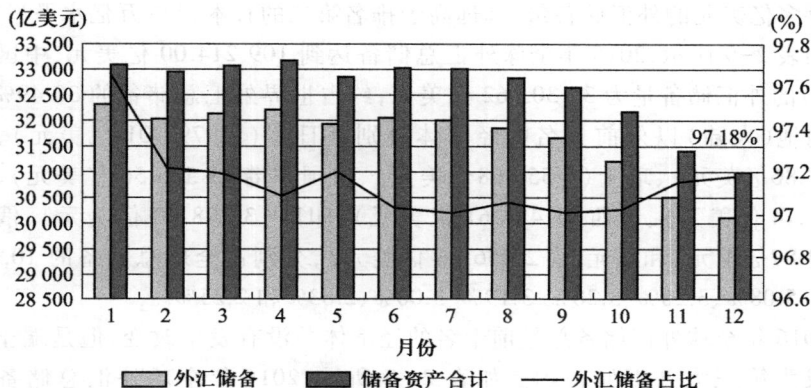

图 2-24　2016 年中国外汇储备及其在储备资产中的比重

资料来源:国家统计局网站统计数据,外汇储备数据,国家外汇储备规模[DB/OL].http:// www.safe.gov.cn/wps/portal/sy/tjsj_lnwhcb,2017-01-07/2017-06-20.

(亿美元)

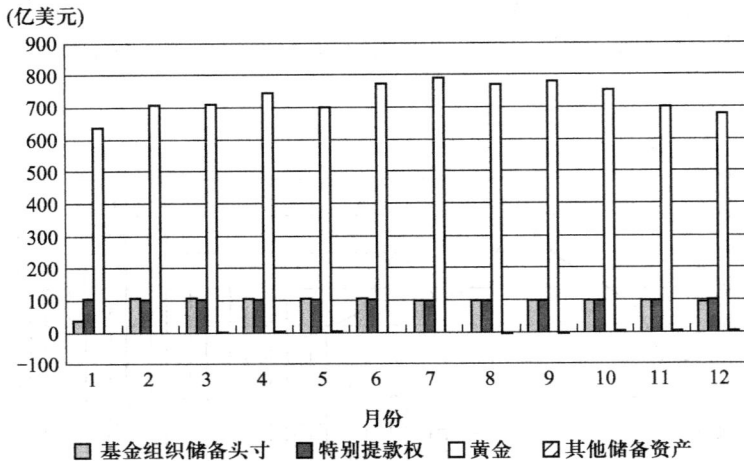

图 2-25　2016 年中国外汇储备外的其他储备资产增长情况

资料来源:国家统计局网站统计数据,外汇储备数据,国家外汇储备规模[DB/OL].http://www.safe.gov.cn/wps/portal/sy/tjsj_lnwhcb,2017-01-07/2017-06-20.

二、全球外汇储备概况

中国已连续十年成为全球最大的外汇储备国。2016 年中国内地(大陆)拥有 3 万多亿美元的外汇储备量,远远高于排名第二的日本(1.1 万亿水平)。

如表 2-9 所示,2015 年全球外汇总储备达到 109 214.00 亿美元,中国内地(大陆)的外汇储备量为 33 303.62 亿美元,约占世界外汇总储备的 30.49%。除中国内地(大陆)以外前十名的经济体分别是日本(11 795.01 亿美元)、沙特(6 039.86 亿美元)、瑞士(5 550.68 亿美元)、中国香港(3 586.56 亿美元)、韩国(3 581.14 亿美元)、巴西(3 488.61 亿美元)、印度(3 278.40 亿美元)、俄罗斯(3 093.87 亿美元)和欧元区(2 456.46 亿美元),分别占全球总储备的 10.80%、5.53%、5.08%、3.28%、3.28%、3.19%、3.00%、2.83% 和 2.25%。

2016 年全球外汇储备总量前十名的经济体并没有发生改变,但是瑞士超过沙特成为第三大外汇储备国。如表 2-9 所示,2016 年全球外汇总储备约为107 934.00 亿美元,中国内地(大陆)外汇储备为 30 105.17 亿美元,占世界外汇总储备的比例由 30.49% 下降至 27.89%。紧随其后的经济体分别是日本(11 582.81 亿美元)、瑞士(6 349.40 亿美元)、沙特(5 260.64 亿美元)、中国香港(3 860.94 亿美元)、韩国(3 617.01 亿美元)、巴西(3 567.94 亿美元)、印度

（3 365.83亿美元）、俄罗斯（3 080.31 亿美元）和欧元区（2 610.00 亿美元），分别占全球外汇总储备量的 10.73%、5.88%、4.87%、3.58%、3.35%、3.31%、3.12%、2.85%和2.42%。其中，瑞士、中国香港、韩国、巴西、印度、俄罗斯、欧元区所占比例有所上升，其他经济体则表现为不同程度的下降。

表 2-9　全球主要经济体外汇储备量

IMF	经济体	2015 年储备量（亿美元）	2016 年储备量（亿美元）	2015 年占比（%）	2016 年占比（%）
2016 年排名	世界总储备	109 214.00	107 934.00		
1	中国内地（大陆）	33 303.62	30 105.17	30.49	27.89
2	日本	11 795.01	11 582.81	10.80	10.73
3	瑞士	5 550.68	6 349.40	5.08	5.88
4	沙特	6 039.86	5 260.64	5.53	4.87
5	中国香港	3 586.56	3 860.94	3.28	3.58
6	韩国	3 581.14	3 617.01	3.28	3.35
7	巴西	3 488.61	3 567.94	3.19	3.31
8	印度	3 278.40	3 365.83	3.00	3.12
9	俄罗斯	3 093.87	3 080.31	2.83	2.85
10	欧元区	2 456.46	2 610.00	2.25	2.42
11	新加坡	2 457.21	2 443.65	2.25	2.26
12	墨西哥	1 683.73	1 687.46	1.54	1.56
13	泰国	1 492.91	1 641.48	1.37	1.52
14	阿尔及利亚	1 426.44	1 129.30	1.31	1.05
15	英国	1 015.91	1 065.40	0.93	0.99
16	马来西亚	914.29	911.93	0.84	0.84
17	法国	363.72	391.85	0.33	0.36
18	德国	363.87	368.86	0.33	0.34
19	意大利	344.41	340.83	0.32	0.32
20	美国	17.72	21.97	0.02	0.02

资料来源：IMF. International Monetary Fund. Data-Reserve［EB/OL］. http://data. imf. org/regular. aspx? key = 60998114,2017-01-12/2017-06-20.

三、中国外汇储备下降的原因分析

中国外汇储备连续两年下降,累计降幅 21.67%,为五年内最低水平。影响中国外汇储备规模减少的因素可能有以下几点。① 央行在外汇市场上的操作。美联储加息对人民币汇率产生重要影响,人民币面临较大的贬值压力,为维护人民币汇率稳定,中国人民银行向市场投入外汇资金以维持外汇供给与需求平衡。② 中国外汇储备投资资产的价格下降。美元在中国外汇储备中份额约为66.7%,占据绝对主导地位,用外汇储备购买的美国国债价格大幅下跌。占据中国外汇储备约 19.6% 的欧元资产也因英国"公投"与欧洲经济下滑而缩水,其他以美元计价的金融资产价格也出现波动。③ 银行结售汇逆差继续扩大。根据中国国家外汇管理局公布的数据显示,2016 年 12 月银行结售汇逆差 463 亿美元,较 11 月逆差 334 亿美元扩大了 38.62%,[①] 连续第 18 个月出现逆差;2016 年银行累计结售汇逆差 3 377 亿美元,累计代客涉外收付款逆差 3 053 亿美元,[②] 持续的结售汇逆差消耗了更多的外汇储备。④ 美元升值引起个人或国内企业更倾向于持有外汇资产,国内主体多样化的资产配置进一步减少了国家外汇储备;⑤ 出口"创汇"减少,资本外流增加。2016 年中国跨境资金流出压力有所增加,美联储加息引起美元汇率走强,加上国家鼓励国内资金"走出去"参与全球资产配置,换汇需求增加。同时,受内外经济形势影响,中国出口顺差有所缩窄,出口"创汇"能力下降。

四、保持适度的外汇储备规模

充足的外汇储备可以增加经济体的国际清偿能力,在维持本币汇率稳定、防范金融风险中发挥着重要作用。但过多的外汇储备也影响到货币政策的执行效果,还会面临汇率贬值与通货膨胀风险。保持合理的外汇储备规模才能发挥其维护金融秩序、减轻金融动荡的作用。

衡量外汇储备最优规模的指标很多,经济体外汇储备充足率的衡量可以用以下几种指标:外汇储备与商品和劳务进口额的比率、外汇储备与短期外债的比率、外汇储备与广义货币供应量的比率。此外,2011 年 IMF 提出的风险加权计

---

① 2016 年全年资本净流出 3 377 亿美元 跨境资金流出压力趋缓 [EB/OL]. http://money.163.com/17/0119/10/CB4SOF7E002580S6.html, 2017-01-19/2017-06-20.

② 2016 结售汇逆差 3 377 亿美元 涉外收付款逆差 3053 亿美元 [EB/OL]. http://finance.china.com.cn/news/20170119/4075472.shtml, 2017-01-19/2017-06-20.

量法既考虑了流动性需求,又保持了操作简单的优点。对于固定汇率制下的新兴经济体,外汇储备充足率最低标准=风险加权负债存量=30%短期外债+15%其他证券负债+10%广义货币供应量+10%出口收入。对于浮动汇率制下的新兴经济体,外汇储备充足率最低标准=风险加权负债存量=30%短期外债+10%其他证券负债+5%广义货币供应量+5%出口收入。

外汇储备的最优规模受到学者的广泛关注。李巍和张志超研究发现,外汇储备规模应该与一国发生金融危机和实体经济衰退的概率和程度正相关。[1] 新兴经济体面临更大金融不确定性,需要拥有更多的外汇储备以抵御金融风险。刘澜飚和张靖佳构建了斯塔克尔伯格及古诺模型,模拟出最优外汇储备投资规模。[2] 满向昱等测算了金砖国家外汇储备的适度规模,2000—2010 年中国、巴西、俄罗斯的外汇储备超出了最优规模,同时南非一直处于外汇储备规模不足的状态,而印度的外汇储备持续保持在适度的区间内。[3] 葛奇探讨了建立在成本—效益分析基础上的外汇储备最有水平,认为 2014 年中国已经出现过剩的外汇储备存量,而且过量的外汇储备边际成本将超过其边际收益,造成资金浪费。[4] 罗素梅和张逸佳发现中国高额的外汇储备主要由贸易顺差、不断增长的FDI、人民币利率与汇率变动决定的。[5] 中国对外汇储备管理应更加注重外汇的保值增值与其在维护金融稳定与防范金融风险的作用。

外汇储备影响着一国通货膨胀与本币汇率的变动,适度的外汇储备对维持汇率稳定、加强金融监管与防范金融风险具有较为重要作用。惠晓峰和王馨润发现,外汇储备规模提升 1%将会引起通货膨胀上升 0.004 8%,其对通货膨胀的积极贡献率为 19.697%。[6] 然而中国的外汇储备规模过于庞大,且真实有效收益率远低于名义收益率,逐渐已经背离了外汇储备真实财富保值的初衷。[7] 所以,中国应适度调整外汇储备规模处于合理的范围内,并有效利用外汇储备这一手段维护人民币汇率稳定与金融安全。

(王运金、靳玉英)

① 李巍,张志超. 一个基于金融稳定的外汇储备分析框架——兼论中国外汇储备的适度规模[J]. 经济研究,2009(8).
② 刘澜飚,张靖佳.中国外汇储备投资组合选择——基于外汇储备循环路径的内生性分析[J].经济研究,2012(4).
③ 满向昱,朱曦济,郑志聪.新兴市场国家外汇储备适度规模研究[J].国际金融研究,2012(3).
④ 葛奇.关于新兴市场国家外汇储备管理的若干问题[J].国际金融研究,2015(4).
⑤ 罗素梅,张逸佳.中国高额外汇储备的决定机制及可持续性研究[J].数量经济技术经济研究,2015(4).
⑥ 慧晓峰,王馨润.中国外汇储备对通货膨胀影响的实证分析[J].管理科学,2013,26(2).
⑦ 张斌,王勋,华秀萍.中国外汇储备的名义收益率和真实收益率[J].经济研究,2010(10).

主要参考文献

［1］葛奇.关于新兴市场国家外汇储备管理的若干问题［J］.国际金融研究，2015(4).

［2］慧晓峰，王馨润.中国外汇储备对通货膨胀影响的实证分析［J］.管理科学，2013，26(2).

［3］李巍，张志超.一个基于金融稳定的外汇储备分析框架——兼论中国外汇储备的适度规模［J］.经济研究，2009(8).

［4］刘澜飚，张靖佳.中国外汇储备投资组合选择——基于外汇储备循环路径的内生性分析［J］.经济研究，2012(4).

［5］罗素梅，张逸佳.中国高额外汇储备的决定机制及可持续性研究［J］.数量经济技术经济研究，2015(4).

［6］满向昱，朱曦济，郑志聪.新兴市场国家外汇储备适度规模研究［J］.国际金融研究，2012(3).

［7］孙焱林，张倩婷.时变、美联储加息与中国产出——基于TVP-VAR模型的实证分析［J］.国际金融研究，2016(4).

［8］谭小芬.美联储加息对中国经济金融的负面影响及其应对［J］.新视野，2016(1).

［9］张斌，王勋，华秀萍.中国外汇储备的名义收益率和真实收益率［J］.经济研究，2010(10).

［10］周睿.美联储加息对世界经济的冲击效应分析［J］.亚太经济，2016(6).

第三章 国际投资

第一节 2016 年国际资本流动总体趋势

一、国际资本流动概况

2016 年全球经济增长较为平缓,全球 FDI 整体规模较 2015 年下降了 2%,达到 17 460 亿美元,如图 3-1 所示。FDI 流入量微弱下降的主要原因是受到了由特朗普当选美国总统、英国"脱欧"等黑天鹅事件,以及美国政府放弃 TPP、要求重新谈判如北美自由贸易区协定等地区性关键贸易协定等事件引发的政策不确定的影响。2017 年的国际资本流动将继续受到政策不确定性和地缘政治风险的一系列影响。联合国贸易和发展会议认为,2017 年主要经济体经济温和复

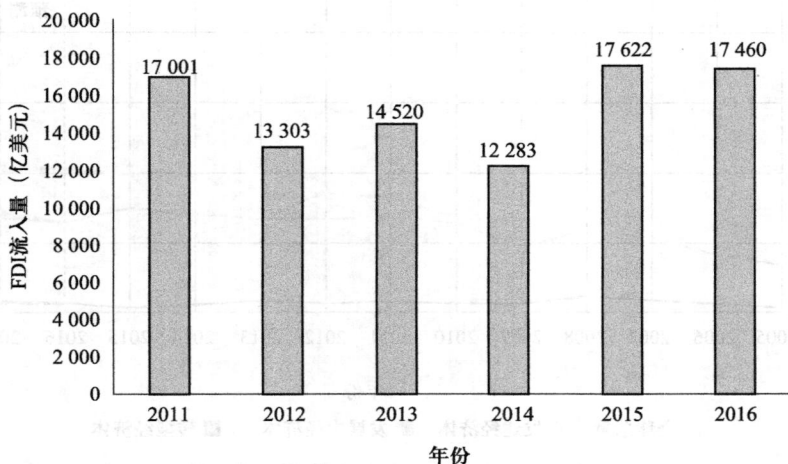

图 3-1 2011—2016 年的全球 FDI 流入量

资料来源:UNCTAD. World Investment Report 2017:Investment and the Digital Economy〔EB/OL〕. https://unctad.org/en/pages/Publication Webflyer.aspx? publicationid = 1782,2017-06-07/2018-12-29.

苏、企业利润增加将提升市场信心,从而使全球国际投资进一步复苏提升,但可能仍然达不到 2007 年的峰值水平。

　　全球 FDI 总体变化不大,但是发达经济体和发展中经济体的结构性的投资变化值得引起注意。发展中经济体特别是新兴经济体 FDI 流入量减少,发达经济体 FDI 流入量增加。如图 3-2 所示,尽管 2016 年 FDI 仍是发展中经济体规模最大、最稳定的外部资金来源,但受美国加息等因素影响,流入发展中经济体的 FDI 五年来首次出现了下降情况,比 2015 年下降了约 14%,只有 6 460 亿美元。流入发达经济体的 FDI 比 2015 年上涨 5%,超过 1 万亿美元,北美和其他发达地区 FDI 流入量的增长弥补了欧洲 FDI 流入量的小幅下降,发达经济体 FDI 流入量对全球 FDI 流入总量贡献率达到 59%。转型经济体 FDI 流入量在经历了两年的急剧下降之后,2016 年因大量的私有化交易与矿产资源开发活动,FDI 流入量几乎翻了一番,达到 680 亿美元。

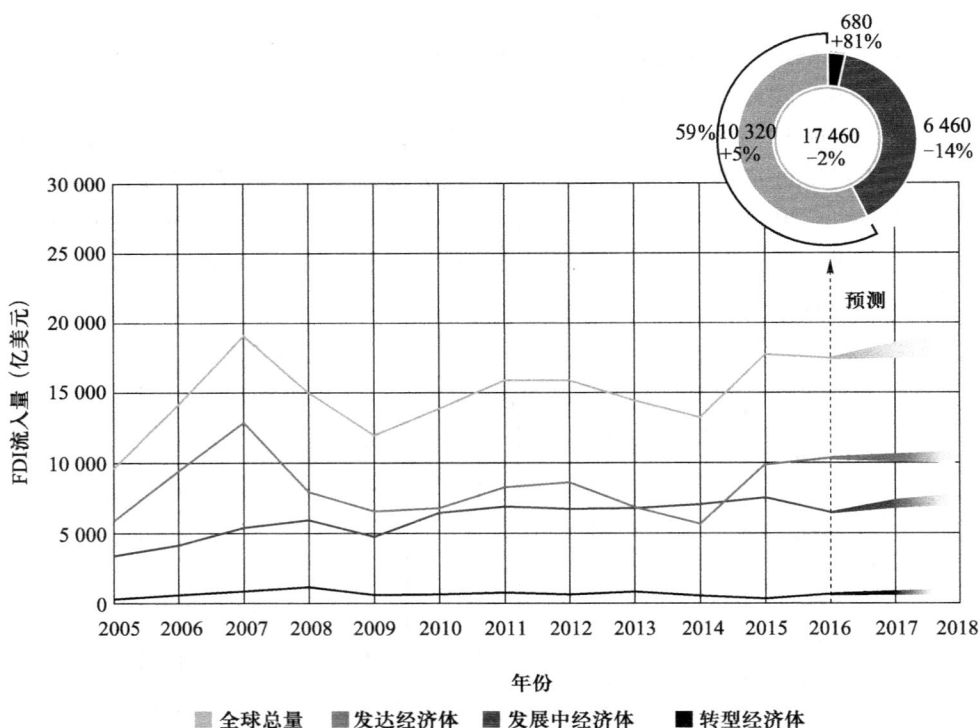

图 3-2　2005—2016 年的全球 FDI 流入量

资料来源:UNCTAD. World Investment Report 2017: Investment and the Digital Economy [EB/OL]. https://unctad.org/en/pages/Publication Webflyer.aspx? publicationid = 1782,2017-06-07/2018-12-29.

二、国际资本流动结构

如表 3-1 所示,2016 年发达经济体的 FDI 流入总量占全球比例 59.12%,比上年增长了 3.65 个百分点,其中,北美地区的 FDI 流入量比 2015 年增长了 8.95%,欧盟的 FDI 流入量比 2015 年增长了 17.03%,日本的 FDI 流入量更是从 2015 年的 -22 亿美元增加到 114 亿美元。在 2016 年发展中经济体的 FDI 流入量中,流入亚洲地区的 FDI 比 2015 年下降了 15.45%。受大宗商品下跌等因素影响非洲地区的 FDI 流入量比 2015 年下降了 3.41%,拉丁美洲和加勒比海地区由于经济持续衰退和出口压力,FDI 流入量比 2015 年下降了 14.09%。转型经济体的 FDI 流入量比上年增长了 80.85%。

表 3-1　不同经济体的 FDI 流入量及占比

地区	2011 年	2012 年	2013 年	2014 年	2015 年	2016 年
FDI 流入量(亿美元)						
全球	15 911	15 926	14 432	13 239	17 740	17 464
发达经济体	8 243	8 570	6 843	5 633	9 841	10 324
欧盟	4 351	4 916	3 368	2 566	4 838	5 662
北美	2 695	2 421	2 708	2 307	3 899	4 248
美国	2 299	1 990	2 014	1 716	3 484	3 911
日本	-18	17	23	106	-22	114
发展中经济体	6 875	6 710	6 747	7 038	7 523	6 460
非洲	660	775	746	713	615	594
亚洲	4 257	4 012	4 215	4 603	5 236	4 427
东亚和东南亚	3 287	3 205	3 474	3 880	4 444	3 611
东亚	2 338	2 124	2 213	2 575	3 178	2 600
中国内地(大陆)	1 240	1 211	1 239	1 285	1 356	1 337
中国香港	966	702	743	1 130	1 744	1 081
中国澳门	7	39	45	34	11	30
中国台湾	-20	32	36	28	24	83
东南亚	949	1 081	1 261	1 304	1 266	1 011

续表

地区	2011 年	2012 年	2013 年	2014 年	2015 年	2016 年
FDI 流入量（亿美元）						
南亚	443	323	356	414	508	537
西亚	527	484	384	310	283	278
拉丁美洲和加勒比海地区	1 936	1 887	1 760	1 700	1 654	1 421
转型经济体	793	646	843	568	376	680
FDI 流入量占比（%）						
发达经济体	51.81	53.81	47.41	42.55	55.47	59.12
发展中经济体	43.21	42.13	46.75	53.16	42.41	36.99
转型经济体	4.98	4.06	5.84	4.29	2.12	3.89

资料来源：UNCTAD. World Investment Report 2017：Investment and the Digital Economy［EB/OL］. https：//unctad.org/en/pages/Publication Webflyer.aspx？publicationid＝1782,2017-06-07/2018-12-29.

　　FDI 在内部经济结构失衡、复苏缓慢的经济体表现仍然具有脆弱性,流入欠发达经济体的 FDI 比 2015 年下降了 13%,只有 380 亿美元。类似地,那些小岛屿发展中经济体 FDI 比 2015 年下降了 6%,只有 35 亿美元。内陆发展中经济体 FDI 流入相对比较稳定,有 240 亿美元。① 二十国集团(G20)和亚太区域经济合作组织(APEC)等主要经济集团对全球 FDI 流动趋势产生了强烈影响。二十国集团的资金流入首次超过 1 万亿美元,亚太区域经济合作组织的内部成员间 FDI 流动是一个越来越突出的特征。

表 3-2　不同经济体的 FDI 流出量

地区	2011 年	2012 年	2013 年	2014 年	2015 年	2016 年
FDI 流出量（亿美元）						
全球	15 760	13 885	13 995	12 531	15 943	14 525
发达经济体	11 300	9 741	8 910	7 076	11 729	10 439
欧盟	4 935	4 066	3 400	2 043	5 359	4 704
北美	4 487	3 741	3 608	3 527	3 702	3 654

---

　　① UNCTAD. World Investment Report 2017：Investment and the Digital Economy［EB/OL］. http://unctad.org/en/Pages/DIAE/World% 20Investment% 20Report/World _ Investment _ Report. aspx, 2017-06-07/2017-06-10.

续表

地区	2011 年	2012 年	2013 年	2014 年	2015 年	2016 年
美国	3 966	3 182	3 034	2 923	3 032	2 990

FDI 流出量（亿美元）

地区	2011 年	2012 年	2013 年	2014 年	2015 年	2016 年
日本	1 076	1 225	1 357	1 290	1 287	1 452
发展中经济体	3 904	3 814	4 328	4 727	3 893	3 834
非洲	232	345	379	283	180	182
亚洲	3 187	3 046	3 627	4 123	3 387	3 631
东亚和东南亚	2 755	2 720	3 149	3 775	2 929	3 267
东亚	2 137	2 155	2 330	2 888	2 372	2 912
中国内地（大陆）	747	878	1 078	1 231	1 276	1 831
中国香港	963	834	808	1 241	718	625
中国澳门	1	5	17	7	−7	6
中国台湾	128	131	143	127	147	178
东南亚	619	565	819	887	557	354
南亚	128	100	22	120	78	56
西亚	304	226	456	228	380	308
拉丁美洲和加勒比海地区	476	407	300	307	315	8
转型经济体	557	330	758	728	322	251

FDI 流出量占比（%）

地区	2011 年	2012 年	2013 年	2014 年	2015 年	2016 年
发达经济体	71.70	70.15	63.66	56.47	73.56	71.87
发展中经济体	24.77	27.47	30.92	37.72	24.42	26.40
转型经济体	3.53	2.38	5.42	5.81	2.02	1.73

资料来源：UNCTAD. World Investment Report 2017：Investment and the Digital Economy［EB/OL］. https：//unctad.org/en/pages/Publication Webflyer.aspx? publicationid＝1782,2017-06-07/2018-12-29.

如表 3-2 所示,2016 年从发达经济体流出的 FDI 总量占全球比例 71.87%,比上年略微减少,其中,从北美地区流出的 FDI 比 2015 年减少了 1.30%,由于欧洲经济复苏缓慢导致欧洲跨国公司投资下降,从欧盟流出的 FDI 比 2015 年减少了 12.22%。亚洲地区的 FDI 流出比 2015 年增加了 7.20%。尽管中国的对外直接投资数量激增已成为全球第二大对外投资国,但发展中经济体 2016 年整体 FDI 流出量为 3 834 亿美元,比 2015 年略微减少。非洲地区的 FDI 流出量与 2015 年基本持平,拉丁美洲和加勒比海地区由于经济持续衰退,FDI 流出量从 2015 年的 315 亿美元下降到只有 8 亿美元,降幅达到 97.46%。转型经济体的 FDI 流出量比上年减少了 22.05%。

三、跨国公司与国际资本流动

跨国公司是全球资本流动的主力,2008 年金融危机之后,国际生产增长放缓导致全球贸易增长乏力,跨国公司境外子公司的国际生产虽然仍在扩张,但速度已经放缓。在过去 5 年里,境外公司销售的平均年增长率为 7.3%,价值增值 4.9%,实现就业 4.9%,均低于 2010 年以前的平均水平。①

2016 年宏观经济的向好推动了跨国投资的小幅提升,共有 1 500 家跨国企业拥有逾 86 000 家国外分支机构或接近 10% 的外国子公司。这些跨国公司的总部遍布全球,超过一半在发展中经济体,近 1/3 在欧盟,他们宣布的绿地投资项目计划占全球跨国公司投资总量的比例从 2010 年的 8% 增加到 2016 年的 11%。②

全球宏观经济前景的改善和大宗商品价格小幅上扬对跨国公司利润和盈利能力有直接影响。2016 年全球最大的 5 000 家跨国公司的利润比 2015 年有显著回升,达到将近 1.3 万亿美元,利润率比 2015 年上涨了 1.5 个百分点(见图 3-3)。随着股票价格的上涨,跨国公司利润增加、跨境并购的价值提高,2017 年跨国并购数量会随着 FDI 的增加而进一步增加。

然而,全球利率的上升对跨国公司利润的侵蚀越来越大,可能会减少跨国公司从全球投资中获得的融资。发展中经济体和转型经济体的货币对美元的贬值使得以美元计价的公司债价格更加昂贵,从而影响了这些国家或地区的跨国公司的融资活动。

如表 3-3 所示,自 2008 年金融危机之后,跨境并购交易的净卖出额整体呈

---

① UNCTAD.World Investment Report 2017:Investment and the Digital Economy [EB/OL]. http://unctad.org/en/Pages/DIAE/World% 20Investment% 20Report/World _ Investment _ Report. aspx, 2017-06-07/2017-06-10.

② UNCTAD.World Investment Report 2017:Investment and the Digital Economy [EB/OL]. http://unctad.org/en/Pages/DIAE/World% 20Investment% 20Report/World _ Investment _ Report. aspx, 2017-06-07/2017-06-10.

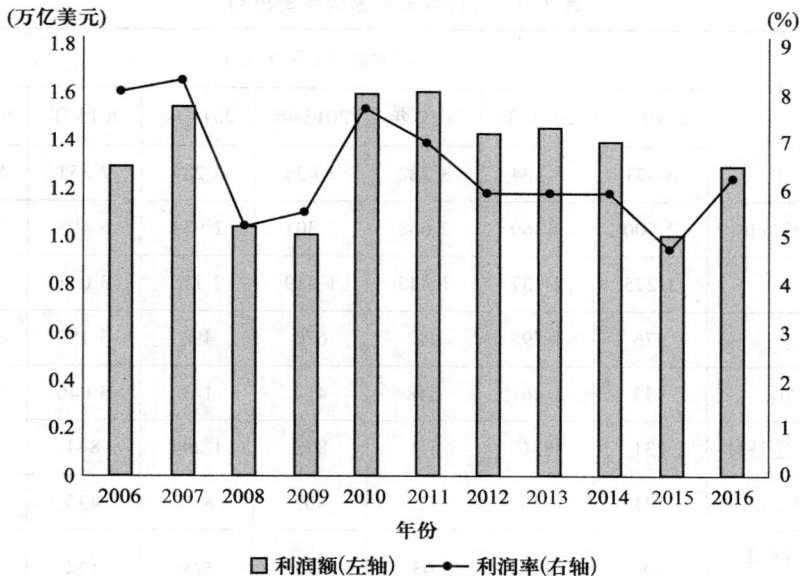

图 3-3 跨国公司 2006—2016 年利润额与利润率

资料来源：UNCTAD. World Investment Report 2017：Investment and the Digital Economy ［EB/OL］.
https://unctad.org/en/pages/Publication Webflyer.aspx? publicationid = 1782,2017-06-07/2018-12-29.

现下降趋势,2014 年起全球跨境并购活动开始出现转折,比 2013 年跨境并购净卖出额增长 63%。2015 年到 2016 年,跨境并购净卖出额出现井喷,2016 年的跨境并购净卖出额是 2014 年的 2 倍。

值得注意的是,发达经济体 2016 年跨境并购净卖出额为 7 943 亿美元,占全球净卖出额的 91.45%,而这一比例也是自 2014 年下降后逐步回升的,在一定程度上说明跨境并购净卖出额是伴随着发达经济体经济逐步复苏而上升的。与发达经济体跨境并购净卖出额逐步上升形成鲜明对比的是发展中经济体的情况。自 2014 年达到顶峰后,发展中经济体跨境并购净卖出额出现急速下滑,2016 年发展中经济体跨境并购净卖出额仅为 2014 年跨境并购净卖出额的 53.55%。但 2016 年转型经济体跨境并购的净卖出额为 50 亿美元,仅占全球跨境并购净交易额的 0.58%。

中国内地(大陆)的跨境并购净卖出额 2016 年仅有 59 亿美元,仅为美国 2016 年跨境并购净卖出额的 1.64%,占发展中经济体的比重为 8.51%,占全球的比重为0.68%。中国 2016 年跨境并购净卖出额回落与中国 2015 年开始的重视金融安全、抑制资本外流、管控本土企业进行海外并购、控制外汇储备的相关政策有关。

表 3-3　跨境并购交易的净卖出额

地区	净卖出额(亿美元)						
	2010 年	2011 年	2012 年	2013 年	2014 年	2015 年	2016 年
全球	3 471	5 534	3 282	2 625	4 281	7 351	8 686
发达经济体	2 600	4 369	2 668	2 301	2 931	6 408	7 943
欧洲	1 275	2 137	1 442	1 389	2 118	3 011	3 769
北美	976	1 795	942	670	496	3 188	3 725
美国	843	1 461	648	434	141	3 040	3 608
发展中经济体	831	836	546	872	1 294	844	693
东亚和东南亚	271	317	223	408	859	433	283
中国内地（大陆）	68	115	95	311	568	124	59
中国香港	127	21	29	22	175	242	76
中国澳门	0.3	0.3	0.3	2	—	—	—
中国台湾	4	−22	9	6	0.7	0.7	75
转型经济体	41	330	68	−548	57	100	50

资料来源：UNCTAD. World Investment Report 2017: Investment and the Digital Economy ［EB/OL］. https://unctad.org/en/pages/Publication Webflyer.aspx? publicationid = 1782,2017-06-07/2018-12-29.

如表 3-4 所示,2016 年全球跨境并购净购买额达到 8 686 亿美元,比 2015 年上涨 18.16%。其中,发达经济体是全球跨境交易的绝对主力,2016 年跨境并购交易的净购买额为 7 075 亿美元,比 2015 年增加了 1 200 亿美元,增长了 20.43%,占全球总额的比重为 81.45%;发展中经济体的跨境交易的净购买额为 1 499 亿美元,相比 2015 年上升了 187 亿美元,增长了 14.25%,但占全球的比重只有 17.26%,转型经济体 2016 年的跨境并购净购买额为负值,所占的比重则更低。

中国内地(大陆)2016 年跨境并购的净购买额为 922 亿美元,远超净卖出额,比 2015 年增加了 411 亿美元,并超出美国 143 亿美元,表明中国的跨境并购以跨境购买为主,并且在经历了一次高潮后,处于较为稳定、谨慎的阶段。

表 3-4 跨境并购交易的净购买额

地区	净购买额（亿美元）						
	2010 年	2011 年	2012 年	2013 年	2014 年	2015 年	2016 年
全球	3 471	5 534	3 282	2 625	4 281	7 351	8 686
发达经济体	2 248	4 319	1 839	1 207	2 441	5 875	7 075
欧洲	443	1 732	418	−294	438	3 119	4 354
北美	1 207	1 737	1 101	903	1 329	2 125	1 345
美国	851	1 377	725	596	851	1 279	779
发展中经济体	1 004	1 013	1 242	1 278	1 545	1 312	1 499
东亚和东南亚	672	676	784	992	1 256	1 056	1 151
中国内地（大陆）	298	364	379	515	393	511	922
中国香港	133	99	160	228	630	196	0.8
中国澳门	0.5	—	0.1	—	0.03	0.4	−3
中国台湾	−3	2	22	0.8	18	44	55
转型经济体	54	131	93	31	46	45	−8

资料来源：UNCTAD. World Investment Report 2017：Investment and the Digital Economy ［EB/OL］. https://unctad.org/en/pages/Publication Webflyer.aspx? publicationid＝1782,2017-06-07/2018-12-29.

四、国际投资协定改革

全球投资政策正在变得更加复杂和不确定。基于可持续发展的考虑,投资政策的制定因为要顾及更多因素而更具挑战性。投资政策反映了一个经济体应对全球化影响的各种方法。2016 年大多数的投资政策旨在促进投资、增加投资便利性和自由化。以可持续发展和包容性为目标,基于广泛的国际支持基础而制定的投资规则机制可以有助于减少投资的不确定性,提高稳定性。2016 年,大多数工业化国家或地区都放宽了投资者进入的条件,简化了注册程序,提供新的投资激励措施。

全球至少 108 个国家通过与国际投资协定类似内容的特定的双边投资法律来管理双边跨境投资,例如投资定义、投资促进、争端解决等。因此,国际投资协定的调整应当与双边投资法律齐头并进。2016 年,各经济体都积极参与到国际投资政策的协作调整中。

2016年,国际投资协定改革取得重大进展。除巩固国际投资协定第一阶段的改革成果外,大多数新条约遵循联合国贸易和发展会议的路线图列出了五个行动领域:维护监管权力的同时提供保护;改革投资争端解决机制;促进和便利投资;确保负责任的投资;加强系统的一致性。改革争端解决机制是路线图中高度受重视的内容,在各个层面上采取具体措施进行改革,如在新条约中改革导向条款,筹建国际投资国际法庭等。投资便利化已成为一个越来越受瞩目的领域,投资便利化改革获得了投资人和相关利益人的强力支持。

资本市场相关政策和工具设计的快速增长促进了支持经济可持续发展的可持续投资。这些政策和工具主要来自证券交易所和监管机构,但资本市场的参与者,如机构投资者这样的利益相关者受影响更强。股票交易所通过提供新产品和服务,以及支持促进采纳市场标准的规则来影响投资者和公司。

五、国际投资中的数字经济

数字经济是经济增长和发展的关键驱动力。它可以促进所有行业之间的竞争,为商业和创业活动提供新的机遇,并为进入海外市场和参与全球电子价值链提供新的途径。它还提供了用于解决持久发展问题的新工具。然而,在弥合数字鸿沟、应对互联网监管、减少对社会发展的潜在负面影响等方面,数字经济还面临一系列政策挑战。发展中经济体发展数字经济的机遇和挑战并存,发展数字经济对发展中经济体进一步的发展至关重要。

数字经济对投资具有重要意义,而投资对数字经济发展的反向促进作用也至关重要。数字技术的采用有可能通过跨国公司国外分支机构和国际业务的开展将技术转移到东道国。在全球数字经济时代,所有国家和地区,特别是发展中经济体的参与,让制定针对数字经济投资的政策的需求更加迫切。

数字科技类跨国公司用40%的总资产在海外创造了70%的销售额,[1]他们对东道国实物投资和创造就业的影响并不直接,但这种投资对东道国经济的发展特别是数字科技的进步具有重要的间接意义。

国际生产的全球供应链中的数字技术采用对全球生产的贡献突出,对于特定行业和跨国公司,基于"大数据支持"的生产节约了大量的投资,也更便捷,例如3D打印技术的推广。数字经济既会带来生产回流,也会引发更多的服务外

---

[1] 互联网跨国企业飞速扩张,挑战全球投资模式(组图)[EB/OL]. http://www.sohu.com/a/148004622_114986,2017-06-07/2017-06-10.

包,从而重新配置与东道国的供应商关系,产生新的合作伙伴关系。

旨在促进和便利投资的投资规则和规章制度,应该考虑不断发展的跨国公司的跨国经营模式。受数字化影响最深的排名前十位的传统行业中,有 5 个产业与各经济体保持投资限制前十位的产业相吻合。随着跨国公司数字化技术和生产的广泛应用,必然要扩大到这些受监管的产业领域。相应的,以前的法规可能需要重新审查,避免它们因过时而阻碍数字化的应用。

第二节　"一带一路"倡议助推中国企业对外投资

一、"一带一路"倡议的新进展

2016 年"一带一路"倡议的多边国际合作机制实现突破性进展,积极申请参与"一带一路"倡议的国家和组织超过 100 个。2016 年 1 月,亚洲基础设施投资银行(亚投行,AIIB)正式营业。2016 年 4 月,《中华人民共和国外交部与联合国亚洲及太平洋经济社会委员会关于推进地区互联互通"一带一路"倡议的意向书》签署,这是中国与国际组织签署的首份"一带一路"倡议合作文件。

"一带一路"倡议落实以来,中国共提供超过 600 亿元人民币的无偿援助和无息贷款,用于帮助沿线发展中经济体建设民生项目;提供 20 亿元人民币食品援助用于缓解沿线国家食品短缺问题。南南合作的援助基金从首期的 20 亿美元提高到 30 亿美元,进一步推动了发展中经济体的民生问题改善和经济发展。中国企业已经在 20 余个国家和地区建设了 56 个经贸合作园区,为有关国家和地区创造税收 11 亿美元,新增就业岗位近 18 万个。中国承诺每年向沿线国家提供 1 万个"丝绸之路"奖学金新生名额,提供中国政府奖学金帮助有需求的地区的贫困学生接受教育。中国与沿线 55 个国家缔结涵盖不同护照种类的互免签证协定,与 60 余个相关国家签署广播影视合作协议。[①]

2016 年,"一带一路"六大经济走廊建设都有所进展,其中中巴经济走廊进展比较突出,已经在公路、铁路、港口等方面启动一系列重大项目建设,由中方运营的瓜达尔港正式开航,这对于把南亚和中亚地区同中东、东南亚等印度洋沿岸地区联结在一起具有重要意义。斯里兰卡科伦坡港口城项目复工,海上丝绸之

---

① 数读"一带一路":开放共赢　民生实惠看得见[EB/OL]. https://www.yidaiyilu.gov.cn/jcsj/dsjkydyl/14187.htm, 2017-05-22/2017-06-21.

路的重要支点即将建成。中蒙俄经济走廊、中亚的瓦亚铁路、中乌"安格连—帕普"铁路隧道通车加上非洲的亚吉铁路投入使用,加速"一带一路"形成"六廊六路多国多港"的格局,从而促进地区和全球的共同发展。①

二、"一带一路"倡议下的中国经济

从 2013 年提出"一带一路"倡议以来,中国国内生产总值从 595 244 亿元人民币上涨到 2016 年的 744 127 亿元人民币。2016 年,国内生产总值比 2015 年增长 6.7%,虽然增幅有小幅下降,但是在全球经济增速放缓、新兴经济体内部经济结构问题突出的大环境下,"一带一路"倡议还是带动中国经济一路向前,保持了较强的增长力。其中,第一产业增加值 63 671 亿元人民币,比 2015 年增长 3.3%,占国民生产总值比重从 2012 年的 9.4% 一直回落到 2016 年的 8.6%,比 2015 年下降 0.2 个百分点。这一方面反映了经济总量的增加使得第一产业占比相对较少;另一方面从"一带一路"沿线国家进口的部分农产品替代了原来由国内生产的农产品,支持了沿线国家农业的发展。2016 年粮食种植面积比上年减少 31 万公顷,为 11 303 万公顷,粮食产量比上年减少 520 万吨,只有 61 624 万吨,减产 0.8%;全年谷物产量 56 517 万吨,比上年减产 1.2%。2016 年,第二产业增加值 296 236 亿元,增长 6.1%,占国民生产总值比重 39.8%,比 2015 年下降 1.1 个百分点。第二产业比重的下降伴随着对沿线国家的大量投资,中国一部分劳动力密集的产业由于劳动力价格优势下降而转移到其他具有廉价劳动力优势的国家,还有一部分产能过剩的行业伴随着能源合作转移到需要工业化发展的国家。2016 年,第三产业增加值 384 221 亿元人民币,增长 7.8%,占国民生产总值的 51.6%,比 2015 年增加 1.4 个百分点。② 第三产业增加值占比的上升不仅反映了中国与"一带一路"沿线国家的文化交流、相互访问旅游更加频繁,也反映了"一带一路"倡议促进了中国产业结构的优化升级,第一、二产业增加值占比下降,第三产业得到了进一步的优化发展。

三、"一带一路"倡议为中国企业带来的对外投资机遇

在当前的国际环境下,发达经济体大多已经逐步摆脱 2008 年金融危机带来

① 北京大学全球互联互通研究中心课题组.迎接"一带一路"的 2.0 版时代(2016—2017)[M]// 赵磊主编."一带一路"年度报告:行者智见(2017).商务印书馆,2017.

② 国家统计局.中华人民共和国 2016 年国民经济和社会发展统计公报 [EB/OL].http://www.stats.gov.cn/tjsj/zxfb/201702/t20170228_1467424.html,2017-02-28/2017-06-21.

的经济萧条局面,通货紧缩问题逐渐得到缓解,投资和进口的对外需求得到拉动,而新兴经济体、部分发展中经济体仍陷通货紧缩困境,外需继续不振。新兴经济体通货紧缩困境加上产能过剩等结构性问题导致全球的经济增长速度仍然徘徊在较低水平。

中国经济进入增长率低于7%的新常态,面临着内部结构失衡和产能过剩的问题。外贸出口大幅下滑而内部需求增长并不显著,产能过剩已经从传统行业向芯片、半导体、光伏等新行业拓展。加上人口红利的逐渐消失和环保标准的提高,中国企业的投资回报率降低。在这种背景下,中国企业迫切需要从过去的以通过贸易输出中国制造产品为主的"走出去"方式升级到依托对外投资合作的新的"走出去"方式。

中国对外直接投资存量在 2015 年就首次突破了万亿美元大关,2016 年又取得进一步的增长,成为对外投资大国。如图 3-4 所示,2016 年 1 月,中国非金融企业对外投资 120.2 亿美元,比上年同期增长 18.2%,全年累计对外投资 1 701.1亿美元,比上年增长 44.1%。

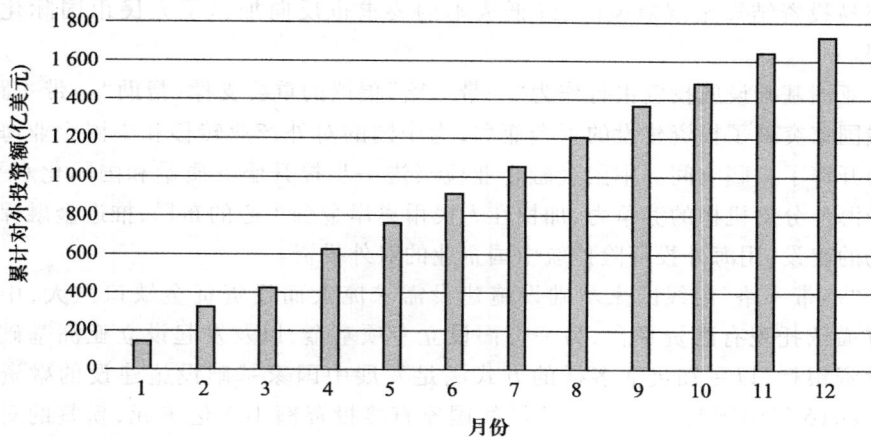

图 3-4　2016 年中国非金融类累计对外投资额

资料来源:根据中国商务部商务数据中心中国非金融类对外投资统计数据整理得出,http://data.mof-com.gov.cn/tzhz/fordirinvest.shtml,2019-04-01。

随着"一带一路"倡议的推动,中国对外投资增长迅速,已经步入主动资本输出的新阶段。中国政府大力推动中国企业在境外投资,大致两成投资在发达经济体,八成投资在发展中经济体。中国企业在发达经济体投资,多采用跨国并购的方式,不仅可以在发达经济体市场中扩大中国企业的产业优势,取得稳定的投资收益,还可以获得发达经济体的先进技术和管理经验,为中国企业将来成长为全球性企业打下坚实基础。与发展中经济体的国际产能合作，不仅可以帮助改善"一带一路"沿线国家的基础设施状况，加强互联互通和贸易投资往来，还可以引领更多中国企业把投资目标对准海外市场，进行产业转移和资本输出，带动中国产业结构升级、改善经济中结构不合理的问题。中国企业可以凭借在基础设施、港口运营、设备制造等领域的管理和技术优势，推动中国标准、技术、设备、服务和交通运输企业在更大范围和更高层次上"走出去"，为中国经济注入新的活力。

四、金融国际化助力中国企业对外投资

中国巨额外汇储备的投资管理面临各种风险，包括信用风险、汇率风险、利率风险、流动性风险等。中国企业对外投资，特别是在发达经济体的海外投资可以直接使用储备外汇，减少汇率风险。人民币的国际化可以成功帮助中国企业在对"一带一路"沿线国家的投资中规避风险。企业用人民币进行跨境交易投资结算来规避风险、降低成本的要求也反向加速了人民币国际化的进程。

亚洲基础设施投资银行作为"一带一路"倡议的重要支撑，帮助"一带一路"沿线国家突破了投资建设的资金瓶颈，为中国的对外产业转移和中国企业海外投资开辟了广阔空间。中国金融企业应当进一步提升服务质量和国际化水平，提升海外分支机构的竞争力，加快在人民币离岸金融中心的布局，推进金融保险市场的建设，用海外投资险护航中国企业的对外投资。

"一带一路"沿线国家基础设施建设需求庞大而投资资金缺口巨大，中国一方面依托现有融资平台，另一方面设立专项基金，以及发起设立亚洲基础设施投资银行，以更加灵活多样的方式满足发展中国家基础设施建设的融资需求。2016 年中国与"一带一路"沿线国家直接投资额 145 亿美元，新签的对外承包工程合同额 1 260 亿美元，比 2015 年增长 36%，合作基础设施投资已超过 80 亿美元。[①] 投资领域不仅包括传统的交通、道路等基础设施，还包括高铁等海陆连通的现代化交通网络建设，以及具有高科技含量的信息和通信基础设施建设。特别是中国大力推动的信息产业园的建立，将带动高新技术走进"一带一路"沿线国家，帮助他们改善民生，享受到切实的发展成果。

---

① 2016 年我国对"一带一路"53 个国家直接投资 145.3 亿美元［EB/OL］．http：//www.chinadevelop-ment.com.cn/news/zj/2017/02/1121035.shtml，2017-03-28/2017-06-21．

五、中国企业在对外投资中应当注意的问题

第一，中国企业应当增强在海外的竞争力。经济全球化使世界经济进入全球价值链时代，每个企业的生产经营活动都被纳入全球价值链分工的生产服务网络当中。处在全球价值链的不同位置，意味着具有不同的核心竞争力与生产获益。价值链顶端的是以发达经济体为主导的知识、科技密集型的附加值较高的环节，而处在底端的是以发展中经济体为代表的廉价土地、劳动力密集型的附加值较低的环节。在全球价值链不断升级的过程中，将生产向价值链的顶端环节移动，会增加一个经济体的核心竞争力。在这种大趋势下，中国企业到海外投资，不能只是重复原来的产品和服务，应当不断捕捉国际市场的新需求，通过自主研发创新向高科技领域进军，不断向着全球价值链上游攀升，提升企业的投资收益和国际竞争力。

第二，中国企业对外投资应当努力融入当地环境。"一带一路"沿线国家经济发展程度和文化背景具有多样性，中国经济的高速增长对周边区域内经济体的"引力效应"，成为"一带一路"周边区域生产网络重构的核心动力，但是也会引起周边国家对自己经济安全的担心。中国企业对外投资时应当树立中国良好品牌形象，让东道国切实感觉到投资为他们带来的好处；尊重并融入当地文化，加强与东道国企业的合作，努力与当地企业形成利益共同体；培养在地化意识，帮助解决当地就业问题，注意保护当地环境；与东道国的政府和企业建立完善的协调机制，减少因误解产生的可能争端。

第三，中国企业对外投资要高度警惕各种风险。由于"一带一路"沿线国家多为发展中经济体，发展阶段差异巨大，情况复杂多样，中国企业在海外投资、运营过程中要警惕东道国政治不稳定、军事冲突等潜在环境风险，进行项目投资时应当充分进行论证、评估，不应当急于求成。2016 年 1 月至 2017 年 3 月，全球针对中国企业产生影响的贸易救济调查达 215 起，包括反倾销、反补贴、反规避、保障措施。纠纷所涉领域主要为采购合同和销售合同，涉案金额在 500 万元人民币以下和 1 亿元人民币以上的居多。① 诉讼和仲裁的结果虽然大多以和解、调解告终，但是期间给中国企业带来的经济损失不可估量。中国企业海外投资应当密切关注可能的贸易投资障碍，必要时学会用国际法律武器保护自己。

---

① 2017 年中国企业在"一带一路"背景下的对外投资情况分析［EB/OL］. http://www.chyxx.com/industry/201705/519297.html，2017-03-28/2017-06-21.

第三节　中国仍最具投资吸引力及其原因

一、2016年中国经济运行总体平稳

2016年中国经济运行总体平稳,企业效益好转,就业形势总体稳定,年末全国就业人员77 603万人,全年城镇新增就业1 314万人。全年人均国内生产总值53 980元人民币,比上年增长6.1%。全年全员劳动生产率为94 825元人民币/人,比上年提高6.4%。供给侧结构性改革取得良好进展。消费对GDP贡献率继续提高,全年居民消费价格比上年上涨2.0%。全年工业生产总值平稳增长,工业增加值为24.79万亿元人民币,比上年增长6.0%,工业生产者出厂价格下降1.4%,投资缓中趋稳,其中全年全社会固定资产投资60.65万亿元人民币,比上年增长7.9%。贸易顺差收窄,全年货物进出口总额为243 387亿元人民币,比2015年下降0.9%。其中,出口额为138 455亿元人民币,下降1.9%;进口额为104 932亿元人民币,增长0.6%。① 无论从需求侧还是供给侧看,中国经济运行平稳并且有条件保持中高速增长。

二、中国市场仍最具投资吸引力

根据2016年世界投资报告调查显示,中国仍是全球最具吸引力的投资目的地之一。根据中国人民银行经济景气指数调查,如表3-5所示,2016年第一至四季度,反映宏观经济运行情况的企业家信心指数和反映微观经济运行情况的企业景气指数都在上升。企业家信心指数从第一季度的43.7上升到第四季度的54.2,企业景气指数从第一季度的46.7提高到第四季度的52.6。在全球经济复苏进度放缓、增速下滑、普遍低位运行的格局下,跨境资本相互流动也遇到一些问题,而中国的成绩还是不错的。虽然还在经历经济结构调整,但是中国经济基本面的向好以及金融体系的稳定,使得中国仍然是最吸引FDI流入的地区。中国美国商会和贝恩公司联合发布的2017年中国商务环境调查报告显示,2016年将中国作为首选投资目的地的受访企业较2015年有所增加,68%的受访企业

---

① 国家统计局.中华人民共和国2016年国民经济和社会发展统计公报[EB/OL]. http://www.stats.gov.cn/tjsj/zxfb/201702/t20170228_1467424.html,2017-02-28/2017-06-21.

在华实现盈利并且有扩大在华投资规模的计划。①

表 3-5　2016 年企业家信心指数与企业景气指数表

项目	第一季度	第二季度	第三季度	第四季度
企业家信心指数	43.7	49.0	51.2	54.2
企业景气指数	46.7	48.3	50.3	52.6

资料来源:中国人民银行调查统计司.企业家信心指数与企业景气指数数据[DB/OL].http://www.pbc.gov.cn/diaochatongjisi/116219/116319/3013637/3013649/index.html,2016-12-31/2017-06-22.

　　2016 年全球 FDI 流入量比 2015 年呈现小幅下降,流入发达经济体的 FDI 比 2015 年上涨了 5%,流入发展中经济体的 FDI 比 2015 年下降了 14%,2016 年流入发展中经济体的 FDI 中,流入亚洲地区的 FDI 比 2015 年下降了 15%。然而,如图 3-5 所示,2016 年 12 月中国累计实际利用外商直接投资额 1 260.01 亿美元,比 2015 年同期仅仅降低了 0.21%。

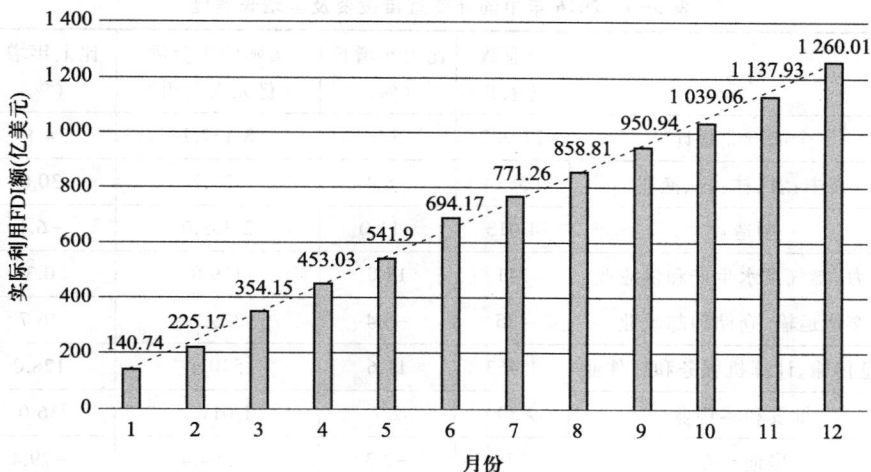

图 3-5　2016 年中国实际利用外商直接投资额

资料来源:中国经济社会大数据研究平台.中国实际利用外商直接投资额 2016 年月度数据[DB/OL].http://data.cnki.net/datapublish/month,2016-12-31/2017-06-26.

　　在全球跨国投资总量有所下滑的背景下,2016 年中国外商直接投资(不含银行、证券、保险)的金额总计为 8 132.2 亿元,比 2015 年增长 4.1%,特别是美

---

　　①　中国美国商会 & 贝恩公司.2017 年度中国商务环境调查报告[EB/OL]. http://www.sohu.com/a/125363257_483389,2017-02-02/2019-04-01.

国、欧盟对中国实际投资大幅增长,同比增长分别为 52.6% 和 41.3%。① 外商直接投资企业 27 900 家,比 2015 年企业数增长 5.0%。如表 3-6 所示,农、林、牧、渔业实际使用资金 123.2 亿元人民币,比 2015 年增长 30.0%,投资企业数减少了 8.4%,说明第一产业外商投资企业集中度上升、投资规模有所扩大。制造业外商投资资金实际使用 2 303.0 亿元人民币,比 2015 年下降了 6.1%,投资企业数比 2015 年下降了 11.0%。信息传输、计算机服务和软件业实际使用金额 540.4 亿元人民币,比 2015 年大幅增加了 128.0%,说明中国高技术含量的信息产业的发展对外商直接投资需求强烈。房地产业的外商投资企业和投资金额均有所下降,实际使用外商投资额比 2015 年下降了 29.4%,只有 1 264.4 亿元人民币,说明全球房地产市场表现的下滑以及中国房地产市场的调控政策的见效。租赁和商务服务业 2016 年实际使用外资 1 045.9 亿元人民币,比 2015 年增加 67.8%,服务行业将是 2017 年中国大量吸引外商投资的又一重要阵地。

表 3-6　2016 年中国外商直接投资及其增长速度

行业	企业数（家）	比上年增长（%）	实际使用金额（亿元人民币）	比上年增长（%）
全部行业总计	27 900	5.0	8 132.2	4.1
其中:农、林、牧、渔业	558	−8.4	123.2	30.0
制造业	4 013	−11.0	2 303.0	−6.1
电力、燃气及水生产和供应业	311	18.0	139.8	0.3
交通运输、仓储和邮政业	425	−5.4	329.2	26.7
信息传输、计算机服务和软件业	1 463	11.6	540.4	128.0
批发和零售业	9 399	2.7	1 011.1	36.0
房地产业	378	−2.3	1 264.4	−29.4
租赁和商务服务业	4 631	3.7	1 045.9	67.8
居民服务和其他服务业	245	13.0	33.0	−25.8

资料来源:国家统计局.中华人民共和国 2016 年国民经济和社会发展统计公报［EB/OL］.http://www.stats.gov.cn/tjsj/zxfb/201702/t20170228_1467424.html,2017-02-28/2017-06-21.

注:此表不含银行、证券、保险业。

① 外储跌破 3 万亿美元关口,该恐慌吗?［EB/OL］. http://finance.sina.com.cn/zt_d/safe3/,2017-02-07/2017-06-26.

外商直接投资促进了对外贸易、技术进步、产业升级和市场竞争,对中国社会发展和经济深化改革的进程一直发挥着积极作用。2016 年随着"一带一路"建设的展开,部分第二产业和产能向外转移出去之后,供给侧改革初见成效,产业结构转型升级稳步进行。第二产业比例有所回落,第三产业比值有所增加,特别是互联网、快递服务业、娱乐业为代表的服务业发展迅速。2016 年中国已成为研发投入世界第二大国,以航空航天、生物医药、人工智能为代表的新兴高研发投入产业发展的空间进一步拓展。在对创新能力认可方面,美国目前仍排在首位,但中国已经超过德国排在第二位,德国则排在第三位。中国廉价劳动力的人口红利正在逐渐消失,不再是被投资者看中的主要优势,中国创新能力的飞速发展得到众多国际企业的认可。中国配套齐全的新制造业领地和增长潜力巨大的消费服务市场,成为吸引广大外资企业投资发展的新蓝海。传统产业的转型升级腾出的巨大的尚未开发的市场,以及新兴产业发展拉动的新经济增长潜力使中国成为最具投资吸引力的国家。

随着金融投资加大和资本流动加快,全球金融市场的关联性越来越强。美国加息后资本流动的大幅逆转反映了新兴经济体金融体系的脆弱性。2016 年人民币贷款的大幅上升与社会融资规模里表外融资的微量增长体现了中国金融结构调整的初步成效,表外业务表内化回归,强化了金融监管,金融去杠杆的成效显现,金融为实体经济服务的效率提高,金融风险基本在可控范围内。如图3-6 所示,2016 年社会融资规模存量稳步上升,12 月累计达到 155.99 万亿元人民币。中国金融市场效率的提升以及稳定的金融环境将为来中国投资的外商企业保驾护航。

三、金融市场开放吸引外商投资

2016 年 10 月 1 日,人民币正式成为继美元、欧元、英镑、日元之后的第五个被纳入特别提款权货币篮子的成员,标志着中国开始全面融入全球金融市场。人民币的国际化将使越来越多的经济体选择将人民币作为储备货币以及国际结算中的计价和交易货币,中国企业可以直接持有人民币进行海外投资,海外的投资者也可以直接用人民币向中国投资。2017 年 6 月欧洲央行宣布增持价值 5亿欧元的人民币作为外汇储备,同时保持价值 680 亿欧元的外汇储备总体规模不变,相当于用 5 亿欧元的人民币资产置换了等值的美元资产。① 这是欧洲央

---

① 欧洲央行:增持价值 5 亿欧元人民币作为外汇储备 [EB/OL]. http://news.sina.com.cn/c/nd/2017-06-20/doc-ifyhfnrf9358071.shtml,2017-06-17/2017-06-26.

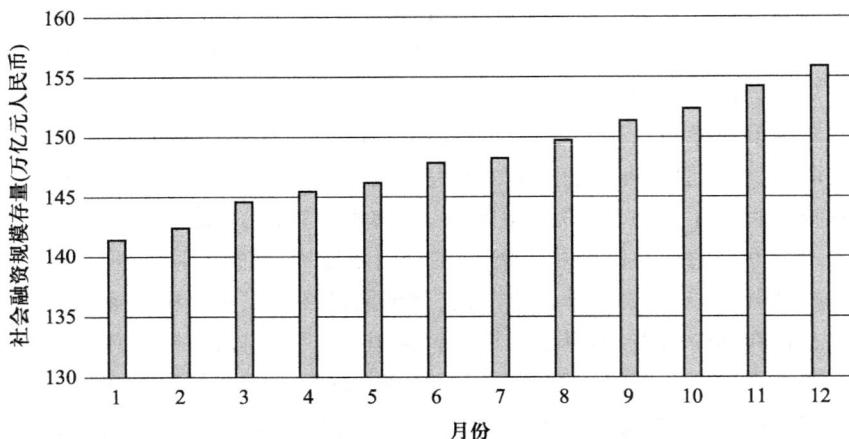

图 3-6　2016 年中国社会融资规模存量

资料来源:中国人民银行调查统计司.社会融资规模存量统计表数据[EB/OL]. http://www.
pbc.gov.cn/diaochatongjisi/116219/116319/3013637/3013639/index.html,2017-01-12/2017-06-22.

　　注:社会融资规模存量是指一定时期末(月末、季末或年末)实体经济(非金融企业和个人)
从金融体系获得的资金余额。

行首次持有人民币作为外汇储备,具有标志性的意义。这将带动更多的发达经济体和发展中经济体将人民币作为外汇储备。欧洲央行配置人民币外汇储备资产表明对中国发展前景的乐观预期以及对人民币币值稳定的信心。欧洲外商投资企业持有人民币投资中国市场将可以避免可能的汇率损失,投资金融市场将可以稳定获得高于世界大部分发达经济体的利息收益。人民币加入特别提款权货币篮子会推动建立一个更加充满活力的国际货币和金融体系,同时推动中国和全球经济的发展。

　　为进一步解决实体经济在"引进来"和"走出去"过程中存在部分投资与金融方面的障碍,中国加快了资本账户开放的步伐。2017 年 5 月继中国内地与香港"沪港通""深港通"之后,又开通了"债券通"推动境内债券市场开放。尽管目前外资参与中国债券市场比例仍较低,但在 IMF 将人民币纳入特别提款权货币篮子之后,境外资金已显示出对中国主权债券的强烈兴趣。2016 年,境外持有者所持的人民币国债和政策性银行的债券比 2015 年增加了 2 330 亿元人民币,中国主权债券市场上的外资占比由 2015 年的 2.62%增长到 2016 年的3.93%。国际投资者配置人民币资产、进入资本市场投资中国债券市场的需求日益强烈,国际债券指数供应商纷纷宣布将把中国债券市场纳入其债券指数指标。因为中国已经符合加入花旗世界国债指数——扩展市场的条件,花旗宣布将中国纳入花旗世界国债指数——扩展市场,并新增了中国地方政府债、企业债指数,吸引更多的海外投资者参与到中国债券市场中来。[①]

四、中国政府积极支持外商企业来中国投资

中国吸引外资规模从 1993 年开始一直居发展中经济体首位,2008 年之后中国吸引外资开始居全球前三位,2014 年中国吸引外资数量跃居全球首位。2016 年 12 月 28 日,为进一步对外开放,放宽市场准入条件,鼓励外商企业来中国投资,国务院第 159 次常务会议审议通过了《关于扩大对外开放积极利用外资若干措施的通知》,将利用外资作为中国对外开放基本国策的重要内容,积极致力于为广大外商投资企业营造更加开放、更加优化的投资环境情况,特别是营造开放透明的法律环境、公平竞争的市场环境和便利投资的经营环境。《关于扩大对外开放积极利用外资若干措施的通知》的出台放宽了服务业、制造业、采矿业的外资准入限制,支持外资以特许经营方式按照法律法规参与基础设施建设,支持外资与科研机构开展研发合作;建设统一的市场体系,按照内外资一致原则,对内外资企业按照统一标准、统一时限进行审核,鼓励外资企业深耕发展;促进引资引技引智相结合,严格保护外资企业知识产权,支持海外高层次人才在中国创业发展。[②]

中国将推动新一轮高水平的对外开放。2017 年,重新修订的《外商投资产业指导目录》正式施行,放宽服务业、制造业、采矿业等领域外资准入限制。支持外资参与创新驱动发展战略实施、制造业转型升级和海外人才在华创业发展。服务业重点放宽了银行类金融机构、证券公司、证券投资基金管理公司、期货公司、保险机构、保险中介机构外资准入限制,放开了会计审计、建筑设计、评级服务等领域外资准入限制,并将逐步推进电信、互联网、文化、教育、交通运输等领域的有序开放。制造业重点取消了轨道交通设备制造、摩托车制造、燃料乙醇生产、油脂加工等领域外资准入限制。采矿业放宽了油页岩、油砂、页岩气等非常规油气以及矿产资源领域外资准入限制。石油、天然气领域对外合作项目由审批制改为备案制。

允许外商投资企业和内资企业同等适用"中国制造 2025"战略政策措施,鼓励外商投资高端制造、智能制造、绿色制造等,以及工业设计和创意、工程咨询、

---

① "债券通"开通进一步提升中国债市的开放程度[EB/OL]. http://www.sh.xinhuanet.com/2017-07/04/c_136416481.htm, 2017-07-04/2017-07-05.

② 国务院新闻办公室.《关于扩大对外开放积极利用外资若干措施》政策解读[EB/OL]. http://www.scio.gov.cn/34473/34515/Document/1538849/1538849.htm, 2016-12-30/2017-06-28.

现代物流、检验检测认证等生产性服务业,改造提升传统产业。支持外资依法依规以特许经营方式参与基础设施建设,包括能源、交通、水利、环保、市政公用工程等。支持外商投资企业建设研发中心、企业技术中心,申报设立博士后科研工作站。根据对等原则,允许外商投资企业参与承担国家科技计划项目。外商投资企业同等适用研发费用加计扣除、高新技术企业、研发中心等优惠政策。持有外国人永久居留证的外籍高层次人才创办科技型企业,给予中国籍公民同等待遇。对外籍高层次人才及其外籍配偶、子女申请办理多次签证或者居留证件的,依法依规提供便利。

五、自由贸易试验区外商投资准入放宽

《自由贸易试验区外商投资准入特别管理措施(负面清单)(2017年版)》自2017年6月16号发布,并于2017年7月10日起正式实施。同时废止2015年印发的《自由贸易试验区外商投资准入特别管理措施(负面清单)》。新版的负面清单与上一版相比,减少了10个条目、27项措施,其中特别管理措施既包括具体行业措施也包括适用于所有行业的水平措施。减少的10个条目囊括了轨道交通设备制造、道路运输、医药制造、会计审计、保险业务、其他商务服务6条,还有整合减少的4条。

制造业减少了10项外商投资准入限制措施。包括取消3吨级及以上民用直升机设计与制造须由中方控股;取消6吨9座以下通用飞机的设计、制造与维修限于合资、合作的2项航空制造领域限制。取消船用低、中速柴油机及曲轴的制造须由中方控股;取消海洋工程装备(含模块)制造与修理须由中方控股的2项船舶制造领域限制。取消新建纯电动乘用车企业生产的产品须使用自有品牌,拥有自主知识产权和已授权的相关发明专利的1项汽车制造领域限制;取消轨道交通运输设备制造限于合资、合作(与高速铁路、铁路客运专线、城际铁路配套的乘客服务设施和设备的研发、设计与制造,与高速铁路、铁路客运专线、城际铁路相关的轨道和桥梁设备研发、设计与制造,电气化铁路设备和器材制造,铁路客车排污设备制造等除外);取消城市轨道交通项目设备国产化比例必须达到70%及以上的2项轨道交通设备制造领域限制。取消民用卫星设计与制造、民用卫星有效载荷制造须由中方控股的1项通信设备制造领域限制。取消钼、锡(锡类化合物除外)、锑(包含氧化锑和硫化锑)等稀有金属的冶炼属于限制类的1项矿产冶炼和压延加工领域限制。取消禁止投资列入《野生药材资源保护管理条例》和《中国稀有濒危保护植物名录》的中草药材加工的1项医药制造领域限制。

金融业减少了4项外商投资准入限制措施。包括取消境外银行分行不可从事《中华人民共和国商业银行法》允许经营的"代理发行、代理兑付、承销政府债券";取消外资银行获准经营人民币业务须满足最低开业时间要求;取消境外投资者投资金融资产管理公司须符合一定数额的总资产要求的3项银行服务领域限制。取消非经中国保险监管部门批准,外资保险公司与其关联企业从事再保险的分出或者分入业务的1项保险业务领域限制。

租赁和商务服务业减少了4项外商投资准入限制措施,包括取消担任特殊普通合伙会计师事务所首席合伙人(或履行最高管理职责的其他职务)须具有中国国籍的1项会计审计领域限制。取消实行涉外调查机构资格认定制度和涉外社会调查项目审批制度;取消评级服务属于限制类的2项统计调查领域限制。取消因私出入境中介机构法定代表人须为具有境内常住户口、具有完全民事行为能力的中国公民的1项其他商务服务领域限制。

文化、体育和娱乐业减少了3项外商投资准入限制措施。包括取消禁止从事美术品和数字文献数据库及其出版物等文化产品进口业务(中国入世承诺中已开放的内容除外)的1项新闻出版、广播影视、金融信息领域限制。取消演出经纪机构属于限制类,须由中方控股(由"为本省市提供服务的除外"调整为"为设有自由贸易试验区的省份提供服务的除外");取消大型主题公园的建设、经营属于限制类的2项文化娱乐业领域限制。

交通运输业减少了2项外商投资准入限制措施。包括取消公路旅客运输公司属于限制类的1项道路运输领域限制。取消外轮理货属于限制类,限于合资、合作的1项水上运输领域限制。

采矿业减少了2项外商投资准入限制措施。包括取消贵金属(金、银、铂族)勘查、开采属于限制类;取消锂矿开采、选矿属于限制类的2项金属矿及非金属矿采选领域限制。

其他外商投资准入限制措施的减少包括教育业取消不得举办实施军事、警察、政治和党校等特殊领域教育机构的1项教育领域限制;信息技术服务业取消禁止投资互联网上网服务营业场所的1项互联网和相关服务领域限制。[1]

(李奇璘、车维汉)

主要参考文献

[1]"债券通"开通进一步提升中国债市的开放程度[EB/OL]. http://www.

---

① 国务院办公厅. 国务院办公厅关于印发自由贸易试验区外商投资准入特别管理措施(负面清单)(2017年版)的通知[EB/OL]. http://www.gov.cn/zhengce/content/2017-06/16/content_5202973.htm, 2017-01-17/2017-06-28.

sh.xinhuanet.com/2017-07/04/c_136416481.htm,2017-07-04/2017-07-05.

［2］国务院办公厅.国务院办公厅关于印发自由贸易试验区外商投资准入特别管理措施(负面清单)(2017年版)的通知［EB/OL］. http://www.gov.cn/zhengce/content/2017-06/16/content_5202973.htm，2017-01-17/2017-06-28.

［3］国务院新闻办公室.《关于扩大对外开放积极利用外资若干措施》政策解读［EB/OL］.http://www.scio.gov.cn/34473/34515/Document/1538849/1538849.htm,2016-12-30/2017-06-28.

［4］新华网数据新闻部.数读"一带一路":开放共赢民生实惠看得见［EB/OL］. https://www.yidaiyilu.gov.cn/jcsj/dsjkydyl/14187.htm,2017-05-22/2017-06-21.

中篇 国别与区域经济

中篇（上）：发达经济体经济

第四章　美国经济

第一节　2016年美国经济形势综述

2016年美国经济有所增长,但增长幅度不大,且各季度增长状况也不均衡。分析原因主要来自设备投资减少、商品出口下降等。刺激经济增长的主要因素来自个人消费支出的增加。

一、2016年美国经济增长概述

2016年,美国在2014年、2015年连续两年经济增长的势头放缓脚步,增幅出现下降。从图4-1可见,2016年美国当期GDP为18.6万亿美元,同比增长

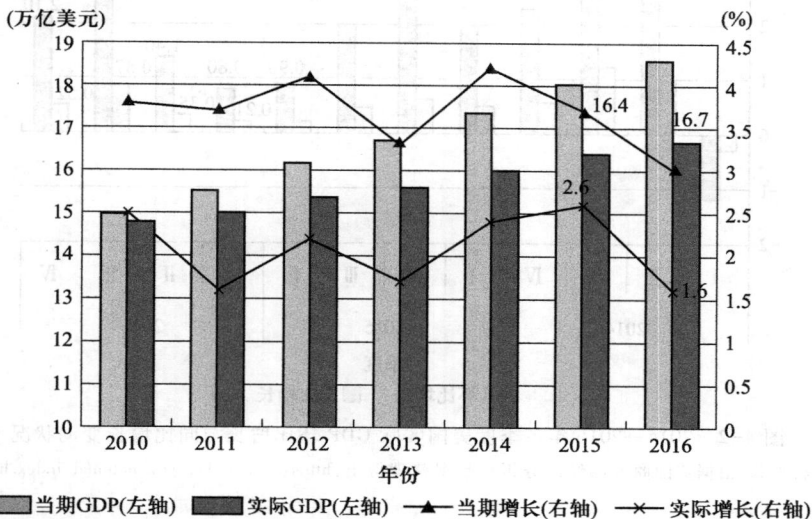

图4-1　2010—2016年美国当期GDP与实际GDP及相应增长变动状况

资料来源:根据美国商务部经济分析局数据整理得出,https://www.bea.gov/national/index.htm,2017-04-10。

注:①"当期增长"指当期GDP增长率,"实际增长"指实际GDP增长率;② 实际GDP及增长率按2009年美元价格计算。

3.0%,比前一年增幅降低 0.7 个百分点;实际 GDP 为 16.7 万亿美元,同比增长 1.6%,比前一年的增幅降低 1.0 个百分点。

从图 4-2 观察美国各季度同比增长状况,2015 年前三个季度实际 GDP 同比增长率在 2.0%~2.6% 之间,但第四季度增幅一下子跌到 0.90%;2016 年第一季度进一步降低到 0.80%,其后逐渐提高,到第三季度达到 3.50% 顶点,但第四季度增幅再次降低,跌至 2.10%,由此拉低 2016 年全年经济增长率,未达到 2.0%。2014 年至 2016 年各季度实际 GDP 同比增长的情况。可见,2014 年第一季度经济下滑,跌幅达 1.20%,但从第二季度开始经济出现增长,截至 2016 年第四季度,美国经济已经连续 11 个季度出现增长,其中有 8 个季度的 GDP 同比增长率保持在 2% 或以上,其中有 3 个季度的增长率更是高达 3.5%~5%,不过也有 3 个季度的增长率不到 2%,处于 0.8%~1.4% 之间,2016 年第一季度和第二季度便在这个低位上。

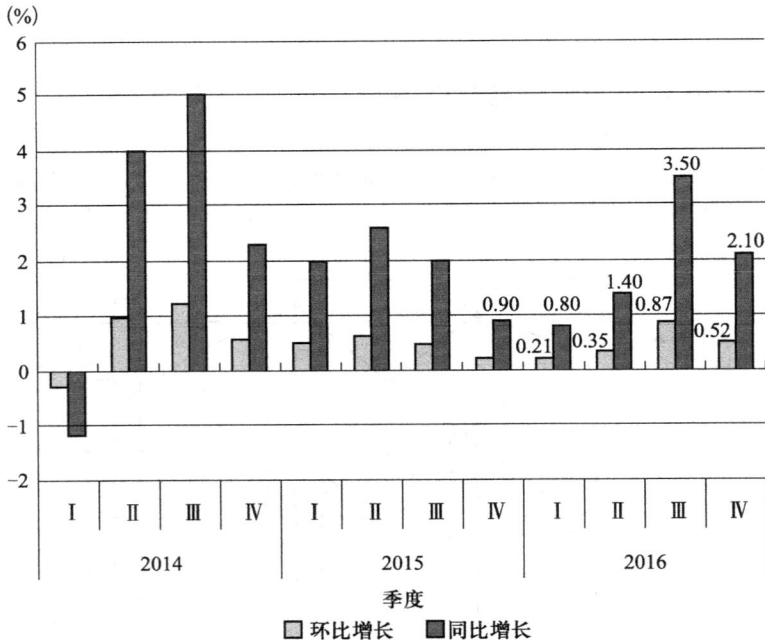

图 4-2　2014—2016 年各季度美国实际 GDP 环比增长与同比增长变动状况

资料来源:根据美国商务部经济分析局数据整理得出,https://www.bea.gov/national/index.htm,2017-04-10。

注:①"环比增长"为实际 GDP 较上季度增长率,"同比增长"指实际 GDP 较上年周期增长率;② 按 2009 年美元价格计算;③ 年度增长率经季节性调整。

虽然各季度环比增长都没有同比增长幅度高,但其走势与同比增长相似。总之,美国经济增长幅度的忽高忽低表明增长中依然存在某些不平稳因素。

二、2016 年对经济增长贡献因子分析

(一)个人消费支出贡献依然显著

2016 年美国个人消费支出的扩大为经济增长做出了主要贡献。从图 4-3 中可见,2014 年以来个人消费支出一直充当着 GDP 增长主要贡献者的角色。2016 年四个季度个人消费支出为 GDP 增长分别提供了 1.11%、2.88%、2.03%、2.40% 的贡献,尤其是第一、第二季度在私人国内投资总额连续下降的情况下,个人消费支出贡献缓解了 GDP 下降的幅度。

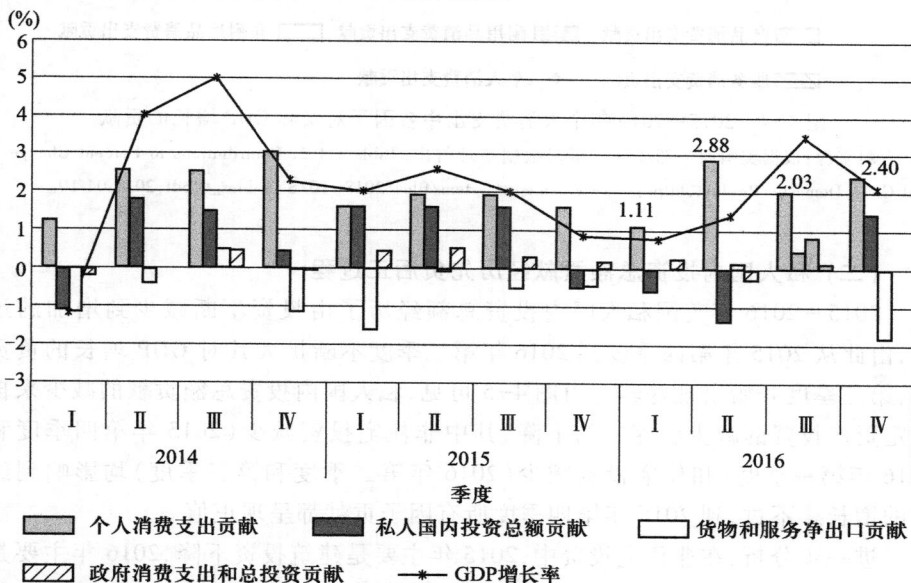

图 4-3　2014—2016 年美国实际 GDP 增长各因子贡献情况

资料来源:根据美国商务部经济分析局数据整理得出,Table 1.1.2. Contributions to Percent Change in Real Gross Domestic Product,https://www.bea.gov/system/files/2018-10/SNTables_0.pdf,2017-04-10。

注:年度变化率经季节性调整。

从个人消费支出中各因子看(见图 4-4),2016 年虽然无论是商品消费还是服务消费支出都有所扩大,但在商品消费中,第一季度的耐用品消费、第三季度的非耐用品消费支出均出现下降。2016 年个人消费支出对 GDP 增长各季度的

贡献比 2015 年要高,虽然大起大落,平稳性欠缺,但后三个季度的贡献都超过 2%,高于 2015 年各季度的贡献,显示出消费者对市场前景的乐观态度。

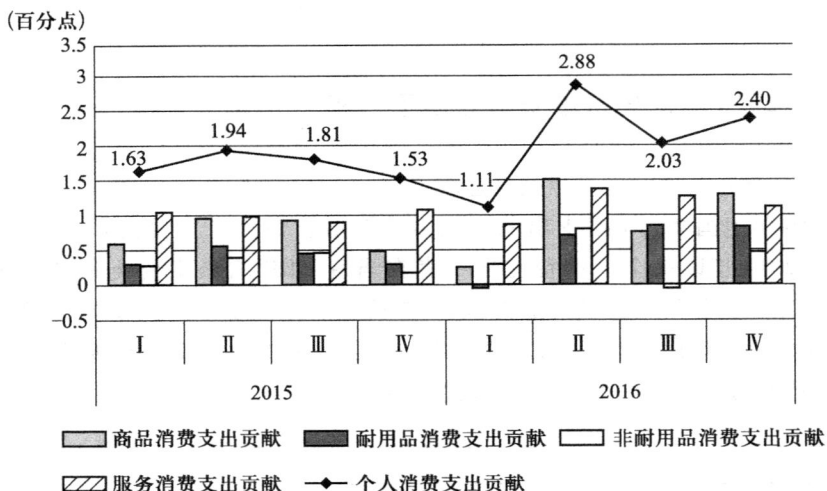

图 4-4　2015—2016 年个人消费支出中各因子对实际 GDP 增长的贡献

资料来源:根据美国商务部经济分析局数据整理得出,Table 1.1.2. Contributions to Percent Change in Real Gross Domestic Product, https://www.bea.gov/system/files/2018-10/SNTables_0.pdf, 2017-04-10。

(二) 私人国内投资总额贡献经历先负后正过程

2015—2016 年美国私人国内投资总额经历了由投资不断减少到增加的过程,由此从 2015 年第四季度到 2016 年第二季度不断扩大其对 GDP 增长的负贡献,第三季度开始出现好转。由图 4-5 可见,私人国内投资总额贡献的减少来自固定资产投资的减少和存货的下降,其中非住宅投资减少(2015 年第四季度和 2016 年第一季度)和住宅投资减少(2016 年第二季度和第三季度)均影响到经济的增长。不过,到 2016 年第四季度所有因子贡献都呈现正值。

进一步分析,在非住宅投资中,2015 年主要是建筑投资下降,2016 年主要是设备投资下降,但知识产权产品投资则持续增加。由图 4-6 可以看到,2016 年前三个季度设备投资对于 GDP 的贡献均为负值,建筑投资第二季度和第四季度为负值。

(三) 对外贸易负贡献主要来自货物出口额和进口额的下降

从对外贸易方面看,美国从 2014 年以来已经连续两年货物和服务出口总额和进口总额均出现下降。2014 年美国对外货物和服务出口总额约 2.38 万亿美元,2015 年下降到约 2.26 万亿美元,2016 年进一步下降到约 2.21 万亿美元。2014 年至 2016 年,货物和服务进口总额由约 2.87 万亿美元下降到约 2.76 万亿美元,进而

（百分点）

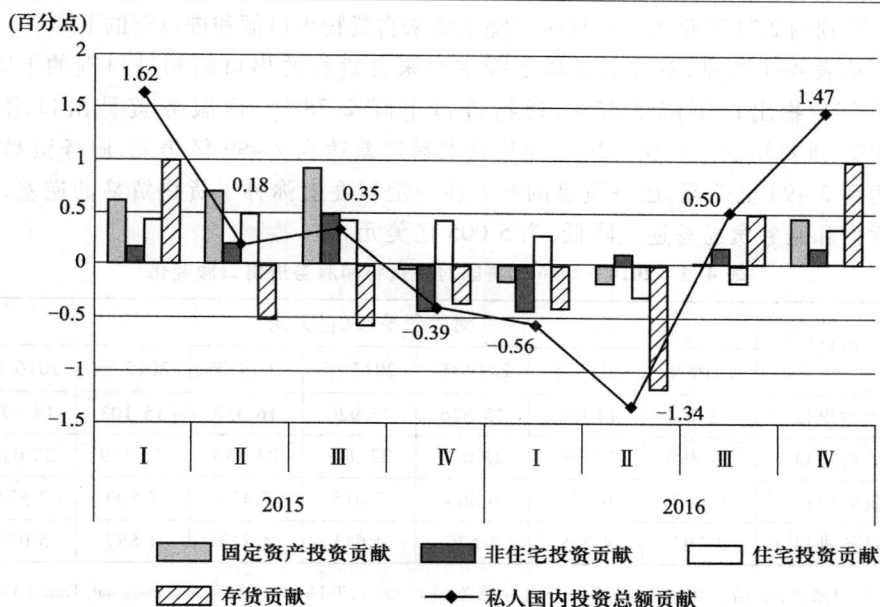

图 4-5　2015—2016 年私人国内投资总额中各因子对实际 GDP 增长的贡献

资料来源：根据美国商务部经济分析局数据整理得出，Table 1.1.2. Contributions to Percent Change in Real Gross Domestic Product，https://www.bea.gov/system/files/2018-10/SNTables_0.pdf，2017-04-10。

（百分点）

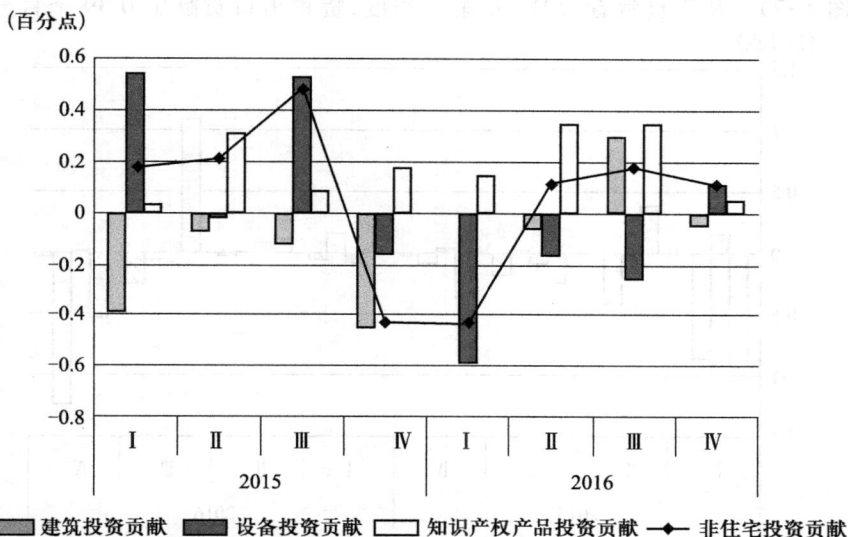

图 4-6　2015—2016 年非住宅投资中各因子对实际 GDP 增长的贡献

资料来源：根据美国商务部经济分析局数据整理得出，Table 1.1.2. Contributions to Percent Change in Real Gross Domestic Product，https://www.bea.gov/system/files/2018-10/SNTables_0.pdf，2017-04-10。

又下降到约 2.71 万亿美元。这种下降主要来自货物出口额和进口额的下降。

从表 4-1 可见,对外贸易额下降主要来自货物的出口额和进口额的下降,2016 年货物出口下降 3.35%,货物进口下降 2.78%。而服务贸易出口增长 0.20%,进口增加 2.93%。2016 年货物贸易逆差达到 7 499 亿美元,服务贸易顺差达到 2 494 亿美元,服务贸易的顺差在一定程度上弥补了货物贸易的逆差,使得货物和服务贸易总逆差降低,为 5 005 亿美元。

表 4-1　2010—2016 年美国对外货物和服务进出口额变化

项目	对外贸易额(亿美元)						
	2010 年	2011 年	2012 年	2013 年	2014 年	2015 年	2016 年
货物出口	12 903	14 992	15 626	15 920	16 333	15 103	14 597
货物进口	19 390	22 399	23 037	22 942	23 855	22 729	22 096
服务出口	5 633	6 278	6 564	7 015	7 433	7 509	7 524
服务进口	4 093	4 358	4 520	4 611	4 813	4 887	5 030

资料来源:根据美国商务部经济分析局数据整理得出,Table 1.1. U.S. International Transactions, https://apps.bea.gov/iTable/iTable.cfm?ReqID=62&step=1,2017-04-13。

上述状况反映在对外贸易对 GDP 增长的贡献上,具体到各季度有所区别 (见图 4-7)。从正贡献看,2015 年第二季度,货物出口贡献了 0.39 个百分点,

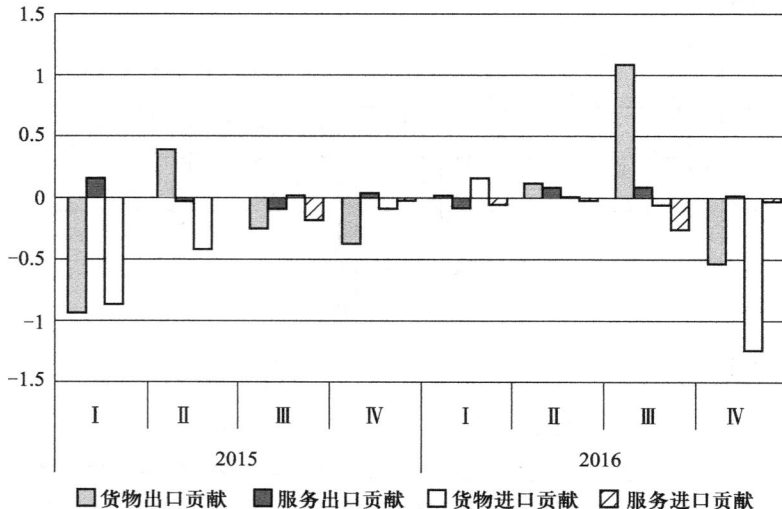

图 4-7　2015—2016 年美国对外贸易中各因子对实际 GDP 增长的贡献

资料来源:根据美国商务部经济分析局数据整理得出,Table 1.1.2. Contributions to Percent Change in Real Gross Domestic Product,https://www.bea.gov/system/files/2018-10/SNTables_0.pdf,2017-04-10。

2016 年前三个季度分别提供了 0.01、0.13 和 1.08 个百分点的贡献。从负贡献看,服务出口也在其中 3 个季度有负贡献,在 2015 年第二季度、第三季度、2016 年第一季度分别贡献了−0.02、−0.10、−0.09 个百分点。

（四）政府消费支出与总投资贡献微弱且增长趋势不明显

2015 年政府消费支出和总投资逐季提高,2015 年的四个季度或多或少均对 GDP 增长做出了贡献(见图 4−8)。但进入 2016 年,第二季度出现负贡献,第三季度有所上升,第四季度贡献度再次下降,政府消费支出与总投资的贡献只有 0.03 个百分点。2016 年这种贡献度的减少,既来自联邦政府(2016 年有三个季度为负贡献)、也来自州和地方政府(2016 年有两个季度为负贡献)消费支出与总投资的减少。

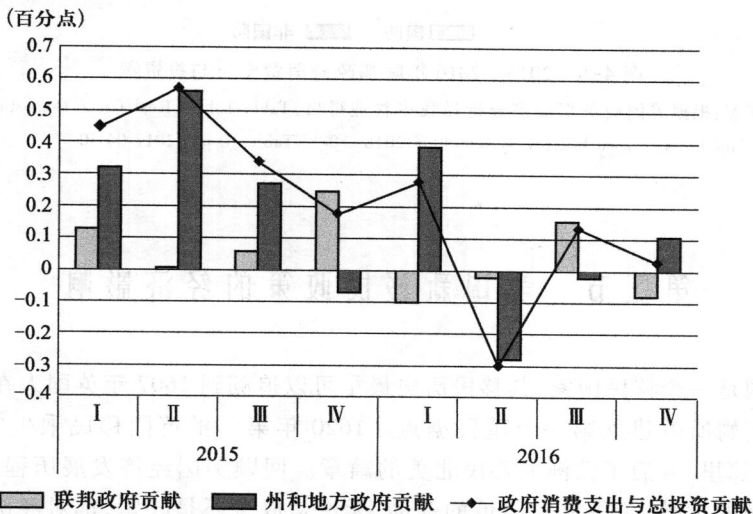

图 4−8   2015—2016 年美国政府消费支出与总投资中各因子对实际 GDP 增长的贡献

资料来源:根据美国商务部经济分析局数据整理得出,Table 1.1.2. Contributions to Percent Change in Real Gross Domestic Product,https://www.bea.gov/system/files/2018−10/SNTables_0.pdf,2017-04-10。

进一步考察 2015—2016 年联邦政府消费支出与总投资的状况,从图 4−9 可见,该项目中的国防支出与投资从 2015 年以来微有下降,非国防支出与投资则有所提高,2016 年各季度联邦政府消费开支与投资总额给实际 GDP 增长带来的贡献有三个季度为负值。

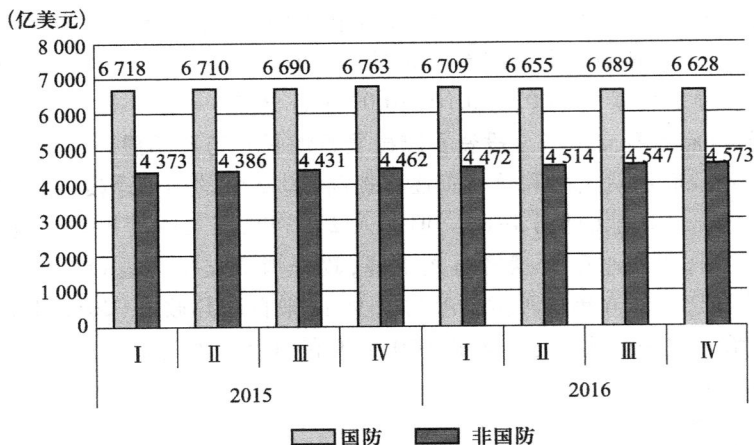

图 4-9　2015—2016 年联邦政府消费支出与投资额

资料来源:根据美国商务部经济分析局数据整理得出,Table 1.1.6. Real Gross Domestic Product,Chained Dollars,https://www.bea.gov/system/files/2018-10/SNTables_0.pdf,2017-04-10。

第二节　美国新移民政策的经济影响

美国是一个移民国家,其移民历史最早可以追溯到 1607 年英国人在弗吉尼亚州的詹姆斯敦建立第一个殖民据点。1620 年第一批英国移民乘坐"五月花号"来到那里,开启了欧洲人移民北美的篇章。回顾美国经济发展历程,离不开移民所做的贡献,美国移民政策的变动,无论是放宽还是收紧,都对经济的增长和发展产生一定的影响。

一、美国移民政策的演变

从 1776 年美利坚合众国建立到 1920 年,美国有过三次移民高潮。移民不仅带来了劳动力,也带来了技术,带来了创新,推动美国经济的发展。综观美国建国以来的移民政策的演变,主要经历了四个时期:① 1776—1881 年,来者不拒时期;② 1882—1920 年,种族歧视时期;③ 1921—1951 年,实施配额限制时期;④ 1952—2016 年,鼓励技术移民时期。

20 世纪 60 年代后美国《移民与国籍法》不断被修订,越来越鼓励技术移民进入。这时期有关难民法也相继出台,政府也加强了对非法移民的管制。20 世纪 90 年代随着信息技术的发展,美国对信息技术人才的需求增加,来自印度、中国的移民逐渐增多。根据杜克大学创业研究中心主任维韦克·瓦德瓦(Vivek Wadhwa)的研究,美国硅谷初创公司中有 52.0% 是由移民建立的。① 2012 年 11 月 29 日,美国人口普查局公布的数据显示,在科学、技术、工程和数学(STEM)相关领域从业人员中,亚裔已经达到 50.1%。② 美国也鼓励更多的外国学生赴美留学。2006 年开始,美国签证政策对中国学生逐渐放宽,签证办理不断简化,其后 10 年里中国赴美留学人员出现井喷。根据美国国务院发布的数据,2003 年中国赴美留学人员数为 16 169 名,到 2013 年达到 217 590 名,约为 2003 年的 13.5 倍;同期 B1/B2 签证由 132 291 个到 1 146 322 个,比 2003 年增加 7.7 倍。③

二、奥巴马政府的移民政策

2007 年,为解决非法移民问题,共和党和民主党议员曾共同提出过一个《移民改革法案》,其主要内容有:① 加强边境管制,减少非法入境。② 加强政府监督,对雇用非法移民的雇主诉诸法律制裁。③ 非法移民要获得绿卡和入籍,可以通过交税、交罚款、学习英语、融入社会等渠道,当然他们的申请必须排在合法移民之后。④ 缩短合法移民的移民排期。但是不少国会议员担心,《移民改革法案》中的一些条款会鼓励非法移民。该法案最后因为种种原因,当年没有获得国会通过。2008 年小布什总统还采取了一系列抵制非法移民的措施,如授权州政府执行移民法;批准职场突击检查,逮捕数千名非法移民;修改法规禁止企业雇佣非法移民;美墨边境巡逻人数增加一倍;加紧修筑边境隔离墙等。

奥巴马竞选前就是《移民改革法案》民主党阵营的积极支持者,2009 年执政后,他主张一项被称为"梦想计划"的移民法案,旨在为非法入境的未成年人提供基础教育,并帮助其最终获得美国公民资格。

2013 年 4 月,在他的推动下,国会参议院出炉《移民改革法案》草案,6 月 27 日正式公布,核心内容是非法移民的身份合法化问题。根据该方案,美国开始在加强边境安全方面加大投入,同时为满足美国工商业对于低技术与高

---

① 美市值前 25 科技公司中 60% 的创始人是移民[EB/OL].http://www.techweb.com.cn/news/2014-06-06/2044203.shtml, 2014-06-06/2017-06-21.

② 刘丹.美国硅谷亚裔高科技从业人员首次超过白人[EB/OL].http://www.chinanews.com/it/2012/11-30/4373598.shtml,2012-11-30/2017-06-21.

③ 美国旅游签证通过率,你知道吗? [EB/OL].http://mt.sohu.com/20160502/n447271360.shtml,2016-05-02/2017-06-21.

技术工人的需要而改革签证系统以提高效率等。移民法案起草人之一的民主党参议员查尔斯·舒默表示,美国需要改变策略,让大批能够促进美国经济复苏的人员进入美国,同时出于人道也应该让那些分裂的家庭能够重新团圆。

由于在国会难以推动《移民改革法案》的通过,2014 年 11 月 20 日,奥巴马总统以行政命令的方式公布政府酝酿已久的 10 项改革移民政策的计划。该移民改革计划涉及父母、儿童、执法、工资等 8 个方面,影响到在美国非法移民的去留问题,提出以下措施:继续增强边境安全;为移民局官员提薪;暂缓将非法移民驱逐出境,为在美非法移民提供公民身份的机会;将美国移民系统网络化等。共和党对此行政令表示反对,部分保守的共和党议员表示将利用国会权利对其进行阻止。

从 2014 年 11 月到 2016 年 12 月,在奥巴马的一系列移民政策中,对美国经济发展最具有积极意义的还是"高科技人才"移民优惠政策、"留人计划"以及企业家"创业签证"。

(一)"高科技人才"移民优惠政策

具体内容包括以下两方面。① 简化签证申请程序。确保更多高科技、高技能的大学毕业生、企业家能够留在美国,给美国经济做出更多的贡献。对有高级学位和在美国大学获得科学、技术、工程和数学领域硕士学位的移民申请增加移民名额,对一些技术人才的移民申请也增加移民名额。② 设立新创优秀(MERIT)移民类别,采取计点制,即根据移民教育、就业、在美国居住年限等因素进行打分,得分最多者优先获得签证;每年发出 12 万份签证,按年 5% 增加,最多不超过 25 万人。①

(二)"留人计划"

奥巴马对美国国内企业竞争实力的下降趋势十分担忧。2013 年 1 月 29 日,他曾发表演说指出:"我们教会了外国学生这些(进行科研创新的)技能,却让他们回到中国、印度或者墨西哥创业,反过来同我们进行竞争。这就是为什么我们需要进行移民改革的原因。"②

为了留住人才,2014 年美国延长了选择性实习训练(OPT)期限。OPT 是外国留学生毕业后选择留美的一个途径。学生可以在毕业后申请在相关领域进行短期实习,实习时间合计不超过一年。毕业生通过 OPT 合法留在美国,寻找工

---

① 美国出台高科技人才移民优惠政策[N/OL].人民日报海外版.2013-05-01(06).http://paper. people.com.cn/rmrbhwb/html/2013-05/01/content_1233313.htm,2018-12-29.

② 美国出台高科技人才移民优惠政策[N/OL].人民日报海外版.2013-05-01(06).http://paper. people.com.cn/rmrbhwb/html/2013-05/01/content_1233313.htm,2018-12-29.

作,找到工作后可从学生签证(F-1)转为工作签证(H-1B),找不到工作,则 OPT
期限一到必须离开美国。美国政府每年签发 8.5 万份工作签证,其中 2.0 万份是
给在美获得硕士及以上学位并在美国找到工作的外国人。OPT 期限的延长为外
国留学生增加了转换身份的充足时间。当然,并不是所有专业的 OPT 期限都可
以延长,延长的只是美国所需要的专业。

2016 年美国国土安全部(DHS)发布《科学、技术、工程和数学专业 OPT 延期
的最终政策》文件,再次延长相关专业的 OPT 期限,即从可以延长 17 个月调整为
可延长 24 个月,即共为 36 个月;规定符合要求的学生可以申请最多两个 OPT 延
期;同时调整失业期限,规定如果取得 24 个月 OPT 延期,共有 150 天失业期限;要
求雇主设立专门培训计划,国土安全部官员会随机访问检查,进行监督。OPT 的延
期,最大受益者是赴美攻读科学、技术、工程和数学专业的印度和中国留学生。

(三)企业家"创业签证"

为把世界上最优秀的企业家吸引到美国,移民局制订了一项面向外籍创业
者的"国际企业家规则"(International Entrepreneur Rule)的新规定。对想移民美
国并在美国创业的外国企业家设立一种"创业签证",准许外籍创业者更轻松进
入美国,更长时间停留的权利交由移民局行使,不需要得到参众两院批准。①

三、奥巴马政府移民政策对美国经济发展的影响

毫无疑问,新移民政策将对美国经济发展产生一定的影响。

(一)确保科技领先地位

大量高学历的工程师、科学家、专业人士、企业家移民美国,可以促使美国科
技进行创新,为企业注入活力。从图 4-10 可见,自 21 世纪初以来,美国专利申
请和科学技术期刊虽然总趋势在不断上升,但 2009 年开始非居民专利申请数量
超过居民专利申请数量(除 2013 年外),2013—2015 年居民专利申请维持在 28
万余项,一度 2014 年还出现下降;2013 年科学技术期刊文章也出现下降。美国
国内明显呈现创新不足趋势。为此,需要通过引进科学家等高技术人才来增加
创新动力。

(二)延缓老年化社会到来产生的冲击

从图 4-11 可见,尽管美国人口逐年增多,从 21 世纪初的 2.82 亿人口增加
到 2015 年的 3.21 亿,但呈现老年化趋势:2003 年 65 岁及以上的人口在总人口

---

① 奥巴马即将卸任 执政 8 年留学移民政策盘点![EB/OL]. http://www.liuxue315.cn/usa/tiaojian/
24224.shtml,2017-01-13/2017-06-12.

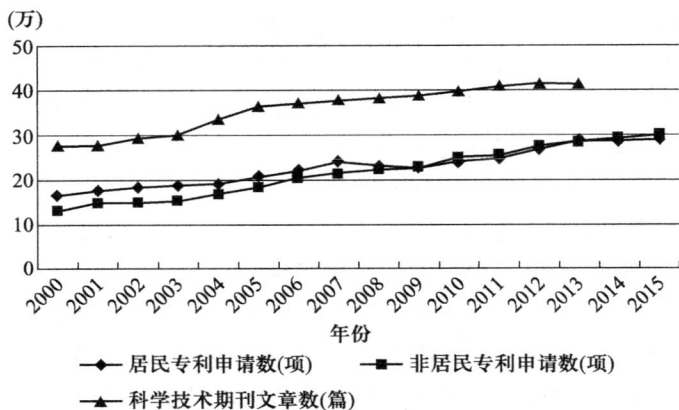

图 4-10　2000—2015 年美国专利申请、科学技术期刊文章情况

资料来源：根据世界银行世界发展指标数据整理得出，http：//databank.worldbank.org/data/reports. aspx？source＝2&type＝metadata&series＝SP.POP.TOTL#，2017-06-12。

中的比例在降到最低点 12.28% 后开始逐年增加，2015 年达到 14.79%，大大高于中国。美国 15~64 岁人口占比在 2008 年达到最高点 67.31% 后逐年下降，2015年为 66.26%，低于中国。①

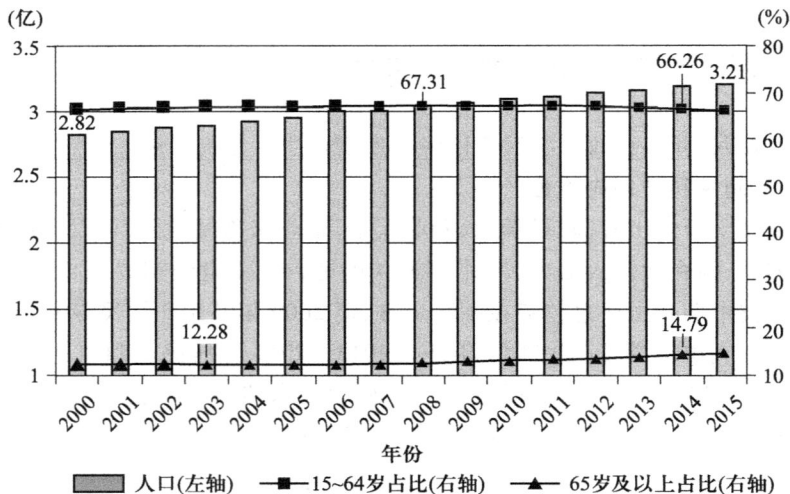

图 4-11　2000—2015 年美国人口变化状况

资料来源：根据世界银行世界发展指数数据整理得出，http：//databank.worldbank.org/data/reports. aspx？source＝2&type＝metadata&series＝SP.POP.TOTL#，2017-06-12。

————————

①　按中国国家统计局 2015 年人口抽样调查数据，中国 15~64 岁人口在全国人口中占比 73.0%；65岁及以上人口占 10.5%；总抚养比 37.0%，其中少年儿童抚养比 22.6%，老年人口抚养比 14.3%。数据来自国家统计局。

　　图 4-12 显示的是 21 世纪初以来美国抚养比变化状况,从中可见 2000 年美国按工作人口计算的总抚养比为 50.55%,2008 年下降到最低点 48.57%后开始上升,到 2015 年达到 50.91%;其中老人抚养比从 2000 年的 18.55%下降到 2005 年的 18.32%后开始逐年上升,到 2015 年达到 22.31%。显然,美国早已进入老龄化社会。为此,美国移民政策向年轻的、高学历的、美国所需专业的外国留学生倾斜,不仅有利于繁荣美国经济,也有利于延缓老年化社会到来产生的冲击,缓解抚养负担的加重。

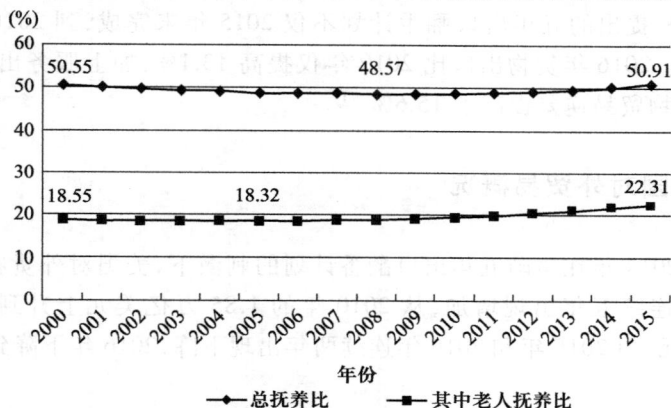

图 4-12　2000—2015 年美国按工作人口计算的总抚养比和老人抚养比

资料来源:根据世界银行世界发展指数数据整理得出,http://databank.worldbank.org/data/reports.aspx?source=2&type=metadata&series=SP.POP.TOTL#,2017-06-12。

(三) 教育经费不足问题

　　美国普通学校通过扩大国际留学生规模来解决经费不足问题,留学签证的便利使得赴美外国留学生增多,并出现低龄化趋势,即不只有去攻读研究生或读本科的,也有去读小学或中学的。根据《2016 美国门户开放报告》,2015/2016 学年的留美学生人数突破 100 万,其中 32%来自中国,中国已经连续 7 年成为美国学校留学生最大的生源国。从图 4-13 可见,选择赴美读初高中的中国学生占到 7.5%。

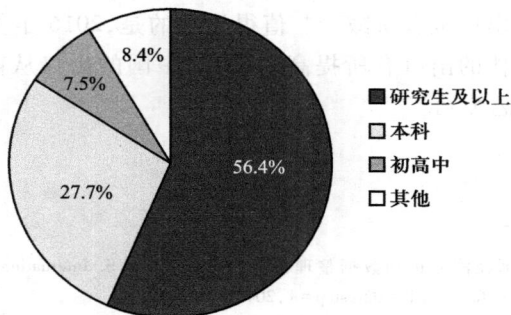

图 4-13　2016 年赴美留学中国学生的选择

资料来源:中国赴美低龄留学生增多 名校申请变难录取率下降[EB/OL].http://news.xinhuanet.com/overseas/2016-12/21/c_129413661.htm,2016-12-21/2017-06-13.

第三节　美国对外贸易逆差与经济增长的共存及其机理

2016 年美国对外贸易形势依然不好,主要反映在无论是货物出口还是进口都出现下降,货物和服务贸易出口总额和进口总额也出现下降状况。2010 年时任总统奥巴马提出的五年出口翻番计划不仅 2015 年未完成,到 2016 年也存在很大的缺口。2016 年货物出口比 2010 年仅提高 13.1%,加上服务出口,只提高 19.3%;而货物贸易逆差提高了 15.6%。[①]

一、美国对外贸易概况

2010—2014 年在美国五年出口翻番计划的刺激下,美国对外货物和服务贸易出口总额连续五年出现增加,从 2010 年的 1.85 万亿美元上升到 2014 年的 2.38 万亿美元,但 2015 年和 2016 年连续两年出现下降,2016 年下降到 2.21 万亿美元。[②]

(一) 2016 年美国货物和服务出口均下降

从图 4-14 中可见,亚太、欧洲、北美是美国主要出口地,在美国对外出口中分别占比 28.8%、27.1%、26.4%。2016 年美国对亚太地区出口增加了 42 亿美元,对欧洲出口增加了 25 亿美元,但这两项增额完全不足以弥补该年美国对其他地区出口的减少额:美国对北美出口减少 214 亿美元,对中美、南美洲出口减少 243 亿美元。由此,该年美国货物和服务出口总额同比下降 2.2%。

从主要贸易伙伴看,美国对前两大出口地的出口均出现下降。从表 4-2 可见,2015—2016 年美国货物和服务出口总额连续下降主要来自对加拿大和墨西哥出口的下降,这一下降直接影响到美国的出口总额。此外,2016 年美国对第四大出口地英国的出口也有所减少。值得注意的是,2016 年美国对中国、日本、德国等主要贸易伙伴的出口有所提高,其中对中国的出口从前一年的 1 651 亿美元增加到 1 698 亿美元。

---

① 根据美国商务部经济分析局数据整理得出,Table 1.1. U.S. International Transactions, https://apps.bea.gov/iTable/iTable.cfm?ReqID=62&step=1,2017-04-13。

② 根据美国商务部经济分析局数据整理得出,Table 1.1. U.S. International Transactions, https://apps.bea.gov/iTable/iTable.cfm?ReqID=62&step=1,2017-04-13。

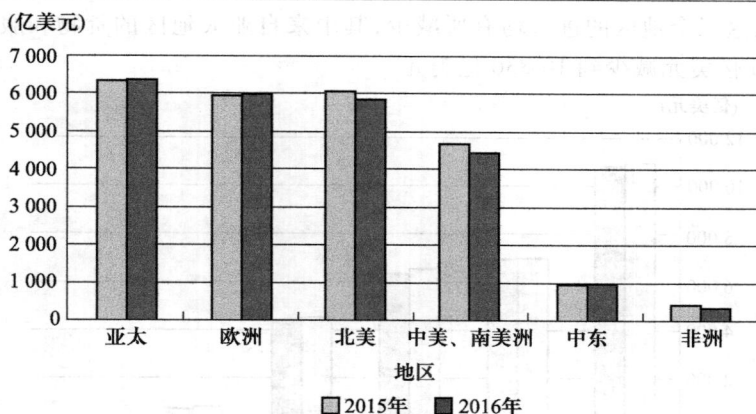

图 4-14   2015—2016 年美国对各地区的货物和服务出口额

资料来源:根据美国商务部经济分析局数据整理得出,Table 1.3. U.S. International Transactions, Expanded Detail by Area and Country, https://apps. bea. gov/iTable/iTable. cfm?ReqID = 62&step = 1, 2017-04-13。

注:① "北美"为美国对加拿大和墨西哥出口的合计;② 由于地区中存在重叠数据("中美、南美洲"与"北美"中均包括墨西哥)以及不包括其他西半球国家,因此图中各地区数据相加不等于美国出口总额。

表 4-2   2010—2016 年美国对主要贸易伙伴的出口额

经济体	出口额(亿美元)						
	2010 年	2011 年	2012 年	2013 年	2014 年	2015 年	2016 年
全部	18 536	21 270	22 190	22 935	23 766	22 612	22 121
加拿大	3 034	3 410	3 561	3 650	3 759	3 378	3 216
墨西哥	1 883	2 251	2 446	2 565	2 710	2 673	2 621
中国	1 156	1 339	1 449	1 604	1 692	1 651	1 698
英国	1 028	1 147	1 155	1 082	1 187	1 235	1 212
日本	1 047	1 111	1 182	1 122	1 149	1 083	1 086
德国	734	768	761	747	778	798	804

资料来源:根据美国商务部经济分析局数据整理得出,Table 1.1,Table 1.3. U.S. International Transactions, Expanded Detail by Area and Country, https://apps. bea. gov/iTable/iTable. cfm?ReqID = 62&step = 1, 2017-04-13。

注:"全部"指美国对外商品和服务出口总额。

(二)2016 年美国货物和服务进口均下降

如图 4-15 所示,从货物和服务进口总额看,亚太地区是美国最大的进口来源地,在美国全部进口中占比 39.9%,其后是欧洲和北美。从图 4-15 可见,2016

年美国从这三个地区的进口均有所减少,其中来自亚太地区的货物和服务进口从 10 946 亿美元减少到 10 830 亿美元。

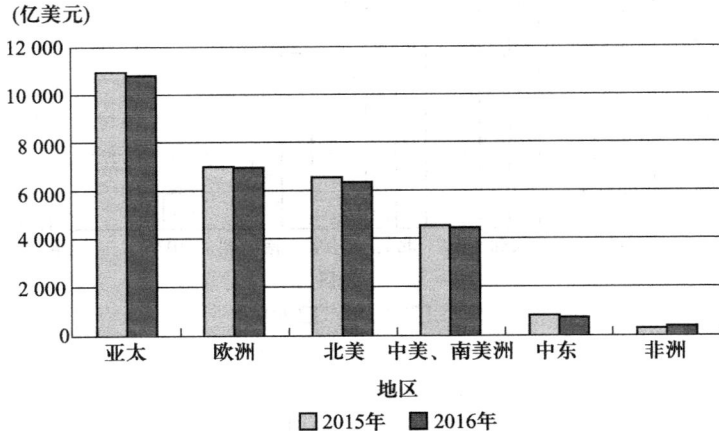

图 4-15　2015—2016 年美国来自各地区的货物和服务进口额

资料来源:根据美国商务部经济分析局数据整理得出,Table 1.3. U.S. International Transactions, Expanded Detail by Area and Country, https://apps.bea.gov/iTable/iTable.cfm? ReqID = 62&step = 1, 2017-04-13。

注:① "北美"为美国对加拿大和墨西哥进口的合计;② 由于地区中存在重叠数据("中美、南美洲"与"北美"均包括墨西哥数据)以及不包括其他西半球国家,因此图中各地区数据相加不等于美国进口总额。

从主要贸易伙伴看,中国是美国最大的货物和服务进口来源地,2016 年美国从中国的进口从 2015 年的 4 992 亿美元下降到 4 796 亿美元。从图 4-18 可见,2016 年美国从墨西哥、加拿大、德国、英国等主要贸易伙伴的进口也出现下降。其中来自加拿大、德国的进口已经连续两年减少,分别从 2014 年的 3 861 亿美元和 1 576 亿美元,下降到 2015 年的 3 316 亿美元和 1 571 亿美元,进而又下降到 2016 年的 3 135 亿美元和 1 481 亿美元。由于美国来自中国、墨西哥、加拿大和德国四个国家的合计进口额在美国进口总额中占比较大,因此 2016 年来自这些国家的进口额的显著下降直接影响到美国该年的进口总额。2016 年美国货物和服务进口总额同比下降 1.8%。虽然进口总额的下降可以在一定程度上减少美国的对外贸易逆差,但由于该年出口总额也在减少且超过前者,因此 2016 年美国的货物和服务贸易逆差不仅没有降低,反而微有提高,从前一年的 5 004 亿美元提高到 5 006 亿美元,增加逆差 2 亿美元(见表 4-3)。

表 4-3   2010—2016 年美国来自主要贸易伙伴的进口额

经济体	进口额(亿美元)						
	2010 年	2011 年	2012 年	2013 年	2014 年	2015 年	2016 年
全部	23 483	26 756	27 558	27 553	28 668	27 615	27 126
中国	3 767	4 124	4 398	4 555	4 836	4 992	4 796
墨西哥	2 468	2 820	2 986	3 040	3 230	3 253	3 239
加拿大	3 092	3 517	3 610	3 691	3 861	3 316	3 135
日本	1 475	1 565	1 764	1 715	1 685	1 637	1 650
德国	1 119	1 300	1 416	1 478	1 576	1 571	1 481
英国	939	999	1 032	1 028	1 080	1 115	1 066

资料来源：根据美国商务部经济分析局数据整理得出，Table 1.1，Table 1.3. U.S. International Transactions, Expanded Detail by Area and Country, https://apps. bea. gov/iTable/iTable. cfm?ReqID = 62&step = 1, 2017-04-13。

注：“全部”指美国对外货物和服务进口总额。

二、美国的贸易逆差来自货物贸易逆差

考察 2010 年以来的美国货物和服务贸易逆差，可以看到这一逆差来自货物贸易的逆差，而服务贸易一直处于顺差状况且为填补货物贸易逆差做出贡献。

2014 年美国货物出口额和进口额达到顶点，其后开始下滑。而与此同时，服务出口额和进口额继续上升，但不足以进一步缩小总体贸易逆差。这以后总贸易逆差随着货物贸易逆差的扩大持续扩大，到 2016 年总体贸易逆差已达约 5 006亿美元，见图 4-16。

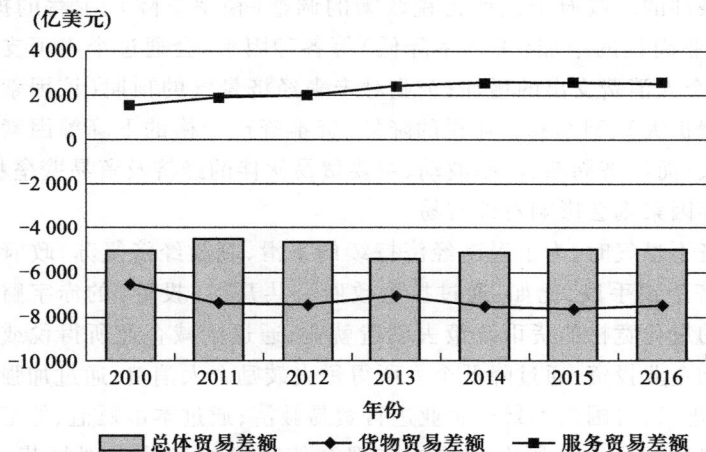

图 4-16   2010—2016 年美国货物与服务贸易平衡状况

资料来源：根据美国商务部经济分析局数据整理得出，Table 1.1. U.S. International Transactions, https://apps.bea.gov/iTable/iTable.cfm? ReqID = 62&step = 1, 2017-04-13。

从表4-4可见,美国对排名前几位的贸易伙伴的货物贸易处于逆差状态,其中对中国的贸易逆差2015年为3 674亿美元,2016年下降至3 472亿美元。

表4-4 2010—2016年美国货物贸易逆差的主要来源地

经济体	贸易差额(亿美元)						
	2010 年	2011 年	2012 年	2013 年	2014 年	2015 年	2016 年
中国	−2 731	−2 952	−3 149	−3 188	−3 450	−3 674	−3 472
日本	−615	−646	−776	−748	−693	−703	−704
墨西哥	−691	−687	−668	−601	−623	−675	−693
德国	−350	−502	−611	−676	−755	−754	−654
加拿大	−315	−385	−357	−362	−420	−213	−165
英国	−23	45	−3	−54	−12	−20	9

资料来源:根据美国商务部经济分析局数据整理得出,Table 1.3. U.S. International Transactions, Expanded Detail by Area and Country, https://apps.bea.gov/iTable/iTable.cfm? ReqID = 62&step = 1,2017-04-13。

三、美国贸易逆差与经济增长共存机理

消费、投资、对外贸易是经济增长的三驾马车,不过美国经济增长很大程度来自消费的拉动。个人消费支出的扩大也带动了对外贸易中进口的增加。

(一) 消费、投资、对外贸易与经济增长的关系

个人消费支出扩大,一定程度上也可能刺激企业投资的增加,当然这是有一定的前提条件的。政府个人所得税政策的调整(税率下降)、工薪的提高、物价的下降、就业岗位的增加(失业率降低)等各种因素,会通过个人可支配收入的提高,促使个人消费支出的增加;企业对未来经济景气的预期(该因素也会影响到个人消费扩大)、利率和企业税的降低、资本资产价格的下降等因素则会拉动投资的扩大;而经济周期、汇率波动、主要贸易伙伴的经济及贸易壁垒状况、国际市场价格等因素则会影响对外贸易。

当经济不景气时,为了遏制经济持续的下滑,刺激经济复苏,政府可能会采取宏观经济干预手段,比如:通过扩大政府公共开支(投资)的赤字财政政策或降低利率的量化宽松的货币政策去创造就业;通过削减企业所得税或增加企业利润去鼓励企业投资;通过降低个人所得税去鼓励个人消费;通过加强贸易壁垒措施,减少进口,对国内不景气企业进行贸易救济;通过本币贬值、外汇汇率下降增加企业出口竞争力。所有这些措施都会使衰退的经济出现复苏,进而恢复增长。

当然,值得一提的有以下两点。第一,刺激消费、投资、对外贸易的手段对经济增长的影响会存在一定的滞后性,而为克服危机所采用的临时措施产生的效果一般只具有时段性或暂时性。如果危机后不能从根本上解决造成经济衰退的种种问题,那么一旦临时措施结束,新的衰退可能会再次到来。第二,在美国,消费、投资、对外贸易对经济增长的影响程度有所不同,在经济增长时期,个人消费支出往往对经济增长起到主要贡献,但在经济不景气时期,投资和对外贸易对拉动经济增长的重要性会提高。

(二)经济增长与贸易逆差的反向变动及原因分析

美国是一个高消费的国家,长期以来高消费带来的巨额进口,使得美国贸易逆差越来越大。美国国内不少人认为,美国的巨额逆差主要来自国外不公平竞争(包括汇率上的、知识产权上的、贸易壁垒上的不公平竞争),使得美国出口品严重受阻。不过,令人瞩目的是,似乎每当美国经济衰退时,贸易逆差就会缩小;而每当经济增长时,贸易逆差就会扩大。

从图 4-17 中可以看出 2000—2016 年美国货物贸易逆差与 GDP 增长率、实际 GDP 增长率之间大体上的反向走势(注意贸易平衡的滞后性和其他因素的影响)。分析其原因主要在于,在经济增长时期,美国国内个人消费需求旺盛,企

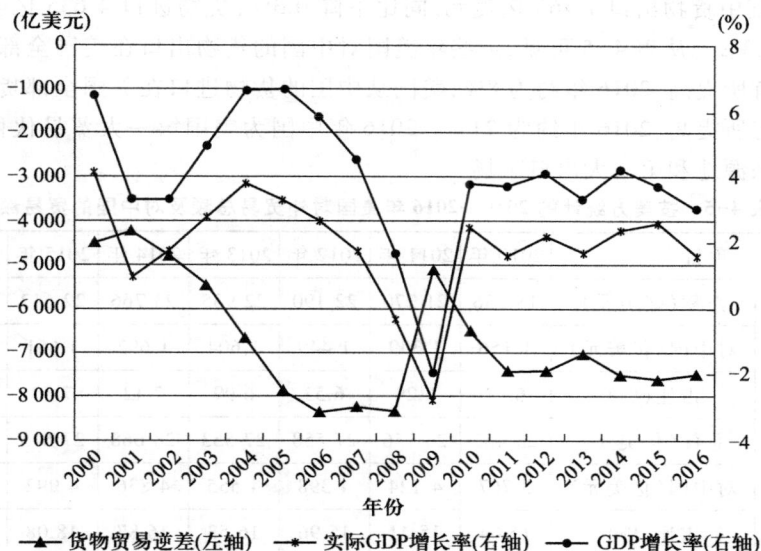

图 4-17　2000—2016 年美国货物贸易逆差与经济增长的变动比较

资料来源:根据美国商务部经济分析局数据整理得出,https://apps.bea.gov/iTable/index_nipa.cfm,2018-12-30。

注:实际 GDP 增长率按 2009 年美元价格计算。

业对原材料或中间品需求的进口增加,进口大幅度地增长,并超过出口增长幅度,由此扩大了原有的巨额贸易逆差;反之,在经济不景气时期,无论是个人消费还是企业需求都会下降,从而进口下降,而这时政府贸易壁垒的加强,又会进一步使进口下降的幅度超过出口,从而贸易逆差相对缩小。

第四节 2016 年中国与美国经贸关系及其问题

一、2016 年中美经贸概况

下面列举美方和中方各自的统计考察中美双边贸易和双边投资。

(一)双边贸易状况

根据美方统计,2016 年美国对中国货物和服务贸易总额为 6 494 亿美元,同比下降 2.2%。其中美国对中国的货物和服务贸易出口总额为 1 698 亿美元,同比提高 2.8%;美国对中国的货物和服务贸易进口总额 4 796 亿美元,同比下降 3.9%。其中货物出口 1 163 亿美元,同比下降 0.3%;货物进口 4 635 亿美元,同比下降 4.3%。从表 4-5 可见,近些年美国对中国的货物出口在美国全部对外出口占比有所提高,2016 年约为 8%;美国从中国的货物进口在美国全部货物进口占比也有所提高,2016 年约为 21%。2016 年中国为美国第一大贸易伙伴、第一大进口来源地和第三大出口市场。

表 4-5 按美方统计的 2010—2016 年美国对外贸易总额及对中国的贸易额

项目			2010 年	2011 年	2012 年	2013 年	2014 年	2015 年	2016 年
货物和服务贸易	出口	总额(亿美元)	18 536	21 270	22 190	22 935	23 766	22 612	22 121
		对中国(亿美元)	1 156	1 339	1 449	1 604	1 692	1 651	1 698
		占比(%)	6.23	6.29	6.53	6.99	7.12	7.30	7.68
	进口	总额(亿美元)	23 483	26 756	27 558	27 553	28 668	27 615	27 126
		对中国(亿美元)	3 767	4 124	4 398	4 555	4 836	4 992	4 796
		占比(%)	16.04	15.41	15.96	16.53	16.87	18.08	17.68

续表

项目			2010 年	2011 年	2012 年	2013 年	2014 年	2015 年	2016 年
其中：货物贸易	出口	总额（亿美元）	12 903	14 992	15 626	15 920	16 333	15 103	14 597
		对中国（亿美元）	931	1 054	1 119	1 229	1 247	1 167	1 163
		占比（%）	7.21	7.03	7.16	7.72	7.63	7.73	7.97
	进口	总额（亿美元）	19 390	22 399	23 037	22 942	23 855	22 729	22 096
		对中国（亿美元）	3 661	4 006	4 268	4 416	4 697	4 841	4 635
		占比（%）	18.88	17.89	18.53	19.25	19.69	21.30	20.98

资料来源：根据美国商务部经济分析局数据整理得出，Table 1.1，Table 1.3. U.S. International Transactions, Expanded Detail by Area and Country，https：//apps. bea. gov/iTable/iTable. cfm？ReqID = 62&step = 1，2017-04-13。

从中方统计看，2016 年中国对美国货物贸易额为 5 164 亿美元，同比下降 7.31%。其中中国对美国货物出口 3 826 亿美元，同比下降 6.50%；货物进口 1 338 亿美元，同比下降 7.07%。从表 4-6 中可见，2010—2016 年中美双边货物贸易额在中国对外货物贸易总额中占比已经从 12.96% 上升到 14.09%，其中中国对美国的货物出口在中国全部出口中占比已经从 17.96% 上升到 18.36%，对美国的进口在全部进口中占比从 7.31% 上升到 8.47%。2016 年美国是中国第二大贸易伙伴、第一大出口市场、第六大进口来源地。

表 4-6　2010—2016 年中国对外货物贸易总额及对美国货物贸易额

项目		2010 年	2011 年	2012 年	2013 年	2014 年	2015 年	2016 年
进出口	总额（亿美元）	29 740	36 419	38 671	41 590	43 015	39 530	36 642
	对美国（亿美元）	3 854	4 466	4 847	5 207	5 551	5 570	5 164
	占比（%）	12.96	12.26	12.53	12.52	12.91	14.09	14.09
出口	总额（亿美元）	15 778	18 984	20 487	22 090	23 423	22 735	20 844
	对美国（亿美元）	2 833	3 245	3 518	3 684	3 961	4 092	3 826
	占比（%）	17.96	17.09	17.17	16.68	16.91	18.00	18.36
进口	总额（亿美元）	13 962	17 435	18 184	19 592	19 603	16 796	15 798
	对美国（亿美元）	1 021	1 221	1 329	1 523	1 591	1 478	1 338
	占比（%）	7.31	7.00	7.31	7.78	8.11	8.80	8.47

资料来源：根据国家统计局数据整理得出，其中 2010—2015 年数据来自国家统计局国家数据库年度数据，http：//data.stats.gov.cn/easyquery.htm？cn = C01；2016 年数据来自《中华人民共和国 2016 年国民经济和社会发展统计公报》，http：//www.stats.gov.cn/tjsj/zxfb/201702/t20170228_1467424.html，2017-04-16。

总之,按中美双方各自统计,2016 年中美双边贸易进口额和出口额都比前一年有所下降。但从 2008 年金融危机后中美双边贸易发展看,2010—2016 年无论是中国对美国出口,还是从美国进口,占总贸易比重都有所上升。从图 4-18 可以看到,按照双方统计数据计算的双边贸易增长率均超过 50%。

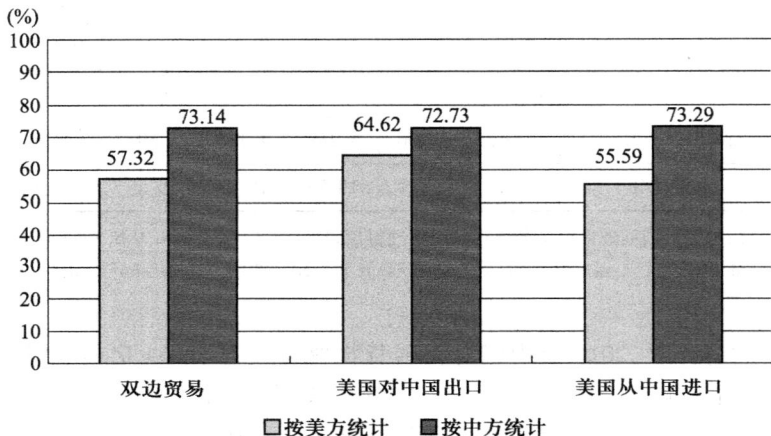

图 4-18　2009—2016 年中美双边货物和服务贸易增长率

资料来源:根据中国国家统计局数据和美国商务部经济分析局数据整理得出,其中中国数据来自《中华人民共和国 2016 年国民经济和社会发展统计公报》,http://www.stats.gov.cn/tjsj/zxfb/201702/t20_70228_1467424.html;美国数据来自美国商务部经济分析局数据库,https://apps.bea.gov/iTable/index_nipa.cfm,2018-12-30。

注:"美国对中国出口",也就是中国从美国进口;"美国从中国进口",也就是中国对美国出口。

(二)双边投资状况

2015 年中美双边投资额有所增加。根据美方统计,2015 年美国对中国直接投资 746 亿美元,比前一年增加 10.5%;从中国引进直接投资约为 148 亿美元,比前一年增加 50.6%。从 2010 年到 2015 年美国对外直接投资和引进外商直接投资的金额可见,2010—2015 年美国对中国的直接投资在增加,比重也在增加,但总量依然很小。2015 年美国对中国的直接投资在美国全部对外直接投资中仅占 1.5%。同样,在美国的外商直接投资中,中国的直接投资在增加,但比重仅占美国全部外商直接投资的 0.5%。①

2016 年,在美国的外商直接投资额进一步增加,总计达到 3 911.04 亿美元,比上年增长 12.26%。其中来自亚太外商直接投资 472.70 亿美元,同比增加 15.21%;来自中国的外商直接投资 121.71 亿美元,同比增长 140.96%。② 从图

① 根据美国商务部经济分析局数据整理得出,https://www.bea.gov/,2018-12-30。
② 根据美国商务部经济分析局数据整理得出,https://www.bea.gov/,2018-12-30。

4-19可见,随着中国对美直接投资额的增多,来自中国的外商直接投资额在美国全部外商直接投资额中的占比也在增加,2010 年为 0.52%,2015 年为 1.45%,2016 年已经上升到 3.11%。

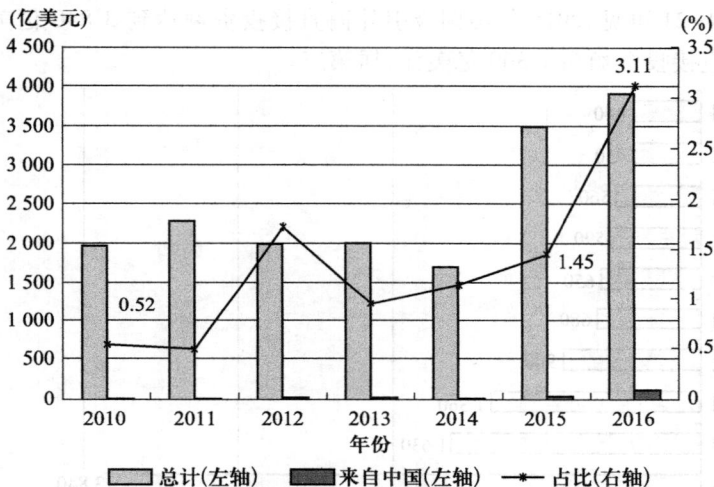

图 4-19　美国的外商直接投资及来自中国的直接投资的比重

资料来源:根据美国商务部经济分析局数据整理得出,https://www.bea.gov/,2018-12-30。

注:数据未经季节性调整,也没有现行成本调整。

从图 4-20 可见,2016 年美国累计对外直接投资额 63 837.51 亿美元,美国

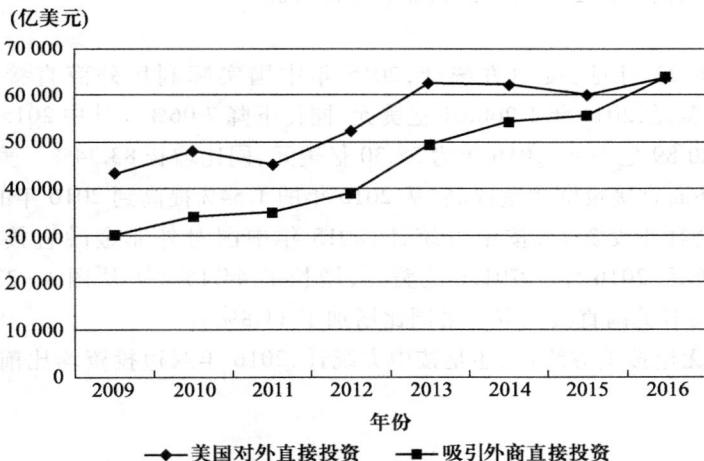

图 4-20　美国对外直接投资和吸引外商直接投资累计

资料来源:根据美国商务部经济分析局数据整理得出,https://www.bea.gov/,2018-12-30。

注:期限结束时的美国直接投资,从 2005 年第四季度开始的季度末持仓量,按市价计算。

吸引外商直接投资累计额 63 912.93 亿美元,超过美国对外直接投资累计额,美国重新成为吸引外商直接投资的主要场所。值得注意的是,2013 年开始美国对外直接投资和外商对美直接投资之间的差额缩小。

从图 4-21 可见,2015 年美国吸引外商直接投资额达到 3 840 亿美元,中国吸引外商直接投资额为 1 360 亿美元,居第三。

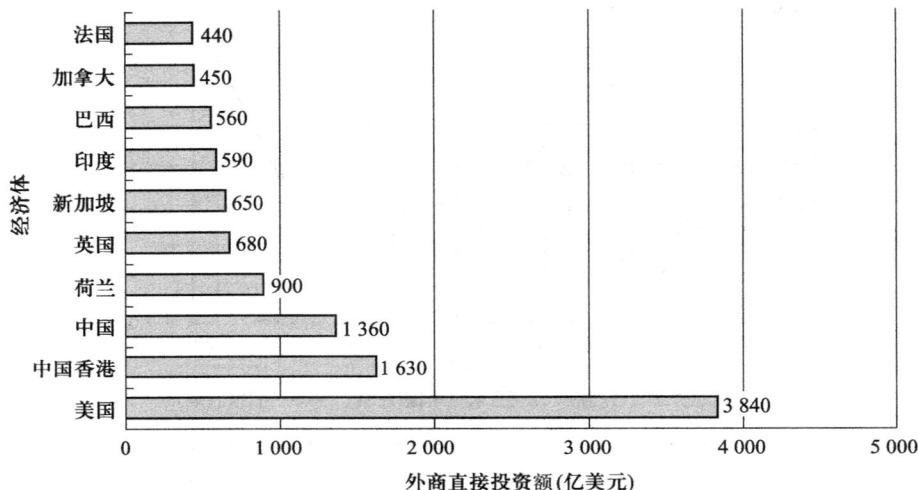

图 4-21 2015 年世界十大吸引外商直接投资的经济体

资料来源:美国重登外来直接投资最热门国宝座 雾谷飞鸿〔EB/OL〕.http://www.360doc.com/content/16/0517/17/31004655_559929202.shtml,2016-05-17/2019-04-01.

从图 4-22 可见,按中方统计,2015 年中国实际利用外商直接投资约为 1 355.77 亿美元,2016 年 1 260.01 亿美元,同比下降 7.06%。其中 2015 年实际利用美资为 20.89 亿美元,2016 年为 38.30 亿美元,同比增长 83.34%。美资在中国实际利用外商直接投资比重提高,从 2015 年的 1.54% 提高到 2016 年的 3.04%。

从中国对外投资看,按中方统计,2015 年中国对外非金融直接投资额为 1 180.2亿美元,2016 年 1 701.1 亿美元,增长了 44.1%。① 从图 4-23 中可见,2016 年中国对美国直接投资存量同比增加了 11.8%。

可见,无论按美方统计,还是按中方统计,2016 年双边投资均比前一年有所提高。

---

① 2015 中国对外非金融类直接投资创 1 180.2 亿美元的历史最高值〔EB/OL〕.http://www.sohu.com/a/54837868_119737,2016-01-16/2017-04-28;报告:2016 年中国企业在美国投资创纪录达 456 亿美元〔EB/OL〕.http://world.people.com.cn/n1/2017/0104/c1002-28998970.html,2017-01-04/2017-04-28.

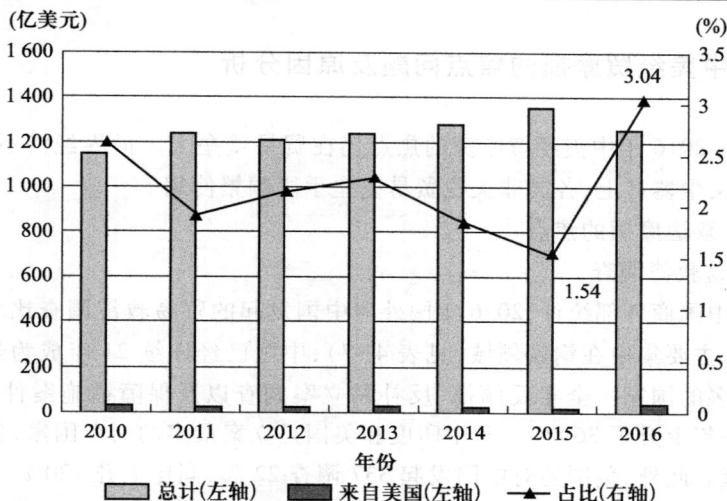

图 4-22　2010—2016 年中国实际利用外商直接投资及来自美国直接投资占比

资料来源：根据国家统计局、商务部数据整理得出，其中 2010—2015 年数据来自国家统计局国家数据库年度数据，http://data.stats.gov.cn/easyquery.htm? cn＝C01；2016 年数据来自《2016 年 1—12 月全国吸收外商直接投资情况》，http://www.mofcom.gov.cn/article/tongjiziliao/v/201702/20170202509836.shtml，2017-04-25。

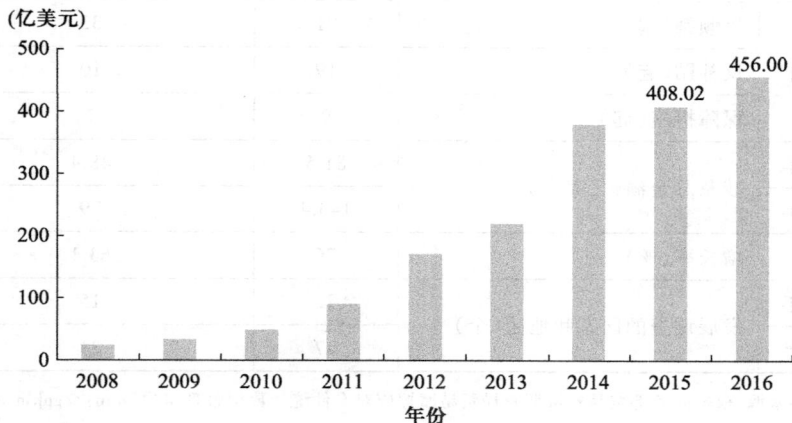

图 4-23　2008—2016 年中国对美国直接投资存量

资料来源：2008—2015 年数据来自国家统计局国家数据库年度数据，http://data.stats.gov.cn/easyquery.htm? cn＝C01；2016 年数据来自文章《报告：2016 年中国企业在美国投资创纪录达 456 亿美元》，http://world.people.com.cn/n1/2017/0104/c1002-28998970.html，2017-04-28。

注："直接投资存量"指截至本年对外直接投资存量。

二、中美经贸摩擦的焦点问题及原因分析

2015—2016 年中美经贸摩擦的焦点仍在贸易壁垒上。世界经济不景气,贸易保护主义尘嚣甚上,各类非关税贸易壁垒手段频繁使用。

(一) 双边摩擦的焦点

1. 贸易救济调查

根据中国商务部统计,2016 年国外对中国发起的贸易救济调查比之前一年有所增长,主要集中在钢铁领域(见表 4-7),中国已经连续 21 年成为遭遇反倾销调查最多的国家。全年反倾销、反补贴立案调查以及保障措施案件达到 119 起,比前一年上升了 36.8%。其中印度和美国是立案最多的两个国家,分别为 21 起和 20 起。此外,美国还对中国发起 337 调查 22 起,同比上升 120%。[①]

表 4-7　2015—2016 年国外对中国发起的贸易救济调查案件

项目		全部案件	其中钢铁领域案件
2015 年	贸易救济调查案件数量(起)	87	37
2016 年		119	49
	增长率(%)	36.8	32.4
2016 年	反倾销(起)	91	32
	反补贴(起)	19	10
	保障措施(起)	9	7
2015 年	涉及总金额(亿美元)	81.5	48.4
2016 年		143.4	79
	增长率(%)	76	63.1
2015 年	发展调查的国家和地区(个)	22	15
2016 年		27	21

资料来源:根据商务部贸易救济调查局贸易摩擦应对案件统计数据整理得出,http://gpj.mofcom.gov.cn/a-ticle/cx/,2017-04-23。

2. 亚投行建立

2015 年 12 月 25 日,由中国倡议、57 国(亚洲域内 37 国、域外 20 国)共同筹

---

① 商务部贸易救济调查局. 2016 年贸易摩擦案件统计[EB/OL]. http://trb.mofcom.gov.cn/article/zt_m-mcyd/subjectdd/201703/20170302536150.shtml, 2017-03-17/2017-04-21.

建的亚洲基础设施投资银行(简称亚投行)正式成立,截至成立之日包括缅甸、新加坡、文莱、澳大利亚、中国、蒙古、奥地利、英国、新西兰、卢森堡、韩国、格鲁吉亚、荷兰、德国、挪威、巴基斯坦、约旦17个国家已批准亚投行协定并提交批准书,股份总和占比达到50.1%。① 美国反对亚洲地区建立这样的机构,21世纪90年代亚洲金融危机后,中国提出建立亚洲货币基金组织的倡议就曾遭美国抵制,这次中国倡议亚投行建立,美国公开发表反对,担心该组织的成立会削弱由美国主导的世界银行、国际货币基金组织的地位。2015年3月,当英国表示将加入亚投行作为创始成员时,立刻遭到奥巴马政府的指责。但其后俄罗斯、荷兰、丹麦、澳大利亚、巴西、韩国、法国、德国、意大利等诸多国家纷纷表达加入意向,美国感到难以阻止了。2015年3月22日,美国财政部长杰克·卢表示美国会"愿意跟亚投行合作"。② 最终世界前十大经济体中除美国、日本外,都成为亚投行创始成员。

2015年12月亚投行成立,2016年发放的贷款总额达到17.3亿美元。亚投行行长金立群表示,亚投行不是中国的银行,而是向所有成员服务的银行;亚投行不应成为中美之间的一个分歧点,而应成为合作的平台,欢迎美国私营部门参与项目竞标。③

3. "一带一路"倡议

自中国提出"一带一路"倡议以来,美国一直表示不欢迎,并将其视为马歇尔计划或霸权计划,后来又认为"一带一路"倡议是过剩产能输出的计划。事实上,"一带一路"倡议是中国扩大开放、通过国家间的合作实现经济共赢的计划。2017年4月,习近平访问美国后,表示欢迎美国参加"一带一路"。这次访问后出台了中美经济合作百日计划。2017年5月中国召开"一带一路"国际合作高峰论坛,美国派代表参加,反映出美国对"一带一路"倡议的态度发生了转变。

4. 投资准入问题

21世纪初以来,随着美国经济周期变动,美国对中国设置的投资准入门槛越来越高,美国安全审查机制不仅使得中国国有企业难以通过投资审查,而且像华为、小米等民营企业也被纳入限制范围。美方认为中国政府给予这些企业补贴。中方要求美方改善其安全审查机制,简化程序,提高审查透明度。而与此同

① 由中国倡议、57国共同筹建的亚洲基础设施投资银行25日正式成立。亚投行的创建过程迅捷高效,短时间内就获得了相当程度的国际认可[EB/OL]. http://military.people.com.cn/n1/2015/1227/c172467-27980710.html,2015-12-27/2017-07-01.

② 王惜梦.美媒:丹麦漫画讽美国抵制亚投行 引中国网民大笑[EB/OL]. http://www.cankaoxiaoxi.com/china/20150403/729741.shtml,2015-04-03/2018-12-30.

③ 刁海洋.金立群:亚投行应成为中美合作平台[EB/OL]. http://jiangsu.china.com.cn/html/finance/finances/10353863_1.html,2017-02-12/2017-04-26.

时,美方也抱怨中国在投资领域管制过多,要求享有准入前国民待遇。

2008 年中美双边投资协定(BIT)谈判正式启动。2013 年 7 月双方宣布以"准入前国民待遇加负面清单模式"为基础进入实质性谈判。2015 年 6 月双方首次交换负面清单出价,开启负面清单谈判。美方认为中国负面清单过长,要求缩短清单,开放文化、电信增值业务等领域。到 2016 年 9 月,中美已经举行 28 轮谈判,经过多轮密集谈判,负面清单出价不断得到修改,取得显著进展。①

5. 市场经济地位问题

2001 年 12 月 11 日中国正式加入 WTO,入世时签订了《中华人民共和国加入议定书》,根据议定书第 15 条"确定补贴和倾销时的价格可比性"规定,在依据 GATTl994 第 6 条和《反倾销协定》确定价格可比性时,WTO 进口成员可依据如下两点规则:使用接受调查产业的中国价格或成本;或者使用不依据与中国国内价格或成本进行严格比较的方法。其中该条款第二点规定:"如受调查的生产者不能明确证明生产该同类产品的产业在制造、生产和销售该产品方面具备市场经济条件,则该 WTO 进口成员可使用不依据与中国国内价格或成本进行严格比较的方法。"但该条款也规定在中国加入 WTO 之日后 15 年终止该规定。这意味 15 年过渡期结束后,中国在全球范围内将自动获得"市场经济地位"。

由于此前的"非市场经济地位",多年来中国在面临国外反倾销调查中,屡遭不公平待遇,因为存在这一"替代国"条款,中国频繁遭遇反倾销调查。21 世纪初以来中国成为全球遭遇反倾销调查最多的国家。

然而,2016 年 12 月期限即将到期之时,一贯强调"契约精神"的美国、欧盟、日本却表示不承认中国的"市场经济地位"。它们以"难以判断中国企业是否得到政府补贴"和"中国富裕产能驱动的对外贸易干扰对方市场"为由,拒绝履行 WTO 义务。美国表示,中国没有进行足够的经济改革,没有达到市场经济国家标准;中国钢铁及铝产品因国家干预,造成产能过剩,严重影响世界同行的生存。迫使中国不得不向 WTO 提出交涉,控告美国等国使用替代国计算方式,对进口自中国的产品实施反倾销措施。②

6. 人民币汇率问题

多年来美国政府或国会议员或总统候选人喜欢指责中国政府通过人为操纵汇率,低估人民币汇率,获得本国出口优势。2016 年是美国总统大选之年,其间总统候选人特朗普表示一旦当选将立刻将中国列为汇率操纵国。

2015 年美国颁布《贸易便利化与贸易执行法》(*Trade Facilitation and Trade*

① 邱海峰.中美投资协定谈判取得进展[N].人民日报海外版.2016-09-09(02).

② 外媒:中国向 WTO 提交涉 反击欧美不承认其市场经济地位[EB/OL]. http://news.163.com/16/1213/15/C864RD8D000187V8.html,2016-12-13/2017-06-01.

Enforcement Act of 2015），规定汇率操纵国需满足三个条件：① 与该国的双边贸易顺差大于美国 GDP 总额的 0.1%；② 该国的国际收支经常账户顺差大于该国 GDP 总额的 3%；③ 该国在外汇市场上进行持续的单边干预，即指在一年内重复购买了超过该国 GDP 总额的 2%的外汇。

2016 年按美方统计，在双边货物和服务贸易上，中国贸易顺差 3 098 亿美元，其中货物贸易顺差为 4 852 亿美元，[1] 两者分别在名义 GDP 中占比 1.67%和 1.87%，在实际 GDP 中分别占比 1.86%和 2.08%，均超过 0.1%，满足第一个条件。[2]

从国际收支经常账户看，2016 年中国经常账户顺差 13 950 亿元人民币（折合 2 104 亿美元），占名义 GDP 比重 1.13%，占实际 GDP 比重 1.26%，都低于 3%。[3]

再看所谓"单边干预"情况，在过去的数年里，美联储为了刺激经济，降低利率，实施量化宽松的货币政策，导致大量热钱涌入中国。2016 年 12 月，鉴于经济增长、失业率下降的现实情况，美联储将联邦基金利率上调 25 个基点，虽然不高，但传递的信息则是对市场看好的乐观态度。由于 2015 年美国实际 GDP 增长 2.4%（后调整为 2.6%），2015 年 12 月份的失业率已经下降到 5.0%，2016 年 1 月和 2 月进一步下降到 4.9%，因此从 2016 年 3 月份开始不少人预期美联储将提高利率，加之中国前一年的 GDP 增长率增幅下降，一些投机性的热钱从中国外流，人民币汇率出现持续贬值。中国的外汇储备从 2014 年的约 4 万亿美元最高点下降到 2016 年年末的约 3 万亿美元，全年外汇储备余额比上年年末减少 3 198 亿美元。[4] 美元兑人民币汇率从 2014 年 1 月 30 日开盘价格 6.05 元上升到 2015 年 12 月 31 日收盘时价格 6.49 元，2016 年 12 月 31 日收盘价格已经达到 6.94 元。2016 年年底与年初比，人民币贬值 7.0%。[5]

为防止人民币对美元贬值过大，保持人民币对美元相对稳定，中国人民银行

---

[1] 外汇局：2016 年中国经常账户顺差 13950 亿元人民币［EB/OL］. http://www.chinanews.com/fortune/2017/02-08/8144389.shtml，2017-02-08/2017-04-28.

[2] 根据美国商务部经济分析局数据整理得出：Table 1.1. U.S. International Transactions，Table 1.3. U. S. International Transactions，Expanded Detail by Area and Country，https://apps.bea.gov/iTable/iTable.cfm? ReqID=62&step=1，2017-04-13。

[3] 国家统计局.中华人民共和国 2016 年国民经济和社会发展统计公报［EB/OL］.http://www.stats.gov.cn/tjsj/zxfb/201702/t20170228_1467424.html，2017-04-16/2017-06-22.

[4] 资料参见：外汇局介绍 2016 年外汇收支数据有关情况，http://www.gov.cn/xinwen/2017-01/19/content_5161267.htm#1，2017-04-23。当然外汇储备下降还有其他因素，比如居民和企业增加外汇存款和对外资产，造成外汇储备本金实际减少；美元汇率走强造成外汇储备正面价值下降等。

[5] 根据美国商务部经济分析局数据整理得出：https://www.bea.gov/national/index.htm，2017-06-20。

通过限制资本外流来间接地冲抵人民币汇率下跌压力。然而,2017 年美联储再次提升基准利率,1 月 31 日收盘价 6.961 5 元,不过到 4 月 28 日人民币有所升值,收盘价格 6.895 7 元。显然,中国的干预不是为了促使人民币贬值,而是为了保持人民币稳定,实际上美国才是最大的汇率操纵者。特朗普要求中国直接干预货币市场,这正是美国一直在谴责的行为。[①]

(二)双边摩擦的原因分析

分析中美双边摩擦的原因,美国对中国贸易逆差较大是一个重要原因。根据美方统计,2014—2016 年美国对外贸易货物和服务贸易差额在不断扩大,从 4 619 亿美元增加到 5 006 亿美元;去掉服务贸易顺差,货物贸易差额从 2014 年的 7 522 亿美元减少到 2016 年的 7 499 亿美元,虽然有所下降,但仍为巨额逆差。其中美国对中国的货物贸易差额从 2010 年 2 731 亿美元扩大到 2014 年 3 450 亿美元,进而扩大到 2016 年的 3 472 亿美元,2016 年美国对中国的贸易差额在美国对外货物贸易差额中占比高达 46.3%。不过,按中方统计,中国对美国的贸易顺差没有那么大。2016 年按中方统计美国对中国的货物贸易差额 2 488 亿美元,在美国对外差额中占比 33.2%。[②]

尽管双方统计数据不一致,金融危机后直到 2015 年,美国对中国不断扩大的贸易逆差却是事实。在 2016 年大选之年,如何应对"美国对华贸易巨额逆差"成为候选人对外政策的一个热点话题。比如,美国总统候选人特朗普就指责中国"窃取"美国就业机会、违反贸易规则,称中国入世后导致美国国内超过 5 万家工厂倒闭和 1 000 多万工人失业;批评中国操纵货币和进行间谍活动;建议对中国提高关税。特朗普声称中国贴上"汇率操纵国"标签,对来自中国的所有进口货物征收 45.0%的关税等。[③] 2017 年 1 月,特朗普就任总统后,多次发表以"一中"作为贸易谈判的筹码的言论,这一言行涉及中国的国家核心利益,引起中国政府的愤怒。著名战略学家时殷弘指出,"一个中国"原则是中美关系底线,触及底线,那么连中美断交都可以设想的。[④]

这些年在双边贸易中,美国对来自中国产品的非关税壁垒也越筑越高,从反

---

① 外媒:特朗普把中国当替罪羊 无助实现对选民承诺[EB/OL]. http://www.dzwww.com/xinwen/guojixinwen/201612/t20161219_15301097.htm,2016-12-19/2017-05-30.

② 根据美国商务部经济分析局数据整理得出:Table 1.1,Table 1.3. U.S. International Transactions,Expanded Detail by Area and Country,https://apps.bea.gov/iTable/iTable.cfm?ReqID=62&step=1,2017-04-13。

③ 特朗普首邀华裔登台称爱中国人 曾满嘴"跑火车"批华[EB/OL].http://news.china.com/international/1000/20160526/22741976_all.html,2016-05-26/2018-12-30.

④ 易心.专访时殷弘:若冲击一中,断交可设想[EB/OL].http://news.ifeng.com/dacankao/zhuanfangshi/1.shtml,2016-12-21/2017-06-17.

倾销、反补贴调查到 337 调查、301 调查等，可以说是全方位的。根据中国商务部统计数据，自 1980 年开始至 2016 年年底，美国对中国产品发起的贸易救济调查累计达到 265 起，涉案金额 298 亿美元，其中反倾销税令 102 个，反补贴税令 38 个。由此中国企业对美出口严重受阻。2016 年美国对华贸易救济调查 20 起，案件数量同比增长 81.1%，①致使该年出口额同比下降 6.5%（按美元计算）。②

三、2017 年特朗普就任总统后的中美经贸关系走向

多年来，中方一直希望美方能真正站在战略高度构筑与中国的关系，通过对话消除误解，通过合作减少摩擦。

（一）中国方面的努力

2015 年 9 月习近平访美，指出差别使世界多姿多彩，存在分歧在所难免，关键是如何管控。中美友好，根基在民众，希望在青年。③ 当月在接受美国《华尔街日报》书面采访时，习近平重申中美关系的重要性，他指出："看待中美关系，要看大局，不能只盯着两国之间的分歧"，正所谓"得其大者可以兼其小"，一个家庭还会有这样那样的矛盾，中美两国难免会存在一些分歧。双方要相互理解、相互尊重、聚同化异，尊重和照顾彼此的核心利益和重大关切。④

2016 年 11 月 9 日，习近平向美国当选总统特朗普致贺电，并指出：发展长期健康稳定的中美关系，符合两国人民根本利益，也是国际社会的普遍期待。中国高度重视中美关系，秉持不冲突不对抗、相互尊重、合作共赢的原则，拓展两国在双边、地区、全球层面各领域合作，以建设性方式管控分歧，推动中美关系在新的起点上取得更大进展，更好造福两国人民和各国人民。⑤

2017 年 3 月 19 日，习近平在会见美国国务卿蒂勒森时表示，中美两国完全可以成为很好的合作伙伴，只要双方坚持这个最大公约数，中美关系发展就有正

①　于佳欣.2016 年美对华贸易救济数增长超 80%［EB/OL］. http://news.xinhuanet.com/2017-02/09/c_1120440288.htm，2017-02-09/2017-05-13.

②　根据美国商务部经济分析局数据整理得出：Table 1.1，Table 1.3．U．S．International Transactions，Expanded Detail by Area and Country，https://apps.bea.gov/iTable.cfm?ReqID=62&step=1，2017-04-13。

③　习近平访美首日发表两次重要讲话都谈到了什么？［EB/OL］. http://cpc.people.com.cn/xuexi/n/2015/0924/c385474-27629256.html，2015-09-24/2017-06-13.

④　看待中美关系要看大局 不能只盯着两国之间的分歧［EB/OL］.http://news.sina.com.cn/o/2015-09-23/doc-ifxiehns3021309.shtml，2015-09-23/2017-06-17.

⑤　习近平向美国当选总统唐纳德·特朗普致贺电［EB/OL］. http://china.cnr.cn/news/20161110/t20161110_523255860.shtml，2016-11-10/2017-06-17.

确的方向。①

2017 年 4 月 6 日,习近平应邀访问美国,在佛罗里达州海湖庄园同特朗普总统举行中美元首会晤。习近平指出,中美两国关系好,不仅对两国和两国人民有利,对世界也有利。我们有一千条理由把中美关系搞好,没有一条理由把中美关系搞坏。特朗普表示,美中两国作为世界大国责任重大。双方应该就重要问题保持沟通和协调,可以共同办成一些大事。②

(二)2016 年以来中美双边的建设性成果和合作领域

中美关系是当今世界最重要的双边关系。2016 年第八次中美战略与经济对话(SED)提出新思路,除强调合作外,还提出管控分歧,双边对话也更加务实。根据会后清单,此轮对话达成成果 60 余项。

2017 年中美首脑首次会晤,就双边贸易等话题展开对话,面对面地就各方关切的问题进行讨论,探讨可能合作的领域。此次会晤提出了四个平行的磋商机制,取代先前的战略与经济对话,中美将新建四个高级别对话合作机制:对外安全对话、全面经济对话、执法及网络安全对话、社会和人文对话。

会晤后一个月里,中美双方就农产品贸易、金融服务、投资和能源等领域达成共识:中国将重新开放美国牛肉进口;允许外资金融服务公司提供信用评级服务;对美国两家金融机构发放债券承销和结算许可证;美国则开始制定规则,允许从中国进口熟制禽肉;中国和美国可协商对华长期天然气出口合同;美国派代表参加中国"一带一路"高峰论坛,并欢迎中国参加美国商业投资峰会等十项初步协议。此外,特朗普表示不把中国认定为汇率操纵国。未来中美之间还会出台更多协议,美国商务部长罗斯(Wilbur Ross)指出有 500 项甚至更多的内容可能会被讨论,通过这些协议来大幅降低美国对华贸易逆差。③

事实上,中美双边合作的领域十分广泛。特朗普政府计划花 1 万亿美元来重建国内道路、机场、桥梁、排水系统和电网,进行大规模的基础设施投资;美国政府目前已经负债累累,财政赤字累计高达 20 万亿美元,投资资金从何而来?发行国债、引进外资是一个途径。中国主导的、中国的基建经验和外汇储备是美国所需要的或特朗普看中的;而中国经济建设中所需要的先进技术(比如页岩

① 李忠发.习近平会见美国国务卿蒂勒森[EB/OL].http://news.xinhuanet.com/politics/2017-03/19/c_1120653939.htm,2017-03-19/2017-06-17.
② 习近平会晤特朗普 特朗普外孙女唱《茉莉花》[EB/OL].http://news.sina.com.cn/o/2017-04-08/doc-ifyeayzu7178283.shtml,2017-04-08/2017-06-18.
③ 中美经济合作百日计划早期成果美国决定参加一带一路峰会[EB/OL].http://www.chinairn.com/news/20170512/1456234.shtml,2017-05-12/2017-06-13.

气开发技术)也希望从美国引进,在这些方面双边合作具有可能性。此外,朝鲜问题、反恐问题、全球治理问题、气候环境问题,美国都需要中国的参与和合作。总之,中美可以在双边经贸投资、基础设施以及能源领域展开合作。

当然在现实中要求双边关系中只有合作没有摩擦是不可能的,尤其中美之间。美国的外交理念强调的是美国价值观的全球普及,对不同价值观和政体的国家采用区别对待的外交政策。对中国而言,做强自己是最好的博弈。因为只有保持经济增长和经济发展,才能与任何外来压力抗衡。加强对话,促进各层次、各领域的双边互利合作,包括能源、技术的合作;培育共同的利益交汇点,力求构建不冲突不对抗、相互尊重、合作共赢的新型大国关系;比如加入美国已经退出的 TPP,或推进 TPP 与 RCEP 合二为一;发展国防力量,维护国土安全和领土主权,在"有理、有利、有节"斗争中维护和平发展。

本章对 2016 年的美国经济进行了研究,认为该年美国经济有所增长,虽然增长幅度不高、各季度增长状况不平稳。分析经济不平稳的主要原因来自设备投资减少、商品出口下降等。本章考察了奥巴马的新移民政策,认为新移民政策内容中对美国经济发展最具有积极意义的是"高科技人才"移民优惠政策、企业家"创业签证"以及"留人计划"。该政策的落实将会有利于美国的经济发展,确保科技领先地位的持续,延缓老年化社会到来产生的冲击,且满足教育经费不足问题。本章也研究了美国对外贸易与经济增长之间的关系,分析了中美经贸关系。2016 年中美双边贸易规模比之前一年有所缩小,但双边投资则有所扩大,美国对中国的逆差也有所下降。双边经贸摩擦的焦点仍在贸易壁垒上,摩擦的症结来自美国对华贸易逆差较大。本章对中美经贸关系中的几个焦点问题做了考察:它们包括 2015—2016 年的贸易救济调查状况;美国对亚投行建立和"一带一路"倡议的基本态度;投资准入问题;中国市场经济地位问题;人民币汇率问题等。本章最后考察了 2017 年特朗普就任总统后的中美经贸关系的动态及走向。

当然,未来中美关系摩擦不可避免,但只要坚持对话,培育共同的利益交汇点,相互尊重,就能推动中美关系不断向前发展。

(林珏)

主要参考文献

[1] 奥巴马即将卸任执政 8 年留学移民政策盘点![EB/OL]. http://www.liuxue315.cn/usa/tiaojian/24224.shtml,2017-01-13/2017-06-12.

[2] 刁海洋.金立群:亚投行应成为中美合作平台[EB/OL]. http://jiangsu.china.com.cn/html/finance/finances/10353863_1.html,2017-02-12/2017-04-26.

［3］看待中美关系要看大局 不能只盯着两国之间的分歧［EB/OL］. http://news.sina.com.cn/o/2015－09－23/doc－ifxiehns3021309.shtml, 2015-09-23/2017-06-17.

［4］李忠发.习近平会见美国国务卿蒂勒森［EB/OL］. http://news.xinhuanet.com/politics/2017－03－19/c_1120653939.htm,2017-03-19/2017-06-17.

［5］刘丹.美国硅谷亚裔高科技从业人员首次超过白人［EB/OL］. http://www.chinanews.com/it/2012/11－30/4373598.shtml,2012-11-30/2017-06-21.

［6］美国出台高科技人才移民优惠政策［N/OL］.人民日报海外版.2013-05-01（06）. http://paper.people.com.cn/rmrbhwb/html/2013－05/01/content_1233313.htm,2018－12-29.

［7］美国旅游签证通过率,你知道吗？［EB/OL］. http://mt.sohu.com/20160502/n447271360.shtml,2016-05-02/2017-06-21.

［8］商务部贸易救济调查局.2016 年贸易摩擦案件统计［EB/OL］.http://trb.mofcom.gov.cn/article/zt_mymcyd/subjectdd/201703/20170302536150.shtml, 2017-03-17/2017-04-21.

［9］特朗普首邀华裔登台称爱中国人 曾满嘴"跑火车"批华［EB/OL］. http://news.china.com/international/1000/20160526/22741976_all.html, 2016-05-26/2018-12-30.

［10］外汇局:2016 年中国经常账户顺差 13950 亿元人民币［EB/OL］. http://www.chinanews.com/fortune/2017/02－08/8144389.shtml, 2017-02-08/2017-04-28.

［11］外汇局介绍 2016 年外汇收支数据有关情况［EB/OL］. http://www.gov.cn/xinwen/2017－01/19/content_5161267.htm#1,2017-01-19/2017-04-23.

［12］外媒:特朗普把中国当替罪羊无助实现对选民承诺［EB/OL］. http://www.dzwww.com/xinwen/guojixinwen/201612/t20161219_15301097.htm,2016-12-19/2017-05-30.

［13］外媒:中国向 WTO 提交涉 反击欧美不承认其市场经济地位［EB/OL］. http://news.163.com/16/1213/15/C864RD8D000187V8.html, 2016-12-13/2017-06-01.

［14］王惜梦.美媒:丹麦漫画讽美国抵制亚投行 引中国网民大笑［EB/OL］. http://www.cankaoxiaoxi.com/china/20150403/729741.shtml, 2015-04-03/2018-12-30.

［15］习近平访美首日发表两次重要讲话都谈到了什么？［EB/OL］. http://cpc.people.com.cn/xuexi/n/2015/0924/c385474－27629256.html,2015-09-

24/2017-06-13.

[16] 习近平会晤特朗普　特朗普外孙女唱《茉莉花》[EB/OL]. http://news.sina.com.cn/o/2017-04-08/doc-ifyeayzu7178283.shtml,2017-04-08/2017-06-18.

[17] 习近平向美国当选总统唐纳德·特朗普致贺电[EB/OL]. http://china.cnr.cn/news/20161110/t20161110 _ 523255860. shtml, 2016-11-10/2017-06-17.

[18] 易心.专访时殷弘:若冲击一中,断交可设想[EB/OL]. http://news.ifeng.com/dacankao/zhuanfangshi/1.shtml,2016-12-21/2017-06-17.

[19] 于佳欣.2016 年美对华贸易救济数增长超 80%[EB/OL]. http://news.xinhuanet.com/2017-02/09/c_1120440288.htm,2017-02-09/2017-05-13.

[20] 中美经济合作百日计划早期成果　美国决定参加一带一路峰会[EB/OL]. http://www.chinairn.com/news/20170512/1456234.shtml,2017-05-12/2017-06-13.

第五章 欧盟经济

第一节 2016 年欧盟经济形势综述

2013 年是欧盟经济的转折点,之后几年欧盟及欧盟主要国家采取了一系列经济刺激计划,提振了欧盟经济信心,尤其是 2016 年欧盟采取了一系列新经济发展举措,欧盟经济信心指数得到了大幅度提升,如表 5-1 所示。2016 年欧盟经济信心指数以及欧元区①经济信心指数总体都呈上升趋势,虽然上升的速度和水平各有不同,但是欧盟主要成员德国、法国、英国、西班牙、意大利等均呈现较为稳定的经济信心指数增长态势,其中,曾经遭受严重主权债务危机的西班牙和意大利等国已经明显高于长期平均指数。总体上说,欧盟经济开始步入稳定增长期。

表 5-1　2016 年各月度欧盟和欧元区及主要欧盟主要成员国经济信心指数

月度	欧盟 (28 国)	欧元区 (19 国)	德国	西班牙	法国	意大利	英国
1 月	106.6	105.0	104.5	107.6	103.4	107.4	106.4
2 月	105.2	103.9	103.9	107.1	103.6	106.0	104.8
3 月	104.5	102.9	103.7	106.7	102.0	103.5	105.9
4 月	105.0	103.9	104.2	105.9	101.3	108.0	104.2
5 月	105.5	104.5	104.5	105.5	102.7	108.2	105.5
6 月	105.5	104.3	106.2	106.3	100.9	104.6	106.8
7 月	104.6	104.4	106.4	105.8	100.0	105.0	102.4
8 月	103.7	103.4	105.2	104.3	101.2	102.9	103.9

---

① 欧元区包括比利时、德国、爱尔兰、希腊、西班牙、法国、意大利、塞浦路斯、卢森堡、马耳他、荷兰、奥地利、葡萄牙、斯洛文尼亚、芬兰、斯洛伐克、爱沙尼亚、拉脱维亚、立陶宛,共 19 国。后文 18 国数据是指不包括立陶宛。

续表

月度	欧盟 （28 国）	欧元区 （19 国）	德国	西班牙	法国	意大利	英国
9 月	105.4	104.8	106.9	104.8	101.8	103.3	104.5
10 月	106.8	106.3	108.5	107.4	101.6	104.9	105.7
11 月	107.2	106.5	107.8	108.2	103.4	104.0	107.1
12 月	109.0	107.8	109.4	106.0	105.5	104.1	108.5

资料来源：根据欧盟数据库数据整理得出，http://epp. eurostat. ec. europa. eu/tgm/table. do? tab = table&init = 1&language = en&pcode = teibs010&plugin = 1，2017-06-20。

注：① 经济信心指数是由 5 个不同的权重指数构成的复合指数。构成经济信心指数的 5 个权重指数分别是制造业信心指数、服务业信心指数、消费者信心指数、建筑业信心指数及零售业信心指数。② 欧盟28 国包括比利时、保加利亚、捷克、丹麦、德国、爱沙尼亚、爱尔兰、希腊、西班牙、法国、意大利、塞浦路斯、拉脱维亚、立陶宛、卢森堡、匈牙利、马耳他、荷兰、奥地利、波兰、葡萄牙、罗马尼亚、斯洛文尼亚、斯洛伐克、芬兰、瑞典、英国、克罗地亚。

一、2016 年欧盟经济走出低谷，呈现较为稳定增长的状态

在美国次贷危机的冲击下，欧盟成员经济于 2009 年普遍衰退，欧盟成员 GDP 的平均增长率为 -4.4%，欧元区国家 GDP 的平均增长率为 -4.5%。此后，欧盟的一些国家陷入主权债务危机。主权债务危机的蔓延导致 2012 年欧盟经济再度陷入普遍衰退。2012 年欧盟成员 GDP 的平均增长率为 -0.5%，欧元区国家 GDP 的平均增长率为 -0.9%。2013 年是欧盟经济的转折点，欧盟经济开始缓慢复苏。如表 5-2 所示，统计数据表明，2013 年之后，为了彻底摆脱经济衰退的困境，振兴欧盟经济，欧盟委员会、欧盟成员和欧洲央行采取了经济刺激计划，欧盟经济呈现稳定增长的态势。欧盟成员在 2013 年、2015 年、2016 年的 GDP 平均增长率分别为 1.6%、2.2% 和 1.9%，表现出较为稳定的增长状态；欧元区国家在 2013 年、2015 年、2016 年的 GDP 平均增长率分别为 1.2%、2.0% 和 1.8%，同样表现出较为稳定的增长。2016 年度尽管欧盟成员国之间经济增长是不均衡的，但是欧盟主要成员国均呈现较为稳定的增长态势。尤其值得关注的是，过去几年受主权债务危机严重拖累的成员国，通过经济结构调整，2016 年度经济增长率明显提升。希腊摆脱了连续多年的负增长，爱尔兰表现出强劲增长的状态，西班牙近三年的经济增长率相当稳定，意大利的经济增长率也接近 1.0%。相对其主要贸易伙伴美国和日本 2016 年的经济增长速度 1.6% 和 1.2%，2016 年欧盟经济的增长状态略显强劲。

178

表 5-2　欧盟、欧元区、欧盟候选国和欧盟主要经济伙伴 GDP 增长率变化情况

经济体	2007 年	2008 年	2009 年	2010 年	2011 年	2012 年	2013 年	2014 年	2015 年	2016 年
GDP 增长率（%）										
欧盟（28 国）	2.9	0.4	-4.4	2.1	1.7	-0.5	0.2	1.6	2.2	1.9
欧元区（18 国）	3.0	0.4	-4.5	2.1	1.5	-0.9	-0.3	1.2	2.0	1.8
欧盟（28 国）GDP 增长率（%）										
比利时	3.4	0.7	-2.3	2.7	1.8	0.1	-0.1	1.7	1.5	1.2
保加利亚	7.3	1.0	-3.6	1.3	1.9	0.0	0.9	1.3	3.6	3.4
捷克	5.5	2.7	-4.8	2.3	2.0	-0.8	-0.5	2.7	4.5	2.4
丹麦	0.9	-0.5	-4.9	1.9	1.3	0.2	0.9	1.7	1.6	1.3
德国	3.3	1.1	-5.6	4.1	3.7	0.5	0.5	1.6	1.7	1.9
爱沙尼亚	7.7	-5.4	-14.7	2.3	7.6	4.3	1.4	2.8	1.4	1.6
爱尔兰	3.8	-4.4	-4.6	2.0	0.0	-1.1	1.1	8.5	26.3	5.2
希腊	3.3	-0.3	-4.3	-5.5	-9.1	-7.3	-3.2	0.4	-0.2	0.0
西班牙	3.8	1.1	-3.6	0.0	-1.0	-2.9	-1.7	1.4	3.2	3.2
法国	2.4	0.2	-2.9	2.0	2.1	0.2	0.6	0.6	1.3	1.2
克罗地亚	5.2	2.1	-7.4	-1.7	-0.3	-2.2	-1.1	-0.5	1.6	2.9
意大利	1.5	-1.1	-5.5	1.7	0.6	-2.8	-1.7	0.1	0.8	0.9
塞浦路斯	4.8	3.9	-1.8	1.3	0.3	-3.2	-6.0	-1.5	1.7	2.8
拉脱维亚	9.9	-3.6	-14.3	-3.8	6.4	4.0	2.6	2.1	2.7	2.0
立陶宛	11.1	2.6	-14.8	1.6	6.0	3.8	3.5	3.5	1.8	2.3
卢森堡	8.4	-6.3	-4.4	4.9	2.5	-0.4	4.0	5.6	4.0	4.2
匈牙利	0.4	0.9	-0.6	0.7	1.7	-1.6	2.1	4.0	3.1	2.0
马耳他	4.0	3.3	-2.5	3.5	1.4	2.6	4.5	8.3	7.4	5.0
荷兰	3.7	1.7	-3.8	1.4	1.7	-1.1	-0.2	1.4	2.0	2.2
奥地利	3.6	1.5	-3.8	1.9	2.8	0.7	0.1	0.6	1.0	1.5
波兰	7.0	4.2	2.8	3.6	5.0	1.6	1.4	3.3	3.9	2.8
葡萄牙	2.5	0.2	-3.0	1.9	-1.8	-4.0	-1.1	0.9	1.6	1.4
罗马尼亚	6.9	8.5	-7.1	-0.8	1.1	0.6	3.5	3.1	3.9	4.8

续表

经济体	2007 年	2008 年	2009 年	2010 年	2011 年	2012 年	2013 年	2014 年	2015 年	2016 年
欧盟(28 国)GDP 增长率(%)										
斯洛文尼亚	6.6	3.3	-7.8	1.2	0.6	-2.7	-1.1	3.1	2.3	2.5
斯洛伐克	10.8	5.6	-5.4	5.0	2.8	1.7	1.5	2.6	3.8	3.3
芬兰	5.2	0.7	-8.3	3.0	2.6	-1.4	-0.8	-0.6	0.3	1.4
瑞典	3.4	-0.6	-5.2	6.0	2.7	-0.3	1.2	2.6	4.1	3.3
英国	2.6	-0.6	-4.3	1.9	1.5	1.3	1.9	3.1	2.2	1.8
欧盟候选国(Candidate Countries)GDP 增长率(%)										
冰岛	9.4	1.5	-6.9	-3.6	2.0	1.2	4.4	1.9	4.1	7.2
列支敦士登	—	—	—	—	—	—	—	—	—	—
挪威	2.9	0.4	-1.6	0.6	1.0	2.7	1.0	1.9	1.6	1.0
瑞士	4.1	2.3	-2.1	3.0	1.8	1.0	1.8	2.0	0.8	—
黑山	—	—	—	—	—	-2.7	3.5	1.8	3.4	—
马其顿	6.5	5.5	-0.4	3.4	2.3	-0.5	2.9	3.6	-3.8	2.4
塞尔维亚	5.9	5.4	-3.1	0.6	1.4	-1.0	2.6	-1.8	0.8	2.8
土耳其	5.0	0.8	-4.7	8.5	11.1	4.8	8.5	5.2	6.1	—
欧盟主要经济伙伴(Main economic partners)GDP 增长率(%)										
美国	1.8	-0.3	-2.8	2.5	1.8	2.8	1.9	2.4	2.4	1.6
日本	2.2	-1	-5.5	4.7	-0.5	1.4	1.5	1.4	1.2	1.2

资料来源:根据欧盟数据库数据整理得出,http://epp. eurostat. ec. europa. eu/tgm/table. do? tab = table&init = 1&plugin = 1&language = en&pcode = tec00115,2017-06-20。

二、2016 年失业率回落,而且处于稳定的就业状态

2016 年欧盟和欧元区的失业率已经有所回落,欧盟全年失业率稳定在 8.4%以下,欧元区全年失业率稳定在 10%以下,欧盟经济的稳定增长导致欧盟就业市场形势好转。如表 5-3 所示,2016 年 6 月到 12 月欧盟(28 国)的失业率稳定在 8.4%左右,是历史上的最佳水平。欧元区(19 国)2016 年 6 月份以后的失业率接近 10%,也是历史上最好水平。欧盟成员国中希腊和西班牙的失业率仍然处于较高水平,失业率为 20%左右。德国的失业率

较低,低于 5%。

表 5-3　2016 年 6 月—2017 年 2 月欧盟、欧元区、欧盟候选国及欧盟主要经济伙伴失业率

经济体	失业率(%)								
	2016 年							2017 年	
	6 月	7 月	8 月	9 月	10 月	11 月	12 月	1 月	2 月
欧元区(19 国)	9.8	9.6	9.5	9.8	9.6	9.9	9.6	10.0	9.9
欧元区(18 国)	9.8	9.6	9.6	9.6	9.8	9.9	9.6	10.0	9.9
欧盟(28 国)	8.4	8.2	8.2	8.2	8.2	8.3	8.1	8.4	8.4
比利时	7.8	8.1	8.0	7.6	7.4	7.2	7.1	7.2	7.2
保加利亚	7.6	7.3	7.0	6.7	6.7	6.6	6.7	7.0	7.2
捷克	4.1	4.3	3.7	3.9	3.7	3.5	3.6	3.5	3.5
丹麦	6.0	6.2	6.3	6.4	6.3	6.1	6.2	6.3	6.7
德国	4.2	4.3	4.1	3.8	3.9	3.9	3.5	4.0	4.3
爱沙尼亚	6.8	6.7	7.5	6.9	7.2	6.6	6.4	6.0	—
爱尔兰	8.7	8.6	8.3	7.3	6.9	6.7	6.7	6.6	6.5
希腊	22.5	22.6	23.3	22.1	22.7	24.1	23.9	24.0	—
西班牙	19.4	19.0	18.9	18.7	18.8	18.8	18.3	18.6	18.6
法国	9.3	9.2	9.8	9.7	10.2	10.4	10.5	10.8	10.6
克罗地亚	11.9	11.6	11.5	11.5	12.5	12.8	13.0	13.5	13.2
意大利	11.4	10.7	10.1	11.7	11.9	12.6	12.0	12.2	11.8
塞浦路斯	12.4	13.2	13.3	12.6	11.9	13.5	13.4	13.9	13.9
拉脱维亚	9.4	9.7	9.6	9.4	9.1	9.1	9.5	9.9	9.9
立陶宛	8.1	7.8	7.1	7.3	7.1	7.4	8.5	8.7	8.9
卢森堡	5.8	6.1	6.0	6.2	6.2	6.2	6.6	6.4	6.2
匈牙利	5.0	4.7	4.9	4.7	4.5	4.4	4.3	4.4	—
马耳他	4.9	5.0	4.9	4.7	4.6	4.2	4.0	3.9	3.9
荷兰	5.9	5.8	5.4	5.7	5.7	5.5	5.1	5.7	5.6
奥地利	6.1	6.1	6.3	6.0	5.6	5.7	5.6	5.7	6.0
波兰	6.0	6.0	6.0	5.9	5.6	5.5	5.5	5.8	5.8

续表

经济体	失业率（%）								
	2016 年							2017 年	
	6 月	7 月	8 月	9 月	10 月	11 月	12 月	1 月	2 月
葡萄牙	10.6	10.5	10.7	10.8	10.7	10.6	10.4	10.4	10.3
罗马尼亚	5.7	5.7	5.6	5.8	5.3	5.4	5.6	5.6	5.7
斯洛文尼亚	7.5	7.4	7.3	7.3	7.9	8.0	8.3	8.7	8.5
斯洛伐克	9.5	9.5	9.5	9.5	9.3	9.1	9.0	9.0	8.7
芬兰	9.3	7.8	7.2	7.7	8.1	8.1	7.9	9.2	9.2
瑞典	7.6	6.3	6.6	6.1	6.4	6.2	6.5	7.3	7.4
英国	4.9	5.0	4.9	4.9	4.7	4.5	4.5	4.5	—
冰岛	2.2	2.0	2.9	3.0	2.7	2.3	2.6	4.1	3.2
挪威	4.9	5.0	4.9	4.8	4.6	4.4	4.2	4.1	—
土耳其	10.2	10.7	11.3	11.3	11.8	12.1	12.7	—	—
美国	5.1	5.1	5.0	4.8	4.7	4.4	4.5	5.1	4.9
日本	3.1	3.0	3.2	3.0	2.9	3.0	2.9	3.0	2.9

资料来源：根据欧盟数据库数据整理得出，http://appsso.eurostat.ec.europa.eu/nui/show.do?dataset=ei_lmhr_m&lang=en，2017-06-20。

注：失业率经季节调整。

三、2016 年通货膨胀接近被消除的水平，呈现明显通货紧缩

　　近年来欧盟受金融危机影响，通货膨胀率曾经出现过较大起伏。2011 年欧盟出现较高通货膨胀以后，通货膨胀率开始一路下跌，2016 年基本维持 2015 年的通货膨胀水平。如表 5-4 所示，2016 年，欧盟（28 国）年均通货膨胀率为 0.3%，欧元区（19 国）年均通货膨胀率为 0.2%，低于通货膨胀率为 2% 的理想水平。欧盟、欧元区成员中只有挪威和土耳其的通货膨胀率高于 2% 的理想水平，挪威的通货膨胀率为 3.9%，土耳其的通货膨胀率为 7.7%。欧盟通货膨胀率水平很低的主要原因是国际原油价格的大幅下跌。石油价格下跌，欧洲普通家庭在燃油等方面的支出下降，其他方面的消费支出增加，需求增长，有助于拉动经济增长。通货膨胀水平低，一方面表明宏观经济已经摆脱危机形势，另一方面，经济活动也面临着与通胀水平极低有关的风险。日本陷入通货紧缩的情况表

明,消费者一旦形成物价不断下降的心理预期,将会影响消费热情,进而影响生产和投资,导致恶性循环。一些欧盟国家尤其是一些南欧国家呼吁欧洲央行采取措施确保2%的理想水平。

表 5-4　欧盟、欧元区、欧盟候选国及欧盟主要经济伙伴年均通货膨胀率

经济体	通货膨胀率(%)							
	2009 年	2010 年	2011 年	2012 年	2013 年	2014 年	2015 年	2016 年
欧盟(28 国)	1.0	2.1	3.1	2.6	1.5	0.5	0	0.3
欧元区(19 国)	0.3	1.6	2.7	2.5	1.3	0.4	0	0.2
欧元区(18 国)	0.3	1.6	2.7	2.5	1.4	0.4	0	0.2
比利时	0	2.3	3.4	2.6	1.2	0.5	0.6	1.8
保加利亚	2.5	3.0	3.4	2.4	0.4	−1.6	−1.1	−1.3
捷克	0.6	1.2	2.1	3.5	1.4	0.4	0.3	0.6
丹麦	1.1	2.2	2.7	2.4	0.5	0.4	0.2	0
德国	0.2	1.2	2.5	2.1	1.6	0.8	0.1	0.4
爱沙尼亚	0.2	2.7	5.1	4.2	3.2	0.5	0.1	0.8
爱尔兰	−1.7	−1.6	1.2	1.9	0.5	0.3	0	−0.2
希腊	1.3	4.7	3.1	1.0	−0.9	−1.4	−1.1	0
西班牙	−0.2	2.0	3.1	2.4	1.5	−0.2	−0.6	−0.3
法国	0.1	1.7	2.3	2.2	1.0	0.6	0.1	0.3
克罗地亚	2.2	1.1	2.2	3.4	2.3	0.2	−0.3	−0.6
意大利	0.8	1.6	2.9	3.3	1.3	0.2	0.1	−0.1
塞浦路斯	0.2	2.6	3.5	3.1	0.4	−0.3	−1.5	−1.2
拉脱维亚	3.3	−1.2	4.2	2.3	0	0.7	0.2	0.1
立陶宛	4.2	1.2	4.1	3.2	1.2	0.2	−0.7	0.7
卢森堡	0	2.8	3.7	2.9	1.7	0.7	0.1	0
匈牙利	4.0	4.7	3.9	5.7	1.7	0	0.1	0.4
马耳他	1.8	2.0	2.5	3.2	1.0	0.8	1.2	0.9
荷兰	1.0	0.9	2.5	2.8	2.6	0.3	0.2	0.1
奥地利	0.4	1.7	3.6	2.6	2.1	1.5	0.8	1.0
波兰	4.0	2.7	3.9	3.7	0.8	0.1	−0.7	−0.2

续表

经济体	通货膨胀率(%)							
	2009 年	2010 年	2011 年	2012 年	2013 年	2014 年	2015 年	2016 年
葡萄牙	-0.9	1.4	3.6	2.8	0.4	-0.2	0.5	0.6
罗马尼亚	5.6	6.1	5.8	3.4	3.2	1.4	-0.4	-1.1
斯洛文尼亚	0.9	2.1	2.1	2.8	1.9	0.4	-0.8	-0.2
斯洛伐克	0.9	0.7	4.1	3.7	1.5	-0.1	-0.3	-0.5
芬兰	1.6	1.7	3.3	3.2	2.2	1.2	-0.2	0.4
瑞典	1.9	1.9	1.4	0.9	0.4	0.2	0.7	1.1
英国	2.2	3.3	4.5	2.8	2.6	1.5	0	0.7
冰岛	16.3	7.5	4.2	6.0	4.1	1.0	0.3	0.8
挪威	2.3	2.3	1.2	0.4	2.0	1.9	2.0	3.9
瑞士	-0.7	0.6	0.1	-0.7	0.1	0	-0.8	-0.5
土耳其	6.3	8.6	6.5	9.0	7.5	8.9	7.7	7.7
美国	-0.4	1.6	—	2.1	1.2	1.3	-0.7	—
日本	-1.4	-0.7	3.8	—	—			

资料来源：根据欧盟数据库数据整理得出，http://epp. eurostat. ec. europa. eu/tgm/table. do？tab = table&init = 1&plugin = 1&language = en&pcode = tec00118,2017-06-20。

注：表中数据基于消费价格调和指数（HICPs）。

四、2016 年国际收支账户"一逆一顺"，经常项目顺差较大

2015 年到 2016 年，欧盟（28 国）和欧元区（19 国）的国际收支经常项目表现为较为强劲的顺差趋势，如表 5-5 所示。2016 年全年，欧盟（28 国）从第一季度至第四季度都表现为较大的顺差，第四季度的盈余达到了963.275 亿欧元，高出 2015 年第四季度盈余 350 多亿欧元，相比创历史新高；欧元区（19 国）从第一季度到第四季度都呈现较大顺差，第四季度顺差额达到了 982.590 亿欧元。经常账户表现较大顺差的主要原因是欧元的贬值，欧盟出口产品在海外市场价格降低，增进了欧盟产品的出口竞争优势。2016 年欧盟（28 国）资本账户从第一季度到第四季度都表现为逆差状态，第四季度与 2015 年的第四季度相比较，逆差规模增大；欧元区（19 国）资本账户 2016 年四个季度中有三个季度都呈现逆差状态，仅有一个季度表现为

顺差状态,全年总体表现为逆差状态。

表 5-5　2013 年欧盟国际收支情况

项目	经济体	国际收支情况(亿欧元)				
		2015 年	2016 年			
		第四季度	第一季度	第二季度	第三季度	第四季度
经常账户	欧盟(28 国)	601.898	436.004	570.265	615.526	963.275
	欧元区(19 国)	1 089.870	674.810	959.080	977.700	982.590
资本账户	欧盟(28 国)	−45.391	−47.986	−46.915	−30.467	−69.656
	欧元区(19 国)	87.700	−16.470	−2.170	10.610	−5.470

资料来源:根据欧盟数据库数据整理得出,http://epp.eurostat.ec.europa.eu/tgm/refreshTableAction.do?
tab = table&plugin = 1&pcode = teibp050&language = en;http://epp.eurostat.ec.europa.eu/tgm/table.do?tab =
table&init = 1&language = en&pcode = teibp060&plugin = 1,2017-06-20。

第二节　欧洲难民危机及其影响

　　欧洲历史上的难民问题并不鲜见。由战乱、种族斗争和宗教冲突等导致的难民问题在欧洲历史上多有发生,近代以来欧洲最具代表性的难民问题有 17 世纪英国清教徒逃往新大陆,18 世纪法国大革命期间胡格诺教徒逃往普鲁士,1917—1921 年俄国十月革命和苏俄内战期间近 150 万人逃往欧洲其他各国,第二次世界大战期间德国法西斯对犹太人的种族迫害和侵略战争导致的欧洲难民问题。第二次世界大战之后,西亚与北非地区因地缘政治战略地位而成为大国博弈的主战场,加之该地区复杂的历史背景、种族矛盾、宗教冲突和社会矛盾等原因,爆发了中东战争、两伊战争、海湾战争、伊拉克战争等。而欧洲作为与西亚和北非地区相邻的地区,经济不断发展,就业形势很好,对于寻求避难的难民具有极大吸引力。因此,欧洲是第二次世界大战以来西亚和北非地区难民首选的目的地。尽管过去每年都有难民流向欧洲,由于规模相对较小,所以并没有出现难民危机。然而,2015 年 1 月开始,来自叙利亚、阿富汗、伊拉克等国家和地区的难民涌向欧洲,形成了第二次世界大战以来最大的难民潮,据欧盟边境管理局的统计数据显示,2014 年全年共有难民数为 282 962 人,而 2015 年激增至

1 822 337 人,同比增长率 544%。① 涌向欧洲的难民如此爆发式增长,冲击着欧洲边境线、考验着欧洲一体化政策,冲击之烈,影响之深,挑战之巨,表明欧洲正在面临一场严重的难民危机。

一、欧洲难民危机的产生和发展

自第二次世界大战以来,世界各地的难民申请去往欧洲避难的事件每天都会发生。从 1983 年到 1990 年,到欧洲寻求避难的总人数约是 170 万人。从绝对数量上来看,难民目的地主要集中在联邦德国(约 70 万人)、法国(约 28 万人)、瑞典(约 14 万人)、奥地利(约 10 万人),其他西欧国家都保持在 10 万人以下。② 冷战时期结束后,由于战争、宗教冲突、社会动荡等原因,欧洲邻近的国家和地区成为欧洲难民的主要来源地,比如伊拉克、阿富汗、科索沃等。2010 年后难民人数有所增加,对于欧洲边境和欧洲难民事务造成一定的压力,但是,尚不构成难民危机。2015 年后,大量的难民从 5 条线路涌入欧洲。第一条线路是地中海东部一线。"这条线路介于土耳其和位于东爱琴海的希腊各岛屿的地带,难民穿过马其顿,通过西巴尔干半岛,到达匈牙利与塞尔维亚边境,并在那里申请避难。"③在匈牙利采取边境管制措施后,2015 年 9 月中旬大批难民转向了克罗地亚和塞尔维亚边境。第二条线路是地中海中部一线。在希腊、意大利和法国的海岸线上,每天都会有数以千计的难民抢滩或偷渡。第三条线路是地中海西部一线。通过这条线路进入欧洲的难民主要是次撒哈拉沙漠地区的难民,他们过去主要是渡海到西班牙和摩洛哥,现在,则"转道利比亚"④。第四条线路是西非海上线路。北非的难民通过连接塞内加尔、毛里塔尼亚和摩洛哥的西班牙加那利群岛进入欧洲。第五条线路是所谓北冰洋线路。这是一条"2015 年新出现的线路,通过挪威、芬兰和俄罗斯边境"⑤进入欧洲。

2015 年欧洲出现了第二次世界大战以来从未有过的难民危机,应对难民问题的混乱情景和难民的悲惨景象引起了国际社会对欧洲难民问题的高度关注。

①　FRONTEX. Risk Analysis for 2016 [EB/OL]. http://frontex. europa. eu/assets/Publications/Risk_Analysis/Annual_Risk_Analysis_2016.pdf,2017-05-30/2017-06-30.

②　宋全成,赵雪飞.论欧洲难民问题及其消极影响[J].人文杂志.2007(2).

③　FRONTEX. Risk Analysis for 2016 [EB/OL]. http://frontex. europa. eu/assets/Publications/Risk_Analysis/Annual_Risk_Analysis_2016.pdf,2017-05-30/2017-06-30.

④　FRONTEX. Risk Analysis for 2016 [EB/OL]. http://frontex. europa. eu/assets/Publications/Risk_Analysis/Annual_Risk_Analysis_2016.pdf,2017-05-30/2017-06-30.

⑤　FRONTEX. Risk Analysis for 2016 [EB/OL]. http://frontex. europa. eu/assets/Publications/Risk_Analysis/Annual_Risk_Analysis_2016.pdf, 2017-05-30/2017-06-30.

2015 年,欧盟成员国报告称共有 1 822 337 人非法入境,这是历史上从未有过的数字,约是 2014 年的 6.4 倍。2015 年 1 月份的非法入境人数超过 20 000 人,而 2009—2014 年 1 月份平均为 4 700 人。2015 年 1 月以后,非法入境人数每个月均创新高,7 月份达到 100 000 人,12 月份便超过了 220 000 人。① 欧洲难民主要来源地分别是叙利亚、阿富汗、伊拉克、巴基斯坦、厄立特里亚、伊朗、科索沃、尼日利亚、索马里等,2015 年这些国家的难民人数与 2014 年相比呈惊人的倍数增长(见表 5-6)。

表 5-6 欧洲主要难民来源地及其涌入欧洲的难民人数

来源地	涌入欧洲难民数(人)			
	2012 年	2013 年	2014 年	2015 年
叙利亚	7 903	25 546	78 764	594 059
阿富汗	13 169	9 494	22 132	267 485
伊拉克	1 219	537	2 110	101 285
巴勒斯坦	4 877	5 047	4 059	43 314
厄立特里亚	2 604	11 298	34 586	40 348
伊朗	611	404	468	24 673
科索沃	990	6 357	22 069	23 793
尼日利亚	826	3 386	8 715	23 609
索马里	5 038	5 624	7 676	17 694
其他	33 078	36 101	101 997	129 645
合计	72 437	107 365	282 962	1 822 337

资料来源:FRONTEX. Risk Analysis for 2016〔EB/OL〕. http://frontex.europa.eu/assets/Publications/Risk_Analysis/Annual_Risk_Analysis_2016.pdf,2017-05-30/2017-06-30.

欧洲难民危机的发展进程大致可被划分为三个阶段。2015 年 1 月至 2015 年 9 月为第一阶段,叙利亚内战以及美国及其盟国对"伊斯兰国"恐怖组织的空中打击产生了数以百万计的难民。据欧盟边防局称,2015 年 1 月至 7 月约 34 万移民来到欧洲,远高于去年同一时期的 12 万人。2015 年 5 月到达欧洲的非法移民刷新历史纪录,7 月更是暴涨,逾 10 万名非法移民进入欧盟成员国境内,是

---

① FRONTEX. Risk Analysis for 2016〔EB/OL〕. http://frontex.europa.eu/assets/Publications/Risk_Analysis/Annual_Risk_Analysis_2016.pdf,2017-05-30/2017-06-30.

2014 年 7 月的 3 倍。① 面对如潮水般涌入的难民,欧盟委员会没有协调一致的应对措施,放任其发展,导致难民危机的出现。2015 年 9 月至 11 月为第二阶段,从第一个阶段到第二个阶段的转折点是 2015 年 9 月来自叙利亚的小难民艾兰·库尔迪(Aylan Kurdi)遇难的照片在网上发布后,欧洲面临国际社会的道德谴责。在国际社会和国际媒体形成的强大舆论压力之下,9 月 9 日在斯特拉斯堡举行的欧洲议会会议上欧盟委员会主席容克提出,欧盟将采取"一揽子"措施应对难民危机,"一揽子"措施主要是欧盟成员国分担难民等一系列举措。对于"一揽子"措施,德国和法国表示支持,捷克和斯洛伐克等东欧国家则表示反对。尽管如此,在对待难民问题上,欧洲国家的行为已经从过去消极应对、徘徊迟疑、裹足不前转向了人道主义救助、积极安置和接纳难民。即使东欧国家持反对态度,但相继开放边境,允许难民过境,进入西欧国家。2015 年 11 月以后为第三阶段,2015 年 11 月 13 日晚,在法国巴黎发生了系列恐怖袭击事件。这次由恐怖组织"伊斯兰国"发动的、由以叙利亚难民身份进入欧洲的恐怖分子实施的暴力恐怖活动,造成数百人死伤,震惊世界。法国巴黎系列恐怖袭击事件发生后,为了顺应民意,欧洲各国采取了加强边防检查、遣返难民的举措。

二、欧洲难民危机的主要原因与主要特征

在世界历史上,难民潮曾多次出现,但是,出现难民危机的情况并不多见。此次难民潮转变为欧洲难民危机,是内外因共同作用的结果。

就外部原因来说,第一,长期以来美国的中东政策直接或间接造成了西亚、北非地区局势动荡,尤其是最近几年涌向欧洲难民人数骤然上升。地区局势的恶化是难民骤然增加的催化剂,大量难民的突然涌入出乎欧盟各成员国的预料,欧洲各国在难民应对方面乱了方寸。第二,移民传统因素与地缘因素导致难民避难目标是前往欧洲国家。从移民传统来看,欧洲,尤其是西欧国家一直被西亚、北非地区难民视为避难的天堂;从地缘因素来看,从西亚、北非地区到欧洲较近,无论选择陆路还是海路,所需时间都比较短,所需费用也比较少。因此,进入欧洲成为西亚、北非地区难民的理性选择。有数据表明,截至 2015 年 12 月 21日,2015 年经由陆路或海路进入欧洲的非法移民人数超过 100.5 万,其中大约82 万人经由海路抵达希腊,15 万人经由海路抵达意大利,超过 3 600 人在偷渡

---

① 任彦.分歧严重 互相推诿 欧盟何以难解移民危机(国际视点)[EB/OL]. http://world.people. com.cn/n/2015/0824/c1002-27504223.html,2015-08-24/2017-06-21.

途中死亡或失踪。① 如此大量的难民涌入,冲击着欧洲国家的边防线,挑战欧洲各国应对难民问题的能力。

就内部原因来说,第一,欧洲各国在经历了金融危机和主权债务危机后,经济刚刚复苏,仍然面对高债务、高失业率、低增长、低通胀等经济问题,不仅存在严重的财政压力,还面临就业、教育、社会稳定等方面的压力。因此,欧洲各国对接收难民的态度难免暧昧,举棋不定。第二,近年来欧洲政坛民粹主义、民族主义乃至极端民族主义抬头,右翼政党的支持率上升,出现了强烈反对欧洲一体化政策的倾向,加之,恐怖势力不断在欧洲制造恐怖活动,导致欧洲多国发生反伊斯兰大游行,广大民众对移民政策有不满情绪。第三,欧盟内部法律框架存在的缺陷导致欧盟各成员国难以形成协同一致的措施来应对难民问题。按照联合国《关于难民地位的公约》,欧盟成员国应遵循公约规定的"不退回原则"。针对难民事务,欧盟建立了《都柏林公约》,该公约规定了难民提交的申请由第一次到达的成员国负责。但是,这就同《申根协定》所规定的"人员自由流动"原则形成冲突,也为难民入境国家留下操作空间。欧洲难民危机呈现以下主要特征。

第一,地域性特征。此次欧洲难民危机的根源是西亚、北非地区的局势动荡,尤其是叙利亚、伊拉克等是局部战争和政局动荡的重灾区,产生了数以百万计的难民。由于多种因素,欧洲国家一直以来是西亚、北非地区难民的避难首选,此次难民潮涌向欧洲是历史的延续。

第二,国别特征。本次难民危机的国别特征可以从两个角度审视。从难民产生的国别来看,主要是叙利亚、阿富汗、伊拉克、巴勒斯坦、科索沃、索马里等国家,其中最主要的是叙利亚和阿富汗。联合国难民署的数据表明,2015 年 1—8 月 30 万难民进入欧洲,超过 2014 年的总和,其中 80% 来自叙利亚。② 从难民接纳国来看,德国是最主要的接纳国,德国原计划 2015 年接受 80 万难民,而这个计划在 2015 年 10 月底就被打破了,当时德国正式登记的难民数字就已经达到758 500 人。③ 相比之下,高举人道主义和人权旗帜的法国、英国,尤其是北欧国家和东欧国家相形见绌,表现出推诿、暧昧和消极。

第三,宗教冲突特征。此次难民危机背后的宗教冲突特征明显,从而也造成此次难民危机的复杂性特质。从大量的难民产生缘起来看,美国为首的基督教

---

① 张旌.德国海军 2015 年共救起万余非法移民[EB/OL]. http://www.chinanews.com/gj/2015/12-28/7690575.shtml,2015-12-28/2017-05-30.

② 宋全成.欧洲难民危机:结构、成因及影响分析[J].德国研究.2015(3):41-53.

③ 德国 11 月新增难民数量将达新高 安全问题成最大心病[EB/OL]. http://news.cntv.cn/2015/11/27/ARTI1448608951347693.shtml,2015-11-27/2017-06-30.

国家集团对伊斯兰教国家的干预和军事打击,造成了叙利亚、阿富汗、伊拉克等伊斯兰教国家的持续动荡、内战和种族冲突,从而导致大量的伊斯兰教难民背井离乡,纷纷奔赴欧洲寻求避难。从难民接纳国家来看,欧洲国家都是基督教国家。多次暴力恐怖活动的发生,更是体现出难民问题的宗教冲突特征。

第四,合作不力特征。面对欧洲难民危机,欧盟各个成员难以形成协调一致的机制,难以采取行之有效的措施,反而是相互推诿、相互指责又各行其是。

三、欧洲难民危机的影响

欧洲难民危机反映了欧盟作为超国家的国际关系主体在一体化进程中所面临的严峻挑战,将导致欧盟对外政策和周边战略的重大调整;难民危机也势必为欧洲一体化带来更多的不确定因素;难民危机后的欧洲社会也将面对更为复杂的局面。

(一)欧盟对外政策和周边战略将会出现可预见的重大调整

第二次世界大战以来,欧洲的外交政策一方面依赖美国,成为美国的西方忠实盟友,在西亚、北非地区政策上,基本上唯美国马首是瞻;另一方面,随着欧洲一体化进程的推进,欧洲逐渐形成了周边战略的核心理念和路径,简单来说,欧盟周边战略理念是扩展所谓"欧洲模式",仿效欧盟"南进"和"东扩"进程中形成的关键性理念和程序,实施社会化战略与条件性战略相结合的"领域—扩张"政策。[1] 西亚、北非部分地区的战争和内乱,以及由于地缘关系和长期实施的解决难民问题的人道主义传统,导致欧洲各国为难民危机所困,这暴露了欧盟周边战略的困境。首先,周边国家缺乏"欧洲模式"的现实基础。欧盟成功扩大后,欧盟内部存在一个共识,即"欧盟将成为未来世界秩序的模范",尽管周边国家不能成为欧盟成员国,但是,通过引导和支持,能够加强周边国家的欧洲化进程。[2] 然而,西亚、北非地区国家存在着边界冲突和复杂的宗教、种族冲突,使"欧洲模式"难以延伸,同时,周边国家也缺乏对"欧洲模式"的认同。随着周边地区陷入战争、内战和动乱,欧盟的精英们逐渐意识到向周边地区推行"欧洲模式"是值得检讨的。其次,欧盟周边战略存在价值观与现实利益的冲突。西亚、北非地区关系到欧盟的能源和社会安全等重大利益,欧盟在该地区推行民主化和政治多元化等主流价值观的同时,不得不顾及能源和社会安全利益,因此,欧盟一直在

---

① Judith Kelley. New Wine in Old Wine Skins: Promoting Political Reform through the New European Neighbourhood Policy[J], Journal of Common Market Studies,2006,44(1).

② Ulrich Speck. EU Faces Tough Choices in the Neighbourhood[EB/OL]. https://euobserver.com/opinion/128728,2015-05-18/2017-06-30.

价值观与安全利益之间寻求平衡，但很难找到平衡点。在"阿拉伯之春"后，欧盟紧随美国，完全改变了过去的周边战略政策，转变为不惜动用武力，支持所谓的民主进程。然而，随着西亚、北非地区局势的不断恶化，大量的难民涌入欧洲。发生欧洲难民危机后，欧盟开始反思，周边战略又回归到安全与稳定优先的状态。最后，欧盟对外治理能力不足。作为独特国际行为主体的欧盟不仅在采取国际行动方面缺乏硬实力，而且欧盟成员国出于对自身国家利益的追求，严重弱化了其共同行动的能力。欧盟一直致力于共同安全和共同防务，但是难有实质性成就。欧盟应对周边地区的安全问题，不得不依靠美国主导的北约。难民危机爆发后，欧盟清醒地认识到自己正在为美国中东政策的失败买单。但是，如果欧盟不去主动参与中东地区国际事务，一旦中东地区成为美俄地缘争斗的战场，欧盟必将被动吞下更加严重的难民危机苦果。

难民危机已经引发欧盟深层思考，并促使欧盟进行对外政策和周边战略的重大调整。欧盟委员会于2015年11月出台了新的周边战略文件，放弃了以"欧洲模式"推进周边国家改革进程的理念，淡化意识形态，寻求共同利益基础，坚持利益交换原则，务实发展同周边国家的伙伴关系。由此可见，欧盟外交政策和周边战略的重大调整势在必行。首先，欧盟对外政策和周边战略将更加务实。欧盟新周边战略文件明确了需要探索"区别化"原则下对不同国家的合作方式。正如有欧洲学者指出的，"欧盟内部对周边政策的反思已很理性"①。其次，稳定与安全将成为欧盟周边战略的核心目标。难民危机和恐怖主义威胁迫使欧盟重新选择以"安全与稳定"为核心目标。在2015年12月举行的欧非峰会上，欧盟宣布设立应对难民问题的"紧急信托基金"，总额为18亿欧元。② 2016年7月5日，欧盟委员会提出建议，投入1亿欧元的发展援助基金资助伙伴军队应对非法移民，解决难民危机。③ 最后，欧盟面对周边问题将开展更广泛的合作。周边地区具有明显的"地缘政治"属性，尤其是难民危机的爆发，进一步显示了周边问题的复杂性。为了应对周边问题，欧盟不能将任务扛在自己的肩上，更不能仅仅依靠某一个伙伴，应当开展更广泛的合作。

（二）难民危机诱发了欧盟多重危机

难民危机直接导致欧盟的国际声誉受损，进一步加剧了欧盟内部的分裂，并

① Ulrich Speck. EU Faces Tough Choices in the Neighbourhood [EB/OL]. https://euobserver.com/opinion/128728,2015-05-18/2017-06-30.

② 欧非峰会：欧盟解决难民问题，破财消灾远远不够[EB/OL]. http://world.people.com.cn/n/2015/1113/c157278-27813501.html, 2015-11-13/2017-06-30.

③ Nikolaj Nielsen. EU Development Aid to Finance Armies in Africa[EB/OL]. https://euobserver.com/migration/134215,2017-05-30/2017-06-30.

严重威胁着欧洲一体化进程。

首先,欧盟的国际声誉因难民危机而受损。欧洲一直高扬人道主义和人权的大旗,占据着人道主义和人权的道德高地,常常以道德捍卫者的姿态对待发展中经济体,但是,面对此次难民危机,欧盟各成员国态度暧昧、踟蹰不前、互相推诿、应对不力的现实遭到国际社会的批评。

其次,难民危机导致欧盟内部裂隙加深。主权债务危机造成欧洲南部国家(意大利、希腊等)与北部国家(德国、英国等)的严重对立,难民危机则加剧了欧盟内部的东西分裂。面对难民危机,东部国家捷克、斯洛伐克、匈牙利等承受的压力较大。加之难民死亡惨剧的发生,道义压力也随之上升。对于德国在欧盟推动的"配额制"方案,东欧国家表示强烈反对,西欧国家对东欧国家则进行强烈指责,而英国因不属于申根国家则是一副超脱的姿态。

最后,难民危机严重威胁着欧洲一体化进程,进而造成欧盟合法性危机。《申根协定》是欧洲一体化的根基,难民危机已经严重挑战了《申根协定》,为了应对难民危机,多个成员国暂停执行《申根协定》,恢复了边境控制。《申根协定》出现了解体的危险。难民危机也导致欧盟合法性危机,面对难民危机,欧盟无法协调成员国之间的严重分歧,难以形成共同的应对方案,暴露了欧盟机构行动能力的缺陷。尤其是,英国"脱欧"公投的结果,更加剧了欧盟合法性危机。

(三)难民危机后时代的欧洲社会也将面临更为复杂的局面和挑战

难民危机之后,进入欧洲各国的大量难民的安置问题、就业问题、子女教育问题乃至难民同当地居民的矛盾与冲突问题都将是欧洲各国必须面对的严峻问题。尤其是欧洲的民粹主义、民族主义正在抬头,右翼政治势力正在崛起,排外思想和势力正在加强,欧洲一体化的前途面临许多不确定性。更加值得关注的是,恐怖分子混入难民队伍的可能性以及恐怖组织在进入欧洲的难民中招募、培训新成员的可能性。

第三节　英国"脱欧"的原因及其影响

一、英国"脱欧"的进程

无论历史还是现在,英国与欧盟的关系都是比较复杂的。由于多种因素,长期以来英国与欧洲大陆都是若即若离的。即使加入欧盟后,英国疑欧情绪也一直存在。近年来,英国民众对欧盟的不满情绪再次高涨,继 1975 年英国第一次"脱欧"全民公投之后,英国再次走上了"脱欧"之路。英国"脱欧"的进程大致如下。

（1）时任首相卡梅伦正式提出公投

2013 年 1 月 23 日,时任英国首相卡梅伦正式发表关于英国与欧盟关系前景的讲话。卡梅伦承诺若赢得 2015 年大选,将在一年内制定与欧盟关系新原则,然后,就继续留在或退出欧盟,举行全民公投,让人民选择。

（2）媒体围绕公投进行民调

2013 年 1 月 29 日至 2 月 6 日英国《金融时报》进行了 2 114 名成年人参加关于"脱欧"公投的调查。结果显示,对举行全民公投表示赞同的为 50%,表示反对的仅有 21%。认为欧盟成员国资格对英国是有利的为 45%,持相反观点的为 34%。① 绝大多数受访者希望欧盟改变在移民和司法领域的政策。

（3）卡梅伦提出提前公投计划

出于党争考虑和竞选需要,防止对欧盟的怀疑情绪上升导致一些保守党选民转而将选票投给反欧盟的英国独立党,2015 年 1 月 4 日,卡梅伦表示,公投必须在 2017 年年底前举行,如有可能,公投提前举行。2015 年 3 月 17 日,卡梅伦表示,如果他赢得 5 月选举,承诺重新协商英国与欧洲的关系,包括移民等问题,然后在 2017 年以前举行公投。

（4）开始正式公投

2016 年 6 月 23 日上午 7 点英国举行了"脱欧"全民公投。投票持续 15 小时,结果是:投票支持"脱欧"的为 51.9%,支持留欧的为 48.1%。②

（5）针对公投的请愿活动

英国公投结果公布的当天,有人在英国议会网站发起二次公投的请愿活动,请愿签名人数高达 400 万,创请愿签名人数历史最高纪录。按照惯例,请愿签名超过 10 万人,英国议会就需要考虑就请愿事项进行讨论。2016 年 7 月 9 日,英国政府正式拒绝了逾 413 万人要求第二次"脱欧"公投请愿。③ 英国外交部宣布首相和政府态度,必须尊重此前公投的结果,确保英国民众利益。

（6）高院裁决与通过法案

---

① 英国脱欧公投背景［EB/OL］. http://news.cri.cn/20160612/d2c4b799 - 1a99 - 82df - da02 - ca79e9fa64ab.html,2016-06-12/2017-06-30.

② 英国投票决定脱离欧盟 "脱欧"支持率 51.9% "留欧"支持率 48.1%［EB/OL］. http://tv.cctv.com/2016/06/24/VIDEkxhVeURdFCwcYWJGb7jm160624.shtml, 2016-06-24/2017-06-30.

③ 英国政府正式拒绝举行二次公投的请愿 确保民众利益得到保证［EB/OL］. http://www.sohu.com/a/103132426_412025, 2016-07-09/2017-06-30.

以吉娜·米勒为代表的反对人士控告英国政府,认为不经过议会投票而启动"脱欧"程序属非法。2016 年 11 月 3 日,经英国高等法院裁定,政府正式启动"脱欧"程序之前,必须经议会批准。2017 年 2 月 1 日晚,英国议会下议院投票通过政府提交的"脱欧"法案,授权时任首相特雷莎·梅启动"脱欧"程序。

（7）女王批准法案并授权"脱欧"谈判

2017 年 3 月 16 日,英国女王伊丽莎白二世批准了"脱欧"法案,并授权特雷莎·梅启动"脱欧"程序。2017 年 3 月 20 日,英国首相府新闻发言人对外公布,英国决定于 3 月 29 日向欧盟正式递交"脱欧"申请,按照《里斯本条约》第 50 条之规定,开始"脱欧"谈判。2017 年 3 月 29 日,特雷莎·梅致函欧盟,英国驻欧盟大使已将"脱欧"函递交欧洲理事会主席图斯克,英国"脱欧"程序正式开启。

（8）欧盟正式批准启动英国"脱欧"谈判

2017 年 5 月 22 日,欧盟理事会发布消息,欧盟正式批准启动英国"脱欧"谈判。谈判分阶段进行:第一阶段是协商财务结算、公民权利和爱尔兰边界等问题;第二阶段是在英国正式退出欧盟后,就未来关系问题展开讨论。

二、英国"脱欧"的原因

（一）历史与地理原因

英国对欧盟一直存有戒备之心。在第二次世界大战还没有结束时,首相丘吉尔就倡议成立"欧洲合众国",却主张英国自外于"欧洲合众国"。丘吉尔认为,英国虽是欧洲国家,但英国则是"日不落帝国"的中心,不能像法国、德国一样作为成员国加入"欧洲合众国",若如此,则与自己的高贵身份不般配。可是,随着欧洲煤钢联盟的建立,欧洲大陆市场一体化的深入,英国态度又发生了变化,自 1961 年三次申请加入欧共体,然而,申请均遭到拒绝。1973 年英国才正式成为欧共体成员国。然而,1973 年的石油危机引发欧洲经济困难,在此背景下加入欧共体后仅仅两年,英国就要脱离。1975 年英国"脱欧"公投未获通过。英国人称欧洲大陆为"欧洲",反映了英国人身处欧洲却自外于欧洲的心态。地缘关系决定了英国与欧洲大陆之间是一种若即若离的关系。英国是位于欧洲大陆西北隅的一个岛国,并不是欧洲大陆的一部分,联系终归有限。这种地理距离使英国在历史上既享有政治独立,又与欧洲大陆保持千丝万缕的联系,既可以一定程度地避开战祸,又可以方便地吸纳先进的大陆文化。英国的地缘格局、英联邦遗产等因素决定了英国同欧洲大陆国家保持距离,如不加入欧元区(保留货币主权)、不加入《申根协定》、不参与政治一体化进程等。这些都为英国再次

"脱欧"埋下了历史伏笔。

（二）文化原因

从英国人的文化基因来看,英国文化与欧洲大陆文化之间存在很大差异。英国文化基因与美国、加拿大的文化基因是一致的。从这个意义上,英国与欧洲大陆的距离要比英国与美国、加拿大的距离要宽得多。英国保守的政治传统、海洋法系的法律体系、崇尚渐进理性等与欧洲大陆比较激进的政治、大陆法系的法律体系以及崇尚建构理性迥然不同。欧洲大陆历史上出现的拿破仑式的统一企图就是建构理性外化的成果。"二战"后欧洲一体化进程中产生的欧盟乃至欧元区则是顶层设计的产物,是建构理性外化的另一成果。而英国孤悬海外,对这样的欧洲大陆文化传统一直保持警惕甚至怀疑态度。随着欧洲一体化的深化,欧盟越来越向"联邦国家"方向发展,冲击了英国人渐进理性的文化底线。近年来,欧洲经济不景气,困难重重,加之不断恶化的难民问题和欧洲社会安全问题,多重困境正考验欧洲的社会经济模式。欧洲面临的这些负面事件使英国人产生严重的疑欧倾向,并激发"脱欧"意愿,甚至将脱离欧洲看成英国复兴的一条路径选择。

（三）现实原因

首先是现实的政治原因。尽管英国加入了欧盟。但是英国对欧洲的怀疑情绪从来都没有消除,不加入《申根协定》,也不加入欧元区。近年来,由于欧洲经济出现各类问题,加之社会安全问题凸显,进一步加深了英国民众对欧洲一体化的怀疑。英国独立党(UKIP)崛起,而选民越来越多地支持英国独立党,相反,主流政党的支持率却不断下降。时任英国首相卡梅伦出于政治考量,于 2012 年 7 月发文提出"脱欧"公投。2013 年卡梅伦承诺若赢得 2015 年的大选,将于 2017 年年底前进行"脱欧"公投。2016 年 6 月 23 日英国正式举行"脱欧"全民公投。2016 年 7 月 13 日特蕾莎·梅正式接任英国首相,尽管她表示英国"脱欧"面临重大改变,但是英国必须"迎接挑战"。

其次是现实的经济原因。在欧盟预算中,英国缴纳比例大约为 1/8。[1] 但是,德法两国利用在欧元区内的有利地位,获得了巨大利益。可是,英国不在欧元区,并没有获得相应的利益。欧盟要求英国补缴预算 21 亿欧元。21 亿欧元对英国政府不仅是巨大的财政压力,而且还将大大影响英国的大选。[2] 所以,时任首相卡梅伦非常震怒,出于切身利益的考虑,提出"脱欧"公投。

---

[1]　英国退欧的"莎式"剧情［EB/OL］.http://paper.people.com.cn/gjjrb/html/2015－06/08/content_1573989.htm,2015-06-08/2017-06-30.

[2]　脱欧后果,到底谁才是最后的"输家"？［EB/OL］.http://finance.qq.com/original/caijingzhiku/UKto.html,2016-07-09/2017-06-30.

最后是主导权的原因。德法主导的欧盟意在迫使英国放弃英镑,加入欧元区。然而,英国人认为加入欧元区就等于将命运主导权交给了别人。基于长期的历史原因,英国不希望欧洲大陆继续进一步整合;而德国和法国要通过让英国承担更大责任的方式,进一步推进欧洲一体化整合。因此,英国必然会反弹并试图阻止。可以说,英国"脱欧"不仅涉及欧盟主导权之争。同时,也存在西方主导权之争,第一次世界大战以前,欧洲主导世界。两次世界大战使欧洲元气大伤,美国乘机上位。第二次世界大战后,欧洲大陆的主要国家很快成立了欧共体。过去 20 年来,在世界主导权方面,尤其是涉及欧洲的国际事务主导权方面,美国与欧洲诸国暗战不断。如果美国要保持对欧洲的足够大的影响力,就必须阻止欧洲大陆的进一步一体化。第二次世界大战之后,英国一直在美国与其他欧洲国家之间骑墙居中,两边通吃。德国和法国迫使英国融入欧盟的态度是英国不能接受的。

三、英国"脱欧"的影响

(一)英国"脱欧"对欧盟的影响

第一,英国"脱欧"无疑将使欧盟与其成员国之间的关系出现不确定性。首先,欧盟委员会与英国的"脱欧"谈判,将面临各种不确定性。其次,在英国"脱欧"背景下,欧盟的改革被提上议事日程。对于欧盟未来的改革,成员国之间存在意见分歧在所难免。最后,英国"脱欧"将产生示范效应,更多的成员国会考虑"脱欧",欧洲一体化前景面临严峻考验。

第二,英国"脱欧"将会导致欧盟经济发生波动。英国"脱欧"谈判涉及各个领域的关系,而未来谈判难度巨大、持续时间较长,由此而导致的不确定性会造成欧盟经济的波动和不稳定性。

第三,英国"脱欧"对欧盟预算、资本市场一体化、贸易协定谈判、金融机构等均会带来冲击,拖累欧盟经济。在欧盟预算中,英国是排在德国、法国、意大利之后的第四大净出资国。正如专家们普遍认为的那样,英国"脱欧"将拖累欧盟经济的增长。

(二)英国"脱欧"对英国自身的影响

首先,受"脱欧"影响,短期内英国经济有可能陷入衰退。IMF 的一份报告中指出,"脱欧"将对英国经济前景产生巨大的负面影响,经济增速可能会进一步放缓。①

其次,英国"脱欧"对其与欧洲的贸易带来负面冲击。英国对欧盟的的出口占英国出口总额的46.9%,位列第一。同时,欧盟是英国第一大进口来源地,英国进口总额的52.3%来自欧盟。② 英国"脱欧"将导致英国经济赖以运转的许多协议、规定和法律依据需要重新修订,英国经济势必发生剧烈震荡。比如,脱欧后英国在欧洲单一市场的准入问题,要重开欧盟贸易协定谈判,数以千计的欧盟法规要写入英国法律。穆迪公司评估认为,在短期甚至中期内,脱离欧盟将对英国经济带来负面影响。此外,英国"脱欧"后在欧盟贸易政策上的话语权将减弱。

再次,"脱欧"将会导致伦敦的国际金融中心地位受到很大冲击。英镑遭到挤兑的风险很大。德意志银行预测,英国"脱欧"后,英镑汇率将走低。同时,英国股市、房地产市场都将面临下挫的风险。

最后,"脱欧"对英国人的生活来说,利弊互见。主张"脱欧"的人认为,"脱欧"将使英国民众得到以下好处。第一,控制移民。移民问题是英国民众关注的重要问题,尤其当前的欧洲移民危机令英国人担心,欧盟移民抢占了当地民众的就业机会,造成教育、医疗等公共资源不足,影响当地居民生活水平。第二,降低生活支出。英国人认为,欧盟的共同关税政策旨在保护农业和制造业,从而导致居民需要面对更高的农产品价格。英国"脱欧"后,只需要支付与世界上其他地方相同的价格,食品价格会更加便宜。而"脱欧"反对者则认为"脱欧"会带来以下损失。第一,"脱欧"将导致家庭收入损失。第二,"脱欧"不利于英国长期经济增长。第三,欧洲大陆签证难带来的福利损失。英国"脱欧"后,英国公民赴欧洲大陆将需要签证,一定程度上影响英国公民的福利,尤其是英国大学生在欧洲大陆的求学机会受到影响,无法享受费用较低的欧洲大陆大学教育。

(三)英国"脱欧"对中国的影响

1. 英国"脱欧"对中国经济的影响

第一,英国"脱欧"对中英贸易既有有利影响,也有不利影响。就中英货物贸易而言,可能的有利影响是英国"脱欧"后,英镑兑人民币汇率有可能下跌,有利于从英国进口商品,增加消费的多样性和选择性;英国"脱欧"后,中国将有机会进口英国制造业先进技术,有利于中国制造业升级;"脱欧"后的英国需要吸引外来投资,将有利于中国企业在英国投资。可能的不利影响是英国"脱欧"

---

① 全面解读英国脱欧 你想知道的一切都在这![EB/OL].http://www.sohu.com/a/131073440_666879,2017-03-30/2017-06-30.

② 英国将成"孤立小国",脱欧后将对中国经济金融影响巨大[EB/OL].http://www.sohu.com/a/114719523_477183,2016-09-20/2017-06-30.

后,面对英国高标准质检要求,中国产品出口压力增大。就服务贸易而言,英国"脱欧"后,英国在欧盟市场上的服务贸易份额将缩减,有利于加强中英之间的服务贸易往来,实现中英服务贸易的互利共赢,比如进一步加强中英金融服务贸易合作。第二,英国"脱欧"会造成对主要货币汇率的影响,对中国外汇市场造成间接影响。第三,英国伦敦作为人民币离岸结算中心,为人民币国际化提供了平台。英国伦敦国际金融中心地位将因"脱欧"而遭受负面冲击,进而影响人民币国际化的进程。

2. 英国"脱欧"对中英关系、中欧关系的影响

第一,英国"脱欧"之后,中英两国单独进行自由贸易协定谈判,可能会推动中英经贸关系的发展。第二,原来部分中国企业将相对宽松的英国市场作为进入欧洲市场的跳板,一旦英国"脱欧",英国作为跳板的功能也就失去了。第三,作为欧盟的重要成员国,英国曾支持欧盟承认中国的市场经济地位,主张中国与欧盟进行自由贸易协定谈判。缺少了英国,欧盟贸易保护主义将会上升,将会给中欧经贸关系带来负面影响。

第四节   2016 年中国与欧盟经贸关系及其问题

一、中国与欧盟经贸关系

随着欧洲经济复苏并呈现出较为稳定的增长态势,2016 年中欧经贸关系发展势头良好。如表 5-7 所示,2016 年欧盟进口中国占比约为 20.2%;出口中国占比约 9.7%,仅次于美国。2016 年中国依然是欧盟的第二大经贸伙伴国。中国海关总署的统计资料表明,2016 年中国内地与欧盟贸易总额为 5 147.7 亿欧元,出口额为 3 446.6 亿欧元,进口额为 1 701.2 亿欧元。① 无论是进口额、出口额还是进出口总额均显示中欧双方在相互的经贸战略中都应居于重要的地位。

---

① 根据欧盟数据库整理得出,http://ec.europa.eu/eurostat/tgm/refreshTableAction.do?tab=table&pcode=tet00035&language=en,2017-04-30/2017-06-30。

表 5-7　2016 年欧盟 28 国与主要贸易伙伴的贸易情况

贸易伙伴	贸易项目平衡 （亿欧元）	出口额 （亿欧元）	进口额 （亿欧元）	进口占比 （％）	出口占比 （％）
美国	1 146.619	3 622.249	2 475.629	14.5	20.8
中国内地	−1 745.401	1 701.156	3 446.557	20.2	9.7
俄罗斯	−463.761	724.055	1 187.817	7.0	4.1
瑞士	208.603	1 424.875	1 216.272	7.1	8.2
挪威	−145.642	483.788	629.430	3.7	2.8
土耳其	113.411	780.115	666.704	3.9	4.5
日本	−83.390	581.284	664.674	3.9	3.3
韩国	30.808	445.105	414.297	2.4	2.6
巴西	15.533	309.061	293.527	1.7	1.8
印度	−14.747	378.005	392.752	2.3	2.2
沙特阿拉伯	149.004	339.151	190.147	1.1	1.9
加拿大	61.300	352.196	290.896	1.7	2.0
阿尔及利亚	38.644	203.651	165.007	1.0	1.2
阿拉伯联合酋长国	366.582	458.615	92.033	0.5	2.6
新加坡	119.563	314.317	194.754	1.1	1.8
中国香港	167.827	349.963	182.135	1.1	2.0
墨西哥	141.158	339.185	198.027	1.2	1.9
澳大利亚	193.595	324.326	130.731	0.8	1.9
尼日利亚	−19.618	89.622	109.239	0.6	0.5
南非	1.053	229.770	228.718	1.3	1.3

资料来源：根据欧盟数据库整理得出，http://ec.europa.eu/eurostat/tgm/refreshTableAction.do?tab = table&pcode = tet00035&language = en，2017-04-30/2017-06-30。

与 2015 年相比，2016 年欧盟对中国贸易逆差显著下降。如表 5-8 所示，2008 年欧盟对中国的贸易收支逆差达到了 1 708.015 亿欧元，2009 年迅速下降到 1 328.531 亿欧元。随着经济企稳，2010—2013 年欧盟对中国贸易收支逆差相对稳定，并处于历史相对较低的水平。2015 年再次出现显著上升，逆差额为 1 802.827亿欧元，达到了历史最高水平。2016 年欧盟对中国的贸易逆差下降至 1 745.401 亿欧元。

表 5-8　2005—2016 年欧盟对中国的贸易收支状况

年份	2005	2006	2007	2008	2009	2010
收支情况（亿欧元）	-1 092.588	-1 321.205	-1 620.396	-1 708.015	-1 328.531	-1 704.772
年份	2011	2012	2013	2014	2015	2016
收支情况（亿欧元）	-1 586.406	-1 478.948	-1 320.347	-1 375.261	-1 802.827	-1 745.401

资料来源：根据欧盟数据库整理得出，http://epp.eurostat.ec.europa.eu/tgm/table.do?tab=table&init=1&plugin=1&language=en&pcode=tet00035，2017-06-29。

2016 年欧盟对中国出口量与 2015 年相比有所减少，但增长趋势没有发生变化。根据欧盟统计局统计数据，见表 5-9 所示，2016 年欧盟对中国的出口额为 1 701.156 亿欧元，同比略有下降，但降幅很小。自 2006 年以来，欧盟对中国的出口量总体趋势是上升的，这种增长趋势并没有发生变化。

表 5-9　2005—2016 年欧盟对中国的出口状况

年份	2005	2006	2007	2008	2009	2010
出口额（亿欧元）	517.489	636.956	718.233	783.005	824.210	1 134.538
年份	2011	2012	2013	2014	2015	2016
出口额（亿欧元）	1 364.148	1 442.270	1 481.151	1 646.227	1 703.572	1 701.156

资料来源：根据欧盟数据库数据整理得出，http://epp.eurostat.ec.europa.eu/tgm/table.do?tab=table&init=1&language=en&pcode=tet00031&plugin=1；http://epp.eurostat.ec.europa.eu/tgm/table.do?tab=table&init=1&language=en&pcode=tet00030&plugin=1；http://epp.eurostat.ec.europa.eu/tgm/refreshTableAction.do?tab=table&plugin=1&pcode=tet00034&language=en；http://epp.eurostat.ec.europa.eu/tgm/table.do?tab=table&init=1&language=en&pcode=tet00033&plugin=1；http://epp.eurostat.ec.europa.eu/tgm/table.do?tab=table&init=1&language=en&pcode=tet00029&plugin=1，2017-06-29。

2016 年欧盟对中国进口量与 2015 年相比有所减少，但总体增长趋势没有发生变化。根据欧盟统计局统计数据，如表 5-10 所示，2016 年欧盟对中国的进口额为 3 446.557 亿欧元，同比略有下降。自 2006 年以来，欧盟对中国的进口总体趋势是上升的，目前，这种增长趋势并没有发生变化。

表 5-10 2005—2016 年欧盟对中国的进口状况

年份	2005	2006	2007	2008	2009	2010
进口额（亿欧元）	1 610.077	1 958.162	2 338.629	2 491.021	2 152.741	2 839.310
年份	2011	2012	2013	2014	2015	2016
进口额（亿欧元）	2 950.553	2 921.219	2 801.498	3 021.488	3 506.399	3 446.557

资料来源：根据欧盟数据库数据整理得出，http：//epp. eurostat. ec. europa. eu/tgm/table. do? tab = table&init = 1&language = en&pcode = tet00031&plugin = 1，2017-06-29。

2016 年中国对欧投资额大于欧盟对中国投资额。英国《金融时报》2017 年 1 月 11 日引用荣鼎咨询和柏林智库墨卡托中国研究中心（Mercator Institute for China Studies）研究报告称，2016 年度中国对欧盟直接投资增长了 76%，达到 351 亿欧元（约合人民币 2 569 亿元）。相对而言，欧盟在中国的并购交易额连续第二年下滑，降到了 77 亿欧元（约合人民币 563 亿元），①而中国在欧盟的并购支出额是欧盟在中国的并购支出额的四倍。有关数据显示，中国对欧盟的投资集中在高新技术和先进设备制造等领域，且为大宗收购，见表 5-11。

表 5-11 2016 年中国在欧盟的十大并购案

"射手企业"	"靶子企业"②	并购额（亿欧元）	所属产业	所在国家
腾讯	Supercell	67	游戏	芬兰
美的	Kuka	44	机器人	德国
中国财团（Chinese Consortium）	Global Switch	28	电信	英国
海航集团	Avolon	23	航空	爱尔兰
携程	Skyscanner	17	旅游	英国
北京控股（Beijing Enterprise）	EEW Energy	14	能源	德国
山东如意	SMCP Group	13	时尚	法国

① 去年中国对欧盟投资 351 亿欧元 五倍于欧盟对华投资［EB/OL］. http://finance.ifeng.com/a/20170114/15144271_0.shtml，2018-04-13/2018-06-30。

② Supercell 是一家芬兰移动游戏公司；Kuka 是一家国际知名的自动化集团公司；Global Switch 是一家欧洲和亚太地区领先的数据中心企业；Avolon 是一家爱尔兰飞机租赁公司；Skyscanner（天巡）是一个全球知名的机票比价网站；EEW Energy 是一家德国市场领先的垃圾能源公司；SMCP Group 是三个法国时装品牌的所属集团；Odeon & UCI 是欧洲最大的电影院线。

续表

"射手企业"	"靶子企业"	并购额（亿欧元）	所属产业	所在国家
万达 AMC	Odeon & UCI	11	娱乐	英国

资料来源：根据荣鼎咨询报告内容整理得出，http://finance.ifeng.com/a/20170114/15144271_0.shtml，2017-06-30。

二、2016 年中欧经贸关系中存在的主要问题与思考

（一）中欧贸易的不平衡问题

近年来，欧盟成员国对中国的贸易逆差越来越明显，2016 年中德贸易额达到 1 700 亿欧元，德国对中国贸易逆差约 175 亿欧元。2016 年法国对中国贸易逆差约 300 亿欧元。2016 年在货物贸易方面，英国对中国逆差就达到了 270 亿英镑。[①] 中国与"1+16 中东欧国家"伙伴之间贸易失衡的情况更为严重，中国对波兰出口几乎是中国从波兰进口的 10 倍。

中欧贸易的严重不平衡是导致中欧经贸关系摩擦的主要原因。中欧贸易不平衡既有政策层面的原因，也有贸易产品结构变化方面的原因。就政策层面而言，中欧经贸关系同中国与美国、中国与日本等的经贸关系不同，其区别在于中欧贸易关系具有"双层特征"且两个层面交叉互动。中欧经贸关系的一个层面是中国与欧盟整体的经贸关系，欧盟对中国实施统一的进口贸易政策，而对中国的出口政策就不像进口政策那样的统一和严格，总体上看，实施的是指导政策。欧盟成员国对中国进出口贸易规管过程中，出于对本国市场的保护，灵活运用欧盟统一政策和本国贸易政策。

就贸易产品结构变化而言，长期以来，中国出口到欧盟市场的产品以劳动密集型产品为主，而欧盟出口到中国市场的产品以资本密集型、技术密集型和知识密集型产品为主。但是，随着中国产业结构的升级，中国高新技术产品替代效应增强，减弱了中国对欧盟高新技术产品的依赖程度。尤其是，随着中国机械设备、汽车及其零配件、电子产品等国产化率的提高，减少了中国对这些产品的进口。加之欧盟限制军工产品和高科技产品的出口，从而也使欧盟对中国的出口受到了很大的制约，压制了欧盟对中国的出口贸易。另外，中国出口到欧盟市场的产品物美价廉，有利于打开欧盟市场，有利于中国对欧盟的出口贸易。

---

① WTO 发布 2016 年全球贸易统计报告，商务部重申不追求贸易顺差［EB/OL］. http://www.sohu.com/a/154548429_120702，2017-07-05/2017-07-30。

（二）欧盟对中国企业的反倾销问题

自 1979 年欧盟开始对华反倾销调查以来,欧盟一直以强硬态度对华反倾销。欧盟对华反倾销案最多,核查最严厉。到目前为止,欧盟市场是发起对中国反倾销调查最多的,在欧盟反倾销案件中对中国的反倾销调查一直保持在 30% 以上,有的年度高达 70% 以上。[①] 中国积极维护自身利益,予以回击。

欧盟对中国的反倾销涉及的领域广、行业多,且范围也不断扩大。大体说来,轻纺、钢铁、机电、化工、家电、自行车、箱包、鞋类等均面临欧盟的反倾销。近年来,随着我国高科技产业的发展,出口竞争力的提高,通信设备、新材料、新能源等行业也成为反倾销的对象。

欧盟对中国的反倾销具有以下主要特征。第一,欧盟对中国反倾销是欧盟的贸易保护措施之一。中国与欧盟贸易不平衡,加之为了缓解欧盟内部的经济增长压力,欧盟频繁发起对中国的反倾销调查和诉讼。第二,欧盟对中国反倾销的产品范围不断扩大。欧盟从最初为了保护本土产业,发起针对纺织、化工等行业产品的反倾销调查,目前已经延伸到高科技产品领域。第三,对中国征收高额反倾销税。欧盟对中国反倾销认定过程中,凸显了更多的主观性,征收的反倾销税的税率最高。

（三）中国"市场经济地位"问题

目前世界上已有一百多个国家和地区承认了中国的市场经济地位,但是欧盟和美国始终不承认中国的市场经济地位。欧盟委员会对市场经济地位的认定执行五个标准,分别是:第一,没有政府干预和非市场交易;第二,政府不支配市场资源和企业决策;第三,透明的、完备的公司法;第四,私人财产的法律保护和可操作的破产法;第五,财政部门的独立地位和完善的监督措施。按照 2001 年中国加入 WTO 时成员方各方协议,2016 年 WTO 成员方须承认中国的市场经济地位。但是,欧盟仍以知识产权保护、贸易逆差等问题为借口,继续奉行自己的标准,在贸易政策的执行过程中视中国为"转型期市场经济国家"。

长期以来,欧盟拒绝承认中国"市场经济地位"。其中既有经济利益方面的原因,也有政治和文化因素。针对中欧经贸关系中存在的主要问题,首先,中国应积极与欧盟"打交道",扩大中国对欧盟的影响力。要增加对欧盟的重视程度,对欧盟的诉求适当做出回应,积极争取欧盟的响应;同时,在国际事务中,中国应加强与欧盟的合作,提高中国的国际影响力。其次,正确看待摩擦,不要将经贸问题政治化。最后,双方应创建互利共赢的长效合作机制。同时,在条件成熟时,努力建立中欧自由贸易区。

（杨培雷）

---

① 李剑.欧盟对华反倾销政策的最新变化[J].法学杂志. 1999(2).

主要参考文献

［1］FRONTEX. Risk Analysis for 2016［EB/OL］. http://frontex.europa.eu/assets/Publications/Risk＿Analysis/Annual＿Risk＿Analysis＿2016.pdf, 2017-05-30/2017-06-30.

［2］Judith Kelley. New Wine in Old Wine Skins: Promoting Political Reform through the New European Neighbourhood Policy［J］. *Journal of Common Market Studies*, 2006, 44(1).

［3］Nikolaj Nielsen. EU Development Aid to Finance Armies in Africa［EB/OL］. https://euobserver.com/migration/134215, 2017-05-30/2017-06-30.

［4］Ulrich Speck. EU Faces Tough Choices in the Neighbourhood［EB/OL］. https://euobserver.com/opinion/128728, 2015-05-18/2017-06-30.

［5］凌朔.京华时报:欧洲难民危机美国难撇干系［EB/OL］. http://opinion.people.com.cn/n/2015/0916/c1003-27591559.html, 2015-09-16/2017-05-30.

［6］任彦.分歧严重 互相推诿 欧盟何以难解移民危机(国际视点)［EB/OL］. http://world.people.com.cn/n/2015/0824/c1002-27504223.html, 2015-08-24/2017-06-21.

［7］张旌.德国海军 2015 年共救起万余非法移民［EB/OL］. http://www.chinanews.com/gj/2015/12-28/7690575.shtml, 2015-12-28/2017-05-30.

第六章 日本经济

第一节 2016年日本经济形势综述

　　2016年,世界经济继续呈现温和复苏态势,美国、欧盟等发达经济体经济持续复苏,新兴经济体经济企稳回升。在较好的外部经济环境,宽松的货币政策和扩张的财政政策等因素共同推动下,日本经济2016年延续扩张态势,内需和外需形势均趋于好转,失业率持续下降,就业状况良好,但企业收益增速下降,设备投资与私人消费仍处于低迷状态。在海外避险资金推动下,日元2016年始终处于升值通道,对日本出口贸易构成一定压力。在日本央行量化宽松政策的推动下,日本陷入负增长的核心CPI在第四季度出现小幅回升,但仍与2%的目标通胀率有较大差距。

一、国内经济概况

　　2016年,日本经济的内外部环境均趋势向好。从国内来看,没有出现对经济造成强烈冲击的事件;从国际形势来看,世界经济总体形势尤其是美欧经济形势略好于预期。因此,日本经济2016年延续了2015年的复苏趋势,在不断加码的宽松货币政策以及巨额财政投资政策的支撑下,日本2016年实际GDP增长率为1.0%,名义GDP增长1.3%,GDP平减指数为0.3%,2016年实际GDP增长速度与2015年大体持平。①

　　如表6-1所示,从分季度数据来看,2016年日本经济呈现平稳上升的运行趋势,4个季度的实际GDP增长率分别为0.5%、0.9%、1.1%和1.6%,4个季度的

---

① Department of National Accounts Economic and Social Research Institute Cabinet Office, Government of Japan. Quarterly Estimates of GDP: January−March 2017(The Second Preliminary) [EB/OL]. http://www.esri. cao.go.jp/jp/sna/data/data_list/sokuhou/files/2017/qe171_2/pdf/jikei_1.pdf, 2017-06-08/2017-06-12.

名义 GDP 增长率分别为 1.4%、1.3%、0.9% 和 1.6%，①实际和名义 GDP 增长率均保持连续 4 个季度为正，而且 2016 年名义 GDP 增长率略高于实际 GDP 增长率，这是日本经济近几年来比较少有的现象。

表 6-1　2016 年日本实际 GDP 及其增长率

指标	全年	第一季度	第二季度	第三季度	第四季度
实际 GDP（亿日元）	5 212 070	1 308 712	1 269 078	1 294 044	1 340 236
实际 GDP 增长率（%）	1.0	0.5	0.9	1.1	1.6

资料来源：Department of National Accounts Economic and Social Research Institute Cabinet Office, Government of Japan. Quarterly Estimates of GDP：January—March 2017（The Second Preliminary）［EB/OL］.http://www.esri.cao.go.jp/jp/sna/data/data_list/sokuhou/files/2017/qe171_2/pdf/jikei_1.pdf, 2017-06-08/2017-06-12.

注：实际 GDP 按 2011 年不变价格计算。

从各主要经济指标对经济增长的贡献度来看，内需对实际 GDP 增长率的贡献为 0.4 个百分点，外需对实际 GDP 增长率的贡献为 0.6 个百分点。而从名义 GDP 增长率来看，内需的贡献为 -0.1 个百分点，外需的贡献高达 1.4 个百分点，这说明外需对日本经济的影响占有举足轻重的地位，日本经济依靠外需拉动的基本格局并未发生变化。

根据消费、投资和出口这三驾马车的具体指标数据分析，2016 年 4 个季度的实际民间最终消费支出环比增长率分别为 0.3%、0.2%、0.4% 和 0%，基本处于微弱增长或零增长的状态。民间企业设备投资 2016 年 4 个季度的实际增长率分别为 -0.1%、1.3%、-0.3% 和 1.9%，各季度间数据起伏较大，在第四季度出现较大幅度的增长。最后看出口数据，2016 年 4 个季度的环比增长率分别为 0.5%、-1.4%、1.9% 和 3.4%，前低后高，可见下半年出口对经济的拉动较大。②从上述分析我们可以看出，私人消费不振对日本经济的复苏起到了显著的制约作用。"安倍经济学"仍难以改变国内消费持续低迷的状态。

从劳动力市场看，2016 年日本的就业情况大幅改善。2016 年 12 月，日本的完全失业率为 3.1%，创下 21 年来的新低，就业人口为 6 466 万人，比 2015 年上升 1.3%；劳动参与率为 60.1%，比 2015 年上升 0.6 个百分点，基本达到了充分就

① 　Department of National Accounts Economic and Social Research Institute Cabinet Office, Government of Japan. Quarterly Estimates of GDP：January–March 2017（The Second Preliminary）［EB/OL］. http://www.esri.cao.go.jp/jp/sna/data/data_list/sokuhou/files/2017/qe171_2/pdf/jikei_1.pdf, 2017-06-08/2017-06-12.

② 　Economic and Social Research Institute Cabinet Office, Government of Japan. GDP（Expenditure Approach）and Its Components ［EB/OL］.http://www.esri.cao.go.jp/jp/sna/data/data_list/sokuhou/gaiyou/pdf/main_1.pdf, 2017-06-08/2017-06-12.

业水平。① 虽然日本就业形势的改善主要是受到劳动力人口减少等动态人口变化的影响,但是劳动力市场需求的增加及安倍政府对产业界所施加的压力也发挥了一定作用。

2016 年,日本继续推行"安倍经济学"的各项改革。2016 年 8 月,日本参议院选举后,安倍首相立即宣布将恢复经济放在最优先的地位,推出了 28 万亿日元的巨额投资计划。在货币政策方面,2016 年 1 月,日本银行推出负利率政策,同年 9 月,日本央行在对过去近 4 年的货币政策进行全面总结和反思的基础上,又出台了以长短期利率为操作目标的量化质化宽松货币政策,但市场反应平淡。"安倍经济学"自 2013 年实施以来,虽然取得了一定成果,但随着短期内财政和货币政策的运用空间逐步压缩,结构改革等长期政策效果需要经过数年甚至更长时间才能显现。"安倍经济学"对日本宏观经济增长的推动力作用已然不足。

另外,2016 年日本改变 GDP 统计标准也对 GDP 增长有拉动作用。从 2016 年 9 月起,日本采用 SNA2008 标准,新的 GDP 核算范围将研发、专利和版权支出都视为投资,这类支出首次被计入 GDP,仅仅是统计标准的改变,就使日本 2015 年的名义 GDP 增加了 31 万亿日元。②

二、国内消费和投资情况

根据 2016 年 GDP 数据,日本的私人消费占 GDP 的比例达到 55.9%,但私人消费自泡沫经济崩溃以来,就始终处于疲软状态。受"安倍经济学"推出的刺激政策影响,私人消费在 2013 年取得 2.4%的实际增长,但由于受到 2014 年日本政府提高消费税率的影响,私人消费急剧下滑。2014 年私人消费支出下降0.9%,2015 年又下降了 0.4%。进入 2016 年以后,私人消费在第一季度出现同比下降 0.1%,但随后三个季度缓慢复苏,保持微弱的增长。

其中,两人以上家庭消费在 2016 年全年 12 个月当中仅 2 月为正增长,其余 11 个月均为负增长。另据日本总务省统计局的统计数据,2016 年日本全部家庭的每月平均消费支出为 28.2 万日元,扣除物价上涨因素,较 2015 年下降1.7%。③ 导致消费下降的主要原因在于实际收入的下降,由于近年来日元的贬值,企业,

① 日本総務省統計局.労働力調査(基本集計)平成 28 年(2016 年)平均(速報)結果[EB/OL]. http://www.stat.go.jp/data/roudou/sokuhou/nen/ft/index.htm,2017-01-31/2017-06-02.

② 杜恒峰.联合国厉害啊,就用这一招,日本 GDP 一夜增长 6.3%![EB/OL]. http://www.nbd.com. cn/articles/2016-12-11/1060633.html,2016-12-11/2017-06-12.

③ Statistics of Japan.2017 Yearly Average(Results of Two-or-more-person Households)[EB/OL] http:// www.stat.go.jp/english/data/kakei/156n.htm,2017-02-17/2017-06-12.

特别是大企业收益增加,但是企业利润更多地被用于企业留存,而被用于增加工资的部分很少。据日本总务省统计局的数据,2014 年职工家庭月均收入为519 761 日元,扣除物价上涨因素后,与 2013 年相比实际工资下降了 3.9%,2015年和 2016 年实际工资分别增长了 0.1% 和 0.3%,[①]但增幅有限,对消费的拉动微乎其微。

在国内投资方面,2016 年 4 个季度的设备投资增长率分别为-0.1%、1.3%、-0.3% 和 0.9%,[②]可见投资增长十分微弱,距离"安倍经济学"在 2013 年设定的三年内设备投资额要增加 10 万亿日元的目标差距明显。从图 6-1 的 PMI 指数来看,日本制造业在 2016 年大部分时间均处于 50 的荣枯线以下,直到第四季度才有所反弹。这主要是日元大幅升值产生的负面影响,汇率的波动打击了日本制造业企业的出口,制造业上市公司主营利润同比大幅下降,进一步降低了企业投资和加薪的意愿。

另外,"安倍经济学"实施推动的各种扩张政策带来的价格性企业收益扩大只是一时的,很难真正诱导伴随风险的设备投资的扩大。在人口减少的背景下,企业对未来的国内需求增加没有信心,也就是说企业对经济增长率预期低迷,担心增加设备投资可能造成开工率不足和设备过剩问题,这将直接影响设备投资。

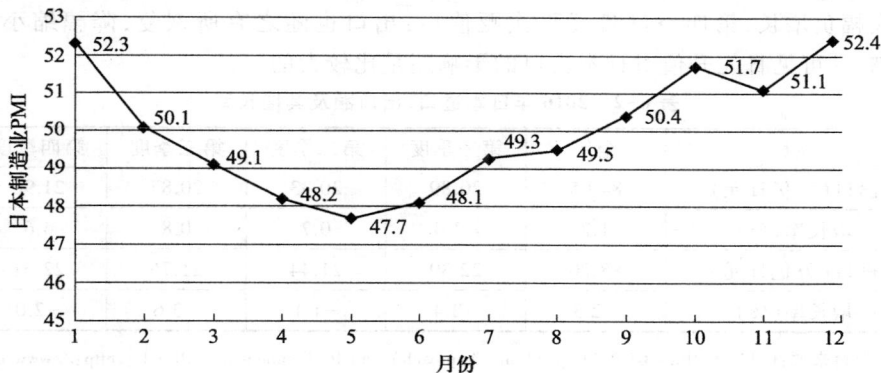

图 6-1　2016 年日本制造业 PMI 走势

资料来源:根据日本资料管理协会(JMMA)资料整理得出,http://www.jmma.gr.jp,2017-06-12。

---

①　Statistics of Japan. Family Income and Expenditure Survey[EB/OL]. http://www.e-stat.go.jp/SG1/estat/ListE.do?　lid=000001174189,2017-03-13/2017-06-12.

②　Cabinet Office. Quarterly Estimates of Net Capital Stocks of Fixed Assets[EB/OL] https://www.esri.cao.go.jp/en/sna/stock/stock_top.html,2017-03-30/2019-04-11.

三、对外贸易与国际收支

日本经济是典型的外向型经济,出口是日本经济的主要动力之一,出口特别是净出口对经济增长的贡献一直较高。"安倍经济学"推出以来,日本政府积极推行日元贬值政策,从而使得 2014 年日本出口曾出现大幅度回升,但是随着日元贬值效果的逐渐减弱,日本的出口增长势头也逐渐减弱,2014 年、2015 年,日本出口额分别增长 9.3%、2.9%。如表 6-2 所示,2016 年日本贸易和服务出口额以 2011 年不变价格计算达到 84.05 万亿日元,比上年增长 1.2%,增幅持续下降的趋势明显。2016 年日本贸易和服务进口额为 88.20 万亿日元,下降 2.3%,全年实现净进口 4.15 万亿日元。

若按名义值计算,则日本 2016 年出口额为 86.77 万亿日元,下降 7.3%,进口额为 81.56 万亿日元,下降 14.9%,全年实现净出口 5.21 万亿日元。按照不变价格和名义价格计算的进出口额存在很大差距。究其原因在日元的升值对进出口产生了重大影响。2016 年,在世界经济形势未出现大幅波动的情况下,日元兑美元汇率前三季度比 2015 年年末升值了 15.71%,①导致前三季度名义出口额均为大幅负增长,第四季度日元再次贬值后,出口也随之有所恢复,降幅缩小到1.3%,②可见日元升值对日本出口的影响还是比较大的。

表 6-2 2016 年日本进口、出口额及其增长率

项目	全年	第一季度	第二季度	第三季度	第四季度
出口(万亿日元)	84.05	20.89	20.33	20.87	21.96
增长率(%)	1.2	−1.4	0.7	0.8	4.6
进口(万亿日元)	88.20	22.39	21.44	21.76	22.61
增长率(%)	−2.3	−2.4	−1.1	−3.6	−2.0

资料来源:Cabinet Office.GDP(Expenditure Approach)and Its Components[EB/OL].http://www.esri.cao.go.jp/en/sna/data/sokuhou/files/2017/qe171_2/gdemenuea.html,2017-06-08/2017-06-14.

注:进口、出口额按 2011 年不变价格计算。

根据日本财务省的数据③,从出口地区来看,日本 2016 年对美国出口额

---

①　根据新浪财经数据计算得出,https://finance.sina.com.cn/money/forex/hq/USDJPY.shtml,2018-09-01。

②　Cabinet Office. GDP(Expenditure Approach)and Its Components[EB/OL]. http://www.esri.cao.go.jp/en/sna/data/sokuhou/files/2017/qe171_2/gdemenuea.html, 2017-06-08/2017-06-14.

③　日本财务省.報道発表:平成 28 年分貿易統計(速報)の概要[EB/OL].http://www.customs.go.jp/toukei/shinbun/trade-st/gaiyo2016.pdf, 2017-01-25/2017-06-14.

14.14万亿日元,下降了 7.1%,但美国仍保持日本第一大出口市场的地位。此外,对中国出口 12.36 万亿日元,下降了 6.6%,对欧盟出口额 7.98 万亿日元,与上年持平。从进口地区来看,来自中国的进口额为 17.02 万亿日元,减少了 12.4%,但中国继续保持日本第一大进口伙伴的地位;来自美国的进口额为 7.31 万亿日元,减少了 9.3%;自欧洲进口额 8.14 万亿日元,减少了 5.7%。从进口品种来看,日本 2016 年原油进口额减少 32.4%,液化天然气和液化石油气进口额分别减少 40.4%和 41.1%。可见,作为石油消费大国的日本受益于国际油价的持续下跌。

如前所述,2016 年日本实际 GDP 增长率 1.0%当中,外需(净出口)的贡献为 0.6 个百分点,净出口对经济的拉动仍然很大。而来自海外投资方面的所得更是令人瞩目,2016 年不仅贸易收支转为顺差,而且投资收益也大幅度增加,使经常收支顺差大幅度增加。据日本财务省的统计,2016 年日本经常收支顺差高达 20.64 万亿日元,比上年增加 25.8%。[①] 20.64 万亿日元相当于日本 2016 年实际 GDP(521.21 万亿日元)的 3.96%,也就是说日本的 GNP 增长率要比 GDP 增长率高得多,其总体经济实力不可小觑。

四、货币政策与金融市场运行情况

作为"安倍经济学"的"第一支箭",日本银行于 2013 年 4 月开始推动质化和量化宽松货币政策,但并未取得预期效果,通缩局面没有得到根本改善,日本银行不得不多次推迟实现物价目标增长 2.0%的期限。如表 6-3 所示,日本 CPI 从 2016 年一季度起就陷入负增长的泥潭,在货币政策不断加码的背景下,终于在第四季度微幅回升,暂时摆脱了持续通缩的严峻局面。

表 6-3   2016 年日本月度 CPI 及其增长率(2015 年 = 100)

项目	1 月	2 月	3 月	4 月	5 月	6 月	7 月	8 月	9 月	10 月	11 月	12 月
CPI	99.0	99.6	99.7	99.9	100.0	99.9	99.6	99.7	99.8	100.4	100.4	100.1
增长率(%)	−0.1	0.2	0.0	−0.3	−0.5	−0.4	−0.4	−0.5	−0.5	0.1	0.5	0.3

数据来源:日本総務省統計局. 2015 年基準消費者物価指数:全国平成 29 年(2017 年)12 月分及び平成 29 年(2017 年)平均[EB/OL]. http://www.stat.go.jp/data/cpi/Sokuhou/nen/pdf/zen-n.pdf#page=4,2017-01-13/2017-06-14.

①   日本財務省. 国際収支の推移[EB/OL]. http://www.mof.go.jp/international_policy/reference/balance_of_payments/preliminary/bpgaiyou201612.pdf,2017-02-08/2017-06-14.

为了进一步刺激经济和提升通胀水平,日本央行在 2016 年实施多项政策创新,进一步加大宽松力度,先后推出了负利率政策及调控长短期利率的质化和量化宽松货币政策,在工具选择和实践操作等方面继续深化非传统货币政策运营。在货币政策的作用下,短期金融市场利率迅速下跌,交易量减少,中长期债券市场利率降低,股票市场持续上扬,外汇市场波动明显。在新型货币政策框架下,虽然日本央行采取多项举措,在一定程度上暂时抑制了长期利率上升,但未来伴随日美利差加大,长期利率将面临推升压力,日本央行调控难度将不断加大。

(一) 负利率下的宽松货币政策

2016 年 1 月,日本央行货币政策委员会出人意料地推出负利率政策,主要内容主要包括三个方面。一是将商业银行在中央银行的经常账户存款分为三个层级,分别适用 0.1% 的正利率、零利率及 0.1% 的负利率。二是运用量化工具进行金融市场调控,每年约增加 80 万亿日元基础货币规模。三是进行结构性质化调整,每年新增购买 80 万亿日元长期国债,并通过延长长期国债平均剩余期限降低收益率曲线整体利率水平,同时继续增加商业票据、公司债、交易所交易基金(ETF)和不动产投资信托(J-REIT)等风险资产规模,提升市场风险偏好。

2016 年 7 月,受英国"脱欧"等国际事件影响,国际避险资金大量涌入日本,日元急速升值,日本金融市场出现动荡。日本为稳定金融市场,提振企业与居民信心,又进一步强化宽松货币政策,在继续维持负利率政策和资产购买措施的同时,追加了实施两项金融市场调控举措。一是倍增 ETF 规模,将 ETF 购买规模从每年 3.3 万亿日元增至 6 万亿日元。二是稳定外汇资金筹措的两项临时性措施,金融机构提供支持企业海外业务的美元贷款总额从 120 亿美元倍增至 240 亿美元,并新设为美元资金提供融资担保的国债借贷制度。[①]

(二) 以长短期利率为操作目标的量化质化宽松政策

2016 年 9 月,日本央行货币政策委员会再次进行政策创新,实施以长短期利率为中介目标的量化质化宽松政策,这项非传统货币政策框架主要由两大要素构成:一是调控收益率曲线(yield curve control),通过金融市场调控长短期利率,实现对收益率曲线的整体调节;二是通胀超调政策承诺(inflation overshooting commitment),在实现 CPI 稳定超过 2% 目标之前,坚持基础货币扩张政策。

日本此次政策创新表现出以下特点。①中介目标重大转换。自 2013 年 4 月以来,日本央行时隔三年将货币政策中介目标从数量回归为利率,但依然保留

---

① The Bank of Japan. Enhancement of Monetary Easing [EB/OL] http://www.boj.or.jp/en/announcements/release_2016/k160729a.pdf,2017-07-29/2019-04-11.

国债持有量每年增加 80 万亿日元的参考指标。为达成利率和数量同时调控的目标,日本央行在国债购买过程中将更加注重政策弹性,改变国债购买的固定规模。②利率传导机制创新。一般来说,中央银行通过市场传导机制间接影响中长期利率,并不直接进行调控。而日本央行为提升市场通胀预期,在对短期政策利率征收负利率的同时,直接调控 10 年期国债利率维持在零左右,以对收益率曲线的形状实行整体调控。③政策承诺期限变化。2013 年 4 月,日本央行提出两年实现 2% 物价目标的承诺,但由于无法达到预期,目标被多次延期,日本央行货币政策执行能力饱受诟病。此次日本央行提出将政策持续至 CPI 稳定超过 2% 的目标,未设定具体期限,显示出宽松政策长期化的决心。

日本央行指出,在负利率的影响下,若金融机构的收益能力长期低迷,可能导致金融机构中介功能弱化,损害金融体系稳定。为防止收益率曲线过度下行及过度平准化,日本银行期望通过调整收益率曲线形状,适当组合负利率与国债购买工具,影响整体收益率曲线的形成。

(三)金融市场运行情况

作为宽松货币政策的直接试验场,日本股票、债券、外汇等金融市场在低利率政策的推动下流动性充足,市场总体上呈现一片繁荣景象,但是市场的可持续性始终遭到质疑。

在拆借市场方面,在日本央行的负利率政策作用下,以无担保隔夜拆借利率为代表的短期利率从平均 0.07% 下降到 0.03%,后又进一步急速降至 -0.05%,符合负利率政策目标。与此同时,负利率政策实行后,大大降低了短期债券投资回报率,金融机构短期持有现金意愿增强,日本短期金融市场交易量迅速萎缩,短期拆借市场余额从 2016 年 1 月中旬的 23 万亿日元不断下降,3 月 31 日仅为 3 万亿日元左右,降至历史最低点。①

中长期债券市场方面,如表 6-4 所示,在宽松货币政策的直接推动下,期限的国债收益率均不断走低,其中 10 年期国债收益率于 2016 年 2 月 9 日降至 -0.02%,历史上首次进入负利率区间,20 年以上超长期国债收益率也大幅下降,多次突破历史最低值,2016 年 6 月接近零利率。② 2016 年 9 月末,日本央行直接以收益率曲线水平为操作目标,调控长短期利率,并提出在利率上升等环境下,日本央行将以指定价格对 10 年期和 20 年期国债利率进行特殊操作,将长期利率维持在零利率水平。

---

① 根据日本央行数据库数据整理得出,http://www.stat-search.boj.or.jp/index_en.html,2019-04-11。

② Ministry of Finance, Japan. Interest Rate [EB/OL]. http://www.mof.go.jp/english/jgbs/reference/interest_rate/index.htm,2017-05-30/2017-06-14。

表 6-4　日本国债年化收益率平均值

项目	时间							
	2014 年		2015 年		2016 年			
	1—6 月	7—12 月	1—6 月	7—12 月	1—3 月	4—6 月	7—9 月	10—12 月
1 年期(%)	0.08	0.03	0	0	−0.13	−0.25	−0.27	−0.30
5 年期(%)	0.19	0.13	0.08	0.06	−0.12	−0.24	−0.24	−0.14
10 年期(%)	0.62	0.49	0.36	0.35	0.05	−0.12	−0.13	0
20 年期(%)	1.48	1.32	1.13	1.13	0.69	0.25	0.26	0.46
40 年期(%)	1.76	1.71	1.49	1.52	1.08	0.37	0.40	0.65

资料来源:根据日本财务省公布的利率数据整理得出,http://www.mof.go.jp/english/jgbs/reference/interest_rate/index.htm,2017-06-14.

外汇市场方面,自美联储于 2015 年年末开启加息进程以来,资本出现从新兴市场及主要产油国流向美国、日本等低风险市场的倾向。特别是英国"脱欧"公投期间,市场风险厌恶情绪加强,日元作为避险货币受到追捧,呈不断升值倾向,英镑兑日元最低跌至 1 英镑兑换 133.65 日元,日元兑美元汇率升至 2013 年 11 月以来最高的 98.99 日元兑 1 美元。[①] 直到 2016 年第四季度,在日本央行更加宽松的货币政策和欧佩克减产协议推动油价回升的共同作用下,作为避险工具的日元出现贬值,日元兑美元汇率开始逐步回落。

股票市场方面,受国内经济政策及国际不确定性因素影响,2016 年日本股票市场震荡起伏。金融机构在负利率政策下收益恶化和英国"脱欧"公投导致日本股价进一步走低,6 月 24 日达 2016 年以来最低值,为 14 864 点。2016 年下半年,在 ETF 购买规模倍增计划和美国经济乐观预期的刺激下,日经平均指数不断创造年度新高,2016 年日经平均指数最终值为 19 144 点[②],保持了年度最终指数连续五年增长的态势,创造了 20 年来的新高。在宽松货币政策的引导下,日本银行、公共养老金等机构提供的政府资金已成为日本股票市场的最大买家。政府主导的行情虽然支持了股价,但并未吸引更多个人投资者与外国投资者入市,这将削弱市场价格的发现功能,扭曲企业经营规律,增加市场风险。

五、财政政策和日本的财政状况

如表 6-5 所示,日本 2016 财年的财政预算收入为 963 420 亿日元,较 2015

---

① 新浪财经外汇数据 [DB/OL].https://finance.sina.com.cn/money/forex/hq/GBPJPY.shtml,2016-12-30/2019-04-11.

② 万得(Wind)中国金融数据库 [DB/OL].http://www.wind.com.cn,2016-12-30/2019-04-11.

财年增加了 3 708 亿日元,2016 年预算收入中税收收入增加 30 790 亿日元,而政府债券发行收入则降低了 24 310 亿日元,体现了政府降低债务规模的目的。在 2016 年预算案中,政府财政收入对债务的依赖程度将由 2015 财年的 38.3% 降低至 35.6%,这使得政府财政收入结构持续得到改善。在财政支出结构方面,除地方税收补贴外,其他支出均保持增长。2016 年的财政支出中,一般预算支出增长到 57.8 万亿日元,社会保障支出达到 32.0 万亿日元,较 2015 财年增长了 4 412 亿日元。2016 年日本国防开支预算为 5.1 万亿日元,较 2015 年度增长了 1.5%。

表 6-5   2015—2016 财年日本财政预算情况

项目	收入(亿日元)		项目	支出(亿日元)	
	2015 财年	2016 财年		2015 财年	2016 财年
税收	545 250	576 040	国债本息	234 507	236 121
政府债券	368 630	344 320	一般支出	258 229	258 549
其他收入	49 540	46 858	社会保障支出	315 326	319 738
			地方税收补贴	155 357	152 811
收入合计	963 420	967 128	支出合计	963 420	967 128

数据来源:Ministry of Finance, Japan.Highlights of the Budget for FY2016 (March 29, 2016) [EB/OL]. http://www.mof.go.jp/english/budget/budget/index.html, 2016-03-29/2017-06-14.

由于经济状况严峻,再加上宽松货币政策的运用空间和实施效果越来越有限,日本政府不得不将政策重心转向扩张性的财政政策。2016 年年中参议院选举后,安倍立即指示日本相关阁僚着手编制总规模达 10 万亿日元的投资计划,在部分自民党国会议员的强烈要求下,一周以后的 7 月 20 日,日本政府又将投资规模扩大到 20 万亿日元,后又再次增加至 28 万亿日元。[①] 这是日本政府自 1992 年以来第三大规模的投资计划,占到 2016 财年预算的近 30%。

28 万亿日元投资计划的资金来源主要包括,一是来自中央政府支出的 13 万亿日元;二是通过财政投融资向民间部门提供长期低息融资,民间企业在接受国家补贴的基础上进行投资;三是通过政策性金融机构进行投资。在投资方向方面,用于完善基础设施建设 10.7 万亿日元,用于加速实现一亿人口总动员的 3.5 万亿日元,用于熊本地震和东日本大地震的重建和复兴 3 万亿日元,用于应

① 祁月.日本 28 万亿刺激计划细节:财政刺激 13.5 万亿 [EB/OL]. http://finance.qq.com/a/20160802/028836.htm,2016-08-02/2017-06-14.

对英国"脱欧"风险 10.9 万亿日元。① 从 28.0 万亿日元的投向,我们可以看出这仍是凯恩斯主义总需求扩张政策的持续,其目的是扩大有效需求,刺激经济复苏。

但是,回顾日本经济发展的历史,自 1992 年以来日本政府已经推出累计总投资额超过 200 万亿日元的财政刺激计划。每次经济刺激政策出台后,都会产生一些短期效果,但是日本经济的结构性问题并未得到解决,至今也未能从长期低迷中走出,反倒积累了巨额的财政债务。考虑到日本公共部门负债余额已相当于其 GDP 的 250%②,继续靠扩张性的财政政策来刺激经济发展,对日本经济结构性改革和长期发展是有害的。

第二节　日本机器人产业的发展及其原因

20 世纪 60 年代,世界第一台工业机器人诞生在美国,之后西方发达经济体就始终高度关注机器人产业的发展。1967 年,日本川崎重工业公司从美国引进并试制成功"尤尼曼特"机器人,正式开启了日本的机器人产业。随着日本的家电、汽车及半导体等产业大力推进电子化生产,到 20 世纪 80 年代,机器人技术在这些产业的涂装、焊接以及组装等各个环节得到了广泛应用,工业机器人成为日本制造业高效率、精细化生产的有效保障。而 1980 年成为日本确定的"产业机器人普及元年",自那之后,日本的机器人市场持续增长,应用范围和场景不断扩大,日本成为名副其实的"机器人王国"。

一、日本机器人产业的发展历程

一般认为,从 1967 年日本从美国引进生产第一台机器人至今,其机器人产业的发展主要可以分为五个阶段。

1967—1970 年为摇篮期,这一阶段主要为引进吸收美国的机器人技术,20 世纪 60 年代末的日本经济正处于腾飞后的高速发展阶段,对于劳动力的需求十分旺盛,而日本劳动力始终处于严重不足的状态,工业机器人的引进则有效缓解了这一问题,受到了日本国内企业的热烈欢迎。

---

① 祁月.日本 28 万亿刺激计划细节:财政刺激 13.5 万亿[EB/OL].http://finance.qq.com/a/20160802/028836.htm,2016-08-02/2017-06-14.

② Ministry of Finance,Japan.Overview of the FY2017 Supplementary Budget[EB/OL].http://www.mof.go.jp/english/budget/budget/fy2017/03.pdf,2016-12-22/2017-06-14.

　　短暂的摇篮期过后,1970—1980 年为日本机器人产业的实用期,工业机器人在各行业得到了进一步的应用,日本工业机器人的生产迅速扩大,进入爆发性增长的历史阶段。这期间,日本的工业机器人年产量由 1 350 台迅速增长到19 873 台,年平均增长率达到 308%。①

　　1980—1991 年日本机器人产业进入了普及提高期,日本政府将 1980 年宣布为"产业机器人普及元年",在各领域大力推广机器人的使用。1986 年,日本的机器人保有量达到 10 万台,1991 年日本工业机器人生产总值首次突破了6 000亿日元,达到了普及提高期的顶点。在此阶段,由于日本经济高速发展,制造业劳动力缺口问题日益显现,导致劳动者工资成本大幅上涨,这更加激发了日本企业致力于机器人生产的积极性。同时,大量工业机器人应用于制造业日常生产,又大大提高了制造业的劳动生产率,帮助制造业进一步改进产品质量、降低生产成本,在一定程度上为日本经济增长速度保持在高位提供了助力。

　　1992—2003 年为日本机器人产业的低迷调整期。20 世纪 90 年代中期开始,日本泡沫经济破产,同时又面临着北美和欧洲的工业机器人行业的激烈竞争,日本机器人产业陷入低迷调整期。1992 年日本机器人出库量仅有 5.5 万台,相比 1990 年骤降了 2.4 万台,降幅超过 30%。这种增长乏力的态势贯穿了整个90 年代的"失去的十年"阶段,一直持续到 2003 年,这一年日本机器人的出库量突破 8 万台,标志着日本机器人产业发展的全面复苏。②

　　2003 年至今则是平稳成长期,日本在 21 世纪以来积极发展机器人出口产业,迅速扩大的海外需求开始替代不断萎缩的国内需求,让日本机器人产业再度焕发了生机。2006 年,日本机器人年生产总值以 7 303 亿日元达到历史最高峰值,但受到全球金融危机的影响,2009 年的生产总值回落至 3 000 亿日元以下。2010 年开始,机器人生产又迅速回升,2011 年的年产值达到 6 044 亿日元。尤其是机器人的海外销量一路飙升,从 4.5 万台增至 2015 年 11.7 万台。③ 国际机器人联合会(IFR)调查数据显示,2015 年全世界机器人销量达 24.8 万台,日本占比高达 62.7%。④

二、日本机器人产业的现状

　　从目前来看,日本无论是在机器人的生产、出口还是使用方面仍居世界

　　① 戴荣荣.日本工业机器人产业崛起之路[J].机器人产业,2015(1).
　　② 张玉来.日本机器人产业再出发[J].世界知识,2017(1).
　　③ マニピュレータ、ロボット統計推移表【会员＋非会员】[EB/OL]. https://www.jara.jp/data/dl/yeartable.pdf,2016-05-09/2017-06-02.
　　④ 张玉来.日本机器人产业再出发[J].世界知识,2017(1).

领先地位。根据日本经济产业省 2015 年发布的《新机器人战略：日本机器人战略——愿景、战略、行动计划》(简称《新机器人战略》)指出,在日本的机器人产业中,尤以工业机器人的发展取得了显著成绩,以 2012 年数据为例,日本工业机器人出口额约为 3 400 亿日元,占全球市场份额 50%左右,而存量工业机器人超过 30 万台,占全球总量的 23%。同时,日本不仅在机器人整机制造方面占据优势,其在精密减速器、伺服电动机和压力传感器等机器人关键零部件的生产领域更是占据了全球 90%的市场份额,几乎完全垄断了相关市场。①

2016 年,日本工业机器人的国内产值达到 7 033.87 亿日元,同比增长 3.3%,产量为 17.46 万台,同比增长 13.5%,出货额达到 7 160.22 亿日元,同比增长 4.8%,连续 3 年实现了正增长,持续保持在高位水平上。② 尽管受日元升值等影响仅停留在微增的程度上,但这是日本工业机器人产业受全球金融危机影响以来,在美国经济扩张、制造业回归和中国高涨的自动化投资趋势的多重因素推动下,时隔 9 年再次突破 7 000 亿日元。

而在制造业工业机器人之外的服务型机器人开发领域,日本也具有一定的积累,但欧美企业已在这一领域逐渐占据领先地位。日本九州大学、早稻田大学等大学研究机构联合索尼、日立等多家日本企业,在开发服务型机器人方面进行了多年的研究,并取得了一定程度的发展,但被赋予众望的医疗服务机器人以及灾害救援用机器人目前作为产品量产还很少。根据国际机器人联合会 2016 年度世界服务型机器人报告,2015 年全球专业服务机器人销量超过 4.1 万台、家庭/个人服务机器人销量则超过 540 万台,两者销售总额约 68 亿美元,而欧美企业几乎垄断了这一市场,日本企业产值不到全球市场的 1/10。③

在生产厂商方面,日本机器人工业协会所统计的规模以上的会员和非会员机器人生产厂商 294 家,因此,日本国内的机器人生产呈现出的是群雄并立的格局,产生了一批在国际上较有影响力的机器人公司。这其中,既有安川

① The Headquarters for Japan's Economic Revitalization. New Robot Strategy: Japan's Robot Strategy—Vision, Strategy, Action Plan[EB/OL]. http://www.meti.go.jp/english/press/2015/pdf/0123_01b.pdf,2015-02-10/2017-06-02.

② マニピュレータ、ロボット統計生産・出荷(用途別)実績【会員+非会員】2016(平成 28)年 1～12 月[EB/OL].https://www.jara.jp/data/dl/year/H28-1-12.pdf,2017-05-25/2017-06-02.

③ International Federation of Robotics .Executive Summary World Robotics 2016 Service Robots.[EB/OL].https://ifr.org/downloads/press/02_2016/Executive_Summary_Service_Robots_2016.pdf,2016-02-01/2017-06-03.

(Yaskawa)和发那科(FANUC)这样位列工业机器人四大家族①且专注于研发和制造机器人的企业,它们占据了全球工业机器人市场的半壁江山;也有如丰田、川崎重工、日立和雅马哈等综合型大企业,它们积极从事机器人研发生产,从而推动机器人研发生产更好地与制造业的需求融合。

三、日本机器人产业发展的原因

机器人技术源于美国,却在日本得到了产业化规模发展,尤其日本工业机器人产业在经过了 1970—1991 年的爆发式增长之后,已居于世界领先地位。日本经济高速发展、劳动力紧缺导致人力成本大幅上升的社会背景对于日本机器人产业的飞速发展起到推动作用,而日本政府也利用一系列的产业扶植政策促进机器人的应用推广。

(一)日本经济高速发展的大背景

20 世纪 60 年代,日本开始从第二次世界大战造成的创伤中彻底恢复过来,进入高速发展的轨道。"新产业体制"运动中,日本制造业在企业组织变革、制度创新、贸易自由化转型等方面积极进取,新产业、新技术、新原料不断涌现,出现了一批以丰田、索尼、本田等为代表的技术志向型企业,"日本制造"的品牌开始走向世界。到 70 年代后期,日本已成为仅次于美国的世界第二大经济体,其国内生产总值已相当于英、法两国的总和。②

随着日本经济进入高速增长阶段,生产规模急剧扩大,然而第二次世界大战造成日本劳动力本已处于紧缺状态,其每年的劳动力增长率仅有0.7%左右,远远无法填补日本经济发展产生的劳动力缺口。因此,为了满足国民经济发展需要,日本经济走上了进一步提高生产效率、实施产业结构升级的必经之路。在这个大形势下,很多企业不得不选择更经济、更自动化的工业机器人设备,从而缓解日本劳动力严重不足的问题。

如图 6-2 所示,日本的劳动人口比例在 1970 年后开始出现下降,在 20 世纪 80 年代末至 90 年代初稍加反弹后开始稳步下降,日本迈入了老龄化社会。这期间,日本还经历了两次石油危机、金融业大扩张和经济泡沫破裂带来的"失去的十年",日本的制造业企业必须借由在技术领域的不断创新,才能摆脱能源价格和劳动力费用高企的不利局面,在世界市场上开展激烈竞争,高度节能化、自动化的机器人正契合了日本制造业的深度需求,这也是日本机器人产业发展的最初动因。

---

① 另两家分别为瑞士的 ABB 公司和德国的库卡(KUKA)公司。

② 徐平.战后日本经济发展阶段考察——兼谈赶超经济的体制性缺陷[J].日本学刊,2013(3).

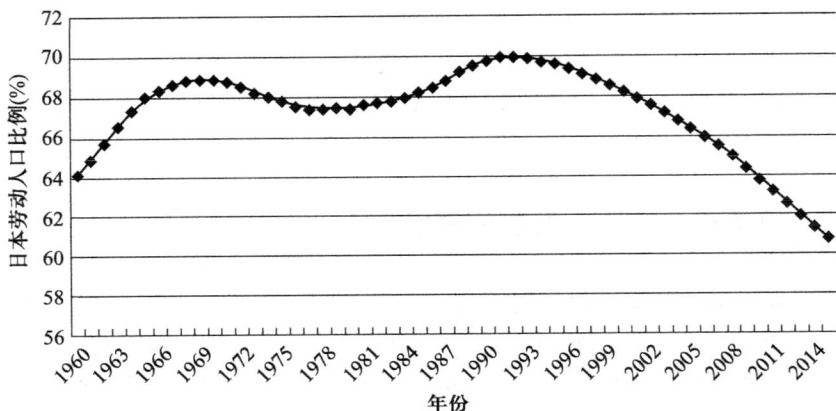

图 6-2　1960—2015 年日本劳动年龄人口比例

资料来源：根据世界银行世界发展指标数据整理得出，http://databank.worldbank.org/data/reports.aspx? source=world-development-indicators,2017-06-05。

（二）日本政府的产业政策

机器人产业化离不开积极的市场条件和政府产业政策的支持，日本政府为了推广、普及应用机器人，从《振兴特定电子工业以及特定机械工业临时措置法》（机电法，1971 年）开始，制定了一系列有针对性的鼓励扶持政策，为机器人产业的普及创造了良好的环境。此外，针对中小企业，日本政府还提供了一揽子经济优惠政策，使得中小企业开拓机器人产业的热情高涨。当时，鼓励政策大致可以分为两大类。

一类为普及促进政策，重点集中在产业应用环节中的制度构建及规范。20世纪 70 年代，日本政府主要是通过《机电法》《促进机械信息产业高极化临时措置法》（机情法）等法律法规针对机器人产业制定了相关的行业应用标准及类别。而到了 20 世纪 80 年代，伴随财政投融资租赁制度、中小企业设备现代化贷款制度和设备借贷制度的出台，由日本财政省、日本开发银行牵头的 24 家工业机器人制造商及多家保险公司共同出资，成立了"日本机器人租赁公司"。[①] 通过融资租赁模式的有效运用，日本各个地方政府又出资成立合作基金，开始面向各类中小企业提供机器人设备的租赁及贷款，极大地减小了中小企业用户的投资压力，推动了面向下游用户的产业化应用。

另一类政策则主要是利用税收补助、专项开发项目等形式对机器人产业进行政策扶持。其中最有代表性的就是针对高技术的税费制度，允许企业将研究

---

① 戴荣荣. 日本工业机器人产业崛起之路[J].机器人产业,2015(1).

开发费用扣抵所得税税额,以用于补贴高性能工业机器人领域的技术研究。另外,日本政府还通过各类专项开发项目,有针对性地推动如复杂工况、狭小空间内作业的高度自治型工业机器人等专项领域内的机器人开发,不断引导机器人产业的发展方向。

(三)灵活的技术研发机制

日本在科研开发过程中十分重视政、产、学、研相结合,不断推动基础研究领域的大学、国家研究机构和应用开发研究领域的企业研究机构共同合作。例如,从 2002 年开始,日本文部科学省创建了技术创新基地,将公立研究机构、大学、风险企业等不同机构统合在一起,致力于特定技术领域的研究开发。在这一计划支持下,由千叶工业大学创建的未来机器人技术研究中心(fuRo)和相关企业就开展了大量应用机器人研发合作项目。

在政府的积极推动下,机器人技术领域逐渐形成政、产、学、研结合的机制,为新一代机器人技术的发展注入了新的活力,持续推动机器人技术研发技术产业化,促进着机器人研究日益向高级化发展。第一,这种体制使企业能够结合政府推动的产业研究与发展方向,并且根据市场需求、自身资源和竞争情况确定相关机器人研究开发的具体目标,在这种研发框架下,企业的机器人开发就会及时得到政府的重视和资助。第二,新的体制促使大学和科研机构能够在人才、信息、技术等方面都给予机器人研发企业支持和帮助,使得相关企业的机器人研发工作有了实质依托,有效助力机器人技术研究成果的商品化、产业化。

除了在工业机器人的产业化推广应用中发挥巨大作用,这种政、产、学、研一体的体制在制造业领域外的服务型机器人研发中也发挥了重要作用。例如,由政府主持立项,国家研究机构、相关机器人制造企业和经验丰富的学者共同合作,推动土木、建筑领域应用机器人的研发和海洋开发、防灾、核能领域应用的极限作业机器人的研发都取得了客观的成果。

四、日本机器人产业的挑战

尽管目前日本的机器人产业在世界市场上仍具有竞争优势,尤其是工业机器人领域。但是,近年来,欧美发达经济体以及中国等新兴经济体均大力推进本国机器人产业的发展,机器人产业环境正在发生巨变,令日本机器人产业感受到阵阵寒意,并在未来的发展中面临严峻的挑战。

第一,机器人产业过于依赖海外市场。2016 年,日本国内的工业机器人装机量的世界占比在不断下降,已从 1985 年的 67% 降至 2016 年的不足 20%。2014 年全球机器人装机总量突破了 148 万台,虽说日本仍以 29.5 万台领先世界,但美国却从 2005 年的 8 万台跃升至 21.9 万台,韩国和德国也超过了 17 万台。① 尤其是中国增速最快,自 2013 年起成为全球第一大工业机器人应用市场,2014 年销量达到 5.7 万台,同比增长 56%,占全球销量的 1/4。② 2016 年,日本机器人出库量的 70% 是海外销售,其中,出口中国市场接近 25%。③ 从上述的数据可以看出,日本的机器人产业已过于依赖海外出口,一旦海外市场出现风吹草动,将对整个产业发展形成巨大冲击。

第二,各国政府纷纷推出机器人产业发展的国家战略。2011 年,美国政府正式启动"先进制造伙伴计划"1.0,提出在医疗、工业、宇航机器人等领域要重点发力。美国于 2014 年又启动"先进制造伙伴计划"2.0,进一步提出三大战略措施,试图成为全球先进制造业的领头人。2014 年,韩国发布第二个机器人开发五年计划,希望通过将机器人技术与其他产业,如制造业和服务业的融合策略推动作为战略工业产业的机器人产业的发展。中国也同时推出了《机器人产业发展规划(2016—2020 年)》,计划 2020 年自主品牌工业机器人年产量达到 10 万台,其中,六轴及以上工业机器人年产量达到 5 万台以上,服务型机器人年销售收入总额要超过 300 亿元。④

第三,机器人产业发展出现新趋势。目前,机器产业的发展与大数据和云存储等信息技术越来越融合发展,全球推出的机器人产品向模块化、智能化和系统化方向发展。同时,从市场结构来看,工业机器人领域经过 30 年的高速增长,目前已进入平稳发展阶段,且面临的市场竞争越来越激烈。而全球服务机器人市场化程度虽然仍处于起步阶段,但受到劳动力不足、人口老龄化等刚性需求的驱动,与人均可支配收入提升和物联网、大数据、人机交互等先进技术的影响,服务机器人行业未来增长潜力巨大,呈现出蓄势待发之势。上述的机器人产业出现的结构性变化,正是欧美企业的优势所在,如谷歌(Google)等互联网巨头 2013 年开始纷纷介入机器人领域⑤,希望将机器人技术与人工智能技术结合打通,占据市场的主导地位。而日本的机器人企业明显在相关技术和产品方面储

① 张玉来.日本机器人产业再出发[J].世界知识,2017(1).
② 工业和信息化部,发展改革委,财政部.工业和信息化部发展改革委财政部关于印发《机器人产业发展规划(2016—2020 年)》的通知[EB/OL].http://www.miit.gov.cn/n1146295/n1652858/n1652930/n3757018/c4746362/content.html,2016-03-21/2017-06-06.
③ 2016 年间统计表[EB/OL].https://www.jara.jp/data/dl/year/H28-1-12.pdf,2019-10-24.
④ 工业和信息化部,发展改革委,财政部.工业和信息化部 发展改革委 财政部关于印发《机器人产业发展规划(2016—2020 年)》的通知[EB/OL].http://www.miit.gov.cn/n1146295/n1652858/n1652930/n3757018/c4746362/content.html,2016-03-21/2017-06-06.
⑤ 盘点九大被谷歌收购机器人公司[EB/OL].http://tech.qq.com/a/20140204/000227.htm,2014-02-04/2017-06-06.

备不足,这种结构性变化让日本极其担心其机器人产业也会走上家电式衰败之路。

五、日本机器人产业的未来发展

为应对上文分析的机器人产业所面临的挑战,推动机器人产业的转型升级,日本政府 2014 年提出要推动"机器人驱动的新工业革命",主导成立了横跨产业、政府部门和学界的"日本机器人革命促进会",作为策划、协调机器人产业战略转型的核心机构,并于 2015 年推出了《新机器人战略》。

《新机器人战略》提出,到 2020 年,要推动日本工业机器人产业从 6 000 亿日元增长到 1.2 万亿日元,服务机器人产业从 600 亿日元增长到 1.2 万亿日元。[①] 为实现这一增长目标,日本政府不仅出台各种政策、大力改善制度环境,而且还要拿出 1 000 亿日元的真金白银,切实推进机器人研发。[②]

《新机器人战略》还提出"让机器人走出工厂"的概念,强调新战略的三大支柱性目标,即从根本上提高日本机器人生产能力,让日本成为世界机器人创新基地;在日本大力推广机器人的使用,使日本成为世界使用水平第一的机器人应用国家;引领全球机器人革命的先驱,制订日本的机器人技术国际化标准。为了实现三大战略目标,《新机器人战略》认为要在三个方面实现变革:一是通过传感器和人工智能技术使原来未使用机器人技术的领域,如汽车、家电甚至是住宅实现机器人化;二是让机器人走出工厂步入日常生活,在日常生活的多样化场景中推广机器人应用;三是让机器人成为解决社会课题,强化制造业与服务业国际竞争力的有效手段,从而为社会新增价值、财富和便利提供帮助。

日本政府还总结以往产业政策的经验与教训,明确了未来五年里,机器人产业亟待解决的跨领域问题:怎样建立"机器人革命激励机制",创建有利于创新的制度环境,推进跨界合作和国际合作;如何促进机器人国际化标准的制订,力争在人工智能、模式识别、机构驱动控制等方面引领先进技术与国际标准;如何推进人力资源发展,建立由政府与市场相互协调,由系统集成商牵头的专业化人才培养模式;哪些是推进"机器人革命"的关键领域;如何促进数据平台化的机

---

① 日本経済再生本部. ロボット新戦略(ビジョン戦略アクションプラン)[EB/OL]. http://www. kantei. go. jp/jp/singi/robot/pdf/senryaku. pdf, 2015-02-10/2019-04-11.

② The Headquarters for Japan's Economic Revitalization. New Robot Strategy: Japan's Robot Strategy—Vision, Strategy, Action Plan[EB/OL]. http://www. meti. go. jp/english/press/2015/pdf/0123_01b. pdf, 2015-02-10/2017-06-02.

器人建设,助推日本成为大数据时代的引领者。

根据《新机器人战略》的引导,日本机器人技术将进一步向智能化、网络协同化、数据终端化发展,并最大限度在各个领域为推广机器人应用营造良好的环境。然而,"机器人革命"能否真正成功实施,关键还要看日本企业如何实施战略转型,从而适应机器人"自律化""信息终端化"和"网络化"等新趋势,把重心从汽车和电机等转向食品、药品、化妆品等产业,并大力导入人工智能技术,开发新产品,迎接谷歌、脸书(Facebook)等互联网巨头带来的新时代的竞争。

第三节 日本的海外资产

一个经济体的海外资产包括政府、金融机构和个人持有的海外证券和债券,企业对外直接投资,政府持有的外汇储备等资产。海外净资产则是其持有的海外资产与海外负债之差。截至 2016 年年底,日本的海外资产规模已达到 997.8万亿日元,[①]而其国内名义 GDP 为 537.1 万亿日元,海外资产与 GDP 的比值已达到 185.7%[②],正如部分学者所说的,日本在海外"再造了一个日本"。

一、日本海外资产的现状

根据日本财务省公布的数据,截至 2016 年 12 月底,日本政府、企业、个人持有的海外资产总额为 997.77 万亿日元,同比增长 5.0%;海外负债总额为648.66万亿日元,同比增长 6.2%,海外净资产为 349.11 万亿日元,同比增长 2.9%。日本海外净资产时隔一年再次增加,仅次于 2014 年年底(366.86 亿万日元)创下历史次高水平,日本已连续 26 年成为全球最大的净债权国。[③] 根据 IMF 数据显示,以美元计价的日本 2016 年的海外净资产规模为 2.99 万亿美元,远超排名第二的中国(1.8 万亿美元)和排名第三的德国(1.79 万亿美元)。[④]

---

① Ministry of Finance, Japan. International Investment Position of Japan (End of 2016) [EB/OL]. http://www.mof.go.jp/english/international_policy/reference/iip/e2016.htm,2017-05-26/2017-06-16.

② Department of National Accounts Economic and Social Research Institute Cabinet Office, Government of Japan. Quarterly Estimates of GDP: January-March 2017(The Second Preliminary) [EB/OL]. http://www.esri.cao.go.jp/jp/sna/data/data_list/sokuhou/files/2017/qe171_2/pdf/jikei_1.pdf, 2017-06-08/2017-06-12.

③ Ministry of Finance , Japan. International Investment Position of Japan (End of 2016) [EB/OL]. http://www.mof.go.jp/english/international_policy/reference/iip/e2016.htm,2017-05-26/2017-06-16.

④ IMF. International Investment Position by Country[DB/OL].http://data.imf.org/regular.aspx ? key = 61468209,2017-06-16/2017-06-16.

从海外资产构成上来看,日本财务省统计的海外资产由直接投资、证券投资、金融衍生品投资、其他投资和外汇储备资产等 5 项构成。如表 6-6 所示,在 2016 年的日本海外资产中,对外直接投资为 159.2 万亿日元,来自海外的直接投资是 27.8 万亿日元,直接投资净流出为 131.4 万亿日元。2016 年,日本对外证券投资为 452.9 万亿日元,其他经济体对日证券投资为 324.5 万亿日元,净流出 128.4 万亿日元。在金融衍生产品方面,日本对外投资为 43.4 万亿日元,各国对日金融衍生品投资额为 45.3 万亿日元,净流入 2.1 万亿日元。在其他投资方面,主要包括银行总部和其海外分支机构之间的借贷、出口延期支付等贸易信用、本国居民的海外存款等资产,2016 年日本对外其他投资金额为 199.8 万亿日元,其他经济体对日本的其他投资为 251.0 万亿日元,逆差为 51.2 万亿日元。日本政府持有的储备资产为 142.6 万亿日元。根据上述分析可以看出,直接投资和证券投资的顺差是日本海外资产在 2016 年增加的主要来源。

表 6-6　日本 2014—2016 年国际投资头寸情况

项目	资产（万亿日元）			项目	负债（万亿日元）		
	2014	2015	2016		2014	2015	2016
直接投资	142.0	151.9	159.2	直接投资	23.8	24.7	27.8
证券投资	410.0	423.3	452.9	证券投资	285.1	320.5	324.5
金融衍生品	56.2	45.1	43.4	金融衍生品	59.6	45.7	45.3
其他投资	183.1	181.1	199.8	其他投资	210.6	219.7	251.0
储备资产	151.8	148.6	142.6	总负债	579.1	610.6	648.6
总资产	943.1	950.0	997.9	—	—	—	—
—	—	—	—	净资产	364.0	339.4	349.3
—	—	—	—	其中:非私人部门	70.7	51.2	33.2
—	—	—	—	私人部门	293.3	288.2	316.1

资料来源:Ministry of Finance ,Japan. International Investment Position of Japan（End of 2016）[EB/OL]. http://www.mof.go.jp/english/international_policy/reference/iip/e2016.htm ,2017-05-26/2017-06-16.

对外直接投资是日本海外资产的重要组成部分。2016 年日本海外资产构成中的对外直接投资余额为对美 159.2 万亿日元,创下历史新高。从对外直接投资目的地分析,2016 年日本对外直接投资余额排名前三位的是北美洲、亚洲和欧洲,分别占日本对外总投资额的 34.6%、27.1% 和 24.9%,较 2015 年的 34.5%、28.5% 和 24.1% 有所变化。其中,日本对美国直接投资余额为 53.2 万亿日元,占到日本对外直接投资总额的 33.4%,排名日本对外直接投资目的地第一位。与其他主要经济体相比,日本吸收外商直接投资规模较小,只有 27.8 万亿日元,其排名前 5 位的分别是美国(25.9%)、荷兰(13.6%)、法国(12.0%)、英国(8.1%)和新加坡(7.9%)。①

与直接投资密切相关的是日本企业在海外的生产经营活动,根据日本经济产业省《海外事业活动基本调查》2016 年 7 月提供的数据,2015 年日本在海外开展生产经营的企业为 25 233 家,其中制造业企业为 11 080 家,占企业数的43.9%,日本制造业的海外生产比率为 25.3%,创历史最高水平。日本企业 2015年在海外完成的销售额约为 274 万亿日元,较 2014 年增长 0.7%,在海外当地雇佣就业人数为 557 万人,较 2014 年同期上涨 3%。日本企业在海外分布广泛,其中,2015 年年底在中国有 7 900 家,较 2014 年的 7 604 家增加了近 300 家,为日企在海外首要分布地。排名第二位的美国,拥有 3 268 家日资企业。②

证券投资资产也是日本海外资产的重要组成部分。2016 年,证券投资资产余额为 452.9 万亿日元。占到海外资产总额的 45.4%。其中,股权和投资基金为162.9万亿日元,长期债券余额为 286.1 万亿日元,短期债券余额 3.9 万亿日元。③证券投资资产的主要持有者为存款性公司、信托账户以及银行等各类金融机构。

二、日本海外投资的发展阶段

自 20 世纪 60 年代起,日本经济飞速发展,产生了大量的剩余资本,为日本的海外投资创造了基础条件。1969 年,日本政府取消针对日本企业对外直接投资的"个别许可制度",日本企业开始迈出国门进行海外投资,并逐步累积海外资产。从发展阶段上来看,一般将日本企业的海外投资划分为三个阶段。在不同的阶段,日本海外投资随着日本国内经济形势的变化也呈现不同的特点。

第一阶段是从 20 世纪 70 年代到 80 年代,日本经济经过起步腾飞阶段后,其国内资本实力有了长足的增长和积累,日本企业迫切希望拓展海外市场。日本政府顺应市场需求,采取一系列措施,推动对外直接投资贷款限制、外籍法人贷款条件等一批海外投资的相关限制逐步放开,日本的对外直接投资开始出现大幅增长。同时,由于国内市场的局限性、不断提升的用工成本以及环境污染等问题,也使得日本企业通过海外投资来寻找新的发展机遇成为一种必然。从数

① Ministry of Finance , Japan. Regional Direct Investment Position (Inward Investment) [EB/OL]. https://www.mof.go.jp/english/international_policy/reference/iip/index.htm,2017-05-26/2017-06-16.

② 日本经济产业省大臣官房调查统计グループ企业统计室贸易经济协力局贸易振兴课. 第 46 回海外事业活动基本调查概要(2015 年度实绩/2016 年 7 月 1 日调查)[EB/OL]. http://www.meti.go.jp/statistics/tyo/kaigaizi/result/result_46/pdf/h2c46kaku1.pdf, 2017-05-25/2017-06-20.

③ Ministry of Finance , Japan. International Investment Position of Japan (End of 2016) [EB/OL]. http://www.mof.go.jp/english/international_policy/reference/iip/e2016.htm,2017-05-26/2017-06-16.

据上来看,1971 年,日本对外直接投资 230 件,金额 8.6 亿美元,而到 20 世纪 70 年代末,日本经常性项目顺差不断扩大,日本出口贸易面临的贸易摩擦持续增多,直接投资成为规避贸易摩擦的重要工具,日本 1979 年对外直接投资已增长至 46.9 亿美元。[①]

第二阶段是从 20 世纪 80 年代到 90 年代初,这一阶段是日本海外资产大幅增长时期。1985 年,日本在美国的压力之下签订"广场协议"后,日元在海外的购买力大幅增强,使得海外投资出现迅猛发展的趋势。直接投资方面,日本对外投资额增长了 13 倍多,即从 1980 年的 46.9 亿美元猛增至 1989 年的 675.4 亿美元,日本也一跃成为世界对外直接投资的主要来源国之一。[②]

同时,这一时期日本海外投资的显著特征是证券投资的快速发展。随着经济的增长,日本企业资本不断累积,国内金融市场逐渐出现流动性过剩的现象,开拓国外各种新市场和新金融商品成为解决资金出路的必由途径。1980 年 12 月,随着日本外汇汇兑法的修改,资本交易开始自由化尝试,这一举措的实施使得日本金融企业的外币金融资产持有率急速上升。1986 年 8 月,日本金融当局不仅取消了外汇信托交易许可证制度,还取消了年金机构、保险公司、信用团体等对外证券投资的限制规定。随着这两项措施的大力推进,日本金融机构在国际证券市场上快速崛起。从数据上看,1989 年,日本对外证券投资额高达 1 131.8 亿美元,较 1985 年的 597.7 亿美元增长了 89.4%,已占到日本全年海外投资总额的 58.9%。[③]

第三阶段是 20 世纪 90 年代以后至今,海外投资总体呈现稳步增长的趋势。自 1991 年泡沫经济崩溃后,日本经济发展长期停滞甚至负增长,无论是政府还是企业,都难以进行大规模的海外投资。1990—1995 年,日本海外净资产基本仅能保持微增趋势,且这大部分是由于海外负债的减少所致,对外投资增长基本停滞。而进入 90 年代后半段至 21 世纪以来,尽管亚洲金融危机使日本海外资产规模大幅下降,但随着日本经济的缓慢复苏,日本海外资产规模也在快速增长。2005 年,由于日本海外净资产的增大和对外资产收益率提高,日本国际收支中所得收支盈余首次超过贸易收支盈余,成为经常项目盈余的第一大来源,对外投资对日本经济的重要性越来越凸显,标志着日本将进一步从不成熟债权国走向成熟债权国。[④]

---

① 程甲生.日本向海外投资的特点及其发展趋势[J].国际金融研究,1992(12).
② 杨亚沙.日本对外直接投资相关问题再认识[J].国际经济合作,2008(3).
③ 刘昌黎.浅析日本长期资本收支的黑字[J].世界经济与政治,1993(7).
④ 刘昌黎.日本国际收支的历史性转折与投资立国[J].日本学刊,2007(2).

三、日本海外资产发展的特点

海外资产在日本经济中占有重要位置,日本的海外直接投资为扩大日本企业海外市场规模起到关键作用,特别在日本泡沫经济破裂,正是大规模的海外资产为稳定和恢复日本经济提供了基础,使日本经济逐渐形成"以外补内"的格局。① 同时,不同于其他国家海外资产的增长模式,日本海外资产的发展呈现出许多独有的特点。

一是在数量方面。日本海外资产的规模巨大,且增长速度很快,与日本国内经济低迷形成鲜明对照。泡沫经济破裂以后,日本经济陷入通货紧缩的泥淖,增长乏力,失业增加。然而,日本在海外的经济表现却是另一番景象,如图6-3所示,自2002年以来,日本海外总资产开启直线上升模式,由2002年的366.5万亿日元增加到2016年的997.8万亿日元,增加了631.3万亿日元,平均每年增加约45.1万亿日元,增长率达到7.4%,远超GDP增长。同时,不同于欧美发达经济体资产规模大,负债规模也大,如美国和英国等都是净负债国,美国2016年年底的海外净负债更是高达8.1万亿美元;②日本的海外负债规模则一直相对较小,从而大量持有海外净资产,其海外净资产从2002年的175.3万亿日元上升到2016年的349.1万亿日元,增加了173.8万亿日元,年均增长率7.8%。③

二是在结构方面。一般来说,海外直接投资是海外资产中最有价值、最为稳定的收益来源,但从日本海外资产的结构来看,直接投资所占比例仍然较低。以2016年日本的海外资产为例,直接投资为159.2万亿日元,占整个海外资产的比重为16.0%;同期美国的海外直接投资为7.4万亿美元,占美国全部海外资产的比重为30.9%。同时,日本海外资产中外汇储备的份额较大,如表6-6所示,2016年日本的储备资产占到当年海外总资产的14.3%,更是占到当年海外净资产的40.8%。一般来说,外汇储备的运用,各经济体都比较谨慎,以安全性为首要原则。此外,在日本的海外证券投资中,持有的美元资产过于集中,根据国际货币基金组织的统计,截至2016年6月,日本在美国的证券投资资产为1.6万亿美元,占其全部海外证券投资额的39.4%,而海外证券投资排名前10的经济体

① 樊勇明.海外资产和日本经济的转型[J].世界经济研究,2012(8).

② Bureau of Economic Analysis, U.S. International Investment Position[EB/OL]. https://bea.gov/news-releases/international/intinv/intinvnewsrelease.htm,2017-06-28/2017-07-02.

③ Ministry of Finance , Japan. International Investment Position of Japan (End of 2016) [EB/OL]. http://www.mof.go.jp/english/international_policy/reference/iip/e2016.htm,2017-05-26/2017-06-16.

(万亿日元)

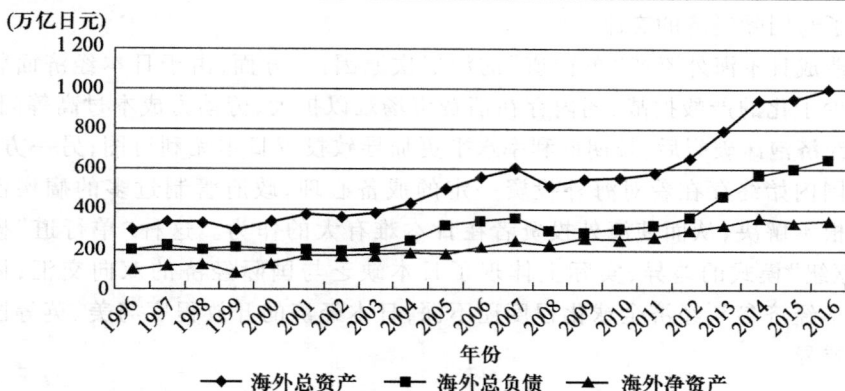

图 6-3　1996—2016 年日本海外资产变化趋势

资料来源：Ministry of Finance , Japan. International Investment Position ［DB/OL］. http://www.mof.go. jp/english/international_policy/reference/iip/index.htm，2017-05-26/2017-06-20.

在美国的平均投资比重为 21.3%。[1] 结合上述分析，我们可以看到，日本海外资产结构存在一定的不合理性，导致其收益率整体较低，再考虑到近年来日元与美元的汇率经常出现大幅度变动，进一步造成以美元资产为主体的日本海外投资难以获取良好收益。

三是在运转模式方面。如前文所述，日本的海外资产规模很大，海外负债规模则较小。不同于欧美发达经济体海外资产、负债规模同时增加，对外资产所得的收受额和支付额都较大，在国际收支中的所得收支呈现一种双向流动的模式，日本的所得收支中的收受额大幅度超过支付额，呈现了一种单向流动的模式。以 2016 年为例，根据国际货币基金组织（IMF）的数据，日本海外资产所得收支的收受额和支付额分别为 2 505.7 亿美元和 840.2 亿美元，美国分别为 8 019.2 亿美元和 6 213.4 亿美元，英国则为 1 928.9亿美元和 2 252.5 亿美元。[2] 因此，如部分学者所指出的，日本海外资产的增加还只是停留在"单行道"的低层次[3]，主要靠国际收支中所得收支的净流入来维持。"单行道"的具体表现是：大量累积的贸易顺差导致资金盈余，资金流出到海外，从而推动所得收支顺差增加，然后海外盈余回流国内。相比之下，欧美发达经济体的海外资产作为内外经济交汇的"枢纽"功能十分明显，它们通过国内资金与世界各国资金的互相流动进一步

① IMF. Table 14：Geographical Breakdown of Total Protfolio Investment Assets：Top Ten Economies by Holders and Issuers［EB/OL］. http://data.imf.org/regular.aspx ? key = 32987,2017-05-01/2017-06-20.

② IMF. Balance of Payments Analytic Presentation by Country［DB/OL］. http://data.imf.org/regular. aspx ? key = 61468205,2017-06-20/2017-06-20.

③ 樊勇明.海外资产和日本经济的转型［J］.世界经济研究,2012(8).

扩大了与国际经济的交流。

造成日本海外资产"单行道"的深层次原因:一方面,由于日本经济面临着老龄少子化的严峻挑战,国内存在消费市场难以扩大、劳动力成本过高等问题,且在经济泡沫破裂后,长期低利率水平更加导致投资日本无利可图;另一方面,日本国内始终存在着对海外投资一定的戒备心理,政府管制过多的痼疾没有得到根本解决,从而使海外投资者在日本难有大的作为。这种"单行道"模式和"枢纽"模式的差异,实际上体现了日本缺乏与国际经济的双向交汇,体现了日本经济参与经济全球化程度还不深,日本经济的开放程度与美、英等国还存在差异。

四、海外资产与日本经济的关系

(一) 日本国内经济形势推动海外资产大规模发展

日本海外资产的大规模增长固然是日本经济发展到一定阶段的必经之路,但是也与日本国内经济形势的变化有着密切的联系。人口老龄化、日元升值和日本国内的财政与货币政策等因素均对海外资产的增长有着促进作用。

根据英国经济学家杰弗里·克洛舍(Geoffery Crowther)1957 年提出的国家的国际收支发展阶段假说,一般来说,随着一国的产业竞争力在外来资本的帮助下得到提升,该国产业会逐渐参与国际市场竞争,成熟债务国会逐渐成为债务偿还国,经常项目逆差将转变成为顺差,而资本项目顺差会转变成为逆差,随后该国会逐渐通过对外投资的方式,将贸易积累的储蓄以投资的方式输出海外,获取收益并最终完成历史积累的外债偿还。在此基础上,我们可以看到日本正是基本顺应了这一模式,随着日本经济在 20 世纪 60 年代的起飞,日本开始大量出口,并积累了巨额的贸易顺差,随后为了化解贸易摩擦和巨额贸易顺差带来的日元升值压力等挑战,自 20 世纪 70 年代开始,日本运用贸易盈余进行海外投资,并快速积累了大量的海外资产。日本海外资产的这种发展路径,正是日本从未成熟债务国、成熟债务国、债务清偿国、未成熟债权国到成熟债权国的必经之路。

同时,日本的海外资产发展过程又受到日本经济独有的一些因素影响。一是人口较少以及老龄少子化问题日益严峻,自 1970 年日本 65 岁以上的人口占比超过 7%的老龄化界限后[①],日本社会老龄化速度不断加快,从而对劳动力供给、家庭消费、储蓄等产生重大影响,使得日本国内劳动力市场和消费市场难以

① 根据日本统计局数据库人口数据整理得出,http://www.e-stat.go.jp/SG1/estat/GL38020101.do?_toGL38020101_&tstatCode=000001080615,2017-06-20。

实现进一步扩张,在国内市场已经积累一定利润的企业转向海外生产与海外投资成为日本经济增长的必然选择。二是日本泡沫经济破裂后,国内经济长期低迷,大规模国内投资机会基本消失,且日本国内金融市场相对狭窄,投资收益率低。因此,日本国内资金必须到国外市场寻找出路。三是日本的财政政策与货币政策促使日本资本大量流入海外。20 世纪 90 年代后,日本采取超常规的财政政策和货币政策,长期压低市场利率,导致国内市场流动性严重过剩,推动国内的流动性不得不转向海外寻求高收益。同时,日本央行为抑制日元升值频繁干预日元汇率,反而使外汇储备快速增长,也促使日本进一步加大了对外投资与扩大海外生产。

(二)海外资产对日本经济的稳定作用

巨大海外资产的存在使日本经济形成了"以外补内"的格局,海外投资的资产收益帮助日本经济从泡沫经济破产后的困境中复苏,稳定国民收入水平发挥了重要作用。

一方面,日本国内经济始终面临着通货紧缩的现状和"少子高龄化"的社会结构,国内市场的萎缩是日本经济重振的最大难关,而日益扩大的海外生产在一定程度上缓解了这一难题。例如,根据经济产业省第 46 次《海外事业活动基本调查》数据,日本在海外企业 2015 年完成的销售额达 274.0 万亿日元,已相当于同年日本出口额的 3.6 倍,海外企业在亚洲、北美和欧洲的当地生产销售比例分别为 79.3%、94.0% 和 84.1%,而 2015 年上述三大区域日本海外企业产品回销日本的比例为 15.5%、1.9% 和 2.5%。上述数据说明日本企业在海外形成了完善的生产和销售体系,尤其是以各大汽车产商为代表的运输机械业,其海外生产比例高达 48.8%,在海外当地的销售额也达到了 67.5 万亿日元。①

另一方面,正是由于海外资产盈余的不断回流,日本在"失去的十年"中才能稳定住国民收入水平,使日本经济保持了衰而不穷的局面。根据世界银行的数据,日本人均国民总收入(GNI)增长始终快于其人均 GDP 的增长,且自 20 世纪 90 年代后两者的差值稳步上升,反映了日本海外投资盈余对国民财富收入的支撑作用,这对于缓解日本国内企业和居民的资金压力,提振日本经济发展的信心发挥着不可或缺的作用。

同时,日本海外资产盈余对于维持日本巨额公共债务水平,避免出现希腊、意大利等欧洲国家那样的国家债务危机起到了举足轻重的作用。自泡沫经济破产以来,日本政府开始推动大规模的财政刺激和货币宽松政策,靠大量发行国债

① 日本経済産業省大臣官房調査統計グループ企業統計室貿易経済協力局貿易振興課.第 46 回海外事業活動基本調査概要(2015 年度実績/2016 年 7 月 1 日調査)[EB/OL]. http://www.meti.go.jp/statistics/tyo/kaigaizi/result/result_46/pdf/h2c46kaku1.pdf, 2017-05-25/2017-06-20.

推动国内经济的增长。2016财年,日本中央政府长期国债余额已经达到876.0万亿日元,相当于日本国内生产总值的156%,加上地方政府债务,公共部门的债务总金额已经高达1 073.0万亿日元以上,与其国内生产总值比率达到199%,如再加上社会保障等广义负债,日本公共部门总债务水平相当于国内生产总值的250%,扣除政府资产的净负债水平也相当国内生产总值的128%。[①] 一般来看,在公共负债超过GDP规模200%的情况下,日本国家财政应当已经完全破产,国内资金已不可能正常循环。但是,我们看到,日本政府的国债照常发行,利率也并没有明显提高,发行的金额还连年扩大。这种局面之所以能够持续,主要在于日本政府债务持有者多为国内投资者。而在日本国内经济长期低迷的情况下,国内私营部门投资于政府债务的资金来源相当大一部分是来自于海外的资产收益。

第四节　2016年中国与日本经贸关系及其问题

自2012年日本政府挑起钓鱼岛问题以来,中日两国关系陷入僵局。2014年年底,中日两国政府就处理和改善中日关系达成四点原则共识后,中日双边关系虽然有所缓和,但近两年来改善步伐缓慢,短期内要想打破中日关系僵局绝非易事。受世界经济不景气的影响,加之中日双边关系改善缓慢等原因,中日经济关系也出现了持续滑坡,呈现出"政冷经冷"局面。根据中国海关的数据统计,2012—2016年,中日双边贸易增长率分别为-3.90%、-5.10%、-0.03%、-10.80%和-1.30%,[②]连续五年出现负增长。

一、2016年中日双边贸易情况

根据中国海关数据,2016年中日双边贸易额为2 747.9亿美元,较2015年下降,但降幅比2015年明显收窄。其中,中国内地(大陆)2016年对日出口1 292.6亿美元,下降4.7%,自日进口1 455.25亿美元,增长1.8%,而中国对日本

[①]　Ministry of Finance ,Japan. Overview of the FY2017 Supplementary Budget[EB/OL].http://www.mof.go.jp/english/budget/budget/fy2017/03.pdf,2016-12-22/2017-06-22.

[②]　根据中国海关总署统计月报数据整理得出,http://www.customs.gov.cn/customs/302249/302274/302277/index.html,2017-07-05。

的贸易逆差为162.65亿美元,较上年大幅增长 120.0%。① 按地区排名,日本为中国内地(大陆)第五大贸易伙伴,排在美国、欧盟、东盟、中国香港之后,若按国别排,日本则为中国内地(大陆)第二大贸易伙伴。如表 6-7 所示,中日双边贸易额占中国内地(大陆)进出口总额的7.4%,中日贸易对于我国对外贸易来说依然具有十分重要的意义。

表 6-7　中日双边贸易占两国进出口总额比例

项目	年份							
	2000	2003	2006	2010	2012	2014	2015	2016
中日双边贸易占中国进出口比例(%)	17.5	15.7	11.8	10.0	8.5	7.3	7.0	7.4
中日双边贸易占日本进出口比例(%)	10.0	15.5	17.2	20.7	19.8	20.5	21.5	21.6

资料来源:根据联合国贸发会议数据库数据整理得出,https://comtrade.un.org/data/,2017-07-09。

据日本海关统计,2016 年日本与中国双边货物进出口额为 2 705.0 亿美元,增长 0.2%,占日本总进出口额 12 521.4 亿美元的 21.6%,中国在日本对外贸易总额中所占比重自 2007 年以来连续十年排名第一。其中,日本对中国出口额增长 4.3%,达到 1 138.9 亿美元;日本自中国进口额下降 2.5%,为 1 566.1 亿美元,日本对中国的贸易逆差同比下降 16.9%,为 427.1 亿美元。

从国别上看,中国是日本第二大出口贸易伙伴和第一大进口贸易伙伴,分别占日本出口额和进口额的17.7%和 25.8%。②

从产品结构上来看,虽然日中贸易继续维持减少态势,但贸易结构呈互补关系,日本对中国出口排名前三位的分别是机电产品、化工产品、运输设备,2016 年出口额分别为 469.8 亿美元、115.5 亿美元和 114.4 亿美元,占到日本对中国出口总额的 41.3%、10.1%和 10.1%,同比增长 6.4%、1.8%和 17.4%,中国在制造业装备生产上对日本的依赖依然严重。2016 年,日本自中国进口的主要商品中,机电产品、纺织品及原料、家具玩具等行业排名靠前,其进口额分别达到 711.7 亿美元、216.3 亿美元和 93.6 亿美元,占日本自中国进口总额的 45.4%、13.8%和 6.0%,同比下降 1.2%、5.6%和 0.1%。在日本市场上,中国内地(大陆)的纺织品

① 根据中国海关总署统计月报整理得出,http://www.customs.gov.cn/customs/302249/302274/302276/632008/index.html,2017-07-05。
② 2016 年 12 月日本贸易简讯 [EB/OL]. http://jp.mofcom.gov.cn/article/zxhz/tjsj/201702/20170202519088.shtml,2017-02-02/2017-07-05。

及原料、鞋靴伞和箱包等劳动密集型产品依然占较大优势,市场占有率均在60.0%以上,而这些产品的主要竞争对手来自越南、泰国、中国台湾,以及意大利、美国等经济体。①

2016年,日本对华出口降幅较大的产品主要有:科学光学仪器下降19.6%,有乳化合物下降20.7%,钢铁下降15.9%,三者的贡献度合计为-3.1%。这主要反映出中国经济在减速调整过程中,去产能特别是收缩钢铁产业投资规模以及减少日本精密仪器设备进口的实际情况。日本从中国进口的商品中降幅较大的有以下三类。服装类产品减少16.6%,电子计算机及外围设备下降12.3%,半导体等电子零部件合计减少25.0%,三者的贡献度合计为-3.8%。② 这反映出日本初级产业向东南亚转移,中日加工贸易合作继续萎缩的实际情况。

二、双边投资情况

2016年,在中国实际使用外资金额保持增长的背景下,日本企业对华投资数额持续减少,日本新增对华直接投资仍为负增长,但总体好于2015年,跌幅有所放缓。

如图6-4所示,据中国商务部的统计,日本2016年对中国内地(大陆)直接投资实际到位资金为31.1亿美元,占我国使用外资总额的2.5%。从投资地区来看,日本排在中国香港、新加坡、韩国、美国、中国澳门和中国台湾之后,居第七位,位次明显下滑。截至2016年年底,日本累计在华设立企业项目数50 420个,实际到位金额为1 049.3亿美元,占中国内地(大陆)使用外资总额的6.0%,位列英属维尔京群岛和中国香港之后,居中国吸收外资来源地的第三位,日本仍是中国内地(大陆)的重要投资来源地。

日本对中国直接投资之所以连年减少,既有成本上涨和中国经济增长减速等经济方面的原因,也有迟迟难以改善的中日政治关系的影响。经济因素方面,一是对前期日本对华投资大幅增长的自然修正。2011年,由于日元升值出现的本地生产对出口的替代,以及大地震导致的供应链断裂等因素共同作用,日本的对中国直接投资在2012年又增长16.3%至73.80亿美元,创历史新高。③ 但

---

① 2016年日本货物贸易及中日双边贸易概况[EB/OL]. http://countryreport.mofcom.gov.cn/record/view110209.asp？news_id=52724,2017-02-13/2017-07-05.

② 日本财务省.报道发表:平成28年分贸易统计(速报)の概要[EB/OL]. http://www.customs.go.jp/oukei/shinbun/trade-st/gaiyo2016.pdf,2017-01-25/2017-07-05.

③ 商务部、国家统计局、国家外汇管理局2016年度中国对外直接投资统计公报[EB/OL]. http://img.project.fdi.gov.cn//21/1800000121/File/201710/20171009100342708 6429.pdf,2017-10-09/2019-04-11.

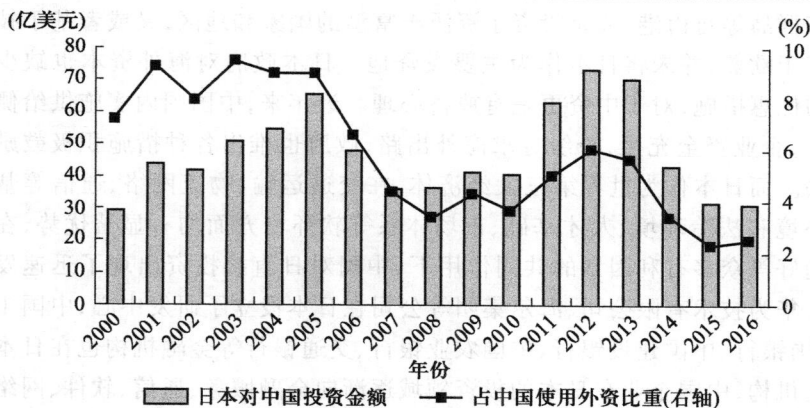

图 6-4   2000—2016 年日本对中国投资金额和比重

资料来源：商务部外资司.中国外资统计 2016[EB/OL]. http://images.mofcom.gov.cn/wzs/201611/20161107131933879.pdf,2016-11-07/2017-07-05.

2013 年以后,日元开始贬值,增加了日企的投资成本,相较于对中国投资进行本地化生产,还是实施产品出口更为有利,从而导致日本企业投资竞争力下降。二是中国经济减速而劳动力、土地、房租等成本持续上升,中国国内企业迅速成长,中国大量行业出现产能过剩的情况,市场竞争越发激烈,一些日资企业感到无利可图,自然放慢投资脚步,而从中国转移到东南亚和印度进行投资的比例有所增加。政治因素方面,迟迟难以改善的中日政治关系带来的消极影响是不可否认的。根据日本国际协力银行的一项调查显示,被调查企业中有 96.4% 担忧中国经济的未来走向,有 82.7% 担忧中日政治关系的走向。[①]

与日本对中国直接投资的持续疲软形成鲜明对比的是,中国企业近年来加快对外投资步伐,尽管对日投资的起步较晚,规模不大,但增长速度较快。据中国商务部等部门统计,2016 年,中国对日本非金融类直接投资额为 3.44 亿美元,较 2015 年增长了 43.3%。截至 2016 年年底,中国对日本直接投资累计总额为31.84 亿美元,[②]与日本对中国直接投资的规模相比仍然不平衡,这说明中国对日本直接投资仍有巨大发展空间。

前期,中国企业在对外投资区域的选择上,一般选择税负较轻的开曼群岛、

[①] FY2015 Survey (the 27th) Report on Overseas Business Operations by Japanese Manufacturing Companies[EB/OL]. https://www.jbic.go.jp/en/information/press/press-2015/1203-44372.html,2015-12-03/2019-04-01.

[②] 根据国家统计局数据库数据整理得出,http://data.stats.gov.cn/easyquery.htm？cn=C01, 2017-07-05。

维尔京群岛等自由港,或是投资于资源丰富型的国家和地区,又或者基于技术导向投资于欧美,并未将日本作为主要投资地。日本政府对海外资本也缺少有吸引力的优惠措施,对于中资更是有戒备心理。近年来,中国国内实施供给侧结构性改革,企业资金充足,纷纷寻求海外出路,政府也推出各种措施积极鼓励企业走出去。而日本作为世界第三大经济体,在交通运输、物流网络、通信等基础设施硬环境和法治环境、人才基础、市场体系等软环境方面均有显著优势,在内外环境趋好等众多有利因素的共同作用下,中国对日直接投资出现了迅速发展的局面。华为技术有限公司、海尔集团等公司在日本设立了研发中心,中国工商银行、中国银行、中国建设银行、中国农业银行、交通银行等金融机构也在日本设立了分支机构,中国企业在日本的投资领域逐渐向金融服务、通信、软件、网络等高科技领域拓展。从企业形态看,除了国有企业,还有民营企业和中外合资企业等多种形态的企业参与。投资形式也是直接投资、合资合作、并购等多元化形式发展。

目前,中国对日直接投资正面临着历史性的机遇。一方面,日本政府正在改变对外资的定位,调整外资政策,完善投资环境,加大引资力度,希望吸引更多的海外企业赴日投资。另一方面,中国政府在简政放权的同时,也加大了财政金融等方面对中国企业海外投资的扶持力度。[1] 这将从需求和供给两方面为中国企业扩大对日直接投资创造良好的条件,随着中日关系的逐步改善,中国企业对日直接投资在未来会有更大的发展。

三、旅游和区域合作等领域稳步发展

近年来,中国赴日游客人数屡创新高。据日本政府观光局的统计数据,2016年,中国赴日游客比上年有大幅增长,达到637.3万人次,同比增长27.6%,首次突破600万人次大关,占日本全部到访游客人数的26.5%。[2] 中国访日游客消费能力较强,"中国爆买"成为日本2015年的年度词汇,2016年继续延续了这一趋势,中国访日游客在日本的消费达到14 754亿日元[3],消费额依然位居第一位。与之相反,受日元贬值和中日关系等影响,来中国的日本游客人数连续五年呈减

---

[1]　报告精读|日本经济蓝皮书:日本经济与中日经贸关系研究报告(2017)[EB/OL]. http://www.ssap.com.cn/c/2017-06-13/1055966.shtml,2017-06-13/2017-07-08.

[2]　日本政府观光局.2016年过去最高的2,403万9千人访日外客数(2016年12月および年間推計値)[EB/OL]. http://www.jnto.go.jp/jpn/statistics/data_info_listing/pdf/170117_monthly.pdf, 2017-01-17/2017-07-08.

[3]　商务部.中国消费者2016年网购日货总金额突破1万亿日元[EB/OL]http://www.mofcom.gov.cn/article/i/jyjl/j/201704/20170402564869.shtml, 2017-04-26/2017-07-08.

少趋势,2016 年为 258.99 万人,较 2010 年的 373.12 万人减少了 100 万人以上。①

同时,因为访日中国游客的快速增长,中国人在日网购的规模也不断上升。访日游客往往在回国后,通过网购渠道购入在日本看好的化妆品、纸尿裤、健康食品等产品。据《读卖新闻》网站报道,2016 年中国人通过网络在日本购物网站上购买物品的总金额首次突破 1 万亿日元,达到 10 399 亿日元,网购金额相比 2015 年增长 30.3%。②

作为世界第二和第三大经济体,中国、日本两国的经济总量占到整个世界的 20%,占东亚地区的 80%,③中日两国的经济体量和影响力对亚太地区的区域合作发挥着举足轻重的作用。尽管中日两国分别在 2011 年和 2012 年就开启了"区域全面经济伙伴协定"(RECP)和中日韩自贸区(FTA)的谈判,但在前期,日本将更多的注意力投向了美国主导的"跨太平洋伙伴关系协定"(TPP),对其倾注了极大的热情,而对 RECP 和中日韩自贸区的推进态度并不积极。但特朗普政府从 TPP 的退出,迫使日本政府不得不将 RCEP 和中日韩自贸区的推进放在一个更重要的地位,安倍晋三 2016 年 11 月即在国会公开表态"如果 TPP 失败,将把重点转向 RECP"。

截至 2016 年,RECP 和中日韩自贸区均已举行了十几轮的谈判,但是各方利益诉求差异较大,短时间内仍难取得实质性进展。如在中日韩自贸区谈判中,中日双方在敏感领域开发分歧巨大,日本坚持要求中国在汽车、化工等领域大幅降低关税,而对自身的农业等敏感领域极力加以保护,日本过高的要价导致谈判进程比较缓慢。2016 年 6 月,三方在韩国首尔举行了首席谈判代表会议第十轮谈判。同年 10 月,第十一次中日韩经贸部长会议在东京举行,并承诺要加紧谈判,以期早日达成协定,寻求三国自贸区的独特价值。

金融领域方面,受近年两国外交关系降温的影响,两国加强金融合作的工作长期停滞,日本对中国主导成立的亚洲基础设施投资银行仍然持观望态度,人民币与日元的直接交易依然仅限于东京和上海两个资本市场,而金额也几乎没有上升。在有关人民币结算便利化方面的合作,以及允许境外机构投资者向中国市场进行以人民币计价投资的制度完善等方面,日本落后于多数主要国家。但

---

① 国家统计局.按国别分外国入境游客数据[DB/OL]. http://data.stats.gov.cn/easyquery.htm？cn＝C01, 2019-04-11.

② 商务部.中国消费者 2016 年网购日货总金额突破 1 万亿日元[EB/OL]. http://www.mofcom.gov.cn/article/i/jyjl/j/201704/20170402564869.shtml, 2017-04-26/2017-07-08.

③ 根据世界银行数据计算得出,https://data.worldbank.org.cn/indicator/NY.GDP.MKTP.CD？view＝chart&year_high_desc＝true, 2019-04-11.

2016 年,两国金融领域的往来合作也出现了亮点,受日本低利率宽松政策的吸引,部分中国企业尝试在日本债券市场进行融资。2016 年 10 月 20 日,中国中信集团有限公司在日本成功发行 1 000 亿日元武士债,并获得超额认购。① 这是中资企业 2000 年后首次发行的武士债券,也创下了中资企业的武士债券规模记录。中国工商银行东京分行于 2016 年 10 月 25 日在日本成功发行 5 亿元人民币债券,并于 11 月 1 日在东京证券交易所上市,成为首家在日本发行人民币债券上市的中资银行。②

四、中日经贸问题的原因

通过对 2016 年中日双边经贸关系的发展现状的梳理,我们可以看出,尽管随着双边政治关系的改善,中日经贸关系降幅有所收窄,但仍处于低谷。双边贸易和投资始终未能恢复到 2012 年钓鱼岛争端之前的发展高位,而是呈现出贸易投资转移效应,陷入螺旋下降的循环中。中日两国双边贸易中加工贸易含量较大,投资与贸易密切相关,两者成正比关系,即日本对中国直接投资下降,双边贸易也将下降。因为投资减少会导致中国从日本进口装备及零部件出现萎缩,贸易下降也会反过来阻碍投资的扩大,两者陷入恶性循环,就会对双边经济发展造成更大的损失。

究其原因,这种经贸关系的转移降温是多种因素综合作用的结果,但核心仍是中日两国政治历史问题产生的冲突,政治因素对中日之间的双边经济贸易关系影响仍十分明显。尽管 2016 年 9 月,习近平在二十国集团(G20)杭州峰会期间会见了安倍晋三,两国同意努力扩大双边关系积极面,抑制消极面,③但自钓鱼岛争端以来中日双方的不信任感仍难消除,日方把改善中日关系的意愿体现在政策和行动中的还很少,而无论是双边贸易,还是双向投资,以及其他层面的经济合作,一旦缺乏两国政府的积极推动,都难以顺利展开和全面推进。

另外,中日两国经济近年来都处于低迷调整阶段,市场的需求较前一阶段有所下行,从而促使两国企业到其他海外市场寻求投资机会。日本就通过加大对美国、东盟等市场的投资比重来对冲与中国经贸关系的下滑。根据日本财务省

① 中信集团发行 1 000 亿日元武士债[EB/OL]. http://dz. jjckb. cn/www/pages/webpage2009/html/2016-10/21/content_24559.htm, 2016-10-21/2017-07-09.

② 中国工商银行东京分行在日本首发上市人民币债券[EB/OL]. http://japan.people.com.cn/n1/2016/1027/c35463-28813929.html, 2016-10-27/2017-07-09.

③ 习近平会见日本首相安倍晋三[EB/OL]. http://news. xinhuanet.com/world/2016-09/05/c_1119515029.htm, 2016-09-05/2017-07-09.

的数据,2016 年,日本对东盟直接投资已相当于对中国直接投资的 1.51 倍。[①]

此外,如表 6-7 所示,在中国加入 WTO 之后,日本对华贸易依赖度逐年增长,而中国对日本的贸易依赖度则呈显著下降趋势。日本在面对中国的快速崛起时,仍抱着较强的戒备心理,政治、经济政策趋向保守。政治上表现为试图强化美日同盟来实施对华遏制,经济上就表现为贸易保护主义的增强,贸易摩擦不断增多。此外,中日两国双方经济结构逐渐趋同,国际竞争力对比进一步拉近,"水平竞争型"趋势越来越明显,双方也确实面临着在国际市场上开展激烈竞争的局面,例如双方在印度尼西亚、泰国等高铁项目上的激烈竞争就引起了广泛关注。

五、中日经济关系的展望

近几年来,中日关系的恶化已经对双边经贸关系产生明显的负面影响,但中日两国仍然互为最重要的经贸伙伴。当前,国际关系错综复杂,中日双边关系在钓鱼岛争端、参拜靖国神社等旧的问题没有得到妥善解决的情况下,日本插手南海问题等新的矛盾又不断出现。在复杂的国际政治经济环境下,中日经济关系如何走出当前的困境,是双方都应认真考虑的问题。

2017 年和 2018 年,相继迎来了中日邦交正常化 45 周年和中日和平友好条约缔结 40 周年的重要时间节点,双方举行一系列纪念活动,能在一定程度上促进双边政治关系,中日经济关系也可能得到进一步恢复。中日邦交正常化 45 年来,中日经贸合作始终发挥着压舱石和推进器的作用。习近平在 2017 年 7 月 G20 汉堡峰会期间会见安倍晋三时指出,经贸合作是中日关系的助推器。双方应该推进务实合作。我们欢迎日方同中方在"一带一路"框架内开展合作。双方可以在文化、教育、媒体、地方、青少年等领域开展广泛交流,夯实两国关系社会和民意基础。[②]

在政府对话层面,双方媒体和民间团体组织均多次进行吹风,希望尽快恢复中日高层经济对话,发挥高层对话在中日经济关系发展中的顶层设计和总体协调推动的作用。日本方面也在希望利用中日邦交正常化 45 周年的时间窗口,积极推动中日韩领导人峰会机制于 2017 年重启,为三国重塑互信互惠、推动经贸合作创造有利条件。

[①]　根据日本财务省统计数据整理得出,http://www.mof.go.jp/international_policy/reference/iip/data.htm,2017-07-09。

[②]　习近平会见日本首相安倍晋三[EB/OL]. http://news.xinhuanet.com/politics/2017-07/08/c_1121286706.htm,2017-07-08/2017-07-09。

在企业层面,日本企业对中国市场的认知度也开始趋好。日本国际协力银行每年都对进行海外投资的日本企业的海外经营状况进行问卷调查。从 2016 年的调查结果来看,认为在中国有利于企业中期(今后三年左右)发展的比例从 2015 年的 38.8%上升至 42.0%。① 根据日本贸易振兴机构(JETRO)2016 年的调查,当被问及"今后开展事业的方向"时,604 家在华日资企业中,回答"扩大"的企业比例为 40.1%,较 2015 年的 38.1%提升了 2 个百分点。② 随着中国经济逐渐稳定回暖,日本企业对中国市场的认知度和投资意愿也逐渐开始触底反弹。

在区域合作方面,中日两国作为外向型经济的代表国家,应共同推动 G20 峰会经贸成果的落实,积极参与贸易自由化进程,共同反对特朗普总统上台后美国的贸易保护主义倾向。日本应尽早转向,将主要精力从挽救 TPP 转移到推动 RECP 和中日韩自贸区上来,在已有合作的基础上扎实推进有关谈判,使有关自由贸易安排尽早惠及彼此经济社会的发展。同时,日本政府对亚投行和"一带一路"倡议的态度也有所松动,部分政府官员表态从冷淡以对到积极研究,双方可结合各自优势,发掘利益共同点,共享亚投行和"一带一路"倡议带来的发展成果。

此外,中日两国制造业转型升级、雾霾治理、商务旅游等方面具备广阔的合作空间,双方作为负责任大国,还应加强在气候变暖、能源安全、反恐合作等方面的协调互动,为其他国家发挥示范效应。

2016 年,中日经贸关系已走上了改善轨道,但还面临着许多不确定因素,恢复的势头仍较微弱。中日双方应共同努力克服目前的困难,尤其是日方应把改善关系的意愿从口头落实到行动上,为两国关系的改善奠定基础,实现两国的互利互惠、共同发展。

(夏方杰、车维汉)

主要参考文献

[1] Economic and Social Research Institute Cabinet Office, Government of Japan.GDP (Expenditure Approach) and Its Components[EB/OL]. http://www.esri.

---

① 国際協力銀行業務企画室調査課.わが国製造業企業の海外事業展開に関する調査報告:2016 年度海外直接投資アンケート結果(第 28 回)[EB/OL]. http://www.jbic.go.jp/wp-content/uploads/press_ja/2016/12/53380/sashikae_jan1.pdf,2016-12-12/2017-07-10.

② 日本貿易振興機構(ジェトロ)海外調査部アジア大洋州課、中国北アジア課.2016 年度アジア・オセアニア進出日系企業実態調査[EB/OL]. https://www.jetro.go.jp/ext_images/_Reports/01/6f26fd5b57ac7b26/20160103.pdf,2016-12-21/2017-07-10.

cao. go. jp/jp/sna/data/data_list/sokuhou/gaiyou/pdf/main_1. pdf，2017-06-08/
2017-06-12.

［2］Ministry of Finance , Japan. International Investment Position of Japan
（End of 2016）［EB/OL］. http：//www.mof.go.jp/english/international_policy/ref-
erence/iip/e2016.htm,2017-05-26/2017-06-16.

［3］Ministry of Finance，Japan. Overview of the FY2017 Supplementary Budget
［EB/OL］. http：//www.mof.go.jp/english/budget/budget/fy2017/03.pdf，2016-12-
22/2017-06-14.

［4］Statistics of Japan. 2017 Yearly Average（Results of Two-or-more-person
Households）.［EB/OL］ http：//www.stat.go.jp/english/data/kakei/156n.htm,2017-
02-17/2017-06-12.

［5］Statistics of Japan. Family Income and Expenditure Survey［EB/OL］.
http：// www. e-stat. go. jp/SG1/estat/ListE. do? lid = 000001174189，2017-03-13/
2017-06-12.

［6］The Headquarters for Japan's Economic Revitalization. New Robot Strategy：
Japan's Robot Strategy-Vision，Strategy，Action Plan［EB/OL］. http：//www.meti.
go.jp/english/press/2015/pdf/0123_01b.pdf，2015-02-10/2017-06-02.

［7］报告精读丨日本经济蓝皮书：日本经济与中日经贸关系研究报告
（2017）［EB/OL］. http：//www.ssap.com.cn/c/2017-06-13/1055966.shtml，2017-
06-13/2017-07-08.

［8］程甲生.日本向海外投资的特点及其发展趋势［J］.国际金融研究,1992
（12）.

［9］杜恒峰.联合国厉害啊,就用这一招,日本 GDP 一夜增长 6.3%！［EB/
OL］. http：//www.nbd.com.cn/articles/2016-12-11/1060633.html，2016-12-11/
2017-06-12.

［10］樊勇明.海外资产和日本经济的转型［J］.世界经济研究,2012(8).

［11］工业和信息化部,发展改革委,财政部.工业和信息化部发展改革委财
政部关于印发《机器人产业发展规划（2016—2020 年）》的通知［EB/OL］.
http：//www.miit.gov.cn/n1146295/n1652858/n1652930/n3757018/c4746362/con-
tent.html，2016-03-21/2017-06-06.

［12］国際协力银行业务企画室调查课.わが国製造業企業の海外事業展開
に関する調查报告：2016 年度海外直接投资アンケート结果（第 28 回）［EB/
OL］. http：//www. jbic. go. jp/wp - content/uploads/press_ja/2016/12/53380/
sashikae_jan1.pdf，2016-12-12/2017-07-10.

［13］刘昌黎.浅析日本长期资本收支的黑字［J］.世界经济与政治,1993（7）.

［14］刘昌黎.日本国际收支的历史性转折与投资立国［J］.日本学刊,2007（2）.

［15］盘点九大被谷歌收购机器人公司［EB/OL］. http://tech.qq.com/a/20140204/000227.htm,2014-02-04/2017-06-06.

［16］祁月.日本28万亿刺激计划细节:财政刺激13.5万亿［EB/OL］. http://finance.qq.com/a/20160802/028836.htm,2016-08-02/2017-06-14.

［17］日本財務省.報道発表:平成28年分貿易統計(速報)の概要［EB/OL］. http://www.customs.go.jp/toukei/shinbun/trade-st/gaiyo2016.pdf,2017-01-25/2017-07-05.

［18］日本財務省.国際収支の推移［EB/OL］. http://www.mof.go.jp/international_policy/reference/balance_of_payments/preliminary/bpgaiyou201612.pdf,2017-02-08/2017-06-14.

［19］日本経済産業省大臣官房調査統計グループ企業統計室貿易経済協力局貿易振興課.第46回海外事業活動基本調査概要(2015年度実績/2016年7月1日調査)［EB/OL］. http://www.meti.go.jp/statistics/tyo/kaigaizi/result/result_46/pdf/h2c46kaku1.pdf,2017-05-25/2017-06-20.

［20］日本貿易振興機構(ジェトロ)海外調査部アジア大洋州課、中国北アジア課.2016年度アジア・オセアニア進出日系企業実態調査［EB/OL］. https://www.jetro.go.jp/ext_images/_Reports/01/6f26fd5b57ac7b26/20160103.pdf,2016-12-21/2017-07-10.

［21］日本政府観光局.2016年過去最高の2,403万9千人訪日外客数(2016年12月および年間推計値)［EB/OL］. http://www.jnto.go.jp/jpn/statistics/data_info_listing/pdf/170117_monthly.pdf,2017-01-17/2017-07-08.

［22］日本総務省統計局.労働力調査(基本集計)平成28年(2016年)平均(速報)結果［EB/OL］. http://www.stat.go.jp/data/roudou/sokuhou/nen/ft/index.htm,2017-01-31/2017-06-02.

［23］习近平会见日本首相安倍晋三［EB/OL］. http://news.xinhuanet.com/world/2016-09/05/c_1119515029.htm,2016-09-05/2017-07-09.

［24］习近平会见日本首相安倍晋三［EB/OL］. http://news.xinhuanet.com/politics/2017-07/08/c_1121286706.htm,2017-07-08/2017-07-09.

［25］徐平.战后日本经济发展阶段考察——兼谈赶超经济的体制性缺陷［J］.日本学刊,2013(3).

［26］杨亚沙.日本对外直接投资相关问题再认识［J］.国际经济合作,2008
（3）.

　　［27］张玉来.日本机器人产业再出发［J］.世界知识,2017(1).

　　［28］中国工商银行东京分行在日本首发上市人民币债券［EB/OL］.
http://japan.people.com.cn/n1/2016/1027/c35463-28813929.html，2016-10-27/
2017-07-09.

中篇（中）：新兴经济体与发展中经济体经济

第七章　东亚新兴经济体经济

第一节　2016 年东亚新兴经济体经济形势综述

一、2016 年中国经济发展形势及与东盟主要成员经贸关系

（一）中国总体经济发展形势

总体来看,2016 年中国国内生产总值为 74.41 万亿元人民币,同比增长 6.7%。其中,第一产业增加值为 6.37 万亿元人民币,增长 3.3%;第二产业增加值为 29.62 万亿元人民币,增长 6.1%;第三产业增加值为 38.42 万亿元人民币,增长 7.8%。从 GDP 构成看,第一产业增加值占 8.56%,较上年下降 0.34%;第二产业增加值占 39.81%,比 2015 年的 40.9% 低 1.09%;第三产业增加值占 51.63%,较上年提高 1.43%。全年人均国内生产总值 5.4 万元人民币,同比增长 6.1%。另外,从三大需求对 GDP 增长的贡献率看,最终消费支出为 64.6%,资本形成总额为 42.2%,货物和服务净出口为−6.8%。[1]

全年工业增加值为 24.79 万亿元,较上年增长 6.0%,其中规模以上工业增加值增长 6.0%。对于规模以上工业,从经济类型看,国有控股企业增长 2%;股份制企业增长 6.9%,集体企业下降 1.3%,外商及港澳台商投资企业增长 4.5%;私营企业增长 7.5%。分行业看,工业增加值增长率前五位的行业依次为:汽车制造业(15.5%),燃气生产和供应业(14.3%),医药制造业(10.8%),计算机、通信和其他电子设备制造业(10.0%),仪器仪表制造业(9.4%)。[2]

2016 年,全社会固定资产投资完成额为 60.65 万亿元人民币,较上年增长 7.9%,剔除价格因素后实际增长 8.6%。其中,固定资产投资完成额(不含农户)为 59.65 万亿元人民币,增长 8.1%;房地产开发投资完成额为 10.26 万亿元人民

---

① 由万得(Wind)数据库整理得出,http://www.wind.com.cn,2017-06-20。
② 由万得(Wind)数据库整理得出,http://www.wind.com.cn,2017-06-20。

币,增长 6.9%;新增固定资产投资完成额为 35.35 万亿元人民币,下降 8.5%。①

物价方面,全年 CPI 上涨 2.0%。分区域看,城市 CPI 同比增长 2.05%,农村为 1.85%。另外,全年 PPI 下降 1.4%。其中,PPI 当月同比自当年 9 月起由负转正,结束了长达 54 个月的下跌趋势。固定资产投资价格下降 0.6%。农产品生产者价格上涨 3.40%。②

(二) 2016 年中国与东盟主要成员国经贸关系

2016 年,中国与东盟贸易总额为 0.45 万亿美元,较上年下降 4.1%。中国与东盟的双边贸易中,贸易增长率最高的 3 个国家依次为柬埔寨(7.40%)、菲律宾(3.40%)和越南(2.50%)。对东盟直接投资方面,2015 年投资额为 146.04 亿美元,较上年增长 87.01%。对比 2014 年,中国在新加坡、越南和印度尼西亚三国的直接投资增长率为正,分别为 271.49%、68.27% 和 14.04%。③

数据显示,2016 年中国与新加坡双边贸易额为 832.3 亿美元,同比下降 7.3%。其中,中国对新加坡出口额为 403.9 亿美元,同比下降 4.1%,占新加坡进口总额的 14.3%,提升 0.1%;中国自新加坡进口 428.4 亿美元,下降 10.2%,占新加坡出口总额的 13.0%,下降 0.8%。机电产品历来是中国与新加坡双边贸易的主力产品。2016 年,中国向新加坡出口的机电产品总额为 244.2 亿美元,同比下降 5.5%,占新加坡自中国进口总额的 60.5%;新加坡对中国出口的机电产品总额为 237.5 亿美元,较上年下降 13.9%,占新加坡对中国出口总额的 55.4%。另外,新加坡对中国出口的其他主要商品包括塑料橡胶、化工产品和矿产品。④

2016 年,中国与泰国双边贸易总额为 658.4 亿美元,同比增长 2.5%。其中,中国向泰国出口 422.6 亿美元,较上年增长 3.3%;中国自泰国进口 235.8 亿美元,较上年增长 1.2%。泰国自中国进口的主要产品是机电产品(47.5%)。泰国向中国出口的主要产品有塑料橡胶(26.8%)、机电产品(24.2%)和植物产品(11.4%)。⑤

2016 年,中国与马来西亚双边贸易额为 581.1 亿美元,同比下降 1.8%。马来西亚对中国的主要出口产品为机电产品、矿物燃料、机械设备、动植物油、矿

① 由万得(Wind)数据库整理得出,http://www.wind.com.cn,2017-06-20。

② 由万得(Wind)数据库整理得出,http://www.wind.com.cn,2017-06-20。

③ 由万得(Wind)数据库整理得出,http://www.wind.com.cn,2017-06-20。

④ 2016 年新加坡货物贸易及中新双边贸易概况[EB/OL]. https://countryreport.mofcom.gov.cn/record/view110209.asp? news_id=53126,2017-03-06/2017-06-07。

⑤ 2016 年泰国货物贸易及中泰双边贸易概况[EB/OL]. https://countryreport.mofcom.gov.cn/record/view110209.asp? news_id=53126,2017-03-03/2017-06-07。

砂,上述五大类商品的出口额依次为 87.4 亿美元、26.6 亿美元,23.4 亿美元、14.6 亿美元和 11.7 亿美元,合计占马来西亚对中国出口总额的 68.9%。2016 年,马来西亚自中国进口的上述五类商品合计 201.8 亿美元,合计占马来西亚自中国进口总额 58.8%。①

根据印度尼西亚统计局公布的数据,2016 年,中国与印度尼西亚进出口贸易总额为 475.9 亿美元,较上年增长 7.0%。其中,中国向印度尼西亚出口 308 亿美元,同比增长 4.7%;中国自印度尼西亚进口 167.9 亿美元,同比增长 11.6%。2016 年,印度尼西亚对中国出口最多的商品为矿物燃料、动植物油、木浆等纤维状纤维素浆、钢铁及制品、木材及木制品。上述印度尼西亚五大类商品的出口额依次为 54 亿美元、27.4 亿美元、9.7 亿美元、9.3 亿美元和 8.3 亿美元,合占对中国出口总额的 64.7%。2016 年,印度尼西亚进口的上述五类商品合计 180.5 亿美元,占印度尼西亚自中国进口总额的 58.6%。除上述产品外,印度尼西亚自中国进口的主要商品还有金属及制品、肥料、干鲜水果、无机化学品、化学纤维长丝、鞋类制品、肥料、铝制品、音响器材制品等。截至 12 月底,印度尼西亚对中国的商品出口已一举超过美国和日本,使中国不仅成为印度尼西亚第一大出口市场,也是其第一大商品进口来源地。②

2016 年中国与菲律宾进出口贸易总额为 219.4 亿美元,占菲律宾货物进出口总额的 15.5%。其中,菲律宾自中国进口 155.7 亿美元,菲律宾对中国出口 63.7 亿美元,中菲贸易逆差 91.92 亿美元。菲律宾向中国出口的商品中,电子类产品高居首位,出口额 38.04 亿美元,占菲律宾对中国出口总额近 60%。同期,菲律宾自中国进口电子类产品 32.99 亿美元、钢铁 23.32 亿美元,分别占菲自中国进口总额的 21.2% 和 15.0%。③

中国与越南的双边贸易总额在 2016 年达到 982.26 亿美元,同比增长 2.5%。其中,中国对越南出口 611.00 亿美元,同比下降 7.4%;中国自越南进口 371.26 亿美元,同比增长 24.5%;贸易顺差为 239.74 亿美元。越南对中国的主要出口产品包括电机、电气、音像设备及其零配件(129.50 亿美元,占 47.6%),棉花(17.15 亿美元,占 6.3%),矿物燃料、矿物油及其产品(15.61 亿美元,占 5.7%)。中国对越南出口的主要产品有电机、电气、音像设备及其零配件(120.18 亿美元,占

①　2016 年马来西亚货物贸易及中马双边贸易概况［EB/OL］. https://countryreport.mofcom.gov.cn/record/view110209.asp? news_id=53286,2017-03-20/2017-06-07.

②　2016 年印度尼西亚货物贸易及中印双边贸易概况［EB/OL］. https://countryreport.mofcom.gov.cn/record/view110209.asp? news_id=54186,2017-05-05/2017-06-07.

③　商务部. 2016 年中国成为菲律宾第一大贸易伙伴［EB/OL］. http://www.mofcom.gov.cn/article/i/jyjl/j/201707/20170702610505.shtml,2017-07-17/2017-07-20.

19.7%),核反应堆、锅炉、机械器具及零件(68.87 亿美元,占 11.3%),钢铁(45.32 亿美元,占 7.4%)。①

2016 年,中国与缅甸的双边贸易总额为 122.8 亿美元,同比下滑 18.6%。其中,中国对缅甸出口 81.9 亿美元,较上年下降 15.2%;缅甸对中国出口 41.0 亿美元,比去年下降 24.8%。不过,中国对缅甸的直接投资增幅较大,2016 年全年非金融类直接投资额约为 3.1 亿美元,较上年增长近 50.0%,在东盟十国中位居第四;2016 年年末非金融类直接投资存量约达到 45.7 亿美元。另外,缅甸对中国投资企业数量由 2015 年的 5 个增至 34 个,项目数为 284 个,实际投资额约为 1.2 亿美元。②

二、2016 年东亚新兴工业经济体经济发展形势

(一)东盟总体经济发展形势

东盟 2016 年全年 GDP 增长率为 4.8%,略高于同年第四季度的 4.7%。从国别数据看,印度尼西亚、马来西亚和泰国对东盟经济增长的贡献最大。根据各成员官方统计数据,菲律宾实际 GDP 增长率为 6.9%,泰国不变价 GDP 同比增长 3.2%,越南不变价 GDP 同比增长 6.2%,马来西亚不变价 GDP 同比增长 4.5%,新加坡不变价 GDP 同比增长 2.0%,印度尼西亚不变价 GDP 同比增长 5.0%,柬埔寨不变价 GDP 同比增长 7.2%。受国内需求回暖的影响,马来西亚的经济增长创下 2015 年第一季度以来最高。其中,私人部门投资增长强劲;就业稳定和政府对低收入家庭的现金补贴带动居民消费稳步增长。泰国的经济增长主要受到出口的带动。尽管印度尼西亚公共支出、出口增长支撑了经济的高速增长,但其家庭消费和固定资产投资未得到明显改善。③

(二)东盟各成员国的经济发展形势

2016 年,新加坡 GDP 现价为 4 103.0 亿美元,实际 GDP 增长率为 2.0%,高于 2015 年的 1.9%。受电子、生物制药行业的带动,占新加坡经济比重约 1/5 的制造业增长率从 2015 年的 -5.1% 的低点反弹至 3.6%。受私人部门建筑活动持续低迷的影响,2016 年该国建筑业仅增长 0.2%,远低于上年的 3.9%。另外,新加坡 2016 年通货膨胀率为 -0.5%,与上年持平。在贸易方面,五大出口目的地

---

① 由万得(Wind)数据库整理得出,http://www.wind.com.cn,2017-06-20。

② 2016 年中缅经贸合作简况〔EB/OL〕. http://mm. mofcom. gov. cn/article/zxhz/201702/20170202510989.shtml,2017-02-07/2017-06-10。

③ FocusEconomics. Economic Snapshot for ASEAN〔EB/OL〕. http://www. focus - economics. com/regions/asean,2017-05-24/2017-06-10。

在出口总额中的份额分别为中国内地（13.1%）、中国香港（12.8%）、马来西亚（10.5%）、欧盟（8.6%）和印度尼西亚（7.9%）。全年商品贸易出口额和进口额分别为 4 669.12 亿美元和 4 033.05 亿美元，分别比上年下降 5.1% 和 4.7%；服务贸易出口额和进口额分别为 2 067.38 亿美元和 2 149.42 亿美元，均比上年增长1.2%。①

据印度尼西亚中央统计局公布的统计数据显示，2016 年印度尼西亚 GDP 现价为 1.2 亿亿印尼卢比，不变价 GDP 为 9 433.0 万亿印尼卢比，不变价 GDP 同比增长率由 2015 年的 4.8% 升至 5.0%。在各大新兴经济体中保持了较高的增长水平，但低于印尼政府设定的 5.3% 增长目标。② 从数据上看，印度尼西亚经济的高速增长得益于居民消费增加和稳健、有效的经济政策。贸易方面，2016 年印度尼西亚进出口总额为 2 801.4 亿美元，同比下降 4.4%。2016 年，印度尼西亚的主要贸易伙伴为东盟其他成员（21.9%）、美国（11.9%）、中国（11.5%）和日本（10.5%）。其中，对东盟的出口同比增长 5.3%。③

马来西亚 2016 年的经济形势不容乐观，实际 GDP 增长率为 4.2%，较上年 5.0% 的平均增长率逊色不少。强劲的国内消费成为经济增长的重要引擎，2016 年第二季度国内消费增长率为 6.3%，第一季度为 3.6%。但马来西亚的国内市场毕竟有限，内需并不足以实现经济可持续增长。另外，受外需低迷的影响，马来西亚的出口增速显著放缓。2015 年净出口收缩 3.8%；2016 年第一季度下跌 12.4%，第二季度下跌 7.0%。预计短期内外需都难以改观——日本经济难言乐观，中国经济增速放缓，英国"脱欧"为马来西亚与欧盟的贸易蒙上一层阴影。④

根据泰国央行公布的数据，2016 年泰国不变价 GDP 为 9.81 万亿泰铢，同比增长 3.2%，但不及预期的 3.3%；GDP 平减指数为 146.42（2002 年的 GDP 平减指数为 100），同比上涨 1.7%。分部门看，商品和服务出口依然是推动 2016 年泰国经济增长的主要动力。不变价商品和服务出口额为 7.37 万亿泰铢，同比增长2.1%；进口额为 6.39 万亿泰铢，同比下降 1.4%。⑤ 尽管政府投资和旅游部门对

---

① 2016 年新加坡经济年报［EB/OL］. https：//www.mti.gov.sg/ResearchRoom/SiteAssets/Pages/Economic-Survey-of-Singapore-2016/FullReport_AES2016.pdf，2017-02-17/2017-06-10.

② 印尼经济持续强劲增长［EB/OL］. http：//www.xinhuanet.com/world/2017-02/05/c_1120412511.htm，2017-02-07/2017-06-10.

③ 出口或成为印尼 2017 年重要经济增长动力［EB/OL］. http：//id.mofcom.gov.cn/article/sbmy/201702/20170202511682.shtml，2017-02-08/2017-06-10.

④ 2016：The Year the Malaysian Economy "Crumbled"［EB/OL］. https：//aecnewstoday.com/2017/2016-the-year-the-malaysian-economy-crumbled/#axzz4k50eJEdW，2017-01-27/2017-06-10.

⑤ 由万得（Wind）数据库整理得出，http：//www.wind.com.cn，2017-06-20。

经济的拉动作用不容忽视,但力度有所放缓。展望未来,泰国经济实现可持续增长的有利因素有很多。首先,泰国政府实施了各项改革措施,着力提高农民和中小企业的收入水平,此举将有力地刺激国内消费。其次,政府大幅增加基础设施建设,特别是在东盟经济共同体建立后,与私人部门一道积极增加投资。最后,随着发达经济体(特别是美国和欧盟)的经济逐渐复苏,外需环境的改善将为泰国的出口注入新的增长动力。

2016 年菲律宾经济增长率为 6.8%,高于 2015 年的 5.9%,高于中国(6.7%)和越南(6.2%)。其中,2016 年 4 个季度的经济增长率分别为 6.9%、7.0%、7.0% 和 6.6%。① 在物价方面,尽管当年 12 月受圣诞期间消费集中的影响商品价格出现普遍上涨,将当月通货膨胀率推升至 2.6%。但 2016 年全年通胀率仅为 1.8%,低于当年年初预计的 2%~4% 的目标。国际收支方面,2016 年全年国际收支逆差 4.2 亿美元,相比 2015 年 24 亿顺差出现逆转。② 国际收支逆差主要是受到实际货币输出、外来投资等资金流动的影响。此外,当年第四季度美国经济不确定性升高、全球市场波动加剧也影响了投资者的风险偏好,使逆差进一步恶化。

根据越南统计局公布的数据,2016 年越南宏观经济稳定,不变价 GDP 为 3 054.47 万亿越南盾,较上年增长 6.21%。全年通货膨胀率为 2.66%,较 2015 年的 0.63% 有所上升,但仍处于合理区间内。在全球贸易下滑的背景下,2016 年越南出口总额为 1 765.64 亿美元,同比增长 8.6%;进口总额为 1 744.64 亿美元,同比增长 4.6%。实现贸易顺差 21 亿美元。③ 另外,海外直接投资创历史新高,到位资金接近 158 亿美元,较上年增长 9%。其中,新增注册外商投资资金为 244.00 亿美元,较上年增长 7%。FDI 的持续流入显示出越南营商环境的改善。根据数据,2016 年越南的营商环境在 190 个国家和地区中排名第 82 位,较 2015 年上升 9 位。④

根据老挝计划与投资部公布的数据,2016 年老挝名义 GDP 约为 129.28 万亿基普,同比增长 7.02%,显著低于 7.5% 的国会预估值。2016 年老挝全年通货膨胀率为 1.60%,仍处于合理区间内。全年进口额、出口额分别为 42.15 亿美元

① 菲律宾 2016 年经济增长 6.8%,暂居亚洲首位[EB/OL]. http://ph.mofcom.gov.cn/article/jmxw/201702/20170202513279.shtml,2017-02-10/2017-06-10.

② 由万得(Wind)数据库整理得出,http://www.wind.com.cn,2017-06-20。

③ 由万得(Wind)数据库整理得出,http://www.wind.com.cn,2017-06-20。

④ 中国国际商会合作发展部. 越南政府会议全面回顾 2016 年国民经济情况[EB/OL].http://www.ccpit.org/Contents/Channel_4117/2017/0116/746193/content_746193.htm,2017-01-16/2017-06-10.

和 45.23 亿美元,实现贸易顺差 3.08 亿美元。①

　　根据柬埔寨统计局的数据,2016 年柬埔寨 GDP 现价为 81.24 万亿瑞尔,同比增长 6.95%。② 为重振农业部门、保持经济增长、降低贫困率,柬埔寨政府采取了一系列改革措施。2017 年和 2018 年,柬埔寨通货膨胀率缓慢上升,经常账户逆差逐渐收窄。

　　根据缅甸官方的统计数据,GDP 增长率由 2015 年的 7.3% 放缓至 2016 年的 6.4%。③ 通货膨胀率较 2015 年有所缓和,但巨额贸易逆差、外来投资减少、政府支出刚性等不利因素或使缅甸元进一步贬值,推升缅甸国内的通胀水平。在所有行业中,唯旅游业一枝独秀,但相比上年,2016 年赴缅甸旅游的国外游客数量减少了 38.0%,仅为 290 万人次。整体来看,2016 年上半年,缅甸国内经济、安全形势复杂,新一届政府着力平衡预算收支,缓解了政府支出对货币增长的影响,同时积极采取措施改革主要金融部门和国内的营商环境。但当前有限的政府预算空间和国有企业的亏损仍继续束缚公共投资。2015 年洪灾过后,受农业生产率约束的长期掣肘,缅甸农业部门的复苏步伐较为缓慢。诸如食品加工、建筑业、天然气生产等工业产出均出现明显下降。④

　　根据 IMF 提供的数据,2016 年文莱 GDP 现价为 127.80 亿文莱元,不变价 GDP 为 182.90 亿文莱元,较上年下降 2.02%;人均国内生产总值(GDP)现价为 30 202.78 文莱元(人均不变价 GDP 为 43 208.58),折合 21 496.76 美元;GDP 平减指数为 69.90,全年通货膨胀率为 0.2%;经常项目录得逆差 6.30 亿美元,占 GDP 的比重为-6.90%。⑤ 文莱经济严重依赖油气产业,2016 年前后,国际油气价格的持续低迷使相关行业受到重创。数据显示,2015 年文莱油气业产值同比增长率下滑 1.1%,2016 年下滑幅度扩大至 6.1%。⑥

　　① 2016 年老挝经济增速为 7.02% [EB/OL]. http://la. mofcom. gov. cn/article/jmxw/201704/20170402566148.shtml,2017-04-27/2017-06-10.
　　② 根据新浪财经全球宏观经济数据库数据整理得出,http://finance.sina.com/worldmac/nation_KH.shtml,2017-06-20。
　　③ 由万得(Wind)数据库整理得出,http://www.wind.com.cn,2017-06-20。
　　④ The World Bank. Myanmar Economic Monitor:December 2016 [EB/OL]. http://www.worldbank.org/en/country/myanmar/publication/myanmar-economic-monitor-december-2016,2017-04-27/2017-06-10.
　　⑤ 由万得(Wind)数据库整理得出,http://www.wind.com.cn,2017-06-20。
　　⑥ 薛飞. 文莱经济 2016 年萎缩 2.5% [EB/OL]. http://news.xinhuanet.com/fortune/2017-03-31/c_1120733443.htm,2017-03-31/2017-06-10.

第二节　中日韩自贸区现状

一、中日韩的贸易往来

中国的对外贸易自改革开放后进入高速增长期。1980—2000年,对外贸易总额年均增长率为14.17%,其中2000年贸易总额为4742.9亿美元,是1980年的12.4倍。2001年中国加入WTO后,对外贸易步入新的增长快车道,2001—2016年年均增长率为13.67%,其中2001—2008年年均增长率达到23.48%。对外贸易总额在2014年顶峰时一度高达4.3万亿美元,相比2000年翻了8倍多。在贸易伙伴方面,2015年,日本、韩国分列我国第三、第四大贸易伙伴,进出口总额分别为2785.19亿美元和2757.92亿美元。另外,日本、韩国还是我国第三、第四大出口市场,出口总额分别为1356.16亿美元和1012.86亿美元,以及第四大和第一大进口来源地,进口总额分别为1429.03亿美元和1745.06亿美元(见表7-1、表7-2)。

中国与日本的贸易最早开始于20世纪50年代,但由于当时两国尚未建交,贸易往来主要停留在民间层面。此外,两国还以中国香港特别行政区为中介从事转口贸易和结汇业务。朝鲜战争爆发后,由于美国对中国实施全面禁运,中日民间贸易被迫中断。直至20世纪70年代中美、中日邦交逐步正常化后,中日双边贸易才再度恢复。特别是中国实行改革开放后,中日贸易进入高速发展期。

表7-1　2000—2015年的中国与日本的双边贸易情况

年份	进出口		出口		进口	
	总额 (亿美元)	增长率 (%)	总额 (亿美元)	增长率 (%)	总额 (亿美元)	增长率 (%)
2000	831.64	25.67	416.54	28.52	415.10	22.94
2001	877.28	5.49	449.41	7.89	427.87	3.08
2002	1 019.00	16.15	484.34	7.77	534.66	24.96
2003	1 335.57	31.07	594.09	22.66	741.48	38.68
2004	1 678.36	25.67	735.09	23.73	943.27	27.21
2005	1 843.94	9.87	839.86	14.25	1 004.08	6.45
2006	2 072.95	12.42	916.23	9.09	1 156.73	15.20

续表

年份	进出口		出口		进口	
	总额 （亿美元）	增长率 （%）	总额 （亿美元）	增长率 （%）	总额 （亿美元）	增长率 （%）
2007	2 359.51	13.82	1 020.09	11.34	1 339.42	15.79
2008	2 667.32	13.05	1 161.32	13.85	1 506.00	12.44
2009	2 287.83	−14.23	978.68	−15.73	1 309.15	−13.07
2010	2 977.80	30.16	1 210.43	23.68	1 767.36	35.00
2011	3 428.34	15.13	1 482.70	22.49	1 945.64	10.09
2012	3 294.56	−3.90	1 516.22	2.26	1 778.34	−8.60
2013	3 123.78	−5.18	1 501.32	−0.98	1 622.45	−8.77
2014	3 123.12	−0.02	1 493.91	−0.49	1 629.21	0.42
2015	2 785.19	−10.82	1 356.16	−9.22	1 429.03	−12.29

资料来源：根据中经网统计数据库数据整理得出，http://db.cei.cn/page/Login.aspx，2017-06-10。

　　根据表 7-1 数据显示，2000—2011 年，中国和日本双边贸易总额保持良好增长态势，年均增长率为 13.74%。尽管期间遭遇 2008 年金融危机，2009 年双边贸易总额增长率一度降至−14.23% 的历史低位，但贸易总额仍从 2000 年的 831.64亿美元增长至 2011 年的 3 428.34 亿美元，增长了 3 倍多。但自 2012 年起，受中日关系紧张的影响，双边贸易总额开始下降，2015 年更是较 2014 年下降 10.82%。

　　中韩贸易往来起步较晚。自 1983 年起，两国开始经由新加坡、中国香港等地开展间接贸易，但规模有限。1992 年中国与韩国正式建交后，双边贸易合作快速发展。2016 年，韩国已成为中国的第四大贸易伙伴，而中国也取代美国和日本成为韩国的第一大贸易伙伴。

表 7-2　2000—2015 年的中国与韩国的双边贸易情况

年份	进出口		出口		进口	
	总额 （亿美元）	增长率 （%）	总额 （亿美元）	增长率 （%）	总额 （亿美元）	增长率 （%）
2000	345.00	37.81	112.92	44.63	232.07	34.72
2001	358.96	4.05	125.19	10.86	233.77	0.73
2002	441.03	22.86	155.35	24.09	285.68	22.21
2003	632.23	43.35	200.95	29.36	431.28	50.97

续表

年份	进出口		出口		进口	
	总额（亿美元）	增长率（%）	总额（亿美元）	增长率（%）	总额（亿美元）	增长率（%）
2004	900.46	42.43	278.12	38.40	622.34	44.30
2005	1 119.28	24.30	351.08	26.23	768.20	23.44
2006	1 342.46	19.94	445.22	26.82	897.24	16.80
2007	1 598.51	19.07	560.99	26.00	1 037.52	15.63
2008	1 860.70	16.40	739.32	31.79	1 121.38	8.08
2009	1 562.15	−16.05	536.70	−27.41	1 025.45	−8.55
2010	2 071.15	32.58	687.66	28.13	1 383.49	34.92
2011	2 456.26	18.59	829.20	20.58	1 627.06	17.61
2012	2 564.15	4.39	876.78	5.74	1 687.38	3.71
2013	2 742.38	6.95	911.65	3.98	1 830.73	8.50
2014	2 904.42	5.91	1 003.33	10.06	1 901.09	3.84
2015	2 757.92	−5.04	1 012.86	0.95	1 745.06	−8.21

资料来源：根据中经网统计数据库数据整理得出，http://db.cei.cn/page/Login.aspx，2017-06-10。

　　根据表 7-2 数据显示，2000—2015 年，中韩双边贸易总额年均增长率为14.86%。截至 2015 年年底，双边贸易额达到 2 757.92 亿美元，相比两国建交之初的 50.23 亿美元增长了 53.91 倍。[①] 金融危机期间，中韩贸易同样受到重创，双边贸易总额由 2008 年的 1 860.7 亿美元骤降至 2009 年的 1 562.15 亿美元，降幅达 16.05%，但 2010 年又回升至 2 071.15 亿美元，较 2009 年增长 32.58%。2014 年中韩双边贸易额达到 2 904.42 亿美元，达到历史高点。[②]

　　从经贸关系上看，日本、韩国互为对方最重要、最密切的合作伙伴。两国自1965 年建交后至 1997 年亚洲金融危机前夕，日本始终是韩国最大的进口来源国。此后双边贸易尽管受到亚洲金融危机的影响有所下降，但危机结束后又很快恢复。

　　根据表 7-3 数据显示，2000—2016 年，日韩两国进出口贸易总额年均增长率为 2.14%。其中在全球金融危机爆发前（2000—2007 年），年均增长率为

①　由万得（Wind）数据库整理得出，http://www.wind.com.cn. 2017-06-20。
②　杨宏恩，孙汶. 中日韩经贸合作现状，前景展望与政策建议[J]. 国际贸易，2016（7）.

8.23%。双边贸易总额在 2007 年一度达到 95 935.92 亿日元。同样地,金融危机也重创了两国的贸易往来,2009 年双边贸易总额锐减至 64 607.68 亿日元,降幅达 29.93%。2016 年年末,两国进出口贸易总额为 77 424.60 亿日元,较 2015 年下降 9.66%。其中,日本向韩国出口 50 204.08 亿日元,较上年下降 5.75%;日本从韩国进口 27 220.52 亿日元,较上年下降 16.09%。

表 7-3   2000—2016 年的日本与韩国双边贸易情况

年份	进出口		出口		进口	
	总额 (亿日元)	增长率 (%)	总额 (亿日元)	增长率 (%)	总额 (亿日元)	增长率 (%)
2000	55 134.54	24.44	33 087.51	26.96	22 047.03	20.85
2001	51 602.27	−6.41	30 718.71	−7.16	20 883.56	−5.28
2002	55 092.25	6.76	35 724.39	16.30	19 367.87	−7.26
2003	60 936.51	10.61	40 224.69	12.60	20 711.82	6.94
2004	71 685.06	17.64	47 851.01	18.96	23 834.05	15.07
2005	78 412.75	9.39	51 459.87	7.54	26 952.88	13.09
2006	90 271.48	15.12	58 488.95	13.66	31 782.53	17.92
2007	95 935.92	6.27	63 840.33	9.15	32 095.58	0.98
2008	92 203.02	−3.89	61 682.85	−3.38	30 520.17	−4.91
2009	64 607.68	−29.93	44 097.29	−28.51	20 510.39	−32.80
2010	79 641.72	23.27	54 601.93	23.82	25 039.79	22.08
2011	84 391.95	5.96	52 691.43	−3.50	31 700.51	26.60
2012	81 449.73	−3.49	49 112.70	−6.79	32 337.04	2.01
2013	90 049.45	10.56	55 118.28	12.23	34 931.16	8.02
2014	89 872.71	−0.20	54 559.30	−1.01	35 313.42	1.09
2015	85 704.33	−4.64	53 265.69	−2.37	32 438.64	−8.14
2016	77 424.60	−9.66	50 204.08	−5.75	27 220.52	−16.09

资料来源:根据日本财务省贸易统计数据库数据整理得出,http://www.customs.go.jp/toukei/info/index_e.htm,2017-06-10。

二、构建中日韩自贸区的原因

(一) 顺应区域经济一体化的发展浪潮

开放、合作是当今世界的主旋律。经济全球化与区域一体化齐头并进,步伐不断加快。但诸如 WTO、TPP 等多边合作组织的发展面临重重阻力和困难。为此,世界各经济体只能寻求其他途径加强合作、沟通,于是区域合作组织自然而然地成了各经济体的不二选择。除了为成员带来实惠,自由贸易协定还以其鲜明的排他性迫使各成员争先恐后地加入各类区域合作组织,否则会在日后的国际经济竞争中处于明显劣势。

中国、日本、韩国作为东亚地区最重要的三个经济体,都深知区域经济合作的重要性和深远影响。当前,尽管东亚地区的区域经济一体化进程明显落后于欧美地区,但后者也为我们提供了很多值得借鉴的成功案例,如欧盟和《北美自由贸易协定》。这些自由贸易区的建立提高了区内成员的经济贸易水平和抵御外部危机的能力。为此,中日韩三国也萌生了构建中日韩自由贸易区的愿望,借此进一步发展和深化三国的经贸关系。进入 21 世纪后,随着经济实力和国际影响力的不断增强,中国开始积极参与各类区域性经济合作组织,而加入 WTO 后开放本国货物、服务贸易也显示出中国的决心和态度。因而,秉持这份积极开放的态度,中国经济的不断发展一定能为中日韩自贸区的构建提供源源不断的动力。另外,日本和韩国也已基本走出 2008 年全球金融危机的阴霾,国内宏观经济环境逐渐企稳。由此可见,在外部因素(势不可挡的区域经济一体化浪潮)和内部因素(良好的国内经济发展态势)的合力推动下,中日韩自贸区的建立是大势所趋。

(二) 增强东亚区域经济竞争力

中国、日本、韩国的人口数量在东亚地区位居前列。截至 2015 年年末,中国人口为 13.71 亿,日本为 1.27 亿,韩国为 5 061.70 万,人口总数占亚太地区的 67.96%,占世界人口的 21.08%。三个国家的经济总量也位居该地区前三,根据世界银行数据,2015 年中国 GDP 为 11.06 万亿美元,日本 GDP 为 4.38 万亿美元,韩国 GDP 为 1.80 万亿美元,三国 GDP 总量占亚太地区的 77.4%,占世界的 22.65%。① 这说明,中日韩三国在东亚地区乃至全球都属于重要的经济体,经济体量巨大、人口众多。东亚区域经济一体化进程,以及整体竞争力的提升都离不开中日韩三国的参与和相互合作,因而,构建中日韩自贸区势在必行。到

---

① 由万得(Wind)数据库整理得出,http://www.wind.com.cn,2017-06-20。

2016 年,东亚区域经济一体化的合作成果只有东盟这样一个机制性的合作组织。未来中日韩自贸区的建立不仅有益于三国经济实力的提升,还将提升东亚经济圈的国际地位和国际竞争力。当前,国际经济形势复杂多变,经济增长整体缺乏韧性。但多年来,东亚各经济体保持了良好的增长态势,国际地位不断上升,国际影响力逐渐加强。历史经验表明,东亚经济体不应过分依赖欧美经济,否则往往造成"一荣俱荣,一损俱损"的局面,同时还会受到诸多限制。因而,早日建立中日韩自贸区,推进东亚区域经济一体化进程刻不容缓。只有依赖于东亚各经济体构筑的内部市场开展经贸合作,才能保证该地区的经济整体稳定,增强地区竞争力,使该地区成为全球经济的增长引擎。

(三)促进中日韩三国的经济增长

中日韩三国互为重要的贸易伙伴。中日韩自由贸易区意味着统一的内部市场。随着关税的减免和贸易壁垒的消除,自贸区内的商品价格将相对降低,从而刺激三国的消费需求。而三国的国内企业在面对广阔的自贸区市场和消费需求的日益增长时,会自然而然地扩大生产规模、增加技术研发投入。上述因素的叠加将有助于三国实现持续、稳定的经济增长。

三、构建中日韩自贸区的对策

(一)加强经贸合作,努力平衡经济水平

表 7-1 至表 7-3 显示,中国对日本和韩国的贸易基本保持逆差,而日本对韩国的贸易顺差不断增大,这样的贸易收支状态不利于中、日、韩三国贸易的健康发展。然而,三国也不应通过构建贸易壁垒的方式解决贸易不平衡问题,因为这将带来无休止的贸易摩擦,甚至引发贸易战。比较可取的方式是中、日、韩三国相互开放更多的市场:日本、韩国应放松乃至消除对中国产品的各项限制措施,特别是针对原产地为中国的农产品的各类贸易壁垒;中国应积极改善出口商品结构,提高产品的附加值和技术水平,以适应日韩两国不断变化的准入门槛。另外,三国政府高层也应构建及时有效地沟通机制,从而及时解决甚至避免互相的贸易摩擦。

当前,日本应以推动本国经济发展为第一要务,对邻国以诚相待,以更加积极的态度推进中日韩自贸区建立,同时加强区域组织内的贸易合作,以务实的态度推动自贸区内的贸易发展。构建中日韩自贸区会产生巨大的投资缺口,因而作为东亚地区投资大国的日本应对此加以高度关注,努力把握机遇,赢得发展本国经济的有利时机。韩国应努力发挥中日两国间的桥梁作用,协调各方在自贸区构建过程中的立场和态度,推动谈判早日取得积极成果,加快构建自贸区的进

程。中国作为世界上最大的新兴经济体和发展中国家,应以国内经济建设为中心,努力提高综合国力,早日赶超日韩两国,进而平衡中、日、韩三国的经济水平,使三国的经济结构相互适应,从而加快中日韩自贸区的构建步伐。

(二) 调整产业结构,推进产业优化升级

中日韩自由贸易区的建成必将冲击三国各自的弱势产业。中国在资源密集型和劳动力密集型产业方面即便相对世界其他国家而言都有极强的竞争力。相比之下,日本和韩国尽管拥有先进的技术和雄厚的资金支持,但受制于有限的地理环境和资源禀赋,以及人口老龄化问题,两国在自然资源和劳动力方面严重匮乏。因而中日韩自贸区一旦建立,中国的资本、技术密集型产业会受到来自日本和韩国的冲击;而日本、韩国国内的资源密集型和劳动力密集型产业也会受到中国的冲击。因此,中、日、韩三国应尽快调整产业结构,推进产业优化升级,一方面大力发展优势产业,另一方面推进弱势产业调整,努力将自贸区建成所带来的负面冲击降至最低。对中国来说,应努力吸收国外的先进技术和管理经验,提高国内的研发水平,从而有效增加出口商品的技术附加值。[①]

(三) 加强合作、增进互信、妥善处理历史遗留问题及领土争端

当前中国、日本和韩国间的关系主要受到政治、历史遗留问题和领土争端三方面的影响和困扰。为此,三国应理性对待相互间的分歧和争端,以各类政府间互访、交流为契机,努力改善三国间的政治经贸关系。三国的良性合作是中日韩自贸区顺利构建的先决条件,也是推进东北亚区域经济一体化的重要基石。如果三国长期置这些矛盾、分歧和争端于不顾,将为中日韩自由贸易区的构建平添诸多不稳定因素。此外,中、日、韩三国应积极正视上述矛盾和争端,将政治和经济区别对待,警惕民族主义的滋生蔓延,同时加强政府间合作,努力实现一边推进构建中日韩自贸区,一边寻求适当方式解决历史遗留问题和领土争端。

(四) 协力构建同美国、东盟的互惠伙伴关系

对于中日韩自由贸易区的建立,美国和东盟都有各自的考量,对自贸区的未来充满顾虑。前者担心中日韩自贸区会撼动其在亚太地区乃至世界的霸主地位;后者担心其在亚洲经济的主导地位会受到动摇。因而在推进中日韩自由贸易区谈判进程的同时,中、日、韩三国还应加强同美国、东盟各成员国政府间的对话沟通,让各方透彻了解自贸区建成后的正向溢出效应,打消美国和东盟的疑虑。此外,中、日、韩三国还应在政治、经济等多领域同美国和东盟加强合作,以此表明美国、东盟的经济发展与三国的经济发展相互促进、休戚相关。综合看

---

① 王皓,许佳.中日韩 FTA 建设与东北亚区域合作——基于中日韩三国自贸区战略的分析[J].亚太经济,2016(4).

来,中、日、韩三国应加强相互合作,努力减少影响构建中日韩自贸区的外部因素,降低对自贸区外大国或经济联盟的依赖,从而降低美国和东盟对三国的牵制作用,推动中日韩自贸区又好又快发展。

第三节 越南经济增长及其原因

一、越南的经济发展概况

越南位于东南亚的中南半岛东部,是一个社会主义发展中国家,政局较为稳定。1986 年越共六大后,对内方面,越南以改革开放政策在保持国内政治稳定的前提下着力促进国民经济增长,推动国家早日实现工业化和现代化,取得了显著成就,同时也提高了自身国际影响力和国际地位;对外方面,越南积极奉行独立自主、全面多样化的外交政策,与邻国以及东盟保持良好的睦邻合作关系,积极参与地区和国际事务并努力在其中发挥更大的作用。

1986 年越共六大建立了社会主义特色的市场经济体制,确立了三大经济主攻方向。有效的经济改革使越南的宏观经济保持稳定,外商直接投资逐年增加,经济结构也由原先的农业主导转变为工业主导,工业化进程不断加快。从国内生产总值占比看,截至 2015 年年末,越南的农业产值占 17.00%,工业和建筑业产值占 33.25%,服务业产值占 39.73%。① 经济环境的改善离不开良好的法律环境。越共六大后,越南还根据本国国情和特点构建了适宜国民经济发展的法律体系,同时努力在法律体制方面与国际接轨,为此,越南相继颁布或修订了劳动法、民法、行政法、营商法等。

表 7-4 1986—2016 年越南 GDP 规模和增长率情况(美元现价)

年份	GDP(亿美元)	不变价 GDP 增长率(%)	年份	GDP(亿美元)	不变价 GDP 增长率(%)
1986	338.73	3.36	1990	64.72	5.05
1987	420.45	2.55	1991	76.42	5.81
1988	232.34	5.10	1992	98.67	8.70
1989	62.93	7.80	1993	131.81	8.08

---

① 由万得(Wind)数据库整理得出,http://www.wind.com.cn,2017-06-20。

续表

年份	GDP （亿美元）	不变价 GDP 增长率 （%）	年份	GDP （亿美元）	不变价 GDP 增长率 （%）
1994	163.12	8.83	2006	663.93	6.98
1995	207.98	9.54	2007	775.2	7.13
1996	246.92	9.34	2008	982.69	5.66
1997	268.92	8.15	2009	1 016.34	5.40
1998	272.34	5.77	2010	1 127.71	6.42
1999	287.02	4.77	2011	1 345.76	6.24
2000	311.76	6.79	2012	1 554.83	5.25
2001	325.24	6.90	2013	1 704.44	5.42
2002	350.97	7.08	2014	1 857.59	5.98
2003	395.63	7.34	2015	1 912.88	6.68
2004	495.2	7.79	2016	2 013.26	6.21
2005	576.48	7.55			

资料来源：根据国际货币基金组织 2017 年 4 月世界经济展望数据整理得出，http://www.imf.org/external/pubs/ft/weo/2017/01/weodata/index.aspx，2017-06-10。

越共六大后，越南积极的对外开放政策以及各项改革措施的深化使国民经济蒸蒸日上。从表 7-4 可以看出，1986—2016 年，越南经济增速较为稳定。尽管期间受到 1997 年的亚洲金融危机和 2008 年的国际金融危机的波及，经济增长出现明显下滑，但在危机后很快复苏。1986—2016 年，越南不变价 GDP 年均增长率为 6.12%，其中，1989—1997 年的年均增长率达到 7.92%。2016 年，越南不变价 GDP 为 2 013.26 亿美元，是 1986 年的近 6 倍。此外，随着人民生活水平的改善，国内消费需求也不断上升。从构成 GDP 的支出项目看，净出口（出口市场扩大）、固定资产投资和消费支出的迅速增加有效地促进了国内经济的增长。

数据显示，2015 年，越南最终消费支出现价为 3 115.09 万亿越南盾，占国内生产总值的 71.53%，较上年增长 9.83%；资本形成总额为 1 160.45 万亿越南盾，占国内生产总值的 27.68%，较上年增长 9.76%；货物和服务净出口额为 33.00 万亿越南盾，占国内生产总值的 0.79%，较上年下降 74.28%。[①] 外贸方面，以 2010 年不变美元价计，2015 年货物和服务出口总额为 1 578.28 亿美元，同比增长

————

① 由万得（Wind）数据库整理得出，http://www.wind.com.cn. 2017-06-20。

12.64%;进口总额为 1 651.18 亿美元,同比增长 18.11%。① 此外,非公有制经济的发展也为国民经济发展注入了新的动力。

二、越南经济增长的阶段、特征及原因

1986—2016 年,越南通过同步推进改革开放和经济转型,以改革促转型,取得了显著的经济发展成果。总体而言,相关政策措施可归为三个方面:第一,建立完善的市场经济体系;第二,因地制宜地制定符合本国国情的经济发展战略,特别是促进经济增长与经济结构优化升级、齐头并进,从而鼓励、加快企业技术升级,提高产品质量,最终提高出口商品的市场竞争力;第三,积极引进国外的先进技术和管理经验,实现产业结构的优化升级。下文将简要分析越共六大以来越南经济增长的阶段、特征及原因。

(一) 第一阶段:1986—1996 年,消除计划经济体制的弊端

1986 年越共六大拉开了越南经济改革的帷幕。这一阶段又分为两个重要时期:1986—1990 年,越南开始由计划经济体制向社会主义市场经济体制过渡;1991—1996 年,社会主义市场经济体制逐步深化与完善。

1986—1990 年,越南政府着力改善粮食及各类食品、日用品供应,发展商品出口。为此,政府取消了各类阻碍商业往来或易造成市场分隔的不合理规定,承认并大力发展国有经济以外的其他所有制经济,相关政策主要集中于九个方面。第一,完善农业生产中的包干制。承认农户的自主经营权及生产资料所有权,完善农产品市场交易机制。第二,取消计划经济体制下各类生产经营指标,赋予国有企业自主经营权。第三,承认集体所有制、私人所有制的合法地位,给予各类市场主体平等参与市场竞争的权利。第四,取消粮食及其他必需品的供给制,并对工资进行补贴。第五,取消国有企业的生产资料供给制。第六,将短期信贷利率与通货膨胀指数挂钩,并将越南盾的官方汇率调整至接近市场汇率。第七,发展商业信用,放松外汇、黄金交易方面的限制。第八,重组现有进出口企业,增强本国贸易竞争力。第九,1987 年颁布《外商投资法》,吸引外商直接投资。

上述措施使市场化机制在越南国民经济中的作用逐步提高,越南经济出现了明显了改观。首先,政府于 1988 年开始推行"十月包干制",取消粮食供给制,允许粮食自由流通和调配,从而大幅提高了农民的种粮积极性。1990 年,越南便摆脱了对粮食进口的依赖,粮食供应实现自给自足,甚至还能将一部分超额

---

① 根据世界银行国别数据整理得出,http://data.worldbank.org/country/vietnam? view = chart,2017-06-10。

储备粮用于出口。其次,国内市场上日用品的品种日益丰富,品牌、式样呈现多样化。在国家对多种所有制经济的鼓励和细心呵护下,商品经济得到较大发展,各类商品的生产厂商普遍以市场为导向,计划经济的指令型经营方式已逐渐淡出历史舞台。最后,对外贸易无论在贸易规模还是贸易方式上均取得长足进步,商品出口量激增,国际贸易逆差显著收窄。

1991—1996 年,社会主义市场经济体制逐步深化与完善,从而推动经济步入高速增长轨道。1991 年 7 月,越共七大召开,会议审议并通过了《社会主义过渡时期国家的建设纲领》。该纲领认为,为构建社会主义的物质基础,中心任务是将加强工业化、现代化与全面发展农业相结合,同时坚持发展社会主义市场经济,多种所有制的社会主义生产关系并举,以及多种成分商品经济协调发展。为发展生产力、进一步提升综合国力,从而保证越共七大提出的任务及目标顺利完成,政府颁布、实施了一系列政策措施,主要包括:提高国有企业使用、留存生产经营资本的自主权,加入东盟并与欧盟签订合作框架协定,恢复同中国和美国的外交关系,完善国有企业建立、重组、解体和破产的相关法律规定。

一系列改革政策的出台极大地推动了越南的经济增长。越南良好的经济表现实现了越共七大制定的五大经济发展目标,涉及 GDP 增长率、工业总产值增长率、农业总产值增长率、出口总额和进口总额。1991—1996 年,越南不变价 GDP 平均年增长率为 8.38%,远高于 3.7%~4.5% 的增长目标;1991—1995 年,越南工业总产值年均增长率为 13.50%,远超 7.5%~8.5% 的增长目标,同期累计进/出口金额也远高于目标值。另外,经济结构也出现了明显变化,第二产业(工业和建筑业)与第三产业(服务业)占 GDP 的比重显著提升,同时资本形成总额占 GDP 的比重由 1991 年的 15.07% 升至 1995 年的 27.14%。截至 1995 年年底,外商直接投资项目协议达到 190 余亿美元,涉及 50 余个国家和地区,其中实际投资完成额占近 30%。

(二) 第二阶段:1997—2006 年,发展出口导向型经济

1997 年,肇始于泰国的亚洲金融危机很快蔓延至亚洲其他国家。越南同样未能幸免,外商直接投资锐减,对外贸易大幅萎缩,经济增长面临挑战。这一阶段又分为两个重要时期:1997—2000 年,越南积极采取各项措施恢复经济增长;2000—2006 年,越南继续巩固各项经济成果,不断迎接新的困难和挑战,如基础设施薄弱、国内反美思潮涌动、SARS 疫情暴发等。

1997—2000 年,越南受到亚洲金融危机的波及,经济增速放缓,1998 年和 1999 年不变价 GDP 增长率分别为 5.77% 和 4.77%。为此,越南采取一系列措施进一步深化政策创新和体制改革,主要包括:颁布《贸易法》《增值税法》《企业收入税法》,对外商直接投资分级颁发投资许可证,修订《国内投资促进法》《进出口税法》和《国家预算法》,调整个人独资公司、有限责任公司、股份有限公司的法定注册资本金额,加入 APEC。上述政策措施有效地推动了经济复苏,2000 年越南国民经济增速止跌回升,不变价 GDP 增长率为 6.79%。这一时期的经济成果主要体现在:首先,农业、工业、服务业克服重重困难,表现不俗。农业方面,农、林、渔业产值年均增长率为 5.7%,高于 4.5%~5% 的目标增长区间。工业方面,工业总产值年均增长率为 13.5%,其中国有企业增长 9.5%,非国有企业增长 11.5%。服务业产值年均增长率为 6.8%;剔除价格因素后,商品零售总额年均增长率为 6.8%。其次,经济结构进一步优化。截至 2000 年,第一产业(农业)和第三产业(服务业)占 GDP 的比重已分别降至 24.3% 和 39.1%,第二产业(工业和建筑业)升至 36.6%。国有经济占 GDP 的比重收缩至 39% 左右,非国有经济开始在国民经济中扮演更为重要的角色。最后,对外贸易硕果累累,1996—2000 年出口总额达 516 亿美元,年均增长率为 21% 左右。[①] 2001—2006 年,越南克服重重困难,继续推出各项改革措施,确保各项经济目标顺利实现。这一时期,越南继续保持中高速增长,不变价 GDP 年均增长率为 7.27%;经济结构继续朝着工业化、现代化的方向转变;社会主义市场经济体制已在越南扎稳脚跟,经济增长的内生动能显著增强。

(三)第三阶段:2007 年至今,完善社会主义市场经济体制

2007 年,越南正式加入 WTO,成为该组织的第 150 个成员。入世后,越南的出口产品享受到了关税减免和非歧视待遇,从而扩大了货物和服务的出口规模。越南的制度层面也开始遵照 WTO 公开、透明原则进行相应调整,随着社会主义市场经济各项法律制度的不断完善,越南的营商环境得到显著改善。与此同时,越南也面临严峻的挑战。一方面,市场竞争愈加激烈,所涉及的经济领域更为广泛,这对政府的政策应对能力是个不小的考验。另外,由于越南经济发展水平较低,在入世初期获得的收益较小,同时受激烈竞争的影响又会付出诸如企业破产、失业状况恶化、贫富差距扩大等代价,这需要政府配合出台或完善相关社会福利和民生政策。另一方面,随着经济全球化进程的不断深入,国与国之间相互依赖程度不断加深,外部环境变化对越南经济的影响不容小觑。越南还积极参与区域经济一体化进程。相关自贸区协定的签署增加了越南的外商直接投资规模,营造了良好的出口环境,同时也加剧了国内企业面临的市场竞争。如果说加入 WTO 提高了越南经济制度变革的紧迫性、加剧了服务业竞争,那么加入区域性自由贸易协定,会通过被迫削减越南对其他伙伴进口货物的关税而对本国商品产生较大压力。

---

① 由万得(Wind)数据库整理得出,http://www.wind.com.cn,2017-06-20。

不过,2008 年全球金融危机爆发后,越南经济也暴露出不少问题。[1] 越南经济长期依赖粗放的增长模式而非社会劳动生产率的普遍提高,通过资源、劳动力和资本的大量投入维持经济高速增长,但降低了本国商品和产业的竞争力;经济结构不合理,农业产值在 GDP 中所占比重依然过大;对外贸易结构不合理,出口商品以初级产品和加工贸易为主,进口商品多为工业品,使越南的贸易收支长期处于逆差状态;基础设施薄弱;教育科研水平不足;劳动力素质差。在今后越南经济增长过程中,还存在诸多不确定性因素。

第四节　2016 年中国内地(大陆)与中国香港、澳门、台湾地区的经贸关系

一、中国内地与香港的经贸关系

中国香港地区作为中国内地重要的出口、转口贸易通道,在便利内地进口原材料、引进技术设备方面发挥了重要作用。香港地区在 1997 年回归前都归英国管辖,其间内地与香港地区的经贸往来并未被阻隔,香港地区一直是内地商品出口、转口和创汇的重要基地。

1978 年,中国内地与中国香港地区双边贸易总额仅为 26.07 亿美元,内地对香港地区出口 25.33 亿美元,自香港进口 0.74 亿美元。到了 20 世纪 80 年代末(1989 年),双边贸易额增至 344.6 亿美元,是 1978 年 13 倍,年均增长率为 26.45%;内地对香港的出口额增至 219.2 亿美元,相比 1978 年增长 7.65 倍,年均增长率 21.67%;内地自香港进口额增至 125.40 亿美元,达到 1978 年的 169 倍,年均增长率达到 59.46%。[2] 这是因为,20 世纪 80 年代后,凭借得天独厚的地理位置、专业高效的贸易运作水平和极高的国际化程度,香港成了内地对外贸易重要的转口港。

1997 年 7 月 1 日香港回归后,香港与内地的经贸往来日益密切。特别是中国于 2001 年加入 WTO 后,内地经香港的转口贸易更是连续数年保持高速增长。如表 7-5 所示,2004 年双边贸易总额首次突破 1 000 亿美元,达到 1 126.65 亿美元。2008 年内地与香港进出口贸易总额突破 2 000 亿美元,达到 2 036.45 亿美

元。到了 2013 年,双边贸易总额已突破 4 000 亿美元,达到 4 007.01 亿美元,较上年增长 17.40%。[①]

表 7-5 1997—2016 年中国内地与香港地区的双边贸易情况

年份	进出口		出口		进口	
	总额（亿美元）	增长率（%）	总额（亿美元）	增长率（%）	总额（亿美元）	增长率（%）
1997	507.70	24.6	437.8	33	69.9	-10.7
1998	454.00	-10.6	387.5	-11.5	66.5	-4.9
1999	437.55	-3.62	368.63	-4.85	68.92	3.51
2000	539.47	23.30	445.18	20.77	94.29	36.81
2001	559.64	3.74	465.41	4.54	94.23	-0.07
2002	691.89	23.63	584.63	25.62	107.26	13.84
2003	873.93	26.31	762.74	30.47	111.19	3.66
2004	1 126.65	28.92	1 008.69	32.24	117.97	6.10
2005	1 366.98	21.33	1 244.73	23.40	122.25	3.63
2006	1 660.89	21.50	1 553.09	24.77	107.80	-11.82
2007	1 972.40	18.76	1 844.36	18.75	128.04	18.78
2008	2 036.45	3.25	1 907.29	3.41	129.16	0.87
2009	1 749.31	-14.10	1 662.29	-12.85	87.02	-32.62
2010	2 305.62	31.80	2 183.02	31.33	122.60	40.88
2011	2 834.76	22.95	2 679.83	22.76	154.92	26.36
2012	3 413.11	20.40	3 234.31	20.69	178.80	15.41
2013	4 007.01	17.40	3 844.95	18.88	162.07	-9.36
2014	3 756.99	-6.24	3 630.77	-5.57	126.21	-22.12
2015	3 432.09	-8.65	3 304.63	-8.98	127.46	0.99
2016	3 046.00	-11.25	2 877.23	-12.93	168.45	32.16

资料来源:根据中经网统计数据库数据整理得出,http://db.cei.cn/page/Login.aspx,2017-06-10。

2016 年,内地与香港地区进出口贸易总额为 3 046.00 亿美元,较上年下降 11.25%;内地对香港地区出口额 2 877.23 亿美元,下降 12.93%;内地自香港地区

[①] 王媛媛. 论两岸四地经济一体化及中华经济区的构建[J]. 亚太经济, 2011(4).

进口额 168.45 亿美元,较上年增长 32.16%。双边投资方面,2016 年内地批准港资项目 12 753 个(累计批准港资项目 398 966 个),同比下降 3.00%;实际利用港资 814.70 亿美元(累计使用港资金额 9 147.90 亿美元,占实际吸收外资总额的 3.70%),同比下降 51.70%。另外,内地对香港地区非金融投资额为 862.00 亿美元,占对外非金融投资总额的 50.70%;累计投资 4 921.60 亿美元,占投资存量总额的 52.90%。①

二、中国内地与澳门地区的经贸关系

尽管受到地理位置的束缚,但澳门仍拥有高度外向型经济,并为全球经济发展较为活跃的地区。凭借大量外部资金、技术和先进发展理念的支持,以及利用香港这一国际枢纽在贸易、金融等方面的便利,澳门与世界 100 多个国家和地区进行贸易往来。长期以来,内地与澳门地区的贸易往来频繁,成为后者重要的原料来源地和销售市场。

20 世纪 70 年代末,内地开始实行改革开放政策,1978 年内地同澳门双边贸易额只有 1.4 亿美元,随后不断扩展。20 世纪 90 年代后,澳门经济增速虽受外部环境低迷、内部经济结构调整等因素的影响逐渐趋缓,但仍保持持续增长态势。1997 年,内地与澳门进出口贸易总额为 7.6 亿美元,增长 10.2%;内地对澳门出口 6.4 亿美元,同比下降 12.0%;内地自澳门进口 1.2 亿美元,较上年增长 1.6%。② 澳门地区主要通过直接进入内地投资开发资源、向内地转移劳动密集型产业等方式与内地开展经贸合作。

如表 7-6 所示,2016 年,内地与澳门进出口贸易总额为 32.81 亿美元,比 2015 年下降 31.30%;内地对澳门出口额 1.40 亿美元,下降 24.29%;内地自澳门进口额 31.41 亿美元,较上年下降 31.58%。双边投资方面,2016 年内地批准澳门投资项目 676 个(累计批准澳门投资项目 15 074 个),较上年增长 19.4%;实际利用澳门投资 8.2 亿美元(累计使用澳门投资金额 136 亿美元,占实际吸收外资总额的 0.8%),同比下降 7.7%。另外,内地对澳门非金融类直接投资额为 4.6 亿美元,累计非金融类直接投资 21.8 亿美元。③

---

① 商务部台港澳司. 2016 年 1—12 月内地与香港经贸交流情况[EB/OL]. http://www.mofcom.gov. cn/article/tongjiziliao/fuwzn/diaoca/201702/20170202509800.shtml,2017-02-04/2017-06-10.

② 由万得(Wind)数据库整理得出,http://www.wind.com.cn,2017-06-20。

③ 商务部台港澳司. 2016 年 1—12 月内地与澳门经贸交流情况[EB/OL]. http://www.mofcom.gov. cn/article/tongjiziliao/fuwzn/diaoca/201702/20170202509800.shtml,2017-02-04/2017-06-10.

表 7-6 1999—2016 年中国内地与澳门的双边贸易情况

年份	进出口		出口		进口	
	总额（亿美元）	增长率（%）	总额（亿美元）	增长率（%）	总额（亿美元）	增长率（%）
1999	7.34	−15.62	0.97	−21.15	6.38	−14.71
2000	8.05	9.58	0.95	−2.02	7.10	11.35
2001	8.61	7.04	1.19	25.40	7.42	4.58
2002	10.18	18.21	1.42	19.43	8.76	18.02
2003	14.66	43.92	1.86	30.41	12.80	46.11
2004	18.33	25.10	2.16	16.35	16.18	26.37
2005	18.70	1.97	2.65	22.54	16.05	−0.77
2006	24.42	30.64	2.57	−2.84	21.85	36.16
2007	29.21	19.61	2.80	9.08	26.41	20.85
2008	29.08	−0.46	3.06	9.08	26.02	−1.47
2009	20.96	−27.91	2.46	−19.50	18.50	−28.90
2010	22.64	8.02	1.24	−49.82	21.41	15.71
2011	25.18	11.18	1.62	31.34	23.55	10.02
2012	29.87	18.66	2.79	72.05	27.08	14.99
2013	35.58	19.10	3.87	38.67	31.71	17.08
2014	38.05	6.95	2.12	−45.13	35.93	13.31
2015	47.76	25.51	1.85	−12.73	45.91	27.77
2016	32.81	−31.30	1.40	−24.29	31.41	−31.58

资料来源：根据中经网统计数据库数据整理得出，http://db.cei.cn/page/Login.aspx，2017-06-10。

三、中国大陆与中国台湾地区的经贸关系

中国大陆与中国台湾地区的贸易往来虽最早始于汉代，但直到 17 世纪双边贸易额才初具规模。1895 年，台湾地区被迫沦为日本的殖民地，中国大陆作为台湾地区最大贸易伙伴的地位被日本取代。日本战败投降后，大陆与台湾地区的贸易往来恢复正常，但是直到 20 世纪 70 年代末，两岸关系才逐渐解冻，转口贸易率先恢复。1987 年，两岸关系受双方互相允许居民探亲的影响显著改善，

改革开放后,大陆经济增长势头强劲,双边贸易规模迅速扩大。随着两岸经贸关系的日益密切,双方市场的相互依存度不断增强。① 2003 年,由于台湾当局将台湾与香港的双边贸易也纳入两岸贸易的统计范畴,两岸贸易总额迅速扩张。

表 7-7 1999—2016 年的中国大陆与台湾地区的双边贸易情况

年份	进出口		出口		进口	
	总额 (亿美元)	增长率 (%)	总额 (亿美元)	增长率 (%)	总额 (亿美元)	增长率 (%)
1999	234.77	14.52	39.50	2.09	195.27	17.41
2000	305.33	30.05	50.39	27.57	254.94	30.56
2001	323.38	5.91	50.00	−0.78	273.39	7.24
2002	446.47	38.06	65.86	31.72	380.61	39.22
2003	583.64	30.72	90.04	36.72	493.60	29.69
2004	783.04	34.16	135.44	50.43	647.59	31.20
2005	912.30	16.51	165.50	22.19	746.80	15.32
2006	1 078.32	18.20	207.33	25.28	870.99	16.63
2007	1 244.87	15.45	234.60	13.15	1 010.27	15.99
2008	1 292.15	3.80	258.77	10.30	1 033.38	2.29
2009	1 062.22	−17.79	205.01	−20.77	857.20	−17.05
2010	1 454.13	36.90	296.74	44.74	1 157.39	35.02
2011	1 600.18	10.04	351.09	18.31	1 249.09	7.92
2012	1 689.81	5.60	367.77	4.75	1 322.04	5.84
2013	1 970.39	16.60	406.34	10.49	1 564.05	18.31
2014	1 982.84	0.63	462.77	13.89	1 520.07	−2.81
2015	1 880.97	−5.14	448.92	−2.99	1 432.04	−5.79
2016	1 796.00	−4.52	403.74	−10.07	1 392.17	−2.78

资料来源:根据中经网统计数据库数据整理得出,http://db.cei.cn/page/Login.aspx,2017-06-10。

从表 7-7 中可以看出,2016 年,中国大陆与台湾地区进出口贸易总额为 1 796.00亿美元,较上年下降 4.52%。其中大陆向台湾出口额 403.74 亿美元,较上年下降 10.07%,对台主要出口产品包括集成电路、钢材、自动数据处理设备

① 黄庆波,赵忠秀.两岸四地贸易关系的依存性、互补性和因果性研究[J].财贸经济,2009(7).

等;大陆自台湾进口额 1 392.17 亿美元,比上年下降 2.78%,自台进口的产品主要有集成电路、液晶板、塑料等。台湾已成为大陆第七大贸易伙伴和第六大进口来源地。双边投资方面,2016 年大陆批准台资项目 3 517 个(累计批准台资项目 98 815个),同比增加 18.7%;实际利用台资 19.6 亿美元(累计使用台资金额 646.5亿美元,占实际吸收外资总额的 3.7%)。①

（赵栋、靳玉英）

主要参考文献

[1] 2016: The Year the Malaysian Economy "Crumbled" [EB/OL]. https://aec-newstoday.com/2017/2016-the-year-the-malaysian-economy-crumbled/#axzz4k50eJEdW, 2017-01-27/2017-06-10.

[2] FocusEconomics. Economic Snapshot for ASEAN [EB/OL]. http://www.focus-economics.com/regions/asean, 2017-05-24/2017-06-10.

[3] The World Bank. Myanmar Economic Monitor: December 2016 [EB/OL]. http://www.worldbank.org/en/country/myanmar/publication/myanmar-economic-monitor-december-2016, 2017-04-27/2017-06-10.

[4] 2016 年老挝经济增速为 7.02% [EB/OL]. http://la.mofcom.gov.cn/article/jmxw/201704/20170402566148.shtml, 2017-04-27/2017-06-10.

[5] 2016 年马中贸易额增长 4.4% [EB/OL]. http://my.mofcom.gov.cn/article/sqfb/201703/20170302536645.shtml, 2017-03-18/2017-06-10.

[6] 2016 年中国是菲律宾第二大贸易伙伴 [EB/OL]. http://ph.mofcom.gov.cn/article/jmxw/201702/20170202513278.shtml, 2017-02-10/2017-06-10.

[7] 2016 年中缅经贸合作简况 [EB/OL]. http://mm.mofcom.gov.cn/article/zxhz/201702/20170202510989.shtml, 2017-02-07/2017-06-10.

[8] 出口或成为印尼 2017 年重要经济增长动力 [EB/OL]. http://id.mofcom.gov.cn/article/sbmy/201702/20170202511682.shtml, 2017-02-08/2017-06-10.

[9] 黄庆波,赵忠秀. 两岸四地贸易关系的依存性、互补性和因果性研究 [J]. 财贸经济, 2009 (7).

[10] 蒋玉山. 危中求变:析后金融危机时期越南经济的转型 [J]. 东南亚纵横, 2011(10).

---

① 商务部台港澳司. 2016 年 1—12 月大陆与台湾贸易、投资情况 [EB/OL]. http://www.mofcom.gov.cn/article/tongjiziliao/fuwzn/diaoca/201702/20170202509800.shtml, 2017-02-04/2017-06-10.

［11］农立夫.越南：2015 年回顾与 2016 年展望［J］.东南亚纵横，2016（2）.

［12］商务部台港澳司.2016 年 1-12 月内地与澳门经贸交流情况［EB/OL］. http://www. mofcom. gov. cn/article/tongjiziliao/fuwzn/diaoca/201702/20170202509800. shtml,2017-02-04/2017-06-10.

［13］商务部亚洲司.中国—新加坡双边经贸合作简况［EB/OL］. http:// yzs. mofcom. gov. cn/article/t/201609/20160901384772. shtml, 2016-09-02/2017-06-07.

［14］王皓，许佳.中日韩 FTA 建设与东北亚区域合作——基于中日韩三国自贸区战略的分析［J］.亚太经济，2016（4）.

［15］王媛媛.论两岸四地经济一体化及中华经济区的构建［J］.亚太经济，2011(4).

［16］薛飞.文莱经济 2016 年萎缩 2.5%［EB/OL］. http://news.xinhuanet. com/fortune/2017-03/31/c_1120733443.htm，2017-03-31/2017-06-10.

［17］印尼经济持续强劲增长［EB/OL］. http://www.xinhuanet.com/world/ 2017-02/05/c_1120412511.htm，2017-02-07/2017-06-10.

［18］中国国际商会合作发展部.越南政府会议全面回顾 2016 年国民经济情况［EB/OL].http://www.ccpit.org/Contents/Channel_4117/2017/0116/746193/ content_746193.htm,2017-01-16/2017-06-10.

第八章 印度经济

第一节 2016 年印度经济形势综述

对印度来说,2016 年是具有划时代意义的一年。这一年印度经济首次超过英国,[①]成为继美国、中国、日本、德国和法国之后的全球第六大经济体。2016 年印度 GDP 为 22 635 亿美元,人口 132 417 万人,人均 GDP 为 1 709 美元/人。[②]

自 1991 年实行经济自由化改革以来,印度经济走上加速发展的通道。尤其是自金融危机以来,印度经济年均增长率达到 6.9%。[③] 2014 年莫迪政府执政以来,面对全球经济恢复缓慢、外围贸易和投资环境恶化与金融风险动荡不安的形势,印度政府通过改善投资环境、加强基础设施建设、推出一系列财政金融改革,不断给经济增长输送新鲜血液,使得印度经济能够快速走出全球经济危机的泥潭。2016 年印度成为全球经济发展最快的经济体,为世界经济的恢复发展做出了重要贡献。

如图 8-1 所示,2016 年,作为当今世界两个发展中大国,中国和印度虽然经济增长出现小幅下滑,但经济增长率依然维持在 6.5% 水平之上,尤其是印度经济增长率从 2015 年起开始超越中国,成为全球经济增长最快的国家。

印度经济虽然取得了举世瞩目的成就,但区域经济发展失衡、收入分配失衡、基础设施建设落后、失业问题持续、财政金融改革滞后等问题困扰着印度经济健康持续发展。始于 2016 年年底的"废钞改革"越来越受到经济学家的批评,给印度经济的良性运行带来巨大冲击。2016 财年[④],印度经济增长出现了大

---

① "殖民地"逆袭"宗主国",印度 GDP 超英国! 四类大宗商品引关注 [EB/OL]. http://finance.ifeng.com/a/20161224/15099818_0.shtml,2016-12-24/2017-08-01.

② 根据世界银行世界发展指标数据整理得出,http://databank.worldbank.org/data/reports.aspx?source=2&country=IND#,2017-08-01。

③ 江秀秀.印度经济发展现状分析和发展前景预测——基于印度产业结构分析[J]. 现代商业,2017(3).

④ 印度中央统计局的统计周期以财政年度核算,始于 4 月,结于下一年度 3 月。本书以财年指代财政年度。例如,2000 财年为 2000 年 4 月到 2001 年 3 月。

幅下滑。

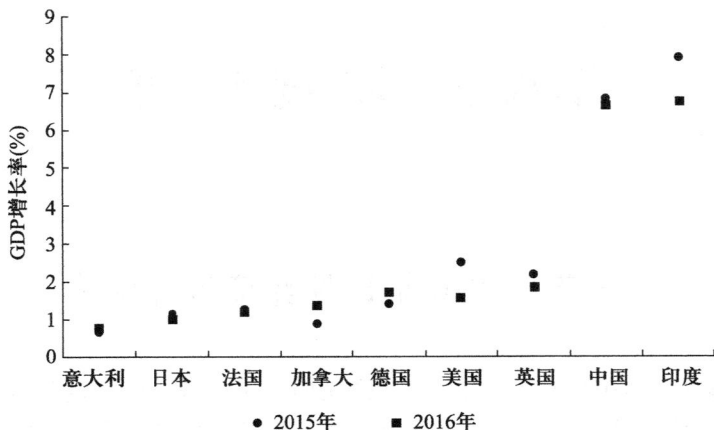

图 8-1 2015—2016 年世界主要经济体 GDP 增长率

资料来源:根据国际货币基金组织 2017 年 4 月世界经济展望数据整理得出,http://www.imf.org/external/pubs/ft/weo/2017/01/weodata/index.aspx,2017-06-10。

一、国民经济下滑趋势明显,产业发展呈现差异性

自从 2012 财年以来,印度经济增长势头强劲,但 2016 财年经济下滑风险加剧,出现大幅回落。如图 8-2 所示,经济增长率由 2012 财年的 5.5% 快速上升至 2015 财年的 8.0%,其中每年都保持上升趋势。但 2016 财年,由于受外围经济波

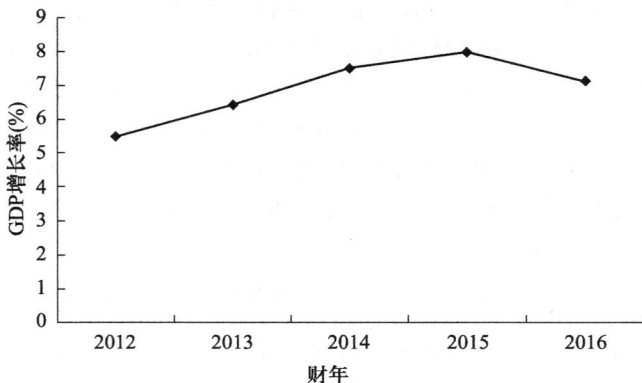

图 8-2 2012 财年至 2016 财年印度 GDP 增长率变化图

资料来源:根据国际货币基金组织 2017 年 4 月世界经济展望数据整理得出,http://www.imf.org/external/pubs/ft/weo/2017/01/weodata/index.aspx,2017-06-10。

动、国际大宗商品价格上涨和国内金融市场改革影响,印度经济增长率下滑为7.1%,这是自莫迪政府执政以来,印度经济增长率首次出现下降。

2016 财年,印度产业发展波动较大,金融、制造、采矿、贸易等国民经济支柱行业出现明显下滑,进而拉低了印度经济增长。受外围市场需求疲软、全球铁矿石供给过剩和美元大幅升值因素的共同影响,印度采矿、采石业下降幅度在所有行业中最大。如表 8-1 所示,2015 财年,印度采矿、采石业占 GDP 比重达10.5%,但 2016 财年,其占 GDP 比重仅为 1.8%,下降幅度达 8.7 个百分点。受上游行业,特别是水泥产品价格上涨和需求疲软等因素影响,2016 财年印度建筑业表现低迷,其占 GDP 比重由 2015 财年的 5.0%下降到 1.7%,降幅达 3.3 个百分点。2016 年 11 月 8 日,印度政府突然宣布废除 500 卢比和 1 000 卢比的大额钞票,令金融市场参与者大跌眼镜,现金短缺、卢比暴跌等因素严重破坏了印度金融市场的正常交易秩序,使得金融部门遭受严重冲击。2015 财年,印度金融、保险、不动产、商务服务业占 GDP 比重达 10.8%,但在 2016 财年,这些行业占比仅达到 5.7%,下降 5.1 个百分点。

表 8-1　2015、2016 财年印度产业结构构成表

行业	行业占比(%)	
	2015 财年	2016 财年
农、林、渔业	0.7	4.9
采矿、采石业	10.5	1.8
制造业	10.8	7.9
电、气、水供应业	5.0	7.2
建筑业	5.0	1.7
贸易、住宿、运输、通信业	10.5	7.8
金融、保险、不动产、商务服务业	10.8	5.7
社区、社会、个人服务业	6.9	11.3

资料来源:Central Statistics Office, Minister for Statistics & Programme Implementation, Government of India. Press Note on Provisional Estimates of Annual National Income, 2016-17 and Quartely Estimates of Gross Domestic Product for the Forth Quarter (Q4) of 2016-17 [EB/OL]. http://www.mospi.gov.in/sites/default/files/press_release/PRESS_NOTE_PE_2016-17.pdf,2017-05-31/2017-08-01.

2016 财年,印度大多数行业表现不佳,产业增加值下降幅度较大,但农业部门、公共服务部门等行业表现较突出,尤其是农、林、渔业在印度国民经济中的表现一枝独秀。2015 财年,印度全国水资源短缺,农业部门遭受重大损失;但在2016 财年,由于季风雨及时到来和政府部门的支持,印度农业大获丰收,农业总

产值占 GDP 的比重得到显著提升。如表 8-1 所示,2015 财年,印度农业部门占
GDP 比重仅为 0.7%,但在 2016 财年,其占 GDP 比重达到了 4.9%,提升 4.2 个百
分点。2016 财年,印度社区、社会、个人服务业有了突飞猛进的发展,其占 GDP
比重由 2015 财年的 6.9% 上升到 2016 财年的 11.3%,增加 4.4 个百分点。

二、消费价格指数处于下行轨道,但批发价格指数节节攀高

2016 财年,印度产业工人消费价格指数(CPI-IW)、农村劳动力消费价格指
数(CPI-RL)、农业劳动力消费价格指数(CPI-AL)和居民消费价格指数(CPI)
等呈现高开低走。如表 8-2 所示,2016 财年前 5 个月,印度各类消费价格指数
增长率都高于 5% 水平,尤其是 2016 年 7 月,印度消费价格指数达到了年度峰
值。但是,从 2016 年 8 月开始,印度各消费价格指数呈现明显回落,各类指数纷
纷回落到 5% 水平以下,且 9 月、10 月纷纷回落至 4% 和 3% 水平以下,并在 2017
年 1 月,印度各类消费价格指数回落至本年度最低水平。2016 财年各类消费价
格指数的上述走势是自然条件和政府金融改革双重因素共同导致的。2015 财
年,由于受厄尔尼诺现象影响,印度季风雨姗姗来迟,再加上干旱导致农业歉收,
导致食物消费品价格飙升,印度各类消费价格指数被拉高。而在 2016 财年,印
度及时迎来季风雨,各地降水充沛,农业大获丰收,食品消费价格指数出现大幅
下滑,进而拉低了印度整体消费者物价指数。

表 8-2 2016 财年印度各类消费价格指数变化表

月 份	消费价格指数变化率(%)				
	WPI	CPI-IW	CPI-AL	CPI-RL	CPI
2016 年 4 月	-1.1	5.9	5.3	5.6	5.5
2016 年 5 月	-0.9	6.6	6.0	6.1	5.8
2016 年 6 月	-0.1	6.1	6.0	6.1	5.8
2016 年 7 月	0.6	6.5	6.7	6.5	6.1
2016 年 8 月	1.1	5.3	5.3	5.4	5.0
2016 年 9 月	1.4	4.1	4.1	4.0	4.4
2016 年 10 月	1.3	3.3	3.2	3.3	4.2
2016 年 11 月	1.8	2.6	2.9	3.0	3.6
2016 年 12 月	2.1	2.2	2.7	2.8	3.4
2017 年 1 月	4.3	1.9	2.5	2.6	3.2

续表

月份	消费价格指数变化率（%）				
	WPI	CPI-IW	CPI-AL	CPI-RL	CPI
2017 年 2 月	5.5	2.6	3.1	2.9	3.7
2017 年 3 月	5.3	2.6	2.7	2.8	3.9

资料来源：Ministry of Finance, Department of Economic Affairs, Economic Division, Government of India. Monthly Economic Report[EB/OL]. http://dea.gov.in/sites/default/files/MER_December%202016.pdf, 2016-12-31/2017-08-01.

注：WPI：批发价格指数；CPI-IW：产业工人消费价格指数；CPI-AL：农业劳动力消费价格指数；CPI-RL：农村劳动力消费价格指数；CPI：居民消费价格指数。

2016 年 11 月，印度政府实施废钞改革，此举打击了黑钱行为，使得市面上货币流通和交易量急剧下降，居民购买意愿减弱，从而进一步减缓了印度整体通胀压力。如表 8-2 所示，2016 年 11 月，自印度实施废钞改革后，印度产业工人消费价格指数、农业劳动力消费价格指数迅速下降到"2"时代。2017 年 1 月，印度产业工人消费价格指数回落至最近 20 年以来的最低点 1.9%。

另外，2016 财年，印度批发价格指数节节攀高。如表 8-2 所示，2016 财年前 3 个月，批发价格指数都出现回落，但从第 4 个月开始，批发价格指数逐月提升，印度所面临通胀压力逐渐增强。2016 年 11 月之前，印度批发价格指数维持在 2% 以内，增长速度较缓慢。但从 2016 年 12 月以后，印度批发价格指数快速增长，至 2017 年 1 月，环比增长了 104.8%，自此，印度批发价格指数进入高速提升通道。

印度批发价格指数的变动主要受国际原油价格、大宗商品价格、英国"脱欧"后汇率波动以及国内薪酬调整因素的影响。2015 财年，国际原油价格与大宗商品价格出现暴跌，印度原油及燃料进口随之出现下跌，拉低了印度整体批发价格指数。2016 年第四季度，大宗商品尤其是原油价格的回升，抬升了印度批发价格指数。2016 年 12 月，印度原油与燃料价格指数上涨了 8.7%。[①] 2016 财年，印度政府提高了政府职员薪酬、公务员房租补助增加等也潜在地增加了物价上涨压力。

三、印度贸易逆差进一步缩小，各种贸易品增长幅度差异大

2016 财年，印度对外贸易总额达到 6 606.0 亿美元，比上一财年的 6 433.0 亿

---

① Ministry of Finance, Department of Economic Affairs, Economic Division, Government of India. Monthly Economic Report[EB/OL]. http://dea.gov.in/sites/default/files/MER_December%202016.pdf, 2016-12-31/2017-08-01.

美元增加 173 亿美元,增长 2.7%。出口贸易额达到 2 762.8 亿美元,比上一财年的
2 622.9 亿美元增加 139.9 亿美元,增长 5.3%;进口贸易额为 3 843.2 亿美元,比上一
财年 3 810.1 亿美元仅增加 33.1 亿美元,增长 0.9%。2016 财年,印度对外贸易依然
保持着巨大逆差状态,但贸易逆差缩小。2016 财年,印度贸易逆差额为 1 080.4 亿
美元,比 2015 财年的 1 187.2 亿美元,缩小 106.8 亿美元(见表 8-3)。

表 8-3　2015 财年与 2016 财年印度的十大贸易伙伴构成表

序号	贸易伙伴	出口额 (亿美元)	进口额 (亿美元)	进出口总额 (亿美元)	贸易平衡 (亿美元)
2016 财年					
1	中国内地(大陆)	102.0	612.9	714.9	-510.9
2	美国	423.3	223.4	646.7	199.9
3	阿联酋	313.1	215.0	528.1	98.1
4	沙特阿拉伯	51.3	199.5	250.8	-148.2
5	中国香港	141.6	82.1	223.7	59.5
6	德国	72.1	115.8	187.9	-43.7
7	瑞士	9.8	172.5	182.3	-162.7
8	印度尼西亚	35.0	134.4	169.4	-99.4
9	韩国	42.4	125.9	168.3	-83.5
10	新加波	95.7	70.9	166.6	24.8
与十大贸易伙伴贸易总额		1 286.3	1 952.4	3 238.7	-666.1
全部贸易总额		2 762.8	3 843.2	6 606.0	-1 080.4
2015 财年					
1	中国内地(大陆)	90.1	617.1	707.2	-527.0
2	美国	403.4	217.8	621.2	185.6
3	阿联酋	302.9	194.5	497.4	108.4
4	沙特阿拉伯	63.9	203.2	267.1	-139.3
5	瑞士	9.8	193.0	202.8	-183.2
6	德国	70.9	120.9	191.8	-50.0
7	中国香港	120.9	60.5	181.4	60.4
8	韩国	35.2	130.5	165.7	-95.3

					续表
序号	贸易伙伴	出口额 （亿美元）	进口额 （亿美元）	进出口总额 （亿美元）	贸易平衡 （亿美元）
2015 财年					
9	印度尼西亚	28.2	131.3	159.5	−103.1
10	新加坡	77.2	73.1	150.3	4.1
	与十大贸易伙伴贸易总额	1 202.5	1 941.9	3 144.4	−739.4
	全部贸易总额	2 622.9	3 810.1	6 433.0	−1 187.2

资料来源：根据印度工商部进出口数据库数据整理得出，http://commerce-app.gov.in/eidb/default.asp，2017-08-01。

　　从贸易伙伴来看，中国内地（大陆）、美国、阿联酋、沙特阿拉伯、中国香港、德国、瑞士、印度尼西亚、韩国和新加波是印度十大贸易伙伴，它们占印度对外贸易的"半壁江山"，比重达到49.0%。2016 财年，中国内地（大陆）、美国和阿联酋依然是印度前三大贸易伙伴。相对于 2015 财年，中国香港与瑞士、韩国与印度尼西亚的贸易地位发生互换，即中国香港取代瑞士成为印度第五大贸易伙伴，印度尼西亚取代韩国成为印度第八大贸易伙伴。

　　如表 8-3 所示，2016 财年，印度贸易逆差高达 1 080.4 亿美元，中国、瑞士和沙特阿拉伯是印度贸易三大逆差来源地。近几个年度，中国都是印度最大贸易逆差来源地，2016 财年，印度对中国的贸易逆差达到 510.9 亿美元，比 2015 财年的 527.0 亿美元，仅减少 16.1 亿美元。中国与印度之所以保持巨大贸易逆差，是由于现阶段印度所处工业化道路（进口替代导向）、关键产品出口限制政策（铁矿石）、对中国市场开拓和重视不够等因素共同促成的。美国、阿联酋和中国香港是印度贸易顺差主要来源地，其中美国是印度最大的贸易顺差来源地，2016 财年，印度对美国的贸易顺差达到 199.9 亿美元，比上一财年的 185.6 亿美元增加 14.3 亿美元，增长 7.7%。受卢比贬值、各种关税与非关税壁垒、外商直接投资与市场准入问题影响，近年来美国对印度贸易一直存在逆差问题，这成为美印贸易良性发展的阻碍越来越受到美国国内政界与商界批评。

　　从具体贸易商品的类型来看，如表 8-4 所示，2016 财年，钻石（无论是否加工）是印度排名第一的出口贸易品，其出口额占印度总出口的比重高达 15.8%，同比增长 10.7%。矿物燃料和矿物油及其产品、沥青、矿蜡等商品位居印度出口贸易品第二位，其占出口贸易总额达 11.7%，相比 2015 财年增长 3.4%。相对于 2015 财年，印度钢铁出口势头强劲，2016 财年印度钢铁出口迅速提高，增长率达 59.0%，挤掉谷物类产品，成为印度十大贸易出口产品之一。

表 8-4　2016 财年印度十大出口产品结构表

序号	产品名称	2016 财年		2015 财年	
		比重（%）	增长率（%）	比重（%）	增长率（%）
1	钻石（无论是否加工）	15.8	10.7	15.1	-4.8
2	矿物燃料和矿物油及其产品、沥青、矿蜡	11.7	3.4	11.9	-45.8
3	车辆及其零配件	5.4	4.6	5.5	-0.8
4	锅炉、机床及其零部件	5.1	6.8	5.1	-4.0
5	制药品	4.7	0.4	4.9	11.4
6	有机化工品	4.2	2.0	4.4	-3.7
7	服装及衣着附件	3.3	-1.2	3.6	1.4
8	钢铁	3.2	59.0	2.1	-36.8
9	电子机械设备及其部件	3.0	3.0	3.0	-8.0
10	棉花	2.4	-9.2	2.4	-5.2

资料来源：根据印度工商部进出口数据库数据整理得出，http://commerce-app.gov.in/eidb/default. asp，2017-08-01。

注：比重指相关产品出口额占印度当个财年总货物出口额的比例。

如表 8-5 所示，2016 财年，矿物燃料和矿物油及其产品、沥青、矿蜡是印度进口需求量最大的产品，占印度总进口的比重达到 26.8%，增长率为 6.3%。

表 8-5　2016 财年印度十大进口产品结构表

序号	产品名称	2016 财年		2015 财年	
		比重（%）	增长率（%）	比重（%）	增长率（%）
1	矿物燃料和矿物油及其产品、沥青、矿蜡	26.8	6.3	25.4	-38.0
2	贵金属或含贵金属的首饰及零件	14.0	-4.9	14.8	-9.4
3	电机、电气设备及其零件	10.0	7.3	9.4	8.5
4	核反应堆、锅炉、机器、机械器具及其零件	8.4	-2.3	8.6	3.6
5	有机化学品	4.0	-0.9	4.1	-12.0
6	塑料及其制品	3.0	1.4	3.0	-2.4
7	动、植物油、脂及其分解产品	2.8	4.0	2.8	-1.3
8	航空器、航天器及其零件	2.2	68.7	1.3	5.9

续表

序号	产品名称	2016 财年		2015 财年	
		比重 (%)	增长率 (%)	比重 (%)	增长率 (%)
9	钢铁	2.1	−26.8	3.0	−8.8
10	光学、照相、电影、计量、检验、医疗或 外科用仪器及设备和精密仪器及设备	1.9	1.8	1.9	3.1

资料来源:根据印度工商部进出口数据库数据整理得出,http://commerce-app.gov.in/eidb/default. asp,2017-08-01。

注:比重指相关产品进口额占印度当个财年总货物进口额的比例。

值得一提的是,航空器、航天器及其零件进口增长迅猛,成为印度排名前十的进口产品之一。2016 财年,印度对航空器、航天器及其零件的进口需求猛增,其占总进口的比重由 2015 财年的 1.3%,提升到 2016 财年的 2.2%,提高 0.9 个百分点,增长率由 2015 财年的 5.9%迅速上升到 2016 财年的 68.7%,成为 2016 财年的进口增长最大的产品大类。

四、外汇储备、卢比汇率跌宕起伏变化,外部风险因素陡增

如表 8-6 所示,2016 年 4 月,印度持有的外币资产储备达到 3 463.2 亿美元,加上黄金、储备头寸和特别提款权等,外汇储备总规模达到 3 699.6 亿美元。2016 年 10 月,印度外汇储备规模达到全年最高值 3 720 亿美元,比 9 月的 3 662.2 亿美元增加了 57.8 亿美元,足以支付印度一整年的进口货物清单。其中,外币资产储备规模达到 3 467.1 亿美元,比 9 月份增加了 47.6 亿美元。但是,到了 2016 年 11 月,受到印度政府实行废钞改革的影响,印度金融市场不确定性剧增,卢比出现大幅贬值,印度的外汇储备规模大幅缩水。2016 年 12 月,印度外汇储备规模为 3 665.1 亿美元,比 10 月份的 3 720.0 亿美元,下降了 54.9 亿美元。

表 8-6 2016 财年印度外汇储备构成表

月份	外汇储备(亿美元)				
	外币资产	黄金	储备头寸	特别提款权	总计
2016 年 4 月	3 463.2	198.7	23.2	14.5	3 699.6
2016 年 5 月	3 405.9	199.1	23.2	14.4	3 642.6
2016 年 6 月	3 399.3	192.5	23.2	14.5	3 629.5

续表

月份	外汇储备（亿美元）				
	外币资产	黄金	储备头寸	特别提款权	总计
2016 年 7 月	3 365.8	185.8	23.0	14.3	3 588.9
2016 年 8 月	3 373.8	199.8	23.1	14.4	3 611.1
2016 年 9 月	3 419.5	204.6	23.5	14.6	3 662.2
2016 年 10 月	3 467.1	214.1	23.9	14.9	3 720.0
2016 年 11 月	3 412.8	216.4	23.9	14.9	3 668.0
2016 年 12 月	3 410.4	215.9	23.9	14.9	3 665.1
2017 年 1 月	3 390.4	205.8	24.0	14.9	3 635.1
2017 年 2 月	3 373.6	203.3	24.2	15.0	3 616.1
2017 年 3 月	3 390.3	200.4	24.7	15.1	3 630.5

资料来源：根据印度储备银行印度经济数据库数据整理得出，https：//dbie.rbi.org.in/DBIE/dbie.rbi？site＝home，2017-08-01。

2016 财年，印度外汇储备的增加给予央行更大的政策空间来应对资本外流、卢比贬值、美联储加息和外围市场尤其新兴市场发展不确定带来的冲击。由于印度废钞改革后带来经济发展的不确定性，大量外资纷纷撤出印度，造成印度卢比大幅贬值。在外汇储备充足的条件下，印度央行为了控制卢比恶性贬值，在市场上卖出美元，买入印度卢比。这不仅有效缓解了卢比贬值压力，同时缩减了卢比流通规模，减轻印度经济通货膨胀压力。

2016 财年，受国内外政治、经济事件共同影响，卢比走势波动较大，印度外汇管理部门面临前所未有的挑战。

2016 年 11 月，卢比又出现大幅贬值。2016 年 11 月 11 日，1 美元兑67.029 2 卢比，到 11 月 18 日，1 美元兑 68.093 7 卢比，短短一周内，美元兑卢比接连突破"67""68"关口。2016 年 11 月 10 日，1 英镑可兑 82.509 3 卢比，到 11 日，1 英镑可兑 84.175 3 卢比，但到 22 日时，1 英镑可兑 85.166 8 卢比。① 之所以出现卢比的大幅贬值，与印度政府突然全面实行废钞改革密切相关。因为印度实行废钞改革，国际投资者纷纷担心金融改革的不确定性的发生，大量外资纷纷撤出印度。据彭博社消息，2016 年 11 月 9 日至 17 日，统计发现印度境外投资者大约卖

---

① Reserve Bank of India. Database on Indian Economy-External Sector-Internat-Ional Trade[DB/OL]. htps：//www.rbi.org.in/，2017-07-01/2017-08-01.

出了净额约 15 亿美元的债券和 14 亿美元的股票。①

五、继续实施积极货币政策,但废钞改革破坏货币政策连续性

进入 2016 财年,印度货币政策与金融形势面临较为宽松的经济环境,外汇储备增加,经济增长势头强劲,季风雨充沛带来农业丰收,使得通胀压力降低,为印度央行提供了更多的政策操控空间,政府以维持物价稳定、保持经济增长作为政策宗旨。然而,2016 年下半年以来,印度的货币金融呈汇率、利率双行下降,国有资本占比高,银行业发育不成熟、集中度偏低等趋势。国际收支逆差、自然灾害频发、公务员薪酬增加导致财政赤字失衡、经济增长趋缓等宏观经济问题,伴随银行不良贷款增加、银行业国有资本占比高、银行金融曲折发展以及地区分布不均等问题制约印度央行的政策选择。

印度央行以抑制通货膨胀和促进经济增长为主要目标实施政策。自 2015 财年以来,央行连续下调贷款利率,给市场提供充足的流动性,以促进经济增长。如表 8-7 所示,2016 财年 4—10 月,印度货币供应量呈递增趋势,货币政策整体偏宽松。2016 年 4 月 29 日,印度 M1 的供应量为 267 130 亿卢比,居民持有现金为 164 863 亿卢比,居民持有的存款为 102 267 亿卢比。2016 年 9 月、10 月,印度的货币供应量达到整个财年的峰值,2016 年 9 月 30 日,M1 的供应量达到 282 855 亿卢比,M2 的供应量达到 289 997 亿卢比,居民持有的现金规模达到 165 648 亿卢比,居民的存款达到 117 207 亿卢比。

表 8-7   2016 财年印度货币存量变化表

日期	货币存量(亿卢比)				
	现金	存款	M1	M2	M3
2016 年 4 月 29 日	164 863	102 267	267 130	273 600	1 188 605
2016 年 5 月 27 日	166 033	99 434	265 467	272 146	1 189 010
2016 年 6 月 24 日	166 189	100 341	266 530	273 313	1 192 404
2016 年 7 月 22 日	166 217	98 662	264 878	271 802	1 200 648
2016 年 8 月 19 日	167 388	100 941	268 329	275 405	1 207 566
2016 年 9 月 30 日	165 648	117 207	282 855	289 997	1 248 999

---

① 印度废钞行动一波未平 投资者抛售印度资产一波又起[EB/OL]. http://news.hexun.com/2016-11-26/187081804.html, 2016-11-26/2017-07-01.

日期	货币存量（亿卢比）				
	现金	存款	M1	M2	M3
2016 年 10 月 28 日	170 221	105 650	275 871	283 076	1 236 491
2016 年 11 月 25 日	91 288	121 094	212 382	221 637	1 218 114
2016 年 12 月 23 日	78 431	121 615	200 046	209 421	1 205 065
2017 年 1 月 20 日	91 287	119 334	210 621	219 930	1 215 629
2017 年 2 月 17 日	106 386	119 551	225 936	235 200	1 230 861
2017 年 3 月 31 日	126 371	143 172	269 543	278 647	1 284 439

资料来源：根据印度储备银行印度经济数据库数据整理得出，https://dbie.rbi.org.in/DBIE/dbie.rbi?site＝home，2017-08-01。

注：M1＝流通中现金＋可交易用存款；M2＝M1＋非交易用存款；M3＝M2＋其他货币性短期流动资产。

但是，到了 2016 年 11 月，废钞改革严重冲击了印度宏观经济发展，印度的货币供应量出现大幅下滑。2016 年 11 月 25 日，印度居民持有现金仅有 91 288 亿卢比，比 10 月 28 日的 170 221 亿卢比，下降了 78 933 亿卢比，降幅达到 46%；M1 的供应量为 212 382 亿卢比，比 10 月 28 日的 275 871 亿卢比，下降了 63 489 亿卢比，降幅达到 23%。废钞改革后，印度央行虽然采取措施来弥补现金流通短缺问题，但是印度 2016 财年后六个月货币供应量比前六个月出现大幅下滑。

六、政府支出增加，政府财政赤字规模扩大

2016 财年，印度政府实行积极财政政策，其主要目标是促进经济增长，为此政府财政开支主要用于增加基础设施建设、加大农业投入和加强农村改造。制约印度经济发展主要瓶颈之一是有效需求不足，需要政府增加投资来带动相关产业发展。同时，为了调动公职人员的工作积极性，提高工作运行效率，政府决定全面提高公务员薪酬和公租房补贴。这些支出进一步加重了印度中央政府财政负担。

如表 8-8 所示，2016 财年，印度财政总收入达到 853 265 亿卢比，其中，税收收入 820 876 亿卢比，占 96%。在 2016 财年，印度财政收入都呈逐月增加趋势。其中 2017 年 3 月收入出现高速增长，例如，税收收入达 204 123 亿卢比，比 2017 年 2 月的 109 418 亿卢比增加了 94 705 亿卢比，增幅高达 87%。

表 8-8   2016 财年印度政府收支表

月份	收支项(亿卢比)							
	1	2	3	4	5	6	7	8
	税收收入	贷款收入	其他收入	总收入(1+2+3)	非计划支出	计划支出	总支出(5+6)	财政赤字(7-4)
2016 年 4 月	6 569	39	298	6 906	20 748	9 057	29 805	22 899
2016 年 5 月	18 079	174	298	18 551	31 644	19 539	51 183	32 632
2016 年 6 月	18 079	174	298	18 551	36 443	14 740	51 183	32 632
2016 年 7 月	25 577	425	318	26 320	45 894	19 775	65 669	39 349
2016 年 8 月	38 532	534	318	39 384	56 498	23 668	80 166	40 782
2016 年 9 月	56 692	680	602	57 974	70 510	32 263	102 773	44 799
2016 年 10 月	69 799	794	2 141	72 734	80 962	34 122	115 084	42 350
2016 年 11 月	79 612	903	2 353	82 868	92 249	36 419	128 668	45 800
2016 年 12 月	93 457	1 040	2 353	96 850	105 953	41 022	146 975	50 125
2017 年 1 月	100 939	1 306	3 101	105 346	117 430	44 336	161 766	56 420
2017 年 2 月	109 418	1 418	3 904	114 740	127 148	48 154	175 302	60 562
2017 年 3 月	204 123	3 161	5 757	213 041	243 014	87 875	330 889	117 848
合计	820 876	10 648	21 741	853 265	1 028 493	410 970	1 439 463	586 198

资料来源:根据印度储备银行印度经济数据库数据整理得出,https://dbie.rbi.org.in/DBIE/dbie.rbi? site=home,2017-08-01。

印度政府财政总支出由计划支出与非计划支出两部分构成。如表 8-8 所示,2016 财年,政府非计划支出规模达 1 028 493 亿卢比,计划支出规模为 410 970 亿卢比,总支出规模为 1 439 463 亿卢比。由于支出规模较收入规模大,政府收支呈现 586 198 亿卢比规模的赤字,赤字规模相当于总收入的 69%。

2016 财年,印度政府年度财政预算重点关注农村地区,对农村地区计划性支出幅度大增,增长幅度高达 94%,其中农业保险与灌溉基础设施建设是最大受益者。同时,印度中央政府拨出 3 850 亿卢比推动农民就业计划,提供 3 598 亿卢比来改善农民福利,并拨出 1 990 亿卢比加强农村道路基础设施建设。①

2016 财年,由于政府加大了农村投入,并且为了促进公共行业投资、创造就

---

① 【APUS 全球快讯】印度 2016 年财政预算要点总结[EB/OL]. http://www.sohu.com/a/63675296_ 343044,2016-03-16/2017-08-01.

业岗位,在国有银行资产重组、增加公务员薪酬和提高公租房补贴额等方面提供财政支持,但这些财政支持计划的实施给印度政府增加了严重财政负担,成为财政赤字的主要原因之一。

第二节　印度金融改革

一、20 世纪 50—90 年代印度金融改革的核心内容是实现银行国有化

印度银行业的发展具有较悠久的历史。早期阶段,印度银行业发展较缓慢,其国有化起步于 20 世纪 50 年代。为了强化和激活商业银行活力,1949 年印度政府提出了《银行公司法案》。1965 年,在旧的《银行公司法案》基础上,提出《修正法案》(Act NO.23 of 1965)。此修订法案确立了印度储备银行作为印度央行来监管其他商业银行的地位。印度独立后,印度政府采取重要步骤对银行业进行改革以便更好地服务经济与社会发展大局。1955 年,印度政府通过设立《印度国有银行法案》来对印度帝国银行进行国有化,并更名为印度国家银行,以充当印度储备银行功能来负责全国银行之间交易的运行。根据 1960 年印度国家银行《附属银行法》,该行成立 7 家附属银行,其资本归国家银行独占,国家银行集团的成立进一步夯实其作为央行代理机构地位。1969 年,根据印度银行公司《成立与转让法》,进行了银行业的国有化改革,使得国有银行规模达到 20 家。到 1988 年,印度政府掌控大约 80% 的银行业市场份额,印度银行业国有化进程达到高潮阶段。[①]

印度政府对印度银行业进行国有化改革后,对信贷优惠政策、信贷对象以及银行法定现金储备率与法定清偿率等方面进行具体规定。印度央行要求商业银行加大农业、中小轻工业等国民经济脆弱部门以及国家重点优先发展部门的贷款比例。印度央行宣布有权调整法定清偿率与法定现金储备率以控制商业银行放贷规模,同时规定大型商业银行必须以流动资产或政府债券或政府批准的法定金融产品作为法定清偿工具。

印度政府除了对银行业进行国有化改革,还对金融部门中的保险行业进行国有化改革。随着印度联合保险公司成立,印度保险业实现全面国有化改革。

---

① 文富德. 印度银行金融发展与改革的经验教训[J]. 南亚研究季刊,2015(2).

二、1990—2014 年印度的资本市场与保险业的自由化改革

自 20 世纪 90 年代以来,印度经济实行全面自由化改革,尤其是金融业自由化改革进程取得了巨大成就。鉴于国内外金融业环境的缺陷,印度政府对金融业具体的改革内容较为谨慎,使得金融自由化成为一个渐进、谨慎和稳定的过程。金融业自由化改革的目标是建立一套有效的、富有竞争力和稳定的金融市场体系,以便更好地促进经济增长。印度货币政策框架改革由依靠直接货币政策管理工具平稳转换到依赖间接货币政策管理工具。当然,要实现这种货币政策框架的改革,需要建立有效的利率和汇率价格发现机制,同时货币市场、政府债券市场和外汇市场也应得到相应发展以便匹配货币政策调整的需要。

(一) 1990 年印度金融自由化改革背景

印度实行经济自由化改革前,由于长期运用计划经济手段来调控经济发展,使印度国民经济体制处于僵化状态之中,国有资本处于支配地位,民营和社会资本很难参加经济再生产活动,企业生产效率低下,严重扭曲了资源配置。印度金融部门长期陷入金融压抑泥潭中不能自拔。印度货币政策施展空间严重滞后于财政政策施展空间,过度消费和支出造成巨大财政赤字,政府承担的债务压力过大。政府操控利率、直接决定信贷规模和干预外汇市场,扭曲了要素价格,限制了要素在生产中的自由流动,极大造成资源浪费,同时印度银行对风险管理认识严重不足,国际竞争力较弱,对印度的金融安全构成强烈冲击。因此,激活印度金融业活力、提高金融业国际竞争的自由化改革是当时印度政府亟待解决的重要课题之一。

在此期间,印度的金融业改革主要分为两个阶段。第一阶段旨在建立有效的、生产性的和具营利性的金融部门,使其能满足宏观经济发展所需的基本金融支持。第二阶段,建立整套完善的金融体系,促使印度金融业提高全球竞争力,以维护国家金融安全。

(二) 1990 年印度金融业自由化改革措施

1. 银行业自由化改革举措

银行业自由化改革的目标是建立多样化的、有效的和有竞争性的银行业体系,以便促进金融资源的合理流动和配置,激活银行业的整体活力和加强制度建设。银行业自由化改革主要从规范银行业业务以提高银行业竞争力和推进银行业立法和制度建设以便加强监管两方面来展开的。

第一,提高银行业竞争力举措。给予国有银行充分的自主操作权,通过引入权益市场中的资本来降低国有资本在银行业中的占比,但引入资本控股比例不

能超过 49%。① 允许本国私人资本、外商合资银行和保险公司进入印度银行业，鼓励外商直接投资和组合投资参与银行多样化产品设计和商业活动。给私人银行的所有权管理和公司治理提供指导。引入完全银行内部拆借市场、拍卖为基础的逆回购市场等短期流动性管理工具，以便改善支付与结算环境。通过加入《巴塞尔Ⅱ》协议来改善本国商业银行的资本管理质量。

第二，立法与制度建设。制度上建立债务追偿特别法庭、资产重组公司，结算咨询委员会以及公司债务重组机制。设立印度有限信贷信息局（Credit Information Bureau of India Limited, CIBIL）为债务违约人和借款方提供信息咨询。设立印度有限清算公司（Clearing Corporation of India Limited, CCIL）便于公司之间进行支付和结算。建立印度金融监管局来监管商业银行、金融机构和非银行金融公司。在法律层面，2002 年印度制定了《金融资产证券化与重组法案》以保证金融资产处置安全性。

2. 货币政策框架自由化改革

印度货币政策改革的主要目标是通过增加货币、加强政府债券市场和外汇市场等不同金融部门之间的联系来消除金融市场分割问题。货币政策改革所取得进步主要在于印度货币管理部门制定货币政策具有更加独立的空间。自从1997 年 4 月以来，印度债券市场停止了财政赤字自动货币化的被动局面。1999年以来，为了迎接金融自由化和日益错综复杂的货币管理活动的挑战，印度联邦储备银行开始从单一货币目标框架向多元货币目标框架转变。印度货币政策框架改革的主要成就在于建立以市场为导向的间接货币管理工具，而摒弃直接货币管理工具。

印度联邦储备银行调整货币政策的工具主要有以下几种。一是直接货币管理工具，如管理利率、准备金要求、有选择性的信贷控制。二是间接货币管理工具，如公开市场操作、买卖政府债券。三是引入流动性调节机制（Liquidity Adjustment Facility, LAF）。流动性调节机制通过回购或逆回购来有效调整短期利率变化，不仅是一种流动性管理工具，而且是隔夜拆借利率变化的重要信号。四是引入市场稳定方案（Market Stabilisation Scheme, MSS）。市场稳定方案在资本流入情况下不会对市场短期利率造成冲击。

印度货币自由化改革主要采取如下措施。一是政府与联邦储备银行协定停止财政赤字自动货币化转变。二是政府债券市场中引入国债一级自营商（Primary Dealers）来开展国债发行、承销，负责国债市场的正常运转。三是修订证券合同管理法案（Securities Contracts Regulation Act, SCRA）来加强市场监管。

① 文富德. 印度银行金融发展与改革的经验教训[J]. 南亚研究季刊, 2015(2).

四是通过印度有限清算公司建立无风险的支付体系。

3. 金融市场自由化改革

印度通过对货币市场的改革,建立了间接管理货币政策框架,但要成功实现货币自由化改革,还需对政府债券市场、外汇市场进行自由化改革,以解决印度金融部门之间的市场分割问题。印度债券市场与外汇市场改革的目标是建立一套有效的利率和汇率价格发现机制。经过不断深化改革,2006 年 4 月 1 日,印度联邦储备银行从金融一级市场中撤退出来,这标志着印度利率和汇率自由化改革取得成功。利率和汇率不再受到联邦储备银行的管制,完全由金融市场供求关系来决定。

印度债券市场改革主要采取如下措施。一是国外机构投资者在满足限制条件后可以投资印度政府债券市场。二是渐进式地实施支付结算系统(Real Time Gross Settlement System)。三是在政府债券交易市场,通过场外市场服务的电子询价交易系统(Negotiated Dealing System,NDS),引入自动屏幕交易系统(Automated Screen-based Trading)。

印度债券市场改革的制度建设包括:一是政府债券市场引入国债一级自营商;二是通过引入证券交易系统中的银货对付(Delivery versus Payment Settlement System)来确保债券交易的透明性;三是允许银行从事一级市场业务,国债一级自营商可开展多元业务。

1993 年,印度对汇率管理体制进行改革,以市场供求为基础的浮动汇率制取代固定汇率制。印度外汇市场自由化改革的重要内容即实现经常性账户可自由兑换,极大促进了印度国际贸易的发展。

印度在外汇市场自由化改革方面主要采取以下措施。一是发展卢比外汇掉期市场,引入外汇卢比期权等对冲工具,允许授权经销商在外汇市场上使用货币交叉期权、利率掉期、货币掉期和远期汇率协定等金融产品。二是允许外汇收入者在印度开立外币账户,但每年外币兑换额控制在 25 000 美元内。[①] 三是在满足具体限制条件和得到银行委员会授权的情况下,经销商可在海外市场发起交易头寸,进行海外借贷和投资。四是允许出口商、印度海外投资者、国外机构投资者参与外汇交易市场。

4. 印度保险业自由化改革

印度独立后,对保险行业实行了国有化改革。改革后,保险业的费率、承保条件和险种均由费率顾问委员会(Tariff Advisory Committee,TAC)统一设定。在

---

① 印度的外汇管理制度内容有哪些[EB/OL]. https://www.66law.cn/laws/339727.aspx,2017-06-09/2017-08-01.

国营垄断化背景下的印度保险业,险种单一,业务技术创新意愿低,禁止私人和外资资本进入,保险业竞争力弱,行业运行效率较低。随着经济增长,农民收入逐渐增加,农民存款占印度总款的比例高达 24%,但印度保险业并未涉及广大农村市场。20 世纪 90 年代初,经济全球化盛行,外国资本和保险企业强烈要求印度开放保险业,来分享印度巨大保险市场的一杯羹。

鉴于上述事实,1993 年印度设立以马尔霍特拉(Malhotra)为主席的委员会来评估印度保险行业,并在 1994 年向印度政府提供决策咨询报告。根据报告提出的逐步实现保险行业自由化的要求,印度政府于 1996 年成立保险监管与发展局,并在 1999 年通过《保险监管与发展议案》来推行保险业自由化改革,对行业保险和再保险活动进行监管。2000 年 8 月,印度第一批经过许可的私营保险企业成立,拉开印度保险行业自由化改革的大幕。

印度在保险业自由化方面具体采取如下措施。一是打破国营保险公司的垄断地位,降低私人和外资保险公司进入门槛。改组印度产物保险公司,分割其业务范围,不再受理直接保险业务。鼓励民营资本和外资进入印度保险业,但外资必须以合资形式进入,且持股比例不能超过 26%。[①] 二是设立专门监管机构来监督印度保险业发展。印度成立了保险发展与管理局,已对保险市场进行有效监督与管理,保证保险行业健康有序发展。三是制定一系列保险业法律法规,为保险业自由化改革工作的顺利开展提供法制基础。印度 1999 年通过了《保险监管与发展议案》,2002 年颁布了《保险修订法案》。

第三节　印度的旅游业

一、印度旅游业基本现状

旅游业是现代经济增长的重要引擎之一,也是多数国家外汇收入的重要来源。旅游业不仅可以创造大量就业岗位,还可满足多层次就业需求。旅游业发展水平是体现国家文明发达程度的重要指标之一,因此包括印度在内的众多国家都加大旅游业投入,重视培养旅游服务业人才,加强旅游风景区基础设施建设,以便吸引世界各地游客。

从独立之日起,印度旅游业开始起步发展。但刚开始时,印度经济基础薄

---

① 石丽静,彭红斌. 印度外资政策调整的特点及启示[J]. 求实,2013(S2).

弱,人均收入较低,政府工作重点是建立完整的工业体系,旅游业自然未能受到政府和民众重视。因此,印度旅游业经历了 20 多年的自发发展阶段。直到 1982 年政府拟定一个旅游全国计划后,旅游业才开始受到重视,并被纳入优先发展产业,得到重点支持。20 世纪 90 年代,随着印度经济自由化改革步伐加快,印度旅游业也加快改革进程,开始对外资开放。印度政府通过举办印度旅游年、加快旅游业基础设施建设和将旅游业纳入"八五"计划等措施来推动旅游业发展。从 2002 年后,为了吸引世界各国游客来印度旅游,印度政府推出了"不可思议的印度"旅游宣传,至此,印度旅游业正式迈入快速发展的通道。

(一)旅游人数不断增加

从 2000 年至 2015 年,印度入境游、境外旅游和国内旅游人数成倍增加,印度旅游业得到快速发展。如表 8-9 所示,2000 年印度入境游人数为 264.9 万人,到 2015 年达 802.7 万人。2002 年,印度开始向世界推广"不可思议的印度"旅游宣传,此举起到了立竿见影的作用。2003 年、2004 年印度入境游人数分别增加了 14.3%、26.8%,是印度入境游人数增长最多的两年。

表 8-9 2000—2015 年印度旅游人数表   单位:万人

年份	入境游	国内游	出境游
2000	264.9	22 010.7	441.6
2001	253.7	23 647.0	456.4
2002	238.4	26 959.8	494.0
2003	272.6	30 903.8	535.1
2004	345.7	36 626.8	621.3
2005	391.9	39 204.4	718.5
2006	444.7	46 244.0	834.0
2007	508.2	52 670.0	978.3
2008	528.3	56 303.4	1 086.8
2009	516.8	66 880.0	1 106.6
2010	577.6	74 770.3	1 298.8
2011	630.9	86 453.3	1 399.4
2012	657.8	104 504.8	1 492.5
2013	696.8	114 252.9	1 662.6
2014	767.9	128 280.2	1 833.2
2015	802.7	143 197.4	2 037.6

资料来源:Ministry of Tourism, Market Research Division, Government of India. India Tourism Statistics 2015[EB/OL]. http://www.tourism.gov.in/sites/default/files//Other/India%20Tourism%20Statistics_English_2015%20Final.pdf, 2016-12-26/2017-08-01.

随着印度经济的快速增长,印度中产阶级队伍迅速扩大、居民可支配收入增加引致印度居民国内游和境外游市场火爆起来,印度居民旅游人数也开始剧增。如表 8-9 所示,2000 年,印度国内游人数为 22 010.7 万人,而到 2015 年增至 143 197.4 万人,增长了 5.5 倍。印度居民出境游人数在这 15 年间,也出现大幅增长,2000 年印度出境游人数仅为 441.6 万人,但到 2015 年增加至 2 037.6 万人,增长了 3.6 倍。

(二)印度旅游业收入逐渐增加

据世界旅游理事会报告,如表 8-10 所示,印度旅游业直接收入由 2011 年的 26 677 亿卢比,增加到 2016 年的 48 098 亿卢比,经过 5 年时间,印度旅游业直接收入增加 21 421 亿卢比,增长了 80%。印度旅游业的间接及诱导收入基本维持在直接收入的 1.5 倍。

表 8-10　2011—2016 年印度旅游业收入情况表

收入 (亿卢比)	2011 年	2012 年	2013 年	2014 年	2015 年	2016 年
直接收入	26 677	30 494	34 280	38 570	42 774	48 098
间接及 诱导收入	40 996	46 860	52 679	59 271	65 732	73 914

资料来源:World Travel & Tourism Council. How Does Travel & Tourism Compare to Other Sectors? [EB/OL]. https://www.wttc.org/-/media/files/reports/benchmark-reports/country-reports-2017/india.pdf, 2017-06-01/2017-08-01.

自从 2011 年以来,印度旅游业在政府支持与旅游从业人员的共同努力下,得到稳步发展,各类旅游收入呈逐年增加趋势。旅游服务业已成为印度经济的支柱产业之一,其在促进经济增长、产业结构优化与带动就业等方面对印度经济做出重要贡献。随着旅游收入的增加,印度政府在旅游资源产品开发、旅游基础设施建设和服务设施、旅游业人才培训等方面会获得更大操作空间。

(三)旅游市场发展成熟,印度越发成为更多境外游首选目的国

20 世纪 90 年代,印度旅游经过自由化改革后,在政府的扶持下得到快速发展,国内游市场、出境游市场与入境游市场日趋成熟。印度政府通过"不可思议的印度"旅游宣传、与相关国家举办印度旅游年、改革签证制度与加强旅游业基础设施和服务设施建设来改善旅游环境,印度旅游越来越受到国外游客青睐,印度入境游客的来源地范围不断扩大。

如表 8-11 所示,南亚地区、西欧地区和北美地区是印度入境游客主要来源地,2015 年此三地区到印度旅游人数占印度入境游总人数的比重分别达 24.3%、23.4% 和 18.6%。具体来看,2013—2015 年,西欧地区到印度旅游人数占比逐年降低,2014 年增长率仅为 0.3%,2015 年增长率也刚达 1.1%。北美地区是仅次于西欧地区的重要入境游客来源地区,其在印度入境游客中的比重较大并相对稳定,2013—2015 年其占比依次为 19.2%、18.1% 和 18.6%。

表 8-11　2013—2015 年世界各地区到印度旅游情况表

来源地区	入境游人数(个)			占总入境游比重(%)			增长率(%)	
	2013 年	2014 年	2015 年	2013 年	2014 年	2015 年	2014 年	2015 年
北美地区	1 340 531	1 387 468	1 494 930	19.2	18.1	18.6	3.5	7.7
中北美地区	68 436	69 926	70 831	1.0	0.9	0.9	2.2	1.3
西欧地区	1 855 866	1 860 580	1 880 203	26.6	24.2	23.4	0.3	1.1
东欧地区	405 083	422 278	331 051	5.8	5.8	4.1	4.2	−21.6
非洲地区	275 271	280 754	293 569	4.0	3.7	3.7	2.0	4.6
西亚地区	343 113	413 678	417 616	4.9	5.4	5.2	20.6	1.0
南亚地区	1 215 035	1 694 857	1 946 207	17.4	22.1	24.3	39.5	14.8
东南亚地区	630 054	685 805	700 298	9.0	8.7	8.7	8.8	2.1
东亚地区	547 305	546 792	555 770	7.9	7.1	6.9	−0.1	1.6
大洋洲地区	263 574	286 294	312 101	3.8	3.7	4.0	8.6	9.0

资料来源:Ministry of Tourism, Market Research Division, Government of India. India Tourism Statistics 2015 [EB/OL]. http://www.tourism.gov.in/sites/default/files//Other/India%20Tourism%20Statistics_English_2015%20Final.pdf, 2016-12-26/2017-08-01.

南亚地区紧邻印度,去印度旅游的人数占印度境外游比重逐年上升。2013 年,南亚地区游客占印度总境外游客的比重为 17.4%,2014 年达到22.1%,2015 年进一步提升为 24.3%,首次超过西欧地区游客数,成为印度最大的境外游来源地区。2014 年,南亚地区去印度旅游人数增长率 39.5%,增幅居首位。

表 8-11 还显示,2013 年东亚地区去印度旅游人数为 547 305 人,2014 年开始出现下降,为 546 792 人,同比下降了 0.1 个百分点,这是 2014 年所有地区中到印度旅游人数第一个开始出现下降的地区。

(四)印度旅游在世界旅游中的地位逐渐提升

印度政府不断加大对旅游业投入,印度旅游业基础设施和旅游服务便利化得到明显改善,同时政府致力于开发诸如医疗旅游、探险旅游和乡村旅游等新旅游产品来吸引海外游客来印度观光旅游。通过政府和旅游从业人员的共同努力,印度的旅游收入和旅游人数大幅增加,印度在国际旅游业的地位也得到提升。

如表 8-12 所示,2000 年世界国际旅游总人数约为 68 330 万人,印度入境游人数约为 270 万人,印度入境游人数占世界国际旅游总人数的比重为 0.4%,位居世界第 50 位。2011 年,世界国际旅游总人数约为 99 400 万人,印度入境游人数约为 630 万人,印度入境游人数占世界国际旅游总人数的比重达到 0.6%,位居第 38 位,这是迄今为止印度排名最高的位次。2015 年,世界国际旅游人数约为 118 600 万人,印度入境游人数约为 800 万人,印度入境游人数占世界国际旅游人数的比重上升到 0.7%,位居第 40 位,比 2014 年上升一位。

表 8-12 2000—2015 年世界、印度入境游人数及印度国际排名变化表

年份	世界游客		赴印度游客			
	人数 (万人)	增长率 (%)	人数 (万人)	增长率 (%)	占国际旅比重 (%)	国际 排名
2000	68 330	7.8	270	6.7	0.4	50
2001	68 340	0.0	250	−7.4	0.4	51
2002	70 320	2.9	240	−4.0	0.3	54
2003	69 100	−1.7	270	12.5	0.4	51
2004	76 200	10.3	350	29.6	0.5	44
2005	79 800	4.7	390	11.4	0.5	43
2006	84 600	6.0	450	15.4	0.5	44
2007	89 400	5.7	510	13.3	0.6	41
2008	91 700	2.6	530	3.9	0.6	41
2009	88 300	−3.7	520	−1.9	0.6	41
2010	94 800	7.4	580	11.5	0.6	42
2011	99 400	4.9	630	8.6	0.6	38
2012	103 900	4.5	660	4.8	0.6	41
2013	108 800	4.6	700	6.1	0.6	41
2014	113 400	4.2	770	10.0	0.7	41
2015	118 600	4.6	800	3.9	0.7	40

资料来源:Ministry of Tourism, Market Research Division, Government of India. India Tourism Statistics 2015 [EB/OL]. http://www.tourism.gov.in/sites/default/files//Other/India%20Tourism%20Statistics_English_2015%20Final.pdf, 2016-12-26/2017-08-01.

注:人数为四舍五入后的值。

二、印度旅游业对经济发展的促进作用

（一）拉动经济增长，促进产业结构优化

印度旅游业经过三十多年发展，已成为印度国民经济的支柱行业之一，在促进经济增长、优化产业结构与创造就业等方面发挥了重要作用。2007 年，印度旅游业对国内生产总值的贡献率达到 5.9%，而其对增加就业的贡献率达到9.2%。2012 年，印度旅游业对 GDP 的贡献率为 6.6%，其中，旅游业对 GDP 增长的直接贡献达到 2.0%，间接贡献率为 4.6%。旅游业对社会就业的贡献率达到 7.7%，其中，旅游业对社会就业的直接贡献率为 4.9%，间接贡献率达到2.8%。2016 年，印度旅游业对 GDP 贡献率达到 9.6%，其中，旅游业对 GDP 增长的直接贡献达到 3.3%，间接贡献率达到 6.3%。旅游业对社会就业的贡献达到 9.3%，旅游业对社会就业的直接贡献率为 5.8%，间接就业的贡献率达到3.5%。[①] 旅游业的发展对印度国民经济发展和促进社会就业的贡献呈逐年增加趋势，并且会越来越重要。

印度是世界第二大发展中国家，"三农问题"成为其经济发展主要的制约因素。随着印度旅游业快速崛起，旅游服务业吸收了大量农村劳动力，印度农业比重逐渐下降，旅游服务业比重逐渐上升，产业结构得到优化。1990 年，印度第一、第二、第三产业的占比分别是 29.3%、26.9% 及 43.8%。2000 年，印度农业与工业在国民经济中所占比重下降至 23.4%、26.2%，但服务业在国民经济中比重上升到 50.4%。[②] 2016 年，印度农业、工业与服务业占 GDP 比重分别达 17.3%、29.0% 和 53.7%。[③]

在政府的大力支持下，印度旅游服务业得到了持续发展，在国民经济中的比重进一步提高，农业、工业在国民经济中占比出现下降，印度的产业结构得到进一步优化。

---

① World Travel & Tourism Council. How Does Travel & Tourism Compare to Other Sectors? [EB/OL]. https://www. wttc. org/-/media/files/reports/benchmark-reports/country-reports-2017/india. pdf, 2017-06-01/2017-08-01.

② Minister for Statistics & Programme Implementation, Government of India. Summary of Macro Economic Aggregates at Constant(2004-05) prices, 1950-51 to 2013-14[EB/OL]. http://mospi.nic.in/data, 2017-05-31/2017-08-01.

③ Central Statistics Office, Minister for Statistics & Programme Implementation, Government of India. Press Note on Provisional Estimates of Annual National Income, 2016-17 and Quartely Estimates of Gross Domestic Product for the Forth Quarter (Q4) of 2016-17 [EB/OL]. http://www.mospi.gov.in/sites/default/files/press_release/PRESS_NOTE_PE_2016-17.pdf, 2017-05-31/2017-08-01.

（二）创造大量就业机会，扩大就业渠道

就业是关系国计民生的问题，越来越受到政府的重视与社会的广泛关注。印度的农业就业虽然仍占支配地位，但是随着城市化进程加快与产业结构调整与优化，农业、工业中的就业人数将会出现下降，而服务业就业地位会伴随着经济发展和社会进步而逐步提升。

据世界旅游理事会2017报告，2016年印度旅游业提供了2 539万个直接就业岗位，占印度总就业人数比重达5.8%，2017年旅游业提供直接就业岗位增加2.1%。2016年印度旅游业提供的总就业岗位数达到总就业人数的9.3%，2017年旅游业提供就业岗位增至4 107万个，增幅达1.8%。①

（三）均衡地区发展，消除贫困之手段

由于旅游资源分布的集中性，呈现地域性差异，旅游资源多寡决定了地区吸引游客能力和旅游市场发展程度。如表8-13所示，2015年，印度国内游游客选择目的地前十大邦②为：泰米尔纳德邦、北方邦、安得拉邦、卡纳塔克邦、马哈拉施特拉邦、特伦甘纳邦、中央邦、西孟加拉邦、古吉拉特邦、拉贾斯坦邦，其接纳游客数量高达119 736万人，占印度国内游总人数的比例高达83.6%。入境游游客选择目的地主要集中在以下十大邦：泰米尔纳德邦、马哈拉施特拉邦、北方邦、德里、西孟加拉邦、拉贾斯坦邦、喀拉拉邦、比哈尔邦、卡纳塔克邦和果阿邦，其接纳境外游客数706万人，占印度总入境游人数的比重达88.3%。

表8-13　2015年印度国内游、入境游排名前十大邦占比情况表

国内游		入境游	
地区	占比（%）	地区	占比（%）
泰米尔纳德邦	23.3	泰米尔纳德邦	20.1
北方邦	14.3	马哈拉施特拉邦	18.9
安得拉邦	8.5	北方邦	13.3
卡纳塔克邦	8.4	德里（国家首都辖区）	10.2
马哈拉施特拉邦	7.2	西孟加拉邦	6.4
特伦甘纳邦	6.6	拉贾斯坦邦	6.2
中央邦	5.4	喀拉拉邦	4.2

① World Travel & Tourism Council. How Does Travel & Tourism Compare to Other Sectors? [EB/OL]. https://www. wttc. org/-/media/files/reports/benchmark-reports/country-reports-2017/india. pdf, 2017-06-01/2017-08-01.

② 印度一级行政区划有28个邦、6个联邦属地、1个国家首都辖区。

续表

国内游		入境游	
地区	占比（%）	地区	占比（%）
西孟加拉邦	4.9	比哈尔邦	4.0
古吉拉特邦	2.5	卡纳塔克邦	2.7
拉贾斯坦邦	2.5	果阿邦	2.3
总计	83.6	总计	88.3

资料来源：Ministry of Tourism, Market Research Division, Government of India. India Tourism Statistics 2015 [EB/OL]. http://www.tourism.gov.in/sites/default/files//Other/India%20Tourism%20Statistics_English _2015%20Final.pdf, 2016-12-26/2017-08-06.

　　国内游和入境游目的地的集中性特征决定了旅游业发达地区的经济发展水平要高于其他地区。可见,经济发展失衡问题、收入分配悬殊等问题已成为印度经济发展的制约因素。为了缩小地区经济发展差异,解决贫困问题,印度政府结合当地实际情况,开发多样式旅游产品,以便使印度更多的邦能够分享印度旅游市场发展的红利。印度"十二五"规划中,明确提出"扶贫旅游（PRO-POOR TOURISM）"计划来促进乡村旅游发展,增加农民收入,缩小地区之间差距,最终达到消除贫困的目的。

（四）增创外汇收入,调节国际收支平衡

　　印度货物贸易一直处于贸易赤字状态,但服务贸易表现强劲,对调节印度国际收支平衡做出重大贡献。印度旅游业是创造外汇收入的第三大来源。如表8-14所示,2007 年印度旅游业外汇收入达到 107 亿美元,同比增加 24.3%。其后,除 2009 年由于受美国次贷危机影响,入境游人数下降,导致外汇收入相应减少外,均有不同程度的增长。尤其是,2010 年旅游外汇收入增幅达 24.6%,2011年增长 16.9%。2016 年印度旅游外汇收入达到 232 亿美元,增长 10.0%。

表 8-14　2007—2016 年印度旅游业外汇收入

年份	外汇收入（亿美元）	增长率（%）	年份	外汇收入（亿美元）	增长率（%）
2007	107	24.3	2012	177	6.6
2008	118	10.3	2013	184	4.0
2009	114	-3.4	2014	202	9.8
2010	142	24.6	2015	211	4.5
2011	166	16.9	2016	232	10.0

资料来源：Ministry of Tourism, Government of India. Annual Report 2016-17[EB/OL], http://www.tourism.gov. in/sites/default/files/annualreports/MoT%20Annual%20Report%202016-17_English.pdf, 2017-05-16/2017-08-07.

印度旅游外汇收入所具规模和增长态势对调节印度国际收支平衡起到一定作用。例如,2016 年度印度贸易逆差额为 1 080.4 亿美元,而 2016 年外汇收入为 232.0 亿美元,相当于贸易逆差的 21.5%。①

三、印度旅游业存在的问题

(一) 旅游基础设施落后,投资严重不足

印度经济实行自由化改革以来,经济得到快速发展,居民收入大幅增加,印度中产阶级规模迅速扩大,对旅游产品需求日益增加。但是,印度旅游基础设施比较落后,导致与民众对旅游产品需求之间的矛盾扩大。

印度许多连接旅游风景区的道路处于年久失修状态,运载能力有限。尤其是,印度近年来开发出乡村旅游、探险旅游,但是落后的交通设施严重制约这些新旅游产品的发展。铁路建设落后,加之存在人为因素,印度铁路事故时有发生。多达 97% 的境外游客选择航空方式到达印度观光旅游,②而印度落后的机场基础设施,远不能满足乘客乘载需求。印度电力供应不足,经常会发生断电情况,严重影响旅游质量。

印度酒店基础设施建设步伐缓慢,酒店客房不足,酒店住宿成本昂贵,降低了印度旅游业的国际竞争力。如表 8-15 所示,2015 年,印度经批准的各类酒店为 1 394 所,提供的客房数目 81 011 间。与 2015 年的 800 万入境游加上 14.3 亿国内游的人数相比,印度客房数远不能满足游客的住宿需求。

表 8-15　2015 年印度经批准的酒店数目及其房间数目

酒店类别	酒店数目	房间数目
1 星级	26	785
2 星级	68	1 922
3 星级	531	22 793
4 星级	197	9 972
5 星级	125	15 230

---

① Ministry of Commerce and Industry. Export Import Data Bank-Commodity-Wise[DB/OL]. http://commerce.nic.in/eidb/iecnttopnq.asp,2017-07-01/2017-08-01.

② Ministry of Tourism, Market Research Division, Government of India. India Tourism Statistics 2015 [EB/OL]. http://www.tourism.gov.in/sites/default/files//Other/India% 20Tourism% 20Statistics _ English _ 2015%20Final.pdf,2016-12-26/2017-08-08.

续表

酒店类别	酒店数目	房间数目
豪华 5 星级	127	27 775
传统酒店	30	1 065
住宿+早餐酒店	283	1 359
招待所	7	110
总计	1 394	81 011

资料来源：Ministry of Tourism, Market Research Division, Government of India. India Tourism Statistics 2015 [EB/OL]. http://www.tourism.gov.in/sites/default/files//Other/India%20Tourism%20Statistics_English_2015%20Final.pdf, 2016-12-26/2017-08-08.

（二）政治、社会不安定因素影响旅游业快速增长

印度是一个多种族、多宗教信仰的国家，种族和教派冲突时有发生。这些对印度旅游业的长远发展造成巨大障碍。经济发展失衡、收入分配不公平、贫困问题是印度发展挥之不去的阴影，甚至造成严重的社会问题。印度强奸案和针对外国女性性侵案增加，国内安全问题已成为国外游客选择印度作为旅游目的国考虑的首选因素。印度新德里公交车性侵案件过后 3 个月内，印度入境游人数减少了 1/4，其中女性入境游游客下降了 35%。[①]

（三）低效的官僚体系拖累旅游业发展步伐

旅游业的发展需要多部门联动才能顺利开展，但印度行政运行效率低下，各部门难以持续地配合和协调工作，阻碍了旅游业发展。此问题已得到政府高度重视，从 2015 年起，印度开始对旅游签证进行改革，对入境游游客实行电子签证，有效地解决了办理签证手续冗繁问题。

第四节   2016 年中国与印度经贸关系及其问题

中国与印度是当今世界最大的两个发展中国家，都经历了成功的经济体制改革，取得了举世瞩目的经济发展成就。中印两国山水相连，文化交融，相互尊重和学习、借鉴彼此发展成果并学以致用，已成为两国历史发展的主旋律。进入21 世纪后，中国和印度都是世界贸易组织、国际货币基金组织、金砖国家和亚洲

---

① 印媒：中国人咋就不爱来我们这旅游 [EB/OL]. http://mini.eastday.com/a/180104133824407. html, 2018-01-04/2018-08-08.

基础设施投资银行等全球性或区域性组织的成员。两国之间可以优势互补、相互促进,合作前景广阔。

莫迪新政府执政后,大力推广"印度制造""数字印度""清洁印度"等计划,加之印度广阔的市场空间、廉价的劳动力成本,为落实"中国制造 2025"和"互联网+"的中国企业走出去战略提供了巨大的投资空间。基于"一带一路"倡议,中印之间的经贸往来会更加密切,更加频繁。中印在基础设施建设、先进制造业、农产品、文化旅游等方面可进行深度合作,以增强中印经贸关系往来,扩大各自在对方经济发展中的地位。

印度政治力量对中印正常经贸关系往来构成一定阻碍。中资企业在印度进行投资经营活动时,往往受到印度政治力量干预,导致许多中资企业从印度撤资,退出印度市场。

在"一带一路"倡议背景下,随着中印两国政治互信程度不断提高,2016 年中印在贸易、投资、军事、文化以及全球治理等领域进行了广泛而友好的合作,并取得丰硕成果。

一、中国与印度贸易总额增加,但贸易波动性加剧

2016 年,全球经济面临前所未有之挑战,"逆全球化"开始升温,发达经济体贸易保护主义势力开始抬头,国际贸易投资环境恶化。英国"脱欧"、美国总统大选尘埃落定与美联储加息等政经事件交织在一起发生,不确定性因素增加,拖累全球经济恢复增长步伐。

在全球贸易下滑趋势明显的环境下,中印贸易实现增长实属来之不易。如表 8-16 所示,2016 财年,中印贸易总额达到 714.9 亿美元,比 2015 财年的 707.2 亿美元,增加了 7.7 亿美元,增长 1.1%。其中,印度对中国出口额 102 亿美元,比 2015 财年的 90.1 亿美元,增加了 11.9 亿美元,增幅达 13.2%。2014 财年和 2015 财年,印度对华出口贸易分别下降 19.6% 和 24.5%,而 2016 财年印度对华出口贸易实现了扭转。2016 财年,印度自中国进口贸易额达到 612.9 亿美元,比 2015 财年的 617.1 亿美元,下跌 0.7%。

表 8-16　印度对中国进出口贸易情况

财年	进口额 (亿美元)	进口增长率 (%)	出口额 (亿美元)	出口增长率 (%)	总额 (亿美元)	增长率 (%)
2011	553.1	27.2	180.8	16.8	733.9	24.5
2012	524.5	-5.2	135.3	-25.2	659.8	-10.1

续表

财年	进口额 （亿美元）	进口增长率 （%）	出口额 （亿美元）	出口增长率 （%）	总额 （亿美元）	增长率 （%）
2013	510.5	-2.7	148.3	9.6	658.8	-0.2
2014	604.1	18.3	119.3	-19.6	723.4	9.8
2015	617.1	2.2	90.1	-24.5	707.2	-2.2
2016	612.9	-0.7	102	13.2	714.9	1.1

资料来源：根据印度工商部进出口数据库数据整理得出，http://commerce-app.gov.in/eidb/default. asp，2017-08-01。

美国次贷危机和欧洲主权债务危机爆发后，全球经济纷纷陷入下降泥潭中不能自拔，发达经济体经济增长乏力，新兴经济体处于产业结构调整阵痛期，除印度经济保持高速增长外，新兴经济体经济增长速度也出现下降。因此，从2012 年欧洲爆发主权债务危机后，全球需求疲软，加之民粹主义盛行导致贸易保护主义势力有所抬头，全球贸易投资环境面临前所未有之挑战，全球贸易出现大幅下滑。中印贸易处在经济全球化大背景下，不可能游离于全球贸易下滑的环境，所以中印贸易最近几年波动性大幅加剧。贸易的大起大落给正常的经贸交往带来一定破坏性，双方之间的贸易摩擦也有所增加。

二、中国与印度贸易结构差异大，贸易互补性强

中国和印度两国经济处在不同的发展阶段，决定两国贸易存在较强互补性。中国正处在工业化中期阶段，产业结构正处在深刻调整时期，产业结构偏重于发展先进制造业。经过三十多年努力，中国出口商品的结构经历深刻变化，资本密集型产品替代资源密集型产品和劳动密集型产品成为中国出口主导产品。而印度正处在工业化初期向工业化中期过渡阶段，劳动力成本廉价，人口红利优势明显，但工业制造业技术落后，劳动密集型产品和资源密集型产品是印度出口主导产品。同时，印度在软件服务业、制药业等行业优势明显，也是印度主要出口商品之一。中印两国经济发展阶段不同，出口主导商品的差异，决定两国在贸易上存在较强的互补性。

如表 8-17 所示，2016 财年，印度对中国出口排名前十大类商品出口额达到75.4 亿美元，占印度对中国出口总额的比重达 73.9%。其中，矿砂、矿渣及矿灰，棉花，有机化学品是印度对中国出口排名前三的商品，出口额共计达到 38.6 亿美元，占印度对中国总出口额比重达 37.8%。2016 财年，印度对中国出口前十大

类商品与上一财年基本保持一致。

表 8-17   2015、2016 财年印度对中国出口货物的主要品种

排序	2015 财年			2016 财年		
	产品类型	出口（亿美元）	比重（%）	产品类型	出口（亿美元）	比重（%）
1	棉花	16.9	18.8	矿砂、矿渣及矿灰	16.2	15.9
2	铜及其制品	11.4	12.7	棉花	13.5	13.2
3	有机化学品	8.5	9.4	有机化学品	8.9	8.7
4	矿物燃料、矿物油及其产品、沥青等	6.4	7.1	矿物燃料、矿物油及其产品、沥青等	8.0	7.8
5	盐、硫黄、土及石料、石灰及水泥等	5.4	6.0	铜及其制品	7.1	7.0
6	矿砂、矿渣及矿灰	5.2	5.8	盐、硫黄、土及石料、石灰及水泥等	5.6	5.5
7	核反应堆、锅炉、机械器具及零件	4.6	5.1	核反应堆、锅炉、机械器具及零件	5.4	5.3
8	塑料及其制品	3.1	3.4	电机、电气设备及其零件	4.0	3.9
9	动、植物油、脂、蜡, 精制食用油脂	3.0	3.3	钢铁	3.7	3.6
10	电机、电气设备及其零件	2.9	3.2	塑料及其制品	3.0	2.9

资料来源：根据印度工商部进出口数据库数据整理得出, http://commerce-app.gov.in/eidb/default.asp, 2017-08-01。

从印度对中国出口的具体商品来看, 2016 财年, 矿砂、矿渣及矿灰出口额最大, 达 16.2 亿美元, 与 2015 财年的 5.2 亿美元相比, 增长 211.5%, 挤掉棉花成为印度对中国出口最多的商品。棉花对中国出口额由上一财年的 16.9 亿美元, 下降到 2016 财年的 13.5 亿美元, 降幅达 20.1%。2016 财年, 铜及其制品、塑料及其制品对中国出口下降, 降幅分别达到 20.1% 和 3.2%。印度对中国出口的其他类主要商品, 在 2016 财年均有不同程度的增长。

如表 8-18 所示, 2016 财年, 印度从中国进口产品大多以资本密集型产品为

主,且印度对中国高科技产品需求增加。从中国进口的前十大类商品的进口总额达到 482.8 亿美元,占印度从中国进口贸易总额 78.8%。电机、电气、音像设备及其零件,核反应堆、锅炉、机械器具及零件,有机化学品为进口前三大类产品,进口额分别为 219.8 亿美元、111.2 亿美元和 56.2 亿美元,三者占进口货物的比重达 63.2%。电机、电气、音像设备及其零件和核反应堆、锅炉、机械器具及零件的进口比重就占印度从中国进口产品的半壁江山,两者占比达到 54.0%。相比 2015 财年,在 2016 财年,电机、电气、音像设备及其零件和核反应堆、锅炉、机械器具及零件在印度从中国进口贸易中的地位更为突出,前者比重从 32.0% 上升到 35.9%,提升 3.9 个百分点;后者比重从 17.1% 上升到 18.1%,提升 1 个百分点。

表 8-18　2015、2016 财年印度自中国进口货物主要品种

排序	2015 财年			2016 财年		
	产品类型	进口（亿美元）	比重（%）	产品类型	进口（亿美元）	比重（%）
1	电机、电气、音像设备及其零件	197.6	32.0	电机、电气、音像设备及其零件	219.8	35.9
2	核反应堆、锅炉、机械器具及零件	105.5	17.1	核反应堆、锅炉、机械器具及零件	111.2	18.1
3	有机化学品	60.7	9.8	有机化学品	56.2	9.2
4	肥料	32.7	5.3	塑料及其制品	18.5	3.0
5	钢铁	23.6	3.8	船舶及浮动结构体	14.5	2.4
6	塑料及其制品	16.9	2.7	钢铁	13.5	2.2
7	光学、照相、医疗等设备及零附件	12.9	2.1	光学、照相、医疗等设备及零附件	13.2	2.2
8	船舶及浮动结构体	12.6	2.0	肥料	12.5	2.0
9	钢铁制品	11.9	1.9	钢铁制品	12.3	2.0
10	车辆及其零件,但铁道车辆除外	11.2	1.8	车辆及其零件,但铁道车辆除外	11.1	1.8

资料来源:根据印度工商部进出口数据库数据整理得出,http://commerce-app.gov.in/eidb/default.asp,2017-08-01。

从印度从中国进口的其他商品大类来看,2016 财年,肥料、钢铁、有机化学品与车辆及其零件等产品贸易额出现下降,尤其是肥料降幅最大。肥料的进口额从 2015 财年的 32.7 亿美元下降到 2016 财年的 12.5 亿美元,降幅高达 61.8%,

由第四大进口货物排名下降为第八大进口货物。印度从中国进口钢铁贸易额从 2015 财年的 23.6 亿美元下降到 2016 财年的 13.5 亿美元,减少 10.1 亿美元,降幅高达 42.8%。

总之,2016 财年,印度对中国出口主要以矿砂、矿渣及矿灰为代表的初级产品为主,而进口的主要以电机、电气、音像设备及其零件为代表的资本密集型产品为主,产业间贸易是中印贸易的主旋律。产业间贸易的比重越大,表明两国经济发展阶段、产业结构和贸易结构差距越大,贸易的互补性就越强。另外,印度在进口电机、电气、音像设备及其零件的同时,也开始向中国出口电机、电气、音像设备及其零件等资本密集型产品,中印之间产业内贸易比重开始增加。

三、中国对印投资大幅攀升,而印度对中国投资萎靡不振

2016 年中国企业进驻印度市场的步伐明显加快,中资企业除在印传统产业稳扎稳打外,大量互联网、高科技与能源企业开始投资于印度,印度已成为中国企业走出去的热门投资国。据驻孟买总领馆经商室数据,2016 年中国对印度非金融类直接投资总量为 10.6 亿美元,同比增长 49.3%;截至 2016 年 12 月底中国对印度非金融类直接投资存量为 48.3 亿美元。[①] 从 2013 年以后,中国对印度非金融类直接投资呈逐年上升趋势,中资企业对印度产业结构优化起到积极的促进作用。如表 8-19 所示,2013 年中国对印度非金融类直接投资额为 1.5 亿美元,2014 年上升到 3.2 亿美元,2015 年又增加到 7.1 亿美元,2016 年达到 10.6 亿美元。

表 8-19 2010—2016 年中国与印度相互投资状况

投资额(亿美元)	2010 年	2011 年	2012 年	2013 年	2014 年	2015 年	2016 年
印度对中国的直接投资	0.5	0.4	0.4	0.3	0.3	0.8	0.5
中国对印度的直接投资	0.5	1.8	2.8	1.5	3.2	7.1	10.6

资料来源:国家统计局.金砖国家联合统计手册(2015)[EB/OL]. http://www.stats.gov.cn/ztjc/ztfx/jz2015/,2015-07-09/2017-07-01;中华人民共和国驻孟买总领事馆经济商务处. 2016 年中印经贸数据[EB/OL]. http://bombay.mofcom.gov.cn/article/zxhz/201702/20170202510632.shtml,2017-02-06/2017-07-01.

注:2016 年为中国对印度投资为非金融类直接投资数据,2010—2015 年为全口径统计数据。

从表 8-19 可知,2016 年,印度对中国直接投资总额为 0.5 亿美元,比 2015 年的 0.8 亿元下降了 37.5%。在 2010—2016 年,印度对中国直接投资规模较小,未突破 1 亿美元大关。其主要原因是印度企业对中国市场了解不足,对中国市

① 中华人民共和国驻孟买总领事馆经济商务处. 2016 年中印经贸数据[EB/OL]. http://bombay.mofcom.gov.cn/article/zxhz/201702/20170202510632.shtml,2017-02-06/2017-08-10.

场存在不适应现象,印资企业未能全面进入中国市场。

2016 年,中国对印度工程承包合同新签 22.4 亿美元,同比增长 23.5%。2016 年,中国对印工程承包完成营业额达 18.2 亿美元,同比减少了 31.8%。截至 2016 年 12 月底,中国对印工程承包签订合同额累计达 680.2 亿美元,累计完成营业额达 458.4 亿美元。[①]

总体而言,中国与印度经贸关系与其经济规模、发展地位极不相称。这不仅表现在双方贸易规模小,还表现在双方投资规模极不均衡上。投资规模不均衡主要体现在两个方面,一是中国对印投资规模远大于印度对中国投资规模;二是中印双方投资规模远小于与各自主要经贸伙伴的投资规模。

四、中印经贸关系存在的问题

(一)中印贸易逆差持续扩大,贸易摩擦增多

2016 年,全球经济增长乏力,逆全球化现象蔓延,民粹主义势力开始抬头,国际贸易投资环境恶化,贸易保护主义在全球盛行,全球贸易摩擦增加。2016 年,中国共遭受到 27 个国家和地区发起的 119 起的贸易救济调查,涉案金额高达 143.4 亿美元。[②] 其中,印度对中国发起了 21 起贸易救济调查,位居首位。[③]

印度对中国频繁实施贸易救济调查的主要原因是印度始终保持对中国的贸易逆差地位。贸易失衡问题使得印度的政治家和行业协会纷纷建议政府采取措施来保护本国产业的发展。中国保持对印度的贸易顺差地位,并未依靠低价倾销的模式向印度出口产品。事实上,中印贸易逆差的主要来源是由各自出口产品的结构和经济发展水平决定的。印度处于工业化初期向中期阶段转变过程中,由于制造业落后,对高科技产品需求旺盛,而本国劳动力资源丰富,劳动力成本低,印度对中国出口的主要是劳动密集度和资源密集型产品,生产处于微笑曲线最低端。这导致了大规模贸易逆差的形成。

(二)印度对中资企业的投资限制条件多,提高市场准入门槛

中资企业尤其是高科技企业在印度投资时,常遭受印度政府的特别审查,结果限制了许多中资企业在印度开展的业务往来。例如,2009 年以来,印度政府

① 中华人民共和国驻孟买总领事馆经济商务处. 2016 年中印经贸数据[EB/OL]. http://bombay.mofcom.gov.cn/article/zxhz/201702/20170202510632.shtml, 2017-02-06/2017-08-10.

② 2016 年中国遭遇 119 起贸易救济调查案件 达历史高点[EB/OL]. http://finance.sina.com.cn/roll/2017-01-05/doc-ifxzkfuh5510765.shtml, 2017-01-05/2017-08-10.

③ 印度成为对华发起贸易调查最多的国家[EB/OL]. http://zqb.cyol.com/html/2017-07-07/nw.D110000zgqnb_20170707_2-03.htm, 2017-07-07/2017-08-10.

以"威胁国家安全"为由,禁止印度国内电信运营商与中国中信公司等数十家通信运营商进行合作。2010年5月,印度开始出售3G频谱牌照,有多家公司获得频谱牌照发行权,但是中资企业被剥夺参与频谱牌照竞拍权。

中国大型电力系统,如变压器、变电站等电力设备占据印度电力设备市场份额的40%,于是印度政府开始对其征收21%的关税。[①] 2017年,印度政府以摆脱过度依赖中国电力设备为目的,拟定议案来阻止中资企业对印度电力行业投资,尤其是输变电行业。

(三)需进一步加强政治互信,夯实经贸往来基础

中印经贸关系与两国政治关系存在密切联系。中印长期以来受边界问题困扰。政治上的冷却,不仅使双方人员往来减少,还会制约中印经贸正常关系和交往。因此,今后需要中印政府不断加强政治互信基础,意识到加强双边投资的重要性,并采取一系列措施鼓励企业去进行投资。

(徐卫章、金钟范)

主要参考文献

[1] Minister for Statistics & Programme Implementation, Government of India. Summary of macro economic aggregates at constant (2004－05) prices, 1950－51 to 2013－14 [EB/OL]. http://mospi.nic.in/data, 2017-05-31/2017-08-01.

[2] Ministry of Commerce and Industry. Export Import Data Bank-Commodity-wise [DB/OL]. http://commerce.nic.in/eidb/iecnttopnq.asp, 2017-07-01/2017-08-01.

[3] Ministry of Tourism, Market Research Division, Government of India. India Tourism Statistics 2015 [EB/OL]. http://www.tourism.gov.in/sites/default//Other/India% 20Tourism% 20Statistics _ English _ 2015% 20Final. pdf, 2016-12-26/2017-08-08.

[4] World Travel & Tourism Council. How Does Travel & Tourism Compare to Other Sectors? [EB/OL]. https://www.wttc.org/-/media/files/reports/benchmark-reports/country-reports-2017/india.pdf, 2017-06-01/2017-08-01.

[5]"殖民地"逆袭"宗主国",印度GDP超英国!四类大宗商品引关注 [EB/OL]. http://finance.ifeng.com/a/20161224/15099818_0.shtml, 2016-12-24/2017-08-01.

---

① 迎挑战我国电力设备进军印度需转型 [EB/OL]. http://www.mei.net.cn/dgdq/201208/446664. html, 2012-08-13/2017-08-10.

［6］2016 年中国遭遇 119 起贸易救济调查案件 达历史高点［EB/OL］. http://finance.sina.com.cn/roll/2017-01-05/doc-ifxzkfuh5510765.shtml,2017-01-05/2017-08-10.

［7］江秀秀. 印度经济发展现状分析和发展前景预测——基于印度产业结构分析［J］. 现代商业,2017(3).

［8］印度成为对华发起贸易调查最多的国家［EB/OL］. http://zqb.cyol.com/html/2017-07-07/nw.D110000zgqnb_20170707_2-03.htm,2017-07-07/2017-08-10.

［9］印度的外汇管理制度内容有哪些［EB/OL］. https://www.66law.cn/laws/339727.aspx,2017-06-09/2017-08-01.

［10］印度废钞行动一波未平 投资者抛售印度资产一波又起［EB/OL］. http://news.hexun.com/2016-11-26/187081804.html, 2016-11-26/2017-07-01.

［11］中国电信设备印度遭"封杀"专家解读禁令幕后［EB/OL］. http://m.chinabyte.com/telecom/287/11331787_mi.shtml, 2010-05-18/2017-08-10.

第九章 拉美和非洲经济

第一节 拉 美 经 济

2016 年全球经济仍处于危机之后的深度调整之中,继续放缓不振、风险威胁提升,加上贸易保护主义抬头、国际贸易持续低迷、英国"脱欧"、大国关系转向紧张对立、恐怖主义扩散增加等一系列现象,使经济全球化遭遇空前挫折;同时,全球经济体也表现出加强宏观政策沟通、协调努力,尤其是中国积极参与全球经济治理的行为。① 与此相应,受不利外部环境与地区内部结构调整影响,同年,拉美地区②总体上呈现经济持续下滑。

一、2016 年拉美地区经济形势综述

(一) 2016 年拉美地区经济增长概况

如表 9 - 1 所示,2016 年拉美地区 GDP 增长 - 1.1%,人均 GDP 增长 - 2.2%。其中,墨西哥表现较好,实现了 2.0% 的经济增长;由于委内瑞拉、巴西、阿根廷、厄瓜多尔等经济增长持续恶化,南美洲表现出 -2.4% 的增长率;加勒比海地区也呈现 -1.7% 的增长率。具体到国家,苏里南经济表现最差,GDP 收缩达到 10.4%;多米尼加、巴拿马、尼加拉瓜经济增长有所减速,但仍在拉美地区增长最快,分别实现 6.4%、5.2%、4.8% 的 GDP 增长率;多米尼克、巴哈马群岛、巴拉圭、巴巴多斯、圣卢西亚、秘鲁圣文森特等经济增长也有改善。

---

① United Nations. World Economic Situation and Prospects 2017 [EB/OL]. https://www.un.org/development/desa/dpad/wp-content/uploads/sites/45/publication/2017wesp_full_en.pdf, 2017-01-31/2017-05-11.

② 拉美地区指拉丁美洲和加勒比海地区,其中拉丁美洲指包括中美洲、南美洲在内,加勒比海地区之外的拉美地区。

表 9-1　2016 年拉美部分国家和地区经济增长情况

国家和地区	GDP 增长率(%)		人均 GDP 增长率(%)	
	2015	2016	2015	2016
拉美地区	-0.5	-1.1	-1.6	-2.2
拉丁美洲	-0.5	-1.1	-1.6	-2.2
中美洲	4.7	3.6	—	—
南美洲	-1.8	-2.4	—	—
加勒比海地区	0.4	-1.7	-0.4	-2.3
巴西	-3.9	-3.6	-4.7	-4.4
墨西哥	2.5	2.0	1.1	0.7
阿根廷	2.5	-2.0	1.5	-2.9
哥伦比亚	3.1	2.0	2.2	1.1
委内瑞拉	-5.7	-9.7	-6.9	-10.8
智利	2.3	1.6	1.2	0.6
秘鲁	3.3	3.9	1.9	2.6
古巴	4.3	0.4	4.2	0.4
多米尼加	7.0	6.4	5.8	5.2
厄瓜多尔	0.2	-2.0	-1.3	-3.4

资料来源：Economic Commission for Latin America and the Caribbean. *Preliminary Overview of the Economies of Latin America and the Caribbean*（2016）[M]. Santiago：United Nations Publication，2016：83,89.

　　如图 9-1 所示,2016 年拉美地区经济增长特征首先表现为经济整体处于萎缩状态,继续 2011 年以来区域经济减速并加速衰退的过程。2016 年,拉美地区 GDP 增长率比 2015 年下滑 0.6 个百分点;地区内各区域 GDP 增长率几乎都在下滑,加勒比海地区、中美洲、南美洲分别比 2015 年下滑 2.1、1.1、0.6 个百分点,加勒比海地区经济转向萎缩,南美洲衰退程度加深。除少数几国经济增长比 2015 年有所改善之外,绝大部分国家和地区经济增速在下滑,一些国家甚至呈现加速衰退之势。另外,各国之间经济增速偏差扩大。例如,2015 年 GDP 增长最快的多米尼加与最慢的委内瑞拉之间 GDP 增长率相差 12.7 个百分点,2016 年最快的多米尼加与最慢的苏里南之间相差为 16.8 个百分点。[①]

---

　　① Economic Commission for Latin America and the Caribbean. *Preliminary Overview of the Economies of Latin America and the Caribbean*（2016）[M]. Santiago：United Nations Publication，2016.

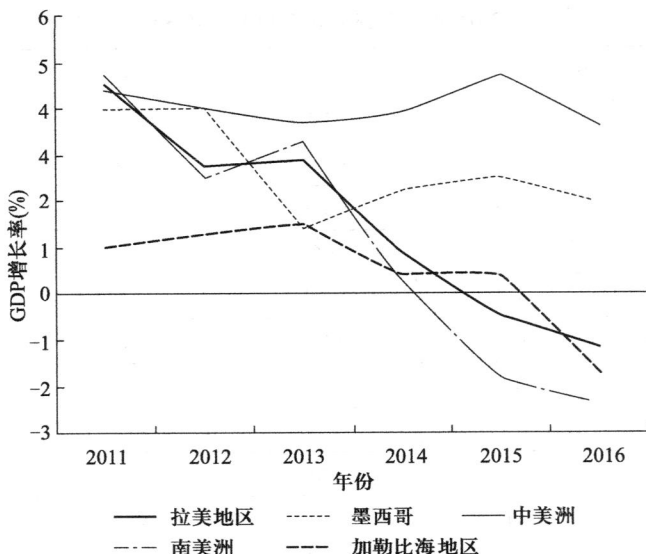

图 9-1 拉美地区经济增长变化

资料来源：Economic Commission for Latin America and the Caribbean. *Preliminary Overview of the Economies of Latin America and the Caribbean (2016)* [M]. Santiago：United Nations Publication，2016.

　　2016 年拉美地区经济增长加速萎缩主要由消费与投资大幅下降引起。私人消费下降 0.9%、公共消费下降 1.0%、固定资本形成总值下降 6.8%，进口下降约 3.0%，扣除物价因素之后出口也在减速甚至萎缩。南美洲私人消费与投资分别下降 2.3% 与 9.9%；中美洲二者却分别增长 3.0% 和 1.9%。[①]

　　在产业方面，2016 年地区工业下滑导致经济萎缩 0.1%；地区服务产业总体下降 1.2% 导致经济萎缩 0.5%；农业与采矿业也导致了 0.6% 的萎缩。[②] 在中美洲，仅仅采矿业存在收缩，而在南美洲，建筑、电力、燃气与水务部门以及公共、社会与私人服务部门却是为数不多实现增长的部门。

（二）2016 年拉美地区对外经济活动

　　如表 9-2 所示，2016 年拉美地区国际收支平衡表中的经常账户赤字比 2015 年缩小 41.2%，相当于 GDP 的 2.2%，几乎所有国家经常账户赤字都有改善，改善最大的是巴西。改善源于多方面因素，但货物账户改善是主因。货物账户赤字

---

　　① Economic Commission for Latin America and the Caribbean. *Preliminary Overview of the Economies of Latin America and the Caribbean (2016)* [M]. Santiago：United Nations Publication，2016.

　　② Economic Commission for Latin America and the Caribbean. *Preliminary Overview of the Economies of Latin America and the Caribbean (2016)* [M]. Santiago：United Nations Publication，2016.

的减小主要是因为地区低迷的经济活动使进口数量下降,并与下降的商品价格一起导致地区货物进口价值总额降低。在出口方面,随国际商品价格回升,拉美地区贸易条件比 2015 年的下跌改善了许多。但在以碳氢化合物、矿产品出口为主的国家仍然下降;相反,那些以出口农副产品为主的中美洲与加勒比海地区国家则从较低的能源价格中获益,使 2016 年贸易条件有所提升。在这样的环境下,2016 年拉美地区出口数量比 2015 年增长,只是因为较低的出口价格拉低了地区商品出口价值总额。

表 9-2　2015 年、2016 年拉美部分国家与地区国际收支平衡情况

国家和地区	经常账户 (亿美元)		资本和金融账户 (亿美元)		储备资产变化 (亿美元)	
	2015 年	2016 年	2015 年	2016 年	2015 年	2016 年
拉美地区	−1 791.9	−1 053.1	1 509.4	1 251.0	237.8	—
拉丁美洲	−1 752.0	−953.6	1 482.5	1 199.6	224.9	−272.1
加勒比海	−39.9	−99.5	26.9	51.4	12.9	—
巴西	−588.8	−195.3	604.5	276.3	−15.7	−81.0
墨西哥	−332.2	−280.2	175.5	301.6	156.7	−21.4
阿根廷	−159.4	−132.7	110.7	252.4	20.6	−119.7
哥伦比亚	−189.4	−137.1	193.5	139.6	−4.2	−2.3
委内瑞拉	−181.5	—	146.3	—	35.2	—
智利	−47.6	−43.3	49.7	54.4	−2.1	−11.1
秘鲁	−92.1	−70.2	92.9	73.2	−0.7	−3.0
多米尼加	−13.1	−7.6	20.8	4.4	−4.1	0.0
厄瓜多尔	−21.2	1.2	6.3	17.4	14.5	−18.6
危地马拉	−1.0	6.8	−15.1	5.8	−4.8	−12.6

资料来源:Economic Commission for Latin America and the Caribbean. *Preliminary Overview of the Economies of Latin America and the Caribbean (2016)* [M]. Santiago: United Nations Publication, 2016.

注:在"储备资产变化"一列中的"−"号表示储备资产的增加。

　　在资本和金融账户以及国际储备方面,如表 9-2 所示,2016 年拉美地区净金融资源流入比 2015 年少 17.0%,占 GDP 的 2.6%,却足以弥补经常账户赤字,并使国际储备增加到占 GDP 的 0.4%。地区净金融资源流入减少的主要是巴西,而其他国家平均增加了 8.0%。在 FDI 方面,具体来说,2016 年拉美地区 FDI

流入 1 421 亿美元,比 2015 年降低 14.0%,连续 5 年下降,占世界份额也由 2015 年的 9.3% 下降到 8.1%,在墨西哥、巴西、阿根廷、智利、秘鲁等国都有体现,而在哥伦比亚、委内瑞拉等国却有明显增加。与此同时,拉美地区 FDI 流出下降更为惊人,与 2015 年相比降幅达到 98.0%,仅为 8 亿美元,占世界份额也由 2015 年的 2.0% 下降到 0.1%,在智利这个区域最大的对外投资国 FDI 流出也几乎下降一半。这均与拉美地区萎缩的经济形势相一致。①

此外,2016 年拉美地区外部债务总额比 2015 年增加 6.0%,达到 15 428 亿美元。② 外部债务发行增加反映了阿根廷国债市场化与巴西国有石油公司的增发行为,同时其他国家也在增发。2016 年,墨西哥发行了最大数量的债务,超过 2015 年 20%;其次是阿根廷,除了国债,公司发行增加 8 倍多,省级政府等地方债务发行也增加 3 倍。③ 这也反映了拉美地区各国主权风险的降低与全球金融市场紧张局势的缓和。

(三) 2016 年拉美地区就业、财政与金融情况

在劳动力市场,整个地区就业数量与质量急剧下降,尤其在南美洲,伴随劳动参与率的上升推高地区失业人数,使地区城市失业率由 2015 年 7.4% 上升到 2016 年 9.0%;整体失业率由 2015 年 8.2% 快速上升到 2016 年 10.5%。而中美洲国家的失业率却从 4.9% 略微下降到 4.6%,加勒比海地区国家失业率也从 10.0% 下降到 9.3%。在就业质量上,随着雇佣就业的下降,自谋职业者增加 2.7%,较低名义工资增加和稍微上扬的通胀也使地区实际工资增加整体弱于 2015 年。④

在地区财政方面,除加勒比海地区之外,2016 年拉丁美洲国家财政收入占 GDP 份额整体处于下降状态,主要原因在于碳氢化合物、矿产品与金属制品价格下降乃至税收收入减少等。其中,巴西、阿根廷等南美洲国家税收份额下降是财政收入份额降低的主要原因;多米尼加、海地与墨西哥等国家财政收入份额却由于所得税等收入支撑保持稳定甚至有所增长;特立尼达和多巴哥、哥伦比亚、智利、秘鲁、圭亚那、苏里南等国家碳氢化合物、矿产品与金属制品价格下降是国家税收份额与财政收入份额降低主要原因。在加勒比海地区,财政收入份额增

① UNCTAD. World Investment Report 2017: Investment and the Digital Economy [R]. Geneva: United Nations, 2017.

② Economic Commission for Latin America and the Caribbean. *Preliminary Overview of the Economies of Latin America and the Caribbean* (2016) [M]. Santiago: United Nations Publication, 2016.

③ Economic Commission for Latin America and the Caribbean. *Preliminary Overview of the Economies of Latin America and the Caribbean* (2016) [M]. Santiago: United Nations Publication, 2016.

④ Economic Commission for Latin America and the Caribbean. *Preliminary Overview of the Economies of Latin America and the Caribbean* (2016) [M]. Santiago: United Nations Publication, 2016.

加是因为其他收入份额增长弥补了税收收入份额下降。同时,削减财政支出特别是资本支出已经是 2016 年拉美国家的一般趋势,大规模削减发生于哥伦比亚、厄瓜多尔、阿根廷、巴拿马、巴拉圭等国家。而危地马拉、洪都拉斯、尼加拉瓜、墨西哥等国家公共投资却增加很快。其他公共支出如债务还本付息、经常性基本支出等在大多数拉美地区国家也没有实质性增加或基本保持稳定。

综合而言,2016 年拉美地区国家削减的支出弥补了收入的下降,使一般赤字占 GDP 份额稳定在 3.0%,基本赤字比 2015 年减少 0.1 个百分点,占 GDP 份额为 0.8%,同样也存在国家差异。[1] 相对于拉丁美洲,加勒比海地区财政收入份额的增加与相对较高的财政支出份额使一般赤字稳定在 2.5%。2016 年拉丁美洲地区稳定的财政赤字状态并没有阻止公债数量的上升倾向,但财政改革使公债数量增加速度减缓。在加勒比海地区,中央政府债务占 GDP 份额虽然平均下降 2 个百分点,仍然有着较高的债务水平,尤其是牙买加、巴巴多斯与伯利兹分别高达 124%、103%、78%。[2]

在地区金融方面,2016 年拉美地区各国主要受通货膨胀、国际金融市场波动以及总需求减弱等因素影响,尽可能把刺激国内需求作为政策目标。但总体上增加的通胀压力、金融市场波动、不活跃的经济现实以及较低的经济增长预期等抑制了各国政府部门利用金融手段刺激总需求的空间。地区累计 12 个月通胀率从 2015 年 9 月的 6.9% 平均上升到 2016 年 9 月的 8.4%,阿根廷、苏里南、委内瑞拉是区域内 3 个通胀率最高的国家,也有个别国家通胀率较低。地区内各国不同的经济形势决定了各国使用的金融工具不同:在以利率作为主要政策工具的国家,货币政策基准利率变化的频率、方向以及原因存在差异,巴西、哥伦比亚、墨西哥与秘鲁有着 5 年来最高的基准利率水平,而智利、哥斯达黎加、多米尼加、危地马拉、巴拉圭的基准利率却接近 2011 年以来的最低水平;在以货币总量作为主要政策工具的国家,除委内瑞拉外的南美洲国家、非美元化的中美洲国家名义货币增长率放缓,但在加勒比海地区则相反,尤其是委内瑞拉货币总量连续三年以 80% 以上的速度增长。此外,与私人信贷增长放缓相应,贷款利率保持稳定并略有下降趋势;与不稳定的国际金融市场相应,相对于美元,拉美地区货币有走弱趋势,实际有效汇率也倾向于贬值。[3]

① Economic Commission for Latin America and the Caribbean. *Preliminary Overview of the Economies of Latin America and the Caribbean* (*2016*) [M]. Santiago: United Nations Publication, 2016.

② Economic Commission for Latin America and the Caribbean. *Preliminary Overview of the Economies of Latin America and the Caribbean* (*2016*) [M]. Santiago: United Nations Publication, 2016.

③ Economic Commission for Latin America and the Caribbean. *Preliminary Overview of the Economies of Latin America and the Caribbean* (*2016*) [M]. Santiago: United Nations Publication, 2016.

二、阿根廷经济增长缓慢及其原因

阿根廷作为一个美丽、富饶的南美洲国家,得益于丰富的自然资源等因素,有着接近发达经济体的人均 GDP 水平与较高等级的人类发展指数①,作为一个新兴发展中大国,阿根廷已经成为拉美地区第三大经济体。西蒙·库兹涅茨(Simon Kuznets)曾说:"在这个世界上存在 4 种国家:发达国家、欠发达国家、日本、阿根廷。"②阿根廷的经济发展历程甚至被归结为:阿根廷经济增长悖论。

(一)阿根廷长期经济增长表现

阿根廷曾长期受西班牙殖民统治,1816 年正式独立,并于 1862 年实现统一,中央政府开始起作用。此后,由于多种有利因素提供的动力,使阿根廷于 19 世纪后一跃成为世界主要经济体。到 1890 年,阿根廷已成为第十大世界贸易强国,具有世界排名第六的人均收入水平。据卡洛斯(Carlos,1970)估计,在 1914 年之前的 50 年时间里,阿根廷至少有着 5% 的 GDP 年均增长率;安格斯·爱帝森(2003)也估计,阿根廷 1880—1913 年 GDP 年均增长率达到 6%,是当时经济增长最快的国家之一。③ 而且当时阿根廷国内也有较低的通胀率。直到 1950 年,阿根廷人均收入已与欧洲主要发达国家不相上下。但在 1914 年之后,阿根廷经济增长也开始在波动中逐渐陷入平缓的下滑甚至衰退历程。

在 1967—2015 年期间阿根廷 GDP 平均增长率为 2.6%,低于 3.3% 的世界平均水平,也低于 3.6% 的拉美地区平均水平,由 1914 年之前几十年内增长较快的国家变为世界上增长较慢甚至陷入衰退的国家,图 9-2 中阿根廷增长率的对数趋势线清晰反映了这一缓慢历程。更直观地讲,阿根廷经济增长在此期间表现出频繁的周期性动荡特征,尤其是 20 世纪 90 年代经济增长波动较大。

(二)2016 年阿根廷经济情况

2016 年阿根廷经济仍然处于新一轮周期的萧条阶段,全年经济衰退 2%,比 2015 年经济增长下滑 4.5 个百分点,比拉美地区平均衰退程度更为严重,但似乎

---

① 2015 年阿根廷人均 GDP 达到 1.050 2 亿(2010 年不变价美元),同年人类发展指数为 0.827,排名第 45 位。根据世界银行世界发展指标数据及联合国人类发展指数数据整理得出,http://databank.shihang.org/data/home.aspx,2017-06-05;http://hdr.undp.org/sites/default/files/2016_human_development_report.pdf,2017-06-05。

② Beattie, A. When is a Bric not a Bric? When it's a Victim[EB/OL]. http://www.ftchinese.com/story/001036761/en? archive, 2011-01-30/2019-04-01.

③ 董国辉. 1880—1914 年阿根廷经济增长的要素分析[J]. 历史教学,2013(12).

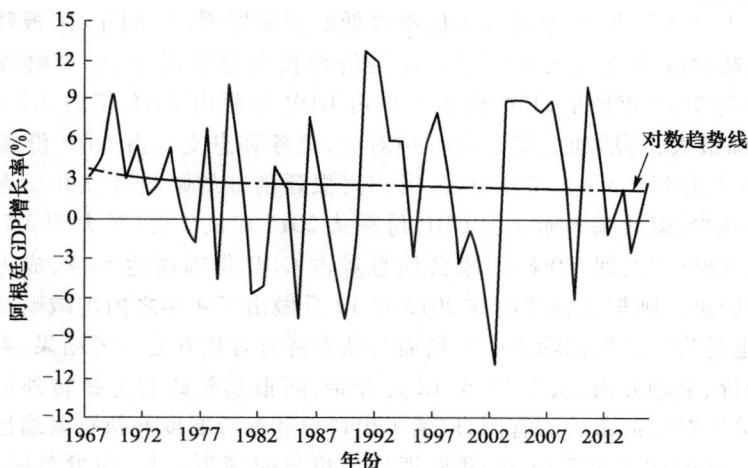

图 9-2　阿根廷经济增长和衰退历程

　　资料来源：根据世界银行世界发展指标数据整理得出，http://databank.shihang.org/data/home.aspx，2017-06-05。

比自身以前的衰退程度有所减缓，并连续几年处于小幅震荡之中。① 这是受巴西经济不景气等众多外部因素影响的结果，也是阿根廷国内投资急剧减少、家庭消费下降、公共支出削减、通货膨胀率上升等因素共同作用的结果。

　　在对外经济活动方面，2016 年，阿根廷国际收支平衡表中的经常账户赤字比 2015 年略有改善，主要是因为以美元计价的货物进口比 2015 年缩减 6.4%而出口仅增加 0.6%，从而使货物贸易账户实现 36 亿美元的盈余所致，同时扩大的服务贸易赤字对经常账户作用是相反的。② 不过同年，阿根廷通过债务发行以及净资源流入增加等方式使资本和金融账户盈余比 2015 年提升 128%，除弥补经常账户赤字之外也使储备资产比 2015 年增加 140 亿美元。③

　　在国家财政方面，2016 年，阿根廷中央政府财政收入占 GDP 份额由 2015 年的 20.7%下降到 19.5%，下降幅度大于拉美地区平均水平，其中税收收入占 GDP

　　① Economic Commission for Latin America and the Caribbean. *Preliminary Overview of the Economies of Latin America and the Caribbean* (*2016*) [M]. Santiago：United Nations Publication, 2016.

　　② Economic Commission for Latin America and the Caribbean. *Preliminary Overview of the Economies of Latin America and the Caribbean* (*2016*) [M]. Santiago：United Nations Publication, 2016.

　　③ Economic Commission for Latin America and the Caribbean. *Preliminary Overview of the Economies of Latin America and the Caribbean* (*2016*) [M]. Santiago：United Nations Publication, 2016.

份额下降 1 个百分点,是财政收入份额降低的主要原因。① 同年,阿根廷也是拉美地区削减财政开支较大的国家。在经济增长衰退情况下,中央财政开支占 GDP 份额与 2015 年持平,其中资本支出占 GDP 份额由 2015 年的 2.7% 下降到 2.1%,降幅最大;与增加的债务发行相对应,债务利息支出占 GDP 份额由 2015 年的 1.8% 上升到 2.4%。综合而言,当年阿根廷削减的财政开支并没有弥补财政收入的减少,财政基本赤字占 GDP 份额从 2015 年的 1.9% 扩大到 2.7%、综合赤字也从 3.8% 扩大到 5.0%;国家公债总量占 GDP 份额高达 54%,成为拉美地区较高的国家。阿根廷新政府在 2015 年 12 月做出了 4 年之内削减财政赤字的承诺,这也是为了重回国际金融市场而与债券持有者相互妥协的结果。②

在物价、金融方面,从 2015 年 12 月开始,阿根廷新政府为扭转外汇流动性危机,解除了对外汇市场的管制,取消了出口税和配额制度并执行紧缩性货币政策。但是,这引起了汇率贬值,和取消出口税与配额制一起,引发急剧通胀,使 2016 年物价指数由 2015 年的 27.5 上涨到 42.4,成为拉美地区通货膨胀率最高的 3 个国家之一。③ 继而,较高的通货膨胀使工资、养老金以及其他家庭福利等贬值,降低了总收入中工资性收入份额,改变了家庭短期消费与投资行为。与此同时,阿根廷中央银行也发出信号,将货币政策转向通货膨胀目标制。在 2016 年增加央行票据发行,产生大量流动性。在持续外汇外流金融背景下,为有助于实体经济恢复,就要求央行在利率正常化政策上保持谨慎。与通货膨胀目标制相一致,阿根廷中央银行实行了更加灵活的汇率制度,使名义汇率在 2016 年 1 月至 10 月间增长 62.0%,汇率自由化有助于阿根廷政府在国际金融市场上补充国际储备并切实消除外汇紧张局面。2016 年,阿根廷衰退的经济形势也引发劳动力市场失业增加,在第三季度失业率就上升到 8.5%,实际工资水平比 2015 年也有所缩减。④

(三) 阿根廷经济增长缓慢的原因

作为 20 世纪初世界少有的富庶之国,阿根廷为什么会在之后 100 余年时间里经济增长出现下滑甚至衰退,让曾经的富庶成为过眼云烟? 这一直是以经济学为主的不同领域学者关注的对象。综合分析认为,近一个世纪阿根廷经济增

---

① Economic Commission for Latin America and the Caribbean. *Preliminary Overview of the Economies of Latin America and the Caribbean* (2016) [M]. Santiago: United Nations Publication, 2016.

② Economic Commission for Latin America and the Caribbean. *Preliminary Overview of the Economies of Latin America and the Caribbean* (2016) [M]. Santiago: United Nations Publication, 2016.

③ Economic Commission for Latin America and the Caribbean. *Preliminary Overview of the Economies of Latin America and the Caribbean* (2016) [M]. Santiago: United Nations Publication, 2016.

④ Economic Commission for Latin America and the Caribbean. *Preliminary Overview of the Economies of Latin America and the Caribbean* (2016) [M]. Santiago: United Nations Publication, 2016.

长缓慢甚至衰退主要是因为其特定的历史、政治、经济与社会文化等共同作用的结果。

第一,从历史角度分析。阿根廷发展大体经历了初级产品出口、进口替代、自由化改革以及新自由主义改革四个阶段。在几个关键时期,阿根廷也曾抓住一些机遇;但也错过了调整或选择合适发展道路的机会,并与自身一些弱点、问题相互叠加,决定了阿根廷发展的曲折历程。比如,在早期向西部拓疆时期,阿根廷确立了自己的土地制度,但受西班牙贵族精英文化影响,以大地主为主导的土地制度不仅造成劳动力短缺,也使移民缺乏激励机制。[①] 初级产品出口经济时期的经济模式使阿根廷在国际市场上拥有比较优势,但也使其错失了欧美工业革命过程中发展工业的机遇,并形成其后过度依赖少数农牧产品出口、依赖国外市场与资金、依赖赤字财政与借债发展的致命弱点。在进口替代经济时期,阿根廷以替代进口为主要方式的工业化进程,使农产品加工业迅速发展,但也导致国家干预经济增强,几乎封闭的国家经济使物价过高、货币不稳、危机不断。在之后的自由化改革时期,虽然与稳定的世界经济形势一起铸就了阿根廷 20 世纪 90 年代的经济增长。但无论早期自由化改革的不到位还是后期新自由主义改革的越位,都说明改革没有具体依照国情进行调适,没有摆脱国家经济对财政赤字与外债的依赖。

第二,从政治角度分析。稳定的政治环境是国家社会、经济发展的前提。从 1930 年以来的一次政变开始,阿根廷军人政治与文人政治不断更迭,在此后的半个多世纪内,政府更迭就多达 25 次[②],以致人们常把阿根廷衰落归因为政治动荡与军人政变,实际上文人政治家也没有解决问题。频繁的政府更迭,很难保证国家进行连续的体制、制度建设,也很难保证国家经济政策的准确、连贯与其合理的调适空间。在上下届政府之间经常出现增税与减税、国有化与私有化、缩减赤字与提高福利等政策的摇摆。体制机制与法制的缺乏、矛盾的经济政策必然增加经济环境不确定性、打击投资者信心,引致宏观经济周期性动荡,并与政治动荡形成因果循环,逐渐使阿根廷经济衰落。

第三,从经济角度分析。首先,阿根廷陷入"资源诅咒"怪圈。丰富的天然资源让阿根廷人热衷于消费,并失去探索、创新的动力,导致阿根廷有较低储蓄率、较低人力资本积累水平并缺乏技术进步。这自然会使阿根廷国内投资降低、产业结构调整缓慢。其次,阿根廷形成财政赤字、依赖国外资源与货币制度的恶性循环。受多种因素共同作用,阿根廷 20 世纪以来的多数年份财政处于赤字状

① 艾伦·比蒂. 阿根廷为什么没成为美国[J]. 商界评论,2010(12).

② 阿根廷百年兴衰的前车之鉴[EB/OL]. http://www.cankaoxiaoxi.com/world/20160328/1120864.shtml,2016-03-28/2017-08-01.

态,尤其是"二战"之后的赤字越来越大①;即使在 20 世纪 90 年代以来有所好转,近 30 年的时间内也有一多半时间处于赤字状态。同时,阿根廷在出口型农牧业经济时代形成了依赖国外市场与资金的致命弱点,致使国际经济形势变化严重冲击着阿根廷国内经济稳定。阿根廷依赖外债几乎是常态化行为,尤其是 20 世纪 80 年代前后与 21 世纪初两个时期具有较高的外债水平,最终导致两次大的债务危机,使阿根廷经济急剧衰退。② 再次,收入分配的长期恶化是阿根廷经济下滑与衰退的一个重要原因。由于特有的历史影响,阿根廷至少从 20 世纪 50 年代开始就存在严重的收入分配不公问题③,从 70 年代中期开始逐渐恶化,直到 21 世纪初才有些许改善。④ 长期分配不公通过财富与社会效应作用于市场、消费、投资、社会,进而制约其经济增长。最后,阿根廷政府管理国家经济的能力也是影响经济增长绩效的重要因素之一。

第四,从社会文化角度分析。经过时间积淀,某种社会文化一旦形成,便会深植于人们的精神世界并作用于人们的日常行为规范,继而产生特定的宏观表现。从某种意义上讲,民粹主义是导致阿根廷经济增长缓慢甚至衰退的根源。近年来,较多研究已经表明这一点。在阿根廷,民粹主义形成于精英阶层与民众的对立。民粹主义是阿根廷政治不稳定的重要原因之一,也是政府追求福利主义经济政策、丧失经济竞争力、产生财政赤字和债务危机、分配不公等问题的根源。

正是上述原因使阿根廷近一个世纪以来在"改革—危机—改革"的怪圈中逐渐衰落。

三、2016 中国与拉美地区经贸关系

总体上,2016 年中国和拉美地区的经贸关系在调整中稳定前行,新的动力已经形成,方向也已确立,不断推动两者间的互补性转化为务实合作。这一年,拉美地区经济仍在加速衰退,进入新常态的中国也正在进行经济结构改革。拉美地区需要从中国寻求更多机遇,中国也需要拉美地区的广阔市场。为此,2016

① 王军蕾. 阿根廷经济危机的根源究竟何在? [J]. 拉丁美洲研究, 2002(3).
② 高庆波. 阿根廷债务危机:起源、趋势与展望[J]. 国际经济评论,2015(6).
③ Weisskoff, R. Income Distribution and Economic Growth in Puerto Rico, Argentina, and Mexico [J]. *The Review of Income and Wealth*, 1970, 16(4).
④ 齐传钧. 阿根廷分配不公问题:民众主义再诠释[J]. 国际经济评论,2015(6).

年中国与拉美地区国家政府高层之间进行了频繁的访问、交流①,确定了双方的高水平、宽领域、深层次经贸合作方向。

（一）中国与拉美地区的贸易往来

中国已经成为拉美地区许多国家的第一大贸易伙伴。2016 年中国与拉美地区实现贸易总额 2 166 亿美元,占中国当年进出口总额的 5.9%,与 2015 年相比下降 8.4%。其中,中国从拉美地区进口 1 027 亿美元,与 2015 年相比下降 1.1%,中国一直是拉美地区能源、矿产品以及大豆、食糖等产品的最大进口国。可见,中国在拉美地区对外贸易中的稳定作用。由于拉美地区经济持续、加速衰退,中国对拉美地区出口 1 139 亿美元,比 2015 年大幅下降 13.8%,贸易逆差 112 亿美元,比 2015 年下降 59.8%。这意味着,在中国经济结构调整、拉美地区多国要求重塑制造业背景下,双方贸易关系经历十余年的持续、高速增长后,开始进入调整期。中国对拉美地区出口产品中,低技术含量与低附加值制成品比重过高;拉美地区对中国出口以矿产品和农副产品为主。产品结构单一、附加值低,已经成为双方贸易进一步发展的主要障碍之一。另外,拉美地区部分国家贸易保护主义也在抬头。②

2016 年秘鲁与墨西哥对中国出口分别实现了 4.0% 与 10.7% 的增长。巴西、墨西哥与智利三国占中国与拉美地区贸易总额 6 成以上,仍然是中国在拉美地区最主要的贸易伙伴。其中,巴西从中国进口下降较大而出口只是略有下降,对中国贸易顺差大幅度增加;智利对中国顺差也增加了 12.0%;墨西哥因为从中国进口下降与出口增加使对中国逆差减少到 1.5%。③

（二）中国对拉美地区投融资

2016 年,在中国与拉美地区贸易总额有所下滑的情况下,双方投融资合作关系却呈现出良好的增长态势。首先,在直接投资方面,中国在拉美地区直接投资继续保持高速增长态势。2016 年中国在拉美地区非金融类直接投资比 2015 年增长 39.0%,达 298 亿美元④,占当年中国对外非金融类直接投资总量的 17.5%,占当年

---

①　根据中华人民共和国外交部外事日程整理得出,http://www.fmprc.gov.cn/web/wjdt_674879/wsrc_674883/,2017-06-14。

②　高春雨. 财经观察:中拉贸易调整中保持稳定发展势头[EB/OL].http://news.xinhuanet.com/fortune/2017-02/18/c_1120488968.htm,2017-02-18/2017-06-15.

③　商务部综合司. 中国对外贸易形势报告(2017 年春季)[EB/OL]. http://zhs.mofcom.gov.cn/article/cbw/201705/20170502569655.shtml, 2017-05-04/2017-06-15.

④　商务部.【2016 年商务工作年终综述之二十九】中国与拉美国家经贸合作保持平稳发展[EB/OL]. http://www.mofcom.gov.cn/article/ae/ai/201702/20170202513555.shtml,2017-02-13/2017-06-14。

流入拉美地区 FDI 的 21.0%。① 在跨国公司并购增长的同时,中国对拉美地区的绿地投资比 2015 年有所减少,但也达 27 亿美元。② 目前,中国已成为拉美地区第三大投资来源地,拉美地区也是中国在海外第二大投资目的地。与其他拉美地区国家相比,中国对巴西的投资质量更高、更趋理性、范围更广。中国对巴西的投资不仅投资方式正在向市场导向过渡,投资行为逐渐向全球价值链导向过渡,投资领域也正从传统的矿产能源、基础设施行业向更广泛的现代行业拓展。同时,2016 年拉美地区向中国的投资数量也不断增加,全年实现 122 亿美元的投资总额,同比增长 33.6%。③ 其次,在工程承包方面,中国企业业务总体平稳并不断创新合作方式。2016 年中国企业在拉美地区新签 191 亿美元的承包工程合同额,同比增长 5.3%,占当年中国对外新签合同总额的 7.8%;完成营业额同比下降 2.3%,为 160 亿美元,占当年中国对外承包工程业务完成营业额总量的 10.0%。④ 最后,在融资方面,中国政府宣布将在中拉论坛下设立 350 亿美元一揽子融资安排,支持双方开展务实合作;同时,2016 年中国共向拉美地区提供贷款 212 亿美元,超过美洲开发银行与世界银行提供的同类贷款之和,其中对巴西提供贷款占 152 亿美元。⑤

(三)中国与拉美地区经贸关系前景

由以上可以看出,2016 年中国与拉美地区经贸关系正在升级、调整,而且正在转向贸易、投融资与承包工程等全方位的发展与深化。同时,中国与拉美地区积极开展了中智自贸协定升级谈判、中秘自贸协定升级联合研究,以及与哥伦比亚自贸协定可行性联合研究等自贸区建设合作工作,中拉合作基金、中拉基础设施专项贷款、中拉产能合作基金以及其他优惠性贷款等金融措施也得以有序推进,各种中拉合作论坛以及多个双边经贸磋商机制务实有效,拉美地区也已成为中国"一带一路"倡议的重要部分。这些都为将来中拉经贸合作注入新动力,有利于克服合作中存在的基础性、周期性、贸易性、投资性等挑战。随着中国经济结构的深入调整,拉美地区经济增长的复苏,以及中国与拉美地区各国的务实、努力,双方有着更为广阔与深入的经贸合作前景。

---

① 商务部综合司. 中国对外贸易形势报告(2017 年春季)[EB/OL]. http://zhs.mofcom.gov.cn/article/cbw/201705/20170502569655.shtml, 2017-05-04/2017-06-15.

② 商务部合作司. 2016 年我国对外非金融类直接投资简明统计[EB/OL]. http://fec.mofcom.gov.cn/article/tjsj/ydjm/jwtz/201701/20170102504235.shtml, 2017-01-19/2017-06-18.

③ UNCTAD. World Investment Report 2017: Investment and the Digital Economy [R]. Geneva: United Nations, 2017: 57-63.

④ 商务部合作司. 2016 年我国对外承包工程业务简明统计[EB/OL].http://fec.mofcom.gov.cn/article/tjsj/ydjm/gccb/201701/20170102504236.shtml,2017-01-19/2017-06-18.

⑤ 郑青亭. 商务部:中拉经贸合作进入提质升级新阶段[EB/OL].http://m.21jingji.com/article/20170412/herald/aa8d86d8afe514c36e8e5e37f05a0ecf.html,2017-04-12/ 2017-06-12.

第二节　非　洲　经　济

2016 年,世界经济持续不景气的大环境,也使非洲的强劲发展势头受到影响并产生下滑;但是,非洲凭借逐渐企稳的社会政治形势以及巨大的经济发展潜能,依然作为"希望的大陆"取得不错的经济增长与发展表现,依旧为多数国际机构与经济学家所看好,在中国与非洲地区经贸关系上也获得持续、健康发展并注入新的动力,获得新的成绩。同时,非洲地区在世界经济结构与格局不断调整以及内部政治经济文化持续变革之中,面临着经济增长转型的挑战。

一、2016 年非洲经济形势综述

(一) 2016 年非洲地区经济增长概况

如表 9-3 所示,2016 年非洲地区经济整体实现 22 595 亿美元名义 GDP 总量以及 2.2%的实际增长率。其中,从西非、中部非洲、南部非洲、北非到东非,实际 GDP 增长率依次为 0.4%、0.8%、1.1%、3.0%、5.3%,东非依然是整个大陆经济增长的引擎,北非次之,主要因为赤道几内亚、刚果、乍得、尼日利亚经济增长下滑或衰退的拖累,使中部非洲与西非表现最差。具体到国家,由于社会不稳定以及石油价格下滑等原因,南苏丹、利比亚与赤道几内亚三国经济增长表现最差,实际增长率分别为 -13.1%、-8.1%、-7.3%,均处于大幅度萎缩状态;乍得、刚果、尼日利亚、斯威士兰、利比里亚五国经济也由增长状态变为衰退;而科特迪瓦、埃塞俄比亚、坦桑尼亚、塞内加尔、几内亚比绍、吉布提仍保持 6.0%以上的增长率,塞拉利昂、博茨瓦纳、布隆迪三国则扭转了 2015 年衰退的局面。[1]

表 9-3　2015 年、2016 年非洲地区及部分国家 GDP 增长情况

国家和地区	2015 年		2016 年	
	名义 GDP (亿美元)	增长率 (不变价格,%)	名义 GDP (亿美元)	增长率 (不变价格,%)
非洲	22 735.5	3.4	22 595.2	2.2

---

[1]　United Nations Economic Commission for Africa. Economic Report on Africa 2017: Urbanization and Industrialization for Africa's Transformation [EB/OL]. https://www.uneca.org/sites/default/files/uploaded-documents/ERA/ERA2017/era-2017_en_fin_jun2017.pdf, 2017-03-25/2017-06-19.

续表

国家和地区	2015 年		2016 年	
	名义 GDP（亿美元）	增长率（不变价格,%）	名义 GDP（亿美元）	增长率（不变价格,%）
南非	3 161.4	1.3	2 857.8	0.3
尼日利亚	4 945.8	2.7	4 338.1	−1.5
埃及	3 177.5	4.4	3 209.0	4.3
阿尔及利亚	1 647.8	3.8	1 659.0	3.5
安哥拉	1 151.4	0.9	968.5	1.1
摩洛哥	1 005.9	4.5	1 159.1	1.0
利比亚	294.6	−10.1	452.7	−8.1
苏丹	967.4	4.9	1 104.4	3.0
突尼斯	431.6	1.1	428.1	1.0
肯尼亚	634.0	5.6	732.7	6.0
埃塞俄比亚	627.3	10.4	702.0	7.6
加纳	367.2	3.9	424.5	4.0

资料来源：Economic Commission for Africa, African Development Bank Group, African Union Commission. *African Statistical Yearbook 2017* ［M］. Addis Ababa：ECA Printing and Publishing Unit, 2017.

从表 9-3 可知,2016 年非洲地区经济增长的主要特点有如下五点。

第一,2016 年非洲地区经济增长普遍放慢,实际经济增长率比 2015 年下降 1.2 个百分点,各次区域均有不同程度下滑。就国家而言,有近 20 个国家经济增长有所改善,其中塞拉利昂、博茨瓦纳、布隆迪改善幅度最大;有 34 个国家经济增长下滑甚至陷入衰退。

第二,不同次区域以及国家之间经济增速差距减小。例如,国家之间,2015 年地区经济增长率最大与最小国家相差 31 个百分点,2016 年则缩小为 21.5 个百分点;以 GDP 增长率标准差衡量,各国之间标准差由 2015 年的 4.9 下降为 2016 年的 3.9。

第三,非洲大国经济不景气影响了地区的平均增长表现。例如,尼日利亚与南非 GDP 分别占非洲总 GDP 的 29.3%与 19.1%,在非洲经济中具有最大权重,但在 2016 年经济增长双双不景气。其中,尼日利亚是因为石油价格效应、结构问题以及政策不确定性问题等,经济增长率由 2015 年的 2.7%下滑到 2016 年的

-1.5%；南非是因为持久的干旱以及动力不足使经济增长率下滑到 2016 年的 0.3%。

第四，更加多元化的经济体的经济增长往往表现更好，因为日益增强的多元化经济会显著提升抵抗外部冲击的能力与维持经济增长弹性。例如，2016 年埃塞俄比亚、吉布提、肯尼亚、卢旺达、坦桑尼亚等非石油依赖国家均保持了 6% 以上的增长率。

第五，非洲经济增长动力正在发生变化。一是表现为作为经济增长的驱动力，国内需求正变得越来越重要。尽管自然资源与初级产品依然是非洲经济增长的主要驱动力，但其重要性已经减小，而人口增长所增加的消费、基础设施需求以及非洲内部贸易等因素在维持非洲经济的弹性中发挥重要作用；二是表现为制度、监管等改革正在慢慢改变国内为经济增长提供必要支持的政府治理方式与商业环境；三是表现为许多非洲国家正在外部冲击下，开始利用财政、货币与汇率政策以及区域合作政策等阻止经济下滑并获取一致性政策收益。

2016 年非洲地区经济增长放缓是多种因素相互作用引起的。其一，始于 2014 年的国际商品价格下跌对几个非洲商品出口国家影响较大甚至产生毁灭性影响。其中，非能源产品价格比 2015 年下跌 6.0%①，尤其在金属、矿产品价格方面下跌更厉害；原油等能源产品价格一般也在下跌。阿尔及利亚、安哥拉、尼日利亚、苏丹等石油出口国 GDP 增长率从 2015 年的 3.3% 下降到 2016 年的 1.6%，利比亚、赤道几内亚、乍得、尼日利亚也在 2016 年有不同程度的经济衰退；南非这一非能源产品出口国在 2016 年也仅实现 0.4% 的弱增长。② 其二，虽然非洲国家社会政治形势逐渐企稳，武装冲突数量在减少，但仍然存在。这些冲突扰乱经济活动、抑制经济增长。2016 年在布隆迪、中非、刚果、利比亚、马里、尼日利亚、索马里、南苏丹等国家均发生过不同程度武装冲突；另外，阿拉伯之春等恐怖组织影响也已从突尼斯向埃及、黎巴嫩等国家扩展。这是黎巴嫩政治不稳定、石油减产、经济恶化的直接原因。其三，影响非洲经济增长的另一个重要因素是发达经济体、新兴经济体经济复苏的乏力与脆弱，影响非洲与这些经济体之间的经贸联系。其四，在一些非洲国家，干旱等不利的气候条件也对经济增长形成不利影响。

（二）2016 年非洲地区对外经济活动

在对外贸易方面，进入 21 世纪以来，非洲地区对外贸易总量扩张与贸易伙

① Economic Commission for Africa, African Development Bank Group, African Union Commission. *African Statistical Yearbook 2017* [M]. Addis Ababa: ECA Printing and Publishing Unit, 2017.

② Economic Commission for Africa, African Development Bank Group, African Union Commission. *African Statistical Yearbook 2017* [M]. Addis Ababa: ECA Printing and Publishing Unit, 2017.

伴多样化并没有改变非洲国家出口多以能源、矿产、金属及农业产品为主而主要进口制成品的对外贸易局面,以致在外部需求疲软与世界大宗商品价格下降的时候,非洲大部分国家贸易状态恶化。依据可得的 2015 年数据,非洲当年实现商品出口 3 880 亿美元、商品进口 5 590 亿美元,分别比上年下降30%与14%;实现商业服务出口 960 亿美元、进口 1 570 亿美元,也分别比上年下降3%与10%。总体上,2015 年非洲不利的贸易局面使贸易账户逆差与 GDP 的比值扩大到9.5%。

如表 9-4 所示,2016 年非洲地区对外贸易形势更不乐观,地区贸易账户余额与经常账户余额逆差状况比 2015 年均呈现恶化态势,致使二者与 GDP 的比值分别下降为-11.4%与-10.0%。除赤道几内亚、加蓬、安哥拉、刚果(金)、斯威士兰、南苏丹、刚果(布)等少数几个国家处于贸易顺差之外,绝大部分国家对外贸易处于逆差状态,尤其是吉布提、莱索托、利比里亚等 27 个国家贸易逆差占GDP 的比重均大于 10.0%。就结构而言,欧洲仍然是非洲出口主要目的地,但随着对亚洲出口的增加,欧洲的作用正在下降。非洲货物进出口方面,出口很单一,主要以初级产品为主,其中碳氢化合物等燃料就占一半以上,制成品仅占不到两成份额;同时,重型机械、汽车、化工产品等制成品成为非洲进口以及非洲内部贸易主要对象。在服务贸易方面,总体份额较低,出口以旅游为主,主要涉及进口保险、养老以及金融服务等。在总体上,通过出口更多加工、制造产品来扩张地区出口种类进而改善对外贸易状况仍然是非洲面临的主要挑战;另外,非洲地区内部整合的进步,不仅有助于区域贸易自由化进程,更有助于地区经济结构转换、提高附加值、促进产业竞争力。

表 9-4　2015 年、2016 年非洲地区及部分国家贸易收支状况

国家和地区	贸易账户余额/GDP 的变化(%)		经常账户余额/GDP 的变化(%)	
	2015	2016	2015	2016
非洲	-9.5	-11.4	-8.5	-10.0
南非	-1.7	-0.9	-5.3	-4.3
尼日利亚	4.8	-1.2	1.1	-3.1
埃及	-11.3	-11.8	-0.9	-3.7
阿尔及利亚	0.1	-8.4	-4.4	-16.0
安哥拉	24.1	12.2	-2.9	-10.0
摩洛哥	-20.3	-15.7	-7.1	-2.5
利比亚	-13.8	-25.9	-27.8	-41.8

续表

国家和地区	贸易账户余额/GDP 的变化（%）		经常账户余额/GDP 的变化（%）	
	2015	2016	2015	2016
苏丹	-4.4	-5.4	-5.9	-6.4
突尼斯	-14.0	-11.5	-9.1	-8.8
肯尼亚	-9.6	-6.7	-1.3	0.7
埃塞俄比亚	-21.2	-20.1	-11.6	-10.4
加纳	-3.7	-8.5	-10.0	-7.8

资料来源：Economic Commission for Africa, African Development Bank Group, African Union Commission. *African Statistical Yearbook 2017* [M]. Addis Ababa：ECA Printing and Publishing Unit, 2017.

在 FDI 方面，2016 年流入非洲地区的 FDI 为世界总 FDI 流入量的 3.5%，达到 590 亿美元，比 2015 年降低 3.3%。[1] 受 FDI 政策改革与新探明天然气存储影响，流入北非地区的 FDI 增加 11.0%。主要受反弹的尼日利亚投资驱使，流入西非地区 FDI 增加 12.0%，加纳的 FDI 流入也有所增加。流入东非地区的 FDI 也增加 13.0%，但区域内部差异很大，如流入埃塞俄比亚的 FDI 增加 46.0%，而流入肯尼亚的 FDI 却缩减了 36.0%。南部非洲地区吸收 FDI 最多，占流入非洲总量的 35.8%。作为非洲大陆经济大国，南非虽然表现不佳，但 FDI 流入比 2015 年的创纪录低点上升 31.0%。来自美国、英国、法国等发达经济体的跨国公司仍然是非洲主要投资者，但来自中国等发展中经济体的投资正在增加。

另外，2016 年非洲的对外直接投资仅增加 1.0%，与 2015 年几乎持平。[2] 这主要是因为南非、刚果（金）、加纳、尼日利亚等国家对外投资的缩减正好被安哥拉增加的 FDI 流出所弥补，同时疲软的商品价格与较高的借款成本也调和了许多非洲跨国公司扩展成本。印度、英国等是来自非洲跨国公司并购交易购买的主要目标地。此外，同年主要由南非及摩洛哥的公司所推动的区域内部国家之间的 FDI 活动也非常突出。

在其他方面，2016 年对非洲地区组合投资流缩减 60.0%，是 2008 年以来的最低值，只有加纳与南非利用了国际债券市场。主要流向西非与北非地区尼日利亚、埃及等国的移民汇款仍然是非洲地区主要而稳定的外来资金源，在过去 5

---

① UNCTAD. World Investment Report 2017：Investment and the Digital Economy [R]. Geneva：United Nations, 2017.

② UNCTAD. World Investment Report 2017：Investment and the Digital Economy [R]. Geneva：United Nations, 2017.

年连续增长。这有利于平稳家庭消费与增加外汇储备等,不过在 2016 年也有轻微下降。尽管其他经济体的开发援助仍然是非洲地区发展的重要资金来源,但它的重要性也在降低,2016 年减少了 1.7%,特别是来自 OECD 国家的双边援助,与此相比,来自中国以及其他新兴伙伴的援助项目正在快速增长。①

总之,由于贸易账户逆差扩大以及对资本品的需求,使 2016 年非洲地区经常账户赤字占 GDP 份额由 2015 年的 8.5% 增加到 10.0%;国际储备从 2015 年占 GDP33.2% 的份额下降到 28.7%,主要是因为北非地区以及石油出口国家储备的下降。总债务从 2015 年占 GDP 的 27.8% 上升到 31.7%,净债务也从 2015 年占 GDP 的 6.4% 上升到 2016 年的 11.0%,其中石油进口国家增加的速度快于石油出口国家,同时由于各经济体对非洲外部债务的减免政策使大多数非洲国家的外部债务相对较低。②

(三) 2016 年非洲地区财政与金融情况

2016 年,受商品价格下降影响的许多非洲国家已经开始利用财政、金融政策手段阻止经济下滑,协调、一致的宏观政策已经初见成效,但同时导致财政赤字的增加。

在财政方面,2016 年非洲地区的财政综合赤字已经从 2015 年的 6.3% 上升到 6.6%,石油出口国赤字更大从 2015 年的 7.5% 上升到 8.0%,而石油进口国则略有增加,从 2015 年的 4.4% 上升到 4.5%。北非地区具有 13.5% 的财政赤字,而西非地区只有 2.9%③;具体到国家,利比亚、南苏丹、刚果(布)的财政赤字分别达到 53.8%、21.8% 与 15.9%④。唯一的财政盈余国家是塞舌尔,但其盈余占 GDP 的份额也在下降。斯威士兰、津巴布韦、加纳等国家财政赤字恶化速度较快,而几内亚、利比里亚、纳米比亚等国家赤字改善较大。针对扩大的财政赤字,一些国家已经采取了财政整合措施以增收节支,如纳米比亚,因为财政收入下降以及长期扩张性政策的执行已经使赤字扩大到 7.3%,以致政府在 2016—2017

① The African Development Bank, the OECD Development Centre and the United Nations Development Programme. African Economic Outlook 2017 [EB/OL]. http://www.africaneconomicoutlook.org/en/outlook, 2017-05-22/2017-06-19.

② United Nations Economic Commission for Africa. Economic Report on Africa 2017: Urbanization and Industrialization for Africa's Transformation [EB/OL]. https://www.uneca.org/sites/default/files/uploaded-documents/ERA/ERA2017/era-2017_en_fin_jun2017.pdf, 2017-03-25/2017-06-19.

③ Economic Commission for Africa, African Development Bank Group, African Union Commission. *African Statistical Yearbook 2017* [M]. Addis Ababa: ECA Printing and Publishing Unit, 2017.

④ Economic Commission for Africa, African Development Bank Group, African Union Commission. *African Statistical Yearbook 2017*[M]. Addis Ababa: ECA Printing and Publishing Unit, 2017.

年的财政预算中进行财政整合削减了占 GDP2.8% 的支出份额。① 由于收入下降,一些非洲国家诉诸昂贵的商业资本市场作为发展资金来源,以致一些国家的债务负担迅速积累甚至面临债务危机风险,而且较低的经济增长前景、较大的经常账户赤字以及较弱的货币状态等导致了不利的债务动态与可持续性。

在金融方面,2016 年非洲地区通货膨胀平均年增长率为 10.1%,比 2015 年升高 2.7 个百分点。通货膨胀最严重的国家为南苏丹,高达 165.0%;其次是安哥拉、马拉维等都在 20.0% 以上。但也有乍得、科摩罗、马里等 8 个国家处于通货紧缩状态。② 与此相应,在南苏丹、安哥拉等国也有较高的广义货币供给增长率,在乍得、科摩罗、马里等国一般有相对较低的广义货币供给增长率。在名义汇率指数方面,2016 年在非洲也有一半以上国家的本国货币对美元处于贬值状态。

总体上,非洲地区不同国家经济形势各异,各国使用了不同的财政与金融政策,其效果与各不相同。一些商品出口国家执行财政整合政策和紧缩性货币政策;而一些非商品出口国家因为较低的能源价格减缓了通货膨胀压力,实行了扩张性货币政策。一些国家缺乏协调与确定性宏观政策,例如,2016 年尼日利亚紧缩的财政政策与扩张的货币政策组合,使缩减外币需求的努力并没有产生实质性效果;在加纳与马拉维,紧缩的货币政策仍然没能抑制住两位数的通货膨胀。

二、非洲经济增长转型面临的挑战

(一)非洲近期经济增长的表现及其问题

从 20 世纪 90 年代中叶至今,非洲经济一直处于中高速增长状态,具有接近 6% 的年均增长率;③在 21 世纪前 10 年,非洲几乎成为世界经济新的增长极,当时全球经济发展最快的经济体中有 6 个位于非洲地区。如图 9-3 所示,从 2000 年至 2015 年期间,撒哈拉以南非洲地区经济增长率平均为 4.5%,高于世界同期经济增长水平。较高的经济增长率也使非洲地区获得一定程度发展,例如,宏观治理与投资环境改善、与世界经济联系日益紧密、FDI 大幅增加、发展劳动密集

---

① 根据世界银行世界发展指标数据整理得出,http://databank.shihang.org/data/home.aspx,2017-06-05。

② Economic Commission for Africa, African Development Bank Group, African Union Commission. *African Statistical Yearbook 2017*[M]. Addis Ababa: ECA Printing and Publishing Unit, 2017.

③ 根据世界银行世界发展指标数据整理得出,http://databank.shihang.org/data/home.aspx,2017-06-05。

型产业能力提升等。

总体上看,近期非洲地区经济增长驱动力主要来自对外部资源的利用以及对历史错误经济政策的修正。非洲依靠资源开发与出口驱动的单一经济结构发展模式并没有改变,问题依然突出。例如,建立在单一资源型经济结构基础上的外向型经济处于产业链低端,附加值低,无法将资源开发优势完全转化为经济优势,易破坏生态环境,也极易形成外部依赖等;FDI 的增长并未显著促进非洲技术进步与全要素生产率提高;制造业水平低,只有很少非洲工人能在现代化工厂中找到工作。

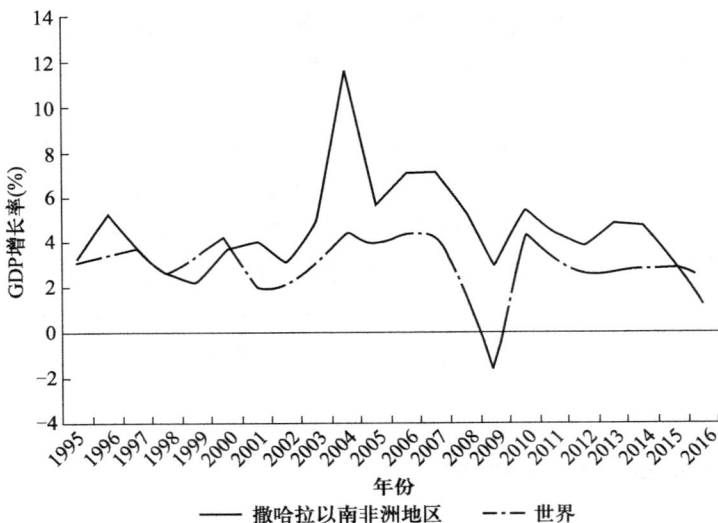

图 9-3　撒哈拉以南非洲地区经济增长表现

资料来源:根据世界银行世界发展指标数据整理得出,http://databank.shihang.org/data/home.aspx,2017-06-05。

(二) 非洲经济增长转型的方向与挑战

2016 年以来,非洲地区"经济遇冷",为了促使发展惠及民众,切实改变非洲地区在全球经济中的地位,"积极探索转型和出路"成为非洲地区几大关键词之一。随着逐渐企稳的社会政治形势,在今后一段时间经济转型将是非洲经济发展的必由之路。主要体现如下几方面。①

第一,把包容性增长作为非洲发展主要长期目标,通过实现经济多样化、发展基础设施、释放私营部门潜力等措施,提高劳动者技能并创造更多就业机会。

---

① 张忠祥. 当前非洲经济转型的特点[J]. 上海师范大学学报(哲学社会科学版),2016,45(2).

第二，从历史及其他新兴经济体的发展中汲取经验，把自主发展作为非洲经济转型的主要指导思想，通过一个有效的发展型政府在经济发展中的积极作用，由内到外、内外结合，发现与培养比较优势，探索适合自己的发展道路，不断改革创新，进行有效的政府治理，建立良好的营商环境。

第三，适应全球经济结构调整趋势，把结构调整作为非洲经济转型主要内容，重点是以产业结构调整为核心，通过适合国情的工业化发展道路促进非洲经济多元化，同时也要以基础设施建设为核心推进非洲地区一体化进程。

第四，在当前全球经济再平衡过程中，把握中国等新兴经济体崛起的外部机遇，实现贸易、投资等经济伙伴多元化，以缓解对传统单一伙伴关系的依赖与冲击，也通过新兴经济体崛起过程中的产业升级，更多地融入区域产业链体系。

实际上，非洲地区经济转型的过程就是实现复兴与可持续发展的过程，不能也不会一蹴而就，必然面临许多挑战。

第一，非洲国家如何建立切实有效的发展型政府有待进行长期探索。因为发展型政府要高度自主性及在制度建设之中，不断提升自身经济治理能力，以实现国家的发展目标。而非洲各国刚刚遭受西方"华盛顿共识"政策框架影响，新自由主义改革的推行严重削弱了政府经济治理功能，再加上多党制与民主化进程的推行，使政府更以保住政权为目的。目前，虽然非洲社会政局总体企稳，但如何真正摆脱西方国家的政治影响，实现独立自主，尚需时日，况且政府的经济治理能力提升与制度建设也是一个长期过程。

第二，非洲国家如何稳定与提升农业增长质量仍然是政府面临的挑战。非洲地区有40多个国家都是以农业生产为主的，农业是提供就业、食物、工业原料以及外汇收入的主要来源。但非洲地区农业生产效率低下，尤其干旱等恶劣气候常常导致整个大陆粮食短缺、经济作物生产与出口下降，影响社会稳定。

第三，非洲国家如何通过工业化实现经济结构转型。这涉及如何吸引 FDI 进入制造业部门并引领企业技术革新，如何建立现代化工业以带动国内生产效率提升并实现国家潜在收益，以及如何对待大量的非正规部门的发展等。

第四，非洲国家如何解决基础设施建设等经济发展过程中的资金不足问题。自我积累还是继续依赖外部资源，不同的外部机遇与资源形式也有不同效果与后果。

第五，非洲地区实现一体化进程所面临的障碍。新区域主义概念不仅限于消除关税，还强调通过更多方法减少管理与交易成本、克服市场分割。非洲一体化进程至少需要实现内部基础设施的建立、多重跨国整合经济协议的管理、人员的自由流动、一体化的政治意愿等。

三、2016 年中国与非洲国家经贸关系

中国与非洲各国具有共同诉求与发展经贸关系的客观基础。因此,中国一直秉承"平等互利、讲求实效、形式多样、共同发展"的原则,同非洲地区发展经贸关系,尤其在 2000 年之后双方经贸关系获得飞速发展。2016 年,受宏观经济回落影响,中国与非洲各国贸易数据均有所下滑,但政府高层互访频繁、合作机制畅通,稳步落实中非合作论坛约翰内斯堡峰会经贸新举措,使中国与非洲国家经贸合作走向调整与深化。

(一) 2016 年中国与非洲地区的经贸往来①

2016 年中国与非洲地区实现贸易进出口总额 1 491 亿美元,比 2015 年下滑 16.7%,超出中国同期外贸总体降幅,但中国仍为非洲第一大贸易伙伴。其中中国自非洲进口 569 亿美元、对非洲出口 922 亿美元。从中国自非洲进口角度分析,排前十名的国家分别为南非、安哥拉、刚果(布)、赞比亚、刚果(金)、南苏丹、加蓬、加纳、尼日利亚、毛里塔尼亚,尤其是自南非与安哥拉两个国家进口额分别为 225 亿美元与 140 亿美元,远远超过其他国家。就中国进口商品的结构而言,仍然以资源为主。从中国对非洲出口角度分析,排名前十的国家分别为南非、埃及、尼日利亚、阿尔及利亚、肯尼亚、加纳、坦桑尼亚、埃塞俄比亚、摩洛哥、塞内加尔。技术含量和附加值较高的机电、高新技术产品占中国对非洲出口商品的比例已接近一半。从进出口贸易总额角度分析,南非是中国在非洲第一大贸易伙伴,2016 年双方实现贸易总额 353 亿美元,占中国与非洲地区贸易总额的 23.7%,之后依次为安哥拉、埃及、尼日利亚。同时,中国也成为南非最大的进口来源地、出口市场与贸易伙伴。此外,东非发展势头较好的埃塞俄比亚、坦桑尼亚、肯尼亚均位于中国在非洲前十大贸易伙伴之列,刚果(金)、刚果(布)、赞比亚等国也成为中国与非洲贸易的新亮点。中国对非洲地区的贸易顺差主要来自埃及、尼日利亚、阿尔及利亚、肯尼亚等国,逆差国主要是南非、安哥拉等国。

在对非洲地区投资方面,2016 年尽管中国经济减速、对石油矿产资源等需求缩减,基于已宣布的绿地项目,全年中国对非洲非金融类直接投资同比增长 14.0%,达到 33 亿美元,使中国成为非洲第三大投资国。② 2016 年 1 月到 11 月新增的 64 个项目,使中国在非洲投资项目数量再创新高;这些项目新创造约

---

① 如无特殊说明,本部分数据均来自:中非贸易研究中心. 中非贸易数据 | 2016 中国与非洲各国贸易数据及相关排名[EB/OL]. http://news.afrindex.com/zixun/article8555.html, 2017-03-06/2017-07-07。

② 商务部.【2016 年商务工作年终综述之二十六】中非经贸合作稳中有进[EB/OL]. http://www.mofcom.gov.cn/article/ae/ai/201702/20170202511639.shtml, 2017-02-08/2017-07-07.

38 000个就业岗位,比 2015 年翻一番,也创下历史新高。具体来看,2016 年对科特迪瓦、卢旺达、塞内加尔、乌干达等非资源富集国家投资增幅较大,表现为非金融类直接投资流量增长同比超过 100%。工业园区等平台作用与撬动效应显现,也加快推进了产业投资与产能合作,制造业投资比重已经超过了 10.0%。① 总体上讲,自 2005 年以来,中国在非洲直接投资项目达到了 293 个,涉及高达 664亿美元的投资金额,创造超过 13 万个的就业岗位②;投资领域也并非仅仅集中于能源、资源领域,而是覆盖石油、采矿、交通运输、建筑、租赁、商务服务、制造、批发零售等多个行业,并积极开拓医药、技术等领域的合作。

在基础设施合作方面,2016 年中国在非洲承包工程新签合同额达到 820 亿美元,比 2015 年增长 7.5%,完成营业额达到 521 亿美元,比 2015 年略有下降。③2016 年非洲继续稳居中国企业对外承包工程第二大市场,尤其是埃及、安哥拉、阿尔及利亚、埃塞俄比亚四个主要国家。中国新签 20 个合同额最大项目中有 9个位于非洲,尤其是埃及的新首都建设项目、汉纳维燃煤电站项目分别位居第二、第三。④ 中国在非洲承包工程主要涉及公路、铁路、港口、水坝、发电站、电信电网、机场等基础设施项目,而且建营一体化合作机制初见成效,助力非洲一体化发展。中国与非洲区域航空合作也取得新进展。非洲各国对中国"一带一路"倡议的积极参与将开启新一轮基础设施合作机遇。

(二)中国与非洲地区经贸关系前景

中国与非洲经贸关系得到快速发展的同时,也面临一些严重问题。首先,双方面临相同的经济增长周期性问题:一方面是处于经济新常态的中国进行结构调整的时期,另一方面是处于外部冲击之下经济增长下滑的非洲开始强调经济转型的时期。二者叠加对双方经贸关系冲击很严重,如何走出低谷是二者共同面对的挑战。其次,仍然是双方基础性的理解与沟通问题,地区之间巨大的风俗、文化、价值观、历史、法律等方面的差异并不能在短时间内得以消除,误解与误判在所难免。再次,非洲一些国家还存在很高的社会安全风险、政治与政策风险等。这些限制了许多贸易和投资机会,也使一些现有经贸合作有些"水土不

---

① The African Development Bank, the OECD Development Centre and the United Nations Development Programme. African Economic Outlook 2017 [EB/OL]. http://www.africaneconomicoutlook.org/en/outlook, 2017-05-22/2017-06-19.

② 非洲投资吸引力报告:中国对非投资创下新纪录[EB/OL]. http://www.africaneconomicoutlook. org/en/outlook, 2017-05-09/2017-06-19.

③ 商务部西亚非洲司. 2016 年中国对非洲承包工程合作数据统计[EB/OL]. http://www.mofcom. gov.cn/article/tongjiziliao/fuwzn/swfalv/201704/20170402557492.shtml, 2017-03-21/2017-07-07.

④ 商务部.【2016 年商务工作年终综述之二十六】中非经贸合作稳中有进[EB/OL]. http://www. mofcom.gov.cn/article/ae/ai/201702/20170202511639.shtml, 2017-02-08/2017-07-07.

服"。最后,由于缺乏充分的沟通与信任,中国对非洲采用的传统经贸合作方式容易被一些发达经济体甚至一些非洲国家误解为"新殖民主义"行为。一些歪曲宣传是中国与非洲许多经贸关系问题产生的来源。

不过,问题的存在掩盖不了中国与非洲之间广阔的经贸合作前景。一是表现为二者合作客观基础越来越清晰明朗,中国的发展道路逐渐为更多非洲国家认可与模仿。二是表现为在中国经济结构调整与非洲经济转型过程中所蕴含的机遇。三是表现为在与非洲各国经贸合作过程中,中国等新兴经济体地位得到提高,实现非洲经贸伙伴的多样化转变,为摆脱西方国家依赖、获取新国际优质资源、建立独立自主的发展型政府等提供可能。四是表现为在中国与非洲经贸合作过程中,工业园区建设的平台为克服非洲工业化资金、技术、基础设施等困难提供了可能。五是表现为中国提出的"一带一路"倡议为双方合作发展提供的机会。

(邵明伟、金钟范)

主要参考文献

[1] Economic Commission for Africa, African Development Bank Group, African Union Commission. *African Statistical Yearbook 2017*[M].Addis Ababa: ECA Printing and Publishing Unit, 2017.

[2] Economic Commission for Latin America and the Caribbean. *Preliminary Overview of the Economies of Latin America and the Caribbean*(2016)[M]. Santiago: United Nations Publication, 2016.

[3] United Nations Economic Commission for Africa. Economic Report on Africa 2017: Urbanization and Industrialization for Africa's Transformation [EB/OL]. https://www. uneca. org/sites/default/files/uploaded-documents/ERA/ERA2017/era-2017_en_fin_jun2017.pdf, 2017-03-25/2017-06-19.

[4] United Nations. World Economic Situation and Prospects 2017 [EB/OL]. https://www.un.org/development/desa/dpad/wp-content/uploads/sites/45/publication/2017wesp_full_en.pdf, 2017-01-31/2017-5-11.

[5] 高春雨. 财经观察:中拉贸易调整中保持稳定发展势头[EB/OL]. http://news.xinhuanet.com/fortune/2017-02/18/c_1120488968.htm, 2017-02-18/2017-06-15.

[6] 高庆波.阿根廷债务危机:起源、趋势与展望[J].国际经济评论,2015(6).

[7] 齐传钧.阿根廷分配不公问题:民众主义再诠释[J].国际经济评论,

2015(6).

[8] 商务部.【2016 年商务工作年终综述之二十六】中非经贸合作稳中有进 [EB/OL]. http://www.mofcom.gov.cn/article/ae/ai/201702/20170202511639.shtml,2017-02-08/2017-07-07.

[9] 商务部.【2016 年商务工作年终综述之二十九】中国与拉美国家经贸合作保持平稳发展[EB/OL]. http://www.mofcom.gov.cn/article/ae/ai/201702/20170202513555.shtml,2017-02-13/2017-06-14.

[10] 商务部合作司. 2016 年我国对外承包工程业务简明统计[EB/OL].http://fec.mofcom.gov.cn/article/tjsj/ydjm/gccb/201701/20170102504236.shtml,2017-01-19/2017-06-18.

[11] 商务部合作司. 2016 年我国对外非金融类直接投资简明统计[EB/OL]. http://fec.mofcom.gov.cn/article/tjsj/ydjm/jwtz/201701/20170102504235.shtml,2017-01-19/2017-06-18.

[12] 商务部西亚非洲司. 2016 年中国对非洲承包工程合作数据统计[EB/OL]. http://www.mofcom.gov.cn/article/tongjiziliao/fuwzn/swfalv/201704/20170402557492.shtml,2017-03-21/2017-07-07.

[13] 商务部综合司. 中国对外贸易形势报告(2017 年春季)[EB/OL]. http://zhs.mofcom.gov.cn/article/cbw/201705/20170502569655.shtml,2017-05-04/2017-06-15.

[14] 王军蕾. 阿根廷经济危机的根源究竟何在?[J]. 拉丁美洲研究,2002(3).

[15] 张忠祥. 当前非洲经济转型的特点[J]. 上海师范大学学报(哲学社会科学版),2016,45(2).

[16] 郑青亭. 商务部:中拉经贸合作进入提质升级新阶段[EB/OL]. http://m.21jingji.com/article/20170412/herald/aa8d86d8afe514c36e8e5e37f05a0ecf.html,2017-04-12/2017-06-12.

[17] 中非贸易研究中心. 中非贸易数据 | 2016 中国与非洲各国贸易数据及相关排名[EB/OL]. http://news.afrindex.com/zixun/article8555.html,2017-03-06/2017-07-07.

中篇(下):转型经济体经济

第十章　俄罗斯经济

第一节　2016 年俄罗斯经济形势综述

一、2016 年国内生产总值变动及其结构

俄罗斯经济承受住了西方因乌克兰危机而实施的制裁,2016 年各项宏观经济指标已经开始止跌回升。如表 10-1 所示,尽管经济总量比上年放慢 0.2%,但已经比 2015 年的 2.8%降幅有了明显的好转。抑制俄罗斯经济加速下滑的主要因素是农业总产值增长了 4.2%,工业总产值增长了 1.1%,其中矿产原料开采增加了 2.5%,对工业增长做出了重要贡献。2015 年固定资本投资缩减了 8.4%,2016 年继续保持缩减趋势,但跌幅收窄至 2.3%。2015 年由于制裁和反制裁措施,国内商品供给量大幅减少,致使通货膨胀高达 12.9%,消费品平均价格上涨 15.5%。居民实际可支配收入 2016 年降幅为 5.9%。2015 年对外贸易进出口总额大幅下降 33.6%,2016 年降幅收窄至 13.0%。由于石油和原材料价格低迷,高度依赖此项出口的俄罗斯财政收入大幅减少 1 997 亿卢布,石油收入减少 10 310 亿卢布。[①]

表 10-1　2011—2016 年俄罗斯主要社会经济发展指标变动情况

主要经济指标(%)	2011 年	2012 年	2013 年	2014 年	2015 年	2016 年
GDP	4.0	4.0	1.0	1.0	-2.8	-0.2
工业总产值	5.0	3.0	0.0	2.0	-3.4	1.1
农业总产值	23.0	-4.8	6.0	4.0	3.1	4.2
零售贸易额	7.0	6.0	4.0	3.0	-10.0	-5.2

---

① Министерство экономического развития РФ. об итогах социально-экономического развития Российской Федерации в 2016 году [EB/OL]. http://economy. gov. ru/minec/activity/sections/macro/ 2017070204, 2017-02-07/2017-08-01.

336

続表

主要经济指标(%)	2011 年	2012 年	2013 年	2014 年	2015 年	2016 年
固定资本投资	11.0	7.0	1.0	−1.5	−8.4	−2.3
进出口总额	31.0	4.0	0.0	−6.8	−33.6	−13.0
居民实际可支配收入	1.0	5.0	4.0	−0.7	−3.2	−5.9

资料来源：Министерство экономического развития РФ. об итогах социально-экономического развития Российской Федерации в 2016 году[EB/OL]. http://economy.gov.ru/minec/activity/sections/macro/2017070204，2017-02-07/2017-08-01.

从 2016 年俄罗斯 GDP 的收入来源结构看，劳动者工资收入占 GDP 比重从 2015 年的 45.0%上升到 46.6%，而总利润和其他收入则从 43.9%下降到 42.7%。生产和进口净税收比重也从 11.1%下降到 10.7%。从而导致劳动报酬的增加超过了 GDP 的增加。[1]

再从 GDP 的支出结构来看，投资需求增加 3.3%，外部需求增加 2.3%，消费需求下降 3.8%，共同支撑了 2016 年俄罗斯 GDP 减少 0.2%。在消费需求当中，家庭消费减少 5.0%，政府消费减少 0.3%，为家庭服务的非商业组织消费增加 0.7%。2016 年固定资本存量减少 1.4%的情况下，投资需求增加的主要拉动因素是流动资产储备急剧扩大。商品和服务出口增加，进口减少，但商品进口出现回升。2016 年俄罗斯经济总储蓄达到 GDP 的 27.4%，比 2015 年增加 0.2 个百分点。[2]

二、工业部门发展状况

如表 10-2 所示，2016 年俄罗斯工业总产值增长了 1.1%。其中采矿业规模增加 2.5%。制造业也进入了正增长区间，增长 0.1%。水、电、煤的生产和分配增长了 1.5%。2016 年石油开采量增长 2.6%，达到 5.49 亿吨，每天的开采量达到创纪录的 1 120 万桶。[3]

---

① Министерство экономического развития РФ. об итогах социально-экономического развития Российской Федерации в 2016 году［EB/OL］. http://economy. gov. ru/minec/activity/sections/macro/2017070204，2017-02-07/2017-08-01.

② Министерство экономического развития РФ. об итогах социально-экономического развития Российской Федерации в 2016 году［EB/OL］. http://economy. gov. ru/minec/activity/sections/macro/2017070204，2017-02-07/2017-08-01.

③ Министерство экономического развития РФ. об итогах социально-экономического развития Российской Федерации в 2016 году［EB/OL］. http://economy. gov. ru/minec/activity/sections/macro/2017070204，2017-02-07/2017-08-01.

表 10-2　2016 年俄罗斯工业生产变动情况

项目	变动率（%）					
	1—3 月	1—6 月	10 月	11 月	12 月	全年
工业总产值	-0.6	0.4	-0.2	2.7	3.2	1.1
采矿业	3.4	2.6	0.8	2.7	2.9	2.5
制造业	-3.1	-0.9	-0.8	2.5	2.6	0.1
水、电、煤的生产和分配	0.6	0.4	1.1	4.1	5.5	1.5

资料来源：Министерство экономического развития РФ. об итогах социально - экономического развития Российской Федерации в 2016 году［EB/OL］. http://economy.gov.ru/minec/activity/sections/macro/2017070204，2017-02-07/2017-08-01.

　　制造业当中，焦炭和石油制品生产在 2016 年减少 2.4%，柴油生产增加 0.2%，汽油生产增加了 1.9%。由于加工利润下降，锅炉用重油生产下降严重，全年减少 19.8%。食品生产全年增长 2.4%。2016 年肉食牲畜屠宰量和葵花籽油分别增长 12.2% 和 11.6%。冶金及冶金制品生产下降了 2.3%。交通工具和设备生产萎缩了 3.0%。机电产品生产增加 3.8%。金属切割机床生产增加了 11.2%。化学工业仍然作为俄罗斯制造业增长的主要发动机，全年增长 5.3%。2016 年化肥生产增长 2.7%。其他非金属矿物产品（建筑材料）生产减少了 6.6%。2016 年各种建筑作业量下降 4.3%，木材加工及其制品生产保持了 2.8% 的正增长，纺织和缝纫部门增长了 5.3%，皮革及其制品和鞋类生产增加了 5.1%。[1]

　　2016 年俄罗斯制造业生产虽然比 2015 年有所好转，但总体上仍呈下降的态势。2016 年 1 月俄罗斯联邦政府批准了《2016 年运输机械扶持规划》，要求从 2016 年 1 月 1 日起，禁止超期服役的货物车辆在公共道路上行使。这使得 2016 年俄罗斯报废了约 10 万辆旧车辆，从而使新车辆需求大幅增加。[2]

三、投资趋于回升

　　2016 年俄罗斯投资品价格上升 7.7%，价格涨幅最大的是铁管和钢管，达到

---

　　① Министерство экономического развития РФ. об итогах социально-экономического развития Российской Федерации в 2016 году［EB/OL］. http://economy. gov. ru/minec/activity/sections/macro/2017070204，2017-02-07/2017-08-01.
　　② Министерство экономического развития РФ. об итогах социально-экономического развития Российской Федерации в 2016 году［EB/OL］. http://economy. gov. ru/minec/activity/sections/macro/2017070204，2017-02-07/2017-08-01.

12.3%。

2016 年俄罗斯建筑业各项指标有所上升,但建筑行业仍然缩减了 4.3%。住房一级市场名义价格下跌,住房交付使用数量减少 6.5%,共交付使用面积 7 980 万平方米,比 2015 年减少 550 万平方米。按揭贷款利率已经从 2015 年的12.3%下调到 12.2%,6 月 1 日甚至不足 13.1%。这促使俄罗斯居民对卢布按揭贷款的需求开始增加。2016 年 1—11 月与上年同期相比贷款发放的名义数量从 9 981 亿卢布增加到 12 962 亿卢布,增加了 29.9%。据俄罗斯中央银行资料,截至 2016 年 12 月 1 日,向在俄罗斯经营的海外建筑企业发放卢布和外汇贷款名义总额与上年同期相比减少了 3.1%。[1]。同时,发放给非金融企业的一年期以上的卢布贷款加权平均利率从 2016 年的最高值 14.0%下降到 11 月的 11.8%。

2016 年 1—11 月建筑企业财务余额(利润额减亏损额)与 2015 年同期相比名义增加了 41.5%,达到 1 206 亿卢布。73.9%的建筑公司获得了 2 159 亿卢布的利润,26.1%的企业亏损 953 亿卢布。全年建筑行业亏损企业比例下降了 1.5 个百分点。[2] 如表 10-3 所示,2016 年前 11 个月俄罗斯所有企业的财务余额年化增长了 16.8%,其中不动产交易、租赁和服务增长了 127.2%,交通和通信增长了 51.7%,建筑业增长了 41.5%。

表 10-3　2016 年俄罗斯企业财务余额

	项目	1—3 月	4—6 月	10—12 月	1—9 月	10 月	11 月	1—11 月
所有企业	绝对额(亿卢布)	25 156	31 730	24 829	81 716	8 593	9 930	100 238
	变动百分比(%)	-3.2	13.1	81.3	20.6	-15.5	25.2	16.8
农业	绝对额(亿卢布)	686	626	620	1 931	249	246	2 426
	变动百分比(%)	0.1	-4.6	-11.9	-5.5	-10.8	8.7	-4.9

① Министерство экономического развития РФ. об итогах социально-экономического развития Российской Федерации в 2016 году [EB/OL]. http://economy. gov. ru/minec/activity/sections/macro/2017070204, 2017-02-07/2017-08-01.

② Министерство экономического развития РФ. об итогах социально-экономического развития Российской Федерации в 2016 году [EB/OL]. http://economy. gov. ru/minec/activity/sections/macro/2017070204, 2017-02-07/2017-08-01.

续表

项目		1—3 月	4—6 月	10—12 月	1—9 月	10 月	11 月	1—11 月
采掘业	绝对额（亿卢布）	3 423	6 538	5 710	15 671	1 853	4 025	21 549
	变动百分比（%）	−45.7	13.3	−28.2	−21.8	41.5	67.5	−9.2
制造业	绝对额（亿卢布）	7 129	8 859	7 896	23 884	2 351	984	27 219
	变动百分比（%）	−12.8	6.9	382.6	32.0	7.7	−17.6	26.7
建筑业	绝对额（亿卢布）	166	328	396	890	207	109	1 206
	变动百分比（%）	—	26.2	12.2	29.7	149.4	31.2	41.5
批发和零售	绝对额（亿卢布）	5 427	4 823	2 001	12 251	1 154	2 694	16 099
	变动百分比（%）	−5.6	−26.8	147.3	−6.8	−66.1	35.9	−13.1
交通和通信	绝对额（亿卢布）	3 084	4 342	3 353	10 778	1 297	99	11 976
	变动百分比（%）	74.3	31.5	206.2	74.8	−5.6	—	51.7
金融活动	绝对额（亿卢布）	635	836	636	2 107	34	58	2 199
	变动百分比（%）	−46.2	7.6	186.7	−3.3	−71.9	−31.8	−7.8
不动产交易、租赁和服务	绝对额（亿卢布）	1 941	3 936	2 926	8 803	529	954	10 286
	变动百分比（%）	339.1	116.9	216.3	176.6	−8.3	24.1	127.2

资料来源：Министерство экономического развития РФ. об итогах социально - экономического развития Российской Федерации в 2016 году[EB/OL]. http://economy.gov.ru/minec/activity/sections/macro/2017070204，2017-02-07/2017-08-01.

2016 年获得联邦预算资金的项目中有 159 个项目交付使用,其中有 126 个项目全面投产,有 33 个项目部分投产。2016 年俄罗斯联邦专项投资计划预算拨款 7 654 亿卢布,比 2015 年减少 1 543 亿卢布。就联邦专项投资计划而言,各种来源的融资总额达到 4 225 亿卢布,占年度计划总额的 65.7%。其中用于落实联邦专项投资计划的联邦预算资金 4 011 亿卢布,占年度计划联邦预算资金的 64.7%。①

四、通货膨胀水平与价格变动

2016 年消费品市场通货膨胀水平从上年的 12.9% 降到了最低值 5.4%。②其主要拉低因素是前所未有的消费需求减少,其他因素还有卢布升值,个别商品市场供给增加。2016 年通货膨胀结构发生了很大的变化,所有因素对通货膨胀的贡献都下降了。与此同时,非食品和服务价格上升的影响力提高,而由于商品市场价格上升放缓,食品价格的影响力反而下降了。

2016 年消费品市场各类食品价格都表现出了下降的趋势。2016 年食品价格上涨了 4.6%。马铃薯的价格基本维持在 2015 年的水平上。蔬菜价格也下调了 13.5%。水果和柑橘价格下调了 4.0%。如果不考虑水果,食品价格上涨了 6.0%。③

2016 年俄罗斯非食品价格上涨超过了通货膨胀的速度,达到 6.5%,比上年高出 1 倍。推高非食品价格的主要因素是 2015 年年底到 2016 年年初卢布贬值的成本在消费需求低迷的情况下继续转嫁到非食品价格上。2016 年汽油除外的非食品价格上升了 6.8%。烟草成为 2016 年非食品价格上涨的领跑者。在需求不旺的条件下,耐用品价格低于除汽油外的非食品价格平均涨幅。在连续两年有支付能力需求下跌的背景下,2016 年服务产品价格涨幅收窄到 4.9%。④

① Министерство экономического развития РФ. об итогах социально-экономического развития Российской Федерации в 2016 году [EB/OL]. http://economy. gov. ru/minec/activity/sections/macro/2017070204, 2017-02-07/2017-08-01.

② Министерство экономического развития РФ. об итогах социально-экономического развития Российской Федерации в 2016 году [EB/OL]. http://economy. gov. ru/minec/activity/sections/macro/2017070204, 2017-02-07/2017-08-01.

③ Министерство экономического развития РФ. об итогах социально-экономического развития Российской Федерации в 2016 году [EB/OL]. http://economy. gov. ru/minec/activity/sections/macro/2017070204, 2017-02-07/2017-08-01.

④ Министерство экономического развития РФ. об итогах социально-экономического развития Российской Федерации в 2016 году [EB/OL]. http://economy. gov. ru/minec/activity/sections/macro/2017070204, 2017-02-07/2017-08-01.

2016 年生产者价格上升了 7.4%。全年生产者价格变动是不均衡的,其主要原因在于石油价格的波动。如果说年初的几个月在国内石油天然气价格下跌的背景下出现了紧缩现象,那么国际石油价格上升所决定的后续恢复性上涨,使得价格变动加快。3—7 月份上涨了 8.4%。下半年生产者价格变动具有了阶梯性,到年底价格涨幅稳定在月度 0.6%~0.7% 的增长。剔除石油价格因素,2016 年工业生产者价格上升是非常温和的,增幅仅为上年(12.5%)的一半。[①]

五、俄罗斯居民生活水平

截至 2016 年 12 月 1 日,俄罗斯常住人口为 14 680 万人。全年自然增加和移民增加合计 26 万人,其中移民增加的人数占 92.9%。2016 年俄罗斯居民平均失业率为 5.5%,低于 2015 年 0.5 个百分点。2016 年年底登记失业人数 90 万人。[②]

俄罗斯居民名义工资在 2016 年增加了 7.7%。前 11 个月,俄罗斯所有经济单位都显示名义工资增加了。实际工资前 5 个月连续增加,而实际可支配收入变动并未反映这一点,后者的下降甚至某种程度上加快了。2016 年实际工资增加了 0.6%。劳动报酬差距延续了传统趋势,居高不下。工资水平最高的行业仍然是燃料能源(石油产品、燃料能源矿产开采及其管道运输产业)和金融部门。2016 年前 11 个月,这两个部门工资超过全国平均水平的 1.1~1.6 倍。工资水平较低的是纺织和缝纫产业、皮革及其制品和制鞋产业、农业。截至 2017 年 1 月 1 日,全国拖欠工资总额为 27.3 亿卢布。[③]

2016 年,居民实际可支配收入减少了 5.9%。自 1999 年(-12.3%)以来,如此低的下降幅度还是第一次。人均货币收入 30 775 卢布,比 2015 年增加 1.0%。[④] 如表 10-4 所示,2016 年居民用于消费支出的比例达到 72.5%,超过 2015 年 1.5 个百分点。用于购买服务支出占 15.5%,与危机前水平一致。居民

①　Министерство экономического развития РФ. об итогах социально-экономического развития Российской Федерации в 2016 году [EB/OL]. http://economy. gov. ru/minec/activity/sections/macro/2017070204, 2017-02-07/2017-08-01.

②　Министерство экономического развития РФ. об итогах социально-экономического развития Российской Федерации в 2016 году [EB/OL]. http://economy. gov. ru/minec/activity/sections/macro/2017070204, 2017-02-07/2017-08-01.

③　Министерство экономического развития РФ. об итогах социально-экономического развития Российской Федерации в 2016 году [EB/OL]. http://economy. gov. ru/minec/activity/sections/macro/2017070204, 2017-02-07/2017-08-01.

④　Министерство экономического развития РФ. об итогах социально-экономического развития Российской Федерации в 2016 году [EB/OL]. http://economy. gov. ru/minec/activity/sections/macro/2017070204, 2017-02-07/2017-08-01.

用于购买商品的支出占其货币收入的 54.9%,虽然超过了 2015 年的水平,但仍然处于低位。使用信用卡在境外消费占其收入的比例超过 2015 年 0.3 个百分点,几乎恢复到了 2013 年水平。

表 10-4　2013—2016 年俄罗斯居民收入支出结构

收支占比(%)	2013 年	2014 年	2015 年	2016 年
收入中用于购买商品和服务的比例	73.6	75.3	71.0	72.5
其中:				
购买商品	55.9	57.4	54.1	54.9
使用信用卡在境外消费	2.2	2.3	1.8	2.1
购买服务	15.5	15.6	15.0	15.5
储蓄存款增加	5.0	-0.6	4.9	4.1
购买有价证券	1.3	1.4	1.5	1.4
购买外汇	4.2	5.8	4.2	4.0

资料来源:Министерство экономического развития РФ. об итогах социально-экономического развития Российской Федерации в 2016 году[EB/OL]. http://economy.gov.ru/minec/activity/sections/macro/2017070204,2017-02-07/2017-08-01.

2016 年衡量消费需求的指标均呈现负增长。零售贸易额剔除季节性因素继续下行趋势,实际工资收入变动和零售贸易额之间的差距继续扩大。2016 年非食品零售贸易额下降了 5.1%,食品零售贸易额下降了 5.3%。结果使得零售贸易额整体下降了 5.2%。居民购买服务减少了 0.3%。2016 年俄罗斯居民可支配收入的储蓄倾向为 14.9%,比 2015 年下降了 1.2 个百分点。[1]

2016 年前 9 个月俄罗斯贫困水平为 13.9%。2016 年收入最多的 10% 和保障水平最低的 10% 居民之间的比例维持在 2015 年的水平,即 15.7 倍。[2]

六、俄罗斯对外经济联系

根据俄罗斯国际收支平衡表,如表 10-5 所示,2016 年进出口总额为 4 706

---

[1]　Министерство экономического развития РФ. об итогах социально-экономического развития Российской Федерации в 2016 году [EB/OL]. http://economy. gov. ru/minec/activity/sections/macro/2017070204,2017-02-07/2017-08-01.

[2]　Министерство экономического развития РФ. об итогах социально-экономического развития Российской Федерации в 2016 году [EB/OL]. http://economy. gov. ru/minec/activity/sections/macro/2017070204,2017-02-07/2017-08-01.

亿美元,与 2015 年同期相比减少 11.9%;其中出口下降了 18.2%,进口减少了 0.8%。在 2016 年的进出口总额中,出口占 59.3%,进口占 40.7%。在世界原料市场复苏和商品进口趋稳的情况下,商品出口降幅放缓决定了俄罗斯对外贸易盈余减少。

　　2016 年前 11 个月,俄罗斯商品出口 2 507 亿美元,同比减少了 19.2%。出口的最大项是燃料能源商品,共计 1 483 亿美元,同比缩减 26.1%。致使燃料能源商品出口负增长的既有平均合约价格大幅下降(天然气价格下降 31.7%,石油产品价格下降 27.6%,原油价格下降 24.1%)的因素,也有石油产品出口实物量下降 10.6% 的因素。俄罗斯出口的化工产品和金属也大幅减少,其主要原因是国际价格下跌。俄罗斯粮食和农业原料出口价值上升,主要是因为牧草的出口增加了。2016 年前 11 个月,粮食和农业原料出口联合增长了 6.6%,其占出口总额的比重从 2015 年同期的 4.6% 上升到 6.0%。前 11 个月出口实物量年化增加了 25.8%,达到 2 285 万吨。①

表 10-5　2016 年俄罗斯对外贸易情况

项目	10 月	11 月	12 月	1—12 月		
				总体	与非独联体国家	与独联体国家
对外贸易总额(亿美元)	432	442	478	4 706	4 103	603
年化增长率(%)	-1.5	5.5	3.5	-11.9	-11.4	-15.7
出口总额(亿美元)	249	266	285	2 792	2 395	397
年化增长率(%)	-7.6	4.9	-0.8	-18.2	-18.1	-19.3
进口总额(亿美元)	183	175	193	1 914	1 707	207
年化增长率(%)	8.2	6.4	10.6	-0.8	0.1	-7.8
贸易盈余(亿美元)	66	91	92	878	688	190
年化增长率(%)	-34.3	2.2	-18.5	-40.9	-43.5	-29.0

　　资料来源:Министерство экономического развития РФ. об итогах социально-экономического развития Российской Федерации в 2016 году[EB/OL]. http://economy.gov.ru/minec/activity/sections/macro/2017070204, 2017-02-07/2017-08-01.

　　从出口目的地来看,2016 年前 11 个月,出口价值增幅最大的是阿尔及利亚

　　① Министерство экономического развития РФ. об итогах социально-экономического развития Российской Федерации в 2016 году [EB/OL]. http://economy. gov. ru/minec/activity/sections/macro/2017070204, 2017-02-07/2017-08-01.

（110%），其次是伊朗（82.7%）和保加利亚（21.8%）。俄罗斯对独联体国家出口减少，2016年前11个月降幅放缓（-18.3%）。俄罗斯燃料能源平均出口价格大幅下滑，特别是石油、石油产品和天然气价格，向韩国、中国和日本出口的石油产品、向日本出口的原油以及向中国出口的碳实物量也在下降。向欧盟出口的价值量也减少了23.9%，出口总值为1 171亿美元，其中向荷兰出口减少了29.8%，向意大利出口减少了46.7%，向德国出口减少了19.3%，向拉脱维亚出口减少了36.9%。①

2016年前11个月俄罗斯进口减少了1.4%，进口总额为1 639亿美元。消费品进口实物量继续减少。轻型汽车进口减少了22.6%，新鲜和冷冻鱼类减少10.8%，药品减少0.3%。香蕉和奶酪进口有所增加。柑橘进口增加了3.2%。投资品进口恢复的步伐放慢。2016年前11个月进口实物量减少放缓的有计算机及其配件（-0.7%）、发电设备（-4.7%）、货运汽车（-9.2%）。快速增加的进口产品有黑色金属管（15.3%）、压路机和推土机（1.5%）。升降机和手扶电梯进口仍然保持了增加的趋势。2016年前11个月受制裁的商品进口价值规模同比下降了10.3%，下降到了98亿美元。② 从2016年1月1日起，俄罗斯联邦限制了某些粮食从土耳其的进口。2016年10月20日放开了某些水果从土耳其的进口。

俄罗斯进口的主要产品是机电产品和运输工具。2016年前11个月的进口额为773亿美元，同比增加了4.2%，在俄罗斯进口商品结构中的比例提高了2.5个百分点，占到47.1%。进口价值量增加最多的是工业和实验室设备（1.3倍）、直升机和飞机（60.0%）、硼砂平板车（5.1倍）、集成电路板（32.2%）。进口减少的有计算机部件（-64.0%）、轻型汽车（-7.2%）、发电设备（-29.6%）。前11个月俄罗斯粮食进口价值量减少了6.7%，主要是由于新鲜和冷冻肉进口减少了30.5%，猪肉减少了35.5%，新鲜番茄减少了27.1%，马铃薯减少了58.3%。③

俄罗斯对外贸易主要伙伴仍然是欧盟国家，其中最主要的是德国、荷兰和意大利，它们占俄罗斯同欧盟国家贸易额的46.6%。2016年前11个月，俄罗斯与非独联体国家的贸易缩减12.7%，实际为3 669亿美元。俄罗斯在亚太地区的主

① Министерство экономического развития РФ. об итогах социально-экономического развития Российской Федерации в 2016 году [EB/OL]. http://economy.gov.ru/minec/activity/sections/macro/2017070204，2017-02-07/2017-08-01.

② Министерство экономического развития РФ. об итогах социально-экономического развития Российской Федерации в 2016 году [EB/OL]. http://economy.gov.ru/minec/activity/sections/macro/2017070204，2017-02-07/2017-08-01.

③ Министерство экономического развития РФ. об итогах социально-экономического развития Российской Федерации в 2016 году [EB/OL]. http://economy.gov.ru/minec/activity/sections/macro/2017070204，2017-02-07/2017-08-01.

要贸易伙伴是中国、美国、日本、韩国。2016 年前 11 个月,俄罗斯最大的贸易逆差来源是与中国的贸易,逆差总额 101 亿美元。主要是由于从中国的进口增长了7.9%,而俄罗斯向中国的出口减少了 6.1%。俄罗斯与独联体国家贸易前 11个月减少到 511 亿美元,减少了 15.5%,但与这些国家均保持了贸易顺差。①

第二节　近年来俄罗斯的经济体制改革与经济结构调整

2012 年 5 月,普京第三次就任俄罗斯总统。普京的社会经济发展纲领主要体现在 2012 年 1 月 30 日其在俄罗斯《新闻报》发表的文章《关于我们的经济任务》和 2012 年 5 月 7 日签署的《关于国家长期经济政策》总统令。普京分析了俄罗斯在世界经济中的地位,并提出了俄罗斯面临的主要经济任务。② 截至 2016年,其任期已只剩下一年左右时间。2017 年 5 月,俄罗斯政府网站发布了《2012年 5 月 7 日〈关于国家长期经济政策〉的俄联邦总统令的执行情况》,对《关于国家长期经济政策》总统令的执行情况进行了总结。③

一、制定联邦战略规划

2014 年 6 月通过的《关于俄联邦战略规划》联邦法案,规定了俄联邦战略规划,国家和地方战略管理和财政政策协调,联邦以及联邦主体政权机构和地方自治机构的权力,及其与社会、科学和其他组织在战略规划方面的相互关系的法律基础。2014 年 1 月《关于保障国家和地方需要的商品和劳务采购方面的合同制》联邦法案开始生效。俄联邦政府必须对采购及其程序进行广泛的讨论。2016 年 8 月俄联邦政府还为此通过了《关于确定保障国家和地方需要的商品和劳务采购进行必要的广泛讨论的准则》政府法令。初始(最高)合同价格超过 10亿卢布的采购方案必须进行广泛讨论,通过竞争方式确定供货人(承包人和执行人)。试图通过这一措施来提高预算资金支出的效率,对国家和地方采购市

---

① Министерство экономического развития РФ. об итогах социально-экономического развития Российской Федерации в 2016 году [EB/OL]. http://economy. gov. ru/minec/activity/sections/macro/ 2017070204, 2017-02-07/2017-08-01.

② Путин, В. В., Указ Президента Российской Федерации: О долгосрочной государственной экономической политике[EB/OL].http://www.kremlin.ru/acts/bank/35260, 2012-05-07/2017-05-21

③ О ходе выполнения Указа Президента Российской Федерации от 7 мая 2012 года №596 (О долгосрочной государственной экономической политике) [EB/OL]. http://government. ru/orders/ selection/406/27526/ ,2017-05-04/2017-06-21.

场的竞争施加正能量的影响。为提高投资效率,对国家以各种形式参与的大型投资项目进行独立的公开技术和价格审计确立了法律规范。2013 年 4 月发布了《关于对国家参与的大型投资项目进行公开技术和价格审计以及俄联邦政府某些法令修订》的俄联邦政府法令,2015 年 12 月发布了《关于俄联邦政府某些法令修订》的政府法令。根据这些法令,国家参与的最大的投资项目在实施的各个阶段都要进行技术和价格审计。2016 年对国家参股股份公司实施的 42 个投资项目进行了审计,其中包括俄罗斯水利公司 4 项、俄罗斯网络公司 24 项、统一电力网络公司 9 项、石油运输公司 2 项、俄罗斯铁路公司 3 项(其中包括 39 项技术和价格审计项目)。2013—2015 年对俄罗斯铁路公司 38 个项目进行了审计,节省资金 500 亿卢布。经过对统一电力网络公司和俄罗斯网络公司投资项目的审计,分别终止了价值 360 亿卢布和 27 亿卢布的两个投资项目,进行优化的项目金额 34 亿卢布。① 为了提高电力行业自然垄断主体和受调控企业分阶段实行技术和价格审计的投资项目的投资效率,俄联邦政府向国家杜马提交了《关于〈关于自然垄断〉联邦法案和〈关于电力〉联邦法案第 29 条修订》的联邦法案草案。

二、改善投资环境

为了促进海外投资进入俄罗斯,俄联邦政府从联邦预算中向俄罗斯企业从俄罗斯信贷机构和国有对外经济银行所获得的贷款补偿一部分利息支出;利用降低吸引融资成本的各种工具,其中包括项目融资机制;采取措施促进技术转移和生产的俄联邦本地化;促进对外经济关系的发展以及与亚太地区经济体特别是中国的投资合作。

在落实旨在简化建筑业、海关监管、电网准入、产权登记、支持出口、评估活动、税收管理等领域的行政管理程序的国家商界创意"路线图"框架下通过了 88 项联邦法案和 470 多项法律文件。俄联邦在世界银行经营环境排行榜上的位置从 2012 年的第 112 位提升到 2017 年的第 40 位。在某些指标上俄罗斯进入了前 30 名,如产权登记第 9 位,合同履行保障第 12 位,企业注册第 26 位,接入电网第 30 位。排行榜上 10 个大类指标中的 5 个都得到了改善。在改善地方层面的营商环境方面,2017 年 1 月,俄联邦政府根据地方实践经验批准了 12 个目标规范模式,涵盖了投资环境的主要因素。由于对某些经济主体简化了会计核算

---

① О ходе выполнения Указа Президента Российской Федерации от 7 мая 2012 года №596 (О долгосрочной государственной экономической политике) [EB/OL]. http://government. ru/orders/ selection/406/27526/, 2017-05-04/2017-06-21.

程序,向税务机构呈报的核算指标缩减了至少 50%。此外还对中小经营主体的会计报告精简了超过 80% 的指标数量。为了协调国家对中小企业的扶持措施,2015 年设立了统一的开发机构——中小企业支持公司。根据该公司提供的资料,截至 2016 年 12 月 31 日,提供了 1 万项价值 1 千亿卢布的担保和保函,中小企业由此获得的贷款总额超过 1 720 亿卢布。[1]

继续加快西伯利亚和远东地区的社会经济发展。俄联邦政府在落实《关于俄联邦超前社会经济发展区》联邦法案框架下设立了 16 个社会经济超前发展区。这些地区投资项目的基础设施建设主要由远东开发公司来承担,它还承担着符拉迪沃斯托克自由港和超前社会经济发展区管理公司的职能。俄联邦政府还设立了非商业自治机构远东招商和出口支持局、远东人力资本开发署,其主要任务就是吸引投资者,为投资项目保障劳动力资源。目前远东地区实施的、得到国家支持的投资项目有 13 个。[2]

三、发展高科技产业

为了发展高科技和科学密集经济部门,2014 年俄罗斯政府设立了工业发展基金。2017 年 3 月,俄罗斯总统战略发展和优先项目委员会批准了关于《提高劳动生产率和扶持就业》优先规划的说明。高技术和科学密集部门的产品在 GDP 中的占比从 2011 年到 2016 年逐渐从 19.6% 提高到 20.1%、21.0%、21.8%、21.5%、22.4%。国防工业综合体最重要的任务是提高民用高技术产品的产量,其比重到 2025 年要提高到 30%。国防工业企业保持了稳定的发展速度,超过了俄罗斯总体上的类似经济指标。例如,2016 年军工企业生产的工业产品规模增加了 10.7%,其中包括无线电工业。集成程度高的部门劳动生产率上升的速度平均达到 8.8%。劳动生产率升幅最大的企业有战术导弹武器公司(29.2%)、阿尔马斯—安泰空天防御康采恩(28.0%)、联合造船公司(23.0%)、联合航空制造公司(14.7%)、大洋设备康采恩(14.6%)。[3] 这一指标提高的主要因素是随着军

①　О ходе выполнения Указа Президента Российской Федерации от 7 мая 2012 года №596 (О долгосрочной государственной экономической политике) [EB/OL]. http://government. ru/orders/selection/406/27526/, 2017-05-04/2017-06-21.

②　О ходе выполнения Указа Президента Российской Федерации от 7 мая 2012 года №596 (О долгосрочной государственной экономической политике) [EB/OL]. http://government. ru/orders/selection/406/27526/, 2017-05-04/2017-06-21.

③　О ходе выполнения Указа Президента Российской Федерации от 7 мая 2012 года №596 (О долгосрочной государственной экономической политике) [EB/OL]. http://government. ru/orders/selection/406/27526/, 2017-05-04/2017-06-21.

工产品订货规模上升和生产技术更新,产能负荷大幅增加。

四、改革税收制度

2013 年 6 月通过的联邦法案《关于对俄罗斯联邦法律文件关于反对非法金融业务条款的修订》要求与俄罗斯经济离岸化作斗争,提高经营主体金融活动的透明度,包括制止借助离岸公司和"一日公司"①逃避俄罗斯税收的行为。为了建立有效机制约束利用低税收法律管辖设置毫无根据的特惠并获取毫无根据的税收收益,2015 年 1 月通过的《关于对俄罗斯联邦税法典第一和第二章(涉及受调控的外国公司利润和外国企业收入税收征管)的修订》联邦法案,其中规定了受调控海外公司利润征税原则以及非离岸化补充措施。2014 年 11 月,俄罗斯批准了《税收事务行政互助公约》,经济体可以自动交换税收事务信息,后续也制定完成了俄罗斯全面履行该公约所必需的一系列措施。

五、实施私有化计划,提高企业绩效

俄罗斯国家参股 50% 以上的公司正在实施剥离非核心资产的计划。根据 2012 年 5 月《关于国家长期经济政策》的总统令第二条第三款第二段,俄罗斯政府于 2013 年 7 月批准的《2014—2016 年联邦资产私有化计划和联邦资产私有化基本方针》规定国家从非自然垄断和非国防性质的非原料部门公司撤资,但以下企业除外:① 被列入战略企业名单的企业,它们将在俄联邦总统通过关于减少俄联邦参与企业管理程度的决议或关于从战略企业名单排除相应企业的决议之后列入计划;② 俄罗斯政府拥有少数股权同时又是控股公司垂直一体化结构的子公司;③ 俄罗斯政府拥有极少量股权的公司,对它们进行私有化花费的预算资金超过私有化所获得的联邦预算收入。在实施私有化计划框架下决定将 125 家俄罗斯国家独资企业改制为经营性公司(其中 30 家转制为垂直一体化结构),对 523 家经营性公司的股份进行了私有化。② 为了保持私有化进程的连续性,没有按照私有化计划进行私有化的俄罗斯资产列入 2017 年 2 月俄罗斯政府批准的《2017—2019 年联邦资产私有化计划和联邦资产私有化基本方针》。

---

① "一日公司",也叫"短命企业",这种企业的设立纯粹是为了逃避税收和进行欺诈业务,从某种意义上来说属于"皮包公司"。

② О ходе выполнения Указа Президента Российской Федерации от 7 мая 2012 года №596(О долгосрочной государственной экономической политике)[EB/OL]. http://government. ru/orders/selection/406/27526/, 2017-05-04/2017-06-21.

根据俄罗斯总统令第二条第三款第四段在私有化和改善国有资产管理方面,在 2012 年 12 月之前,俄罗斯国家参股 50% 以上的公司都要制定和实施剥离非核心资产的计划。俄罗斯经济发展部根据俄联邦政府令继续跟踪俄罗斯参股 50% 以上的公司剥离非核心资产计划的实施情况。[①]

六、改革司法制度

为了杜绝通过刑事调查解决经济纠纷,并保障司法裁决的独立性和客观性原则的落实,2012 和 2013 年俄罗斯政府对相关的法律文件进行了修订,包括:《关于〈俄罗斯联邦刑法典〉和俄罗斯联邦某些法律文件修订》《关于俄罗斯联邦仲裁程序法典第 29 条和第 194 条修正》《关于俄罗斯联邦某些法律文件修订》《关于俄罗斯联邦〈关于俄罗斯联邦审判员资格〉的联邦法案修订》的联邦法案,以及俄罗斯政府《关于 2013—2020 年俄罗斯司法体系发展规划》的规定。为了保证司法审理过程的客观性,2017 年 3 月通过了《关于〈俄罗斯联邦刑事诉讼法〉修订》联邦法案,规定凡是参加公开审理的人都有权进行录音和书面记录。拍照、摄影和(或)拍摄影片,将公开审理过程通过广播、电视或者互联网信息通信网络进行直播需要经过法庭会议主席的许可。

为了改善营商条件,设立了经营者权益保护机构,明确了俄罗斯总统保护经营者权益授权人(商业监察员)的相关法律规定、基本任务、职权范围,规定了保护经营者权益授权人在联邦主体活动的原则。自商业监察员制度运行以来,接受经营者投诉 2.7 万件,其中得到解决的 2.4 万件,占 86%。在保护经营者权益授权人的积极参与下,俄罗斯对 2 466 个公民的经济犯罪进行了赦免。

七、改革行政管理制度

为了评估联邦权力执行机构领导人和俄联邦主体高级责任人(国家权力高级执行机构领导人)在为营商活动创造良好条件方面的行政绩效,实行了联邦权力执行机构领导人和俄罗斯主体高级责任人行政绩效考核制度,其中设立了改善投资环境的质量和数量指标,确定了带有 2018 年目标值的评价指标、目标值的确定方法和俄罗斯主体所达到的营商活动条件改善的考核排名。

---

① О ходе выполнения Указа Президента Российской Федерации от 7 мая 2012 года №596 (О долгосрочной государственной экономической политике) [EB/OL]. http://government. ru/orders/selection/406/27526/, 2017-05-04/2017-06-21.

第三节 2016 年中国与俄罗斯的经贸关系

2016 年中俄两国经济合作的主要成果在很大程度上仍然体现在能源、重工业和金融领域。但也出现了新的合作领域,如跨境电子商务、农产品贸易和旅游等。

一、2016 年俄罗斯总统访问中国

2016 年 6 月 24—25 日普京对中国进行正式访问。自从他上次在 2014 年对中国进行正式访问以来,两国经济遇到了一系列问题。中国 GDP 增长率在结构转型的情况下下降到了 6.7%[1],产能过剩、资本外流和股市波动对宏观经济走势产生了一定的消极影响。同一时期,俄罗斯经济也经受了西方经济制裁、国际石油价格跌落、卢布贬值和经济衰退。

此次两国元首会晤共签署了 28 项合作文件,其中只有 2 份合同。俄罗斯石油公司与中国化工集团达成从 2016 年 8 月 1 日到 2017 年 7 月 31 日通过“东西伯利亚—太平洋”管道销售石油的合同[2];远东造船和船舶维修中心子公司远东明星工厂与中国船舶重工集团公司签订建设运输转运船坞合同。[3] 中国合作伙伴将对俄罗斯远东地区建设俄罗斯最现代化的造船厂做出贡献。该项目完工后俄罗斯远东地区将会形成现代工业和造船业集群,完成俄罗斯石油天然气行业在大陆架进行勘探和开采碳氢能源的所有工作。

这些项目可以使中国实现新技术本地化,使俄罗斯降低贸易对矿产原料及其价格的依赖,提高高附加值产品的比重。例如,两国政府签署了关于共同研制、生产宽体远程干线飞机及其系列产品以及商业化和售后服务的协议。从运行成本来看,可以期待这一飞机将比同类运输工具节约 10% 的成本,至少在中国和俄罗斯市场上与波音和空客形成竞争。此外还签署了合作生产民用重型直升

---

[1] 统计局:2016 年 GDP 增 6.7% “十三五”国民经济开局良好[EB/OL]. http://finance.people.com.cn/n1/2017/0120/c1004-29038589.html, 2017-01-20/2017-06-03.

[2] 俄罗斯石油公司主导中俄能源合作[EB/OL]. http://www.sohu.com/a/284800997_694318, 2018-12-27/2019-04-24.

[3] 中国造船厂开始为“红星”造船综合体建造下水船坞[EB/OL]. http://www.zaobao.com/realtime/china/story20170514-760019, 2017-05-14/2017-06-03.

机的协议,计划在中国实现系列化生产,满足中国市场的需要(约 200 架)。① 需要特别指出的是,俄罗斯航天公司和中国国家航天局签订的合作协议成为两国在火箭发动机和入轨载具方面合作的法律规范基础。

二、中俄两国贸易发展动态

由于两国使用的统计方法和商品原产国确定方法不同,两国对双边贸易额的统计数据存在差异。2016 年统计误差为 35 亿美元。如表 10-6 所示,根据中国提供的数据,2016 年中国与俄罗斯的贸易额是 695.627 亿美元,比 2015 年增长了 2.3%。而俄罗斯海关统计的是 661.083 亿美元,增长了 4.0%。在国际贸易总体下滑和中国与多数大的贸易伙伴贸易额下降的情况下,中俄两国贸易却是逆势而上。

表 10-6　2016 年中俄之间进出口贸易情况

指标	中国统计			俄罗斯统计		
	中国与俄罗斯贸易	出口	进口	俄罗斯与中国贸易	进口	出口
价值额 (亿美元)	695.627	373.341	322.286	661.083	380.870	280.213
占比 (%)	1.9	1.8	2.0	14.1	20.9	9.8
增长幅度 (%)	2.3	7.4	-3.1	4.0	9.0	-2.0

资料来源:根据中国海关网站、俄罗斯海关网站数据整理得出,http://www.chinacustomsstat.com/ aspx/1/NewData/Record_Class.aspx? id = 3160&currency = usd;http://www.customs.ru/index2.php? option = com_ content&view = article&id = 24785;------2016-&catid = 125:2011-02-04-16-01-54&ltemid = 1976, 2017- 06-21。

2016 年中国和俄罗斯在对方主要贸易伙伴名单上分别排名第 1 和第 12 位。由于两国经济体量的巨大差异,扣除原料商品,俄罗斯在中国对外贸易中的位置极低,仅占中国进口的 2.0% 和出口的 1.8%。在地区合作中这一趋势表现得更为明显。据俄罗斯海关统计,2016 年俄罗斯对中国出口价值减少了 2.0%,为 280.213 亿美元。尽管俄罗斯出口的主要产品矿物燃料实物量增加了,但是以美

---

① 中俄两国签署重型直升机和远程飞机研发协议[EB/OL]. http://www.lyunx.com/artcle-22771-1. html, 2016-06-26/2017-06-03.

元标价的石油价格过低,俄罗斯出口的这些产品全年还是缩减了5.6%。2016年俄罗斯成为向中国提供石油的最大出口商,与2015年相比出口增加了25.0%,达到每天105万桶。[①]

俄罗斯向中国出口的第二大商品就是木材及其制品,其全年出口价值量增加了16.9%。其在出口商品结构中的比重提升了1.5%,达到9.3%。中国继续保持俄罗斯木材最大买主的地位,从俄罗斯购买的木材占其出口的比重从2015年的61%增加到64%。俄罗斯向中国出口的第三大类商品是机电产品。俄罗斯向中国出口这类商品增加了6.9%。其中最主要的仍然是核反应堆、锅炉、设备和机械产品及其配件,但是此类产品出口同比减少了19.9%。此外,俄罗斯向中国出口的农产品大幅增加。其中最大项是鱼类和水生贝壳产品,增加了5.8%,达到10.3亿美元。其次是动物油和植物油,增加了89.6%,达到1.7亿美元。油料作物增加了16.3%,达到1.5亿美元。可可及其制品增加了174.3%,牧草、面粉、淀粉和牛奶等制成品增加了330.2%。[②]

2016年中国向俄罗斯购买了超过15.5亿美元的粮食,是俄罗斯农产品和食品出口的最大贸易伙伴。中国在俄罗斯农产品出口中的比重占10.1%,比2015年提升了19.5%。2015年12月中国取消了限制俄罗斯小麦进口的禁令。双方还签署了关于对玉米、大米、大豆和油菜的植物卫生要求的备忘录。在中国经济增速放缓和工业品产能过剩的背景下,中国购买俄罗斯的有色金属减少了59.6%,黑色金属制品减少了36.5%,化工产品减少了33.6%。俄罗斯从中国进口同比增加了9.0%,达到381.0亿美元。进口的主要是机电产品,占58.8%;其次是化工产品占9.0%;服装和鞋类占8.7%。[③]

2016年中俄经贸合作的新方向是跨境电子商务。到2016年底,俄罗斯人在中国网店购物的比重上升到了约60%。中国最大的线上卖场阿里巴巴旗下的全球速卖通约占俄罗斯在线订货总额的90%。全球速卖通在很短的时间内就与俄罗斯许多银行和支付服务商建立了伙伴关系。俄罗斯成了速卖通三大主要市

① 根据中国海关网站、俄罗斯海关网站数据整理得出,http://www.chinacustomsstat.com/aspx/1/New-Data/Record_Class.aspx?id=3160&currency=usd;http://www.customs.ru/index2.php?option=com_content&view=article&id=24785;------2016-&catid=125;2011-02-04-16-01-54&ltemid=1976,2017-06-21。

② 根据中国海关网站、俄罗斯海关网站数据整理得出,http://www.chinacustomsstat.com/aspx/1/New-Data/Record_Class.aspx?id=3160&currency=usd;http://www.customs.ru/index2.php?option=com_content&view=article&id=24785;------2016-&catid=125;2011-02-04-16-01-54&ltemid=1976,2017-06-21。

③ 根据中国海关网站、俄罗斯海关网站数据整理得出,http://www.chinacustomsstat.com/aspx/1/New-Data/Record_Class.aspx?id=3160&currency=usd;http://www.customs.ru/index2.php?option=com_content&view=article&id=24785;------2016-&catid=125;2011-02-04-16-01-54&ltemid=1976,2017-06-21。

场之一,占比不低于 35%。① 俄罗斯也着手建立自己的网络平台出口俄罗斯商品。2016 年 9 月在阿里巴巴旗下的天猫全球在线平台上开辟出了俄罗斯国家馆。此外还建立了一些在线平台,向中国消费者出口俄罗斯商品。它们大部分都专门经营食品出口业务。

三、投资和金融领域合作

近年来中俄两国积极推动投资合作。能源、基础设施、交通、农业等领域潜在的合作主要依赖于投资效果。如表 10-7 所示,中国的投资环境总体明显优于俄罗斯,比如在金融服务准入指标全球排名中,中国排第 45 位,而俄罗斯排在第 112 位。由此可见,中俄两国若想进一步扩大投资和金融合作,俄罗斯方面更需改善投资环境。

表 10-7   2014 年和 2016 年中国和俄罗斯投资环境指标全球排名情况

国家	物流竞争力		财产保护		产权		知识产权保护	
	2014 年	2016 年	2014 年	2016 年	2014 年	2016 年	2014 年	2016 年
中国	35	27	46	51	48	49	48	61
俄罗斯	79	73	119	119	124	121	105	115

国家	国家调控规范符合程度		金融服务准入		执法机构的可靠性		恐怖主义提高营商成本	
	2014 年	2016 年	2014 年	2016 年	2014 年	2016 年	2014 年	2016 年
中国	14	21	66	45	55	54	89	81
俄罗斯	110	101	86	112	112	105	102	99

资料来源:Global Alliance for Trade Facilitation, World Economic Forum. The Global Enabling Trade Report 2016[EB/OL].http://www3.weforum.org/docs/WEF_GETR_2016_report.pdf, 2016-11-30/2017-06-23.

2016 年中俄双方签订了一项能源领域大单,丝路基金向俄罗斯诺瓦泰克(NOVATEK)天然气公司购买了亚玛尔液化天然气项目 9.9% 的股份,并向俄罗斯公司提供了为期 15 年 8 亿美元的贷款。此外,丝路基金与中国开发银行签订

---

① 根据中国海关网站、俄罗斯海关网站数据整理得出,http://www.chinacustomsstat.com/aspx/1/New-Data/Record_Class.aspx? id = 3160&currency = usd;http://www.customs.ru/index2.php? option = com_content&view = article&id = 24785;------2016-&catid = 125;2011-02-04-16-01-54&ltemid = 1976,2017-06-21。

了购买西伯利亚—乌拉尔石油化工公司（SIBUR）10.0%股份的协议。① 据普华永道国际会计师事务所提供的资料，2016 年公布的中国资本在俄罗斯参与国际购并的交易数量增加最多。这表明中国投资者在俄罗斯市场开始活跃起来。然而从绝对数来看，无论是吸引中国投资的协议数量还是融资和累积投资总额，俄罗斯仍然远远落后于欧美国家。此外，与以往一样，远不是所有讨论的交易都能执行到底。如果按照普华永道的计算，2016 年讨论了 34 项交易，那么而根据中国全球投资跟踪公司（China Global Investment Tracker）发布的 2016 年的数据显示，完成的交易只有 2 项股票购买合同和 1 项建筑合同，如表 10-8 所示。

表 10-8　2016 年中国在俄罗斯的投资交易完成情况

月份	中国投资商	交易金额（亿美元）	公司股权比例（%）	俄罗斯公司名称	所属部门
6 月	中国化工集团	4.40	—	—	化学工业（建筑合同）
11 月	北京燃气集团	10.80	20	上琼斯克石油天然气公司	能源（天然气工业）
12 月	丝路基金/远期外汇综合协议	11.50	10	西伯利亚—乌拉尔石油化工公司	能源（天然气工业）

资料来源：根据中国全球投资跟踪公司数据整理得出，https://www.aei.org/china-global-investment-traker，2017-06-15。

　　为了吸引中国投资，2016 年俄罗斯通过了一系列金融银行领域的重要决定。第一，批准了新的与中国避免双重征税的协议。第二，中国人民银行指定中国工商银行为俄罗斯境内人民币业务的清算银行，以便顺利进行贸易和金融的人民币业务结算。俄罗斯获得了重要的离岸人民币业务结算中心的地位，这使得俄罗斯有机会扩大人民币工具使用范围，增加人民币流动性规模。此外，2016 年年底中国工商银行从俄罗斯中央银行获得了吸收自然人卢布和外汇现金存款的许可。这使它作为清算中心将来进行开户汇兑业务，并使其负债结构多元化。在人民币衍生品市场上两国中央银行检测了货币互换系统业务机制，并保证随时将其激活。俄罗斯经济当中使用人民币的范围扩大了，比如俄罗斯中央银行允许信贷机构用人民币支付法定资本。

---

　　① 普京启动国企私有化一周年获百亿大单，中国资本借机寻合作良机［EB/OL］. https://pit.ifeng.com/a/20161222/50457587_0.shtml，2016-12-22/2017-06-23。

四、边境和地区合作情况

尽管中俄两国地理位置上很接近,但是由于俄罗斯西伯利亚和远东地区人口少,经济发展指标低,因此与中国的边境合作水平不高。俄罗斯远东地区向中国出口的主要商品是矿产原料(占32.8%)、食品和农业原料(32.0%,其中鱼类和贝壳类产品占26.1%)、木材及其制品(19.2%)、机电产品(10.7%)。西伯利亚地区向中国出口的主要产品是矿物燃料(30.4%)、机电产品(22.3%)、冶金产品(11.5%)、食品和农业原料(9.8%)。①

俄罗斯远东地区从中国进口的主要商品是机电产品(36.8%)、食品(15.5%)、化工产品(14.3%)、冶金产品(11.5%)。西伯利亚地区从中国进口的主要产品是化工产品(46.2%)、冶金产品(14.0%)、农产品(10.3%)。②

为了落实政府间合作协议,双方设立了俄罗斯伏尔加河流域与中国长江中下游地区合作理事会,以及俄罗斯远东地区和中国东北地区合作理事会。为了进一步鼓励边境地区合作,2016年双方协商通过了一系列决定,其中包括就在中俄政府首脑定期会晤机制下设立中国东北和俄罗斯远东及贝加尔地区合作与发展政府间委员会达成一致。

从2015年开始,远东陆续设立了新的促进投资的机制,如符拉迪沃斯托克自由港和超前社会经济发展区。如表10-9所示,中国公司在这些地区投资规模24亿美元。中国在远东的投资项目涉及的领域包括能源、农业、工业、旅游、交通。其中远东地区与中国贸易额最大的滨海边疆区设立了4个超前发展区。符拉迪沃斯托克自由港有6个中国投资项目。在交通和基础设施领域,2016年俄罗斯政府批准了建设和改造连接中国东北三省和俄罗斯远东南部港口的跨境交通走廊"滨海1号"和"滨海2号"项目的系列措施。③ 由于中国东北地区没有出海口,俄罗斯港口可以成为黑龙江和吉林货物出口乃至中国东北地区货物转运至南方的重要过境通道,并减轻中国天津港和大连港的压力。

表 10-9　俄罗斯远东超前社会经济发展区和符拉迪沃斯托克自由港吸引外资情况

分布	引进外资额(亿美元)	
	超前发展区	符拉迪沃斯托克自由港
总计	27.388	0.175

---

① 根据俄联邦海关数据库计算得出,http://www.customs.ru/,2017-06-25。
② 根据俄联邦海关数据库计算得出,http://www.customs.ru/,2017-06-25。
③ 根据远东开发公司官方网站发布资料计算得出,http://www.erdc.ru,2017-05-22。

续表

分布	引进外资额（亿美元）	
	超前发展区	符拉迪沃斯托克自由港
其中：		
中国	24.222	0.173
澳大利亚	1.834	—
意大利	0.467	—
哈萨克斯坦	0.433	—
日本	0.311	0.002
新加坡	0.121	

资料来源：根据远东发展集团公司官方网站资料计算得出，http://www.erdc.ru，2017-05-22。

2016 年边境地区农业领域签署了建立中俄农业发展基金协议。其目的在于发展俄罗斯远东地区出口导向的农业项目和吸引亚太地区长期投资，其中部分产品计划出口到中国。

（李新）

主要参考文献

［1］Министерство экономического развития РФ. об итогах социально-экономического развития Российской Федерации в 2016 году［EB/OL］. http://economy. gov. ru/minec/activity/sections/macro/2017070204，2017-02-07/2017-08-01.

［2］О ходе выполнения Указа Президента Российской Федерации от 7 мая 2012 года №596（О долгосрочной государственной экономической политике）［EB/OL］. http://government. ru/orders/selection/406/27526/，2017-05-04/2017-06-21.

［3］Путин，В. В.，Указ Президента Российской Федерации：О долгосрочной государственной экономической политике［EB/OL］. http://www. kremlin.ru/acts/bank/35260，2012-05-07/2017-05-21.

［4］俄罗斯石油公司主导中俄能源合作［EB/OL］. http://www.sohu.com/a/284800997_694318，2018-12-27/2019-04-24.

［5］普京启动国企私有化一周年获百亿大单，中国资本借机寻合作良机［EB/OL］. https://pit. ifeng. com/a/20161222/50457587_0. shtml，2016-12-22/

2017-06-23.

［6］统计局：2016 年 GDP 增 6.7%"十三五"国民经济开局良好［EB/OL］. http://finance.people.com.cn/n1/2017/0120/c1004-29038589.html，2017-01-20/ 2017-06-03.

［7］中俄两国签署重型直升机和远程飞机研发协议［EB/OL］. https:// www.lyunx.com/article-22771-1.html，2016-06-26/2017-06-03.

［8］中国造船厂开始为"红星"造船综合体建造下水船坞［EB/OL］. http:// www.zaobao.com/realtime/china/story20170514-760019，2017-05-14/2017-06-03.

第十一章　中东欧和中亚经济

第一节　中东欧和中亚经济

一、2016 年中东欧经济形势综述

（一）中东欧国家整体发展情况概览

本章所指的"中东欧"共有 19 个国家,其中包括 6 个从苏联独立出来的国家:独联体三国,即白俄罗斯、乌克兰、摩尔多瓦;波罗的海三国,即爱沙尼亚、拉脱维亚、立陶宛;以及 13 个前社会主义国家,即波兰、捷克、斯洛伐克、匈牙利、罗马尼亚、保加利亚、阿尔巴尼亚 7 国和由前南斯拉夫分裂后形成的斯洛文尼亚、克罗地亚、波黑、塞尔维亚、黑山和马其顿 6 国。该地区地理条件多样,民族成分复杂,文化、语言和宗教信仰呈现多样性。

如表 11-1 所示,截至 2017 年 6 月 25 日,中东欧 19 个国家中除白俄罗斯、乌克兰、摩尔多瓦、塞尔维亚、波黑、马其顿 6 国外,其余 13 国均为北约（NATO）正式成员国;11 个国家已成为欧盟正式成员国,4 个国家成为欧盟候选国,波黑已正式递交入盟申请,摩尔多瓦也已签署欧盟准成员国协议;8 个国家是申根区成员国;爱沙尼亚、拉脱维亚、立陶宛、斯洛文尼亚、斯洛伐克和黑山已经加入欧元区。

中东欧国家自 20 世纪 90 年代以来,不断深化市场经济体制改革和扩大对外开放格局,既强调产品走出去又大力吸引外资以推动国内市场发展。经过 20 多年的发展,已取得了瞩目的经济成就,社会发展和人民生活的水平不断提高,以斯洛文尼亚为典型代表的多国迅速步入发达国家行列。但我们也应看到,区域内国家在经济体量、产业结构、产能利用率等方面仍存在显著差异。由于对外依存度高,各国更易受到国际宏观经济环境变化的影响,在国际宏观经济失衡的背景下,各国经济中的结构性矛盾仍不可小觑。

表 11-1 中东欧国家情况概览

中东欧国家	加入北约成员	加入欧盟	加入申根区	加入欧元区
白俄罗斯				
乌克兰				
摩尔多瓦		准成员国协议		
爱沙尼亚	√2004 年	√2004 年	√	√
拉脱维亚	√2004 年	√2004 年	√	√
立陶宛	√2004 年	√2004 年	√	√
斯洛伐克	√2004 年	√2004 年	√	√
捷克	√1999 年	√2004 年	√	
波兰	√1999 年	√2004 年	√	
匈牙利	√1999 年	√2004 年	√	
斯洛文尼亚	√2004 年	√2004 年	√	√
罗马尼亚	√2004 年	√2007 年		
保加利亚	√2004 年	√2007 年		
克罗地亚	√2009 年	√2013 年		
阿尔巴尼亚	√2009 年	候选国		
黑山	√2017 年	候选国		√
马其顿		候选国		
塞尔维亚		候选国		
波黑		递交入盟申请		

资料来源:Central Intelligence Agency. The World Factbook[EB/OL]. https://www.cia.gov/library/publications/resources/the-world-factbook/appendix/appendix-d.html,2017-06-25/2017-06-25.

(二) 2016 年中东欧国家经济表现

2016 年中东欧国家经济状况总体较好,经济增长速度有所回升。如表 11-2 所示,其中已经加入欧盟的 11 个国家经济表现持续向好,各国均实现经济正增长,部分国家经济增长较快,较 2015 年上扬幅度较大,如罗马尼亚 2016 年增长达到 4.8%,较 2015 年提高 0.9 个百分点。但如表 11-2 和表 11-3 所示,同时超过一半的国家经济增长速度较 2015 年有所下降,如波兰、捷克和匈牙利,分别由 2015 年的 4.5%、3.1%、3.8%下降到 2.7%、2.4% 和 2.0%。巴尔干 5 国和独联体 3 国呈现复苏之势,如乌克兰 2016 年经济增长率为 2.3%,乃三年来首次实现经济正增长。① 不过,白俄罗斯经济复苏仍然乏力,其 2016 年经济增长率为 −2.6%。②

表 11-2　中东欧地区欧盟成员国 2009—2016 年实际 GDP 增长率

成员	实际 GDP 增长率(%)							
	2009 年	2010 年	2011 年	2012 年	2013 年	2014 年	2015 年	2016 年
保加利亚	−3.6	1.3	1.9	0.0	0.9	1.3	3.6	3.4
捷克	−4.8	2.3	2.0	−0.8	−0.5	2.7	4.5	2.4
爱沙尼亚	−14.7	2.3	7.6	4.3	1.4	2.8	1.4	1.6
克罗地亚	−7.4	−1.7	−0.3	−2.2	−1.1	−0.5	2.2	3.0
拉脱维亚	−14.3	−3.8	6.4	4.0	2.6	2.1	2.7	2.0
立陶宛	−14.8	1.6	6.0	3.8	3.5	3.5	1.8	2.3
匈牙利	−6.6	0.7	1.7	−1.6	2.1	4.0	3.1	2.0
波兰	2.8	3.6	5.0	1.6	1.4	3.3	3.8	2.7
罗马尼亚	−7.1	−0.8	1.1	0.6	3.5	3.1	3.9	4.8
斯洛文尼亚	−7.8	1.2	0.6	−2.7	−1.1	3.1	2.3	2.5
斯洛伐克	−5.4	5.0	2.8	1.7	1.5	2.6	3.8	3.3

资料来源:Eurostat. Real GDP Growth Rate-Volume[EB/OL]. http://ec.europa.eu/eurostat/tgm/table. do?tab=table&init=1&language=en&pcode=tec00115&plugin=1,2016-08-11/2017-06-25.

表 11-3　中东欧国家各部门实际增长率一览

中东欧国家	实际国内需求增长率(%)		实际出口增长率(%)		实际私人消费增长率(%)	
	2015 年	2016 年	2015 年	2016 年	2015 年	2016 年
捷克	4.8	1.4	7.7	4.3	3.0	2.9
匈牙利	1.4	2.2	7.7	6.9	3.1	7.2
斯洛伐克	4.7	0.9	7.0	4.8	2.2	2.9
波兰	3.4	2.8	7.7	8.4	3.2	3.6

---

① 欧洲复兴开发银行保持乌克兰经济增长预测[EB/OL]. http://ua.mofcom.gov.cn/article/jmxw/ 201705/20170502574962.shtml,2017-05-15/2017-06-25.

② European Bank for Reconstruction and Development. Regional Economic Prospects[EB/OL]. http:// www. ebrd. com/what-we-do/economic-research-and-data/data/forecasts-macro-data-transition-indicators. html, 2017-04-21/2017-08-02.

续表

中东欧国家	实际国内需求增长率(%)		实际出口增长率(%)		实际私人消费增长率(%)	
	2015 年	2016 年	2015 年	2016 年	2015 年	2016 年
斯洛文尼亚	1.4	2.4	5.6	5.9	0.5	2.8
保加利亚	3.5	1.6	5.7	5.7	4.5	2.1
克罗地亚	1.2	3.1	10.0	6.7	1.2	3.3
罗马尼亚	5.5	5.6	5.4	7.6	6.0	7.4
阿尔巴尼亚	0.1	3.8	-0.2	6.0	0.9	0.9
波黑	1.5	2.7	7.6	3.8	2.9	2.4
马其顿	3.4	1.5	6.7	11.5	3.7	4.2
黑山	4.7	7.6	9.4	3.5	2.2	5.0
塞尔维亚	1.4	1.1	10.2	11.9	0.5	0.8
爱沙尼亚	0.7	2.6	-0.6	3.6	4.6	4.0
拉脱维亚	2.4	3.0	2.6	2.6	3.5	3.4
立陶宛	6.7	2.1	-0.4	2.9	4.1	5.5
白俄罗斯	-7.6	1.2	2.1	7.6	-2.3	1.7
摩尔多瓦	-5.8	-4.1	2.3	14.8	-2.3	2.9
乌克兰	-12.1	6.0	-13.2	-1.6	-20.5	1.8

资料来源:IMF. Central, Eastern and Southeastern Europe : A Broadening Recovery[EB/OL]. https://www.imf.org/en/Publications/REO/EU/Issues/2017/05/10/a-broadening-recovery,2017-05-27/2017-06-25.

　　欧盟与经合组织国家依然是中东欧国家的主要进出口市场,同时也是引进外商直接投资(FDI)的主要来源地。以 2016 年经济增长率最高的罗马尼亚为例,据商务部国别报告记载,罗马尼亚 2016 年进出口贸易总额为 1 380.7 亿美元,其中超过七成在欧盟国家间进行,其贸易伙伴排名前三的分别是德国、意大利和法国,约占其进出口总额的 38.1%。[1]

　　除了独联体国家,其他中东欧国家劳动力市场进一步收紧,失业率下降到经济危机爆发前的水平,波罗的海国家甚至出现劳动力短缺。根据有关报告分析,独联体国家失业率较高的原因是其根深蒂固的结构性矛盾所致,包括不完备的

――――――――――

　　[1]　根据《2016 年罗马尼亚货物贸易及中罗双边贸易概况》中资料整理得出, http://countryreport. mofcom.gov.cn/record/view110209.asp?news_id=53453,2017-06-25。

改革、较差的投资环境、基础设施薄弱等。①

尽管美国一直在紧缩货币政策，但是流入这一区域的资金仍有所增加。除了格鲁吉亚、斯洛伐克的信贷增长率每年维持在 10%左右，大部分国家信贷增长缓慢甚至出现负增长。摩尔多瓦和乌克兰等国家的信贷紧缩继续下滑，反映出这些经济体的银行资产负债表薄弱。中东欧的不良贷款水平略有下降，但大部分地区仍然有所增长。提高银行部门的资产质量成为该地区许多国家政策优先事项。此外，除了独联体国家，这一地区通货膨胀率总体由低位上升，其主要原因是价格上涨。②

1. 区域内 11 个欧盟成员国经济增长稳健

经历 2008 年全球金融危机与欧洲债务危机双重打击后，中东欧地区欧盟成员国近年来经济恢复势头向好，除克罗地亚外，该区域内 10 个国家已经连续三年实现经济正增长。家庭消费成为该地区经济增长的主要驱动力，其对外贸易保持稳定，政府支出增加。保加利亚、克罗地亚、匈牙利和罗马尼亚等国 2016 年相继推出减税计划，实施积极的财政政策，以刺激经济增长。投资环境相对疲软，基础设施建设不足。得益于能源价格提高，通货膨胀率有所回升。不同国家劳动力市场差异显著，据欧盟统计局数据显示，2016 年克罗地亚 11.4%的失业率仍保持高位，捷克 4.0%的失业率在欧盟最低，而在波罗的海国家已经出现劳动力短缺，特别是急需技术工人的现象。③ 对欧洲劳动力市场而言，自由流动非常重要，但 2016 年的难民危机和恐怖袭击事件对于劳动力自由流动产生了极大的阻碍作用，并影响了区域内的稳定和繁荣。

（1）罗马尼亚

受金融危机影响，2009 年和 2010 年罗马尼亚经济下滑，2011 年开始逐步走出金融危机的阴影。罗马尼亚 2016 年经济增长较快，其 GDP 总量为 1 696 亿欧元，人均 GDP 为 0.86 万欧元，在 11 国中排名较为靠后，如图 11-1、图 11-2 所示。实际 GDP 增长率为 4.8%，高于 2015 年 3.9%的增长率，位居区域内首位，2016 年实际国内需求增长率、实际出口增长率和实际私人消费增长率分别为5.5%、5.4%和 7.4%，其中实际私人消费增长率提高最快，相比 2015 年 6.0%提

---

① IMF. Central, Eastern and Southeastern Europe: A Broadening Recovery[EB/OL]. https://www.imf.org/en/Publications/REO/EU/Issues/2017/05/10/a-broadening-recovery, 2017-05-27/2017-06/25.

② European Bank for Reconstruction and Development. Regional Economic Prospects[EB/OL]. http://www.ebrd.com/what-we-do/economic-research-and-data/data/forecasts-macro-data-transition-indicators.html, 2017-04-21/2017-08-02.

③ 欧盟失业率下降，未来取决于劳动力自由流动[EB/OL]. http://eu.mofcom.gov.cn/article/jmxw/201702/20170202520955.shtml, 2017-02-22/2017-06-25.

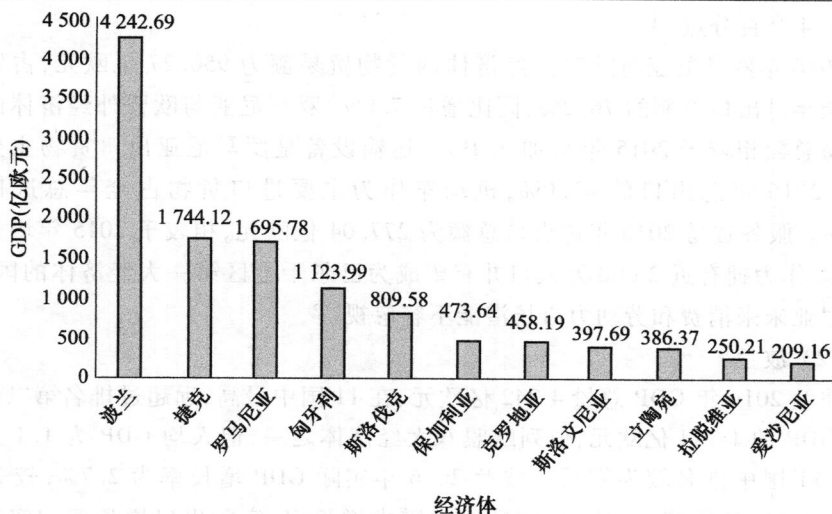

图 11-1　中东欧地区欧盟成员 2016 年 GDP

资料来源：Eurostat. Gross Domestic Product at Market Prices［EB/OL］.http://ec.europa.eu/eurostat/ tgm/table.do?tab = table&init = 1&plugin = 1&language = en&pcode = tec00001 ,2016-08-11/2017-06-25.

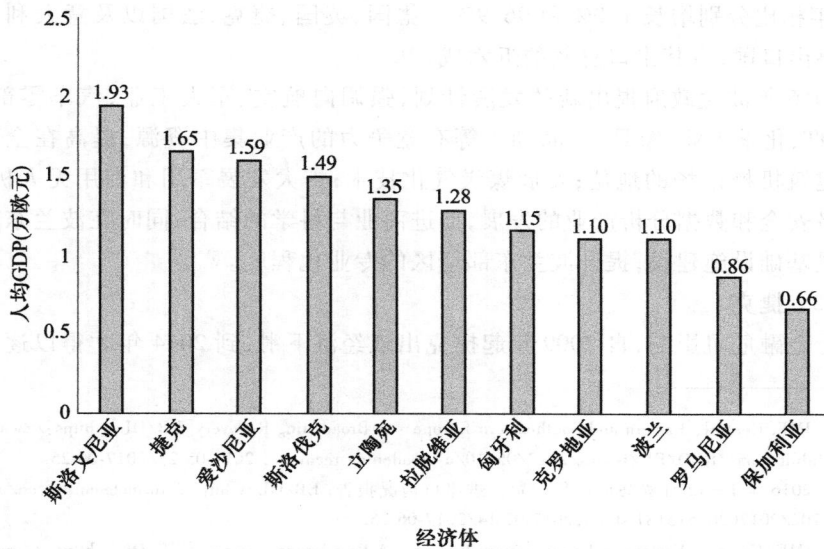

图 11-2　中东欧地区欧盟成员 2016 年人均 GDP

资料来源：Eurostat. Gross Domestic Product at Market Prices［EB/OL］. http://ec. europa. eu/ eurostat/tgm/table.do?tab = table&init = 1&plugin = 1&language = en&pcode = tec00001 ,2016-08-11/2017- 06-25.

升了 1.4 个百分点。①

2016 年罗马尼亚与欧盟内经济体的货物贸易额为 950.27 亿欧元,占罗马尼亚全年进出口总额的 76.2%,同比增长 7.0%,罗马尼亚与欧盟外经济体的货物贸易总额相较于 2015 年增加 3.4%。运输设备是罗马尼亚出口货物主要组成,占 2016 年总出口的 47.0%,机动车作为主要进口货物占全年总进口的 38.0%。服务贸易 2016 年进出口总额为 277.04 亿欧元,相较于 2015 年增长了 4.6%。作为拥有近 2 000 万人口并有望成为巴尔干地区第一大经济体的国家,罗马尼亚未来消费和劳动力市场潜能不容忽视。②

(2) 波兰

波兰 2016 年 GDP 总量 4 242 亿欧元,在 11 国中最高,远超过排名第二位的捷克 GDP 的 1 744 亿欧元,位列欧盟八大经济体之一,但人均 GDP 为 1.1 万欧元,在 11 国中排名较为靠后。波兰 2016 年实际 GDP 增长率为 2.7%,较 2015 年的 3.8%有所回落。2016 年实际国内需求增长率、实际出口增长率和实际私人消费增长率分别为 2.8%、8.4%和 3.6%,其中实际国内需求增长率比 2015 年下降 0.6%,实际出口增长率提高了 0.7%。③

2016 年波兰货物进出口总额为 3 998.2 亿美元,顺差为 52.2 亿美元,与 2015 年相比分别增长 1.0%和 96.9%。德国、英国、捷克、法国以及意大利是波兰主要出口国,占其出口总额的近六成。④

2016 年波兰政府提出新的发展计划,强调向航空、军火工业、汽车零部件、造船、IT、化学工业、家具、食品加工等有竞争力的产业集中资源;提高在全球采矿和建筑机械市场的地位;发展煤炭气化技术;扩大发展军用和商用无人机;促进网络安全和数据分析产业的发展,促进商业与科学的结合;同时在波兰东部地区加强基础设施建设,提升波兰东部地区的专业化程度。⑤

(3) 捷克

受金融危机影响,自 2009 年起捷克出现经济下滑,到 2014 年才得以逐步恢

---

① IMF. Central, Eastern and Southeastern Europe : A Broadening Recovery[EB/OL]. https://www.imf.org/en/Publications/REO/EU/Issues/2017/05/10/a-broadening-recovery, 2017-05-27/2017-06-25.

② 2016 年 1—12 月罗马尼亚货物贸易进出口情况报告[EB/OL]. http://ro.mofcom.gov.cn/article/ztdy/201702/20170202515181.shtml, 2017-02-14/2017-06-25.

③ IMF. Central, Eastern and Southeastern Europe : A Broadening Recovery[EB/OL]. https://www.imf.org/en/Publications/REO/EU/Issues/2017/05/10/a-broadening-recovery, 2017-05-27/2017-06-25.

④ 2016 年波兰外贸顺差 47.6 亿欧元[EB/OL]. http://pl.mofcom.gov.cn/article/jmxw/201702/20170202518078.shtml, 2017-02-17/2017-06-25.

⑤ 波兰新政府发展计划[EB/OL]. http://pl.mofcom.gov.cn/article/ztdy/201603/20160301282682.shtml, 2016-03-24/2017-06-25.

复经济增长。捷克 2016 年实际 GDP 增长率恢复到 2.4%。同年人均 GDP 达到 1.65 万欧元,在中东欧国家中排名第二,其经济增长主要推动力源自家庭消费和对外贸易。2016 年实际国内需求增长率、实际出口增长率和实际私人消费增长率分别为 1.4%、4.3% 和 2.9%,相比 2015 年均有所下降,其中实际出口增长率降幅最大。值得注意的是,2016 年 12 月份的通货膨胀率达到 2.1%,在同期欧盟国家中最高。① 而较高的通货膨胀率是由于价格上涨所致。②

2016 年捷克货物进出口总额达 3 050 亿美元,较上一年增长 1.9%,出口额约 1 626 亿美元,同比增长 2.3%,顺差主要来源于德国、斯洛伐克和英国等欧盟国家。欧盟是捷克最主要的贸易伙伴,其货物贸易总额中 83.6% 以上都是在欧盟 28 国内进行的,其中德国占捷克出口总额 32.0%。③

（4）斯洛伐克

2016 年 GDP 为 809 亿欧元,11 国中排名第五,人均 GDP 达到 1.49 万欧元。受到英国"脱欧"等事件影响,本年度实际 GDP 增长率为 3.3%,相较于 2015 年的 3.8% 有所放缓。2016 年实际国内需求增长率、实际出口增长率和实际私人消费增长率分别为 0.9%、4.8% 和 2.9%,其中实际私人消费增长率较 2015 年有所提升,但其他两个部门实际增长率均下降了。④

2016 年斯洛伐克外贸顺差为 37.3 亿欧元,其中出口总额 701.2 亿欧元,同比增长 3.6%,进口总额 663.9 亿欧元,同比增加 3.1%。⑤ 由于斯洛伐克已经加入了欧元区,欧洲央行货币政策对其影响较大。斯洛伐克央行接力保持金融市场的稳定和监督。斯洛伐克于 2016 年 7 月 1 日正式担任欧盟轮值主席国,并将从"减少障碍和贸易壁垒"和"应对欧盟管理危机"两方面入手,制定相关议程安排。⑥

（5）匈牙利

匈牙利也是受金融危机和欧债危机影响较大的国家,在政府一系列措施刺

① 欧委会:捷克 2016 年经济运行良好,潜在问题不容忽视［EB/OL］. http://cz.mofcom.gov.cn/article/jmxw/201702/20170202522769.shtml,2017-02-24/2017-06-25.

② IMF. Central, Eastern and Southeastern Europe : A Broadening Recovery［EB/OL］. https://www.imf.org/en/Publications/REO/EU/Issues/2017/05/10/a-broadening-recovery, 2017-05-27/2017-06-25.

③ 2016 年捷克出口增长创下历史纪录［EB/OL］. http://cz.mofcom.gov.cn/article/jmxw/201702/20170202512071.shtml,2017-02-08/2017-06-25.

④ IMF. Central, Eastern and Southeastern Europe : A Broadening Recovery［EB/OL］. https://www.imf.org/en/Publications/REO/EU/Issues/2017/05/10/a-broadening-recovery, 2017-05-27/2017-06-25.

⑤ 中欧协会. 2016 年斯洛伐克外贸顺差 37.3 亿欧元［EB/OL］. http://ceatec.mofcom.gov.cn/article/jmzx/ozdq/201702/20170202519643.shtml,2017-02-21/2017-06-25.

⑥ 斯洛伐克担任欧盟轮值主席国期间重点关注经贸议题［EB/OL］. http://sk.mofcom.gov.cn/article/ztdy/201609/20160901399468.shtml,2016-09-22/2017-06-25.

激下,近几年来经济增长有所恢复,2016 年 GDP 总额 1 124 亿欧元,人均 GDP 达 1.15 万欧元,实际 GDP 增长率为 2.0%,增幅低于 2015 年的 3.1%。[①] 2016 年实际国内需求增长率、实际出口增长率和实际私人消费增长率分别为 2.2%、6.9%和 7.2%,其中实际私人消费增长率从 2015 年的 3.1%提升到 2016 年的 7.2%。[②] 以市场为导向的服务业和农业是经济增长主要的贡献力量,但工业生产有一定停滞,建筑业消化表现明显。与大多数新的欧盟成员国一样,匈牙利的公共投资自 2016 年年初以来持续呈现下降态势,在企业信贷依然收紧的情况下,私人投资也保持负增长。[③]

2016 年匈牙利对外贸易和财政状况表现良好,进出口总额为 1 766 亿欧元,创历史新高,贸易顺差近 100 亿欧元,而财政赤字率不到 3.0%。[④]

(6)斯洛文尼亚

2016 年斯洛文尼亚 GDP 总量为 398 亿欧元,人均 GDP 为 1.93 万欧元,位居该地区 11 国中榜首,实际 GDP 增长率 2.5%,连续三年实现正增长。2016 年实际国内需求增长率、实际出口增长率和实际私人消费增长率分别为 2.4%、5.9%和 2.8%,实际私人消费增长率增长幅度最快,相比 2015 年提高了 2.3%。[⑤]

出口是拉动斯洛文尼亚经济增长的主要动力。据统计,2016 年斯洛文尼亚进出口货物贸易总额为 633.8 亿美元,比上年增长 2.6%,贸易顺差为 24.0 亿美元,增长 13.3%。德国是斯洛文尼亚第一大贸易伙伴,接着是意大利、法国和克罗地亚,总共占其进出口货物贸易总额的 45.7%。进出口主要商品包括机电产品、运输设备和化工产品等工业品,而在背后为其经济增长做出突出贡献的是其国内较为强大的工业基础。[⑥]

(7)克罗地亚

克罗地亚近年来私有化步伐不断加快,工业体系得以重组,以出口为导向、

① 欧洲复兴开发银行提高匈牙利 GDP 增长预测[EB/OL]. http://hu.mofcom.gov.cn/article/jmxw/201705/20170502574401.shtml, 2017-05-12/2017-06-25.

② IMF. Central, Eastern and Southeastern Europe: A Broadening Recovery[EB/OL]. https://www.imf.org/en/Publications/REO/EU/Issues/2017/05/10/a-broadening-recovery, 2017-05-27/2017-06-25.

③ 欧洲复兴开发银行提高匈牙利 GDP 增长预测[EB/OL]. http://hu.mofcom.gov.cn/article/jmxw/201705/20170502574401.shtml, 2017-05-12/2017-06-25.

④ 2016 年匈牙利对外贸易额创历史新高[EB/OL]. http://hu.mofcom.gov.cn/article/jmxw/201702/20170202513451.shtml, 2017-02-11/2017-06-25.

⑤ IMF. Central, Eastern and Southeastern Europe: A Broadening Recovery[EB/OL]. https://www.imf.org/en/Publications/REO/EU/Issues/2017/05/10/a-broadening-recovery, 2017-05-27/2017-06-25.

⑥ 根据《2016 年斯洛文尼亚货物贸易及中斯双边贸易概况》中资料整理得出, http://countryreport.mofcom.gov.cn/record/view110209.asp?news_id=53508, 2017-06-25.

大力发展生产、保护环境、降低能耗是国家工业建设的重点内容。2016 年克罗地亚 GDP 为 458 亿欧元,其人均 GDP 达 1.10 万欧元,与波兰持平,实际 GDP 增长率 3.0%。① 2016 年实际国内需求增长率、实际出口增长率和实际私人消费增长率分别为 3.1%、6.7% 和 3.3%,与 2015 年相比其实际私人增长消费率提高幅度最高。2016 年克罗地亚 GDP 总量和人均 GDP 均排在该区域中下游水平。与近几年数据对比,克罗地亚经济复苏势头明显,2016 年表现更佳。②

克罗地亚是一个环境良好、风景优美的国家,其旅游业发达,因此克罗地亚 2016 年经济增长中第三产业贡献比重高。

(8) 保加利亚

保加利亚属于外向型经济国家,经济对外依存度较高,希腊是其重要的贸易伙伴,因此,2009 年爆发的希腊债务危机对保加利亚经济产生了较大的影响。保加利亚经济总量较小,2016 年 GDP 仅为 474 亿欧元,人均 GDP 为 6 600 欧元,为中东欧地区欧盟成员国中的最低水平。2016 年,保加利亚实际国内需求增长率、实际出口增长率和实际私人消费增长率分别为 1.6%、5.7% 和 2.1%,除实际出口增长率与 2015 年持平外,实际私人消费增长率和实际出口增长率均有较大程度下降,分别下降 1.9% 和 3.4%。③

保加利亚 2016 年货物进出口总额为 547.9 亿美元,增长幅度仅为 0.4%,其中出口额为 259.6 亿美元,进口额为 288.3 亿美元,逆差为 28.7 亿美元,相比 2015 年下降了 25.2%。欧盟同样是保加利亚最大的进出口贸易伙伴。在欧盟区域内,保加利亚货物进口主要来自德国和意大利,分别占保加利亚货物进口额的 13.1% 和 7.9%,其最大的出口伙伴国为德国、意大利和罗马尼亚,一共占其货物出口总额的 32.1%。④

(9) 波罗的海三国

立陶宛、拉脱维亚与爱沙尼亚经济规模小,在中东欧地区欧盟成员国中排名靠后。2016 年立陶宛 GDP 为 386 亿欧元,人均 1.35 万欧元,实际 GDP 增长率为 2.3%。2016 年,立陶宛实际国内需求增长率、实际出口增长率和实际私人消费增长率分别为 2.1%、2.9% 和 5.5%,其中实际出口增长率相比 2015 年的 -0.4% 有了较大回升。拉脱维亚 2016 年 GDP 总量 250 亿欧元,人均 GDP 为

①　根据欧盟统计局数据整理得出,https://ec.europa.eu/eurostat/data/database,2017-06-25。

②　IMF. Central, Eastern and Southeastern Europe : A Broadening Recovery[EB/OL]. https://www.imf.org/en/Publications/REO/EU/Issues/2017/05/10/a-broadening-recovery, 2017-05-27/2017-06-25.

③　IMF. Central, Eastern and Southeastern Europe : A Broadening Recovery[EB/OL]. https://www.imf.org/en/Publications/REO/EU/Issues/2017/05/10/a-broadening-recovery, 2017-05-27/2017-06-25.

④　2016 年保加利亚货物贸易及中保双边贸易概况[EB/OL]. https://countryreport.mofcom.gov.cn/record/view110209.asp?news_id=53784,2017-02-27/2017-06-25.

1.28 万欧元,实际 GDP 增长率为 2.0%。2016 年,拉脱维亚实际国内需求增长率、实际出口增长率和实际私人消费增长率分别为 3.0%、2.6% 和 3.4%,与 2015 年数据相比,其实际国内需求增长率与 2015 年相比有所提升。爱沙尼亚 2016 年 GDP 总量 209 亿欧元,人均 GDP 为 1.59 万欧元,实际 GDP 增长为 1.6%。2016 年,爱沙尼亚实际国内需求增长率、实际出口增长率和实际私人消费增长率分别为 2.6%、3.6% 和 4.0%,其中相比 2015 年,实际出口增长率提高幅度最大。[1] 同时,爱沙尼亚还是欧盟成员国中债务最少的国家。

波罗的海三国整体上工业化水平较发达,经济对外依存度高,主要贸易对象是欧洲国家,受世界经济景气程度影响较大。例如,2016 年立陶宛货物进出口额仅为 521.2 亿美元,同比下降 2.7%,贸易逆差达 22.6 亿美元;[2]爱沙尼亚 2016 年货物进出口总额为 281.2 亿美元,逆差为 17.8 亿美元。[3]

2. 巴尔干地区其他 5 国为加入欧盟做最后冲刺

塞尔维亚、波黑、黑山、阿尔巴尼亚、马其顿近些年来政治局势相对稳定,目前均准备加入欧盟。虽然各国均面临不同的入盟障碍,但欧盟邻国政策和扩大事务委员哈恩表示,西巴尔干地区国家在 2024 年前加入欧盟"并非不现实"。[4]

塞尔维亚是唯一同时与欧盟和俄罗斯签署自由贸易协定的欧洲国家,2016 年,塞尔维亚经济在多方面取得巨大成功,GDP 增长率为 2.8%,农业产值增长率较高,为 8.1%,建筑业增长率为 6.0%,工业产值同比增长 4.3%,外商直接投资总值超过 19 亿欧元。[5] 2016 年实际国内需求增长率、实际出口增长率和实际私人消费增长率分别为 1.1%、11.9% 和 0.8%,其实际出口增长率保持高速增长的态势。[6] 在 2013 年 6 月与科索沃关系正常化之后,塞尔维亚目前入盟面临的最主要的障碍是其拒绝在对俄政策上与欧盟同步。

黑山自 2006 年独立以来,经济增长平稳,旅游业成为其重要支柱产业和主要外汇收入来源,欧盟和中亚各国是其主要贸易伙伴。据国际基金货币组织

① IMF. Central, Eastern and Southeastern Europe : A Broadening Recovery[EB/OL]. https://www.imf.org/en/Publications/REO/EU/Issues/2017/05/10/a-broadening-recovery, 2017-05-27/2017-06-25.

② 2016 年立陶宛货物贸易及中立双边贸易概况[EB/OL]. https://countryreport.mofcom.gov.cn/record/view110209.asp?news_id=53784, 2017-02-27/2017-06-25.

③ 2016 年爱沙尼亚货物贸易及中爱双边贸易概况[EB/OL]. https://countryreport.mofcom.gov.cn/record/view110209.asp?news_id=53325, 2017-02-27/2017-06-25.

④ 西巴尔干国家在 2024 年之前加入欧盟"并非不现实"[EB/OL]. http://ba.mofcom.gov.cn/article/jmxw/201706/20170602596376.shtml, 2017-06-16/2017-06-25.

⑤ 2016 年塞尔维亚吸引外国直接投资超过 19 亿欧元[EB/OL]. http://yu.mofcom.gov.cn/article/jmxw/201705/20170502580539.shtml, 2017-05-23/2017-06-25.

⑥ IMF. Central, Eastern and Southeastern Europe : A Broadening Recovery[EB/OL]. https://www.imf.org/en/Publications/REO/EU/Issues/2017/05/10/a-broadening-recovery, 2017-05-27/2017-06-25.

（IMF）数据统计，2016 年黑山实际 GDP 增长率为 2.4%，相较于 2015 年的 3.4% 有所回落，主要原因在于出口的萎缩。2016 年，黑山实际出口增长率为 3.5%，较 2015 年的 9.4% 有明显回落，但实际国内需求增长率和实际私人消费增长率分别为 7.6% 和 5.0%，相比 2015 年的 4.7% 和 2.2% 有所提高。①

波黑 2016 年经济增长率为 2%，低于 2015 年的 3%，水果和蔬菜出口增长率为 24%，外债总额约为 40%，主要贷款来源以国际金融机构为主，如 IMF、欧洲投资银行和世界银行。② 虽然在多个领域改革成效显著，但欧盟仍认为波黑国内存在"不稳定的政治气候"和强烈的民族分歧。

马其顿 2016 年 GDP 增长率为 2.4%，2016 年实际国内需求增长率、实际出口增长率和实际私人消费增长率分别为 1.5%、11.5% 和 4.2%，实际国内需求和实际出口增长率与 2015 年相比有较大提高，因此，家庭消费和出口是其主要经济增长驱动力。欧盟是马其顿最大贸易伙伴，2016 年马其顿与欧盟贸易总额约为 72.4 欧元，出口同比增长 10.4%，进口同比增长 5.4%。③ 2016 年，马其顿出现政局危机，投资总额减少，外汇市场动荡，加剧了经济增长的不确定性。

阿尔巴尼亚 2016 年经济增长率为 3.3% 左右，主要动力来源于私人投资、家庭消费和对外贸易。2016 年阿尔巴尼亚实际国内需求增长率、实际出口增长率和实际私人消费增长率分别为 3.8%、6.0% 和 0.9%。希腊和意大利是阿尔巴尼亚最大的侨汇来源国。据联合国数据，2008 年之后，阿尔巴尼亚外资流入持续增加，年均吸引外资总额达到 10 亿美元，是外资流入最高的国家之一。④ 根据阿尔巴尼亚政府资料显示，其吸引外资的目的在于促进就业的同时引进先进技术。

3. 独联体三国经济前景堪忧

欧元区复苏乏力加上俄罗斯经济衰退对于中东欧区域内独联体国家乌克兰、白俄罗斯和摩尔多瓦的经济增长带来了极为消极的作用。燃料价格企稳回升，但未来价格走势的不确定性以及西方对俄罗斯的制裁等地缘政治风险对于这三个国家的信贷资产影响严重。

乌克兰经济总量 2014 年和 2015 年分别下跌 6.6% 和 9.8%，2016 年

① IMF. Central, Eastern and Southeastern Europe : A Broadening Recovery[EB/OL]. https://www.imf.org/en/Publications/REO/EU/Issues/2017/05/10/a-broadening-recovery, 2017-05-27/2017-06-25.

② 西巴尔干国家在 2024 年之前加入欧盟"并非不现实"[EB/OL]. http://ba.mofcom.gov.cn/article/jmxw/201706/20170602596376.shtml, 2017-06-16/2017-06-25.

③ 2016 年马其顿外贸总额同比增长 6.0%[EB/OL]. http://mk.mofcom.gov.cn/article/jmxw/201702/20170202510034.shtml, 2017-02-06/2017-06-25.

④ 希腊是阿尔巴尼亚的主要投资国[EB/OL]. http://al.mofcom.gov.cn/article/jmxw/201703/20170302529268.shtml, 2017-01-06/2017-06-25.

GDP 增长率为 2.3%,是 4 年来首次呈现的正增长。① 欧盟仍是乌克兰主要的出口市场,2016 年乌克兰商品出口总额 364 亿美元,相比 2015 年减少了 4.6%,但对欧盟出口同比增加 3.7%,达到 135 亿美元。② 由于与俄罗斯的紧张关系及俄罗斯对乌克兰实施的食品封锁和过境运输限制,乌克兰经济不确定性增加。

白俄罗斯是连接欧亚大陆的重要节点国家,工业基础好、制造能力发达,但自然资源贫乏,石油、天然气等原材料商品主要依赖进口,俄罗斯对白俄罗斯石油供应量大幅降低,使得 2016 年白俄罗斯经济呈现负增长,全年经济增长率为-2.6%。③ 钾肥是白俄罗斯主要出口货物,欧盟是白俄罗斯最大出口市场。

摩尔多瓦与罗马尼亚相邻,2016 年经济增长率 4.0% 较 2015 年的-0.4% 有大幅提高。实际私人消费增长率从 2015 年的-2.9% 增加至 2016 年的 2.9%,经济爆发式增长的背后缘于出口环境的改善。据 IMF 数据统计,2016 年摩尔多瓦实际出口增长率为 14.8%,较 2015 年的 2.3% 有显著提高。④

二、2016 中国与中东欧国家经贸关系及其问题

(一) 中国与中东欧国家双边经贸关系持续向好

据中国商务部统计,中国与中东欧地区贸易关系稳步发展,2016 年贸易总额为 587 亿美元,相比 2010 年的 439 亿美元有显著增加,占 2016 年中国与欧洲贸易总额的 9.8%。中国在该地区前四大主要贸易伙伴分别是波兰、捷克、匈牙利和斯洛伐克。自 2012 年以来,中国企业在中东欧地区对外直接投资主要涉及基础设施建设、农业发展和旅游业开发等多类项目,投资形式呈多样化趋势。数据显示,截至 2015 年年末,中国在中东欧地区对外直接投资存量排名靠前的国家分别是匈牙利、白俄罗斯、罗马尼亚、波兰、保加利亚、捷克、斯洛伐克。⑤ 除企业直接对外投资外,2016 年年末,中国在该地区对外证券投资国家主要是波兰、

① 欧洲复兴开发银行保持乌克兰经济增长预测[EB/OL]. http://ua.mofcom.gov.cn/article/jmxw/201705/20170502574962.shtml,2017-05-15/2017-06-25.

② 乌克兰经济发展和贸易部总结 2016 年出口情况[EB/OL]. http://ua.mofcom.gov.cn/article/jmxw/201703/20170302542703.shtml,2017-03-29/2017-06-25.

③ 根据白俄罗斯国家概况资料整理得出,http://by.chineseembassy.org/chn/belsgk/t1455589.htm,2017-06-25.

④ IMF. Central, Eastern and Southeastern Europe:A Broadening Recovery[EB/OL]. https://www.imf.org/en/Publications/REO/EU/Issues/2017/05/10/a-broadening-recovery,2017-05-27/2017-06-25.

⑤ 商务部,国家统计局,国家外汇管理局. 2015 年度中国对外直接投资统计公报[R]. 北京,2016.

匈牙利、斯洛文尼亚、捷克,投资总额分别是 6.1 亿美元、1.6 亿美元、0.3 亿美元、0.3 亿美元。① 下面主要分析中国与匈牙利、波兰、罗马尼亚的经贸往来。

1. 匈牙利

匈牙利是中国在中东欧地区最大的进口国,也是中国在该地区第三大贸易伙伴。2016 年中国与匈牙利贸易额相比 2015 年增加 10.1%,中国对匈牙利出口同比增长 4.4%,中国自匈牙利进口同比增长 20.5%。②

截至 2016 年中期,中国在匈牙利总投资为 21 亿欧元,主要涉及基建设施、兼并收购、消费品市场和制造业升级等领域。③ 2016 年 11 月 5 日,中交集团联合体签署联通匈牙利首都布达佩斯和塞尔维亚首都贝尔格莱德的匈塞铁路项目。多年来匈牙利积极参与中国在欧洲的金融合作,双边经贸关系互动频繁。

2. 波兰

波兰是中国在中东欧地区最大的贸易伙伴,也是中国在该地区最大的农产品进口国。波兰对亚洲市场主要出口食品、化学品和木材。中国在波兰的主要投资方式以收购为主。截至 2015 年年底,中国在波兰的对外直接投资存量达到 3.52 亿美元。2016 年中期,中国在波兰的总投资达到 4.62 亿欧元。④

然而,相较于波兰的经济潜力,这一投资规模和力度还远远达不到预期。中国企业在波兰的主要建筑项目,即波兰城市防洪项目已经完工,波兰输变电安装建设等项目目前进展良好。

3. 罗马尼亚

中国 2016 年超过英国成为罗马尼亚第八大贸易伙伴以及除欧盟成员国外第二大贸易伙伴。2016 年,中国与罗马尼亚贸易总额达到 49.16 亿美元,同比大幅增加 9.59%,中国对罗马尼亚出口同比增加 9.04%,主要出口商品是机械设备、机电产品等,罗马尼亚对中国出口同比增加 10.94%。⑤

(二) 中国与中东欧地区的关系

中国与中东欧地区国家伙伴关系呈现多样化态势。目前,白俄罗斯已与中

---

① 国家外汇管理局. 中国对外证券投资资产(分国家地区)(2016 年末)[EB/OL]. http://www.safe. gov.cn/safe/2017/0531/2097.html, 2017-05-31/2017-06-25.

② 2016 年中匈双边贸易额增长 10.1%[EB/OL]. http://hu.mofcom.gov.cn/article/jmxw/201702/20170202509947.shtml, 2017-02-04/2017-06-25.

③ 中国在波兰的投资远低于预期[EB/OL]. http://news.cbg.cn/hotnews/2017/0420/7542449.shtml, 2017-04-20/2017-06-25.

④ 中国在波兰的投资远低于预期[EB/OL]. http://pl.mofcom.gov.cn/article/jmxw/201704/20170402560766.shtml, 2017-04-19/2017-06-25.

⑤ 2016 年 1—12 月罗中贸易情况报告[EB/OL]. http://ro.mofcom.gov.cn/article/ztdy/201703/20170302538797.shtml, 2017-03-22/2017-06-25.

国建立全面战略伙伴关系;乌克兰、塞尔维亚、波兰与中国建立战略伙伴关系;罗马尼亚和保加利亚与中国建立全面友好合作伙伴关系;克罗地亚与中国建立全面合作伙伴关系;阿尔巴尼亚与中国建立合作伙伴关系。

中国在中东欧地区主要的合作亮点为"16+1"经贸合作机制,这一机制包括中东欧地区19个国家中除独联体三国以外的16个国家。这一机制是2012年4月,时任国务院总理温家宝在波兰出席中国—中东欧国家领导人首次会晤时提出的。2013年11月,国务院总理李克强在出席中国—中东欧国家领导人第二次会晤时宣布了纲领性文件《中国—中东欧国家合作布加勒斯特纲要》。2014年李克强出席中国—中东欧国家领导人第三次会晤时又签署了合作纲领性文件《中国—中东欧国家合作贝尔格莱德纲要》。2015年11月,中国—中东欧国家领导人第四次会晤在苏州召开,双方签署了《中国—中东欧国家合作中期规划》。2016年11月,李克强出席里加召开的中国—中东欧国家领导人第五次会晤并发布《中国—中东欧国家合作里加纲要》。

"16+1"机制所囊括国家均为"一带一路"沿线国家,自2013年习近平提出"一带一路"倡议以来,中国已经与中东欧19个国家中的16个国家签署了推进"一带一路"合作文件。① 这16个国家是欧洲最具潜力的区域,与中国产能和贸易高度互补,这些国家与中国进行经贸领域合作的意愿强烈,且合作前景空间巨大。

(三)中国—中东欧基金促进地区金融合作

随着中国走出去的步伐不断加快,中国金融业也开始在海外增设网点,持股、参股海外金融机构,为海外项目投融资提供多样性的金融支持。目前,中国参与海外投资的金融机构以商业银行和政策性银行为主。保险、证券等金融机构虽有一定的参与,但相对规模不大。

中东欧区域内国家很多是新加入或者正准备加入欧盟的成员国,市场化要求高。过去中国与中东欧区域内国家的金融合作主要是通过国家开发银行、进出口银行等政策性银行为相关国家提供贷款来完成的。然而,随着这些国家面对的国内立法机构和欧盟政策目标越来越严厉,中国与相关国家的金融合作需要更多地引入市场化手段,同时注重当地的法律法规和商业经营标准。

李克强于2016年12月5日参加中国—中东欧国家经贸论坛期间,在拉脱维亚宣布中国工商银行投资成立"中国—中东欧金融控股有限公司",负责管理中国在中东欧地区的投资项目。该公司在政府支持下坚持商业化和市场化导

---

① 一带一路将推动"16+1合作"达到新高度[EB/OL]. http://world.people.com.cn/n1/2017/0916/c1002-29539444.html, 2017-09-16/2017-09-25.

向,与亚投行、丝路基金等以政府为主导的金融投融资平台在运作方式上有很大的不同。该公司牵头发起设立的中国—中东欧基金是中国首个非主权类的海外投资基金,基金规模为 100 亿欧元,并希望带动 500 亿欧元的信贷资金,投资重点项目涉及基础设施、物流和港口园区建设、高新技术和高端装备制造业、大众消费等领域。①

目前,波兰、捷克、拉脱维亚等国的金融机构和各类社会资本均在资金募集方面与中国进行积极接洽。2016 年 6 月 16 日,中国工商银行与捷克共同签署《设立布拉格分行及业务合作的备忘录》和《设立中东欧基金的合作备忘录》,捷克拟出资 2 亿欧元参与中东欧基金。②

(四)中国与中东欧经济合作面临的挑战

中东欧地区亟待进一步建设和发展。近些年,中国与该区域国家在经济、人文交往方面不断深化合作,同时外交关系上升到新的高度。然而,不可否认,中国在这一地区开展外交和经贸合作仍面临多重风险。

1. 国际政治风险加剧

中东欧国家在冷战后的西方和俄罗斯的地缘争端中仍扮演较为重要的角色。抉择过程举步维艰。目前的趋势是该区域内国家越来越倾向于选择欧洲一体化。这一过程令俄罗斯感到国家利益受到威胁而采取抵制措施。以白俄罗斯为代表的区域内多国在资源传输和贸易关系方面对俄罗斯均有高度依赖。乌克兰东部的军事冲突使得国内累积多年的大规模经济结构性失衡暴露无遗,并引发危机的爆发,国内经济发展严重受阻。

2. 部分国家当地投资环境不稳定

长期以来,马其顿、黑山等国的金融部门缺乏充分监管和有效的监督,对债权人法律保护不充分。2016 年,难民大量涌入欧洲暴露出欧洲快速将新移民纳入劳动力市场的能力不足。避难者缺乏语言能力和快速适应工作岗位的资质,且相应的社会福利和税收体系配套措施无法及时跟上。不断激增的一系列经济、安全和社会问题使得企业在相关国家的经营成本不断上升。

相对而言,爱沙尼亚、立陶宛、斯洛文尼亚、波兰、捷克、斯洛伐克、匈牙利制度较为完善。捷克在金融危机之前,采取了审慎的财政、货币和金融政策,避免了席卷大多数中东欧国家、由信贷推动的国内繁荣,捷克国内金融部门资本充足

---

① 工商银行牵头设立 100 亿欧元中国—中东欧基金[EB/OL]. http://stock.qq.com/a/20161106/017413.htm, 2016-11-06/2017-06-25.

② 魏晞. 中国工商银行拟以 10 亿欧元投资设立中东欧金融公司[EB/OL]. http://finance.huanqiu.com/roll/2016-06/9050327.html, 2016-06-16/2017-06-25.

率高,政策制定透明度高。①

3. 中国企业管理能力有待提高

相比于西方跨国公司多年的海外投资经验,中国企业起步晚,经验不足。熟知当地市场的会计、律师、咨询专业队伍有待完善,对于在海外投资可能会面临的风险评估能力不足。

中国企业在海外投资主要以收购为主,这主要是因为:第一,中国企业有转型升级的强烈需求,同时收购可以带来品牌、技术、市场等多方面利益;第二,当前风险事件频发,以美国和欧盟为代表的主要经济体货币政策不确定性较大,收购的方式可以在一定程度上减轻企业的汇率风险。

长期来看,中国内地企业对外直接投资主要目的地为中国香港地区、开曼群岛、美国、英属维尔京群岛和新加坡,合计占比93%。这些国家或地区金融市场较为发达,法律制度透明且完善,资金进出管理相对宽松。② 中国金融业在相应地区进行投资一方面风险可控,另一方面也面临一系列合规的限制。

第二节　中亚经济

一、2016 年中亚经济形势综述

中亚地区,狭义上包含哈萨克斯坦、乌兹别克斯坦、土库曼斯坦、吉尔吉斯斯坦和塔吉克斯坦五国。中亚五国在取得独立后,纷纷开展了市场化改革,并相继确认了市场经济体制,确定了对外开放的政策,并同世界各国开展了广泛的交流和合作。同时,自 21 世纪以来,中亚各国都通过发挥本国丰富的自然资源优势,并紧紧抓住国际能源和矿产品价格上升的历史机遇,实现了跨越式发展。然而,在其发展的过程中,也面临着重重挑战。

(一) 2016 年哈萨克斯坦经济概况

哈萨克斯坦地跨欧亚两洲,领土面积为 272.49 万平方公里,是世界领土面

---

① IMF. Central, Eastern and Southeastern Europe : A Broadening Recovery[EB/OL]. https://www.imf.org/en/Publications/REO/EU/Issues/2017/05/10/a-broadening-recovery,2017-05-27/2017-06-25.

② 国家外汇管理局. 2016 年中国国际收支报告[EB/OL].http://www.safe.gov.cn/safe/2017/0330/6111.html,2017-03-30/2017-06-25.

积排名第九的国家。① 哈萨克斯坦是世界上最大的内陆国家,位于亚洲中部。哈萨克斯坦于 1991 年 12 月 16 日宣布独立。哈萨克斯坦同中国、俄罗斯、吉尔吉斯斯坦、土库曼斯坦等国家接壤,并与阿塞拜疆、伊朗隔里海相望。同时,哈萨克斯坦境内的天然气、煤炭、石油、有色金属等资源储量丰富,良好的自然地理环境使得国内农业基础较为发达,良好的草场也适合畜牧业的发展。进入 21 世纪,哈萨克斯坦成为中亚地区经济表现最好、国内政治环境最为稳定的国家。同时,哈萨克斯坦的人文、生态、地理等环境也好于周边其他国家。

哈萨克斯坦是中亚最大的经济体。根据初步统计数据显示,2016 年哈萨克斯坦 GDP 增长 1.0%,建筑业和交通业的改善为 GDP 实现增长做出了重要贡献。另外根据哈萨克斯坦国民统计委员数据,2016 年哈萨克斯坦通货膨胀率为 8.5%,其中主要上涨来自食品类、非食品类、有偿服务类,分别为 9.7%、9.5% 和 6.1%。② 此外,2016 年哈萨克斯坦外商直接投资总额达 206 亿美元,较 2015 年同比增长 40.0%,主要集中在采矿、地质勘探等行业。③

对比 2015 年的经济情况,哈萨克斯坦的经济实现了相对平稳的发展。根据世界银行最新数据显示,2016 年,哈萨克斯坦的 GDP 为 1 336 亿美元(按现价美元计算),人均 GDP 为 7 510 美元,而 2015 年哈萨克斯坦人均 GDP 为 10 506 美元,2016 年哈萨克斯坦名义美元 GDP 大幅下降的原因是 2016 年哈萨克斯坦汇率贬值 35.1% 所造成的。2016 年,哈萨克斯坦 GDP 增长率为 1.0%,同 2015 年的 1.2% 基本持平。哈萨克斯坦 2015 年通货膨胀率为 6.6%,2016 年的通货膨胀率则为 8.5%,对比 2015 年有所提升,较 2012 年的 5.1% 和 2013 年的 5.8% 进一步上升。可见,哈萨克斯坦进入长期的通胀通道,未来应该加强对通货膨胀的控制。④

哈萨克斯坦的采掘业相当发达,且天然气、石油等资源也非常丰富。根据国际燃气网报道,2016 年哈萨克斯坦全力保障满足国内天然气内需的同时,扩大出口。2015 年哈萨克斯坦的天然气开采总量已经达到 450 亿立方米,相比 2014

① 一带一路沿线国家:哈萨克斯坦 2015 基本情况介绍[EB/OL]. http://www.askci.com/news/finance/2015/09/25/13472dl17.shtml, 2015-09-25/2017-06-25.
② 哈萨克斯坦 2016 年 GDP 增长 1%[EB/OL]. http://kz.mofcom.gov.cn/article/jmxw/201701/20170102499794.shtml,2017-01-11/2017-06-15.
③ 2016 年哈外商直接投资总额 206 亿美元,较上年增长 40%[EB/OL].http://kz.mofcom.gov.cn/article/jmxw/201704/20170402553544.shtml,2017-04-07/2017-06-15.
④ 根据世界银行世界发展指标数据整理得出, http://databank.worldbank.org/data/reports.aspx?source=world-development-indicators,2017-06-15。

年增长 5%。[①]

对外经贸方面,2016 年哈萨克斯坦对欧亚经济联盟的贸易额大幅下降,双边贸易额为 135.8 亿美元,同比下降 16.8%。因此,从现实来看,如果没有中国的"一带一路"倡议,而仅仅依靠欧亚同盟和俄白哈关税同盟,并不能给哈萨克斯坦带来预期的贸易增长。另外,哈萨克斯坦出口商品中主要是矿产品,占对欧亚经济联盟出口总额的 33.4%,其次是金属及其制品占 25.7%,化工占 19.0%,食品 10.8%。哈萨克斯坦自欧亚经济联盟进口的最主要产品是机械设备,占对欧亚经济联盟进口总额的 25.8%,其次是矿产品占 16.8%,化工产品占 16.5%,食品占 13.9%,金属及其制品占 12.5%。[②]

(二)2016 年乌兹别克斯坦经济情况

乌兹别克斯坦位于中亚内陆,是世界上两大双重内陆国之一。

乌兹别克斯坦是有着悠久历史的国家,1991 年独立。作为双重内陆国的乌兹别克斯坦,周边主要邻国有塔吉克斯坦、土库曼斯坦、哈萨克斯坦、吉尔吉斯斯坦和阿富汗。乌兹别克斯坦经济发展迅速。从 2007 年到 2016 年,乌兹别克斯坦的 GDP 增长率都维持在 7.8% 到 9.0% 之间,国内经济取得了相当大的进步。[③] 同时,乌兹别克斯坦国内经济政治局势相对稳定,自然资源良好,人口众多。根据世界银行数据,2016 乌兹别克斯坦人口为 3 150 万人。[④] 庞大的人口、良好的生态环境、稳定的政治局势,都为该国未来的经济增长提供了良好的保障。此外,乌兹别克斯坦自然资源丰富,其主要创汇农业产品棉花在国际市场上拥有一定的竞争力。

2017 年 1 月 14 日,乌兹别克斯坦内阁扩大会议上总结了 2016 年的主要经济成果并做了相关报告,报告指出,2016 年乌兹别克斯坦的 GDP 增长了 7.8%,其中工业增加值增幅为 6.6%,农业增加值增幅为 6.6%(农业中果蔬类产品产量增长 11.2%),建筑业增加值增幅为 12.5%,商品零售业增加值增幅为 14.4%,服务业增加值增幅为 12.5%,国家预算盈余占 GDP 的 0.1%,全年通货膨胀率为 5.7%,对外贸易继续保持顺差。2016 年乌兹别克斯坦投资总额为 166

① 2016 年哈萨克斯坦将扩大出口天然气[EB/OL]. http://gas.in-en.com/html/gas-2383559.shtml, 2016-01-20/2017-06-15.

② 2016 年哈萨克斯坦与欧亚经济联盟贸易额全面下滑[EB/OL]. http://finance.sina.com.cn/roll/2017-02-22/doc-ifyarrqs9982730.shtml, 2017-02-22/2017-06-15.

③ 根据世界银行世界发展指标数据整理得出,http://databank.worldbank.org/data/reports.aspx? source = world-development-indicators, 2017-06-15。

④ 最新统计:乌兹别克斯坦人口增至 3 150 万[EB/OL]. https://www.baidu.com/link?url = BSMAYPCeJsUbV10NZ _ CMWgbHJSqvFJKL4rjogb9DQQn5tWMsxViu06-cumdWsr8Z&wd = &eqid = fc3ca9ae0002b25d000000035cc04aca, 2016-03-24/2017-06-15.

亿美元,同 2015 年相比增幅为 9.6%,其中利用外资超过 37 亿美元,增幅 11.3%。2016 年乌兹别克斯坦共实施 164 个大型投资项目,总额 52 亿美元。除此之外,2016 年乌兹别克斯坦新增小企业 3.2 万家,同 2015 年相比增长 18%,小企业产值占 GDP 的 56.9%。居民收入增长 11.0%,预算内机构工作人员工资、养老金和社会福利都实现了较快增长,分别为 15.0%、12.1%。全国新增就业 72.6 万人,高校毕业生就业高达 43.9 万人。[①]

该报告同时回顾 2015 年乌兹别克斯坦的经济概况。2015 年乌兹别克斯坦的 GDP 总量为 667.3 亿美元,相较 2014 年的 626.0 亿增量为 41.0 亿美元,人均 GDP 为 2 132 美元,大大超过 2014 年的 2 036 美元。GDP 增长率为 8.0%,远高于邻国哈萨克斯坦。2015 年工业增加值增长率为 8.5%,工业增加值 210.7 亿美元;服务业增加值增长率为 8.9%,服务业增加值为 210.7 亿;农业增加值为 111.1 亿美元,增长率为 6.8%;固定资产增长率为 9.6%。可见,乌兹别克斯坦的工业和服务业、农业的增长态势都非常良好,且工业和服务业增速大大超过农业,表明该国经济结构持续改善,工业化进展良好,具有良好的经济发展前景。[②]

结合 2015 年和 2016 年数据可以发现,2016 年乌兹别克斯坦 GDP 增长率为 7.8%,同 2015 年的 8.0% 大致相同。可见,乌兹别克斯坦整体来说实现了经济的平稳和快速发展。

(三) 2016 年土库曼斯坦经济概况

土库曼斯坦位于中亚,于 1991 年独立,是一个典型的内陆国家。土库曼斯坦领土面积为 49.121 万平方公里,人口数量为 562 万(截至 2019 年 1 月),且主要为伊斯兰教逊尼派。[③] 文化方面,土库曼斯坦在苏联解体后,随着俄罗斯对本国影响力逐渐减弱,开始强化本国伊斯兰文化。对外交往方面,1995 年联合国认定土库曼斯坦为永久中立国。

土库曼斯坦是世界主要的干旱地区,但石油天然气资源丰富,其中天然气储备量位列世界第五,并以此建立了本国的支柱产业,即石油天然气工业。根据独立媒体趋势 2016 年 6 月 1 日报道,目前根据专家评估土库曼斯坦里海大陆架资源丰富,探明石油储量 120 亿吨,天然气储量 6.5 万亿立方。[④]

①　乌兹别克斯坦 2016 年经济增长 7.8% [EB/OL]. http://uz.mofcom.gov.cn/article/jmxw/201701/20170102508564.shtml,2017-01-16/2017-06-15.

②　根据世界银行世界发展指标数据整理得出,http://databank.worldbank.org/data/reports.aspx?source=world-development-indicators,2017-06-15.

③　土库曼斯坦 [EB/OL]. https://baike.baidu.com/item/%E5%9C%9F%E5%BA%93%E6%9B%BC%E6%96%AF%E5%9D%A6/209238#reference-[2]-7432-wrap,2016-04-16/2017-04-24.

④　土库曼斯坦里海大陆架石油和天然气储量分别为 120 亿吨和 6.5 万亿立方 [EB/OL]. http://tm.mofcom.gov.cn/article/jmxw/201606/20160601331791.shtml,2016-06-02/2017-06-15.

在 2017 年 1 月 13 日召开的 2016 年土库曼斯坦政府工作报告会上,公布了 2016 年其宏观经济发展指标。2016 年土库曼斯坦 GDP 为 361.8 亿美元,较 2015 年增长 6.2%,继续保持经济平稳快速发展。其中,工业增加值增长率为 1.2%,建筑业增加值增长率为 4.4%,服务业增加值增长率为 10.0%,贸易增长率为 14.3%,交通通信业增长率为 10.5%,农业增长率为 11.6%。粮食年产量为 160.5 万吨,棉花年产量为 107.0 万吨。另外,2016 年土库曼斯坦国家财政收入超额完成计划的 2.0%,财政支出完成计划的 86.5%。财政支出的主要领域为社会领域,占全部支出的 80.0%。退休金、大学生助学金、工资、国家补助等均全额按时发放到位。从固定资产投资方面来看,土库曼斯坦 2016 年各融资渠道获取的固定资产投资较 2015 年增长 1.2%。根据新版《2020 年前改革城镇居民社会生活条件总统纲要》的数据,2016 年土库曼斯坦共获取投资 24.4 亿马纳特(约折合 7.0 亿美元)。①

另外根据《土库曼斯坦生产进口替代产品生产国家纲要》和《土库曼斯坦扩大民族产品出口国家纲要》公布的数据,2016 年土库曼斯坦共有 6 个项目已交付使用,另有 58 个项目开始建设,57 个项目正在进行前期设计预算工作。在经济体制改革方面,根据《2013—2016 年土库曼斯坦国有企业和项目私有化改制国家纲要》公布的信息显示,截至 2016 年,30 个项目完成了私有化改制。②

从新增企业方面来看,截至 2016 年 12 月 1 日,土库曼斯坦全国统一登记注册的法人企业有 1 676 家,其中,私营企业有 1 502 家,国有企业有 142 家,社会联合企业有 11 家,外资企业有 16 家。③

除上述数据之外,土库曼斯坦 2015 年 GDP 总量为 358.54 亿美元,人均 GDP 为 6 672.48 美元,国内实际 GDP 的增长率达到了 6.5%。2016 年 GDP 总量为 331.8 亿美元,GDP 增长率为 6.2%,但以现价美元计算的 2016 年 GDP 对比 2015 年几乎没有增长。主要原因还是强势美元导致的本币贬值,使得美元计价的 GDP 在较快 GDP 增速的前提下并没有多少增长。

另据国际货币基金组织统计数据,土库曼斯坦的国际储备充足、外债水平可控,同时拥有大量的国外直接投资,这些因素使得在国际能源价格走低的情况

---

①　土库曼斯坦 2016 年主要宏观经济发展指标[EB/OL]. http://tm.mofcom.gov.cn/article/jmxw/201701/20170102502779.shtml, 2017-01-17/2017-06-15.

②　土库曼斯坦 2016 年主要宏观经济发展指标[EB/OL]. http://tm.mofcom.gov.cn/article/jmxw/201701/20170102502779.shtml, 2017-01-17/2017-06-15.

③　土库曼斯坦 2016 年主要宏观经济发展指标[EB/OL]. http://caijing.chinadaily.com.cn/2017-01/17/content_27979976.htm, 2017-01-17/2017-06-15.

下,该国的经济结构不断得到调整,并且使得一系列改革方案可以按阶段逐步实施。同时,土库曼斯坦努力控制财政赤字的增长,提高国内消费水平,强化银行系统的监管,使得该国的金融朝着更加市场化的方向发展。根据国际研究机构的相关数据,在吸引外商投资方面,土库曼斯坦外商直接投资指数位居世界前十。从 1995 年至 2015 年,土库曼斯坦累计吸引外商投资达 1 172 亿美元,主要投资方向为:建立了 250 家工厂、大规模的住宅建设、187 所医疗机构、394 所学校、310 所幼儿园,94 所文化机构、39 家高级宾馆、70 多座办公大楼,以及建成了电站、铁路、机场、桥梁、油气管道等。随着外商投资的增加以及基础设施的完善,土库曼斯坦的经济发展前景将更为良好。①

从农业方面来说,土库曼斯坦类似于乌兹别克斯坦,主要农产品也是棉花,同时小麦产量也较为可观。同时,该国位于地中海地震带,因此经常受地震灾害影响。此外,土库曼斯坦利用本国棉花的优势,大力推行棉纺业建设新厂,扩大民族产品出口,积极推进进口替代战略。②

(四)2016 年吉尔吉斯斯坦经济概况

吉尔吉斯斯坦是一个位于中亚东南的内陆国家,1991 年独立。作为中亚古国,该国拥有深厚的文化积淀。吉尔吉斯斯坦的历史长达 2 000 多年,同时该国被山峦包围,文化得到较好的保存。外交上来看该国目前为集体安全条约、独联体、欧亚经济联盟的成员国,同时也加入了中俄倡议建立的上海合作组织等。吉尔吉斯斯坦领土面积约为 20 万平方公里,人口数量 640 万(2019年 3 月)。③

吉尔吉斯斯坦拥有丰富的水资源。目前建成了托克托古尔水电站。由于国内湖泊众多,水资源的储藏量在独联体内仅次于俄罗斯和塔吉克斯坦,潜在的水力发电量相当可观,但开发相对不足。境内锑、汞、煤的储量较为丰富。虽然该国自然资源丰富,但从总量上看不及乌兹别克斯坦以及哈萨克斯坦。

经济方面,该国是以多种所有制为基础,国内工业较为薄弱,主要产业是农牧业。从苏联独立初期,由于经济联系的中断和国内推行的改革,导致经济一度发生大规模的滑坡。但从 21 世纪初开始,吉尔吉斯斯坦开始着手经济改革,不

---

① 土库曼斯坦保持大量外国直接投资流入[EB/OL]. http://www.mofcom.gov.cn/article/i/jyjl/e/201605/20160501313379.shtml,2016-05-07/2017-06-15.

② 土库曼斯坦棉纺业建新厂生产进口替代产品[EB/OL]. http://tm.mofcom.gov.cn/article/jmxw/201506/20150601007490.shtml,2015-06-10/2017-06-15.

③ 根据世界银行世界发展指标数据整理得出,http://databank.worldbank.org/data/reports.aspx?source=world-development-indicators,2017-06-15。

断向市场经济转轨,大力推动私有化改革,经济实现了低速增长的局面,工业也恢复增长,国内物价也保持了相对稳定。

根据世界银行的数据,2015 年吉尔吉斯斯坦的 GDP 总量为 65.7 亿美元,GDP 增长率为 3.47%,人均 GDP 为 1 103.0 美元。同时 2015 年以美元计价的 GDP 相对于 2014 年也发生了较大幅度的下降。和中亚其他国家类似,都是因为美元走强、本国货币的相对贬值所导致的。可以发现该国经济增长率从 2013 年的 10.90% 的高峰逐步回落,2014 年为 4.02%,2015 年为 3.47%,2016 发生了触底反弹为 3.80%。因此,总体来看下滑的趋势得到了一定程度的缓解。从工业、农业、服务业来看,2016 年工业增长率为 5.2%,2015 年工业增长率为 1.42%;2016 年农业增长率为 3.0%,2015 年农业增长率为 6.19%;2016 年服务业增长率为 3.0%,2015 服务业增长率为 2.20%。从上述对比来看,2016 年整体经济表现好于 2015 年的主要原因在于工业增长率大大高于 2015 年,同时 2016 年服务业增长率略微好于 2015 年。从中也可以发现吉尔吉斯斯坦的工业化进程较为顺利。从财政税收方面来看,2016 年前 11 个月税收为 1 151.0 亿索姆,高于 2015 年的 723.3 亿索姆和 2014 年的 709 亿索姆。财政收入的稳定增长保证了后续经济改革的稳步实施。[①]

根据吉尔吉斯斯坦国家统计委员会公布的数据,2016 年 1—11 月,该国进出口总额为 48.89 亿美元,同比下降 0.5%。出口 12.69 亿美元,同比下降 1.5%,其中对独联体外国家出口下降 3.1%;吉尔吉斯斯坦进口额为 36.20 亿美元,较 2015 年同期下降 0.1%,其中从独联体国家进口下降了 19.1%,从独联体以外国家进口增幅高达 21.1%。2016 年吉尔吉斯斯坦对外贸易虽然仍有所下降,但对比 2015 年同期,下降趋势已经得到明显遏制。吉尔吉斯斯坦对独联体国家的双边贸易明显不如非独联体国家,因为独联体国家国内市场相对狭小,经济不发达,吉尔吉斯斯坦很难从中获取太大机会。积极加入中国主导的"一带一路"倡议,加强和中国以及世界各国的经贸往来,才能使得该国未来经济发展获得更加广阔的空间。[②]

(五) 2016 年塔吉克斯坦经济概况

塔吉克斯坦国土面积 14.31 万平方公里,人口 848 万。[③] 塔吉克斯坦是中亚

---

① 根据世界银行世界发展指标数据整理得出,http://databank.worldbank.org/data/reports.aspx? source = world-development-indicators,2017-06-15。

② 2016 年全年吉尔吉斯经济社会发展概况 [EB/OL]. http://kg.mofcom.gov.cn/article/ztdy/201702/20170202516398.shtml,2017-02-15/2017-06-15.

③ 根据世界银行世界发展指标数据整理得出,http://databank.worldbank.org/data/reports.aspx? source = world-development-indicators,2017-06-15。

五国中国土面积最小的国家,该国经济结构较为单一,基础相对薄弱,主要原因在于自从 1991 年苏联解体后,该国国内政治经济危机引发多年内战,国民经济大幅倒退。1997 年以后塔吉克斯坦经济开始逐渐回升,且从 21 世纪初开始发行了新货币索莫尼。21 世纪以来,该国国内政治局势不断趋于稳定,全国社会经济建设也开始有条不紊地开展,国民生活水平、消费市场不断提升,为塔吉克斯坦对外经贸活动的开展打下了坚实的基础。

塔吉克斯坦自然资源相当丰富,境内主要矿产为有色金属、稀有金属,以及煤和岩盐,同时还拥有石油天然气资源,铀矿储量在独联体国家中也居于首位。另外,该国水资源排名世界第八,人均拥有量排名世界第一,但限于经济水平,开发量不足 10%。① 工业产值占 GDP 一半以上,主要部门有采矿、食品、轻工、电子工业、机器制造等。

2016 年 1 至 9 月,塔吉克斯坦 GDP 总额为 48 亿美元,按可比价格计算,比 2015 年同期增长了 6.7%。其中农业、狩猎、林业、渔业共占比 20.3%。另外,工业(含能源)占比达 14.9%,贸易、车辆修理、餐饮、家用物品、宾馆等占比为 14.4%,电信仓储、运输业占比为 12.3%。② 另外根据塔吉克斯坦央行统计数据显示,2016 年 1 至 10 月,消费领域通货膨胀率达 5.2%。③

对外交往方面,塔吉克斯坦积极响应《上海合作组织至 2025 年发展战略》的五年行动计划,支持上合组织内各国加强合作,共同应对当今世界面临的威胁与挑战,维护世界地区和平与稳定,积极推动上合组织开放银行和上合组织发展基金的成立。④

就商业投资环境来看,根据世界银行发布的报告,塔吉克斯坦目前对外商业投资环境亟待改善,基础设施,尤其是电力设施;法律制度;税收制度都需要进一步改善。⑤

---

① 张建伦. 加强丝绸之路经济带产业合作[J]. 中国发展观察,2014(5).

② 2016 年 1—9 月塔吉克斯坦国内生产总值同比增长 6.7%[EB/OL]. http://tj.mofcom.gov.cn/article/jmxw/201611/20161101869093.shtml,2016-11-22/2017-06-15.

③ 2016 年 1—10 月塔吉克斯坦消费领域通货膨胀率达 5.2%[EB/OL].http://tj.mofcom.gov.cn/article/jmxw/201611/20161101869094.shtml,2016-11-22/2017-06-15.

④ 拉赫蒙总统出席上合组织峰会并讲话[EB/OL]. http://tj.mofcom.gov.cn/article/jmxw/201606/20160601346365.shtml,2016-06-24/2017-06-15.

⑤ 世行:塔吉克投资环境有待改善[EB/OL]. http://tj.mofcom.gov.cn/article/jmxw/201508/20150801072376.shtml,2015-08-05/2017-06-15.

二、2016 年中国与中亚国家的经贸关系及其问题

（一）"一带一路"倡议下的中国与中亚国家贸易发展背景

在经济全球化以及中国提出"一带一路"倡议的背景下,中亚国家深度参与世界经济活动,其战略地位越发凸显。在丝绸之路经济带上,中亚五国和中国都是最大的经济受益者。在具有这些重大优势的前提下,中国和中亚五国理当发挥更大作用。目前来看阻碍双方进一步实现更密切贸易合作关系的主要因素在于,中亚五国与中国之间的交通问题依旧没有得到彻底解决,但随着亚投行以及金砖国家新开发银行的设立,未来中国与中亚国家之间的交通基础设施的建设也会逐渐完善。未来双方将会在基础设施、能源、资源交易、农副产品等各种领域展开密切的合作,这将会给双发带来巨大的商机。①

从"一带一路"建设的大方向来看,中亚五国总面积超过 400 万平方公里,是欧亚大陆的重要战略要冲,且都曾经是古丝绸之路的必经之路。同时中国和中亚国家之间的贸易和经济上具备较强互补性,中亚国家具备丰富的自然资源,而中国具备更高的经济发展水平、丰富的资本、相对良好的技术和庞大的市场容量,这都为中亚和中国之间进一步通过"一带一路"倡议实现双边贸易跨越式发展的双赢局面打下了良好基础。

从历史、地理和人文来看,中亚国家和中国山水相连。从古丝绸之路到汗血宝马,从吉尔吉斯斯坦的邓小平街到哈萨克斯坦的对华油气输送管道,从中国境内大量的和中亚国家一样的少数民族群体到数千年的中国与中亚的友好交往历史,可以看出,从过去到现在,双方长达 2000 年的紧密联系,构成了丝绸之路经济带的人文、社会以及历史基础。②

从"一带一路"倡议的金融支持方面来看,"一带一路"倡议伴随着亚投行、金砖国家新开发银行等金融机构的支持,使得长期困扰双边贸易的交通问题得到有效解决。中亚国家位于欧亚大陆腹地,缺少出海口,这些都严重制约了中亚国家的对外贸易和经济发展。而丝绸之路经济带会把中亚国家变成连接东亚和欧洲的快速通道,不但有利于中亚五国与中国的贸易,更为中亚国家和世界各国的进一步合作带来了无限可能。

此外,"一带一路"倡议也为中国和中亚国家都带来了前所未有的机会。从经济合作上看,中亚地区资源丰富,从产业结构、资源禀赋、工农业产品上来

---

① 卡米拉. 中国与中亚五国贸易关系的实证研究[D].山东大学硕士学位论文,2016.

② 中国和中亚五国的贸易现状解析［EB/OL］. http://www.shcce.com/zxzx/get.action？id =45670&commData1 = 30175,2015-09-02/2017-06-15.

看,双方互补性极强,活跃的贸易往来会为双方带来更廉价的商品、更广阔的市场,并且提供更多的就业和经济发展机会。对中亚国家来说,丰富的自然资源和廉价的劳动力,需要中国这样的庞大的市场。而对中国来说,作为世界第二大经济体和第一大外汇储备国,中国拥有诸多先进技术产业,基础设施制造业经验也非常丰富,可以为中亚国家以及其他"一带一路"沿线国家提供更多发展机遇。

（二）2016 年中国与中亚国家经济合作的特点

从目前中国和中亚五国之间的贸易现状来看,主要存在以下特点。一是进出口总额方面,中国同中亚五国的贸易越发紧密,贸易活动日渐活跃。双边贸易的进出口总额都在不断提高;贸易产品覆盖范围不断扩大;而且绝大多数时期,中国对中亚国家的进口总额高于出口总额,即中国对中亚国家的贸易处于逆差状态。二是贸易结构方面,对比 20 世纪 90 年代,双边贸易产品的品种有所增加,但整体上依然偏单一。双边贸易占较大份额的产品是劳动密集型和资源密集型产品,资本密集型和技术密集型所占比重不大。三是双边贸易额增长较为迅速。

2016 年中国与中亚国家的经贸合作呈现如下几个亮点。第一,中国与这些国家的贸易保持了稳定。中国已经成为吉尔吉斯斯坦和土库曼斯坦的最大贸易伙伴,同时也是哈萨克斯坦、乌兹别克斯坦和塔吉克斯坦的第二大贸易伙伴。第二,在产能和经济技术领域取得了新的进展。中国建筑公司承建的乌兹别克斯坦卡姆齐克山口"安格连—帕普"铁路隧道通车,这是中乌共建"一带一路"的重大成果和两国人民友谊与合作的新纽带。在吉尔吉斯斯坦,中国企业投资和建设了多个炼油厂和矿产开采项目,包括在比什凯克建设的热电站项目。塔吉克斯坦的双边建设项目涉及一系列领域,从铁路铺轨、桥隧建设到热电站建设、铝厂改造、水泥和石油加工等,有力改善了塔吉克斯坦的社会经济发展条件。在哈萨克斯坦,中国企业积极推动并在阿斯塔纳投资建设轻轨交通、组装汽车和生产聚丙烯等。第三,2016 年,中国和中亚国家在加强基础设施互联互通方面翻开了新的一页。2016 年经中亚国家转运的中国和欧洲之间铁路货运班列开行的数量与 2015 年同期相比有大幅增长。这也归功于"中国—哈萨克斯坦—土库曼斯坦—伊朗"的货运列车成功开行。此外,"中国西部—欧洲西部"国际运输走廊项目正在加快落实。第四,2016 年,中国和中亚国家在金融领域的合作不断加深。亚洲基础设施投资银行、丝路基金和"中国—欧亚"经济合作基金正加快投资项目遴选的步伐。哈萨克斯坦已经接受人民币作为储备货币,两国支持建设阿斯塔纳国际金融中心和商品交易所。此外,中国和哈萨克斯坦共同设立了产能合作基金,两国金融和保险机构签署多项融资和合作协议,这为双边重大项目的实施提供了有力支持。

（三）中国和哈萨克斯坦双边贸易状况

根据哈萨克斯坦统计委员会的数据,2016 年,哈萨克斯坦同中国双边贸易的进出口总额为 78.8 亿美元,同比下降 25.4%。双边贸易中,哈萨克斯坦从中国进口总额为 36.7 亿美元,同比下降 27.9%;占哈萨克斯坦总进口额的 23.6%,占比下降 2.5 个百分点。另外哈萨克斯坦对中国出口总额为 42.1 亿美元,同比下降 23.1%。其中对中国出口总额占哈萨克斯坦出口总额的 12.8%,占比下降 0.5%。哈萨克斯坦通过与中国的双边贸易获得 5.5 亿美元的顺差,同比增加 37.0%。2016 年,中国成为哈萨克斯坦第二大出口市场和第一大进口来源国。①

哈萨克斯坦对中国主要出口的货物是贱金属及其制品,2016 年相关产品的出口总额是 16.9 亿美元,同比增幅为 5.6%,贱金属及相关制品占哈萨克斯坦对中国出口总额的 40.1%,位居哈萨克斯坦对中国出口总额的第一位。其他出口数额较大的产品为矿产品,2016 年哈萨克斯坦矿产品对中国出口总额为 15.0 亿美元,同比下降 40.5%。此外,哈萨克斯坦矿产品对中国的出口占该国对中国出口总额的 35.5%。其他出口较多的产品还有化工产品,其出口总额为 8.3 亿美元,同比下降 31.4%。哈萨克斯坦对中国主要进口产品是机电产品。根据哈萨克斯坦统计委员会数据,2016 年机电产品进口总额为 15.9 亿美元,同比下降 31.2%;占所有从中国进口商品总额的 43.4%。哈萨克斯坦自中国进口的另一大产品为贱金属及其制品,2016 年其进口总额为 5.4 亿美元,同比下降 23.3%;占到哈萨克斯坦自中国进口商品总额的 14.8%。除机电产品以及贱金属及其制品之外,其他主要进口商品有塑料和橡胶。2016 年相关产品的进口总额为 2.7 亿美元,进口总额同比下降 24.6%;占自中国进口商品总额的 7.3%。机电、贱金属及其制品、橡胶、塑料四类产品总计占哈萨克斯坦自中国进口商品总额的 65.4%,是哈萨克斯坦从中国进口的主要商品。此外,上述自中国进口的产品中,中国主要的竞争对手主要来自德国、美国以及意大利等。②

（四）中国与乌兹别克斯坦双边贸易状况

根据中国海关的数据统计显示,中国和乌兹别克斯坦 2016 年双边贸易总额为 36.16 亿美元,相比 2015 年增长率为 3.4%。乌兹别克斯坦 2016 年自中国出口商品总额为 20.09 亿美元,较上一年度下降 9.9%。此外乌兹别克斯坦自中国

① 2016 年哈萨克斯坦货物贸易及中哈双边贸易概况［EB/OL］. https://countryreport.mofcom.gov. cn/record/view110209.asp?news_id=52843,2017-02-27/2017-06-15.

② 根据《2016 年哈萨克斯坦货物贸易及中哈双边贸易概况》资料整理得出,http://www.cewgroup. cn/2016nianhasakesitanhuowumaoyi-jizhonghashuangbianmaoyigaikuang/,2017-06-15。

进口商品总额达 16.07 亿美元,同比实现大幅增长,增长率为 26.8%。中国通过双边贸易实现贸易顺差 4.02 亿美元。①

2016 年,中国对乌兹别克斯坦双边贸易的出口结构与 2015 年相比并未发生显著的变化。中乌双边贸易主要以工业产品为主,其中位居中国对乌兹别克斯坦出口产品排名前三的有塑料及其制成品、机械设备、电机电气设备。另外,上述三类出口产品的出口额分别为机械设备 4.86 亿美元、电机电气设备 3.17 亿美元、塑料及其制成品 1.52 亿美元。三大主要出口产品的出口额均低于 2015 年。在中国对乌兹别克斯坦的出口商品之中,变化较为明显的商品分别是化纤材料、钢铁制品、车辆及其零件。这三类产品中实现增长的是化纤类产品,同比增长 20.9%,其他两类产品对乌兹别克斯坦出口均发生大幅的下降。钢铁制品对乌兹别克斯坦出口较 2015 年下降 29.4%,车辆及其零件对乌兹别克斯坦出口较 2015 年下降 41.7%。②

2016 年,中国自乌兹别克斯坦进口商品总额较 2015 年增长 26.80%,达 3.4 亿美元。中国自乌兹别克斯坦进口的主要产品依旧以大宗商品为主。其中棉花、天然气、棉纱、天然铀的进口额占中国对乌兹别克斯坦进口总额的 77.38%。上述产品的进口总额占中国自乌兹别克斯坦进口商品的比重较 2015 年下降 16.02 个百分点。另外,塑料、植物产品、铜及其合金等自乌兹别克斯坦进口的商品总额实现了较大幅度的增长。其中塑料的进口额增长 102.0 倍,铜及其合金的进口额增长 30.0 倍,植物产品的进口总额增长了 1.5 倍。上述产品中又以塑料产品涨幅最快,一跃成为中国自乌兹别克斯进口商品的第五位,占中国进口乌兹别克斯商品总额的 9.02%。相比中国出口至乌兹别克斯坦的商品总额大幅下降,中国自乌兹别克斯坦的进口整体实现了大幅增长。中国进口增长的主要原因还是在于中国比乌兹别克斯坦的国内市场容量更大、经济发展更加稳定、经济筑底更为成功有关,也从侧面反映了中国同中亚国家的贸易交往中,在"一带一路"倡议中,中国更加有能力为周边国家提供更多新的发展机遇。③

(五)中国与其他中亚国家双边贸易状况

中国为土库曼斯坦的第一大贸易合作伙伴。中国与土库曼斯坦的双边贸易

① 中国与乌兹别克斯坦 2016 年贸易结构分析 [EB/OL]. http://uz.mofcom.gov.cn/article/ztdy/201703/20170302528326.shtml, 2017-03-06/2017-06-15.

② 中国与乌兹别克斯坦 2016 年贸易结构分析 [EB/OL]. http://uz.mofcom.gov.cn/article/ztdy/201703/20170302528326.shtml, 2017-03-06/2017-06-15.

③ 中国与乌兹别克斯坦 2016 年贸易结构分析 [EB/OL]. http://uz.mofcom.gov.cn/article/ztdy/201703/20170302528326.shtml, 2017-03-06/2017-06-15.

总额在2012年到2015年之间从最初的70亿美元增加到95亿美元。土库曼斯坦对中国出口商品主要是天然气。贸易平衡方面，土库曼斯坦在2015年对中国双边贸易实现顺差66亿美元。可以发现土库曼斯坦从对中国的贸易中获得了相当的发展机会。土库曼斯坦从中国进口的主要商品是机械设备。①

根据吉尔吉斯斯坦海关的统计数据，2016年，吉尔吉斯斯坦与中国的双边贸易额达15.49亿美元，较2015年增长50.0%。其中吉尔吉斯斯坦向中国出口商品总额为8010万美元，同比增长达120%；中国对吉尔吉斯斯坦出口商品总额为14.68亿美元，同比增长42.7%。中吉贸易中，吉尔吉斯斯坦贸易实现逆差，总额为13.88亿美元。②

中国为吉尔吉斯斯坦第一大贸易伙伴。双边贸易额约占吉尔吉斯斯坦对外贸易总额的28.3%。中国作为吉尔吉斯斯坦第一大进口来源地，从中国进口额占进口总额的37.5%，同时中国也是吉尔吉斯斯坦的第六大出口地，向中国出口额占出口总额的5.2%。③

2016年全年，中国主要从吉尔吉斯斯坦进口的商品为石油及其制品、珍珠和宝石、油料种子和果实、烟草、矿石和矿渣、羊毛、药用植物、沥青、羊毛、未加工的动物皮毛、水果和干果等产品。中国对吉尔吉斯斯坦出口的主要商品是电子产品及其设备、肉类及其制品、服装及其附件、黑色金属及其制品、钢材、交通工具、铸铁等。2016年，随着"一带一路"建设的不断推进，吉尔吉斯斯坦对中国的双边贸易都获得了巨大的进步，尤其是对中国出口增长率达120%，预计未来还将进一步通过中国获得更为广阔的出口市场。④

根据塔吉克斯坦通讯社阿维斯塔（Avesta）的报道，2016年1—8月，中国和塔吉克斯坦双边贸易总额增幅为45%，同期塔吉克斯坦与俄罗斯贸易额下降10%。2016年前8个月，塔吉克斯坦与中国贸易总额为6.2亿美元，与俄罗斯双边贸易额为6.6亿美元。同2015年同期相比，塔吉克斯坦对俄罗斯贸易额下降了10%，中国与塔吉克斯坦的贸易额增长45%，从上述信息可以发现中塔贸易

① 土库曼斯坦与中国、土耳其、伊朗三大合作伙伴的贸易交往情况［EB/OL］. http://tm. mofcom. gov. cn/article/ztdy/201609/20160901397990. shtml, 2016-09-21/2017-06-15.

② 2016年全年吉尔吉斯斯坦对外贸易情况［EB/OL］. http://kg. mofcom. gov. cn/article/ztdy/201703/20170302525925. shtml, 2017-03-02/2017-06-15.

③ 2016年全年吉尔吉斯斯坦对外贸易情况［EB/OL］. http://kg. mofcom. gov. cn/article/ztdy/201703/20170302525925. shtml, 2017-03-02/2017-06-15.

④ 2016年全年吉尔吉斯斯坦对外贸易情况［EB/OL］. http://kg. mofcom. gov. cn/article/ztdy/201703/20170302525925. shtml, 2017-03-02/2017-06-15.

的重要性和密切性都在快速提高。①

（六）中国与中亚国家双边贸易存在的问题

随着"一带一路"倡议的推进，截至 2016 年，中国与中亚国家之间的双边贸易取得了一定的发展。其中，中国和乌兹别克斯坦 2016 年双边贸易总额为 36.2亿美元，相比 2015 年，增长率为 3.4%，②中国和哈萨克斯坦双边贸易总额为78.8 亿美元，同比下降 25.4%。③ 2016 年上半年中国对土库曼斯坦的进出口两项指标的增长率均在中国和独联体国家贸易中位居第一，分别高达 194.5% 和233.9%。④ 中国与吉尔吉斯斯坦双边贸易增长 50.0%。⑤ 2016 年 1—8 月，中国和塔吉克斯坦双边贸易总额增幅为 45.0%。从上述数据来看，中国和中亚国家的贸易拥有许多亮点，但也存在许多问题困扰着双方的进一步合作。这些问题主要体现在以下几个方面。

1. 贸易发展不平衡

从上文中可以看到，中国对土库曼斯坦、塔吉克斯坦、吉尔吉斯斯坦的双边贸易在 2016 年表现非常突出，但乌兹别克斯坦对中国的贸易只实现了 3.4% 的低增长⑥，哈萨克斯坦对中国的双边贸易更发生了 25.4% 的大幅下降，⑦可见中国与中亚国家之间的贸易本身就差异巨大，需要针对不同国家制定不同的贸易政策，不能一概而论。

2. 贸易结构不平衡

中国对中亚国家出口的主要是技术密集型和劳动密集型产品。但中亚国家对中国出口的主要是能源和原材料。从国际贸易理论来看，短期双方是各自发挥比较优势来进行贸易；但是从长期来看大量中国制造进入当地，如果不能提升当地人员就业机会，会引起当地人民对中国出口产品甚至是"一带一路"倡议的

---

① 2016 年 1—8 月中国和塔吉克斯坦两国贸易额增长 45%［EB/OL］．http://tj.mofcom.gov.cn/article/jmxw/201609/20160901399444.shtml，2016-09-15/2017-06-15.

② 中国与乌兹别克斯坦 2016 年贸易结构分析［EB/OL］．http://uz.mofcom.gov.cn/article/ztdy/201703/20170302528326.shtml，2017-03-06/2017-06-15.

③ 2016 年哈萨克斯坦货物贸易及中哈双边贸易概况［EB/OL］．https://countryreport.mofcom.gov.cn/record/view110209.asp?news_id=52843，2017-02-27/2017-06-15.

④ 2016 年土库曼斯坦阿什哈巴德国际建材展后回顾［EB/OL］．http://www.sohu.com/a/113324122_433241，2016-09-02/2017-06-15.

⑤ 2016 年全年吉尔吉斯斯坦对外贸易情况［EB/OL］．http://kg.mofcom.gov.cn/article/ztdy/201703/20170302525925.shtml，2017-03-02/2017-06-15.

⑥ 中国与乌兹别克斯坦 2016 年贸易结构分析［EB/OL］．http://uz.mofcom.gov.cn/article/zxhz/201703/20170302528328.shtml，2017-03-06/2017-06-15.

⑦ 2016 年哈萨克斯坦货物贸易及中哈双边贸易概况［EB/OL］．https://countryreport.mofcom.gov.cn/record/view110209.asp?news_id=52843，2017-02-27/2017-06-15.

反感。因此培育当地产业、实现中亚国家自身的就业增长以及实现技术进步,是中国和中亚国家长期实现紧密贸易往来的关键因素。

3. 中国与中亚国家之间的交通基础设施建设还有待加强

第一,由于中亚国家自身经济问题,有些地区自身的交通基础设施并不发达,缺乏成熟的基础设施建设经验和大量的资金。中国作为世界第二大经济体、世界第一大外汇储备国,拥有丰富成熟的交通基础设施建设运营的经验,理应在"一带一路"倡议的框架下,借助亚投行、金砖国家新开发银行等金融机构,利用自身技术优势和资金优势,帮助相关国家解决交通基础设施不发达的问题。第二,中国和中亚国家交通基础设施技术标准不统一,无论是铁路还是公路,双方标准的不统一为将来交通基础设施对接造成了一定的障碍。① 交通基础设施建设问题如果不解决,必将困扰双边贸易,也会造成成本的提高和时间的延误,给双边贸易带来不利的影响。

4. 中国文化和中亚文化存在隔阂

中国文化是儒家文化,中亚国家大部分是伊斯兰国家。由于文化的差异,当地民众可能不理解中国企业和人员的行为甚至产生抵制心理,这些也会给中国和中亚国家的双边经济往来带来消极不利的影响。如何处理好文化差异,不但让当地居民享受到中国物美价廉的商品,也能促进当地企业发展、人员的就业,这些都是未来更好地实施"一带一路"倡议、促进双边经贸往来的关键点。

(彭孙琥、杨雪)

主要参考文献

[1] European Bank for Reconstruction and Development. Regional Economic Prospects [EB/OL]. http://www.ebrd.com/what-we-do/economic-research-and-data/data/forecasts-macro-data-transition-indicators.html,2017-04-21/2017-08-02.

[2] 2016 年 1—8 月中国和塔吉克斯坦两国贸易额增长 45%[EB/OL]. http://tj.mofcom.gov.cn/article/jmxw/201609/20160901399444.shtml, 2016-09-15/2017-06-15.

[3] 2016 年 1—9 月塔吉克斯坦国内生产总值同比增长 6.7%[EB/OL]. http://tj.mofcom.gov.cn/article/jmxw/201611/20161101869093.shtml, 2016-11-22/2017-06-15.

[4] 2016 年 1—10 月塔吉克斯坦消费领域通货膨胀率达 5.2%[EB/OL].

---

① 秦放鸣,毕燕茹.中国新疆与中亚国家区域交通运输合作[J].新疆师范大学学报(哲学社会科学版),2007(4).

http://tj. mofcom. gov. cn/article/jmxw/201611/20161101869094. shtml,2016-11-22/2017-06-15.

［5］2016 年 1—12 月罗马尼亚货物贸易进出口情况报告［EB/OL］. http://ro. mofcom. gov. cn/article/ztdy/201702/20170202515181. shtml,2017-02-14/2017-06-25.

［6］2016 年 1—12 月罗中贸易情况报告［EB/OL］. http://ro.mofcom.gov.cn/article/ztdy/201703/20170302538797. shtml,2017-03-22/2017-06-25.

［7］2016 年波兰外贸顺差 47.6 亿欧元［EB/OL］. http://pl.mofcom.gov.cn/article/jmxw/201702/20170202518078.shtml,2017-02-17/2017-06-25.

［8］2016 年哈萨克斯坦将扩大出口天然气［EB/OL］. http://gas.in-en.com/html/gas-2383559.shtml,2016-01-20/2017-06-15.

［9］2016 年哈外商直接投资总额 206 亿美元,较上年增长 40%［EB/OL］. http://kz. mofcom. gov. cn/article/jmxw/201704/20170402553544. shtml,2017-04-07/2017-06-15.

［10］2016 年捷克出口增长创下历史纪录［EB/OL］. http://cz.mofcom.gov.cn/article/jmxw/201702/20170202512071.shtml,2017-02-08/2017-06-25.

［11］2016 年马其顿外贸总额同比增长 6.0%［EB/OL］. http://mk.mofcom.gov.cn/article/jmxw/201702/20170202510034.shtml,2017-02-06/2017-06-25.

［12］2016 年全年吉尔吉斯经济社会发展概况［EB/OL］. http://kg.mofcom.gov.cn/article/ztdy/201702/20170202516398.shtml,2017-02-15/2017-06-15.

［13］2016 年全年吉尔吉斯斯坦对外贸易情况［EB/OL］. http://kg.mofcom.gov.cn/article/ztdy/201703/20170302525925.shtml,2017-03-02/2017-06-15.

［14］2016 年塞尔维亚吸引外国直接投资超过 19 亿欧元［EB/OL］. http://yu.mofcom.gov.cn/article/jmxw/201705/20170502580539.shtml,2017-05-23/2017-06-25.

［15］2016 年匈牙利对外贸易额创历史新高［EB/OL］. http://hu.mofcom.gov.cn/article/jmxw/201702/20170202513451.shtml,2017-02-11/2017-06-25.

［16］2016 年中匈双边贸易额增长 10.1%［EB/OL］. http://hu.mofcom.gov.cn/article/jmxw/201702/20170202509947.shtml,2017-02-04/2017-06-25.

［17］波兰新政府发展计划［EB/OL］. http://pl.mofcom.gov.cn/article/ztdy/201603/20160301282682.shtml,2016-03-24/2017-06-25.

［18］国家外汇管理局. 2016 年中国国际收支报告［EB/OL］. http://www.safe.gov.cn/safe/2017/0330/6111.html,2017-03-30/2017-06-25.

［19］国家外汇管理局. 中国对外证券投资资产（分国家地区）（2016 年末）

［EB/OL］. http://www.safe.gov.cn/safe/2017/0531/2097.html, 2017-05-31/2017-06-25.

［20］哈萨克斯坦 2016 年 GDP 增长 1%［EB/OL］. http://kz.mofcom.gov.cn/article/jmxw/201701/20170102499794.shtml, 2017-01-11/2017-06-15.

［21］卡米拉. 中国与中亚五国贸易关系的实证研究［D］. 山东大学硕士学位论文, 2016.

［22］拉赫蒙总统出席上合组织峰会并讲话［EB/OL］. http://tj.mofcom.gov.cn/article/jmxw/201606/20160601346365.shtml, 2016-06-24/2017-06-15.

［23］欧盟失业率下降, 未来取决于劳动力自由流动［EB/OL］. http://eu.mofcom.gov.cn/article/jmxw/201702/20170202520955.shtml, 2017-02-22/2017-06-25.

［24］欧委会: 捷克 2016 年经济运行良好, 潜在问题不容忽视［EB/OL］. http://cz.mofcom.gov.cn/article/jmxw/201702/20170202522769.shtml, 2017-02-24/2017-06-25.

［25］欧洲复兴开发银行保持乌克兰经济增长预测［EB/OL］. http://ua.mofcom.gov.cn/article/jmxw/201705/20170502574962.shtml, 2017-05-15/2017-06-25.

［26］欧洲复兴开发银行提高匈牙利 GDP 增长预测［EB/OL］. http://hu.mofcom.gov.cn/article/jmxw/201705/20170502574401.shtml, 2017-05-12/2017-06-25.

［27］秦放鸣, 毕燕茹. 中国新疆与中亚国家区域交通运输合作［J］. 新疆师范大学学报(哲学社会科学版), 2007(4).

［28］商务部, 国家统计局, 国家外汇管理局. 2015 年度中国对外直接投资统计公报［R］. 北京, 2016.

［29］商务部召开《中国-中东欧国家投资贸易博览会》专题新闻发布会［EB/OL］. http://www.scio.gov.cn/xwfbh/xwbfbh/wqfbh/33978/35181/xgfbh35186/Document/1491893/1491893.htm, 2015-06-04/2017-06-25.

［30］世行: 塔吉克投资环境有待改善［EB/OL］. http://tj.mofcom.gov.cn/article/jmxw/201508/20150801072376.shtml, 2015-08-05/2017-06-15.

［31］斯洛伐克担任欧盟轮值主席国期间重点关注经贸议题［EB/OL］. http://sk.mofcom.gov.cn/article/ztdy/201609/20160901399468.shtml, 2016-09-22/2017-06-25.

［32］土库曼斯坦 2016 年主要宏观经济发展指标［EB/OL］. http://caijing.chinadaily.com.cn/2017-01/17/content_27979976.htm, 2017-01-17/2017-06-15.

［33］土库曼斯坦保持大量外国直接投资流入［EB/OL］. http://www.mofcom. gov. cn/article/i/jyjl/e/201605/20160501313379. shtml, 2016-05-07/2017-06-15.

［34］土库曼斯坦里海大陆架石油和天然气储量分别为 120 亿吨和 6.5 万亿立方［EB/OL］. http://tm. mofcom. gov. cn/article/jmxw/201606/20160601331791. shtml, 2016-06-02/2017-06-15.

［35］土库曼斯坦棉纺业建新厂生产进口替代产品［EB/OL］. http://tm.mofcom.gov.cn/article/jmxw/201506/20150601007490.shtml, 2015-06-10/2017-06-15.

［36］土库曼斯坦与中国、土耳其、伊朗三大合作伙伴的贸易交往情况［EB/OL］. http://tm.mofcom.gov.cn/article/ztdy/201609/20160901397990.shtml, 2016-09-21/2017-06-15.

［37］魏晞. 中国工商银行拟以 10 亿欧元投资设立中东欧金融公司［EB/OL］. http://finance. huanqiu. com/roll/2016-06/9050327. html, 2016-06-16/2017-06-25.

［38］乌克兰经济发展和贸易部总结 2016 年出口情况［EB/OL］. http://ua.mofcom. gov. cn/article/jmxw/201703/20170302542703. shtml, 2017-03-29/2017-06-25.

［39］乌兹别克斯坦 2016 年经济增长 7.8%［EB/OL］. http://uz. mofcom. gov.cn/article/jmxw/201701/20170102508564.shtml, 2017-01-16/2017-06-15.

［40］西巴尔干国家在 2024 年之前加入欧盟"并非不现实"［EB/OL］. http://ba. mofcom. gov. cn/article/jmxw/201706/20170602596376. shtml, 2017-06-16/2017-06-25.

［41］希腊是阿尔巴尼亚的主要投资国［EB/OL］. http://al.mofcom.gov.cn/article/jmxw/201703/20170302529268.shtml, 2017-01-06/2017-06-25.

［42］中国和中亚五国的贸易现状解析［EB/OL］. http://www.shcce.com/zxzx/get.action?id=45670&commData1=30175, 2015-09-02/2017-06-15.

［43］中国与乌兹别克斯坦 2016 年贸易结构分析［EB/OL］. http://uz.mofcom.gov.cn/article/ztdy/201703/20170302528326.shtml, 2017-03-06/2017-06-15.

［44］中国在波兰的投资远低于预期［EB/OL］. http://pl.mofcom.gov.cn/article/jmxw/201704/20170402560766.shtml, 2017-04-19/2017-06-25.

［45］中欧协会. 2016 年斯洛伐克外贸顺差 37.3 亿欧元［EB/OL］. http://ceatec.mofcom.gov.cn/article/jmzx/ozdq/201702/20170202519643.shtml, 2017-02-21/2017-06-25.

下篇　世界一般性问题

第十二章　世界经济周期

第一节　2016 年世界经济波动

2016 年世界经济总体情况略好于 2015 年,但是,世界经济的不稳定甚至下行的趋势并没有产生根本变化,经济复苏乏力且呈现不稳定的状态。发达经济体经济复苏较为明显,但是,经济增长的不确定性也较为明显;新兴市场与发展中经济体经济增长放缓,且不平衡。种种迹象表明,世界经济出现了缓慢复苏,但是,下行风险依然存在,持续增长的动力不足,不稳定性明显。正如 2016 年 4 月 IMF 发布的《世界经济展望》所指出的:"全球经济复苏仍然疲弱和不稳定,以及复苏面临威胁。尤其是在需求低迷的环境下,主要政策利率接近有效下限,随着投资下滑,生产率增长下降,劳动力市场缺乏活力以及人力资本受到侵蚀,乏力的增长可能会持续。"[①]

一、世界经济复苏依然疲软和不稳定,持续增长动力不足

2008—2009 年的全球金融危机标志着世界经济进入了新一轮经济周期。面对金融危机,乃至经济危机,世界各国采取了积极的财政政策和量化宽松的货币政策,对问题金融机构和问题企业加以救助。在"双宽松政策"作用下,世界经济总体上于 2010 年出现了比较强劲的恢复和增长。然而,刺激政策的可持续性及其持续性效应,以及欧洲主权债务危机的负面影响等各种因素又导致世界经济复苏和增长的步伐放缓,并呈现出不稳定性。如表 12-1 所示,以 1998—2007 年世界总体经济增长率为参照,2011 年以来世界经济总体经济增长率呈现下降趋势;2012 年是 3.5%,2013 年下降到 3.3%,2014 年为 3.4%,2015 年为 3.2%,2016 年为 3.1%。按照国际货币基金组织预测,世界经济增长率在 2021 年将进一步上升到 3.8%,然而,受"逆全球化"思潮、英国"脱欧"、贸易保护主义

---

①　IMF. World Economic Outlook: Too Slow for Too Long[EB/OL]. https://www.imf.org/en/Publications/WEO/Issues/2016/12/31/Too-Slow-for-Too-Long, 2016-04-12/2017-06-30.

等因素的影响,世界经济增长存在极大的不确定性。

表 12-1　世界主要国家和地区经济增长回顾与预测

经济体	增长率(%)							
	平均值	实际值					预测值	
	1998—2007	2012	2013	2014	2015	2016	2017	2021
全球	4.2	3.5	3.3	3.4	3.2	3.1	3.4	3.8
发达经济体	2.8	1.2	1.2	1.9	2.1	1.6	1.8	1.7
美国	3.0	2.2	1.7	2.4	2.6	1.6	2.2	1.6
欧元区	2.4	-0.9	-0.3	1.1	2.0	1.7	1.5	1.5
日本	1.0	1.7	1.4	0.0	0.5	0.5	0.6	0.6
其他发达经济体	3.6	1.9	2.2	2.8	1.9	1.9	1.9	2.3
新兴经济体和发展中经济体	5.8	5.3	5.0	4.6	4.0	4.2	4.6	5.1
独联体	6.2	3.5	2.1	1.1	-2.8	-0.3	1.4	2.4
新兴和发展中亚洲	7.6	7.0	7.0	6.8	6.6	6.5	6.3	6.4
新兴和发展中欧洲	4.2	1.2	2.8	2.8	3.6	3.3	3.1	3.4
拉丁美洲和加勒比地区	3.1	3.0	2.9	1.0	0.0	-0.6	1.6	2.7
中东、北非、阿富汗和巴基斯坦	5.3	5.0	2.4	2.7	2.3	3.4	3.4	3.9
中东和北非	5.3	5.1	2.2	2.6	2.1	3.2	3.2	3.6
撒哈拉以南非洲	5.2	4.3	5.2	5.1	3.4	1.4	2.9	4.2
欧盟	2.7	-0.4	0.3	1.6	2.3	1.9	1.7	1.7
低收入发展中经济体	6.0	5.2	6.2	6.0	4.6	3.7	4.9	5.4

资料来源:IMF. World Economic Outlook:Too Slow for Too Long[EB/OL].https://www.imf.org/en/Publi-cations/WEO/Issues/2016/12/31/Too-Slow-for-Too-Long,2016-04-30/2017-06-30.

注:鲁吉亚、土库曼斯坦和乌克兰虽不属于独联体,但由于地理位置相近、经济结构相似,也将其编入其中。

二、全球总体消费者物价水平上升,发达经济体上升明显

如表 12-2 显示,2016 年世界消费价格水平与前一年相比略有上升,发达经济体由 2015 年的 0.3% 上升为 2016 年的 0.7%,美国的消费价格指数从 2015 年

的 0.1% 上升为 2016 年的 0.8%,欧元区的消费价格指数从 2015 年的 0 上升为
2016 年的 0.4%,日本则下降了 0.2%,日本通货紧缩态势已经非常显著。通货膨
胀率过低的最大危险就是可能进入通货紧缩,通货紧缩将严重危害经济,并且难
以摆脱。一方面,通货紧缩,投资不足,就业不足,工资下跌,以名义价格计价的
债务难以清偿;另一方面,人们会预期物价持续下跌,因而推迟购买计划,进一步
造成消费需求不足,消费品价格进一步下跌。这样,经济会变得更脆弱,失业率
会更高。有一种应对措施,就是提高官方通货膨胀目标。理想的官方通货膨胀
率目标被认为是 2%;另一种措施就是通过量化宽松的货币政策抵抗经济衰退。
因此,国际货币基金组织预测,未来的通货膨胀率会继续有所提高。

表 12-2　世界主要国家和地区的消费价格指数

经济体	消费价格指数(%)					
	2013 年	2014 年	2015 年	2016 年	2017 年 (预测)	2021 年 (预测)
发达经济体	1.4	1.4	0.3	0.7	1.5	1.9
美国	1.5	1.6	0.1	0.8	1.5	2.2
欧元区①	1.3	0.4	0	0.4	1.1	1.7
日本	0.4	2.7	0.8	−0.2	1.2	1.2
其他发达经济体②	1.7	1.5	0.6	1.1	1.8	2.1
新兴经济体和发展中经济体	5.5	4.7	4.7	4.5	4.2	3.9
独联体	6.4	8.1	15.5	9.4	7.4	4.8
新兴和发展中亚洲	4.7	3.5	2.7	2.9	3.2	3.7
新兴和发展中欧洲	4.3	3.8	2.9	4.1	4.8	4.2
拉丁美洲和加勒比地区	4.6	4.9	5.5	5.7	4.3	3.6
中东、北非、阿富汗 和巴基斯坦	9.1	6.8	5.7	5.2	4.8	4
中东和北非	9.3	6.6	5.9	5.5	4.7	3.9
撒哈拉以南非洲	6.6	6.4	7.0	9.0	8.3	6.3
欧盟	1.5	0.5	0	0.4	1.3	1.9

资料来源:IMF. World Economic Outlook:Too Slow for Too Long [EB/OL].https://www.imf.org/en/Pub-
lications/WEO/Issues/2016/12/31/Too-Slow-for-Too-Long,2016-04-30/2017-06-30.

注:① 不包括拉脱维亚;② 不包括 G7(加拿大、法国、德国、意大利、日本、英国和美国)以及欧元区的
发达经济体,但包括拉脱维亚。

三、美国货币政策具有不确定性，全球经济风险加大

自布雷顿森林体系建立之日起，美元的世界货币地位得以确立，世界经济波动与美国货币政策的变化建立起紧密的关联性。当前，美国货币方面正在发生三个"转变"，即从量化宽松转向财政刺激，从低利率政策转向加息政策以及美元指数由弱变强。这些方面都将产生溢出效应，对世界经济走势产生强烈冲击。

美国退出量化宽松货币政策产生了溢出效应。所谓量化宽松货币政策，则是非常规临时性货币政策，购买银行和其他金融机构长期债券，在调节利率进而降低融资成本的同时，向市场注入流动性，刺激实体经济增长。美联储的量化宽松政策推动了美国股指上涨，长期国债收益率下降，美元贬值和出口增加。美国退出量化宽松货币政策产生溢出效应。所谓溢出效应是指一国经济政策对他国乃至对整个世界经济产生的冲击和影响。美国退出量化宽松货币政策的溢出效应主要表现为：其一，退出量化宽松货币政策使美元走强，国际大宗商品价格急剧下挫，初级原料和能源出口国蒙受损失，从而造成经济下滑；其二，退出量化宽松货币政策造成全球通货紧缩的压力；其三，退出量化宽松货币政策以使资金回流美国，新兴经济体的短期投资剧烈下降，股市下跌，债券市场下跌，货币贬值，金融风险加大；其四，美国退出量化宽松政策，受汇率与利率的双重压力，负债国家会产生债务问题或引发债务危机。

美联储加息也产生显著的溢出效应。2015 年下半年美国经济形势向好，美联储于 2015 年 12 月首次加息 25 个基点，开始进入加息周期。2016 年特朗普当选美国总统，他声称任期内美国经济年均增长率要提高到 3.5% ~ 4.0% 的水平[①]，以使美国经济进入增长的"快车道"，维持美国在全球的经济地位。美联储加快了货币政策正常化的步伐，美联储进行了第二次加息，加息预期不断强化。美联储的加息政策使新资金向美国回流，造成世界其他经济体金融市场动荡，世界经济恢复的不确定性增强。

此外，美元指数上升也带来溢出效应。历史经验证明，美元处于"强周期"，新兴经济体就会出现麻烦。美联储去杠杆而欧洲央行和日本央行则加杠杆，美元指数上升牵动全球资本市场的敏感神经。美元走强，美国消费需求"由弱转强"，有利于其他经济体对美出口。但是，这样做产生的负面效应较多，如导致美国企业从海外撤资、资本回流美国、各国货币竞相贬值、加剧全球贸易摩擦以

---

① 美国货币政策变化对世界经济的影响 [EB/OL]. http://news. eastday. com/w/20170203/u1ai10308914.html, 2017-02-03/2017-06-30.

及引发新兴经济体出现债务危机或金融危机风险等。

四、经济全球化与区域经济一体化面临重大挑战

不可否认,2016 年的诸多情况表明经济全球化正遇到有史以来最严峻的挑战。经济全球化的深入发展,一方面,使市场力量得到释放,推动了资本、商品和人员的自由流动,增进了全球范围内的资源配置,带来了极大的经济福利;另一方面,全球福利分配却极为不公平,社会精英获得了更大的财富、更丰富的消费选择机会以及更国际化的生活方式,然而,社会底层民众处境更加脆弱,面对丧失就业机会的威胁,同时也会面对移民带来的社会压力和就业竞争以及日益增加的恐怖主义威胁。2016 年美国总统大选中特朗普最后的胜出,出乎政治精英的预料,颠覆了"精英政治"传统,反映了全球化在发达经济体内部造成的社会矛盾已经接近爆发的临界点,标志着这一轮全球化将出现"停滞"或"迂回"。2016 年 2 月 12 日,美国主导的、将中国排除在外的《跨太平洋伙伴关系协定》(TPP)正式签署,经各成员国议会批准后就可以正式生效。然而,在 TPP 各成员忙于通过议会程序时,2016 年 11 月美国新当选总统特朗普通过社交媒体公布其"百日行动计划",明确表示 TPP 对美国是"潜在的灾难",将在上任后首日签署一份意向声明退出 TPP。这个声明无疑对 TPP 判了"死刑"。面对形势变化,越南相应调整政策并发表声明暂停推动批准 TPP。尽管日本安倍政府竭力推动 TPP,但是,美国执意退出,而日本不具备能力继续推进 TPP。在"美国优先"原则下,特朗普政府向限制自由贸易的方向转变,在近期内 TPP 不可能被提上议事日程,美国则要求重新谈判《北美自由贸易协定》。美国外交政策变得"内向"。因此,美国在与自由贸易有关的议题上变得更为保守,这是不容置疑的。受美国政策的影响,全球多边贸易谈判陷入停顿。

在区域经济一体化方面,同样出现重重阻碍。欧洲难民危机已经导致欧洲内部意见分裂。由于国际恐怖势力渗透到移民群体,在欧洲制造恐怖活动,造成欧洲的社会安全危机,东欧和南欧公众对接受移民的反对声音高涨。另外,长期积累的全球化内在矛盾,政界、商界、学术界和媒体界的精英圈与普通民众两极分化越来越严重,公众对民主制度本身失去信心,相信自己是全球化的受害者,民粹运动兴起。2016 年 6 月 24 日英国"脱欧"公投就是具有标志性意义的历史事件。近年来受债务危机、难民危机、民粹泛滥等因素影响,欧洲一体化面临严峻挑战,英国"脱欧"更使欧洲一体化进程雪上加霜。更加值得关注的是,英国"脱欧"公投引发的多米诺骨牌效应,不仅为欧洲未来,也为国际区域经济一体化的发展,蒙上了浓重的阴影。

第二节　全球性收入分配差距拉大及其成因

一、2016 年全球财富变动情况①

21 世纪初的几年里,全球财富以两位数的增长率增长,但是,2008 年金融危机爆发后,这样的增长速度突然终结,并出现了财富的负增长,如图 12-1 所示。自 2008 年以来,世界财富增速呈低位数增长,尤其是 2013 年以后,世界财富增长更加呈现低速,受欧洲主权债务危机影响的 2014 年,世界财富再次出现负增长。2008 年之后,世界家庭财富增长主要是受金融资产增长的驱动。然而,2016 年度金融资产提高了 334 亿美元,而非金融资产增加了 4 895 亿美元,其结果是金融资产在全球资产组合中的占比第一次出现下降。北美、亚太地区的非金融资产占比上升最明显,同时,家庭负债上升也最明显,大大超过历史上以往年份。

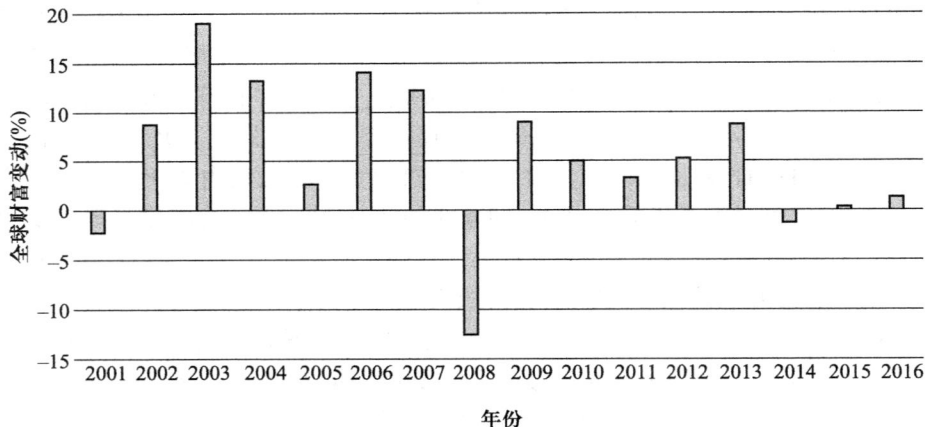

图 12-1　2001—2016 年全球财富变动情况

资料来源:Credit Suisse.Global Wealth Databook 2016;Research Institute Thought Leadership from Credit Suisse Research and the World's Foremost Experts[EB/OL].https://www.credit-suisse.com/media/assets/corporate/docs/about-us/research/publications/global-wealth-databook-2016.pdf,2017-04-01/2017-06-30.

---

①　财富被定义为家庭拥有的金融资产加上家庭拥有的真实资产(主要是住房),再减去债务。

（一）2016 年世界不同地区家庭财富变动情况

2016 年全球财富延续了 2013 年以来的低速增长，1.4%的财富增长率与成人人口增长率相当。2016 年成人人均财富为 52 800 美元，大体与上年相同。自金融危机结束以来，美国继续着家庭财富的稳定增长，家庭财富增加了 1.7 万亿美元。但是，与全球总体情况相似，美国家庭财富增速与人口增速同步，因此，自 2008 年以来，美国第一次出现了家庭财富没有发生变化的状况。世界其他地区的财富变动特征基本相似，按照不变汇率计算，家庭财富平均增长率为 3%，相当于成人人口增长率。如果按照当期汇率计算，由于受汇率变化的影响，亚太地区（含中国，不含印度）成人人均财富提高了 6.5%，北美成人人均财富提高了 0.9%。①

如表 12-3 所示，自 2008 年以来，世界家庭财富的增长受金融资产增长的驱动。但是，2016 年非金融资产取代了金融资产，成为家庭财富增长的主要驱动力量，家庭财富中的非金融资产增加了 4 895 亿美元，而金融资产仅增加了 334 亿美元。这样，自 2008 年以来，全球财富组合中金融资产占比第一次出现下降。北美地区、亚太地区（含中国，不含印度）非金融资产增长较为突出，而家庭债务增长也最突出，家庭债务规模明显大于以往年度。

（二）2016 年全球财富的地区分布状况

全球财富的地区分布不平衡状况可以通过地区财富净值占比与地区成人人口占比加以比较反映出来。北美和欧洲拥有全球财富的 65%，而成人人口占比仅为 18%。2013 年之前，欧洲与北美在全球财富中的占比相当，而 2013 年后，北美超越欧洲，2016 年北美在全球财富中占比 36%，而欧洲占比为 29%。中国成人人口占比为 21%，财富占比仅为 9%；拉美地区成人人口占比为 8%，而财富占比仅为 3%。②

（三）2016 年不同国家和地区个人财富水平差距

全球不同国家和地区可以按照个人财富水平的差距分为最富裕的国家和地区、中等富裕的国家和地区、富裕边缘的国家和地区以及低收入国家和地区。

如表 12-3 所示，世界成人人均财富达到 52 819 美元，掩盖了不同国家和地区财富的巨大差异。在北美、欧洲，成人人均财富超过 100 000 美元，从而形成

① Credit Suisse. Global Wealth Databook 2016: Research Institute Thought Leadership from Credit Suisse Research and the World's Foremost Experts [EB/OL]. https://www.credit-suisse.com/media/assets/corporate/docs/about-us/research/publications/global-wealth-databook-2016.pdf, 2017-04-01/2017-06-30.

② Credit Suisse.Global Wealth Databook 2016: Research Institute Thought Leadership from Credit Suisse Research and the World's Foremost Experts [EB/OL].https://www.credit-suisse.com/media/assets/corporate/docs/about-us/research/publications/global-wealth-databook-2016.pdf,2017-04-01/2017-06-30.

表 12-3 2015—2016 年世界不同国家和地区家庭财富变动情况

区域	财富总量(亿美元) 2016年	财富总量变化		成人人均财富(美元) 2016年	成人人均财富变化率(%) 2015—2016年	金融资产变化		非金融资产变化		债务变化	
		变化值(亿美元) 2015—2016年	变化率(%) 2015—2016年			变化值(亿美元) 2015—2016年	变化率(%) 2015—2016年	变化值(亿美元) 2015—2016年	变化率(%) 2015—2016年	变化值(亿美元) 2015—2016年	变化率(%) 2015—2016年
非洲	2 503	-132	-5.0	4 261	-7.5	-142	-10.2	-9	-0.6	-19	-6.5
亚太	53 465	4 117	8.3	46 325	6.5	2 525	8.7	2 704	9.3	1 112	13.1
中国	23 393	-679	-2.8	22 864	-3.7	-886	-6.8	398	3.1	193	9.9
欧洲	73 305	-1 300	-1.7	125 460	-1.8	-1 654	-4.1	344	0.7	-10	-0.1
印度	3 099	-26	-0.8	3 835	-2.8	-21	-4.1	28	1.0	33	12.2
拉美	7 561	-322	-4.1	18 442	-5.7	-115	-4.3	-191	-2.9	15	1.2
北美	92 381	1 796	2.0	337 078	0.9	627	0.8	1 621	5.3	452	3.0
世界	255 708	3 455	1.4	52 819	-0.1	334	0.2	4 895	3.8	1 775	4.4

资料来源：Credit Suisse.Global Wealth Databook 2016：Research Institute Thought Leadership from Credit Suisse Research and the World's Foremost Experts〔EB/OL〕.https：//www.credit-suisse.com/media/assets/corporate/docs/about-us/research/publications/global-wealth-databook-2016.pdf，2017-04-01/2017-06-30.

了稳定的"富国俱乐部",只是每年排名会有变动。2016 年"富国俱乐部"中成人人均财富出现下降的有英国(下降 33 000 美元)、瑞士(下降 27 000 美元)、挪威(下降 13 000 美元),从而影响了这些国家的排名。尽管瑞士成人人均财富下降了,但是,依然排名世界第一。排名第二的是奥地利(下降 5 000 美元),排名第三的是美国(增加 3 000 美元),挪威依然排名第四。新西兰超越英国、新加坡(增加 4 000 美元)、比利时(增加 8 000 美元),排名上升到第五位。加拿大(增加 2 000 美元)降到第九位,而丹麦(增加 5 000 美元)保持着第十的位置。[①]

世界中等富裕国家的人均财富处在 25 000 美元至 100 000 美元。其中,葡萄牙和斯洛文尼亚在这个层级的排名靠前,其次是捷克、爱沙尼亚和匈牙利。中等富裕国家和地区还包括巴林、黎巴嫩、阿曼、沙特阿拉伯等,以及亚洲和拉美新兴经济体,如智利、哥斯达黎加和乌拉圭。

世界上处于中等富裕边缘国家的人均财富处于 5 000 美元至 25 000 美元,包括中国、俄罗斯、巴西、埃及、印度尼西亚、菲律宾和土耳其;还包括绝大多数拉美国家,比如阿根廷、玻利维亚、哥伦比亚、厄瓜多尔、萨尔瓦多、墨西哥、巴拿马、巴拉圭和秘鲁;还有濒临地中海的国家和地区,包括阿尔及利亚、约旦、摩洛哥、突尼斯、约旦河西岸和加沙地区,以及欧盟外围的转型经济体,包括阿尔巴尼亚、亚美尼亚、阿塞拜疆、波斯尼亚、马其顿、蒙古和塞尔维亚;另外,还有安哥拉、博茨瓦纳、赤道几内亚、纳米比亚、泰国、越南、马来西亚。值得一提的是,2016 年,哈萨克斯坦、斯里兰卡、委内瑞拉和也门均低于人均 5 000 美元收入的门槛,变为低收入国家。[②]

人均财富低于 5 000 美元的是低收入国家。这类国家主要集中在中部非洲和南亚,包括除安哥拉、赤道几内亚和加蓬外的所有中部非洲国家。印度是这类国家和地区的典型,还有孟加拉国、柬埔寨和尼泊尔、巴基斯坦和斯里兰卡,另外包括白俄罗斯、摩尔多瓦和乌克兰。[③]

(四)世界不同国家和地区财富变动的原因

从长期来看,家庭财富的变动与经济增长、储蓄率和人口因素变动具有紧密

---

① Credit Suisse.Global Wealth Databook 2016: Research Institute Thought Leadership from Credit Suisse Research and the World's Foremost Experts [EB/OL]. https://www.credit-suisse.com/media/assets/corporate/docs/about-us/research/publications/global-wealth-databook-2016.pdf,2017-04-01/2017-06-30.

② Credit Suisse.Global Wealth Databook 2016: Research Institute Thought Leadership from Credit Suisse Research and the World's Foremost Experts [EB/OL]. https://www.credit-suisse.com/media/assets/corporate/docs/about-us/research/publications/global-wealth-databook-2016.pdf,2017-04-01/2017-06-30.

③ Credit Suisse.Global Wealth Databook 2016: Research Institute Thought Leadership from Credit Suisse Research and the World's Foremost Experts [EB/OL]. https://www.credit-suisse.com/media/assets/corporate/docs/about-us/research/publications/global-wealth-databook-2016.pdf,2017-04-01/2017-06-30.

的相关性。但是,从短期来看,世界不同国家和地区的家庭财富变动与资产价格和汇率变化的关系更加紧密。截至 2015 年 6 月底,中国的资产市值提高了150%,此后,股票价格出现反转,下跌了 25%。其他如法国和德国,股票价格下跌,总市值下降了 10%。在"八国集团"中,加拿大、日本、美国股市表现较好,而英国、意大利则股市低迷,俄罗斯逆势而上,总市值提高了 2%。由于资产价格的变动,导致不同国家和地区财富的变动。股价变动导致资产市值的变动有助于反映家庭金融财富的变化,而住房价格变动则是反映家庭非金融资产变动的重要指标。2016 年世界绝大多数国家的住房价格温和上升,其中仅有希腊和巴西的住房价格下降幅度超过 5%,许多国家的住房价格上升幅度超过 10%。其中,瑞典、爱尔兰、匈牙利、土耳其和哥伦比亚等的住房价格上涨幅度达到了 15%。阿根廷的住房价格用比索计算上涨了 31%,但是,如果用美元计算,反而下跌了 8%。①

汇率变动也是影响家庭财富的重要因素。2016 年世界绝大多数国家的汇率变动明显。日元兑美元升值了 19%;欧元的汇率变动较小;英国"脱欧"公投后,英镑贬值了 15%。世界上仅有南非和阿根廷两个国家的货币贬值幅度大于英国。英国"脱欧"公投直接导致财富损失 1.5 万亿美元。②

二、2000—2016 年全球财富的变动趋势

受中国经济快速增长和其他新兴经济体财富增长的支撑,21 世纪初的几年全球财富迅速扩张。金融危机期间,全球财富下降,危机后全球财富恢复了上升趋势,但增长速度较为缓慢。自 2007 年以来,全球财富增长与人口增长几乎同步,但人均财富则持续下降。

(一) 全球财富的区域构成变动趋势

2000 年以来,全球财富的区域构成变动趋势表明以美元计的全球财富年平均增长率为 5.2%;以当地货币计,全球财富年平均增长率为 4.9%。就绝对值而言,财富增量为 139 万亿美元。全球财富增量的绝大部分产生于 2000—2007年,为 104 万亿美元。2008 年则下降了 28 万亿美元,而后不断收复失地。然而,

---

① Credit Suisse. Global Wealth Databook 2016: Research Institute Thought Leadership from Credit Suisse Research and the World's Foremost Experts[EB/OL]. https://www.credit-suisse.com/media/assets/corporate/docs/about-us/research/publications/global-wealth-databook-2016.pdf, 2017-04-01/2017-06-30.

② Credit Suisse. Global Wealth Databook 2016: Research Institute Thought Leadership from Credit Suisse Research and the World's Foremost Experts[EB/OL]. https://www.credit-suisse.com/media/assets/corporate/docs/about-us/research/publications/global-wealth-databook-2016.pdf, 2017-04-01/2017-06-30.

财富增速令人失望,年平均增长率仅为 3.8%,不及危机前财富增长率 9.5% 的一半。自 2013 年以来,美元走强,以美元计的财富增长率仅为 0.5%,而按照不变汇率计算,财富增长率接近 12%。①

21 世纪以来,世界财富总体上翻了一番。增长最明显的是中国,财富年平均增长率为 11%。② 印度也超过了平均增速。欧洲和北美财富增长速度与世界财富平均增长速度相当。非洲的财富增长也快于世界总体财富增长速度。

（二）世界财富的结构变动和不平等趋势

财富的构成主要是三个部分,即金融资产、非金融资产和债权。2000—2016 年世界成人人均净财富上升了 67%。但是,2007 年以来增速放缓,就财富的构成方面而言,仅金融资产上升,而非金融资产和债权分别下降 5.6% 和 4.5%。21 世纪初,金融资产在世界总财富中的占比为 56%,2008 年金融资产在世界总财富中的占比下降到 50%,危机后其在世界总财富中的占比又回复到 55%。③

21 世纪以来财富不平等趋势也非常明显,全球财富"金字塔"结构固化。全球 35 亿成人拥有全球财富的 2.4%,个人财富低于 10 000 美元。相比之下,不到成人人口 1% 的 3 300 万个百万富翁拥有了全球 46% 的财富。④

一般而言,造成个人财富差距的原因很多。经济体之间人均财富的变动反映了全球财富分配的不公平现象,同时也反映了经济体内财富分配的不公平现象。年轻人群体几乎没有财富积累,因而财富水平低。遭受商业损失或灾难的群体,财富水平会出现巨大下降。对生活在财富创造前景较弱的地区的人们和妇女和少数族裔群体来说,财富增长受到很多限制。对一般人而言,之所以能够获得大量财富,是才能、努力工作和运气等各种因素综合作用的结果。

---

① Credit Suisse.Global Wealth Databook 2016:Research Institute Thought Leadership from Credit Suisse Research and the World's Foremost Experts[EB/OL].https://www.credit-suisse.com/media/assets/corporate/docs/about-us/research/publications/global-wealth-databook-2016.pdf,2017-04-01/2017-06-30.

② Credit Suisse.Global Wealth Databook 2016:Research Institute Thought Leadership from Credit Suisse Research and the World's Foremost Experts[EB/OL].https://www.credit-suisse.com/media/assets/corporate/docs/about-us/research/publications/global-wealth-databook-2016.pdf,2017-04-01/2017-06-30.

③ Credit Suisse.Global Wealth Databook 2016:Research Institute Thought Leadership from Credit Suisse Research and the World's Foremost Experts[EB/OL].https://www.credit-suisse.com/media/assets/corporate/docs/about-us/research/publications/global-wealth-databook-2016.pdf,2017-04-01/2017-06-30.

④ Credit Suisse.Global Wealth Databook 2016:Research Institute Thought Leadership from Credit Suisse Research and the World's Foremost Experts[EB/OL].https://www.credit-suisse.com/media/assets/corporate/docs/about-us/research/publications/global-wealth-databook-2016.pdf,2017-04-01/2017-06-30.

第三节 "一带一路"倡议及其对世界经济的影响

"一带一路"倡议的构思最早是由中国国家主席习近平于 2013 年提出的。"丝绸之路经济带"和"21 世纪海上丝绸之路"被简称为"一带一路"。"一带一路"倡议是区域经济优势互补、合作共赢的新理念,是古代"丝绸之路"的现代蕴意,是要依靠中国与有关国家既有的双多边机制,发展与沿线各经济体的经济合作和战略伙伴关系。

一、"一带一路"倡议提出的历史背景和现实背景

西汉时期的名将张骞出使"西域",开辟了以长安(今陕西西安)为起点,经中亚河谷地区、大伊朗,联结地中海沿岸诸国的陆上商贸通道。早在 19 世纪 70 年代,德国地理学家费迪南德·冯·李希霍芬将这条跨越欧亚大陆的经济走廊命名为"丝绸之路"。除了横跨欧亚大陆的路上"丝绸之路",据历史记载,中国古人"下南洋"形成了另一条海上"丝绸之路"。古代"丝绸之路"是中国与亚洲、欧洲商贸路线,是东西方经济、政治、文化交流的渠道。以古代"丝绸之路"为代表的中国对外经济与贸易关系发展的历史轨迹,为我们审视当代世界经贸关系、探寻适应时代背景的区域合作发展战略提供了重要的参照。

当前,世界形势正发生复杂而深刻的变化,世界经济出现了不断分化的态势,国际贸易格局、国际金融格局、国际投资格局及规则正出现激烈调整,世界大国之间的竞争日趋激烈。美国实施"亚太再平衡"战略,构建跨太平洋伙伴关系协定,旨在削弱中国在亚太区域经济合作中的地位,阻止中国参与推进亚太区域经济一体化,限制中国和平发展所需要的国际市场。共建"一带一路"符合区域合作的世界潮流,有助于维护全球自由贸易体系;共建"一带一路"有利于推动沿线各国实现经济政策协调,促进经济要素自由流动、资源有效配置和市场深度融合;共建"一带一路"不仅是中国的国际战略需要,更符合国际社会的根本利益,是国际合作乃至全球治理新模式的积极探索。

二、"一带一路"倡议构思的提出与战略布局

中国国家主席习近平 2013 年 9 月访问哈萨克斯坦时,提出了构建"丝绸之路经济带";同年 10 月,习近平在出席 APEC 领导人非正式会议期间,在印度尼

西亚国会发表演说的时候提出中国愿同东盟国家加强海上合作、共同建设"21世纪海上丝绸之路"的倡议。此后,习近平在访问俄罗斯、德国、比利时、蒙古、塔吉克斯坦、马尔代夫、斯里兰卡、印度等国家和区域组织并发表讲话时,均提及"一带一路"即"丝绸之路经济带"和"21世纪海上丝绸之路"的构思。在习近平提出"一带一路"倡议的基础上,中国政府 2015 年发布了题为《推动共建丝绸之路经济带和 21 世纪海上丝绸之路的愿景与行动》的文件。

三、"一带一路"倡议的重大意义

"一带一路"倡议对于促进中国经济的增长,以及促进世界经济的增长都具有重大的现实意义和深远的历史意义。

首先,"一带一路"倡议短期内有助于消化中国国内部分过剩产能。现阶段中国经济处于"新常态",国内需求相对疲弱,而产能过剩将成为制约我国经济增长的重要因素,实施"一带一路"倡议可以为国内产业消化过剩产能、去库存提供契机。相关分析表明,"1 单位的基建产出将拉动上游相关产业 1.89 单位的生产扩张"[1],基于"走出去的基建投资"对国民经济各产业完全消耗系数(拉动效应)和完全分配系数(推动效应)的实证分析结论,港口、公路建设公司等投资主体"走出去",投资"一带一路"沿线国家的基础设施建设,不仅能够提高项目投资与运营管理收益,而且能够拉动国内产业发展,形成带动整体经济发展的效用。

其次,"一带一路"倡议中期内有助于稳定中国经济增长、优化经济结构。"一带一路"倡议的实施将以优惠政策吸引大批客商,形成产业聚集效应,带动贸易、金融、服务等行业的发展,对沿线城市基础设施建设、金融贸易和商业地产的发展产生带动效应。亚投行的设立将为"一带一路"倡议注入强大的资金,形成中国沿海、内陆地区与中亚、西亚、欧洲诸经济体在经济、贸易、文化、科技等方面的全面交流与合作,有助于推动相关国家和地区经济结构转型升级。

再次,"一带一路"倡议有助于推动亚洲区域经济一体化。就长期而言,"一带一路"倡议具有重大的战略意义。"21 世纪丝绸之路经济带"战略有助于亚洲区域经济一体化,一是资本输出有利于亚洲经济增长,从而推动区域贸易增长和区域合作;二是"一带一路"倡议有助于构建更加自由的贸易环境,促进区域资

---

① "一带一路"对中国经济帮助有多大?［EB/OL］. https://wallstreetcn.com/articles/210602, 2014-11-12/2017-06-30.

源的合理配置,实现共同繁荣,有利于更深入的亚洲经济合作。

最后,"一带一路"倡议能够促进世界经济的增长。中国实施的"一带一路"倡议主要采取基建输出的方式,而基建投资作为上游产品,将在所在地产生引致投资效应和引致消费效应,从而促进世界经济的增长。

第四节 2016 年中国的宏观经济形势

一、2016 年中国宏观经济运行的基本特征

2016 年中国宏观经济运行基本平稳,传统产业调整不断深化,新的经济结构、新的发展动能加速形成。从经济增长的视角,中国宏观经济止跌回稳,但是,基础仍然没有完全筑牢。就国内而言,房地产市场的调整、工业经济结构性难题、服务业发展与创新驱动发展中的体制机制问题都依然存在。就国际而言,世界经济依然复苏乏力,对中国发展对外贸易产生负面影响;国际金融风险仍未完全释放,未来的金融市场仍存在波动风险,中国金融市场的潜在外来冲击依然存在。2016 年中国宏观经济呈现如下主要特征。

1. GDP 增长速度放缓,但在世界范围内仍属较高速度

国家统计局发布的数据显示,2016 年全年国内生产总值 744 127 亿元人民币,按照可比价格计算,比 2015 年增长了 6.7%。第一季度、第二季度和第三季度的 GDP 增长率均为 6.7%,第四季度 GDP 增长率为 6.8%。GDP 年增长率处于合理的运行区间[1],在世界范围内,则是比较高水平。应当看到,在经济结构优化和发展方式转变的过程中,这样的 GDP 增速已经是非常可喜的。

2. 总投资没有出现明显下滑,但结构调整明显

2016 年上半年随着产业调整加深以及"去产能"政策作用下,民间投资下滑;自 2016 年 9 月起,民间投资止跌回升,民间投资的回升拉动了整体投资增长。2016 年政府主导的基础设施投资有所加快,1—11 月累计基础设施投资(不含电力、热力、燃气及水生产和供应业等)同比增长 18.9%。[2] 房地产投资增长也出现迅速反弹。

---

① 2016 年国内生产总值达 744127 亿元 比上年增长 6.7%[EB/OL]. http://www.chinanews.com/cj/2017/01-20/8130357.shtml, 2017-01-20/2017-06-30.

② 2016 年我国宏观经济运行特点 2017 年宏观经济趋势与政策取向[EB/OL]. http://www.ocn.com.cn/chanjing/201612/ihntd22135410.shtml, 2016-12-22/2017-06-30.

3. 物价总体水平继续保持稳定

2016 年物价继续保持相对稳定。2016 年 CPI 温和上升的同时,PPI 第一季度下降 4.8%,第二季度下降 2.9%,而第三季度结束了持续四年多的负增长,快速回升①,有效地改善了生产资料生产企业的效益,同时,意味着传统产业调整已取得积极成效。

4. 就业总体平稳,但呈现分化趋势

人力资源和社会保障部的统计数据显示,2016 年前三季度城镇新增就业人口 1 067 万,全年就业增长明显②,就业水平总体稳定,但就业结构分化特征较为明显。一方面,传统制造业的持续调整导致传统就业压力加大;另一方面,"双创发展"带来了较多的就业机会。

二、2016 年中国经济面临的国际和国内环境

2008 年国际金融危机爆发带来的全球经济调整远没有结束,中国经济面临着诸多不确定的国际经济因素,受到各种外部冲击影响。同时,中国国内经济环境也存在着诸多变数。

(一)中国经济面临的国际经济环境

1. 世界经济复苏依然乏力

2016 年世界经济增长速度比较稳定,但是水平偏低。由于发达经济体普遍面临着经济政策调整的压力,尤其是世界经济格局的变化,如美国总统大选带来的冲击以及英国"脱欧"公投的冲击等,世界经济尚未摆脱诸多压力,世界经济下行的风险依然存在。

2. 国际金融风险仍未得到有效释放

2008 年全球金融危机爆发后,以美国为首的西方国家为了应对金融危机,避免大萧条和更为严重的经济危机,普遍采取了零利率政策和量化宽松货币政策,以及政府救助等政府干预。这些干预手段带来了一个明显的后遗症,即危机的影响拉长,世界经济复苏乏力。零利率甚至名义负利率造成价格扭曲,引致全球资源错配。如何实现利率正常化,从而恢复货币政策的功能,关系到市场经济能否回到正常的轨道。否则,全球金融危机的影响仍将持续,金融风险仍被掩盖,很可能酝酿金融市场危机。

---

① 2016 年我国宏观经济运行特点 2017 年宏观经济趋势与政策取向[EB/OL]. http://www.ocn. com.cn/chanjing/201612/ihntd22135410.shtml, 2016-12-22/2017-06-30.

② 人社部:前三季度全国城镇新增就业 1067 万人? 提前完成全年目标[EB/OL]. http://news. hexun.com/2016-10-31/186675830. html,2016-10-31/2019-04-01.

3. 贸易和投资的保护主义大行其道

2008 年全球金融危机之后,发达经济体贸易政策转向贸易保护主义。据统计,2016 年前 3 个季度采取贸易救济措施最多的均为发达经济体,分别是美国、德国、法国、英国、意大利等。贸易保护措施涉及的领域从以往的传统商品扩展至中高端产品乃至要素流动领域,尤其是投资领域。贸易保护的歧视性范围从以往"一视同仁"的歧视性保护向"圈子化"的歧视性保护方向转变。全球多边贸易谈判受阻,各种形式的区域贸易协定如火如荼。贸易保护的措施由传统关税、非关税壁垒转向知识产权和其他隐蔽措施。从保护的目的看,一些发达经济体从传统的保护自身产业向保护自身就业和引导制造业回流方向转变。发达经济体吸引制造业回流的政策举措具有贸易保护主义性质,目的在于解决产业结构失衡和失业等现实问题。

(二) 中国经济面临的国内经济环境

当前,总体上中国宏观经济环境是健康的和稳定的,但经济发展中仍存在着结构性问题。主要表现为以下几个方面。

第一,产能过剩对经济增长的制约依然突出。从过剩的性质来看,有些传统行业的产能出现了绝对过剩,而非相对过剩。从市场行为来看,不能够因为这些行业产品短期价格上升而对未来市场形势产生误判,将产能的绝对过剩看作周期性的相对过剩,致使"去产能"过程延迟。政府决策不能受"市场短期行为或结果"的干扰,必须坚定不移推动政策落地,从而提高资本利用率,优化资源配置。

第二,地方政府债务压力问题依然存在。首先,近年来地方政府债务不断扩张,已经形成到期偿债的巨大风险。其次,地方政府的信贷需求难以得到有效控制,地方政府成为提升杠杆化率的主要力量,从而威胁到经济和金融体系的健康。

第三,创新发展面临体制机制障碍。创新发展有助于解决经济调整期的就业问题,也是助推产业升级的重要力量。2016 年,尤其是 2016 年上半年服务业附加值同比增长 7.5%,[①]相对前两年有所回落,反映出服务业发展中的体制性或政策性障碍。首先,各级政府对服务业的重视还不够。其次,体制性因素的制约尚未完全消除,如税收体制改革尚未彻底,营业税改增值税("营改增")后仍有许多技术和机制问题需要解决。国家推进创新驱动战略,需要进一步完善知识产权制度、风险投资体制、科技创新激励机制等。

---

① 上半年服务业快速增长 主力军作用日益凸显 [EB/OL]. http://finance.china.com.cn/industry/20160801/3838087.shtml, 2016-08-01/2017-06-30.

三、2017 年中国经济形势

应对中国宏观经济中的各种挑战,关键是要坚持"宏观政策要稳、产业政策要准、微观政策要活、改革政策要实、社会政策要托底"的战略思路。在 2017 年,第一,要坚定地"去产能",优化资源配置,提高资源利用效益。第二,以供给侧结构性改革为抓手,推动"三去一降一补",即"去产能过剩、去库存过大、去杠杆偏高、降成本、补短板"等方面找准结构性调整的着力点,根本解决结构性难题。2017 年是"十三五"规划实施的第二年,传统经济转型不容动摇,必须在基础性、关键性领域取得突破。第三,要破除各种体制与机制障碍,促进服务业和新兴产业发展。服务业和新兴产业发展有助于稳就业并提高就业容量,为结构性改革拓展空间,为长期发展增添新动力。

《世界经济黄皮书:2017 年世界经济形势分析与预测》指出,世界经济潜在增长率下行、金融市场脆弱性加大、贸易保护主义兴起、逆全球化思潮上扬、美国经济政策随着政府更替而前景不明朗、英国"脱欧"进程影响难以确定。[1] 这样的国际环境,加之中国供给侧结构性改革不断深化,2017 年经济增速进一步放慢。正如 IMF 所表示的那样,中国的政策制定者将继续使经济摆脱对投资的依赖,并向消费和服务导向转型,预计短期内增长放缓是在为一个可持续的长期增长打基础。

(杨培雷)

主要参考文献

[1] Credit Suisse. Global Wealth Databook 2016: Research Institute Thought Leadership from Credit Suisse Research and the World's Foremost Experts [EB/OL]. https://www. credit-suisse. com/media/assets/corporate/docs/about-us/research/publications/global-wealth-databook-2016.pdf,2017-04-01/2017-06-30.

[2] 世界经济黄皮书:2017 年世界经济形势分析与预测[EB/OL]. https://www.ssap.com.cn/c/2016-12-22/1048304.shtml,2016-12-22/2019-01-28.

---

① 世界经济黄皮书:2017 年世界经济形势分析与预测[EB/OL].https://www.ssap.com.cn/c/2016-12-22/1048304.shtml,2016-12-22/2019-01-28.

第十三章　世界能源问题

第一节　2016 年世界能源状况概述

2016 年世界经济的增长使得能源需求有所增长。一方面发展中经济体尤其是新兴经济体经济增长较快,促进能源消费增加;另一方面能源技术的进步和低碳理念的提倡,促使能源使用效率提高,能源结构中清洁、低碳的能源比重有所提高,能源增长速度有所放缓。

一、世界一次能源消费状况

根据英国石油公司(BP)的统计,2016 年世界一次能源消费仅比上年提高 1.0%,其中 OECD 成员增长只有 0.2%,非 OECD 成员增长 1.7%。[①]

从图 13-1 可见,从地区看,亚太地区是一次能源消费最多的地区,2016 年消费量约达 55.8 亿吨油当量,同比增长 2.1%。2016 年与亚太地区相同增长率的有中东地区,而欧洲及欧亚地区消费量增长仅 0.4%,北美、中美、南美洲地区不增反降,分别为 -0.4% 和 -1.0%。

从国别看,一次能源消费增长最多的是亚太地区,除澳大利亚(-0.6%)和日本(-0.4%)负增长外,其他国家的消费量都有所上升。其中,菲律宾消费增长达到两位数(11.3%),巴基斯坦(7.6%)、印度尼西亚(5.9%)、马来西亚(5.7%)、印度(5.4%)、新加坡(3.5%)和孟加拉国(3.2%)都超过 3%。相比之下,中国增幅较小(1.3%)。北美地区和中美、南美洲地区一次能源消费量下降主要来自美国(-0.4%)、加拿大(-1.5%)、巴西(-1.8%)、委内瑞拉(-5.5%)和特立尼达和多巴哥(-10.7)等国。[②]

---

①　BP Statistical Review of World Energy June 2017[EB/OL]. http://www.optbbs.com/attachcenter-page. html?aid=4960,2017-06-22/2017-06-28.

②　BP Statistical Review of World Energy June 2017[EB/OL]. http://www.optbbs.com/attachcenter-page. html?aid=4960,2017-06-22/2017-06-28.

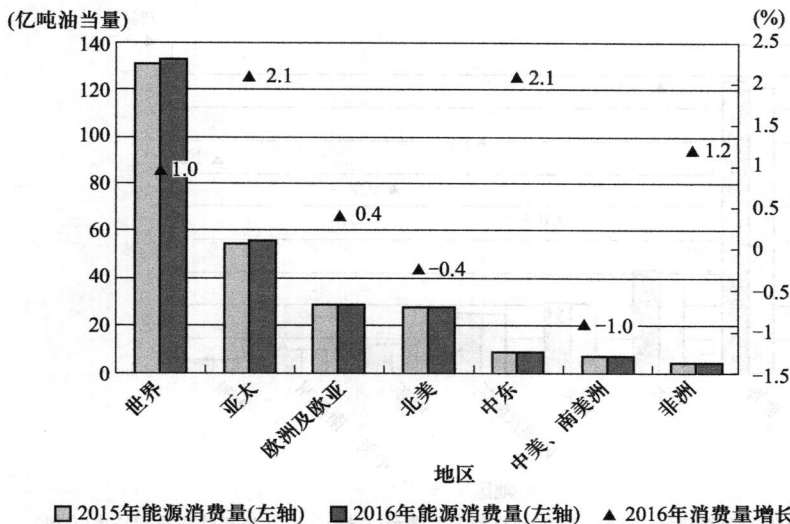

图 13-1 2015—2016 年世界各地区一次能源消费情况

资料来源：BP Statistical Review of World Energy June 2017 [EB/OL]. http://www.optbbs.com/attachcenter-page.html?aid＝4960,2017-06-22/2017-06-28.

石油仍然是世界消费量领先的燃料。从图 13-2 可见,2016 年世界石油消费量 44.18 亿吨,比上年增长 1.5%,在一次能源中占比 33.28%,比上年提高 0.15 个百分点。其中,石油消费增长幅度最大的地区是亚太,为 3.1%;北美地区只增长 0.4%,中美、南美洲负增长 2.7%。

从图 13-3 可见,亚太地区石油消费量增长较高的原因主要来自中国、印度和韩国,三个国家分别为世界第二大、第三大、第八大石油消费国,增长率分别为 2.7%、8.3% 和 7.1%。2016 年全球石油消费平均每天比前一年增加 155 万桶或增长 1.6%,高于 10 年年均增长 1.2% 的水平,其中中国每天增加 39.5 万桶,印度每天增加 32.5 万桶,韩国每天增加 18.6 万桶。不过,就每天石油消费总量看,2016 年中国、印度、韩国三国合计为 1 963.3 万桶,与美国的消费量(1 963.1 万桶)相当,美国石油消费量依然位于世界第一。①

---

① BP Statistical Review of World Energy June 2017[EB/OL].http://www.optbbs.com/attachcenter-page.html?aid＝4960,2017-06-22/2017-06-28.

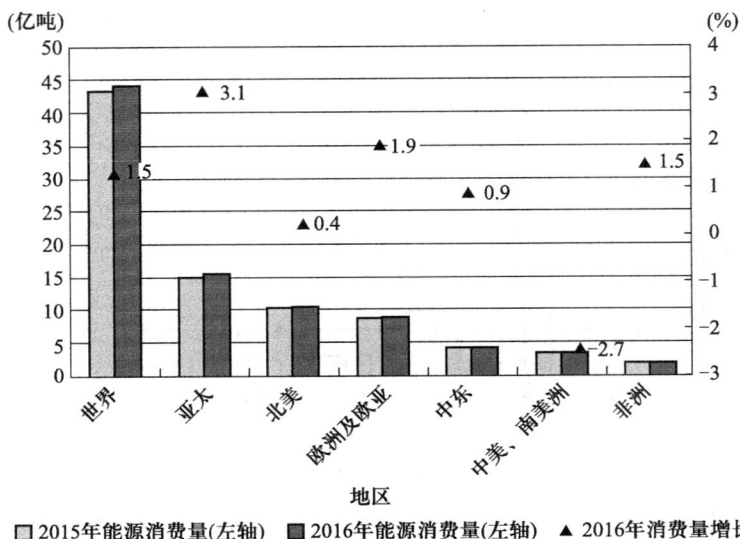

图 13-2 2015—2016 年世界各地区石油消费情况

资料来源：BP Statistical Review of World Energy June 2017[EB/OL].http://www.optbbs.com/attachcenter-page. html?aid＝4960,2017-06-22/2017-06-28.

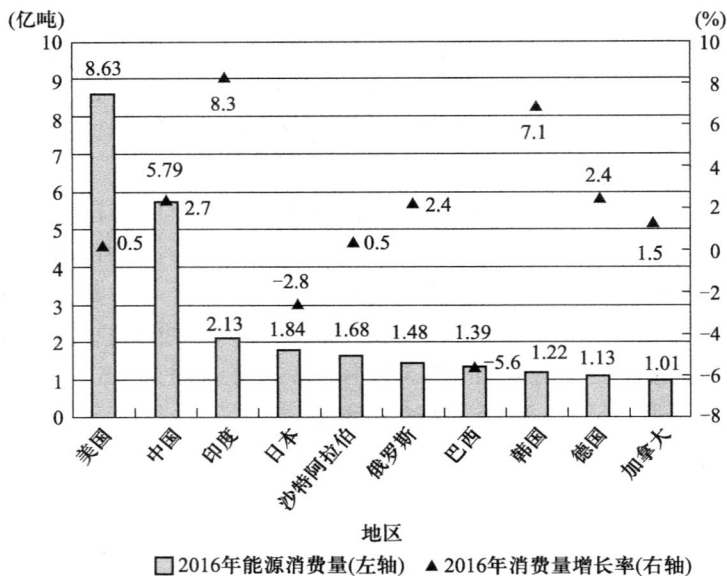

图 13-3 2016 年世界石油消费超亿吨的国家的消费及增长情况

资料来源：BP Statistical Review of World Energy June 2017[EB/OL].http://www.optbbs.com/attachcenter-page. html?aid＝4960,2017-06-22/2017-06-28.

从天然气消费看,如图 13-4 所示,2016 年世界天然气消费 35 429 亿立方米,比 2015 年增长 1.5%。2016 年发达地区是天然气消费最多的地区,其中欧洲和欧亚地区天然气消费量仍然在 1 万亿立方米以上,比 2015 年上升 1.7%;北美地区天然气消费量居次,增长 0.3%;亚太和中东地区消费量虽位居第三和第四,但增幅相对较大,增长率分别为 2.7% 和 3.5%。

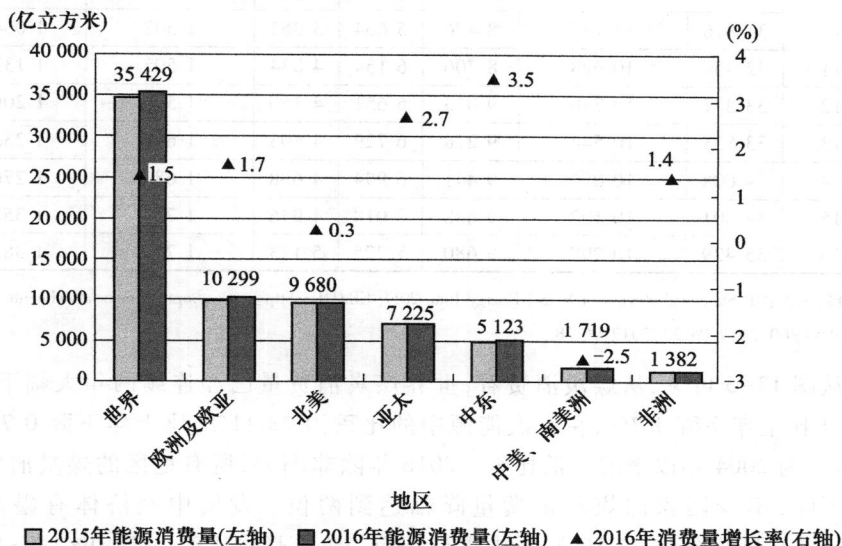

图 13-4　2015—2016 年世界天然气消费量及增长情况

资料来源:BP Statistical Review of World Energy June 2017[EB/OL].http://www.optbbs.com/attachcenter-page.html?aid=4960,2017-06-22/2017-06-28.

值得一提的是,近些年各国倡导使用低碳能源,使得作为清洁能源的天然气消费量不断增加,如表 13-1 所示,2006 年世界天然气消费为 28 506 亿立方米,2016 年已经增加到 35 429 亿立方米。2006—2016 年北美、亚太、中东地区天然气消费量增加得很快,欧洲和欧亚地区则因 2009 年的经济危机及其后的经济不景气,以及工业需求的下降,使得天然气消费量从 11 148 亿立方米下降到10 299 亿立方米。

表 13-1　2006—2016 年世界及各地区天然气消费情况

年份	天然气消费情况(亿立方米)						
	世界	欧洲及欧亚	北美	亚太	中东	中美、南美洲	非洲
2006	28 506	11 148	7 780	4 365	2 963	1 355	896
2007	29 673	11 238	8 138	4 687	3 217	1 426	967

年份	天然气消费情况（亿立方米）						
	世界	欧洲及欧亚	北美	亚太	中东	中美、南美洲	非洲
2008	30 449	11 322	8 215	4 998	3 473	1 434	1 007
2009	29 659	10 413	8 159	5 133	3 591	1 367	995
2010	31 876	11 184	8 496	5 664	3 965	1 502	1 064
2011	32 459	10 928	8 706	6 154	4 034	1 505	1 133
2012	33 377	10 740	9 033	6 651	4 150	1 596	1 206
2013	33 838	10 544	9 278	6 729	4 403	1 652	1 232
2014	34 008	10 056	9 441	6 944	4 608	1 689	1 270
2015	34 801	10 102	9 628	7 018	4 936	1 758	1 358
2016	35 429	10 299	9 680	7 225	5 123	1 719	1 382

资料来源：BP Statistical Review of World Energy June 2017[EB/OL].http://www.optbbs.com/attachcenter-page. html?aid=4960,2017-06-22/2017-06-28.

从图 13-5 可见，从煤炭消费看，世界煤炭消费量已经连续两年大幅下降，2016 年比上年下降 1.7%，在一次能源中的比重为 28.11%，比上年下降 0.77 个百分点，为 2004 年以来的最低比重。2016 年除非洲外，所有地区的煤炭消费量都在下降，不少国家的煤炭消费量降幅达到两位。发展中经济体有墨西哥（−22.9%）、阿根廷（−22.5%）、委内瑞拉（−66.4%）、哥伦比亚（−14.0%）等；发达经济体有希腊（−16.7%）、意大利（−11.9%）、葡萄牙（−11.9%）、西班牙（−23.9%）、新西兰（−15.4%）、以色列（−15.5%）等。①

英国的煤炭消费量从 2015 年的 2 300 万吨油当量猛降至 2016 年的 1 100 万吨油当量，同比降幅 52.5%。同期，英国煤炭生产从 540 万吨油当量下降到 260 万吨油当量。由此，英国煤炭生产和消费完成整整一个周期，回到约 200 年前工业革命时期的水平。2017 年 4 月英国电力部门创下第一个无煤日。②

从非化石能源消费看，技术的不断进步、全球风能和太阳能发电的快速发展推动可再生能源强劲增长。从表 13-2 可见，2016 年可再生能源消费比上年增长 14.43%，虽然该年在一次能源中占比仍很小，只有 3.16%，但比前一年提高 0.36 个百分点。2016 年在各类能源中，可再生能源同比增长幅度最大，在一次能源占比中提高的百分点也最大。

———————

① BP Statistical Review of World Energy June 2017[EB/OL].http://www.optbbs.com/attachcenter-page. html?aid=4960,2017-06-22/2017-06-28.

② BP Statistical Review of World Energy June 2017[EB/OL].http://www.optbbs.com/attachcenter-page. html?aid=4960,2017-06-22/2017-06-28.

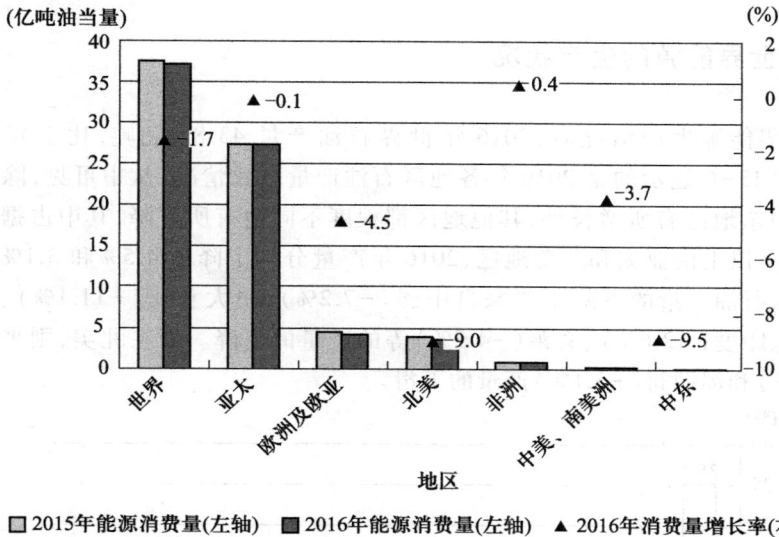

图 13-5　2015—2016 年世界煤炭消费量及增长情况

资料来源：BP Statistical Review of World Energy June 2017［EB/OL］.http://www.optbbs.com/attachcenter-page.html?aid = 4960,2017-06-22/2017-06-28.

表 13-2　2016 年世界一次能源消费量同比变化情况

一次能源	消费量（百万油当量）		增长率（%）	在一次能源中占比（%）		占比增加（百分点）
	2015 年	2016 年		2015 年	2016 年	
石油	4 341.0	4 418.2	1.50	33.12	33.28	0.15
天然气	3 146.7	3 204.1	1.50	24.01	24.13	0.12
煤炭	3 784.7	3 732.0	−1.70	28.88	28.11	−0.77
核能	582.7	592.1	1.61	4.45	4.46	0.01
水能	883.2	910.3	3.07	6.74	6.86	0.12
可再生能源	366.7	419.6	14.43	2.80	3.16	0.36
化石能源	11 272.4	11 354.3	0.73	86.02	85.52	−0.49
非化石能源	1 832.6	1 922.0	4.88	13.98	14.48	0.49

资料来源：BP Statistical Review of World Energy June 2017［EB/OL］.http://www.optbbs.com/attachcenter-page.html?aid = 4960,2017-06-22/2017-06-28.

注：世界消费数字与世界生产统计数字之间的差异是由库存变化造成的,在煤炭供应和需求数据在定义、计量或转换方面不可避免地存在差异。因此表内"石油""天然气""煤炭"消费增长率在计算时经过 BP 的调整,与直接计算出来的数据存在差异。其他数据则是作者根据各经济体提供的消费量直接计算出来的。

二、世界能源的生产状况

从世界能源生产情况看,2016 年世界石油产量 43.82 亿吨,比上年增长 0.3%。①图 13-6 显示的是 2016 年各地区石油产量增长情况,从中可见,除欧洲 及欧亚、中东地区有所增长外,其他地区都程度不同地有所下降,其中占据石油 生产量一半以上的亚太和北美地区,2016 年产量分别下降了 4.5% 和 3.1%。在 亚太地区,石油产量的下降主要来自中国(-7.2%)、澳大利亚(-11.1%)、越南 (-8.5%)、印度(-2.6%)、文莱(-4.7%)等的产量的下降。而在北美,则来自美 国(-4.2%)和墨西哥(-5.1%)产量的下滑。

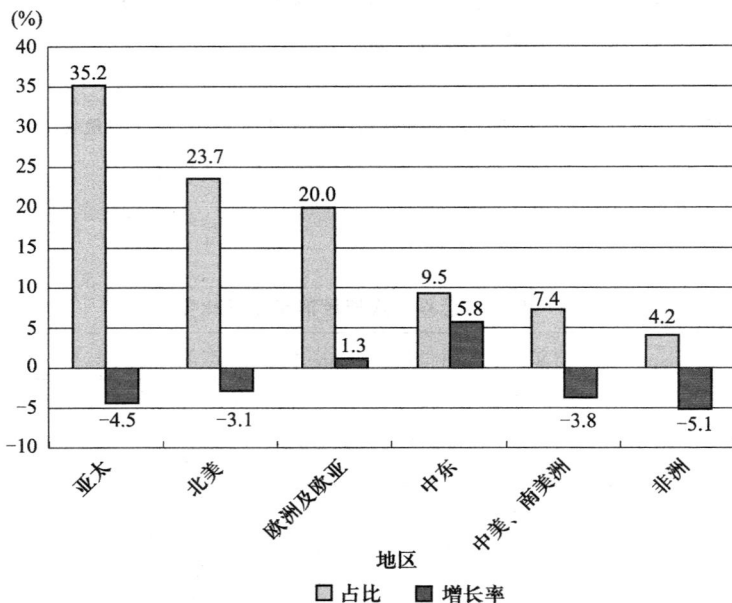

图 13-6　2016 年各地区石油产量同比增长率及地区产量在世界产量中的比重

资料来源:BP Statistical Review of World Energy June 2017[EB/OL].http://www.optbbs.com/attachcenter-page. html?aid=4960,2017-06-22/2017-06-28.

从天然气生产看,2016 年世界天然气产量为 3.55 万亿立方米,同比增长0.3%。 其中 OECD 同比下降 0.5%,欧盟下降 1.6%;非 OECD 成员增长 0.8%。② 图 13-7

———————————

① 　BP Statistical Review of World Energy June 2017[EB/OL].http://www.optbbs.com/attachcenter-page. html?aid=4960,2017-06-22/2017-06-28.

② 　BP Statistical Review of World Energy June 2017[EB/OL].http://www.optbbs.com/attachcenter-page. html?aid=4960,2017-06-22/2017-06-28.

显示的是各地区天然气产量增长状况,从中可见,欧洲及欧亚这个世界天然气产量占比份额最大的地区,2016 年尽管占世界产量 16.3% 的俄罗斯产量比上年增产 43.00 亿立方米,乌兹别克斯坦、英国、哈萨克斯坦等国也增产几亿到几十亿立方米,但由于荷兰(−7.6%)、挪威(−0.7%)、土库曼斯坦(−4.3%)、乌克兰(−1.1%)、阿塞拜疆(−3.0%)、罗马尼亚(−6.5%)、波兰(−3.8%)、丹麦(−2.2%)、意大利(−14.8%)、德国(−8.2%)等多国天然气产量的下跌,该地区全年产量仅提高了 0.2%。在北美,美国(−2.5%)和墨西哥(−13.0%)的天然气产量也在下降。在亚太,大部分国家天然气产量也出现下降,中国、马来西亚、孟加拉国和越南分别增产 1.4%、3.4%、2.2% 和 0.2%;不过澳大利亚产量猛增,达到 25.2%。中东地区,除叙利亚(−11.6%)、也门(−73.4%)、巴林(−0.8%)天然气产量下降外,其他国家和地区的产量在上升。而非洲除阿尔及利亚(7.6%)增产外,其他主要产气国产量都出现大幅下降,其中利比亚(−14.7%)和尼日利亚(−10.6%)下降幅度达到两位数。中南美洲不少国家的天然气产量也在下降,导致该地区总产量下降了 0.8%。这些都拉低了 2016 年全球天然气产量的增幅,使其只有 0.3%。[①]

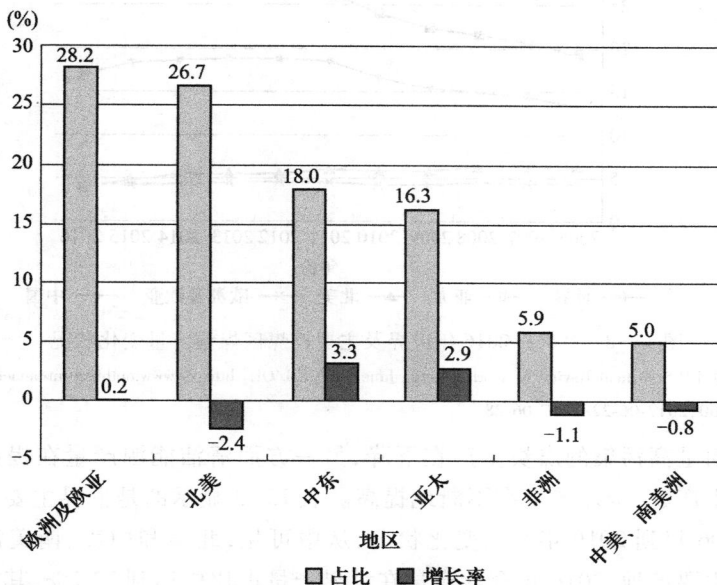

图 13-7　2016 年各地区天然气产量同比增长率及地区产量在世界产量中的比重

资料来源:BP Statistical Review of World Energy June 2017[EB/OL]. http://www.optbbs.com/attach-center-page.html?aid = 4960,2017-06-22/2017-06-28.

---

① BP Statistical Review of World Energy June 2017[EB/OL].http://www.optbbs.com/attachcenter-page.html?aid = 4960,2017-06-22/2017-06-28.

从煤炭生产看,2016 年世界煤炭产量 36.56 亿吨油当量,同比下降 6.2%。其中主要产煤区亚太地区煤炭产量下降 5.4%,欧洲及欧盟下降 1.0%,北美下降 18.1%。从图 13-8 可见,2013 年亚太地区煤炭产量达到顶峰的 27.93 亿吨油当量后,开始持续下降,这一下降的时间和趋势与煤炭产量在全球产量中占比 46% 以上的中国产量持续下跌的时间与趋势相吻合。图 13-8 显示的是世界主要产煤区 2006—2016 年变化状况,从中可见世界、亚太、中国煤炭产量变动曲线相似,鉴于中国煤炭产量占到世界煤炭产量 40% 以上,可以认为中国的煤炭生产影响到亚太地区的煤炭产量,进而影响到世界煤炭产量,中国减少煤炭消费、致力于低碳能源开发的战略,已经对世界能源走势产生一定的影响。

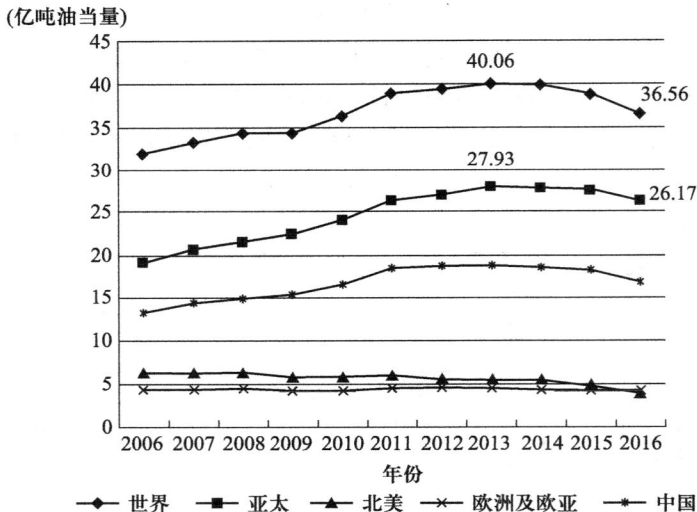

图 13-8　2006—2016 年世界及主要产煤区煤炭产量变化状况

资料来源:BP Statistical Review of World Energy June 2017[EB/OL].http://www.optbbs.com/attachcenter-page. html?aid=4960,2017-06-22/2017-06-28.

一方面是高污染的煤炭生产在下降,另一方面清洁能源产量在提高。从生物质能的生产看,全球产量在不断地提高。表 13-3 显示的是世界主要生物质能产地从 2006 年到 2016 年产量变化状况,从中可见,北美和中美、南美洲是世界生物质能主要产地,2016 年合计产量在世界产量占比中达到 72.2%,其中美国和巴西产量增长迅速。2016 年美国生物质能产量占世界比重 43.5%,巴西占 22.5%。位于世界第三的是欧洲及欧亚地区,占比 16.7%,其中 2016 年德国和法国生物质能产量在世界中分别占比 3.9% 和 2.7%。亚太地区排名第四,2006—2014 年产量一直稳步提高,虽然 2015 年和 2016 年因印度尼西亚和中国产量先后下滑受到影响,但该地区比重总体上在上升,2006 年占世界份额 5.2%,2016

年为 11.1%。亚太地区生物质能产量最高的国家是中国,2006 年为 92.5 万吨油当量,2015 年达到顶点 265.3 万吨油当量,在世界中占比 3.3%;2016 年产量下滑,为 205.3 万吨油当量,比重下降到 2.5%。①

表 13-3　2006—2016 年世界及主要产地生物质能产量变化状况

年份	生物质能产量(万吨油当量)								
	世界	北美	美国	中美、南美洲	巴西	欧洲及欧亚	德国	亚太	中国
2006	2 784.8	1 084.4	1 067.0	1 027.8	959.0	526.9	260.3	144.6	92.5
2007	3 747.1	1 521.6	1 470.9	1 335.1	1 242.7	702.1	324.3	187.6	98.2
2008	5 013.8	2 148.5	2 093.4	1 708.5	1 548.6	848.2	280.5	307.4	119.4
2009	5 593.6	2 455.2	2 376.0	1 728.5	1 527.7	1 064.6	283.4	343.5	122.4
2010	6 400.8	2 886.6	2 804.4	1 922.0	1 686.6	1 160.4	302.2	430.6	158.4
2011	6 583.4	3 214.7	3 118.4	1 751.9	1 440.3	1 087.6	296.7	528.0	197.0
2012	6 686.3	3 084.0	2 980.8	1 796.1	1 473.9	1 173.4	303.1	630.0	210.3
2013	7 229.3	3 217.1	3 105.7	2 013.1	1 711.4	1 250.3	277.0	745.0	234.6
2014	7 970.3	3 413.7	3 289.0	2 170.3	1 800.5	1 444.5	346.0	937.4	260.9
2015	8 002.4	3 504.9	3 384.9	2 244.2	1 933.2	1 401.2	319.1	847.6	265.3
2016	8 230.6	3 699.7	3 577.9	2 237.8	1 855.2	1 377.7	319.8	911.0	205.3

资料来源:BP Statistical Review of World Energy June 2017[EB/OL].http://www.optbbs.com/attachcenter-page.html?aid=4960,2017-06-22/2017-06-28.

三、世界能源的贸易状况

从世界能源贸易看,2016 年世界石油贸易量②为 32.23 亿吨,比上年增长4.22%,其中原油贸易量 21.18 亿吨,石油产品贸易量 11.05 亿吨,分别增长4.02% 和 4.59%。③ 如图 13-9 所示,亚太、欧洲、北美是石油净进口地区,2016 年各地区石油进口同比均有提高;中东、欧亚(独联体)、非洲及中美、南美洲是石

---

① BP Statistical Review of World Energy June 2017[EB/OL].http://www.optbbs.com/attachcenter-page.html?aid=4960,2017-06-22/2017-06-28.

② 贸易量指各国进口的合计,也即各国出口的合计。

③ BP Statistical Review of World Energy June 2017[EB/OL].http://www.optbbs.com/attachcenter-page.html?aid=4960,2017-06-22/2017-06-28.

油净出口地区,除非洲外,2016 年石油出口不同幅度地有所提高。

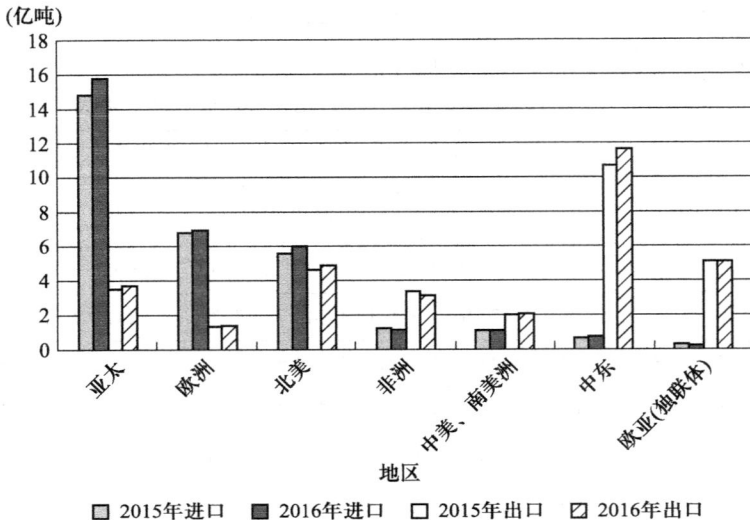

图 13-9　2015—2016 年世界各地区石油进口和出口情况

资料来源:BP Statistical Review of World Energy June 2017[EB/OL].http://www.optbbs.com/attachcenter-page. html?aid = 4960,2017-06-22/2017-06-28.

图 13-10 显示的是世界主要的石油出口国,从中可见,2016 年各国石油出口均有所增长,其中最大的石油出口国俄罗斯的石油出口量达 4.25 亿吨,同比增长 2.46%,阿联酋的增长率基本也在这个幅度上;沙特阿拉伯、美国、科威特石油增长率都在 4% 左右,伊朗增长率则高达 10.49%。值得注意的是,2016 年美国原油出口 2 530 万吨,石油产品出口 1.92 亿吨,总计石油出口量已达 2.17 亿吨,从 2013 年开始美国的石油出口量超过加拿大,位于世界第三。

图 13-11 显示的是世界主要的石油进口国的进口额及同比增长情况,尽管页岩油气的大开发使得美国石油自给率在提高,但 2016 年美国依然为世界最大的石油进口国,进口量达到 4.98 亿吨,同比增长 6.71%。中国石油需求正在逐年增加,2005—2015 年年均进口量增长 9.30%,2016 年全年石油进口量达到 4.57 亿吨,同比增长 10.97%。印度在世界石油进口中位居第三,2016 年增长 12.12%。日本和新加坡石油则出现进口下降。

从天然气贸易看,2016 年世界天然气贸易(进口或出口)10 841 亿立方米,比上年增长 4.79%,其中管道天然气贸易 7 375 亿立方米,液化天然气贸易 3 466

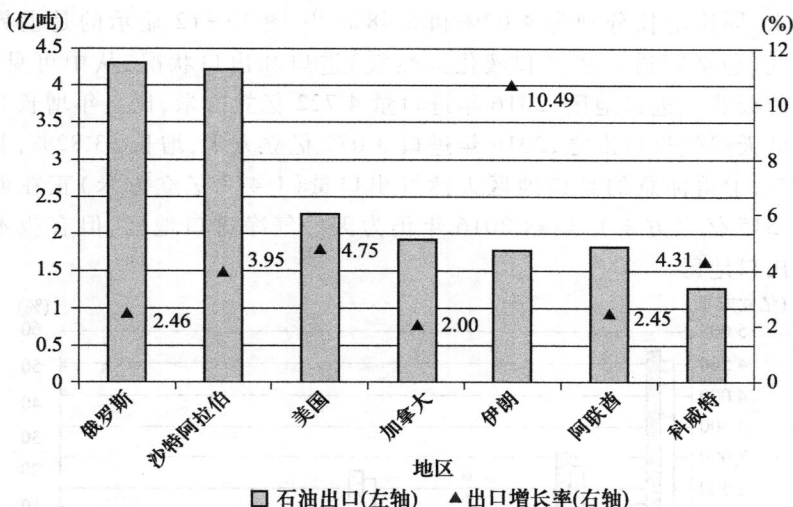

图 13-10   2016 年世界主要石油出口国出口及同比增长情况

资料来源:BP Statistical Review of World Energy June 2017[EB/OL].http://www.optbbs.com/attachcenter-page.html?aid=4960,2017-06-22/2017-06-28.

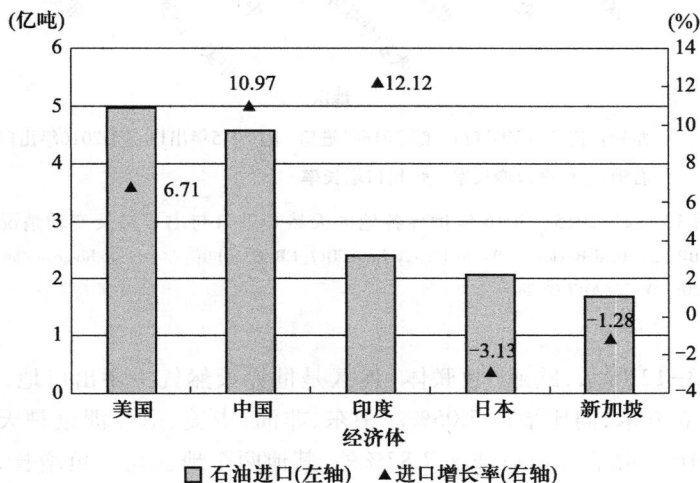

图 13-11   2016 年世界主要石油进口国进口额及同比增长情况

资料来源:BP Statistical Review of World Energy June 2017[EB/OL].http://www.optbbs.com/attachcenter-page.html?aid=4960,2017-06-22/2017-06-28.

亿立方米,同比增长分别为 4.02% 和 6.48%。① 图 13-12 显示的是世界各地区天然气(包括管道天然气和液化天然气)进口和出口状况,从中可见,欧洲是最大的天然气进口地区,2016 年进口量 4 722 亿立方米,比上年增长 3.6%;亚太地区天然气进口次之,2016 年进口 3 072 亿立方米,增长 13.82%;北美地区居第三,值得注意的是该地区天然气出口量(1 472 亿立方米)正在逼近进口量(1 515 亿立方米),虽然 2016 年仍为天然气净进口地区,但有望不久就成为净出口地区。

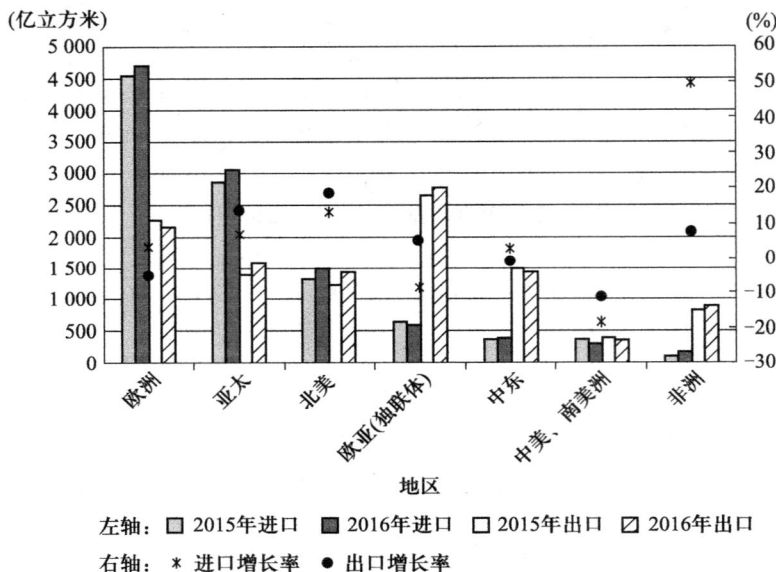

图 13-12 2015—2016 年世界各地区天然气进口与出口量及变动情况

资料来源:BP Statistical Review of World Energy June 2017[EB/OL].http://www.optbbs.com/attachcenter-page.html?aid=4960,2017-06-22/2017-06-28.

如图 13-12 所示,欧亚(独联体)地区是世界天然气主要出口地,2016 年出口 2 788 亿立方米,同比增长 5.05%。中东、非洲、中美、南美洲也是天然气净出口地,但 2016 年除非洲出口增加 7.87% 外,其他两个地区均为负增长,其中中南美洲增长率为-11.22%。

从国别来看,2016 年德国(993 亿立方米)、美国(825 亿立方米)、意大利(594 亿立方米)是世界前三大管道天然气进口国;日本(1 085 亿立方米)、韩国

---

① BP Statistical Review of World Energy June 2017[EB/OL].http://www.optbbs.com/attachcenter-page.html?aid=4960,2017-06-22/2017-06-28.

（439 亿立方米）、中国（343 亿立方米）是世界前三大液化天然气进口国家。
2016 年俄罗斯（1 908 亿立方米）、挪威（1 098 亿立方米）、加拿大（824 亿立方
米）是世界前三大管道天然气出口国；卡塔尔（1 014 亿立方米）、澳大利亚（568
亿立方米）、印度尼西亚（212 亿立方米）则是世界三大液化天然气出口国。[1]

从上可见，就全球而言，2016 年世界能源中除煤炭消费量和生产量下降外，
其他能源的消费量和生产量都有所扩大。但具体到各地区和国家，情况有所不
同，经济的不景气、政局的动荡、西方的制裁、新能源政策和发展状况等因素影响
着各国能源生产和消费状况。

2016 年能源发展领域振奋人心的是全球可再生能源消费[2]比上年增长较
快，无论是发达经济体，还是发展中经济体（尤其是发展中经济体），可再生能源
消费都在快速增长。亚太地区在可再生能源的消费占全球比重方面已经超过欧
洲和欧亚，位居世界第一。与此同时，中国的煤炭消费量在不断下降，中国政府
一系列低碳发展的措施通过能源结构的变化显示出实际效果。

第二节　欧佩克达成减产协议的成因及其影响

2016 年 11 月底，欧佩克达成减产协议，这是自 2008 年以来欧佩克第一次为
提高油价采取减产措施，其背景与影响如何，本节对此进行了研究。

一、国际油价变动状况

从图 13-13 中可以看到，从 2001 年开始原油价格不断攀升，其后猛跌，2009
年经济危机时期全年平均油价约 61 美元/桶。2010 年随着世界经济复苏，油价
重新攀高，2011 年突破 100 美元/桶，其后两年维持在百元以上的水平，2014 年
后油价再次大幅下跌。为了便于分析，下面以布伦特原油价格代表国际油价进
行分析。

二、2014 年后油价下滑的因素分析

分析 2014 年以来油价不断下滑的因素，主要是因为主要经济体经济增长疲

---

[1]　BP Statistical Review of World Energy June 2017 [EB/OL]. http://www.optbbs.com/attachcenter-page.
html?aid = 4960, 2017-06-22/2017-06-28.

[2]　这里的可再生能源在 BP 统计中指包括风能、太阳能、垃圾发电等在内的其他可再生能源。

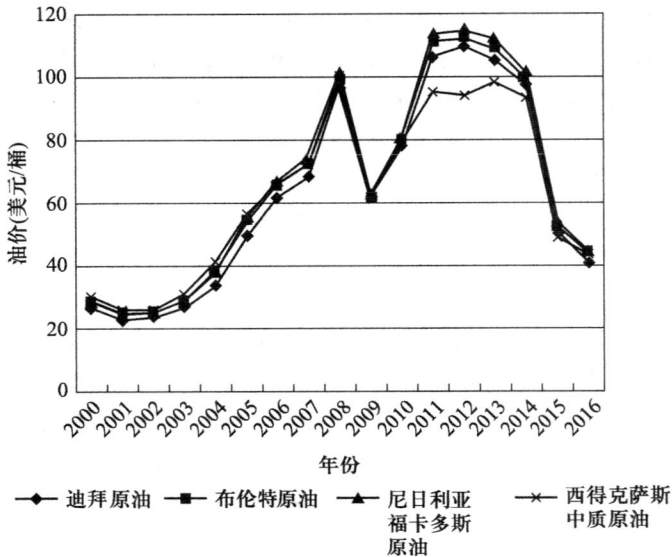

图 13-13　2000—2016 年国际油价变动状况

资料来源:BP Statistical Review of World Energy June 2017[EB/OL].http://www.optbbs.com/attachcenter-page. html?aid = 4960,2017-06-22/2017-06-28.

软或下滑,影响到石油消费规模的扩大,这是油价下跌的主要原因。

　　首先,如表 13-4 所示,2014 年后不仅一些发达经济体经济增长疲软,比如 2014 年日本出现零增长,而且一些新兴经济体的经济也出现增长幅度的下滑, 如俄罗斯(0.7%)、巴西(0.1%)等。虽然作为世界石油消费第二大经济体的中 国进入新常态增长阶段,2014 年经济增长 7.3%,低于上年。2015 年世界经济增 长率比前一年下降 0.1 个百分点,金砖国家中的俄罗斯、巴西经济负增长,中国 经济增长幅度下降到 6.9%,日本经济增长只有 0.5%,欧盟经济比前一年微有提 高,美国经济增长保持前一年的水平,由此影响到石油消费。

　　图 13-14 指出,2016 年全年平均油价则下跌到 43.73 美元/桶。主要石油消 费经济体的经济增长的下滑是 2016 年油价继续下跌的主要原因。

表 13-4　2011—2016 年世界主要石油消费经济体增长率

经济体	GDP 增长率(%)					
	2011 年	2012 年	2013 年	2014 年	2015 年	2016 年
美国	1.6	2.2	2.5	2.4	2.4	1.6
中国	9.5	7.8	7.7	7.3	6.9	6.7

续表

经济体	GDP 增长率(%)					
	2011 年	2012 年	2013 年	2014 年	2015 年	2016 年
欧盟	1.8	−0.5	0.2	1.4	1.9	1.7
印度	6.6	5.6	6.6	7.2	7.6	7.2
日本	−0.5	1.7	1.4	0	0.5	0.9
俄罗斯	4.3	3.5	1.3	0.7	−3.7	−0.2
巴西	3.9	1.9	3.0	0.1	−3.8	−3.3
OECD 成员	1.8	1.2	1.1	1.8	2.0	1.6
世界	3.1	2.5	2.4	2.6	2.5	3.1

资料来源:根据联合国世界信息数据库数据整理得出,http://data.un.org/Data.aspx?q = GDP&d = WDI&f = Indicator_Code%3aNY.GDP.MKTP.KD.ZG,2017-07-02。

注:2016 年数据来自 2017 年 1 月 IMF 的预计。

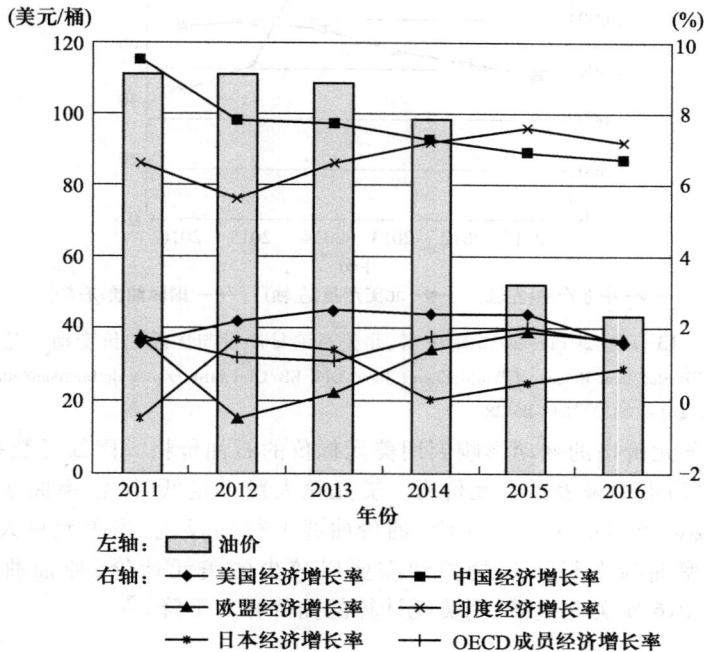

图 13-14   2011—2016 年国际油价波动情况

资料来源:根据联合国世界信息数据库数据整理得出,http://data.un.org/Data.aspx?q = GDP&d = WDI&f = Indicator_Code%3aNY.GDP.MKTP.KD.ZG,2017-07-02。

其次,石油供给增加。虽然世界供需之间仍存在缺口,但经济增长疲软使得原油价格急剧下跌。为了弥补石油收入的减少,可以通过减少产量来促使价格提高,但 2015 年无论是中东地区,还是北美地区,产量都在增加,从而促使 2016 年油价下跌到每桶 53 美元以下。[①]

从图 13-15 中可见,中东地区除 2013 年石油日产量有所下降外,其他年份日产量都在提高,尤其是 2015 年和 2016 年上升幅度明显。2014 年石油产量比前一年每天增加 3.2 万桶,2015 年比 2014 年每天增加 27.3 万桶,2016 年比 2015 年每天增加 23.7 万桶。北美地区因页岩油气开发,2010 年后石油日产量增加得也很快,从 2010 年每天增加 40.0 万桶到 2014 年每天增加 188.5 万桶,2015 年日产量增幅有所下降,为每天增加 90.0 万桶,2016 年日产量下降,比上年每天减少 46.3 万桶。

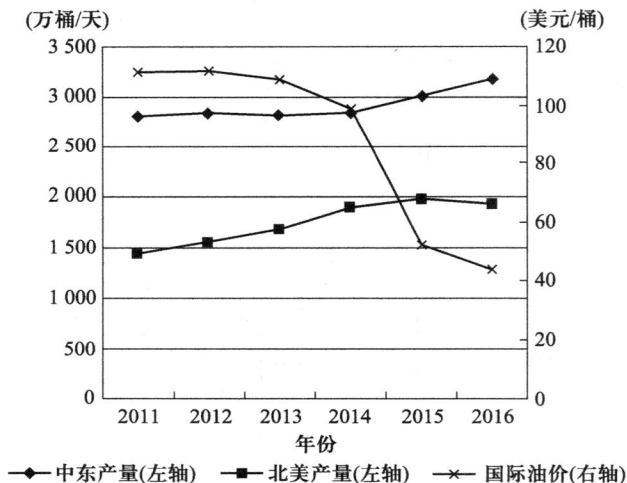

图 13-15　2011—2016 年中东、北美石油日产量与国际油价变动情况

资料来源:BP Statistical Review of World Energy June 2017[EB/OL].http://www.optbbs.com/attachcenter-page. html?aid = 4960,2017-06-22/2017-06-28.

最后,美元价格的变动影响到用美元标价的石油价格。因缺乏数据,这里以美元兑人民币汇率来表示美元价格。美元兑人民币走低时(汇率曲线下行),每桶原油需要以更多的美元来计价(油价曲线上行);反之,当美元兑人民币汇率走高时(汇率曲线上行),每桶原油需要以较少的美元计价(原油曲线下行)。2015 年和 2016 年美元走强,用美元计算的油价相对下降。[②]

---

① BP Statistical Review of World Energy June 2017[EB/OL].http://www.optbbs.com/attachcenter-page. html?aid = 4960,2017-06-22/2017-06-28.

② BP Statistical Review of World Energy June 2017[EB/OL].http://www.optbbs.com/attachcenter-page. html?aid = 4960,2017-06-22/2017-06-28.

当然,影响国际油价因素还有很多,比如库存增多、新能源的发展、局部地区经济衰退等,都会使油价下降。

三、欧佩克达成减产协议的影响

国际油价的下跌让美国十分焦虑,因为这影响到美国页岩油气开发商的利益。页岩油气最初需要投入很多,不少中小企业或新进入页岩油气开发领域的开发商还未收回成本就遭遇国际油价的剧烈下跌,一些企业面临破产境况。此外也影响到美国的石油公司力图打破国内禁止原油出口的法规,出口原油,开拓国际市场。

油价下跌,使得用油企业成本下降,获得好处,但同时使油气开采挖掘类服务行业受损,石油化工行业受到冲击。油价下跌也抑制了新能源车的需求,进而影响汽车制造业。为此,从 2016 年开始,美国降低石油产量并不断呼吁包括欧佩克成员在内的产油国家能够限制产量,抑制油价的下滑。然而,以沙特阿拉伯为首的欧佩克成员和一些非欧佩克经济体似乎置若罔闻。从图 13-16 可见,2016 年美国产量下降,但沙特阿拉伯和俄罗斯产量还在增加。

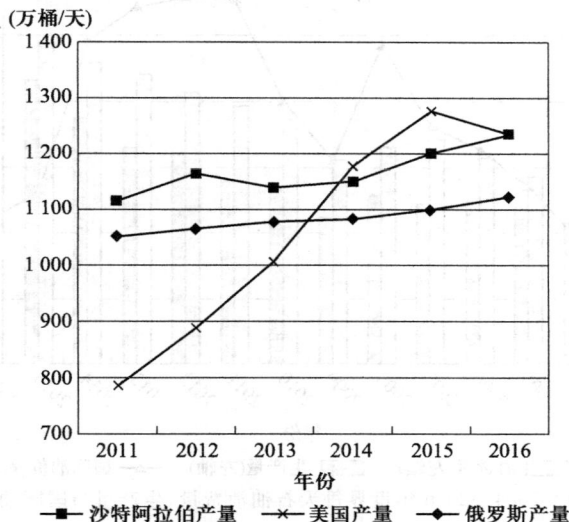

图 13-16　2011—2016 年沙特阿拉伯、美国、俄罗斯石油日产量

资料来源:BP Statistical Review of World Energy June 2017[EB/OL].http://www.optbbs.com/attachcenter-page.html?aid=4960,2017-06-22/2017-06-28.

不过,最终欧佩克还是与非欧佩克经济体达成谅解。2016 年 11 月 30 日,双方在维也纳召开会议,决定将原油日产量减少 120 万桶,非欧佩克产油国也决定减少原油日产量 60 万桶,其中俄罗斯承诺每日减少 30 万桶。① 消息传出,当日国际原油期货价格大幅上涨。原油减产给石油上下游及相关部门带来的影响有所不同。

从不利方面看,原油价格的上升会使石油产品价格上升,进而以石油为燃料的航空、陆运、水运等运输部门成本上升,农产品、旅游服务价格都会提高,导致个人支出增加。此外,油价上涨也会影响相关能源价格,如天然气、煤炭、电力、基础石油化工及制品(如塑料、化纤和橡胶等)。

从有利方面看,原油价格的提高,为勘探部门、开采部门赢得利润空间,从而使为开采部门提供专用设备制造、服务的部门获利。此外,原油价格的提高也会促进替代能源——新能源的发展。

由于石油供过于求引起价格下跌,因此原油减产引起价格上扬只是暂时的。本书认为原油减产对油价可能会产生一定影响,但油价依然取决于世界经济增长情况。从图 13-17 可见,石油供给不足的情况一直存在,而油价并未一路上涨,2013 年后油价的下跌就是受到经济情况的影响。

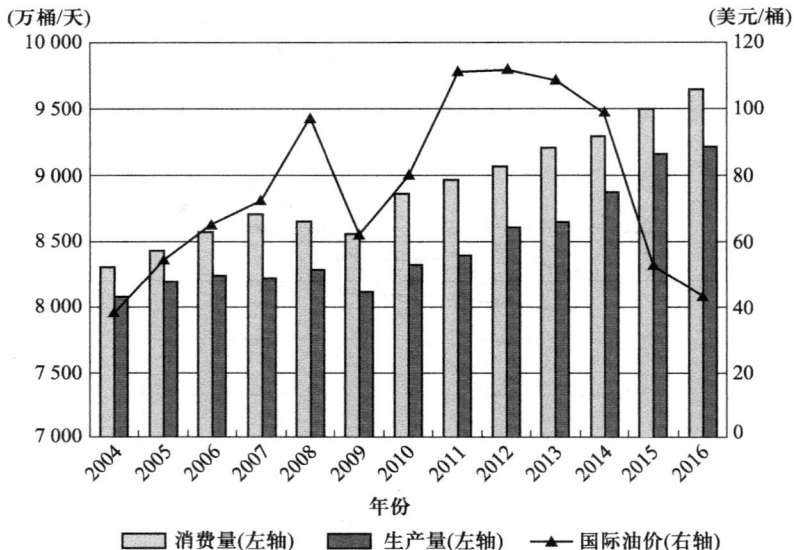

图 13-17　2004—2016 年世界每天石油消费量、生产量与国际油价变动

资料来源:2004—2005 年消费量和生产量数据来自 BP Statistical Review of World Energy June 2015 [EB/OL]. http://www.bp.com/en/global/corporate/energy-economics/statistical-review-of-world-energy.html,2016-06-22/2017-06-28;其他数据来自 BP Statistical Review of World Energy June 2017[EB/OL]. http://www.optbbs.com/attachcenter-page.html?aid=4960,2017-06-22/2017-06-28.

---

① 产油国"抱团"显现市场新动向[EB/OL]. http://world.people.com.cn/n1/2016/1202/c1002-28920309.html,2016-12-02/2017-06-28.

第三节　美国新能源的协同发展

美国土地辽阔,地形多样,拥有丰富的能源资源。21 世纪初以来,美国政府先后出台了多个新能源(包括太阳能、风能、生物质能、地热等)发展规划。这些新能源部门在政府资金和政策的支持下获得长足发展,在技术发明上获得突破,产量不断增长,带动就业增加,产生了数千亿美元的经济效益。

一、太阳能发展规划

美国利用了大量的太阳能资源。事实上从 19 世纪 80 年代开始,美国就在工业热处理环节利用太阳能。比如,在加利福尼亚州中央谷,生产商需要利用热能来保存、加工、包装各类食品,他们就利用太阳能替代化石能源,完成这些工作。

不过,在扩大太阳能的利用方面,美国企业面临着技术和成本问题。为了降低成本,帮助更多的企业和家庭获得负担得起的清洁能源,2011 年美国能源部出台了《阳光计划》(SunShot Initiative),资助私人公司、大学、州和地方政府、非营利组织和国家实验室在太阳能技术研究方面的项目,以降低太阳能发电成本。仅 2015 年美国能源部资助的项目就达 95 个,2016 年达 72 个,资助金额从十多万美元到一千多万美元不等。在政府的支持和推动下,企业技术研发获得一系列突破。① 比如,太阳蒸汽公司(Sunvapor)利用能源部《阳光计划》资助资金,设计出低成本的太阳能收集器。这项被称为绿色槽式抛物面集热器(Green Parabolic Trough Collector ™)的技术采用了新的设计、制造方法和材料。用一个镜像抛物槽将阳光直接照射到接收器上,利用它加热中间工作液体,这种液体可以用来加热、干燥和清洁食物,也可以用来发电,将太阳能直接转化为蒸汽。设计者用木材取代昂贵的钢铁组装,提高集热器的光学和结构功能而不影响热量的产生。通过减少能源使用来制造结构部件,降低成本和优化供应链。该技术高效且经济,使成本降低 50%。②

---

① 参见美国能源效率和可再生能源办公室网站,https://www.energy.gov/eere/sunshot/maps/sunshot-solar-projects-map,2017-07-05。

② Office of Energy Efficiency and Renewable Energy. EERE Success Story–Concentrating Solar Power Transforms Food Processing with Solar Steam[EB/OL]. https://www.energy.gov/eere/success-stories/articles/eere-success-story-concentrating-solar-power-transforms-food,2011-06-16/2019-01-31.

此外,美国能源部为推动太阳能技术进入市场而采取积极措施,成立能源效率和可再生能源办公室（Office of Energy Efficiency and Renewable Energy,EERE）。EERE 与行业和社区开展合作,如鼓励使用可再生能源发电,推动节能住宅建设,为节能建筑和制造业、可持续运输部门提供研究支持,与工业界和社区领袖分享升级的技术等。目前 EERE 推荐的合作伙伴有公司（如通用电气公司）、大学（如俄亥俄州立大学）、城市（如路易斯维尔市）甚至公园（如马默斯洞穴国家公园）等。

自 2011 年初实施《阳光计划》开始,美国太阳能在降低成本、扩大生产规模和市场拓展上获得显著的进步。从图 13-18 中可见,在政府政策的支持和推动下,太阳能成本不断下降,公用事业、居民住宅、商业用太阳能光伏成本的下降。这将有助于推动全国住宅、楼宇屋顶光伏设备的安装,以及企业太阳能使用部署的推进。《阳光计划》提出的 2030 年的目标就是保证太阳能成为各类能源中发电成本最低的能源。

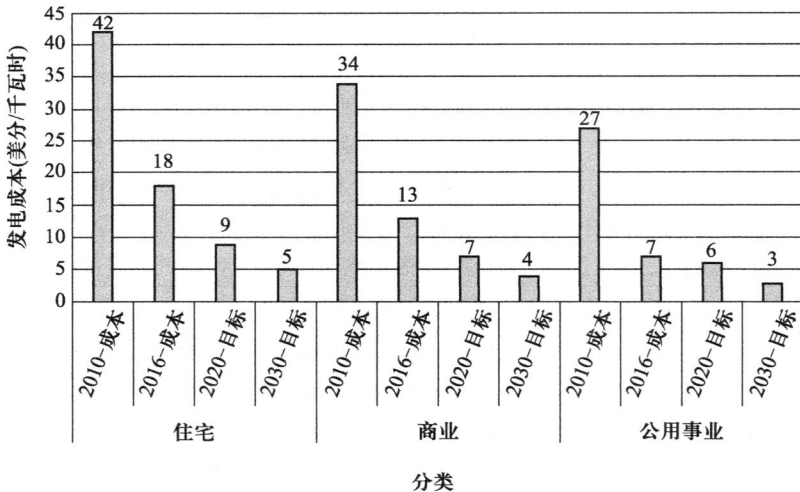

图 13-18　2020 年和 2030 年美国《阳光计划》中太阳能成本目标

资料来源:Solar Energy Technologies Office. SunShot 2030［EB/OL］. https://www.energy.gov/eere/sun-shot/sunshot-2030,2008-07-01/2017-07-05.

从上可见,美国联邦政府在太阳能技术研究上的资金支持以及政产学研结合的研发应用体制,使得美国在太阳能技术的开发和应用上走在世界前列。美国正在探讨如何降低开发成本的问题。2017 年 6 月 25 日至 30 日,电气与电子工程师协会在美国首都华盛顿召开了光伏专家会议,对材料科学、设备、系统和网格集成等太阳能科学和工程发展问题进行探讨。可以肯定,随着成本的进一步降低,太阳能这一大自然赋予的清洁能源将在为美国减少碳排放、应对全球气候变化上做出重要的贡献。

二、风能发展规划

几千年来人类一直在利用风力,早期的风车用来挤压谷物或抽水,现代风力涡轮机利用风力发电。美国是世界上最大和增长最快的风力市场。为了在这一领域保持竞争力,2008 年 7 月美国能源部出台了一份题名为《2030 年风能 20%》(20% *Wind Energy by* 2030)的报告,提出到 2030 年实现风力发电占发电比重 20% 的目标。① 一支由研究人员、学者、科学家、工程师和风电行业专家组成的精英团队,在能源部风能项目部召集下,经过两年的调研,在考虑到风能所有方面(包括陆地的、近海的、分布式的研发状况和自然条件)的基础上,于 2015 年提出《风能展望:美国风力发电的新纪元》(*Wind Vision:A New Era for Wind Power in the United States*)。报告明确风力发电的社会、环境和经济利益,认为 2020 年风能将提供国家电力的 10%,2030 年为 20%,2050 年为 35%。②

2030 年实现风电占比 20%,意味着风力发电量将达 300 吉瓦(等于 300 000 兆瓦)。要做到这点,专家们认为需要做好以下工作。① 加强输电的基础设施建设,保证选址和许可制度的合理性,由此提高风力发电系统的可靠性、可操作性以及美国风力发电能力。② 增加涡轮装置数量,从 2006 年每年约 2 000 个增加到 2017 年每年 7 000 个。③ 降低风电并网成本,风电并网应低于 0.5 美分/千瓦时。④ 发展风电不受原材料限制。⑤ 解决输电挑战,比如新输电线路接入全国最佳风能资源的选址,解决成本分摊问题。③

同时,实现 2030 年 20% 的风电目标有利于增加就业和保护环境,提高能源安全系数。

首先,风电产业的发展将创造就业。如电工电器工程师、工业机械力学、焊工和金属加工、电气设备、装配工、施工设备、操作员、安装助手、工人、施工经理。根据研究报告估计,风电产业将雇佣超过 50 万名工人,其中 18 万个岗位直接来自风电产业的运营、建筑和制造。2009 年 1 月已经有 8.5 万工人受雇于风电产

---

① 工业和信息化部.美国风能愿景路上的里程碑(上)[EB/OL].http://www.cietc.org/article.asp? id = 7248,2017-04-01/2017-07-10.

② 工业和信息化部.美国风能愿景路上的里程碑(上)[EB/OL].http://www.cietc.org/article.asp? id = 7248,2017-04-01/2017-07-10.

③ Wind Energy Technologies Office.20% Wind Energy by 2030:Increasing Wind Energy's Contribution to U.S.Electricity Supply [EB/OL].https://www.energy.gov/eere/wind/20-wind-energy-2030-increasing-wind-energys-contribution-us-electricity-supply,2008-07-01/2017-07-10.

业。2016 年全国有 500 个风力相关的制造设施,遍及 43 个州,风电产业雇佣人数超过 10 万人。美国能源部估计,到 2050 年将创造 60 万个工作岗位,节约消费者开支 1 490 亿美元,节约水 2 600 亿加仑。[①]

其次,风电产业的发展将减少碳污染,使清洁能源多样化。根据《2030 年风能 20%》报告估计,到 2030 年,20% 的风能发电将降低二氧化碳排放 8.25 亿吨。[②]

最后,风能等可再生能源的利用弥补了化石能源储藏量的下降。从图 13-19 可见,美国石油和天然气储产比大大低于世界平均水平,如果不发现新储量,再过 11 年左右,美国的石油和天然气现储量就会耗尽。显然,开发风能资源具有能源安全战略意义。

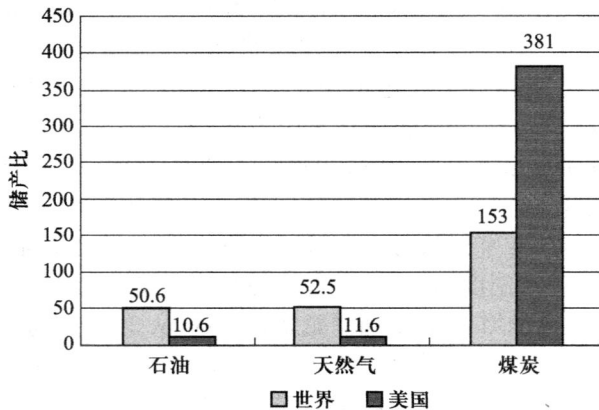

图 13-19 2016 年美国化石能源储产比与世界平均化石能源储产比

资料来源:BP Statistical Review of World Energy June 2017[EB/OL].http://www.optbbs.com/attachcenter-page.html?aid=4960,2017-06-22/2017-06-28.

为实现未来的风电目标,需要推动风电领域的技术创新。美国能源部风能技术办公室(Wind Energy Technologies Office)项目对来自企业、高校、科研机构、实验室等涉及陆上和海上风能的研发项目给予积极资助,截至 2017 年 7 月 9

① Wind Energy Technologies Office.2016 Wind Market Reports[EB/OL].https://www.energy.gov/eere/wind/2016-wind-market-reports,2017-07-10.

② Wind Energy Technologies Office.20% Wind Energy by 2030:Increasing Wind Energy's Contribution to U.S.Electricity Supply[EB/OL].https://www.energy.gov/eere/wind/20-wind-energy-2030-increasing-wind-energys-contribution-us-electricity-supply,2008-07-01/2017-07-10.

日,各类研究项目已达到 237 项,资金从几万到几百万不等。①

此外,美国还在大力培养理工科人才,增加工程师和技术人员的培训机会。随着老一辈技术人员、工程师的退休,美国能源领域面临着理工科背景人才的缺乏,合格劳动力持续减少。

美国政府除在风能研究开发项目上给予资金支持外,也对风力企业实行税收优惠政策,从而促使该行业不断发展,发电量不断增加。

图 13-20 显示的是 2006—2015 年美国各地区风力发电容量增长率比较情况。从中可见,这 10 年美国风力发电占总发电量的 31%。从各地区风电在新增发电量中的比重看,内陆地区最高,达到 54%;大湖区其次,为 48%;其他地区风电在发电容量增加中贡献较小。

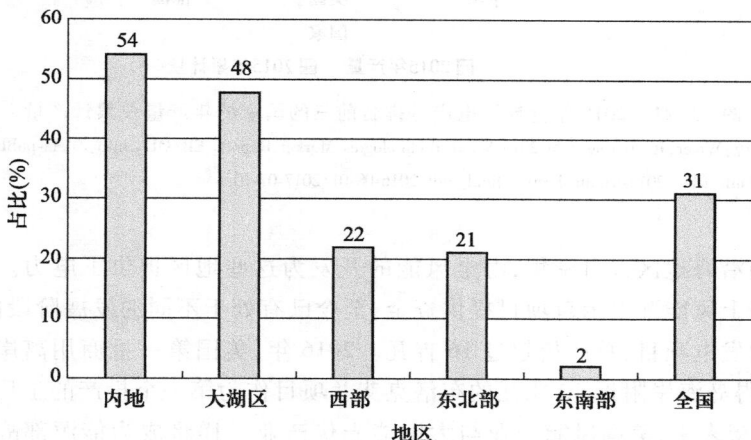

图 13-20   2006—2015 年美国各地区风力发电在新增发电容量中占比情况

资料来源:Wiser,R.,Bolinger,M.2015 Wind Technologies Market Report[EB/OL].http://eta-publications. lbl.gov/sites/default/files/2015-windtechreport.final_.pdf,2016-08-01/2017-07-10.

从图 13-21 可见,2015 年世界上风电产量和累计量居于全球第一位的是中国,美国为第二,德国为第三。美国风电产量曾在世界排名第一,2009—2011 年被迅速发展的中国超过,2012 年美国勉强恢复第一地位,但 2013 年再次掉落为第六,2014 年上升到第三,2015 年上升到第二,但与中国的差距一直在拉大。2015 年,美国风电累计产量约 7.4 万兆瓦,年增长率为 23%,高于全球增长率(17%)。2016 年年底,美国风电装机容量超过 82 吉瓦,足够每年给 2 000 万个

① 参见美国能源效率和可再生能源办公室网站,https://www.energy.gov/eere/sunshot/maps/ sunshot-solar-projects-map,2017-07-05。

家庭供电。①

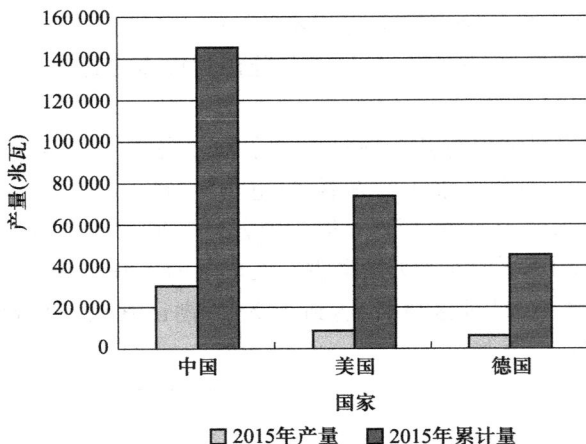

图 13-21 2015 年世界风电产量排名前三的国家的年产量及累计产量

资料来源：Wiser，R.，Bolinger，M.2015 Wind Technologies Market Report［EB/OL］.http://eta-publications.lbl.gov/sites/default/files/2015-windtechreport.final_.pdf，2016-08-01/2017-07-10.

    美国沿海地区人口密集，海上风能的开发为这些地区提供了电力。美国能源部为海上风能开发示范项目提供资金，至今已有处于不同的发展阶段的 23 个海上风力发电项目，总产量超过 16 吉瓦。2016 年，美国第一批商用离岸涡轮机投产，罗得岛海岸附近 30 兆瓦的布洛克艾兰项目作为第一个投产的工厂建成使用。② 展望未来，美国风能产业与太阳能光伏产业一样将成为能源部战略中的关键部分。

    值得注意的是，美国风电设备一些部件依赖进口，风力涡轮机有 8 000 多种不同的部件从国外进口。美国自给率比较高的是机舱装配，占 85% 以上；其次是塔柱，占 80%~85%；再次是叶片和轮毂，占 50%~70%。而机舱内大部分组件，自给率低于 20%。2007 年美国风力发电机组产品的出口额为 1 600 万美元，2014 年猛增到 5.44 亿美元，2015 年又跌至 1.49 亿美元。③

    长期以来，美国联邦政府对风力发电项目给予鼓励，不断刺激国内市场的复

———————————

    ① Wiser，R.，Bolinger，M.2015 Wind Technologies Market Report［EB/OL］.http://eta-publications.lbl.gov/sites/default/files/2015-windtechreport.final_.pdf，2016-08-01/2017-07-10.

    ② 2017 年中国风电行业发展现状分析及未来发展趋势预测［EB/OL］.http://www.chyxx.com/industry/201703/502764.html，2017-03-11/2017-07-10.

    ③ Wiser，R.，Bolinger，M.2015 Wind Technologies Market Report［EB/OL］.http://eta-publications.lbl.gov/sites/default/files/2015-windtechreport.final_.pdf，2016-08-01/2017-07-10.

苏。2015 年 12 月,国会通过五年逐步取消生产税抵免政策,规定生产税抵免以每年 20% 的速度下降,即开工建设项目 2017 年生产税抵免为 80%,2018 年为 60%,2019 年为 40%。① 为了取得抵免资格,工程必须在 2020 年 1 月 1 日前开工。2016 年 5 月国税局发布指导意见,允许工程开工后四年竣工,无需连续施工证明。此外,国会通过的规定中还包括逐步降低 2016 年开工后建设项目的信贷价值。

美国联邦政府的可再生能源投资组合标准(RPS)指导着各地风力发电发展的地点和数量。截至 2016 年 7 月,美国已有 29 个州和首都华盛顿的风能按照该标准政策建立。目前,RPS 计划到 2030 年每年可再生能源增加 3.7 吉瓦,其中一部分来自风能,这个增量远远低于近年风力发电容量的平均增长率。②

总之,随着风力发电技术和性能的改善,以及风电价格降低,不断地促进了发电量的增加。根据美国能源部的《2015 年风力技术市场报告》,预测 2016—2020 年每年产量增加量将超过 8 000 兆瓦。③

三、地热能规划

地热是从地球地壳内部散发出来的热量,它不像太阳能和风能会因为天气和季节的变化而波动,因此既是理想的可再生能源,又是开发潜力巨大的资源。我们生活的地球正处壮年期,地心温度高达 4 500 摄氏度④,能量巨大,地热技术就是利用位于地球地表以下的浅层地热和岩石自然产生的热量发电。除了发电,地热的蒸汽和热水还可以直接使用、加热或冷却食品。

根据国际能源署(IEA)牵头制定的世界《地热和地热能 2011 技术路线图》(*The 2011 Technology Roadmap Geothermal Heat and Power*)规划,从 2010 年到 2050 年,地热能全球生产至少增长 10 倍。该路线图认为通过联合行动,鼓励开发地热资源和发展新技术,届时地热能源可以在全球电力生产中从 2010 年的0.3% 份额增

① Wiser, R., Bolinger, M. 2015 Wind Technologies Market Report[EB/OL]. http://eta-publications.lbl. gov/sites/default/files/2015-windtechreport.final_.pdf, 2016-08-01/2017-07-10.

② Wiser, R., Bolinger, M. 2015 Wind Technologies Market Report[EB/OL]. http://eta-publications.lbl. gov/sites/default/files/2015-windtechreport.final_.pdf, 2016-08-01/2017-07-10.

③ Wiser, R., Bolinger, M. 2015 Wind Technologies Market Report[EB/OL]. http://eta-publications.lbl. gov/sites/default/files/2015-windtechreport.final_.pdf, 2016-08-01/2017-07-10.

④ 中国科学院地质与地球物理研究所.【中国科学报】采暖和蓝天可否兼得 成本是瓶颈[EB/OL]. http://www.igg.cas.cn/kxcb/mtsm/201512/t20151208_4490604.html, 2015-12-08/2017-07-10.

加到 2050 年的 3.5%,热能在世界一次能源中的比重从 0.2% 提高到 3.9%。[①]

一些国家(如美国和中国)和组织(如政府间气候变化组织)也编写了有关地热能的报告。其中,美国能源部制定了三份报告分别为《地热能的未来》《地热能技术评估》《地热能市场评估》。通过对美国地热资源的调查、技术评估和市场评估,美国能源部认为未来地热将在美国能源结构中占据重要地位。[②] 其依据是,与其他能源相比,地热资源具有以下特点。第一,生产不受天气干扰。无论天气好坏,地热电厂能持续生产电力。第二,发电厂使用的土地较少。第三,发电厂不排放温室气体。第四,地热发电比常规发电消耗更少的水。显然,地热开发十分必要。

为了推进地热发展,美国能源部的相关部门在开发、示范、部署和鼓励热能技术创新方面承担起引导、管理和推动职责,支持美国地热产业持续扩张。比如,美国能源部地热技术办公室(Geothermal Technologies Office,GTO)负责研究、开发、验证创新的、具有成本竞争力的技术,以及在美国寻找、获取和开发地热资源。该办公室与工业界、学术界和能源部的国家实验室合作,致力于地热领域的研究和开发。地热发电需要满足三个关键条件:地热、流体、深度天然渗透率。为了更好地应对技术挑战,国家实验室与工业界之间建立起伙伴关系,使研究走出试验室,进入实地。目前美国在地热发电技术方面获得突破性成果,这项成果被称为"增强型地热系统"(Enhanced Geothermal Systems,EGS),它可以对任何有深度的热岩发电,由此将拓展美国地热发电的潜力。根据美国能源部能源效率和可再生能源办公室信息,EGS 技术可以为数以百万计企业、家庭提供电力,年提供电力 100 吉瓦,相当于满足 1 亿个家庭的电力需求。[③] 美国地热能研究前沿观测台(Frontier Observatory for Research in Geothermal Energy,FORGE)推动科学家和研究人员开发、测试 EGS 技术,加快了 EGS 技术的突破。

美国的地热资源主要分布在西部各州。美国国家可再生能源实验室已经证实,向加利福尼亚州增加更多的地热能源,每年可在运营、维护和全州公用事业费用上节约数百万美元。但是要增加热能,该州面临着许多市场问题,美国能源部地热技术办公室与该州能源委员会、内政部和私人基金会举行了一系列正式的和非正式会议,帮助协商解决市场问题。

如此,在联邦政府的大力推动下,美国地热开发与研究正在一步步深入。

---

① 根据国际能源署(IEA)《风能技术路线图》整理得出,http://www.book118.com/shulihua/html/shulihua_623872.html,2017-07-10.

② 庞忠和,胡圣标,汪集暘.中国地热能发展路线图[J].科技导报,2012,30(32).

③ Department of Energy.Top 10 Things You Didn't Know about Enhanced Geothermal Systems[EB/OL].https://www.energy.gov/articles/top-10-things-you-didnt-know-about-enhanced-geothermal-systems,2015-04-28/2017-07-10.

四、生物质能规划

油价波动、政府的支持政策发生变化、日益增长的对环境和能源安全问题的重视以及低成本玉米和植物油原料的供应,为生物燃料提供了有利的市场条件。尤其是乙醇的清洁燃烧的特性,使其受到环保扶植政策的青睐。近 10 年来,美国乙醇国内生产能力在政策鼓励下稳步增长,从 2007 年的 70 亿加仑增加到 2014 年的约 170 亿加仑。[①]

根据英国石油公司的统计,美国生物质能产量一直居于世界排名之首。图 13-22 显示的是 2006—2016 年美国生物质能产量及在世界中的比重。从中可见,其产量呈上升趋势,2006 年产量为 1 067.0 万吨油当量,2016 年已经上升到 3 577.9 万吨油当量,增加 2.4 倍,在世界生物智能产量中的占比从 38.3%上升到 43.5%。

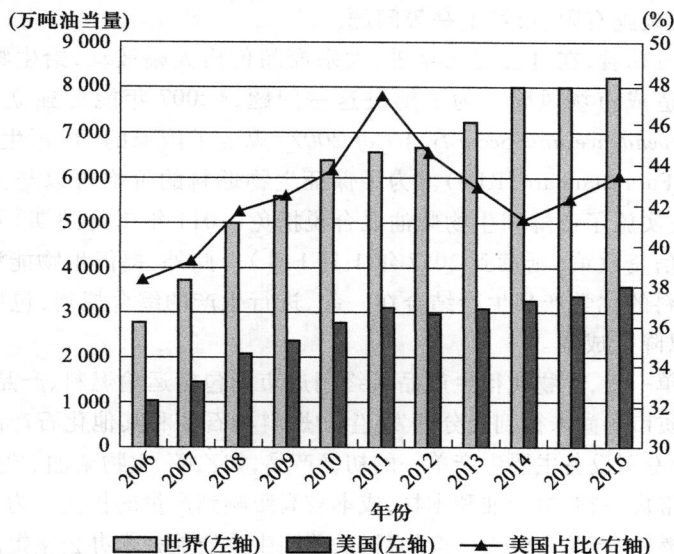

图 13-22   2006—2016 年世界、美国生物质能产量及占世界份额

资料来源:BP Statistical Review of World Energy June 2017[EB/OL].http://www.optbbs.com/attachcenter-page.html?aid = 4960,2017-06-22/2017-06-28.

美国生物质能的产量提高离不开政府的推动和该领域的技术创新。生物质

[①]   Office of Energy Efficiency and Renewable Energy.Bioenergy Technologies Office Multi-Year Program Plan March 2016 [EB/OL].https://www.energy.gov/sites/prod/files/2016/07/f33/mypp_march2016.pdf, 2016-03-01/2017-07-13.

能技术办公室(Bioenergy Technologies Office,BETO)是美国能源部能源效率和可再生能源办公室内多个技术开发办公室之一,其使命就是为美国经济可持续发展开发和论证具有创新变化性和革命性的生物质能技术。其工作目标是:第一,开发商业上可行的生物质能和生物质制品技术,使生物燃料与现行的交通基础设施相兼容,由此保证生物质能在全国持续生产;第二,取代部分石油及衍生燃料,以减少温室气体排放以及对国外的石油依赖;第三,推动国内新型生物质能和生物质制品工业的产生和发展。该机构管理各种不同的技术、投资组合等,包括应用研究的开发和示范。投资组合主要侧重于原料供应和生物质转化。

2016年美国生物质能技术办公室提出《多年度项目计划》(Multi-Year Program Plan),在预算和行政优先事项变化的动态背景下,确定了今后五年该机构在生物质能领域的重点研发和示范、市场转换、管理协调、部署活动的工作。该计划认为美国生物质工业增长主要面临成本、价格波动、生物资源单一、能源技术难题、基础设施有限、市场壁垒等问题。

从价格波动看,在过去的几年里,大宗商品价格大幅波动,给生物燃料生产商和供应链造成市场风险。为了解决这一问题,《2007年能源独立与安全法》(Energy Independence and Security Act of 2007)规定了国家的"可再生能源标准"(Renewable Fuel Standard,RFS)。为了保证生物燃料的价格可以与汽油价格竞争,联邦政府实施了乙醇和生物柴油混合税抵免(2011年1月到期)及纤维素生物燃料生产信贷政策(延续到2017年1月1日)。此外,提倡生物能源生产与以生物质为原料的化学产品生产结合在一起,进行生产的综合规划,包括原料生产和物流等,以降低成本。

从资源单一看,生物质衍生产品最终用途市场包括运输燃料、产品和发电,目前美国生物质市场尚未得到充分开发,生物燃料与石油和其他化石产品相比消费量较小,行业专用设备主要生产单一的初级产品,如乙醇、生物柴油、塑料、纸等,原料主要来自常规谷物、植物油和木材,成本较高影响到产量的扩大。为了满足国家有关可再生燃料、产品和电力生产的目标,美国生物质能技术办公室提出生物原料资源的多样化,其中包括农业和林业残留物的生物质、专用能源作物和其他垃圾废物。提出将生物质行业建成一个将生物燃料和生物制品混合生产的大型生物炼制行业,生物炼制可与地热电供应结合起来,可再生燃料和产品的生产与现有的炼油厂或玉米乙醇厂结合在一起。2016年7月,美国能源部发布了《2016年10亿吨报告:为蓬勃发展生物经济 推进国内资源》。该报告对美国未来生物质能资源的潜在供应进行了计算,结论是未来美国每年至少有10亿吨生物质资源,包括农业、林业、废料和藻类材料,这个生物质数量可用于生产足够的生物燃料、生物质能和生物产品,以取代约30%的美国石油的消费量,并且不会对粮食或其他农产品生产产生不利影响。① 表 13-5 显示的是一般使用的和潜在的森林、农业和废弃物生物量,这是美国能源部根据基本情况和高产量情况所作的估计。

表 13-5　2017—2040 年美国生物质资源估计

资源使用情况(百万千吨)	2017 年	2022 年	2030 年	2040 年
一般使用的资源				
林业资源	154	154	154	154
农业资源	144	144	144	144
废物资源	68	68	68	68
潜在的资源:在基本情况下				
林业资源(所有林地)	103	109	97	97
林业资源(没有联邦政府林地)	84	88	77	80
农业残留物	104	123	149	176
能源作物	—	78	239	411
废弃资源	137	139	140	142
在基本情况下潜在的资源合计(所有林地)	343	449	625	826
在基本情况下合计(一般使用+潜在)	709	814	991	1 192
潜在资源:在高产量情况下				
林业资源(所有林地)	95	99	87	76
林业资源(没有联邦政府林地)	78	81	71	66
农业残留物	105	135	174	200
能源作物	—	110	380	736
废弃资源	137	139	140	142
在高产情况下潜在的资源合计(所有林地)	337	483	782	1 154
在高产情况下合计(一般使用+潜在)	702	848	1 147	1 520

资料来源:Office of Energy Efficiency and Renewable Energy.2016 Billion-Ton Report:Advancing Domestic Resources for a Thriving Bioeconomy[EB/OL].https://www.energy.gov/sites/prod/files/2016/12/f34/2016_billion_ton_report_12.2.16_0.pdf,2016-12-02/2017-07-11.

注:一般使用的资源按市场价格采购。

　　从技术难关看,美国轻型车有生物资源提炼的乙醇对石油进行部分替代,但柴油和喷气燃料市场几乎没有替代品,需要研究生产可再生柴油和可再生喷气

---

① Office of Energy Efficiency and Renewable Energy.2016 Billion-Ton Report:Advancing Domestic Resources for a Thriving Bioeconomy[EB/OL].https://www.energy.gov/sites/prod/files/2016/12/f34/2016_billion_ton_report_12.2.16_0.pdf,2016-12-02/2017-07-11.

燃料的转换技术,实现生物质能对柴油和喷气式飞机的替代。2017年7月11—12日,美国能源部召开生物质能经济第十届年会,政府机构官员、国会成员、行业人士、国家实验室科学家和学术研究人员汇聚在一起,探讨新兴的生物质能经济的技术创新、美国可靠原料的经济机会、新的不断增长的生物质能经济市场、生物质能作为现代交通未来一个部分的前景、利用生物质能创造新的就业机会和应对全球挑战等问题。

从市场应用阻力看,从20世纪70年代末开始,美国就开始了生物燃料对化石能源的替代研究,至今已经实现部分替代。在轻型车使用的汽油中,几乎所有的汽油都与乙醇混合,其中乙醇含量达10%的被称为"E10"燃料,其后又推出"E15"燃料,但是在州一级应用上存在阻力,人们对使用生物燃料还不习惯。市场障碍影响到容量,打击了生产者投资的积极性。为了打破市场阻力,避免投资的不确定性,联邦政府采取的手段就是:第一,进行立法授权,2011年美国环境保护署(EPA)要求2001年款车辆进行更新;第二,建立市场激励机制,对使用"E15"燃料的2001年款车辆的更新给予部分减免政策。

不管怎么说,在能源部的策划和推动下,美国生物质能获得显著的发展。根据美国生物质能技术办公室《多年度项目计划》的预测,到2040年美国的产量依然排名全球第一。①

五、新能源的协同发展

从上可见,美国在可再生能源开发和消费方面正在进行一场革命。美国能源部的愿景是,实现一个以清洁、廉价和安全的能源为动力的强大和繁荣的美国。能源部的使命是建立和保持美国在全球清洁能源经济中的领导地位。为了实现该愿景和使命,并协调各类新能源发展之间的关系,能源部在综合考虑各类新能源发展政策后,提出了新能源发展战略目标。

(1)加速发展和采用可持续的运输技术。通过提高发动机效率,降低汽车重量,完善电池性能,降低生物燃料和氢的生产成本,支持节能车辆和替代燃料的使用来加以推动。

(2)增加可再生能源发电。通过降低水电、太阳能、风能、波浪和潮汐、地热能源的成本,提高可再生能源的发电量。

(3)提高住宅、建筑和工业的能源效率。能源部已经制定2020—2030年节

---

① Office of Energy Efficiency and Renewable Energy. Bioenergy Technologies Office Multi-Year Program Plan March 2016 [EB/OL]. https://www.energy.gov/sites/prod/files/2016/07/f33/mypp_march2016.pdf, 2016-03-01/2017-07-13.

能目标。通过为美国家庭、建筑、工业开发新材料、技术和工艺，能源部将实施最低能源性能标准，提高建筑物能源守则，并支持家庭防寒保暖。

（4）刺激国内清洁能源制造业的发展。能源部通过降低美国能源部的生命周期能源消耗目标，鼓励清洁能源技术在美国制造。

（5）使清洁能源并入可靠的、有弹性的和高效的电网。美国能源部清洁能源目标是通过新的网格技术支持，以及标准、测试程序、传感器、通信协议、网络安全等来实现的。

（6）带头实施可持续性的清洁能源解决方案。能源部通过技术支持，可以帮助联邦机构在发展清洁能源上成为早期的领导者。

（7）建立有效的管理方法、高绩效流程、结果驱动的文化。能源部通过建立明确的计划和实施有效的管理，来实现自身的使命。[①]

美国可再生能源在联邦政府一系列新能源政策的鼓励和支持下得到快速发展。从图 13-23 可见，2006 年美国可再生能源消费量为 2.28 亿吨油当量，到

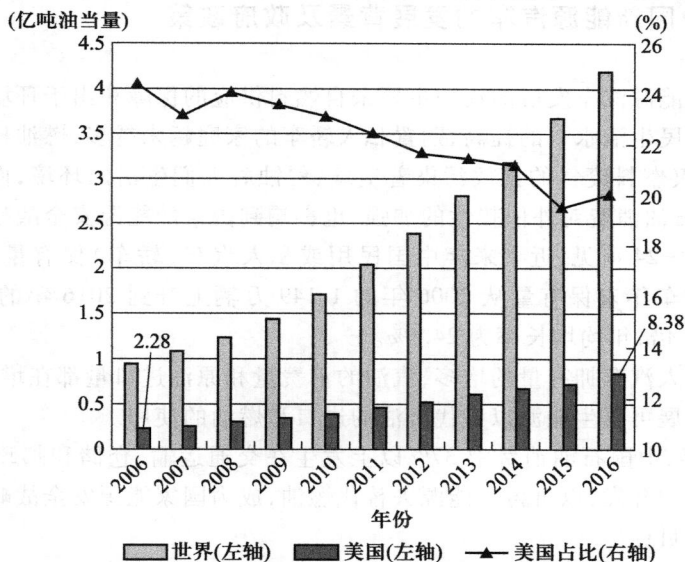

图 13-23　2006—2016 年美国可再生能源消费及占世界份额

资料来源：BP Statistical Review of World Energy June 2017[EB/OL].http://www.optbbs.com/attachcenter-page.html?aid=4960,2017-06-22/2017-06-28.

注：这里的"可再生能源"包括太阳能、风能等。

[①]　根据能源效率与可再生能源办公室信息整理得出，https://www.baidu.com/link? url=cgGKMw20ucU_w6QzI3QjndB6dI8tSupodkbbGxQNPoLLwNBkc_ghn_m8aFFbsVgyHG_HcvZL6m8N_ySF3dPr1vFNG3XaP1J-C84iNX2w6mJP5PSJihPvicrBD1pvjOEz&wd=&eqid=c69d98780003037b000000035c56e59a,2017-07-11.

2016 年已经达到 8.38 亿吨油当量,增加了 2.7 倍,年均增长率为 13.9%。当然,同期其他国家和地区可再生能源也在迅速发展,因此美国在消费量绝对增长的情况下,在世界消费量中的相对比重出现下降,占比从 24.5% 下降到 20.0%。

第四节 中国新能源汽车的发展现状及其问题

中国的新能源技术、产业、应用正在快速发展。为实现 2020 年"单位 GDP 能耗比 2005 年降低 40%~60%,单位 GDP 二氧化碳排放降低 50% 左右"的战略目标[①],中国政府不仅鼓励"节能减排"技术的研发和应用,也鼓励新能源、可再生能源的推广使用,新能源汽车的发展就是政府在新能源推广使用中的一个典型举措。

一、中国新能源汽车的发展背景及政府政策

中国新能源汽车发展的动力主要来自燃料供应的保障和出于环境保护的需要。随着人民生活水平的提高,购置私人轿车的家庭越来越多,燃油耗费量也随之增多,不仅燃料废气的排放污染着空气,侵蚀着人们生活的环境,而且石油的大量进口、石油消费对外依赖性的加强,也影响到国家的能源安全战略。

从图 13-24 可见,近十来年中国民用或私人汽车(轿车)保有量增长很快,其中私人轿车年末保有量从 2006 年的 1 149 万辆上升到 2016 年的 10 152 万辆,增长 7.8 倍,年均增长率为 24.3%。

随着私人汽车拥有量的增多,汽油的消费量和原油进口量都在增多。显然,中国需要发展可再生能源以替代石油的进口和燃油的使用。

2015 年,中国石油消费中 37% 以上发生在交通运输、仓储和邮政行业[②],探讨新能源车的开发,以可再生能源去替代燃油,成为国家能源安全战略和降低碳排放的重要目标。

所谓"新能源汽车"是指除汽油、柴油发动机之外的采用新型动力系统的汽车,如燃料电动汽车、混合动力汽车、氢能源动力汽车、太阳能汽车等。

从 2001 年开始,国家"863"计划就组织汽车企业、高校、科研单位对电动汽车进行研发,全国已有 200 多家整车及零部件企业、高校和科研院所,以及 3 000

---

① 2020 年低碳经济目标:单位 GDP 二氧化碳排放降 50%[EB/OL].http://www.china.com.cn/news/txt/2009-03/02/content_17361216.htm,2009-03-02/2017-06-30.

② 根据国家统计局国家数据库数据整理得出,http://data.stats.gov.cn/,2017-07-03.

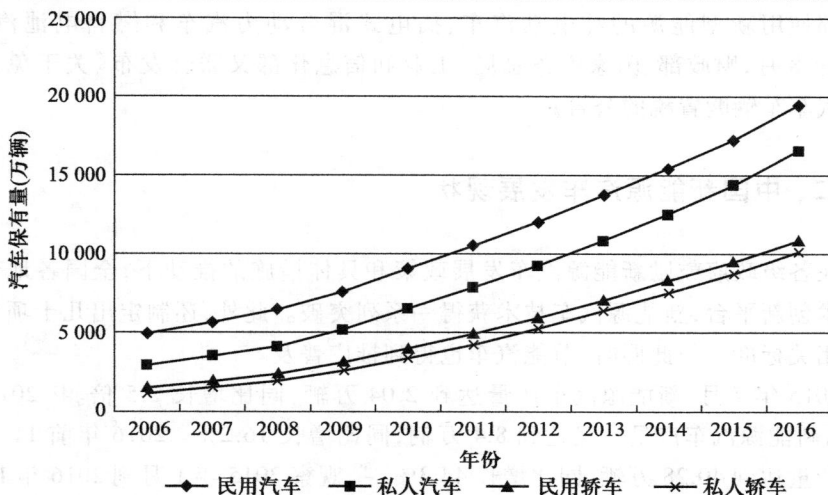

图 13-24　2006—2016 年中国年末汽车保有量变化状况

资料来源：根据国家统计局国家数据库数据整理得出，http://data.stats.gov.cn/，2017-07-11。

注："民用汽车"包含三轮车和低速货车。

多名科技人员直接参与到电动汽车的专项研发中，10 年里投入研发经费 20 亿元人民币，到 2011 年 7 月已形成以纯电动、油电混合动力、燃料电池三条技术路线（被称为"三纵"），以动力蓄电池、驱动电机、动力总成控制系统三种共性技术（被称为"三横"）的电动汽车研发格局。[1]

　　为了推广电动汽车的使用，国家对一些城市进行了试点工作。首先是建立了公共电动汽车充电站。2010 年作为试点城市的广州市在亚运城建立了第一个充电站。广州供电局计划用 5 年时间建立公交充电站 60 余个、充电桩 8 万余个，涵盖全市 12 个区县。[2]　其次，对私人购买者进行补贴。2010 年上海、长春、深圳、杭州、合肥开展新能源车购买补贴试点。2016 年 4 月上海正式出台购买和使用新能源汽车的补贴政策，对购买新能源汽车者还提供免费牌照。

　　为了鼓励企业和个人使用新能源汽车，2012 年 3 月财政部、国家税务总局联合发布《财政部、国家税务总局关于节约能源 使用新能源车船 车船税政策的通知》，规定自 2012 年 1 月 1 日起，对节约能源的车船，减半征收车船税；对使用新能源的车船，免征车船税的优惠政策。这次提供优惠的"新能源汽车"为主要

　　[1]　我国新能源汽车发展现状及趋势［EB/OL］.http://d.drcnet.com.cn/eDRCNet.Common.Web/DocDetail.aspx?DocID=4328266&leafid=15778&chnid=4055，2016-06-02/2017-07-12.

　　[2]　新能源心能远［EB/OL］.http://club.xcar.com.cn/xbb/7001315286.html，2018-07-26/2018-07-30.

或全部使用新型能源的纯电动汽车、插电式混合动力汽车和燃料电池汽车。2014 年 8 月,财政部、国家税务总局、工业和信息化部又联合发布《关于免征新能源汽车车辆购置税的公告》。

二、中国新能源汽车发展现状

在各级政府鼓励新能源汽车发展政策和具体措施的推动下,全国各地建立起技术创新平台,新能源汽车技术获得一系列突破。此外,还制定出几十项电动汽车相关标准。与此同时,节能汽车也得到推广普及。

2015 年 7 月,新能源汽车产量达到 2.04 万辆,同比增长 2.5 倍。[①] 2016 年 11 月,新能源汽车产量已经达到 8.4 万辆,同比增长 16.2%。2016 年前 11 个月累计产量达到 40.28 万辆,同比增长 44.3%。[②] 观察 2015 年 1 月到 2016 年 11 月新能源汽车产量情况,各月产量波动较大,其中纯电动汽车产量高于插电式混合动力汽车,燃料电池汽车的产量很小,几乎可以忽略不计。

根据国务院发展研究中心产业部研究室的信息,中国新能源汽车的主要技术方向长期是纯电动、燃料电池技术在内的纯电驱动,短期则是油电混合、插电式混合动力。根据该机构的估计,2020 年纯电动汽车和插电式混合动力汽车将实现产业化,市场保有量将有望超过 500 万辆。[③]

三、中国新能源汽车发展面临的问题及解决的途径

中国新能源汽车发展与全球新能源汽车发展面临着共同的难题,这就是关键技术的突破、基础设施的建设以及消费者的接受度等。

首先,从关键技术看,电动车的关键技术是电池。目前充电电池成本高且使用里程短,比如轻型车充一次电在城内短距离行驶可以,出城跑长途就不行。而且电池成本也过高。现在新能源车依靠政府补贴来提升竞争力,一旦取消补贴,整体价格的竞争优势就不明显了。

其次,从基础设施来看,各地充电设施有限。很多家用车库、停车场、公共场

---

① 7 月新能源汽车产量同比增长 2.5 倍[EB/OL].http://news.cableabc.com/domestic/20150806018513.html,2015-08-06/2017-07-14.

② 2016 年中国新能源汽车产量有望占全球总量的 40%[EB/OL].http://auto.sohu.com/20161212/n475577514.shtml,2016-12-12/2017-07-12.

③ 我国新能源汽车发展现状及趋势[EB/OL].http://d.drcnet.com.cn/eDRCNet.Common.Web/Doc-Detail.aspx?DocID=4328266&leafid=15778&chnid=4055,2016-06-02/2017-07-12.

所还没有为电动车设置的充电桩,城市充电站也很少,更不用说公路边充电站。为此需要投入大量费用对车库、停车场、公共场所进行改造,在城市内外建立充电站。这些改造和建设增加了电动车推广的成本,需要政府配套资金的投入。

最后,从消费者来看,电动车充电的不便利性是消费者最主要的顾虑。为此,专家们认为,在技术瓶颈、设施不足条件下,建议近期私家车、乘用车以混合动力为主,最后再发展到纯电动汽车。

新能源汽车已被列为国家七大战略性新兴产业,支持该产业发展的各种政策也在陆续出台,并且力度越来越大。除购买补贴外,地方政府已经出台并将出台多项优惠政策,如购置税优惠、停车收费优惠、车牌免费、行驶便利(如对传统汽车限行,对新能源汽车不限行)等。但真正吸引消费者的还在于充电器技术的进步和充电设施的完备。

值得注意的是,一种新材料已经被发现并正在研究如何使用到电池中。这种材料就是石墨烯。它是世界上最薄、最硬的材料,被称为"黑金"。这种材料使用在电池上将大大缩短充电时间,并延长电池的使用时间。石墨烯电池充电10分钟,可使环保节能汽车行驶1 000公里。中国是石墨烯产业高地,在石墨烯的专利申请方面已经达到2 200项,在2015年排名世界首位。2017年7月,世界石墨烯创新大会在中国常州召开,这是因为常州市建有全国最大的石墨烯新材料高新技术产业化基地——常州石墨烯产业园。该产业园聚集了100多家相关企业,占全国石墨烯企业的一半。目前,该科技园企业共申请专利638件,授权发明102件,并创造十项全球第一。①

以上研究表明,尽管全球经济增长的波动等因素影响着各国能源的生产和消费,但无论发达国家还是发展中国家,可再生能源在一次能源中的比重都在增加。

(林珏)

主要参考文献

[1] BP Statistical Review of World Energy June 2017[EB/OL].http://www.optbbs.com/attachcenter-page.html? aid=4960,2017-06-22/2017-06-28.

[2] Department of Energy.Top 10 Things You Didn't Know about Enhanced Geothermal Systems[EB/OL].https://www.energy.gov/articles/top-10-things-you-didnt-know-about-enhanced-geothermal-systems,2015-04-28/2017-07-10.

① 刚刚中国干了一件大事! 全球轰动举国沸腾! [EB/OL].http://stock.jrj.com.cn/2017/07/14073522747471.shtml,2017-07-14/2017-07-14.

［3］ Office of Energy Efficiency and Renewable Energy. 2016 Billion-Ton Report：Advancing Domestic Resources for a Thriving Bioeconomy［EB/OL］.https：//www.energy.gov/sites/prod/files/2016/12/f34/2016_billion_ton_report_12.2.16_0.pdf,2016-12-02/2017-07-11.

［4］ Office of Energy Efficiency and Renewable Energy.Bioenergy Technologies Office Multi-Year Program Plan March 2016 ［EB/OL］.https：//www.energy.gov/sites/prod/files/2016/07/f33/mypp_march2016.pdf,2016-03-01/ 2017-07-13.

［5］ Office of Energy Efficiency and Renewable Energy.EERE Success Story-Concentrating Solar Power Transforms Food Processing with Solar Steam［EB/OL］.https：//www.energy.gov/eere/success-stories/articles/eere-success-story-concentrating-solar-power-transforms-food,2011-06-16/2019-01-31.

［6］ Wind Energy Technologies Office.20% Wind Energy by 2030：Increasing Wind Energy's Contribution to U.S. Electricity Supply ［EB/OL］. https：//www.energy.gov/eere/wind/20-wind-energy-2030-increasing-wind-energys-contribution-us-electricity-supply,2008-07-01/2017-07-10.

［7］ Wiser,R.,Bolinger,M.2015 Wind Technologies Market Report［EB/OL］.http：//eta-publications.lbl.gov/sites/default/files/2015-windtechreport.final_.pdf,2016-08-01/2017-07-10.

［8］2016 年中国新能源汽车产量有望占全球总量的 40% ［EB/OL］.http：//auto.sohu.com/20161212/n475577514.shtml,2016-12-12/2017-07-12.

［9］7 月新能源汽车产量同比增长 2.5 倍［EB/OL］.http：//news.cableabc.com/domestic/20150806018513.html,2015-08-06/2017-07-14.

［10］美国新能源如何做到协同发展？［EB/OL］.http：//guangfu.bjx.com.cn/news/20161122/790803.shtml,2016-11-22/2017-07-14.

［11］庞忠和,胡圣标,汪集旸.中国地热能发展路线图［J］.科技导报,2012,30(32).

第十四章 世界环境问题

第一节 2016 年世界环境问题综述

一、世界环境问题概况

（一）温室效应加剧

世界气象组织（World Meteorological Organization，WMO）发布的 2016 年全球气候状况声明显示，2016 年全球气温、海平面上升程度及海洋热量等均创历史新高，这一状况将持续到 2017 年。2016 年全球平均气温达到 14.83 摄氏度。[①]世界气象组织利用包括美国国家海洋和大气管理局（National Oceanic and Atmospheric Administration，NOAA）等多个机构的数据分析得出，2016 年是有气象记录以来最热的年份，刷新了 2015 年最高温度纪录。2016 年全球平均气温较 2015 年升高约 0.06 摄氏度，比 1961—1990 年平均值高出 0.83 摄氏度，比工业化时代之前的水平高出 1.10 摄氏度。[②]

根据美国国家航空航天局（National Aeronautics and Space Administration，NASA）采集的全球温度数据，2016 年全球地表温度约比 19 世纪后期高 1.20 摄氏度，比 2015 年高 0.12 摄氏度。在 NOAA 采集的全球地表温度数据中，在北极地区，2016 年的地表温度也比 2015 年高 0.04 摄氏度。[③] 2016 年，南极和北极地区的海冰面积缩减严重，均创下新的最小海冰面积的历史记录。世界气象组织秘书长佩蒂瑞·塔拉斯指出，格陵兰冰川开始融化的时间提前，且速度加快。这

---

① 真不想每年都说：去年是有史以来最热的一年！［EB/OL］．http://www.sohu.com/a/125486848_383714,2017-02-04/2017-06-30.

② 全球年平均气温为史上最高 该给地球降温了［EB/OL］．http://www.chinanews.com/sh/2017/02-04/8140496.shtml,2017-02-04/2017-06-30.

③ 全球温度再破纪录,2016 年成为史上最热一年［EB/OL］．https://www.sohu.com/a/124809135_354973,2017-01-20/2017-06-30.

将导致海平面进一步升高。北冰洋海冰在 3 月份开始融化,到 10 月和 11 月冰冻期,海冰面积缩减严重,达到同期的最低点。北极地区正在以全球气温平均值两倍的速度变暖,海冰大面积融化将对全球天气、气候、海洋环流系统产生影响。我们对在气候变暖的过程中,永久冻土释放出的甲烷等也必须要多加关注。

影响气温年际变化率的最大因素来自热带太平洋的厄尔尼诺(El Niño)和拉尼娜(La Niña)现象。这两种气候现象影响着全球大部分地区气候变化。在厄尔尼诺现象出现的年份,原本寒冷的秘鲁气流会让海水温度反常地升高,导致热带太平洋海温异常偏暖。拉尼娜现象会让赤道东太平洋地区的深层海水出现上翻现象,导致海表温度异常偏低。由于受超强厄尔尼诺现象影响,全球气候温度显著上升。即使厄尔尼诺现象结束后,全球平均气温仍高于历史平均水平。

影响气温年际变化的重要因素还有大气中二氧化碳浓度的提高。2016 年全球大气中二氧化碳浓度均值已超过警戒线。由此产生的温室效应使海洋表面平均温度打破了以往均值,明显高于以往历史记录。目前,温室效应使得海平面升高,两极海冰面积逐年低于过往平均值。根据世界气象组织秘书长佩蒂瑞·塔拉斯的描述,2016 年是极端气候现象频发的一年,也是有气象记录以来最热的一年。二氧化碳和甲烷浓度也飙升破纪录,气候变化的长期指标在 2016 年上升至新的水平。大气中温室气体浓度不断增加加剧了温室效应,而这些是由于人类不合理的活动所致,因此人们必须对气候变暖有所警惕,对减少温室气体排放付出实际行动。

(二)土壤污染问题

土壤为植物提供生长所必需的营养,如水、热、肥等,为植物生长提供源源不断的支撑。工业发展中产生的大量固体废物不断倾倒堆积在土壤表面,使土壤遭受有害物的侵蚀。另外,大气中有害气体及飘尘伴随着降落的雨水渗透到土壤中,加剧了土壤污染。由于土壤污染影响了土壤的正常功能,导致生长于土壤的农作物产量减少且质量下降。食用了生长于被污染土壤上的粮食和蔬果等农作物之后,人类身体健康就会受到严重损害。土壤污染物分为有机污染物和无机污染物。有机污染物包括有机农药、合成洗涤剂、城市污水、石油等,无机污染物包括酸、碱及其他含重金属的化合物等。土壤中的有害物质含量超过了土壤自身清洁能力的时候,就会对土壤的自我调节功能及土壤结构造成破坏。土壤中的微生物自身调控活动能力受阻以至于难以分解土壤中的有害物质。这些有害物质通过植物或水传播并间接被人体吸收,严重危害人体健康。

根据联合国 2015 年发布的《世界土壤资源状况》,土壤侵蚀导致每年大量表层土壤流失、土壤的碳储存和碳循环能力遭到破坏、土壤养分和水分明显减少。土壤污染造成谷物年产量损失约 760 万吨。如果不采取行动减少土壤污染,预计到 2050 年,谷物总损失量将超过 2.53 亿吨,相当于减少了 150 万平方公里的作物生产面积,或相当于减少印度的几乎全部耕地。[①] 世界各地正在积极探索应对的方法,希望通过制定减少土壤污染的相关政策,落实改善土壤的具体措施。

2016 年 12 月 5 日,联合国粮食及农业组织(Food and Agriculture Organization of United Nations,FAO)举办 2016 年世界土壤日活动,确定其主题是"土壤和豆类:生命的共生关系",并宣布 2016 年为国际豆类年。联合国粮农组织之所以在 2016 年世界土壤日主题活动中强调豆类的重要性,是因为豆类对土壤益处良多,比如可以发挥固氮作用以提高土壤肥力,可以增加生物多样性及改善土壤结构。此外,国际豆类年活动可以提高人们对豆类营养价值的认识。联合国粮农组织倡议促进人们进一步了解土壤及豆类对人类健康生活的重要影响。

(三)水资源短缺

人类对水资源的需求不断增长是经济发展需要以及人口增长所引发的。随着全球经济发展,人类对水的使用量不断增加,导致水资源供不应求。同时,水的利用存在不合理现象,水浪费越来越严重,这加剧了水资源缺乏问题。人类对水资源的需求增加以及不合理利用,导致目前很多国家和地区出现不同程度的缺水现象,这种情况被称为水资源短缺。

地球上的水资源是指水圈内的总体水量。由于海水是咸水因而不能被直接利用,因此通常所认为的水资源是淡水资源,例如河水、淡水、湖泊水、地下水及冰川等。陆地上的淡水资源只占地球上全部水资源的 2.53%,其中将近 70% 的淡水资源分布在两极地区、低纬度地区,属于固体冰川,这些水资源很难利用。河水、淡水、湖泊水以及浅层地下水是目前人类主要利用的淡水资源,只占全球水资源总量的十万分之七,而存储量也只占全球淡水总存储量的 0.3%。根据研究发现,从水循环的角度来看,全球每年可以真正有效利用的淡水资源约有9 000立方千米。[②] 据联合国公布的数据,20 世纪世界用水量增速是人口增速的两倍,全球用水量增加了六倍之多。联合国教科文组织认为,地球上淡水资源总量充足,但是由于人为使用不合理、保护措施不当、分布不均匀等原因,全球 40%的人口基本卫生设施建设不足,大概有 1/5 的人口无法安全用水。[③]

2016 年 5 月 11 日,在北京召开的《2016 年联合国世界水发展报告》发布会

---

① 震惊!中国土壤污染现状竟是这样[EB/OL].https://www.sohu.com/a/136701025_499728,2017-04-27/2017-06-30.

② 《地球上的水资源》编写组.地球上的水资源[M].北京:中国出版集团,2010.

③ 侯春梅,张志强,迟秀丽.《联合国世界水资源开发报告》呼吁加强水资源综合管理[J].2006(11).

由多部门主办,包括联合国教科文组织、联合国劳工组织、联合国粮食及农业组织,报告的主题为"水与就业"。《2016年联合国世界水发展报告》指出,水资源短缺和与水有关的卫生设施问题可能会对未来数十年经济发展产生不利影响。全球近一半的劳动者就业于水与自然资源依赖型产业。水资源的短缺将使就业问题越发凸显,带来失业率的增加。① 各行业水资源分配和供水服务改善将在很大程度上决定高质量工作的增长潜能。水资源在绿色经济发展过程中显得至关重要。

(四)生物多样性减少

生物多样性是指地球上各种生物的生命体在形式、层次及群体中的多样性。生物多样性构成了一个生态系统,涵盖物种以及遗传基因的多样性。人类只是这个生态系统中的一部分并依赖于整个生态系统。地球上的生命经过几十亿年的发展进化才形成了今天的生物多样性。

地球陆地上超过一半地区存在物种多样性减少的问题。农业用地、交通发展以及城市扩充是导致物种多样性减少的主要原因。阿根廷、南非、美国以及中亚草原是受到生物多样性减少冲击最严重的地区,人类的过度及不合理活动导致这些地区动植物数量大幅减少。研究人员通过调查分析多国数万种物种及生态多样性变化记录后了解到,500年以来,人类活动已经导致物种总量减少14%,野生动植物总量减少10%,而大部分的物种减少是发生在近一百年。② 尽管现在人类通过科学技术在不断培育新物种,甚至新物种的创造增速高于生物灭绝速度,但是不可否认的是,不管人类能创造多少新物种,都可能无法弥补物种灭绝带来的危害。因此,世界各国越来越重视生物多样性下降的问题,因为生物多样性问题不仅与生态环境有关,也与人类健康、生命安全联系密切。所以,在发展经济的同时,平衡人类与其他物种共生系统,保护生物多样性十分重要。

(五)臭氧层遭破坏

对人类来说,臭氧层是大气层的重要组成部分,其主要作用在于吸收短波紫外线。臭氧层位于距地面20~50千米的上空,假设将其拿到地面也只有3毫米(1气压)的厚度,正是像蕾丝窗帘样的臭氧层正在保护着地球不受紫外线的照射。③ 但是人类的活动正在破坏臭氧层的完好。臭氧层通过吸收太阳光来阻挡

---

① 天士力联合发布《2016年联合国世界水发展报告》[EB/OL].http://www.huaxia.com/tslj/flsj/cy/2016/05/4841190.html,2016-05-13/2017-06-30.

② 人类有七十亿,它们只有一个[EB/OL].http://www.sohu.com/a/142630642_200286,2017-05-22/2017-06-30.

③ 臭氧层受到破坏对我们有什么危害[EB/OL].http://www.hnr.cn/news/jctj/201608/t20160824_2666002.html,2016-08-24/2017-06-30.

短波紫外线对人类及动植物的伤害,因此臭氧层保护地球上生物的生存繁衍。如果没有臭氧层,地球表面将会受到紫外线辐射的危害,紫外线会破坏人类正常的细胞生存,容易引发病变。臭氧层对防御温室气体至关重要。如果臭氧的高度在对流层上部和平流层底部,由于这一高度气温很低,会使臭氧减少。因此臭氧层对地球的保护与臭氧的高度息息相关。

2016 年 6 月 30 日,英美两国科学家在《科学》杂志上一篇研究结果表明,自 2000 年 9 月开始对臭氧层空洞进行测量以来,臭氧层空洞平均每年以 400 万平方公里的速度在缩小。[①] 这是科学家首次使用确定数据证实南极上空的臭氧层空洞的变化。臭氧层空洞的缩小与包括氟利昂在内的破坏臭氧层的物质减少有关。目前臭氧层空洞缩小说明各国在减少氟利昂的使用上出现了显著的成果。限制使用氟利昂的条款对保护臭氧层发挥着积极作用,促使南极上空臭氧水平的增加。除了臭氧水平的增加,地球平流层中消耗臭氧的速度也在减慢。全球各国在保护臭氧层问题上的决心一致性态度使得《蒙特利尔议定书》履约工作效果显著。然而,南极上空的臭氧层空洞的修复并不是一朝一夕的事情,仍需要各国合作努力,减少有害化学物质的排放。

二、世界环境问题产生的原因

(一)片面追求经济增长

传统的经济发展模式只关注产值和利润。人们在这种经济发展模式支配下,简单地追求最大化的经济利益,往往忽视了环境本身的价值,不惜以损害环境为代价来获得 GDP 增长,环境问题日益严重。经济增长过多依靠外部需求,经济增长与资源环境的矛盾就会不断加剧。随着部分经济体基尼系数的扩大,世界各国财富分配不均匀的问题也日趋严重,就会出现以牺牲环境、大量消耗资源为代价,以赢得短期经济高速增长的情况。如果社会经济发展仍然采用盲目消耗资源扩张的发展方式,生态环境必然会不适应经济发展,最终会导致资源浪费、环境恶化问题的出现。

长期以来,为了追求经济高增长,放松了对经济活动的约束和监管,不惜以污染自然环境、破坏生态和谐,甚至危害人类自身生存健康为代价。片面追求经济增长造成的环境污染让经济增长失去实际意义,因为对已被污染的环境实现恢复需要付出巨大的代价。经济增长的目的是为了改善人类的生活品质,然而

---

① 臭氧层保护公约制定近 30 年后终见成效[EB/OL].http://www.sohu.com/a/100662436_119638,2016-07-02/2017-06-30.

人类片面追求经济增长导致的环境污染问题吞噬着经济增长的成果,对实际经济增长的意义不大。

可供人类生产发展消耗的资源在逐渐减少,环境资源污染及短缺问题日益突出,先发展后治理的模式已经到了非常艰难的地步。人类必须充分重视环境保护,否则经济无法实现可持续发展。因此,应坚持健康绿色发展的模式。

(二)世界人口增长及人为破坏

环境恶化的重要原因之一是世界人口的过度增长。根据美国人口统计咨询局(Population Reference Bureau,PRB)在 2016 年 8 月的一份最新报告中预测,截至 2050 年,世界人口将会飙升至 99 亿。IMF 在 2016 年 3 月的《全球人口结构巨变》中提到,到 2024 年世界人口将超过 80 亿,到 2038 年将超过 90 亿,到 2056 年将超过 100 亿。[①] 受人口基数过大以及人口增长率过高的影响,全球尤其是发展中经济体人口压力巨大。人口持续增长必将带来物质资料需求旺盛以及更多的消耗,最终会充分暴露环境资源供给和废物消化能力不足的问题,进而导致资源和环境问题频发。由于人口的不断增长,物质消耗以及废弃物的排放也随之大量增加,因此,如何处理好人类与生存资源的可持续发展事关重大。

世界自然基金会以相关网络平台等最近发布的《地球生命力》报告分析发现,一个地球不足以承担人类目前所需要消耗的大量自然资源。2016 年 8 月 8 日,"地球生态超载日"提前到来。人类的消耗量大概需要 1.6 个地球来供给,而到 2050 年大概需要 2.5 个地球。[②] 可以看出这是不可能长期持续的,同时在此期间生物多样性也在不断地下降。虽然世界人口在不断增长,但是人类正常的生存发展需要还是较容易被满足的。然而人为对环境的破坏是更值得重视的问题。人类过度地开发及滥用自然资源会导致全球生态环境的退化,这种负面的环境效应会对人类生存产生威胁。人类对高经济增长、高经济消费的过度追求就是对自然资源的过度掠夺与破坏,最终会导致大规模的环境问题,例如,水土流失、生物多样性减少、土地荒漠盐碱化等。环境破坏所带来的后果需要很长一段时间来修复,甚至有些破坏是无法还原的。

(三)不合理利用及过度使用资源

人类对自然资源需求量的激增是由于全球人口增长和世界经济迅速发展造成的。然而一旦资源利用超过了地球所能承受的最大范围是很难恢复的。尤其是非可再生资源存储量在一定时期内不会增加,对非可再生资源的开采就是资

---

① 全球人口数量预测:到 2050 年印度将成为人口第一大国[EB/OL].http://www.askci.com/news/finance/20160906/11503059948.shtml,2016-09-06/2017-06-30.

② 报告分析地球能撑多久人类生存需 1.6 个地球[EB/OL].http://news.163.com/16/1104/14/C51KP99100014AED.html,2016-11-04/2017-06-30.

源消耗。当今社会发展离不开对可再生资源的巨大需求,这加速了资源的消耗。

在广大贫困落后地区,人口素质较低及生态意识淡薄。该地区的民众在生活上不知如何使用无污染的技术和环境资源管理方法,而是采取了对环境有害的生产方式,如不顾环境对人类健康生活的影响,盲目扩大耕地面积等。在土地生产活动中,农药、化肥等的过度使用对生产的可持续发展造成了威胁。农药被广泛应用于消除虫害。但是为了更好地消灭虫害,就会增加农药的使用量,以致农作物中的有害物质残留量不断增加。人类长期食用农药残留物超标的食品必然会对身体健康造成伤害。广泛使用农药虽然可以提高收益,却会造成土壤污染,威胁人类生存。化肥的使用具有同样的后果。化肥中的有害物质含量远远高于传统有机肥,过度使用化肥同样会带来副作用,造成土壤污染。含有化肥的用水排放后也会严重破坏水生生物的生存环境,造成生态失衡、水生物减少等严重后果。因此有效合理适量地利用资源,对环境发展意义重大。

三、国际社会的应对措施

(一)温室效应的应对措施

2016 年,国际社会为治理环境问题采用了众多举措,包括制定或更新相关政策,展示了进一步加强环境治理的决心。国际社会的应对措施主要包括签订有关国际相关协定等。2016 年 5 月召开的第二届联合国环境大会围绕《2030 年可持续发展议程》的落实,通过了多项决议和行动,涉及海洋垃圾、野生动植物非法贸易、空气污染、可持续发展等多个问题。此次大会是在 2015 年联合国可持续发展峰会、巴黎气候大会之后的又一次以全球环境为议题的重大会议。大会以落实《2030 可持续发展议程》中的环境目标为主题,聚焦当今世界环境和可持续发展面临的挑战,以期通过各项决议,起到助推全球经济可持续发展的作用。大会继续加强低碳经济和可持续经济发展的多方探讨,为全球经济绿色、可持续发展制定有针对性的发展方向。《巴黎协定》的正式生效,彰显了全球低碳转型的决心,极大地提振了全球应对气候变化的信心。联合国环境署也致力于减轻温室效应等气候变化,努力帮助各国实现气候调节和降低排放战略。

2016 年 10 月 15 日,在《蒙特利尔议定书》第 28 次缔约方大会上,各方代表以协商一致的方式,达成了历史性的限控温室气体氢氟碳化物(HFCs)的基加利修正案。HFCs 是强效温室气体,其全球变暖潜能值比二氧化碳高数千倍,因此,该修正案是继《巴黎协定》后又一里程碑式的重要环境文件。基加利修正案是 2016 年全球最重大的应对气候变化的文件,引起了国际社会强烈反响。历经近 30 年的努力,大气中氯氟烃含量持续减少,据发表在美国《科学》杂志上的研究报告显示,2015 年 9 月南极洲上空的臭氧层空洞已比 2000 年时缩小 1/5。[①]
《蒙特利尔议定书》已被国际社会认为是最为成功的国际公约,基加利修正案的
达成,进一步有效地推动了全球保护臭氧层和减缓气候变化影响的环境保护
运动。

(二) 土壤污染问题的应对措施

土壤是大部分污染物的最终受体。与其他环境资源治理不同,土壤污染的
发现较为困难,治理起来也较为缓慢。由于土壤污染防治基础更为薄弱,历史欠
账较多,公众意识较弱,所以土壤污染治理的任务最为艰巨。部分国家针对土壤
污染问题出台了相关政策。以中国为例,2016 年 5 月,中国国务院制定实施《土
壤污染防治行动计划》,这是目前及未来很长一段时间内中国土壤污染治理工
作的重要行动准则,它将有力地助推中国土壤污染治理工作。《土壤污染防治
行动计划》《大气污染防治行动计划》和《水污染防治行动计划》这三个计划的共
同实施,在中国污染治理方面发挥着极为重要的作用。从土壤、大气和水资源这
三方面开展防治行动,可以从总体上改善环境质量。这为中国向健康生态环境
方向发展扫清了障碍,符合全面建成小康社会的要求。

国际社会目前致力于调节最贫困地区的土壤退化问题,并在努力恢复土壤
的生产能力,进而提高全球土壤有机质储备量,减少全球氮、磷肥使用量,增加土
壤养分,及提高本地区人们对土壤的保护和改善意识。这些行动目前已经得到
相关政策支持,例如支持用以检测和预报土壤变化的土壤信息系统;从地质学到
地理学,从生物学到经济学,都将土壤研究问题纳入教育教学,以加强土壤治理
方面的认知教育;投资研发和推广,开展测试,传播可持续土壤管理技术和做法;
采取适当有效的管理和鼓励措施。

(三) 水资源短缺的应对措施

完善水资源治理机制是实现安全用水、解决水资源缺乏、促进良好生态环境
发展的重要途径。当前,世界各国依据各自的情况,主要通过政府与社会共同参
与、分地区专业化管理等方式对水资源问题进行治理。各国水治理机构的设置
可以分为三类,包括统一管理、统一管理与专业管理相结合、分散管理。统一管
理是指专设水管理部门开展水治理并与其他部门配合;统一管理与专业管理相
结合是指设立高级别水管理委员会对水治理制定专门的计划;分散管理则是既
没有专设水管理部门,也没有成立国家水管理委员会。

许多国家还鼓励全民参与水治理活动。鼓励全民参与水治理的方法主要有

---

① 南极洲上空臭氧层空洞缩小　地球走上治愈之路？［EB/OL］.http://scitech.people.com.cn/n1/
2016/0703/c1007-28519021.html,2016-07-03/2017-06-30.

三种:一是颁布法律法规明确公众参与水治理的义务,确保公众参与的有效性;二是从机构设置上设立置专门的公众参与机构,从体制和机制上保证公众能直接参与,使得相关治理部门中的组成人员包含公众及利益相关者;三是大力加强宣传教育,提升公众参与水资源问题治理的意识,引导人们更多地关注用水问题及水资源短缺问题。

埃及对水资源短缺的应对措施值得借鉴。埃及属于极度缺水的国家,但政府却对水资源进行了合理的管理。埃及政府设立多个部门对水资源进行管理。其中,水资源灌溉部对水资源的利用进行统一管理,主要负责对水质水量进行检测以及负责全国水利基础设施的建设。水资源灌溉部还负责对水资源进行实时监测,保障全国各行业用水需求及全民用水健康。农业和土地开发部负责利用工程技术提高农业用水效率,对农场等方面的水资源进行管理。供水和卫生设施部主要负责供水和饮用水卫生管理,而卫生和人口部则负责饮用水水质监测。

第二节　巴黎气候大会

一、巴黎气候大会简介

2015 年 11 月 30 日至 12 月 11 日,巴黎气候大会在巴黎北郊的布尔歇展览馆召开。巴黎气候大会是第 21 届联合国气候变化大会,是《联合国气候变化框架公约》第 21 次缔约方会议暨《〈联合国气候变化框架公约〉京都议定书》(简称《京都议定书》)第 11 次缔约方会议。195 个国家和地区以及欧盟代表出席了本次大会,代表人数总计约 1 万人。全球将近 2 000 个非政府组织参加此次大会,代表人数达 1.4 万人。① 中国气候变化事务特别代表解振华参加了此次大会。

巴黎气候大会的首要目的是促使参加会议的缔约方达成统一意见,在《联合国气候变化框架公约》的内容下签订一项"全球减排新协议",并于 2020 年开始付诸实施。新协议在一定程度上确定了 2020 年《京都议定书》第二承诺期结束后各国应如何应对气候变化的任务。其核心是要求各国抑制或控制碳排放,降低温室效应带来的不利影响,以完成 2009 年哥本哈根气候大会的目标。新协

① 气候变化巴黎大会:不仅敲警钟,还要分任务[EB/OL].http://env.people.com.cn/n/2015/1208/c1010-27902100.html,2015-12-08/2017-06-30.

议适合各缔约方的情况，并对各缔约方具有法律约束力。

巴黎气候大会是人类应对气候变化历史上的一次重大突破。该会要求所有国家为了一个共同目标，采取共同行动来解决世界性的环境问题。作为巴黎气候大会协定制定者的欧盟，建议在协定中加入每5年进行一次审查的规定。欧盟承诺不晚于2020年前达到排放峰值，实现与联合国一致的目标，即将气候变暖控制在不超过工业化前水平的2摄氏度。[①] 而美国提出的减排目标是到2025年温室气体排放量较2005年减少28%。[②] 中国在巴黎气候大会召开之前就向联合国提交了"国家自主贡献"（Intended Nationally Determined Contributions，IN-DC）文件，希望在2030年之前使得二氧化碳排放量达到最高值，并且积极推进二氧化碳排放量大幅度下降，增加森林植被覆盖率，提高清洁能源占能源总消费量的使用比率。

此次巴黎气候大会通过的《巴黎协定》，是继《京都议定书》之后第二份具有法律约束力的有关应对气候变化的协议，也是在《联合国气候变化框架公约》和《京都议定书》签订之后全球应对气候变化的第三部国际法律文本，为2020年之后全球如何应对气候变化提供了法律依据。《巴黎协定》的诞生标志着全球在治理气候变化的过程中揭开了新篇章。2016年10月5日，欧盟及其七个成员国向联合国递交了《巴黎协定》批准书。2016年11月4日，《巴黎协定》正式生效。《巴黎协定》从通过到生效历时不足一年，成为史上批准生效最快的国际条约之一。至此，全球首个多方位、多角度、强约束、普适性的高端全球气候协议正式形成，标志着全球在低碳可持续发展的道路上更进了一步。《巴黎协定》的签署充分说明了各国都在尽力为应对气候变化贡献自己的力量并取得了巨大进步，也为未来应对气候变化的多边机制基本走势奠定了坚实的基础。

二、《巴黎协定》的主要内容

《巴黎协定》对全球关心的气候及环境问题进行了盘点，为2020年后全球应对气候变化提供了指导。《巴黎协定》不仅汇集了全球各国希望改善气候条件的意愿和对策，而且与各国的切身利益密切相关。《巴黎协定》主要有以下三个方面的内容。

---

① 欧盟公布巴黎气候大会谈判立场［EB/OL］. http://china. huanqiu. com/News/mofcom/2015-09/7546258.html?agt = 15438,2015-09-22/2017-06-30.

② 巴黎气候大会在即 美国宣布其减少碳排放量目标［EB/OL］. http://news. youth. cn/gj/201511/t20151127_7356356.htm,2015-11-27/2017-06-30.

（一）把全球平均温升控制在显著低于工业化前水平的 2 摄氏度之内

《巴黎协定》主要包括目标、减缓、适应、损失损害、资金、技术、能力建设、透明度、全球盘点等内容。从环境保护与治理上来看，《巴黎协定》最大的贡献便是明确了全球共同追求的"硬指标"，对治理全球温室效应提出了更高的标准，制定了长期温控目标。各方将根据《巴黎协定》削减气候变化的威胁程度，确保地球升温不超过工业革命前水平的 2 摄氏度，并为把升温控制在 1.5 摄氏度之内努力，这就要求碳排放量较之 2 摄氏度大幅缩减。然而，这一目标根据现有研究来看并不符合科学依据，实现的可能性较小。1 摄氏度的温控目标所要求的全球排放空间将在未来十年左右耗尽，使目标的实现非常困难。另外，各缔约方对减排的承诺力度不足，需要进一步加强沟通与合作。无论如何，1.5 摄氏度的温控目标为全球升温设置了"屏障"，展现了缔约方减排降温、积极应对气候变化的决心，而且也是国际社会对小岛屿国家人道主义的反馈。①

全球需要进一步加强节能减排工作，使温室气体排放量达到高峰后持续下降，努力在 21 世纪下半叶实现温室气体的零排放。这样才能减少气候恶化给人类在地球生存发展中带来的威胁。各国需要增强适应气候变化负面影响的能力，即在不破坏粮食生产的情况下改善大气环境和降低温室气体排放，尽快实现温室气体排放量达到峰值。《巴黎协定》达成之后，各缔约方应该做到技术共享，充分利用先进技术来实现温室气体减排，加深技术信息透明度，以实现《巴黎协定》规定的"在本世纪下半叶实现温室气体源的人为排放与碳汇的清除之间的平衡"，早日实现温室气体零排放。同时发达经济体也要对发展中经济体在节能减排方面提供资金、技术支持，帮助发展中经济体应对全球气候变化，这也符合《巴黎协定》要求的通过"国家自主贡献"的方式进行气候条件改善的约定。

（二）平等条件下各国"以国家自主贡献方案"的方式应对全球气候变化

根据《巴黎协定》的要求，缔约方将根据"国家自主贡献方案"（NDCs）应对全球气候变化。《巴黎协定》规定以五年为一个周期，在每个周期内对各缔约方治理气候恶化方面所做的努力是否达标进行评估。第一次评估将安排在 2023 年。根据评估结果，各缔约方要制定更符合改善环境要求的"国家自主贡献方案"，让每个周期的"国家自主贡献方案"都突破上一周期的"国家自主贡献方案"。不断加码的"国家自主贡献方案"有利于尽快实现《巴黎协定》确定的目标。

---

① 生死攸关　专家呼吁全球控温"1.5 度"［N/OL］.石家庄日报，2018-10-14（06），http://yzwb.sjz-daily.com.cn/html/2018-10/14/content_1903360.htm，2018-10-14/2019-04-30.

《巴黎协定》十分重视信息的透明度,规定缔约方要按期提供温室气体人为源排放量和碳汇清除量以及造成的污染情况的国家调查报告,公布各缔约方是否按要求完成"国家自主贡献方案"的情况。对于缔约方提交的信息,技术专家将根据巴黎气候大会通过的决定进行审议,包括对相关缔约方实际提供何种支持,以及缔约方"国家自主贡献方案"的执行效果和需要改进的地方。审议的重点在于发展中经济体治理气候恶化的方式方法,找出应对气候变化过程中存在的问题和不足,更好地实现《巴黎协定》的目标。

从人类发展的角度来看,《巴黎协定》体现了缔约方想要实现共享共担、互利互惠、共进共赢的强烈愿望,将全球各国纳入了治理环境问题的统一体之中。《巴黎协定》是建立在之前的相关文件及政策成果之上的又一大进步,它根据不同国家之间的能力对各自的责任和义务进行区分,但共同目标是一致的,也进一步加强了联合国气候变化框架公约的可持续性,为更好地实施其他关于应对气候变化的政策奠定了基础,为未来制定与环境及大气保护相关的文献指明了发展方向。

(三)在发展中经济体关心的资金问题上达成共识

巴黎气候大会对发达经济体为发展中经济体提供多少资金支持这一问题进行了艰难的谈判。《巴黎协定》制定了切实可行的发达国家帮助发展中经济体的路线图。为了帮助发展中经济体减少温室气体排放,并有能力面对全球气候变化所带来的后果,发达经济体承诺在 2020 年之前,每年至少向发展中经济体提供 1 000 亿美元拨款。[①] 根据《巴黎协定》的规定,发达经济体通过各种来源和渠道筹资,可以来自公共资金,也可以来自私人资金。资金的使用对象是发展中经济体,其中对最不发达经济体和小岛屿发展中经济体给予优先考虑。另外,要求发达经济体向发展中经济体提供资金的情况每两年通报一次,这有助于提高资金管理的透明度和资金使用的效率。

《巴黎协定》充分考虑各缔约方的不同情况和能力,要求各缔约方按照平等公正的方式执行协定中的各项规定。发达经济体除了继续向发展中经济体提供资金和技术支持,还要带头做好节能减排的各项工作。发展中经济体自身也要积极配合应对气候变化的各项工作,加大减排力度,重振全球各国应对气候变化的信心。

三、巴黎气候大会的意义

(一)《巴黎协定》的签订对全球气候治理至关重要

《巴黎协定》所确定的全球气候治理理念是低碳绿色可持续发展。全球气

---

① 碳市场似乎在《巴黎协定》中"淡出",原因何在? [EB/OL].http://www.tanpaifang.com/tanjiaoyi/2016/0817/55593.html,2016-08-17/2017-06-30.

候谈判史是从依赖石化产品能源的经济发展转向去碳化的低碳绿色经济发展的过程。这一过程的演变十分困难,既受到传统能源行业阻碍的影响,也受新能源行业体制和技术不完善等因素的影响。未来全球发展方向不明确也是造成气候谈判困难及经济发展模式转型缓慢的重要原因。《巴黎协定》的达成意味着各缔约方对发展低碳绿色可持续发展的经济做出了明确承诺,向世界发出了清晰有力的信号,即低碳绿色可持续发展是人类未来进步的唯一选择。未来全球气候治理的核心理念将是绿色低碳。

《京都议定书》只对发达经济体制定了具有法律约束力的绝对量化减排指标,但是对发展中经济体的减排行动却不具有法律约束力。发展中经济体的减排建立在自主承诺的基础上。《巴黎协定》却是奠定了全体缔约方广泛参与节能减排的基本格局。各缔约方将根据《巴黎协定》的要求承诺做出节能减排的行动,无论是相对还得绝对的量化减排,都将纳入一个统一的有法律约束力的框架之中。

《巴黎协定》的谈判模式是由自上而下的模式向自下而上的模式转变的,标志着国际气候谈判模式的转变。1990 年世界气候谈判启动后,保护臭氧层的谈判遵循的是自上而下的模式,即先确定减排目标,然后再向下分解。而《巴黎协定》规定,各国在 2020 年之后根据"国家自主贡献方案"的目标进行节能减排,应对气候变化,这是"自下而上"的一种谈判模式。这种谈判模式的转变对未来全球应对气候变化是合理的,其影响深远,值得高度关注。

(二)巴黎气候大会的"大国推动与协商一致模式"影响深远

巴黎气候大会的成功与缔约方之间互相尊重有密切关系,也与大国在会议期间发挥了重要作用有关。在过去 20 多年间开展的多次气候谈判中,各缔约方之间虽有分歧,但也在相互了解中不断得到磨合,从而形成了一定的默契。一些大国,尤其是中国、美国、法国三方对推动巴黎气候大会召开及取得多项成果的功劳是有目共睹的。在近 20 年中关于气候变化谈判所取得的重大成果都与大国的领导以及大国间相互达成共识有关。气候谈判成败的决定因素主要在于大国主导,兼顾各方利益,及致力于解决共同关心的重点问题。在巴黎气候大会中,中国、美国、法国等充分发挥了大国作用。大国间充分沟通,建立了互相信任和良好的工作关系。例如,中美两国在环境保护方面长期保持密切合作关系。在多个领域中,两国多途径和多方式地开展应对气候变化的合作。在 2013 年哥本哈根气候大会之后,中美两国的合作关系不断增强,在应对气候变化中的重要性也日益突出。中美领导人之间及两国应对气候变化负责人之间的多次沟通与会晤对《巴黎协定》的达成起到了关键作用。在多边谈判中,大国发挥的作用往往具有转折性和决定性作用。巴黎气候大会召开前大国之间进行了充分沟通,并以联合声明及元首共识的方式向外界宣示政治决心和合作意图,为本次大会的成功奠定了基石。

在巴黎气候大会上,大国在发挥主导作用的同时也以中小国家能够理解和接受的方式表达立场,善于聆听和尊重中小国家的关切点。巴黎气候大会将1.5摄氏度的温控目标写进了谈判议案中,①这个目标充分体现了大国关心小岛屿国家的利益,这也是谈判中缔约国家之间相互尊重、平等互助的一个重要体现。大国兼顾小国的利益是巴黎气候大会能够统一多方意见,最后成功签订《巴黎协定》的重要原因。作为主席国的法国在本次大会上发挥着极其重要的作用。法国在会前就与多方进行深入沟通,了解各缔约方关心的议题,尊重各方的立场和观点,并在大会上就各方关心的议题做出协调,采纳相应的建议,形成最后的主席文案。

(三)助推绿色投资和全球经济可持续增长

巴黎气候大会对推动绿色的、可持续的经济发展具有现实意义。巴黎气候大会让各缔约方联合起来共同对气候变化采取措施,如降低煤炭等非环保燃料燃烧的排放量,减少对生态环境的破坏。这将推动和加强不同经济发展水平经济体之间的相互沟通与合作。另外,发达经济体不仅发挥了带头节能减排的作用,并且在不同发展周期不同阶段给予与发展中经济体相适应的资金和技术支持,帮助发展中经济体节能减排。应对全球气候变化及开展节能减排活动会带来很多新的投资机会,从而引导国际投资方向的改变。全球投资者未来在资本市场上将偏好于绿色能源、低碳经济、环境治理等领域。这将掀起全球绿色投资浪潮,进而推动全球经济可持续增长。

第三节 发达经济体治理雾霾的经验

一、发达经济体治理雾霾的历史教训

历史经验告诉我们,美国、英国、德国、日本等发达经济体在经济快速发展阶段均经历了受雾霾困扰的艰难时期,轻则患病,重则造成短时间内大量人口死亡。这一时期的普遍特征是能源消费快速增长,并且煤炭在能源消费中占有较

---

① 巴黎气候大会达成协议1.5摄氏度温控目标引关注[EB/OL]. https://finance.gucheng.com/201512/3140770.shtml,2015-12-14/2017-06-30.

高的比重。由此可见,这与中国现阶段的能源消费特征相对一致。

20世纪40年代,受工业发展导致碳排放量激增的影响,从1943年开始,每逢夏末秋初洛杉矶城市上空就会弥漫着浅蓝色烟雾。当时,洛杉矶有250万辆汽车,每天消耗超过1 100吨的汽油,汽车排放的污染物中有1 000多吨碳氢化合物、300多吨氮氧化合物、700多吨一氧化碳。炼油厂、供油站等石油硫化物的大量排放更使得洛杉矶变成为了一个"毒烟雾工厂"。久而久之,洛杉矶常住居民发现自己有眼睛发红、呼吸困难、咽喉肿痛、头昏头痛等症状。1952年12月,洛杉矶光化学烟雾事件造成65岁以上老人死亡人数达到400余人。1955年9月,65岁以上老人死亡人数也超过了400人。这两次"光化学烟雾"事件使得政府意识到了雾霾的严重性。与此同时,受雾霾的影响,洛杉矶100千米以外地方的大片松林枯死,雾霾给美国政府造成的经济损失高达15亿美元。①

雾霾长期困扰着最先发起工业革命的英国。20世纪50年代,伦敦每天有1 000吨的浓烟排放,伦敦市区工业排污量非常大,大量的二氧化硫在空气中被氧化,混合水蒸气后产生了800吨硫酸,而当时伦敦正值冬季,城市上空出现了逆温现象,这一现象使得下沉气流增多,污染物难以向高层大气扩散,高气压控制城市空气循环,造成严重的空气污染。据记载,1952年12月8日,伦敦全市大气中二氧化硫浓度及平均烟雾浓度达到峰值,伦敦中部烟雾浓度比平日高十倍。著名的"伦敦烟雾事件"不仅使得1.2万人失去生命,还导致出现更多的冠心病、肺结核、支气管炎或癌症患者。② 短时间内诱发死亡和急性病症是伦敦雾霾的骇人之处。

日本四日市哮喘事件更是让专家认为雾霾等大气污染是导致哮喘的主要因素。日本四日市因临河临海、交通方便等原因引起了垄断资本家的关注,他们在当地大力投资发展石油工业。四日市在1995年新增十几家石油化工厂,工厂大量排放含有高浓度二氧化硫的气体和粉尘,而二氧化硫年排放量更是达到13万吨,大气中二氧化硫浓度超标5到6倍。1958年,四日市成了"石油联合企业之城",石油冶炼和工业燃油产生的废气让整座城市被黄烟环绕。烟雾中大量的铝、锰、钴等重金属粉尘与二氧化碳共同作用形成了黄色烟雾。黄烟厚度达500米,被人们吸入肺部后,逐渐削弱了肺部排污能力,使人们感染呼吸道疾病,特别

---

① 1943年洛杉矶光化学烟雾事件[EB/OL].https://baike.baidu.com/item/1943%E5%B9%B4%E6%B4%9B%E6%9D%89%E7%9F%B6%E5%85%89%E5%8C%96%E5%AD%A6%E7%83%9F%E9%9B%BE%E4%BA%8B%E4%BB%B6,2016-11-30/2017-06-30.

② 伦敦:治霾60年仍任重道远[EB/OL].http://www.ceweekly.cn/2014/0210/74748.shtml,2014-02-10/2017-06-30.

是哮喘,甚至引发癌症。①

二、发达经济体治理雾霾的措施

(一)出台相关法案为防治雾霾提供法律保障

西方发达经济体在工业化时期频繁遭受雾霾天气的侵害,并较早地意识到雾霾带来的无尽危害,发达经济体在雾霾治理上逐步总结出一套有效的经验,他们纷纷采用法律手段来严防雾霾。例如,为减少煤炭用量。英国于 1956 年颁布《清洁空气法案》,这是世界上颁布的第一部空气污染防治法案。1974 年,英国颁布了《控制公害法》,保护范围主要包括空气、水和土壤,针对这三大问题制定了详细的法律条文,阐述了应如何保护人类赖以生存的必需资源,并在法律文本中新增控制噪声的要求。1995 年英国发布《国家空气质量战略》,要求全英各城市空气质量必须达到国家所规定的标准,对于不达标的城市,政府将强制其在规定时间内达标。英国政府的种种措施为绿色经济发展提供了法律保障,为减少空气等污染做出了重要贡献。

德国也通过立法制定排放标准以控制雾霾。德国于 1974 年颁布《联邦污染防治法》为大型工业企业设定更高的排污标准,使其能够尽快更换符合更高标准的废弃物过滤设备,同时也督促新成立的企业在成立之初便使用最新的、符合法律规范要求的排污标准系统。《联邦污染防治法》作为德国最重要的法律之一,至今已被多次补充和修改,目前这项法律也成了欧盟范围内治理雾霾的典范。

经济发展初期必定会带来不同程度上的环境破坏。日本在 20 世纪 60 年代中期颁布多条法律以明确国家和民众在环境保护中的责任和义务。《公害对策基本法》《排烟规制法》和《大气污染防治法》是日本政府在此时期出台的有关环境保护的法律文件,它们都体现了日本政府治理环境、发展经济的决心。2000 年,日本政府修订了《关于确保公民健康和安全的环境条例》,该修订对重度污染做了严格限制,工业企业使用的燃料必须符合标准规定,同时要求工业企业减少污染物及有害气体的排放量。日本十分重视立法,坚决依法治理环境问题。

(二)限制机动车排污并提倡绿色出行

机动车尾气是严重影响空气质量并引发雾霾等高度污染的有害污染物,发

---

① 日本四日市哮喘事件[EB/OL].http://mini.eastday.com/a/170908100210647.html,2017-09-08/2017-09-30.

达经济体一直致力于治理汽车尾气排放污染,严格控制私人汽车发展,大力发展公共交通和绿色交通。发达经济体在过去的治理雾霾的措施中,重点限制机动车以及倡导绿色出行是治理雾霾的重要手段。这也为其他国家治理雾霾提供了借鉴经验。

为减少废气排放,美国政府运用多种手段减少汽车尾气排放,鼓励民众出行使用节能环保的新能源汽车,积极倡导低污染燃料的使用,例如甲醇、氢气、天然气等。为鼓励民众更换新能源汽车等车型,美国政府对纯电动、油电混动、插电混动等电动汽车给予税收优惠甚至免税的优待,并提供贷款补贴等优惠政策。20 世纪 80 年代,英国伦敦空气质量的首要污染物已变成交通污染,针对这种情况,英国政府积极推动公共交通布局,抑制私家车的数量扩张,通过解决交通拥堵问题等来解决机动车污染。作为世界最主要的汽车生产国之一,德国积极提倡绿色出行。德国各地区均因地制宜制定各自的空气质量改善计划,不符合排放标准的汽车将无法进入该地区的环保区域。德国大部分公司多数员工每天骑自行车或乘坐公共交通上下班。此种绿色出行方式充分减少了私人汽车出行,间接减少汽车尾气排放。日本在净化空气防治雾霾上的重要手段之一就是治理汽车尾气。日本环境厅严格规定机动车废弃排放量的最高标准,严禁超标车辆上路,并在主要路口设置监测站,实时监测超标车辆,禁止违反规定的超标车辆在道路上行驶。如果监测站检测出污染排放超标,也会采取道路限流等措施。

(三)对大气污染进行实时监测

欧美等发达经济体在治理雾霾时均建立大气污染物监测系统,并实时向民众发布监测数据及播报空气质量情况,以方便民众及时查询和监督自身所处的空气质量状况。例如,1997 年 7 月,美国环保部门根据《清洁空气法案》首次将细颗粒物(俗称 PM2.5)作为全美环境空气质量评估标准,并在今后对其进行不断完善,目前已实现对全国空气质量的 24 小时实时监测。美国环保署不仅会及时在当日于政府官网公布当天的 PM2.5 监测情况以及次日预测,并对 PM2.5 实行严密监控、实时公开、立法规范的重点监督,还对空气中的主要污染物进行监测,主要包括二氧化碳、二氧化硫,以及对臭氧层变化也作出实时监督。美国公民可随时登录美国环保局相关网站,查看实时的空气质量情况,对所在州的空气质量及 PM2.5 值进行全年监督。和美国类似,英国也将空气质量信息对民众进行实时通报。

日本政府为了实时向公众发布监测数据,建立了大气污染物监视系统。日本政府严格制定防控数据标准,控制雾霾问题加剧,有效防治雾霾扩散。日本政府要求日本的 PM2.5 始终维持在年平均值 15 微克/立方米以下,日平均值在 35

微克/立方米以下。① 日本通过 PM2.5 监测系统对空气质量进行监测,24 小时不间断地在相关网站发布实时空气环境质量情况,并根据检测到的数据结果,要求超标的城市及时采取相应措施降低 PM2.5 指数。

三、发达经济体治理雾霾的成果

(一)建立了完善的大气保护法律法规体系,并强化了执法力度

发达经济体通过颁布治理雾霾的相关法律法规改善了大气环境,治理了一系列污染问题,使得空气重回清洁状态。英国政府 1956 年颁布的世界上第一部空气污染治理法案《清洁空气法》规定了城市内烟囱的高度标准,要求烟囱高度能够在最大程度上对污染废气进行疏散,并斥巨资对传统锅炉进行改建,使得天然气等清洁能源可以在大规模、大范围内使用。1968 年,英国政府出台相关空气污染防空法案,对不合理、不达标的排放采取处罚措施,有效地减少了伦敦及其他英国主要城市污染物的排放。

1955 年,美国政府出台《空气污染控制法》,在环保部门的权力运作和执行方面做出了相关规定。1990 年,《清洁大气修正法案》从治理酸雨问题的角度出发,对美国酸雨进行控制计划,降低酸雨对臭氧层的破坏。加州制定并推行的《空气质量管理计划》鼓励全民参与节能减排,有效做到信息透明化,使政府部门和民众保持信息对称,从而改善空气质量。

(二)城市绿化效果显著,绿色出行深入人心

从发达经济体治理雾霾的经验来看,城市绿化对减少雾霾功不可没。发达经济体利用绿色植物调节二氧化碳和氧气比例等特性对空气进行杀菌、滞尘及吸收有毒气体,充分减少城市大气污染,有效改善城市空气质量。日本东京市政府积极扩大东京市区绿化面积,增加植树面积,扩大树木覆盖率,不仅保证绿化面积,更从绿化体积角度实现城市绿化建设。树木的增多对城市空气环境的净化功不可没,以致东京绿植覆盖率远超世界平均水平。

发达经济体还通过增加公共交通工具,推动绿色出行的方式抑制机动车尾气排放,减缓空气质量压力,有效抑制雾霾爆发。英国政府采取诸多措施减少汽车尾气的排放量,安装汽车尾气净化装置便是其中之一。英国政府于 1993 年要求所有新车必须安装尾气净化装置,有效减少了氮氧化污染物的排放。2015 年英国伦敦有 2.5 万套电动汽车充电装置投入运营,这要归功于伦

---

① 日本环境省怀疑中国 PM2.5 漂洋过海[EB/OL]. https://finance.qq.com/a/20120301/001412. htm,2012-03-01/2017-09-30.

敦市政加快布局充电桩装置。为了使民众更加认可新能源汽车,英国政府采取了一系列优惠政策,包括英国民众购买新能源汽车可以享受减免碳排放税和停车费等优惠,甚至有高额返利。英国政府鼓励步行、自行车出行等方式,促使全民参与节能减排。伦敦计划建设 12 条适用于自行车行驶的高速公路以鼓励绿色环保的出行方式,并在全英建设 1 000 英里的自行车专用通道。英国政府官员更是优先选择绿色出行方式,减少机动车出行频率。2000 年以来,日本政府在控制汽车尾气排放方面成果显著,目前东京近十万辆出租车是经过改造后使用天然气的车型,同时严禁不符合汽车尾气净化标准的车辆投入运营,使得 PM2.5 值大幅下降。20 世纪 70 年代,莱茵河地处德国鲁尔工业区,饱受污染之害。德国政府通过限制颗粒物排放的方式有效治理了空气污染。德国实行 100 多个"空气清洁与行动计划",使莱茵河流域焕然一新。德国政府甚至专门设立环保区域,只有符合排放标准的车辆才能驶入环保区。欧盟多国正效仿德国的政策,设立只允许有轨列车驶入的车辆禁区,有效控制欧盟区域内的空气环境质量。[①]

(三) 全民参与治理雾霾,政府带头做到信息公开

法国政府治理雾霾的主要方式是通过空气质量监测协会监测空气污染物浓度并向公众提供空气质量信息。根据监测数据,法国环境与能源管理局每天在官网实时发布当日与次日的空气质量指数图,并针对防治雾霾提出建议。当空气污染指数超标时,地方政府就会及时采取措施以立即减少污染物的排放。环保部门同时呼吁公众调节生活方式,绿色出行以减少尾气排放等。德国更是做到了人人节能减排。例如在工业领域做到排污最低化;在农业领域使农户通过高科技手段发展生态农业,优化饲养种植方法;在交通领域给车辆安装废弃颗粒物过滤装置。大部分德国民众在日常生活中也自觉使用可再生能源,将垃圾进行分类处理,购买节能型家电产品。在德国部分大城市,几乎很少见到"欧洲Ⅱ号排放标准"以下级别机动车。美国政府提出"保护环境、从我做起"的口号。美国环保署官网不仅及时发布空气污染相关信息,还向公众提供针对不同环境条件下的环保防护建议,鼓励民众购买带有"能源之星"标志的家电及办公设备,并对人们在日常生活中如何做到"从我做起"提高空气质量给予建议。

① 张秋兰,马回,郑颖.国外雾霾治理的经验及其对我国的启示[J].鄱阳湖学刊,2014(2).

第四节　中国雾霾问题严重的成因及其治理

一、中国雾霾问题现状

雾霾是雾和霾的组合词。中国多地将雾并入霾一起视作灾害性天气现象进行预警和预报,统称为"雾霾天气"。雾霾是由于不合理的人类活动加之气候条件的作用结果所共同造成的。人类在生产生活活动中产生大量细微颗粒物,这种细微颗粒物就是 PM2.5,而城市空气中 PM2.5 含量更大,所以是雾霾的多发地带。PM2.5 的排放量如果超过一定标准就会阻碍正常的大气循环,加之静稳天气等因素的作用,PM2.5 聚集后就容易形成雾霾污染,城市就会处于雾霾天气的环境中。

2016 年年初,从辽宁到四川,从新疆到山东,全国多地出现雾霾现象,覆盖范围呈蔓延扩大趋势。2016 年 12 月入冬以来,北京、天津、石家庄、太原等多个城市陆续发布雾霾红色预警,山东济南、淄博、泰安等 17 个城市发布了橙色预警。空气质量指数(AQI)达到上限 500。2016 年 12 月 16 日至 21 日,全国 23 个城市达到启动空气重污染红色预警级别,9 个城市达到启动空气污染橙色预警级别。多条高速公路由于雾霾程度高而被封锁,北方多个城市 200 多趟航班被迫停飞,学校被迫停课。雾霾不仅造成严重的经济损失,更危害当地居民身体健康,引发呼吸道疾病。表 14-1 是我国 2016 年各城市 PM2.5 年均统计值及呼吸困难程度排行。世界卫生组织规定的 PM2.5 标准为年均浓度小于 10 $\mu g/m^3$,而如果年均浓度达到 35$\mu g/m^3$ 时,因雾霾而导致的死亡的概率将大大增加。我国规定的 PM2.5 达标值是 24 小时平均浓度为 75$\mu g/m^3$ ~ 115$\mu g/m^3$ 的为轻度污染,115$\mu g/m^3$ ~ 150$\mu g/m^3$ 的为中度污染,150$\mu g/m^3$ ~ 250$\mu g/m^3$ 的为重度污染,250$\mu g/m^3$ ~ 500$\mu g/m^3$ 的为严重污染。[①] 从上述数据来看,我国规定的雾霾污染控制标准过低,但是我国雾霾污染现状却已极其严重。

---

① 中国 PM2.5 标准是什么 中国和美国 pm2.5 指标对比[EB/OL].http://tianqi.eastday.com/news/9270.html,2016-07-25/2018-01-11.

表 14-1　2016 年我国各城市 PM2.5 年均值排名

呼吸困难程度排名	城市	PM2.5 年均值（μg/m³）
1	邢台	131.4
2	保定	127.2
3	石家庄	122.6
4	邯郸	114.2
5	衡水	107.6
6	德州	106.0
7	菏泽	100.6
8	聊城	99.8
9	廊坊	99.3
10	唐山	98.4

资料来源：中国 190 座城市雾霾排名榜出炉，邢台第一名！［EB/OL］.https://www.sohu.com/a/193457153_714095, 2017-09-20/2017-11-11.

自 2015 年起，中国雾霾发生天数持续增多，受雾霾影响较严重的城市雾霾持续时间甚至超过半年，同时污染范围越来越广，污染程度也逐年恶化，对人类健康的影响越来越严重。中国雾霾天气多发于北方地区的冬季，特别北京及其周边地区受雾霾影响最为严重。伴随北方冬季燃煤时间漫长，城市雾霾更是难以消散。与此同时，北方严重的雾霾也不断随冬季冷空气进入南方地区，使得南方地区的生态环境深受影响。我国雾霾的影响程度、扩散范围以及对社会发展的阻碍比较严重，随之而来的雾霾治理问题也受到全国人民的重点关注。雾霾污染治理刻不容缓。

二、中国雾霾问题严重的成因

（一）以煤炭为主要能源的污染物排放

中国雾霾问题严重是巨大的煤炭消费量以及长期燃煤污染物排放累积的必然结果，而煤炭燃烧产生的固体颗粒物以及废气是导致雾霾的主要原因。当前，中国仍然以煤炭为主要能源，煤炭广泛应用于国内的工业生产、居民生活，并以北方地区供暖最为突出，这也体现出雾霾天气具有明显的季节性变化。北方地区冬季仍以煤炭为主要能源进行燃烧供暖，北方城市一旦进入供暖季，传统燃煤取暖带来的污染物就会增多，因为燃煤会将大量硫化物、硝化物以及粉尘排入大气。废气处理及废气回收技术落后,大量的煤炭在漫长的冬季使用直接导致了冬季雾霾问题。煤炭燃烧不仅产生大量漂浮物和二氧化硫等污染气体,同时燃煤产生的热量也破坏城市内部的空气对流,导致空气循环停滞无法及时排放污染物,居民呼吸遭到污染的空气影响自身健康。现阶段燃煤取暖仍是北方大部分城市的首要选择,燃煤产生的污染物是雾霾产生并加剧的主要原因。

(二)汽车尾气排放量超标

中国机动车市场规模庞大,根据公安部交通管理局数据显示,2016 年年底,全国机动车保有量 2.9 亿辆,其中汽车 1.94 亿辆。私家车需求量越来越多,市场规模逐渐加大,汽车保有量增长迅速。2016 年汽车保有量净增长 2 212 万辆,创历史新高。① 机动车使用的增加必将伴随汽车尾气排放量的增多。汽车尾气中排放出的一氧化氮、氮氧化物以及 PM2.5 等有害物质是引发雾霾天气的重要原因,这些污染占本地污染总量的两成以上。小型车使用汽油作为燃料,其排放的氮氧化物很容易加重雾霾对环境的影响程度。因此汽车尾气排放的有害物是引发雾霾的原因之一,汽车尾气排放超标更是使得雾霾加重,并且在城市大范围内形成雾霾天气,甚至引发交通拥堵及混乱的重要影响因素。

中国多数车辆的排放量不达标,对环境造成巨大污染。尾气中含有大量的氮氧化物、硫氧化合物和颗粒物。绝大多数私家车主都会选择使用更为环保的燃油,排出的尾气也更为清洁。但是绝大多数大型运输车及旅行客运车会更多地选择污染较重的柴油。因此并非没有清洁能源,而是许多司机为节约成本使用柴油并由此造成环境污染。同时,由于部分车主缺乏环保意识,没有配备相应的尾气过滤装置,造成污染气体和颗粒物直接排入大气。所以,在现阶段雾霾严重的情况下,汽车尾气排放将纳入重点治理环节。

(三)大气气候因素形成雾霾

造成环境中多种污染物质聚集的重要原因之一便是人为因素。但是在不利的气象条件下,气候因素也会助推雾霾的形成,使得雾霾污染天气频发。

1. 静稳天气

静稳天气是指空气不流通或者长时间处于封闭的状态,不利于污染物的扩散而导致大规模污染物的积累,进而引发中度污染的现象。静稳天气是重污染天气的一种,另一种则是沙尘型天气。在静稳天气发生的条件下,大气层稳定,空气在各个方向的流动性很低,悬浮颗粒不易扩散。静稳天气所引发的恶劣天气情况对人体健康也会造成极大危害。在此种天气情况下,呼吸道疾病、支气管

---

① 公安部交管局:截至 2016 年底,全国机动车保有量达 2.9 亿辆[EB/OL]. https://www.sohu.com/a/124150793_386926,2017-01-12/2017-11-13.

炎、哮喘等疾病高发,人们身体会感到极度不适。同时静稳天气会引发恶性循环,加重雾霾程度,使得到达地面的辐射会减少,雾霾污染时长将会增多,环境污染现象加剧。气象因素是影响雾霾天气发生的重要原因之一,但地形因素也值得关注。地形外高内低也易形成雾霾。例如,京津冀地区在大山包围之中,污染物难以向外扩散,最终在此区域的群山中聚集,极易形成雾霾污染天气。而城市里建筑物越建越高,摩擦及阻挡作用使风在流经城市区域时明显减弱。静稳天气现象增多,不利于大气中悬浮颗粒物的扩散稀释,污染物极易在城区和近郊区域聚集,从而形成雾霾天气。

2. 冷空气活动偏弱

中国的冷空气在近几年的冬季活动较弱且风速较小,冷空气所带来的降雨、降雪等自然气候活动可以净化空气,清洁环境。而当冷空气偏弱时,即使高空中降水的可能性极高,但由于强度偏弱以至于还未达到地面就已经所剩无几。没有雨水的冲刷,污染物便无法沉降,仍然飘浮于城市大气中。

3. 大气逆温层

逆温现象多发于秋冬季节,因为秋冬季节容易出现高度上升气温随之升高的现象,这种与高度增加温度下降相反的现象就是逆温。逆温出现就形成了逆温层。逆温层对空气对流有强烈的抑制作用,严重阻碍了空气的对流运动,所以极不利于大气污染物的扩散。逆温现象下,低空的气温低,空气不易对流,大量的气溶胶粒子、水汽、烟尘以及各种有害气体难以向高空扩散,积聚在逆温层下面,即只能飘浮在近地面的大气层中,因此易引发并形成雾霾天气。

4. 城市热岛效应

由于城市上空空气流通不畅,城市地区升温较快,并向四周和大气中大量辐射,使得同一时间城区气温普遍高于城市周边郊区的气温,低温的郊区包围高温的城区,城区空气难以向外扩散,造成空气不易流通,污染物无法排放,最终在城市上空聚集。

三、中国的雾霾治理

(一)学习国外治理雾霾的经验

雾霾并不是中国特有的,从上文也可知,许多国家都曾饱受雾霾侵害。因此我们有理由学习国外治理雾霾的经验和教训,通过借鉴国外雾霾治理的成功案例来提高我国解决雾霾问题的水平。美国于1976年开始实行排污权交易机制,其中影响最为深远和最为成功的交易机制当属1990年《清洁空气法》修正案规定的一氧化硫、二氧化硫排放许可证交易计划,即所谓的"酸雨计划"。此计划有效缓解了空气污染问题。

欧洲许多曾遭受雾霾侵害的国家则通过增加财政预算来治理雾霾。例如，1991年，法国政府制定雾霾防治计划。2008年，法国更是将30亿法郎投入环境与能源管理计划，为调节与改善环境投入大量资金，同时对完成效果进行评估和审计。2001年，英国投入4.35亿英镑的公共财政用于防治大气污染。2009年，英国政府财政预算专门新增碳排放处理预算，并对低碳环保经济发展产业给予104亿英镑的投资额。日本则通过增加政府采购节能绿色产品来防治雾霾，改善空气质量。1995年，日本政府制定《促进再循环产品采购法》和《绿色采购法》，实行绿色行动计划。日本政府的低公害绿色无污染产品采购成效显著，政府采购的全部产品均为绿色无污染产品。2015年，绿色无污染产品采购已约占日本政府采购的98%。①

（二）健全雾霾防治的法律法规，加强空气质量环境检测

政府应该积极完善治理雾霾的相关法律法规，合理运用国家政策加强对环境的监督检测，严格防范雾霾的发生。治理雾霾必须加强立法与处罚措施，从根本上解决雾霾污染问题。政府要加强环境保护的立法措施，从法律层面树立严格的调控规则，做到有法可依。同时加强对工业生产的立法措施，执行生产与治理并重的生产方式，加大对排放污染物的企业的惩罚力度，通过法律的强制执行手段推动企业减少污染物排放，并积极参与治污等保护环境的行动。工业生产燃烧的煤炭及其产生的粉尘颗粒物是大气中PM2.5形成的直接原因，应加强对大气中PM2.5值的监测，对大气中飘浮的颗粒物粒子进行清洁，将控制大气中PM2.5含量视作防治雾霾的重要措施。

中国防霾治霾的脚步一刻也没有停歇。2010年11月，环保部就新修订的《环境空气质量标准》第一次向全社会征求意见，并首次给出了PM2.5的参考界定。《城市环境空气质量评价办法（试行）》试点监测工作于2011年6月在全国26个城市开展，要求试点城市按要求检测PM2.5等数据。2011年9月，环保部发布《环境空气PM10和PM2.5的测定——重量法》，对空气中PM2.5的测量方法进行正式规定。由于雾霾问题受到了全社会的重视，政府也在相关政策上作出回应，加快政策的制定、颁布和实施过程。例如，环保部于2012年5月印发了《空气质量新标准第一阶段监测实施方案》，国务院于2013年10月发布了《大气污染防治行动计划》。2012年10月，北京市政府发布了《北京空气重污染日应急方案（暂行）》。2014年1月22日，北京市人民代表大会审议通过了《北京

---

① 雾霾不是中国特产 国外有哪些值得借鉴的治霾经验？[EB/OL]. http://baijiahao.baidu.com/s?id=1555976999674130&wfr=spider&for=pc,2017-01-09/2017-11-19.

市大气污染防治条例》,标志着雾霾治理专项地方性法律保障的诞生。

（三）加快调整能源结构,大力推广发展清洁能源

中国能源消耗主要以煤炭资源为主,但是燃煤会排放出二氧化硫和粉尘等悬浮颗粒,这些污染物严重危害了大气空气环境质量,造成雾霾污染。因此,中国在推动经济发展的情况下应该积极优化产能结构,降低煤炭使用量,并向使用清洁能源的合理经济发展路线前进,进而有效减少空气中污染物的排放量,降低雾霾天气发生的可能性。

传统的依赖高污染、高产出的经济发展模式已经不再适合当前中国社会发展的需求,而且传统生产发展模式也会给环境质量造成极大的负担,加剧雾霾天气频发的可能性。中国经济水平不断发展,科学技术突飞猛进,应该优化产业结构,使社会经济发展朝着绿色环保可持续路径前进,遵循供给侧改革,逐步转变经济发展模式及调整社会经济结构,减少污染物排放以保护空气环境清洁,最终达到治理雾霾污染的效果。

汽车尾气排放也是空气污染的一大要害。中国城市化发展步伐较快,私家车数量随着人们生活水平的提高而增多,城市交通拥堵现象频发导致大气循环能力不足,交通管制措施也难以解决当前城市过于拥堵的问题。伴随交通拥堵而来的就是空气污染问题。拥堵车辆造成的废弃污染物排放加剧很容易导致雾霾污染问题。对城市人口进行管理是治理城市车辆拥堵问题的重要手段。目前在城市化快速发展的进程中,政府逐步控制城市人口,使之处于合理化发展阶段,并且要求城市人口增长速度符合客观规律。在城市建设当前环节,政府相关部门正逐步出台与城市发展相适应的城市规划建设计划,减少城市出行车辆,进而降低汽车尾气排放量,有效减少排放到大气中的污染物含量,从源头阻断雾霾天气频发。

（四）提高全民防霾治霾意识,带动全民参与治霾

应该提倡全民共同参与雾霾治理,提高雾霾防治意识。日常生活中,人们不合理的经济活动造成了大量的二氧化碳、二氧化硫的排放,而这正是造成雾霾污染天气频发的重要原因。中国人口众多,每个人污染物排放的加总量也就较大。如果每个人能够在日常活动中降低污染物的排放量,就会对雾霾问题起到积极的防治作用。因此,要提高全民防治雾霾的意识,积极倡导民众在日常生活中保护环境,提倡低碳生活,减少污染物的排放量,改善大气环境质量,消除污染源,尽力减少雾霾天气发生的可能性,做到节能减排,努力向绿色消费、绿色出行的方向发展,减少生活中污染物、废弃物的排放,进而改善空气质量,减少大气污染,降低雾霾污染天气发生的可能性。

（董靓玉、彭福永）

主要参考文献

[1] 巢清尘,张永香,高翔,王谋.巴黎协定——全球气候治理的新起点[J].气候变化研究进展,2016,12(1).

[2] 蓝庆新,侯姗.我国雾霾治理存在的问题及解决途径研究[J].青海社会科学,2015(1).

[3] 李俊峰,王田,祁悦.从巴黎气候大会成果看"多边主义下的大国推动模式"[J].世界环境,2016(1).

[4] 吴柳芬,洪大用.中国环境政策制定过程中的公众参与和政府决策——以雾霾治理政策制定为例的一种分析[J].南京工业大学学报(社会科学版),2015,14(2).

第十五章　世界粮食问题

第一节　2016 年世界粮食状况综述

一、粮食生产

世界粮食产量在 2007 年至 2016 年期间整体呈现持续增长态势。但从 2013 年开始,世界粮食产量增速放缓,并在 2015 年出现一定回落。据 OECD 测算,如表 15-1 所示,2016 年世界粮食产量为 22.31 亿吨,较 2015 年增长 0.93%,相比 2007 年增长 21.31%。从具体三大主要粮食品种来看,2007 年小麦产量为 6.12 亿吨,玉米产量为 7.91 亿吨,稻米产量为 4.36 亿吨,分别占粮食总产量的 33.28%、43.02%、23.69%。2016 年以上三类品种粮食的产量分别为 7.22 亿吨、10.06 亿吨、5.04 亿吨,分别占粮食总产量的 32.34%、45.09%、22.57%,较 2007 年分别增长 17.89%、27.12%、15.57%。在 2007 年到 2016 年的 10 年里,各类粮食品种产量均有较大增长,其中玉米产量增长率最高,占粮食总产量比例也相对提高。

表 15-1　2007—2016 年世界粮食产量

年份	产量(亿吨)			
	粮食总产量	小麦产量	玉米产量	稻米产量
2007	18.39	6.12	7.91	4.36
2008	19.68	6.81	8.29	4.57
2009	19.61	6.84	8.23	4.54
2010	19.73	6.52	8.53	4.68
2011	20.69	6.96	8.89	4.84
2012	20.23	6.62	8.73	4.89

续表

年份	产量（亿吨）			
	粮食总产量	小麦产量	玉米产量	稻米产量
2013	22.20	7.10	10.15	4.94
2014	22.53	7.27	10.31	4.95
2015	22.11	7.23	9.96	4.91
2016	22.31	7.22	10.06	5.04

资料来源：根据 OECD 数据库数据整理得出，http://stats.oecd.org/，2017-05-26。

根据 OECD 统计，世界粮食产量增长的 80% 来源于单位面积产量的增长，20% 来源于粮食播种面积的增长。从粮食的平均单产来讲，2007 年小麦、玉米、稻米平均单产分别为 2.80 吨/公顷、4.94 吨/公顷、2.81 吨/公顷。2016 年三类品种平均单产分别为 3.24 吨/公顷、5.62 吨/公顷、3.14 吨/公顷，增长幅度分别为 15.68%、13.73%、11.96%。从播种面积增长方面来看，世界粮食播种面积从 2007 年的 53.37 万公顷增加到 2016 年的 56.58 万公顷，增长率仅为 6.02%。①

虽然世界各地区的粮食单产均有一定提高，但由于各地区间的农业发展水平差距较大，因此粮食平均单产增长速率存在着较大差异。因为非洲与中东地区原有的农业技术不发达，在经过先进农业技术的全球扩散后，粮食平均单产增加速率最高，而北美地区粮食平均单产增长速率最低。

从世界粮食作物主要生产地区分布来讲，由于各地区具有较大的农业技术水平差异，显著不同的资源分布以及生活习惯、市场需求的不同，各地区所生产的粮食种类和产量均呈现较大差异。亚洲地区的主要农作物品种为稻米，稻米增长产量的 89% 来源于东亚和南亚地区，同时由于中国玉米产量的增长以及印度作为世界第三大的小麦生产国，亚洲地区的其余两样主要作物产量仍高居世界前列。北美及拉丁美洲主要生产玉米，玉米产量远高于小麦和稻米产量。欧洲的小麦产量则居于主体地位，而稻米产量仅有 2 542 吨。② 因气候和农业科技水平缘故，非洲的主要产物为玉米，但三大农作物产量相较于其他地区都处于低位。由于大洋洲以畜牧业为主，小麦的产量最高，其他两大农作物产量占世界份额均可忽略不计。

随着时间的推移，发达地区耕地面积的逐步缩减以及边际产量增加的降低，

---

① OECD, FAO. OECD-FAO Agricultural Outlook 2016-2025 [EB/OL]. http://dx.doi.org/10.1787/agr_outlook-2016-en, 2016-07-04/2017-05-29.

② 根据 OECD 数据库数据整理得出，http://states.oecdorg/，2017-05-26。

其粮食产量所占全球产量份额出现下降趋势。而随着农业技术的快速发展,发展中经济体的粮食产量占比将会上升,东亚和南亚地区的粮食生产状况将对全球粮食生产产生更大的影响。

二、粮食消费

从粮食消费总量来讲,2007 年到 2016 年世界粮食消费呈现递增态势,其中 2016 年世界粮食消费总量达到了 22.63 亿吨,较 2015 年增长 1.79%,较 2007 年增长 23.34%。从粮食消费的用途来讲,粮食消费用途的构成比例在 2007 年到 2016 年期间基本维持稳定,口粮消费在此期间是粮食的最主要消耗途径。2016 年口粮消费量为 10.42 亿吨,占粮食总消费量的 46.06%;饲料用粮消费量为 7.47 亿吨,占粮食总消费量的 33.01%;其他消费量为 4.74 亿吨,占粮食总消费量的 20.93%。在其他消费量中,随着生物质能的兴起,生物能源消费保持着较高水平的增长,从 2007 年的 0.91 亿吨消费量增长到 2016 年的 1.66 亿吨消费量,增长率高达 83.50%。[①]

推动世界粮食消费量增加的因素主要来自三方面。一是发展中经济体人口数量急剧上升。非洲地区许多国家因为医疗条件的改善,人口数目快速增加,而许多人口因达不到温饱线,对粮食具有更强烈的需求,人口过快增长将对粮食需求产生较大的冲击。二是发展中经济体人均收入的增加。较之发达经济体人口,发展中经济体人口对于食物需求的收入弹性较大,更倾向于将额外的收入花费在食物上。三是发展中经济体人口消费习惯的改变。随着经济全球化进程,发展中经济体人口开始注重营养结构的平衡,对蛋白质有更大的需求,从而刺激畜牧业的发展,促进饲料消费的快速增长。

从粮食消费品种结构来看,如表 15-2 所示,2016 年世界小麦消费量为 7.28 亿吨,较 2015 年增加 1.14%;玉米消费量为 10.25 亿吨,较 2015 年增加 1.90%;稻米消费量为 5.10 亿吨,较 2015 年增加 2.53%。

表 15-2　2007—2016 年世界粮食消费量

年份	消费量(亿吨)			
	粮食总消费量	小麦消费量	玉米消费量	稻米消费量
2007	18.35	6.22	7.81	4.32
2008	18.92	6.51	7.98	4.42

① 根据 OECD 数据库数据整理得出,http://stats.oecd.org/,2017-05-26。

续表

年份	消费量（亿吨）			
	粮食总消费量	小麦消费量	玉米消费量	稻米消费量
2009	19.23	6.59	8.17	4.47
2010	19.86	6.62	8.64	4.60
2011	20.31	6.94	8.69	4.68
2012	20.45	6.88	8.84	4.73
2013	21.37	6.95	9.59	4.83
2014	22.03	7.16	9.95	4.92
2015	22.23	7.20	10.06	4.98
2016	22.63	7.28	10.25	5.10

资料来源：根据 OECD 数据库数据整理得出，http://stats.oecd.org/，2017-05-26。

三、粮食贸易

（一）粮食出口

从世界粮食主要出口的地区分布来看，北美和欧洲常年为世界粮食的主要输出地区。2016 年北美粮食出口总量为 9 621.50 万吨，占世界粮食出口总量的 29.72%，较 2015 年上涨 1.84%。2016 年欧洲粮食出口总量为 9 242.61 万吨，占比高达 28.55%，较上年下降 0.76%。如表 15-3 所示，世界粮食出口数量排名前三名的国家和地区分别为美国、欧盟、巴西。美国 2016 年出口粮食 7 573.11 万吨，占世界粮食出口总额的 23.39%。出口作物以玉米和小麦为主，分别占美国出口粮食份额的 62.28%、32.93%。适宜农业的大规模机械化生产的美国中部冲积平原地区，气候条件良好，出口补贴政策，发达的农业科技共同助推美国成为世界粮仓。欧盟 2016 年出口粮食为 3 352.61 万吨，占世界粮食出口总额的 10.36%。欧盟的农业直接补贴政策以及市场干预政策，为欧盟农业发展创造了良好的条件，促进欧盟粮食出口。2016 年巴西出口粮食总量为 3 160.49 万吨，占世界粮食出口总额的 9.76%。巴西出口粮食占世界粮食出口总额的比例持续提高，从 2007 年占世界粮食出口比例的 6.81%，增长到 2016 年的 9.76%。巴西粮食出口的迅速增长主要得益于农业技术的改善以及巴西政府对农业的信贷支持和价格支持。①

---

① 根据 OECD 数据库数据整理得出，http://stats.oecd.org/，2017-05-26。

表 15-3　2016 年世界十大粮食出口地粮食出口额及其占世界份额

经济体	出口额（万吨）	世界份额（%）
美国	7 573.11	23.39
欧盟	3 352.61	10.36
巴西	3 160.49	9.76
俄罗斯	2 824.37	8.72
乌克兰	2 583.24	7.98
阿根廷	2 149.14	6.64
加拿大	2 048.39	6.33
澳大利亚	1 869.60	5.78
印度	1 223.90	3.78
越南	900.81	2.78

资料来源：根据 OECD 数据库数据整理得出，http：//stats.oecd.org/，2017-05-26。

（二）粮食进口

　　如表 15-4 所示，世界粮食主要进口国家和地区分布地点较为分散。东亚、东南亚、欧洲、中东、拉丁美洲地区都有较大的粮食进口需求。世界粮食进口排名前三位的国家和地区分别为日本、埃及和欧盟。2016 年，日本粮食进口达到 2 177.22 万吨，占世界粮食进口比重达 6.73%。日本资源和土地稀缺，地形限制较大，但人口总量巨大且产业经济发达，需要进口大量粮食以满足各产业和人口需求。虽然日本的粮食进口数量基本保持稳定，但由于世界粮食进口总量的持续增加，日本的粮食进口占世界粮食进口总额的比重正在逐步缩小，由 2007 年的 9.27% 减少到 2016 年的 6.73%。埃及在 2016 年进口粮食 1 960.59 万吨，占世界粮食进口总额的比重高达 6.06%。这主要源于埃及自身的地理环境恶劣以及持续的政局动荡，对农业基础设施和农业从业者造成了一定的损害，导致粮食进口大幅增加。世界粮食进口排名第三的地区为欧盟，2016 年，欧盟进口粮食数量达 1 868.38 万吨，占世界粮食进口总额的比例为 5.77%。欧盟的农业直接补贴政策以及农产品高额的关税政策，造成欧洲农产品市场的扭曲，国际市场上廉价的粮食来源对欧盟各国有较大的吸引力。①

――――――――――――

① 　根据 OECD 数据库数据整理得出，http：//stats.oecd.org/，2017-05-26。

表 15-4　2016 年世界十大粮食进口地粮食进口量及其占世界份额

经济体	进口（万吨）	世界份额（％）
日本	2 177.22	6.73
埃及	1 960.59	6.06
欧盟	1 868.38	5.77
墨西哥	1 617.64	5.00
韩国	1 450.98	4.48
印度尼西亚	1 242.00	3.84
阿尔及利亚	1 239.52	3.83
中国	902.29	2.79
沙特阿拉伯	883.18	2.73
越南	874.28	2.70

资料来源：根据 OECD 数据库数据整理得出，http://stats.oecd.org/，2017-05-26。

（三）粮食贸易差额

综合粮食进出口量来看，美国、乌克兰、俄罗斯是世界粮食净出口最大的 3 个国家，2016 年粮食净出口量分别为 7 075.91 万吨、2 567.29 万吨、2 497.56 万吨，分别占其出口总量的 93.43％、99.38％、88.43％。世界粮食净进口最大的 3 个国家分别为日本、埃及、墨西哥，2016 年粮食净进口量分别为 2 168.16 万吨、1 937.51 万吨、1 498.90 万吨，分别占其进口总量的 99.58％、98.82％、92.66％。①

四、粮食价格

如图 15-1 所示，自 2012 年以来，世界粮食价格总体呈现下降态势。其中稻米价格从 2012 年的 587.99 美元/吨跌至 2016 年的 399.57 美元/吨，下跌幅度达 32.04％。小麦自 2013 年逆势上涨后回跌至 216.47 美元/吨。玉米价格持续下行，跌至 170.24 美元/吨，较 2012 年下跌 43.16％。

世界粮食价格下降的原因可能来自多方面，主要有两点。

一是世界粮食的供给需求不平衡。粮食供求关系是影响世界粮食价格的主要因素。如表 15-5 所示，2013 年和 2014 年世界粮食供给均高于世界粮食需

① 根据 OECD 数据库数据整理得出，http://stats.oecd.org/，2017-05-26。

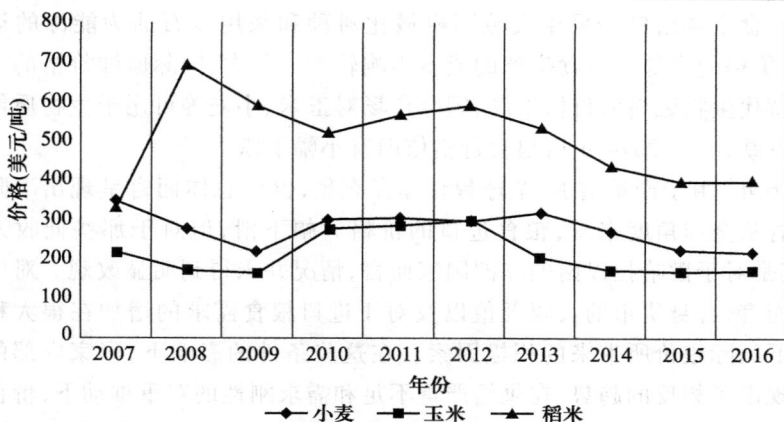

图 15-1　2007—2016 年世界粮食价格走势

资料来源：根据 OECD 数据库数据整理得出，http://stats.oecd.org/，2017-05-26。

求，给 2013 年及 2014 年世界粮食价格带来了较大的冲击。同时这段时期的粮食过多供应造成了一定的粮食囤积，虽然 2015 年及之后的年份世界粮食需求高于粮食供给，但由于前两年的粮食库存造成的滞后效应，价格依旧维持在一个较低的水平，粮食价格并未出现反弹。

表 15-5　2013—2016 年世界粮食的生产量与消费量

农产品	产消量（亿吨）							
	2013 年		2014 年		2015 年		2016 年	
	生产	消费	生产	消费	生产	消费	生产	消费
小麦	7.10	6.95	7.27	7.16	7.23	7.20	7.22	7.28
玉米	10.15	9.59	10.31	9.95	9.96	10.06	10.06	10.25
稻米	4.94	4.83	4.95	4.92	4.91	4.98	5.04	5.10

资料来源：根据 OECD 数据库数据整理得出，http://stats.oecd.org/，2017-05-26。

　　二是国际原油价格的下跌。根据纽约商业交易所数据显示，2012 年到 2014 年国际原油价格均维持在一个较高水平，每桶原油价格在 110 美元左右波动。但 2014 年之后，国际原油价格迅速下跌，截至 2016 年年底，国际原油价格已跌至每桶 53 美元。[①] 首先，国际原油价格的下跌直接影响农业生产成本的降低，

---

　　① 根据 CME 数据库数据整理得出，https://datamine.cmegroup.com/#t = p&p = cme.dataHome，2017-05-26。

因世界粮食主要出口国采用大范围机械化耕种和采用以石油为能源的运输方式,石油价格的降低对粮食生产的成本影响较大。其次,国际原油价格的下跌还导致可替代生物燃料的价格下跌,国际市场对玉米、小麦等可用于生物质能的原料需求下跌,导致 2014 年后粮食价格依旧有小幅下跌。

2016 年,由于产量增加,全球粮食库存充足,价格总体而言呈现出下降的态势。尽管从全球角度来看,粮食进口的价格大幅下滑,但对于那些低收入缺粮国,尤其是对于撒哈拉以南的非洲国家而言,情况并未得到明显改观。对于这部分国家而言,自身货币的大幅贬值以及对于进口粮食需求的增加在很大程度上抵消了低国际粮价所带来的积极因素。在这些条件的影响下,国家内部的粮食价格呈现出了相反的趋势,在供给严重不足和需求刚性的双重推动下,价格出现了迅猛上涨,在尼日利亚和南苏丹等国家甚至达到了破纪录的高点。此外,在这些国家,经济增长的乏力也使得无论是国家整体还是普通民众都缺乏足够的能力以应对粮食不安全对于社会基本运行所带来的严重冲击。

武装冲突、厄尔尼诺现象,这两者单独或共同地推高了部分国家的粮食价格。在这些国家内部,社会形势剧烈动荡,基本生活无法得到有效保障,经济发展遭遇严重困难。而粮食作为生活必需品,它的紧缺又进一步恶化了当地民众的生活,使得社会秩序得不到有效的恢复。这些因素结合在一起,再加上人道主义救援的严重缺乏,给这些国家造成了严重而长远的破坏。

总体而言,根据 OECD 估计,小麦价格在 2015 年的大幅下跌后,在 2016 年呈现一种企稳态势。从短期来看,全球股市的重建以及缓慢增长的需求使得大米、小麦以及其他粗粮作物仍有较大的价格压力。但在一个中期的范围来看,因为高速增长的中国动物饲料需求,以及世界主要粮食作物生产地区的生产扩张概率不大,主要粮食作物的名义价格均会有一定程度上升。

第二节 世界粮食问题分析

最近十几年间,全球消除饥饿人口总体而言取得了卓有成效的进步。2016 年,全球饥饿指数(Global Hunger Index,GHI)为 21.3,较 2000 年的水平下降了 29%。但各个国家和地区之间的情况存在着极大的差异,部分国家和地区的饥饿水平仍处于较为严重的区间。全球饥饿人口虽然持续下滑,但仍旧有约 7.95 亿人处于饥饿当中;全球约有一半的 5 岁以下儿童死亡是营养不良造成的。撒哈拉沙漠以东的非洲地区以及南亚地区的全球饥饿指数分别为 30.1 和 29.0,位于严重水平的范围内且较为靠近警戒水平;中非、乍得、海地等 7 个国家的指数处于最高的极度警戒水平;此外,叙利亚、利比亚、苏丹等 13 国家由于缺乏数据并未纳入统计之中,而这些国家基本都位于中东以及非洲地区,其饥饿情况大都处于较高水平。[①] 就目前发展情况而言,想要到 2030 年实现"零饥饿"的发展目标,仍然面临诸多的挑战和困难。

一、2016 年粮食问题现状及成因

2016 年世界粮食问题在多重因素的影响下,在部分国家和地区爆发了新的严重危机。这些问题不只对所在国产生了广泛的影响,同时对其周边的国家或地区也造成了一定程度的冲击。

(一)地区冲突

2016 年世界部分地区冲突依然不断,给当地的粮食安全造成了严重的威胁,并且冲突导致外部的人道主义救援力量难以实施有效的援助。在也门、叙利亚、南苏丹等冲突热点地区,依据联合国粮农组织等组织共同制定的粮食安全阶段综合分类(Integrated Food Security Phase Classification,IPC),处于粮食不安全的状态并且急迫需要人道主义援助的民众分别达到了约 1 400 万、700 万以及 490 万人。[②] 在这些地区,粮食问题在于能否以稳定的途径获取粮食而非粮食产量问题,再加上缺乏基本的生活保障条件,给当地造成严重的营养不良问题,尤其是对于 5 岁以下儿童、孕妇等人群,影响将更为严重。

激烈的冲突造成当地民众无家可归而不得不迁居他处,经济陷入衰退,最终整个社会活动秩序瘫痪,同时也会给迁居处带来一定的社会负担与粮食问题。2016 年,约有 630 万叙利亚人因反恐战争等冲突逃离家园;此外,还有约 480 万叙利亚人逃离到邻国避难。叙利亚国内约有 69% 的人口处于无法满足其基本生活需求的极度贫困中;而失去了生产工具和财产的迁居者又使得劳动力市场处于饱和状态,粮食安全问题迟迟无法得到改善。在也门和索马里,不得不在国内另寻他处的民众人数则分别达到了约 300 万人和 200 万人。而作为难民主要接受国之一的黎巴嫩,总数约 100 万的难民给当地的资源分配带来沉重的负担。[③]

① IFPRI. 2016 Global Hunger Index:Getting to Zero Hunger[R/OL]. Washington,DC:International Food Policy Research Institute,2016-10:5-38,http://ebrary. ifpri. org/cdm/ref/collection/p15738coll2/id/130707,2016-10-12/2017-06-23.

② WFP. Global Report on Food Crises 2017[R/OL]. Roma:World Food Programme,2017-03:1-117,http:// documents. wfp. org/stellent/groups/public/documents/ena/wfp291271. pdf?_ga = 2. 247789639. 1592715548.1498382277-1136496572.1498177701,2017-03-12/2017-06-13.

③ WFP. Global Report on Food Crises 2017[R/OL]. Roma:World Food Programme,2017-03:1-117. https://www1.wfp.org/publications/global-report-food-crisis-2017,2017-03-31/2017-06-13.

同时,难民的生活情况一直处于持续恶化的状态中,贫穷以及缺乏就业机会使得越来越多的难民生活在贫困线以下,处于粮食不安全的危险状况中。

在一些国家和地区,常年持续不断的冲突给粮食的获取渠道造成了严重影响,导致民众的生活陷入持续的恶化当中。粮食生产也遭到了毁灭性打击,进一步给民众的基本生活保障造成了一定程度的影响。在阿富汗,大量农民不得不出售其生产性资产而只能以劳务输出作为其主要谋生手段,这降低了其应对突发事件的能力,更容易造成贫困事件发生。此外,自身粮食生产能力的下滑加重了对于进口粮食的依赖程度;低水平的基础设施建设又使得在国际粮价持续处于低位的情况下,阿富汗的部分冲突地区粮食价格位于偏高的水平。在南苏丹,持续不断的武装冲突使得当地经济陷入严重衰退状态,货币大幅贬值,粮价节节攀升,给粮食的取得带来了极大的障碍。在尼日利亚的东北部地区,激烈的武装冲突使得当地的农业生产物资损耗殆尽,贸易路线被基本切断,因此尽管尼日利亚2016年谷物生产略高于平均水平,但在这些地区依然维持着粮价高企和粮食短缺的情况,而这又进一步加重了冲突所带来的恶劣影响。

(二) 自然灾害与极端天气

2016年,频繁发生的自然灾害与持续的极端天气同样给粮食安全带来了严重的威胁。根据最近十年数据发现,自然灾害所造成的损失有约25%出现在农业部门。而就干旱而言,情况则更为严重,农业部门承担了约84%的经济损失。[①] 对于未能采取正确的措施进行应对以及民众恢复能力较弱的国家而言,其所造成的不利后果将更加严重。

2016年,厄尔尼诺现象造成的极端天气影响了全球超过6 000万民众,使其粮食安全、营养状况以及农业生产受到极大影响。跨越2015以及2016年的这次厄尔尼诺现象是过去的一百年间影响最为剧烈而广泛的现象之一。厄尔尼诺所造成的极端气候在世界各地引发了干旱、洪水以及极端气温等不同类型的自然灾害与极端气候。在非洲东部以及南部,厄尔尼诺现象所造成的持续的极端天气给农业生产、土地以及民众的生活造成了恶劣的影响。索马里北部地区受到了持续两年之久的干旱天气的冲击,导致严重的食品安全问题、现金短缺、水资源的匮乏以及贫穷家庭赤字的持续上升。而在其南部及中部地区,过量的降水又导致洪水频发,使得约10万民众生活受到影响,其中约72 000人不得不搬离沿河地区。在苏丹,持续地干旱天气使得当地谷物产量出现了严重的倒退,主

① WFP. Global Report on Food Crises 2017 [R/OL]. Roma: World Food Programme, 2017-03: 1-117, https://www1.wfp.org/publications/global-report-food-crisis-2017, 2017-03-31/2017-06-13.

粮价格节节攀升以及牧场状态出现恶化,造成了约 460 万民众处于粮食不安全的状态当中,超过 16 万户家庭仅能够产出不到 300 千克谷物,约 9 000 户家庭损失了其 1/4 的牲畜资产。津巴布韦遭遇了 35 年来最为干旱的雨季,最高峰时约有 410 万人处于粮食不安全状态中,占到该国农村人口的约 40%。其主要作物玉米的产量预计较 2015 年下降约 1/3,其价格也较近 5 年平均值上涨 13%。亚洲南部以及太平洋地区同样受到了厄尔尼诺所带来的影响。在越南约有 22 150 公顷的土地由于干旱的影响无法进行种植,同时约有 62% 的作物遭到严重损害甚至绝收。① 在拉丁美洲及加勒比海地区,海地所受到的灾害是最为严重的之一。2016 年,约有 150 万海地民众处于粮食不安全的状态当中,其中约 13 万儿童受到严重营养不良的侵扰。当雨季来临时,这一情况曾因粮食生产得到有效回复而得到好转。然而到了 10 月,飓风马修给海地造成了毁灭性的打击,在受灾最严重的前 5 个地区中,大约有 75% 的农作物被摧毁,导致海地的粮食安全再次陷入不容乐观的境地中。②

2016 年夏季以来,厄尔尼诺现象开始逐渐减弱并最终消散。科学家原本预测拉尼娜现象会紧接而来,对部分地区产生新的影响,但受全球气候变暖的影响,拉尼娜现象明显偏弱。全球大部分受厄尔尼诺现象影响的国家和地区自 2016 年下半年以来粮食生产已得到有效恢复,情况得到明显改善。但是在索马里中南部、肯尼亚南部及沿海、坦桑尼亚北部等地区,粮食生产依然受到了拉尼娜现象的一定影响,2016 年 10 月到 12 月,过晚到来的雨季给主粮生产带来极大的负面影响,即使在接下来的一段时间内降水有所增强,粮食产量的前景依旧不容乐观。

二、未来世界粮食问题展望

尽管从最基本的供需角度预测,未来十年内世界总体粮食产量将维持平稳小幅增长的格局,名义价格也将因此实现温和增长。但随着温室气体排放、全球变暖等世界性环境问题日趋严重,极端天气较过往更加频繁地发生,很有可能对世界粮食生产产生更加明显的短期负面效果,甚至可能产生长期性的影响,造成粮食供应再次进入较为紧张的状态,导致粮食价格再次陷入剧烈的上下波动中,给粮食安全带来巨大的冲击。

① FAO.2015−2016 El Niño Early Action and Response for Agriculture, Food Security and Nutrition[EB/OL]. http://www.fao.org/3/a-i6049e.pdf,2016-08-11/2017-06-12.

② WFP. Global Report on Food Crises 2017[R/OL]. Roma:World Food Programme,2017-03:1-117, https://www1.wfp.org/publications/global-report-food-crisis-2017,2017-03-31/2017-06-13.

　　而对于那些经济发展水平较为落后的地区而言,其应对突发的粮食问题的能力较弱,因此当受到冲击时,更有可能陷入粮食危机当中。联合国粮农组织及经合组织共同预测,撒哈拉以南的非洲地区粮食生产在未来10年内能够实现增长,但这些乐观的预测受到了多种负面因素的制约和挑战。一方面,这些地区的人口持续快速增长,导致虽然经济实现一定的进步,但贫困率依然居高不下,贫困人口绝对数大幅增加。由于收入分配严重不均衡,缺乏脱离贫困的机会,增大了这部分人群面临粮食不安全状况的可能性。另一方面,持续的极端天气也更容易给该地区带来更大的伤害。该地区干旱发生的频率已经高于全世界大部分地区,这给当地主要依赖降水进行作物种植的体系带来极大的负面作用。而较为落后的科技水平与基础设施建设又使得该地区几乎无法抵御极端天气给粮食生产带来的损害,又延长了从极端天气中恢复正常生产所需要的时间。此外,部分国家仍处于持续而激烈的武装冲突中。在未来很长一段时间内,动荡的局势将很可能会延续下去,若人道主义救援力量仍无法寻找到有效的渠道进行帮助,粮食安全问题将愈演愈烈,最终导致大范围的饥荒发生。

第三节　主要发达经济体的农业政策及其影响

一、美国

(一) 美国农业支持水平

　　美国凭借发达的农业科技、优越的自然条件以及出口导向型农业政策,成为全球最大的粮食净出口国。2016年,美国粮食总产量为4.14亿吨,较2015年上涨1.61%。玉米作为美国的主要粮食产物,产量较上年增加578.40万吨,增长1.67%。2016年美国粮食净出口7 075.91万吨,较上年增长12.33%。①

　　如表15-6所示,在2015年,美国农业总支持估计值(Total Support Estimate,TSE)为GDP的0.42%,从2012年的892.37亿美元减少到2015年的768.54亿美元,下降幅度为13.88%。据测算,美国对于农业的支持水平低于经济合作与发展组织国家的平均水平,虽然生产者支持估计值(Producer Support Estimate,PSE)在2013年后略有回升,但仍为经济合作与发展组织国家平均水平的一半。但相比于其他发达经济体,美国的一般服务支持估计值(General Services Support

---

　　① 根据OECD数据库数据整理得出,http://stats.oecd.org/,2017-05-26。

Estimate,GSSE)较高。

表 15-6   2011—2015 年美国农业支持估计值

项目	估计值(亿美元)				
	2011 年	2012 年	2013 年	2014 年	2015 年
生产者支持估计值(PSE)	326.84	359.93	290.20	435.72	387.85
一般服务支持估计值(GSSE)	57.51	60.94	104.13	78.89	87.35
消费者支持估计值(CSE)	396.58	398.95	452.17	323.59	173.08
总支持估计值(TSE)	837.94	892.37	878.92	980.94	768.54

资料来源:根据 OECD 数据库数据整理得出,http://stats.oecd.org/,2017-05-26。

(二) 美国农业政策及其影响

21 世纪以来,美国逐步将农业政策转向以市场导向为主,减弱政府对市场的干预,增加"绿箱"政策所占比例。为了减轻国家财政负担,2014 年美国国会通过农业法案,放弃了高额的价格补贴政策,减少对农产品市场价格的扭曲,促进美国农业的可持续发展。

为了让市场机制在农作物市场上发挥更大的作用,美国政府降低对贸易有严重扭曲的直接补贴,扩大以市场为导向的农业保险计划。如图 15-2 所示,美国农业政策主要围绕以下几个方面展开:作物商品计划、农业用地保护计划、作物保险计划、营养计划以及其他政策。

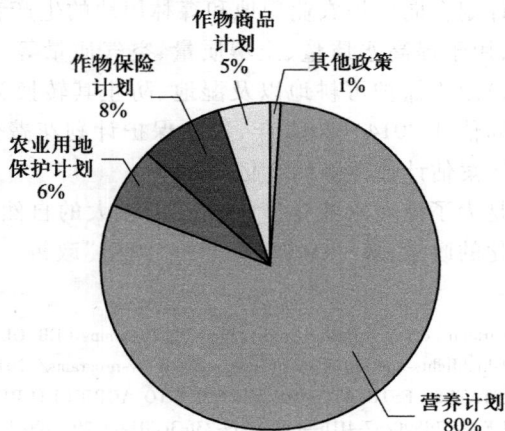

图 15-2   2014—2018 年美国农业政策预算

资料来源:United States Departemnt of Agriculture. Agricultural Act of 2014:Highlights and Implications [EB/OL]. https://www.ers.usda.gov/agricultural-act-of-2014-highlights-and-implications/,2017-04-03/ 2017-05-28.

作物商品计划是政府对农民的收入和农产品价格实施保护的机制。2014年后，美国政府取消了反周期补贴、固定直接支付、平均作物收入选择补贴，减少世界贸易组织规定的"黄箱"政策。由此农产品价格补助机制主要涵盖价格损失保险计划（PLC）和农业风险补助计划（Agriculture Rsik Coverage，ARC）。生产者需要选择固定参考价格的价格损失保障或者灵活的、每年调整的农业风险保障。价格损失保险计划是指当市场动荡时，政府会为价格下跌给农场提供相应的补贴。政府预先设定某一参考价格，当国内 12 个月的市场平均价格低于参考价格时，政府会给予此差额乘以 85% 的标的作物播种面积的补助。根据美国2014 年《农业法案》，小麦、玉米、稻米的参考价格分别为 5.5 美元/蒲式耳、3.7美元/蒲式耳、14 美元/美担。① 该措施显著降低农业生产者面临的价格波动风险。农业风险补助计划分为县水平和农场水平的保障。县水平保障的情况是当县当年的作物平均收入低于县基准收入的 86% 时，对于每一类农场上生产的作物，生产者会得到其单位面积保障水平与实际收入的差额乘以该作物播种面积的 85% 的补贴，但是该差额不得超过该作物基准收入的 10%。农场水平的保障是当该农场实际作物收入低于此农场的标的作物的单独保障水平时，农场主能得到农产实际收入与农场保障水平的差额乘以个体农场的 65% 的标的作物的播种面积的补助，并且此差额不得超过该农场基准收入的 10%。② 无论是县水平或是农场水平的保障，其基准收入都会随着市场价格、播种面积的改变而改变。另外，为了减少财政负担以及维持市场稳定，政府设定了此类补助的上限，每个农场最高可以获得 12.5 万美元的补助。③

农业用地保护计划会向保护农业用地和森林用地的生产者和土地所有者提供一定条件的支持，用于提高水质量、土壤质量、空气质量等。其中农业保护地役权购买计划会建设用于保护可耕地以及湿地、防止其转换为非农业用途的土地储备。国会预算局估计 2014—2018 年，农业保护计划花费会达到 293.4 亿美元，但相较 2008 年法案估计值下降约 2 亿美元。④

作物保险计划是为了应对农业生产中面临的较大的自然风险，可以保障农民收入的更为市场化的政策，属于 WTO 规定的"绿箱"政策。目前，美国有以产

① United States Departemnt of Agriculture. Crop Commodity Programs［EB/OL］. https://www.ers.usda. gov/agricultural-act-of-2014-highlights-and-implications/crop-commodity-programs/，2017-03-01/2017-05-28.

② OECD. UNITED STATES：ESTIMATES OF SUPPORT TO AGRICULTURE［EB/OL］. http://stats. oecd.org/fileview2.aspx？IDFile＝7d890ca7-4f1b-4c21-8bd9-23fe3ed014ef,2016-06-16/2017-05-28.

③ 美国现代农业的发展带来了哪些启示？该怎么借鉴［EB/OL］. http://m.sohu.com/a/195075560_ 316518,2017-09-28/2017-09-29.

④ United States Departemnt of Agriculture. Conservation［EB/OL］. https://www.ers.usda.gov/agricul- tural-act-of-2014-highlights-and-implications/conservation/，2017-03-01/2017-05-28.

量为基础的保险和以收入为基础的保险,政府会对购买保险的农业生产者补贴 38%~80%的保费,但政府对保费的平均补贴率与保障水平呈负相关,保障水平越高,平均补贴率越低。以产量为基础的保险会保障作物 50%~75%的产量以及 55%~100%的价格。以收入为基础的保险会以确定的收入水平作为农民的赔付条件。除此以外,美国还实行补充保险选择计划,政府会对该类保险补贴 65%的保费,该类计划与之前两类计划形成的是补充关系。如果前两类计划的赔付金额未达到县平均水平的 86%,还会额外根据种植面积进行补偿。除此之外,美国政府还会对农业相关的保险公司提供政策补贴、税收减免。政府为鼓励农业保险公司的发展,会对农业保险公司的经营费用按保费的 18.5%进行补贴,另外根据不同的农业保险公司类型,税收也有相应的减免。联邦农作物保险公司无须缴纳与财产相关的所有税收,私营农业保险公司也只需缴纳少量营业税。[①]

营养计划是从需求方面对美国农业进行支持,稳定农产品消费市场,占农业总预算支出的 80%。补充营养支持项目(Supplemental Nutrition Assistance Program,SNAP)主要用于对于低收入人群的食品援助、营养补助。另外,美国政府还成立基金用于防止非法利用额外营养支持项目换取现金。2014 年,有 1 500 万美元的基金用于提升信息技术防范非法交易,预计这一基金花费以每年 500 万美元的速率增长。[②]

作为世界粮食净出口大国,美国的农产品贸易政策发挥着相当重大的功能。美国的关税措施包括了关税保护、进口配额以及技术性贸易壁垒等。在关税及配额上,美国有一则特殊的法律:农产品关税特别保护条款。该条款意在灵活处理国内农产品的保护力度,当进口产品危及国内农业计划的施行时,总统可以在一定时期内向某一进口产品征收关税或实施进口限额。美国政府也对出口的农产品采取一定的支持政策,其中包含出口信贷担保以及出口扩大计划。出口信贷担保是指国家承担了出口的风险,从而扩大美国农产品在国际市场中的地位,并且扩大海外市场。出口扩张计划是美国会对农产品出口给予财政支持,使美国出口的农产品价格低于其他国家的农产品价格,从而在国际市场上更具竞争力。美国政府的出口直接补贴通常是和欧盟的出口直接补贴进行竞争。技术性贸易壁垒是美国政府通过不断提高检疫检验标准,限制国外农产品进入美国市场,增强对国内农业的保护力度。

① 赵长保,李伟毅. 美国农业保险政策新动向及其启示[J]. 农业经济问题,2014(6).
② United States Departemnt of Agriculture. Nutrition [EB/OL]. https://www.ers.usda.gov/agricultural-act-of-2014-highlights-and-implications/nutrition/,2017-03-01/2017-05-28.

二、欧盟

（一）欧盟农业支持水平

为了增强欧盟农业的竞争力和稳定性，欧盟采取共同农业政策（The Common Agricultural Policy，CAP）。2016 年欧盟粮食总产量 2.2 亿吨，较上年增长 3.71%。欧盟作为世界主要粮食出口地区，2016 年粮食净出口量为 1 484.23 万吨，较 2015 年下降 2.74%。其中小麦净出口上升 17.34%，玉米净进口上升 46.90%，稻米净进口下降 6.04%。[1]

如表 15-7 所示，欧盟在 2013—2015 年逐步减少对农业的支持力度，总支持估计值从 2011 年的 1 273.45 亿美元降低到 2015 年的 1 042.45 亿美元。生产者支持估计值在 2015 年有所降低，但仍占 85%以上的总支持估计值。另外在一般服务支持估计值中，知识和基础建设投资占据其主体部分。

表 15-7　2011—2015 年欧盟农业支持估计值

项目	估计值（亿美元）				
	2011 年	2012 年	2013 年	2014 年	2015 年
生产者支持估计值（PSE）	1 089.88	1 105.43	1 208.26	1 082.14	899.87
一般服务支持估计值（GSSE）	162.16	158.40	153.62	155.98	134.89
消费者支持估计值（CSE）	−125.30	−206.83	−281.29	−200.83	−216.98
总支持估计值（TSE）	1 273.45	1 276.79	1 382.01	1 250.20	1 042.45

资料来源：根据 OECD 数据库数据整理得出，http://stats.oecd.org/，2017-05-26。

（二）欧盟的农业政策及其影响

欧盟的农业政策分为两大支柱，第一支柱为基本支付方案以及市场干预，第二支柱为偏远地区发展计划。根据 2014—2020 年共同农业政策（CAP），欧盟提供了总共 4 083 亿欧元的农业支持资金，其中 3 087 亿欧元用于第一支柱，996 亿欧元用于第二支柱。自 2015 年起，欧盟各成员可以将不超过共同农业政策资金的 15%的经费在农业政策的两大支柱间进行转换。如果不考虑这一转换，每年用于市场支持的资金上限为 27 亿欧元，直接补贴为 422 亿欧元，农村发展资金为 137 亿欧元。[2]

---

[1]　根据 OECD 数据库数据整理得出，http://stats.oecd.org/，2017-05-26。

[2]　European Commission. Cap Explained Direct Payments for Farmers 2015−2020[EB/OL]. https://ec. europa.eu/agriculture/sites/agriculture/files/direct-support/direct-payments/docs/direct-payments-schemes＿en. pdf,2017-03-12/2017-05-29.

收入支持是欧盟农业政策的主要部分,占据 2014—2020 年共同农业政策预算的 72%,达到 2 930 亿欧元。① 如图 15-3 所示,收入支持主要分为主要计划和其他计划。主要计划又分为强制性计划和自愿计划,这两种计划都需要满足交叉达标机制。其他计划是指为了满足部分小农场的要求,欧盟允许部分成员执行的小农场简化计划。

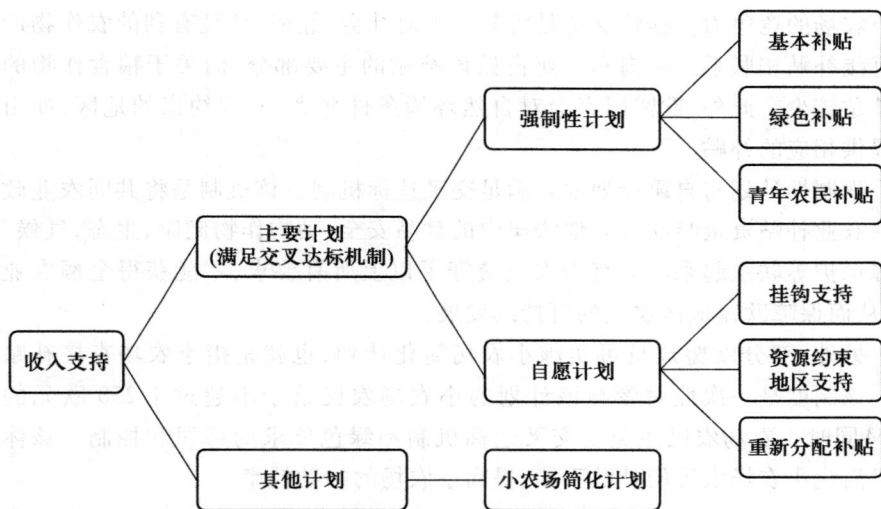

图 15-3 欧盟收入支持政策

资料来源:European Commission. Cap Explained Direct Payments for Farmers 2015-2020［EB/OL］. https://ec.europa.eu/agriculture/sites/agriculture/files/direct-support/direct-payments/docs/direct-payments-schemes_en.pdf.2017-03-12/2017-05-29.

主要计划,也就是指基本支付方案,指各成员需要按照一定的标准去直接补贴本国农民,如青年农民,小农场主以及有自然资源限制的农场等。直接补贴实行的是与当年产量,价格均不挂钩的世界贸易组织规定的“绿箱”政策,包括强制性计划和自愿计划。

强制性计划涵盖了基本补贴、绿色补贴、青年农民补贴。基本补贴包括了基础补贴计划(Basic Payment Scheme,BPS)和单一地区补贴计划(Single Area Payment Scheme,SAPS)。这两类计划均以播种面积作为依据。绿色补贴是农民如果能满足作物分散、维持永久性草原、生态领域的保护等条件,就可以获得绿色

① European Commission. Cap Explained Direct Payments for Farmers 2015-2020［EB/OL］. https://ec. europa. eu/agriculture/sites/agriculture/files/direct-support/direct-payments/docs/direct-payments-schemes _ en. pdf,2017-03-12/2017-05-29.

直接补贴。同时,每个成员国的绿色补贴必须占据其直接补贴总额的 30%。①为了扩大青年农民的比重、防止农业的衰退,青年农民补贴会给一个青年农民自接管农场后最长五年的直接补贴。

自愿计划包括重新分配补贴、资源约束地区支持以及挂钩支持。重新分配补贴是将成员国不超过 30% 的农业预算用于补贴面积小于 30 公顷的农场,②提高小农场的竞争力。挂钩支持是将某一类对社会、经济、环境有利的农作物产量与直接补贴相联系。牛肉和牛奶占据该补贴的主要部分,而关于粮食作物的此类补贴较少。此外,欧盟国家会对自然环境条件恶劣、资源约束的地区,如山地等提供相应的补贴。

强制性计划与自愿计划都要满足交叉达标机制。该机制是将共同农业政策中的农业补贴资金与欧盟其他法律中的食品安全,动物作物健康,生态,气候,水资源保护等联系起来。只有当农民遵守了以上所有要求,才能获得全额农业补贴,从而保障欧盟地区农业的可持续发展。

另外,部分欧盟成员可实施小农场简化计划,也就是指小农场直接补贴计划。该制度是一次性对参与该计划的小农场农民给予不超过 1 250 欧元的补贴,③同时小农场农民还免受交叉达标机制和绿色要求的惩罚和控制。该体系可以简化小农场农民的补贴手续,提高小农场的补贴效率。

在市场措施方面,共同市场协定(Common Market Organization,CMO)是规范欧盟农业市场的一系列规则,旨在利用特定的政策工具促进农业市场的正常运转。共同市场协定列出干预农业市场的参数,并给予其特定的支持,如水果、蔬菜、学校计划等。欧盟建立了欧洲农业指导与保证基金(European Agricultural Guidance and Guarantee Fund,EAGF)来调节市场失衡的局面,购买谷物和稻米用于公共储备,以防范市场上主要粮食作物的价格过低。这一系列规则还帮助农产品进行营销,设定营销标准、地理标识、标签等。欧盟鼓励农业生产者成立生产合作组织,提高生产者在农产品供应链上的议价能力,改变农产品生产者在销售农作物时面临的被动局面。另外,它还对国际贸易进行干预,如许可证、关税、配额、国内外加工等。欧盟会采取出口退税政策来提高农产品在国际上的竞争地位。

为了促进欧盟地区的农业的可持续发展、保护自然环境,欧盟制定了农村地区发展计划。农村地区发展计划的目标包含:① 增加创新与知识转移补贴,促进理论与实践的有效结合;② 增强农业竞争力,推广农业先进科技;③ 促进食物生产消费链整

① 刘武兵,李婷. 欧盟共同农业政策改革 2014—2020[J]. 世界农业,2015(6).
② 刘武兵,李婷. 欧盟共同农业政策改革 2014—2020[J]. 世界农业,2015(6).
③ 刘武兵,李婷. 欧盟共同农业政策改革 2014—2020[J]. 世界农业,2015(6).

合,强化农业风险管理;④ 恢复并改善与农业和森林相关的生态环境;⑤ 促进低碳经济发展,提高资源利用效率;⑥ 促进农村地区社会平等,消除贫困,发展经济。

三、日本

(一)日本农业支持水平

由于缺乏耕地,日本常年作为世界粮食净进口第一大国。2016 年日本粮食产量为 837.11 万吨,较上年略有下跌。日本的主要粮食作物为稻米,作为世界稻米的主要消费国,稻米产量高达 2016 年日本粮食总产量的 89.73%。2016 年日本净进口粮食 2 168.16 万吨,基本与上一年度持平。玉米作为进口的主要作物,占净进口比达 70.28%。① 稻米由于受到政府的严格保护,进口数量较少,绝大部分依靠自身供给。

如表 15-8 所示,根据经济合作与发展组织提供的数据,日本自 2012 年开始逐步减少对农业的支持,总支持估计值从 2012 年的 770.20 亿美元下降到 2015 年的 402.54 亿美元,下降幅度为 47.73%。生产者支持估计值下降较大,2012 年到 2015 年下降幅度高达 48.80%。但总体来讲,日本的支持力度仍处于较高水平,平均支持估计值为农业总收入的 48%,大约为经济合作与发展组织成员平均水平的 3 倍。日本农业的总支持估计值维持在 GDP 的 1% 左右,以生产者支持为主。在生产者支持中,日本政府着重采取市场价格支持,实行贸易壁垒。在稻米的进口上,该特征体现得尤为明显。一般服务支持估计值低于日本农业总支持估计值的 1/6。由于日本政府对基础建设的重视以及高额的基建补贴政策,一般服务支持估计值中的 80% 用于基础设施的发展及维护。②

表 15-8 2011—2015 年日本农业支持估计值

项目	估计值(亿美元)				
	2011 年	2012 年	2013 年	2014 年	2015 年
生产者支持估计值(PSE)	603.53	654.52	502.23	434.85	335.09
一般服务支持估计值(GSSE)	125.94	115.58	98.78	85.33	67.36
消费者支持估计值(CSE)	−640.71	−708.60	−536.05	−478.82	−371.56
总支持估计值(TSE)	729.57	770.20	601.09	520.26	402.54

资料来源:根据 OECD 数据库数据整理得出,http://stats.oecd.org/,2017-05-26。

---

① 根据 OECD 数据库数据整理得出,http://stats.oecd.org/,2017-05-26。
② 根据 OECD 数据库数据整理得出,http://stats.oecd.org/,2017-05-26。

（二）日本的农业政策及其影响

日本是一个多山地、少耕地的岛国，人均耕地面积狭小，日本农业并不具备自给自足的能力。为避免国外势力对日本国内粮食市场的操控，以及维护国家安全的需要，日本政府制定了一系列强有力的农业保护政策，提高农业现代化程度，支持国内粮食作物平均单产的提高。日本政府主要从三个方面去支持国内主要粮食作物的农业发展：粮食作物补贴政策、高额关税政策以及农业协同组织。

日本政府对主要粮食作物实施的粮食作物补贴政策主要包括价格支持、收入补贴和生产补贴三方面。在价格支持中，日本政府对稻米采取的政策为管理价格制度，即政府按照指定的价格对稻米进行收购。另外，政府为了防止部分农作物的价格过低，也制定了对部分粮食作物，如玉米的最低价格保护制度，即当相应农产品的市场价低于最低价格标准时，政府会按照最低价格对全部产品进行收购。

收入补贴是日本政府针对国内粮食生产农民防范风险而制定的。主要包含旱作作物直接补贴、减缓水稻和旱作作物收入下降幅度的补贴。旱作作物直接补贴对象是经营面积超过 0.3 公顷或年销售额超过 50 万日元的销售农户或村落营农组织。[①] 该补贴会对小麦等农作物按照面积和产量进行补贴，其中面积补贴按照 20 万日元/公顷的标准执行；产量补贴按照某一农产品规定的生产利润与实际销售量之积执行。两种补贴方式共同存在，先按照面积补贴支付，再按照产量补贴除去面积补贴的部分进行补贴。减缓水稻和旱作作物收入下降幅度的补贴相当于是一种保险计划。国家会对加入该保险计划的经营面积超过 4 公顷的认定农民和经营面积超过 20 公顷的村落营农组织进行补贴。具体标准为以加入者过去年份的年均收入额为参照，当本年收入低于该标准时，政府会补贴90%的收入差额。[②] 自 2014 年后，日本政府对大米产业的重视有所下降，大米直接补贴由 9 375 日元/亩降低到 3 120 日元/亩。[③] 另外，为了降低农业生产的风险，保障日本国内农业的健康发展，日本政府会对自然灾害造成的损失以及农业保险进行一定的补贴。

因为日本地形复杂，山地丘陵众多，为了保持农业生产的稳定性，日本政府还会根据农业生产地形条件进行相应的补贴。补贴标准按照土地的倾斜程度制定，如水田补贴以 2.86 倾斜度为界，超过该倾斜度每公顷补贴 21 万日元，低于

① 李明权，韩春花.民主党政府的"农户收入补偿制度"评析——以大米政策为例[J].日本学刊，2010(1).

② 尹义坤，刘国斌.日本粮食生产补贴政策演进对我国的借鉴[J].现代日本经济，2010(3).

③ 徐晖，李鸥.日本农业新政的主要内容及启示[J].世界农业，2014(9).

此标准的每公顷补贴 8 万日元;因旱地作物对地形要求较低,故补贴较少,15 倾斜度以上的旱地每公顷补贴 11.5 万日元,标准以下的每公顷补贴 3.5 万日元。[1] 因日本政府对主要粮食作物的生产重视,还会对生产设施进行补贴,以促进日本农业现代化、集约化。水利建设补贴制度是日本政府投入的重点,大型水利工程由中央政府直接投资修建,中小型水利工程政府会对建设者实行补贴,平均补贴额为建设费用的 60%。[2] 为了更好地促进农业科技的发展,更好地利用有限的耕地面积,日本政府还会对农田治理、基础建设、农业生产工具生产等进行补贴。

日本的农业贸易逆差较大,故日本政府对农产品进口的数量以及价格实行严格把控,实行国家安全粮食储备计划,避免对国内农业尤其是稻米产业造成较大冲击。日本政府高筑贸易壁垒,尤其对稻米实行了较高的关税政策,税率高达 280%。[3] 2012 年后,日本政府转向"进攻型"农业政策,鼓励增加农业产品附加值,促进农产品出口,减弱日渐扩大的自由贸易协定(FTA)的消极影响。

农业协同组织是日本官方与民间的纽带,为农民提供农业相关帮助,促进农业生产。它作为日本政府进行农业管理的附属机构,通常设有三个部门,即共同销售部门,共同采购部门,信贷、保险部门,共同服务于农业生产的各个方面,保障农业生产资料的供应,改善农业生产基础设施,完成农产品的销售,提供保险等服务,以及对农民进行农业教育指导。

第四节　中国的粮食安全与生产结构调整

多年以来,中国粮食生产持续稳步推进,产量不断提高,直至 2015 年实现了历史性的"十二连增"。长期以来,中国政府一直将粮食安全问题置于极为重要的地位,投入了大量的资源以提升中国的粮食安全状况。经过多年的不断努力,中国的总体粮食安全状况已较以往有明显的提高。但是,随着形势不断发生变化,在取得令世人瞩目的成就的同时,中国的粮食安全也面临着不断积累的潜在威胁,粮食生产结构也出现了某种失衡。及时进行生产结构调整,应对市场需求变化,需要中国政府的一系列政策进行引导,以及积极稳步推进农业供给侧改革。

---

① 蔡鑫,陈永福.日本农业补贴制度安排、绩效及启示[J].农村经济,2017(2).

② 张珂全,蒋和平.日本构建发展现代农业政策体系及其对我国的启示[J].科技与经济,2008,21(6).

③ 驻日本经商处.价格上升带来日本进口大米关税由 778% 变化至 280%[EB/OL]. http://jp.mof-com.gov.cn/article/jmxw/201311/20131100392836.shtml,2013-11-15/2017-06-18.

一、2016 年中国粮食安全状况

总体而言,2016 年中国粮食市场保持了平稳有序发展,供给侧改革持续稳步推进,粮食产量依然维持在高位,粮食安全得到了较为有力的保障。

(一)粮食生产结束"十二连增"

据国家统计局统计,2016 年中国粮食总产量为 61 623.9 万吨,较 2015 年减产 520.1 万吨,降幅达到 0.8%。全国三大粮食作物总产量超过 5.5 亿吨,达到 55 533.80 亿吨。其中,稻谷总产量仍维持在两亿吨之上,达到 20 693.4 万吨,较 2015 年减产 131.1 万吨,减少 0.6%;小麦总产量跌至 13 000 万吨以下,达到 12 885 万吨,较 2015 年减产 133.7 万吨,减少 1%;玉米总产量为 21 955.4 万吨,较 2015 年减产 502.6 万吨,减少 2.2%。三大主要粮食作物均有不同幅度的减产,使得中国粮食产量在连续增产 12 年后首次出现了回落。①

2016 年,全国 13 个粮食主产区(河北、内蒙古、辽宁、吉林、黑龙江、江苏、安徽、江西、山东、河南、湖北、湖南、四川)粮食总产量为 46 776.4 万吨,较 2010 年减产 564.8 万吨,减少 1.2%,占全国粮食总减产量的 108.6%。由于 2016 年度的减产以及其他粮食产区的总体增产,粮食主产区占全国粮食总产量的比重由 2015 年的 76.2% 回落至 2016 年的 75.9%。其中,产量排名前二的黑龙江、河南两省,2016 年的产量均有不同程度的回落,跌幅分别达到 4.2% 和 2.0%;此外,湖北省以及安徽省产量下滑分别达到 5.5% 和 3.4%,同样对于总体的减产产生了较大影响。②

2016 年中国粮食生产能力有所下滑主要有两方面缘由:一是高产作物的播种面积减少;二是生产结构调整以及气象灾害频发导致的粮食单产的下滑。2016 年全国粮食播种面积为 169 542.3 万亩,比上年减少 472.1 万亩,减少 0.3%。因播种面积减少而减产 34 亿斤,占粮食减产总量的 33.2%。③

2016 年高产作物玉米中的可食用籽粒玉米播种面积为 5.51 亿亩,较 2015 年减少 2 039 万亩,减少 3.6%;而低产作物大豆的播种面积达到 1.08 亿亩,较 2015 年增加 1 046 万亩,增长 10.7%。2016 年,玉米的平均亩产达到 398.2 公

---

① 国家统计局.国家统计局关于 2016 年粮食产量的公告[EB/OL]. http://www.stats.gov.cn/tjsj/zxfb/201612/t20161208_1439012.html,2016-12-08/2017-06-18.
② 国家统计局.国家统计局关于 2016 年粮食产量的公告[EB/OL]. http://www.stats.gov.cn/tjsj/zxfb/201612/t20161208_1439012.html,2016-12-08/2017-06-18.
③ 国家统计局.国家统计局关于 2016 年粮食产量的公告[EB/OL]. http://www.stats.gov.cn/tjsj/zxfb/201612/t20161208_1439012.html,2016-12-08/2017-06-18.

斤,超过大豆亩产的 3 倍,仅因玉米改种大豆即会导致粮食单产每亩降低约 1.7 公斤。此外,2016 年全国气象灾害较 2015 年有所加重。秋粮生产前期,南方部分地区遭受强降水天气,导致湖北、安徽等地受灾较重;7—8 月,南方又遭遇持续性高温天气,不利于早稻充分灌浆,导致空壳率上升;东北、西北部分地区遭受的不同程度旱情对于玉米的生产播种造成不利影响;此外,在 6—7 月,长江中下游地区以及华北、黄淮部分地区由于强降水影响,导致部分农田出现渍害,同样影响玉米生产。2016 年 1—10 月,全国农作物受灾面积达到 3.97 亿亩,较上年同期增加 0.54 亿亩,增幅达到 25.7%;绝收面积 6 218 万亩,增加 1 719 万亩,增幅高达 70.9%。[①]

(二)耕地面积总体稳定,质量总体偏低

根据《2016 中国国土资源公报》数据显示,2016 年年末,全国耕地面积达到 13 495.66 万公顷。2016 年全国因建设占用、灾害毁损、生态退耕、农业结构调整等原因减少耕地面积 33.65 万公顷,通过土地整治、农业结构调整等原因增加耕地面积 29.3 万公顷,年内净减少耕地面积为 4.35 万公顷。总体而言,耕地面积较为稳定。2016 年,全国耕地平均质量为 9.96 等,较 2015 年的 9.97 等稍有提升,但仍处于总体偏低水平。其中,优等地面积为 397.38 万公顷,占总耕地面积比为 2.9%;高等地面积为 3 584.6 万公顷,占总耕地面积比为 26.5%,二者均较 2015 年有所增加。一方面,耕地面积总体保持稳定,18 亿亩"耕地红线"得到维持,保证了粮食生产的稳定性以及中国的高粮食自给率;另一方面,总体偏低的耕地质量也制约了中国粮食产能的进一步扩大的能力,给未来的中国粮食安全埋下了一些隐患。[②]

(三)粮食价格

虽然政府一直以来对于粮食价格采取了诸如最低收购价格、临时收储政策等行政手段,使得国内的粮食价格在某些情况下与市场脱节,但粮食价格依然是供给与需求平衡的直接反馈,其大幅的波动也会对粮食安全造成极大的影响。2016 年,中国粮食生产价格较 2015 年价格有一定程度的下降,基本延续了 2015 年以来的走势。分季度来看,如表 15-9 所示,全年主要粮食生产价格均较前年同期有不同程度的跌幅,但三、四季度跌幅有所收窄。分品种来看,玉米继续维持着较大的下跌幅度,同比降幅超过 10.00%。而小麦、稻谷、豆类作物跌幅并不明显。

---

① 国家统计局.国家统计局农村司高级统计师黄秉信解读粮食生产情况[EB/OL]. http://www.stats.gov.cn/tjsj/sjjd/201612/t20161208_1439014.html,2016-12-08/2017-06-18.

② 国家土地督察成都局. 2016 年国土资源公报[EB/OL]. http://g.gjtddc.mlr.gov.cn/cd/201707/t20170725_1545005.htm,2017-04-28/2017-06-18.

表 15-9　2016 年粮食生产价格指数

品种	第一季度	第二季度	第三季度	第四季度
粮食	91.5	91.2	94.3	97.0
小麦	93.8	91.4	95.8	98.8
稻谷	99.4	98.1	97.5	99.5
玉米	85.3	84.7	86.7	91.4
豆类	96.6	98.8	98.1	99.5

资料来源：根据国家统计局数据库季度数据整理得出，http://data.stats.gov.cn/easyquery.htm? cn = B01,2017-11-13。

注：上年同期 = 100。

2016 年中国粮食价格全面下跌的原因主要包括以下三方面。

一是整体供需不平衡问题依然严重。2016 年三大主粮供需不平衡的形式依然持续，供大于求的总体情况保持不变，粮食库存也仍处于高位。在这种情况下，粮食价格存在着极为明显的向下压力。

二是政策调整带来的进一步下行压力。2016 年，国家取消了实行了 8 年之久的玉米临时收储政策，改为在市场化收购的基础上直接对农民进行补贴的新机制。在连年的托市收购的政策支撑下，广大农民因为玉米的高经济效益纷纷改种植玉米，造成玉米库存高企，但价格出现了稳中有进的情形。当最低收购价格这一支撑消失时，高库存与过量供给便给玉米价格带来了持续的下行。

三是国际市场价格的影响。一年以来，国际市场大宗商品价格持续处于低位，再加上国内多种作物的最低收购价格政策，导致国内粮食作物价格明显高于国际市场。在国内外粮价持续"倒挂"地格局影响下，持续地大量进口低价粮食也会给国内粮价带来下行压力。

二、中国粮食安全面临的问题

总体而言，中国的粮食安全已得到有力的保障，但随着国内外粮食价格"倒挂"、粮食进口的不断增加以及国内一些不利于粮食生产的情况日益严峻，中国粮食安全所面临的问题也不容忽视。

（一）多种生产资源制约粮食生产能力

首先，中国的耕地面积自 2000 年来即呈现不断减少的态势，耕地质量不容乐观。随着城市化进程的继续推进，耕地面积不断受到侵蚀的趋势将不可避免。

耕地数量受到限制,也不可避免地导致对于现有耕地进行高强度的耕种以满足城镇人口日益增长的消费需求。而不断地耕种则会使得本就已经偏低的耕地质量进一步地恶化,对粮食生产起到极为不利的影响。

其次,农药以及化肥的过度使用,不仅影响了耕地质量,也对农产品安全、生态环境等造成了不同程度的破坏和污染。相比欧美等发达经济体,中国农药以及化肥不仅在单位面积使用量上偏高,同时在利用率方面也较这些国家低约15%至20%。① 强度大、效率低、使用方法与手段不科学等因素使得土地污染不断加重。

再次,种粮的效益偏低以及人口老龄化则造成从业人员持续减少,种植效率降低。2016 年,全国农民工总数达到 28 171 万人,较 2015 年增长 1.5%,农民工月均收入达到 327.5 元。② 大量的农村青壮年劳动力外出务工,使得留守在农村从事农业生产的大多数为生产能力不足的中老年劳动者。2016 年,在中国 60周岁和 65 周岁以上人口已分别占总人口的 16.7% 和 10.8% 的基础上③,农村内部的老龄化程度更加严重,劳动力流失严重。造成的后果便是这部分劳动力由于自身的体力以及农业机械化和现代化程度不足等原因,对于遗留下来的大量土地力不从心,仅能耕种一小部分,导致了大量的耕地荒废。

最后,导致过去十余年来粮食持续增产的最大驱动力已经消失。自 2003 至2015 年,中国粮食连年增产在种植面积变化不大的情况下主要得益于粮食单产的增加,而单产的增加则主要来源于不再种植单产较低的豆类及薯类作物,大量改种单产较高的玉米。但是,2014 年以来,玉米的供需形势发生了根本性的改变,玉米供给出现过剩的情况。通过内部生产结构的调整已经很难继续实现粮食产量的增长,迫切需要寻找新的方式以支撑我国的粮食增产。

(二)极端天气给中国粮食生产带来严重负面影响

中国地域分布广阔,各地气象条件存在较大差别。一直以来,各地不同类型的极端天气造成的气象灾害给我国粮食生产带来巨大的损失。随着全球变暖不断加深,极端天气出现得更加频繁,对中国所造成的影响也很有可能进一步加重。据民政部等机构的统计,2016 年中国农作物受灾面积达到 2 622 万公顷,绝

---

① 我国化肥农药利用率数据分析[EB/OL]. http://www.1988.tv/news/106904,2016-01-19/2017-06-18.

② 2016 年农民工总量增 1.5% 农民倾向留在本地打工[EB/OL].https://www.baidu.com/link? url = ulDUyt9p60chAqqe7Gye3bNq6CBwxe2JO0rPyRRT_uuRuCC8Y4CpJlO8aRO97IP8dbqlr-u1G2bwuHNw-FFFN_&wd =&eqid=d8298759000000758000000035cc3bc32,2017-04-28/2017-06-18.

③ 2016 年我国 60 周岁及以上老年人口 23086 万人 占总人口的 16.7%[EB/OL]. http://www.chinairn.com/news/20170406/163903686.shtml,2017-04-06/2017-06-18.

收约 290 万公顷,造成了 5 032.9 亿元人民币的直接经济损失。[①] 同时,2016 年也是中国平均气温历史第三高以及平均降水最多的年份,各类型极端天气也较往年明显偏多。持续的高温将对中国三大主粮的单产产生不同程度的危害。它不仅会缩短作物生长期进而减少其光合作用时间,还不利于作物的灌浆成熟,严重影响产量。高温还会导致昆虫繁衍时期延长,病虫害范围扩大,给粮食生产带来不同程度的灾害。而持续性的降水则会加剧我国水资源时空分布不均匀的不利现状,导致"旱涝并举",进一步给中国不同地方粮食生产带来困难。

(三)国际贸易以及价格"倒挂"造成了潜在的威胁

随着中国加入 WTO,一方面源自国际社会对于进一步开放农产品市场的压力,另一方面由于国内粮食供需形势的好转,政府明确了以市场为取向的粮食流通体制改革。但实际上,无论是自 2004 年开始设立稻谷最低收购价格,还是 2007 年起的玉米等作物的临时收储,均以行政手段影响市场运行。虽然能够保护农民的利益,维持粮价不剧烈波动,同时促进产量的增长,但多年的持续补贴以及国际粮价今年来的下滑趋势导致国内外粮食价格出现"倒挂",库存积压严重,粮食供需的结构性矛盾日趋加深,使得近年来中国粮食生产量、库存量以及进口量均大幅增加。根据中国海关总署公布的数据,2016 年中国粮食总进口量已达到 11 468 万吨。其中大豆进口达到 8 391 万吨,创历史高位,较 2012 年 5 838 万吨增长了 43.7%,对外依存度超过 85.0%。同时,稻谷和大米共进口 356 万吨,同样创历史高位。与此相反,玉米进口量仅为 317 万吨,较 2015 年减少 33.0%。[②]

如今国内粮食市场除大豆等少数产品外,与国际市场联系仍不紧密。但随着供给侧改革开始逐渐深入,过去粮食市场过多的行政干预势必将不断向市场化方向推进,一部分作物如玉米、大豆等已经取消临时收储政策,此时与国内粮食价格"倒挂"的国际粮价将持续地冲击国内粮食价格,造成农民利益的极大损伤,定价权的拱手相让以及对粮食安全的危害,甚至对相关下游产业造成不利影响。因此,应当及时进行生产结构调整,早日消除或减轻价格"倒挂"现象,以应对可能到来的冲击。

---

① 2016 年各类自然灾害造成全国近 1.9 亿人次受灾[EB/OL]. http://www.chinanews.com/sh/2017/01-13/8123306.shtml,2017-01-13/2017-06-18.

② 海关总署. 2016 年 12 月进口主要商品量值表(人民币值)[EB/OL]. http://www.customs.gov.cn/tabid/2433/InfoID/842659/frtid/49629/settingmoduleid/126765/Default.aspx,2017-03-17/2019-01-13.

三、中国粮食生产结构情况

（一）2016 年中国粮食结构生产情况

2016 年，中国粮食生产依然以玉米、稻谷以及小麦为主，三大主粮合计播种面积占总播种面积的 80.6%，较 2015 年下降 1%。主要原因来自多年来的收储政策导致玉米出现明显的供大于求的状况，在 2016 年国家取消了实行多年的临时收储政策后，玉米价格出现大幅下跌，与此同时农业部（现农业农村部）鼓励农民改种植大豆，导致了豆类的种植面积在持续多年萎缩后，2016 年回升至971.05 万公顷，较 2015 年增长 9.7%，产量也相应回升至 1 729.4 万吨，较 2015年增长 8.9%。从地域分布来看，13 个粮食主产区总播种面积较 2015 年变化较小，仅缩小约 0.2%。①

（二）中国粮食生产结构历史沿革简析

1949 年，中国粮食产量仅有 11 318.4 万吨，至 1959 年达到顶峰的 16 969.2万吨。但随后数年，由于自然灾害等原因，粮食生产呈现下滑的态势，直至 1961年仅有 13 650.9 万吨。但经过一系列的调整后，1962 年粮食产量再度恢复上涨，至 1978 年已达到 30 476.5 万吨。随后，实行土地联产承包责任制以及提高粮食收购价格提高了农民的积极性，至 20 世纪末达到 5 亿吨以上。但自 1998年起，中国粮食生产发生了剧烈的变化，粮食播种面积由 1998 年的 11 378.74 万公顷一路锐减至 2003 年的 9 941.04 万公顷，短短 5 年减少了 12.6%，再加上农民逐渐开始外出务工以及连年的自然灾害影响，粮食总产量也由 51 229.5 万吨下滑至 43 096.5 万吨，造成较为严重的粮食缺口。从 2004 年起，播种面积止跌回升，至 2015 年已达到 11 334.29 万公顷，回到 20 世纪 90 年代后期的水平，与此同时，农业受灾面积也较之前有明显回落，以及国家出台了取消农业税以及其他一系列强农惠农政策，再度拉动了农民生产的积极性，使得粮食生产至2015 年实现了历史性的"十二连增"，达到了 62 143.5 万吨，粮食产出水平也达到了新的高度。②

在相当长的一段时期内，稻谷一直是我国的头号粮食作物。与此相对的，在中华人民共和国成立初期，现在的中国三大主粮的另外两种——小麦和玉米，仅仅与薯类作品的产量相近，并且直到 1960 年，小麦的产量一直略高于玉米。在

---

① 国家统计局.国家统计局关于 2016 粮食产量的公告［EB/OL］. http://www.stats.gov.cn/tjsj/zxfb/201612/t20161208_1439012.html,2016-12-08/2017-06-18.

② 根据国家统计局数据库年度数据整理得出，http://data.stats.gov.cn/easyquery.htm? cn = C01,2017-11-13。

克服了这段特殊时期的困难后,小麦和玉米的产量开始在相当长的一段时期内呈现交替上升的势头,至 1997 年分别达到了 12 328.9 万吨和 10 430.9 万吨,但与稻谷之间的相对差距并未得到明显的缩小。自 2003 年我国粮食生产的第二次剧烈波动结束后,这三大主粮之间的相对结构也发生了剧烈的变化。由于中国经济的持续发展,人民生活水平在数十年间得到了跨越式的提高,居民对于口粮的消费需求在不断下降,而对于鱼、肉、蛋、奶等产品的需求则大大提升,由此推动了养殖业对于玉米饲料的需求。再加上下游食品工业为应对消费和市场需求的变化,对于玉米作为工业原料的需求也大大上升。玉米产量自 2003 年的 11 580.0 万吨一路攀升至 2015 年的 22 463.2 万吨,短短 12 年间产量增长了 94.0%,并且在 2012 年取代稻谷成为中国产量最大的粮食作物。同时,小麦产量则渐渐与玉米拉开差距,仅仅从 8 648.8 万吨增产至 13 018.5 万吨。① 而豆类以及薯类的产量在中华人民共和国成立以来近 70 年的时间内几乎一直处在产量上下波动的情况中,产量增长变化远不如三大主粮来得剧烈。

由于玉米的单产远高于小麦,因而就播种面积而言,玉米在相当长的一段时间内一直远低于小麦的播种面积。而稻谷和小麦的播种面积自 1949 年以来便一直处于长期的上下波动中,二者在 2015 年的播种面积也不过是 1949 年的 117.5% 和 112.2%。与此相类似,大豆以及薯类的播种面积也一直处于一种周期性的波动中,相对变化并不大。唯有玉米发生了极大的变化,自 1949 年以来便处于一个持续地增长周期中,尤其是 2003 年以来,在中国粮食产量"十二连增"的大背景下,玉米的播种面积也从 2 406.82 万公顷以每年平均 3.9% 的增长速度增长至 2015 年的 3 811.93 万公顷。2003 年,玉米的播种面积超过了小麦,2007 年更是超过了稻谷,占据了中国粮食种植总面积的 33.6%。②

四、对中国未来粮食生产结构调整的政策建议

由于长期以来受到自然或者人为因素的共同影响,中国的粮食生产结构呈现如今的格局。在现今的环境下,供需结构等因素对中国的粮食安全造成了一定程度的威胁。因此,可以采取以下一些措施调整我国粮食生产结构并维护中国的粮食生产安全。

---

① 根据国家统计局数据库年度数据整理得出,http://data.stats.gov.cn/easyquery.htm?cn=C01,2017-11-13。

② 根据国家统计局数据库年度数据整理得出,http://data.stats.gov.cn/easyquery.htm?cn=C01,2017-11-13。

（一）尽量减少政策干预对于市场的影响，灵活进行调整

如果政府对于粮食生产进行过多的干预，那么不仅限于粮食，处于其下游的各产业的市场机制也会受到一定影响，最终阻碍中国经济结构转型与进一步发展。就玉米而言，为应对 2008 年起国际市场价格的大幅波动，国家启动了临时收储政策，保证国内玉米价格平稳上升，不发生剧烈波动。但随着近年来国际市场玉米价格持续下跌，国内最低收购价格却仍维持震荡的走势，最终导致玉米价格出现"倒挂"，玉米产量不断上涨，库存也持续走高。最终，玉米价格自 2015 年开始持续下跌，导致农民遭受重大损失。当市场情况发生变化时，应当灵活地调整对于粮食生产的支持政策，引导农民适应新的形势，及时地调整生产结构。当政策对于农民的影响过强时，则必然会使得供需结构失衡，威胁我国的粮食安全。应当在坚持市场在价格形成中的决定性作用的基础上，适当给予农民一定程度的政策扶持以保障其基本权益。

（二）注重生态保护，合理养护耕地

为保证产量，中国耕地负担较他国更加繁重，对本已缺乏优质耕地的情况造成了更加不利的影响。再加上，部分地区在粮食生产过程中，一味追求经济效益，忽视各种条件限制，造成对生态环境的破坏。对此，一方面应当合理推行耕地轮休轮作的养护制度，鼓励农民休耕或轮换种植，在保证一定产量的同时，尽可能地以各种手段保护耕地质量。另一方面，应当以各地区生产自然条件为出发点，种植条件适宜的作物，将生态恢复与生产发展协同进行。此外，应当限制对于化肥与农药的不合理使用，提升两者的利用率，推进地膜回收再利用，努力降低农业生产污染。

（三）以市场为导向，利用比较优势

长期以来，中国各地粮食生产没有一个合理规划，不同区域的农产品均呈现低层次、低水平的特点，品牌建设滞后，对自身区域拥有的优势没有足够的认识。

要解决这样的矛盾，一是要以市场为导向，逐步推进生产品种满足消费结构升级。随着生活水平的提高，消费者对于优质口粮的需求例如优质大米、强筋小麦等也会逐渐上升，应当逐渐增加优质品种的种植，结合各地区生产实践，实现差异化发展。同时，加强农业供应链建设，紧密联系粮食生产者与下游产业，提高市场参与程度。

二是要以自身比较优势为基础，重点发展区域特色产品。中国粮食产区分布范围极为广阔，水、土、光、热等自然资源使得各地农业生产条件产生极大的差异。应当充分利用各地地理、气候、人文等因素的特点，因地制宜选择区域性优势粮食品种，在此基础上，再建立以地理标志为区分的农产品品牌，明确区域定位，以显著的品牌差异获取市场认可，优化市场供给结构。

三是政府应当持续加强科研投入，加快科技创新，为农民提供优质良种。同时，应当协调各产粮区的合作，交流技术经验，促进共同进步。各地在调控本区域粮食生产发展时，应当尽量协调本区域规模分散的农业生产者，以发展特色农产品为重点，优先建立特色品牌，并在金融、信息、技术服务等方面予以大力支持。改变过去仅仅注重产量的种植方式，真正实现在保证粮食充分供应的基础上，以消费者为中心，努力满足消费者需要。

（蒋昱辰、沙子申、车维汉）

主要参考文献

［1］FAO. 2015−2016 El Niño Early Action and Response for Agriculture, Food Security and Nutrition［EB/OL］. http://www.fao.org/3/a-i6049e.pdf, 2016-08-11/2017-06-12.

［2］OECD, FAO. OECD-FAO Agricultural Outlook 2016-2025［EB/OL］. http://dx.doi.org/10.1787/agr_outlook-2016-en, 2016-07-04/2017-05-29.

［3］United States Departemnt of Agriculture. Crop Commodity Programs［EB/OL］. https://www.ers.usda.gov/agricultural-act-of-2014-highlights-and-implications/crop-commodity-programs/, 2017-03-01/2017-05-28.

［4］国家统计局.国家统计局关于 2016 年粮食产量的公告［EB/OL］. http://www.stats.gov.cn/tjsj/zxfb/201612/t20161208_1439012.html, 2016-12-08/2017-06-18.

［5］国家统计局.国家统计局农村司高级统计师黄秉信解读粮食生产情况［EB/OL］. http://www.stats.gov.cn/tjsj/sjjd/201612/t20161208_1439014.html, 2016-12-08/2017-06-18.

［6］海关总署. 2016 年 12 月进口主要商品量值表（人民币值）［EB/OL］. http://www.customs.gov.cn/tabid/2433/InfoID/842659/frtid/49629/settingmoduleid/126765/Default.aspx, 2017-03-17/2019-01-13.

［7］赵长保,李伟毅.美国农业保险政策新动向及其启示［J］.农业经济问题，2014(6).

索　引

（词条后页码系该词条在本书中第一次出现时的页码）

后　　记

　　经过课题组全体成员的共同努力,《世界经济发展报告 2016》终于呈现在各位读者面前。这是课题组全体成员辛勤劳动的又一结晶。在本报告中,课题组深入分析了 2016 年世界经济发展趋势,对国际经济关系、国别与区域经济状况以及世界一般性问题的最新动态进行了理论阐释,以供各位读者参考。

　　本报告的撰写与编撰工作主要由课题组各位成员以及部分博士研究生参与,由车维汉教授策划并统稿。具体分工如下:

总论:车维汉、刘景卿

第一章:陈沐南、彭福永

第二章:王运金、靳玉英

第三章:李奇璘、车维汉

第四章:林珏

第五章:杨培雷

第六章:夏方杰、车维汉

第七章:赵栋、靳玉英

第八章:徐卫章、金钟范

第九章:邵明伟、金钟范

第十章:李新

第十一章:彭孙琥、杨雪

第十二章:杨培雷

第十三章:林珏

第十四章:董靓玉、彭福永

第十五章:蒋昱辰、沙子申、车维汉

　　由于撰写时间较仓促,报告难免会存在纰漏和缺点,恳请广大读者予以批评指正,我们会继续努力把这项工作做得更好。

车维汉

2017 年 8 月 26 日